국어음운론 연구

우리말 전라도말

국어음운론 연구

우리말 전라도말

기 세 관 지음

한국문화사

| 서문(序文) |

　필자는 지난 1984년 3월 국립 순천대학교 사범대학 국어교육과 전임강사로 부임하여 2015년 8월 같은 대학 교수로 퇴임하기까지 30여 년 동안 우리말을 가르치고 연구해왔다.
　그동안, 필자는 지금까지 몇 권의 저서를 빼고도 30여 편에 이르는 논문을 쓴 바 있다. 이 책은 나의 지도로 나온 제자의 논문 몇 편을 포함하여 24편의 논문을 묶어 단행본으로 펴낸 것이다. 이는 나의 소망이기도 하려니와 나의 논문을 개별적으로 보기 원하는 이들에게 편의를 도모하기 위함이기도 하다.
　부끄러운 일이지만, 여기 실린 논문 가운데는 시기적으로 초창기에 쓴 것과 후반기에 쓴 것이 그 내용상 상충된 입장을 보이기도 한다. 곧, 관점이나 견해가 논문에 따라 바뀌는 경우도 있다. 이는 나의 학문적 발자취로 여기고 수정 또는 보완 작업을 거치지 않고 거의 그대로 실은 때문이다. 독자 여러분의 이해를 구한다.
　이 책이 나오게 된 것은 전적으로 동료 정제문 교수의 도움 덕분임을 밝힌다. 논문의 선정에서 편집, 교정에 이르기까지 정 교수께서 도맡아 해주지 않았다면 이 책은 빛을 보지 못했을 것이다. 정 교수께 특별한 감사를 드린다.
　그리고 자기 논문을 이 책에 함께 싣도록 허락해 준 제자 강명희, 송명숙, 한경호 선생에게도 감사드린다.
　이 책에 들어 있는 모든 오류는 전적으로 필자의 책임임은 물론이다.
　끝으로, 판매 등 여러 가지 불리한 여건에도 출판을 흔쾌히 허락해 준 한국문화사 사장님을 비롯한 관계자 여러분에게도 깊이 감사드린다.

2017년 12월
저자 기세관 씀

| 차례 |

머리말 __ v

제1부 전라도말 연구

[01] 전남방언의 음운론적 연구: 모음의 변이를 중심으로 …………………………… 1
[02] 전남 북서부 방언의 움라우트 현상 ……………………………………………… 58
[03] 중부방언과 전남방언의 모음대응에 대한 통시적 고찰 ………………………… 72
[04] 광산지역어의 음운체계: 30대와 40대 이상의 모음체계를 중심으로 ………… 96
[05] 나로도 방언의 어휘자료 ………………………………………………………… 117
[06] 섬진강 유역권의 방언 …………………………………………………………… 134
[07] 내적재구에 의한 전남방언사 연구 ……………………………………………… 151
[08] 여수방언의 음운론적 특성 ……………………………………………………… 164
[09] 여수방언의 형태론적 특성 ……………………………………………………… 186
[10] 여수지역어의 음운현상에 대한 사회언어학적 고찰 …………………………… 197
[11] 광양 방언의 음운론과 형태론 …………………………………………………… 215
[12] 전남 방언의 말소리의 특징 ……………………………………………………… 253

제2부 우리말 연구

[13] 모음축약의 제약성 ………………………………………………………………… 259
[14] 구개음화의 공시태와 통시태: 서남방언을 중심으로 …………………………… 289
[15] 국어 Glide화의 제약성 …………………………………………………………… 307
[16] 국어 음운론 기술 방법론에 대한 소고 ………………………………………… 322
[17] 첨가음 /ㄴ/의 기능 ……………………………………………………………… 328
[18] 국어 /ㄹ/ 탈락과 관련한 두어 문제 …………………………………………… 345
[19] 국어 음운론 기술의 새로운 방안 ……………………………………………… 361
[20] 국어 불규칙 어간의 형태론과 음운론 ………………………………………… 382
[21] 첨가음 'ㄴ'의 성격 ……………………………………………………………… 401
[22] 국어 사이시옷의 기능 …………………………………………………………… 411
[23] 국어 사이시옷의 음가 …………………………………………………………… 425
[24] '바라다[望]'의 맞춤법: '바라'와 '바람'을 중심으로 …………………………… 443

제1부

전라도말 연구

[01] 전남방언의 음운론적 연구 : 모음의 변이를 중심으로
[02] 전남 북서부 방언의 움라우트 현상
[03] 중부방언과 전남방언의 모음대응에 대한 통시적 고찰
[04] 광산지역어의 음운체계 : 30대와 40대 이상의 모음체계를 중심으로
[05] 나로도 방언의 어휘자료
[06] 섬진강 유역권의 방언
[07] 내적재구에 의한 전남방언사 연구
[08] 여수방언의 음운론적 특성
[09] 여수방언의 형태론적 특성
[10] 여수지역어의 음운현상에 대한 사회언어학적 고찰
[11] 광양 방언의 음운론과 형태론
[12] 전남방언의 말소리의 특징

[01] 전남방언의 음운론적 연구
모음의 변이를 중심으로

1. 서론

1.0. 전남방언(全南方言)에 대한 연구는 경상도 방언이나 제주도 방언의 연구와 더불어 국어 방언의 연구 중 비교적 활발하게 이루어져 왔다. 또, 전남방언의 음운(音韻)에 대한 연구도 그 동안 많은 업적들이 발표되어진 바 있다.[1]

그러나, 필자가 보는 바로는, 기존의 업적들이 본격적이라기보다는 지엽적 연구에 그치고 있고 거기서 취해진 방언자료와 본 논문에서 다루게 될 필자의 방언자료와의 사이에도 상당한 거리가 있는 것 같이 생각되어 필자는 전남방언 연구의 일환으로 우선 모음변이(母音變異)의 현상들을 다루어 보기로 하였다. 자음(子音)에 대해서는 기존의 연구를 넘어설 만한 특이 사실을 발견하기 어려운 까닭도 있지만 이후 광범위한 조사가 수행되면 별고를 작성하려는 의도에서이다.

1.1. 이돈주(李敦柱)님은 전남방언을 다음과 같이 세 개의 핵방언권(核方言圈)으로 나눈 바 있는데,[2] 필자가 여기서 사용하는 방언자료는 A지역 및 B지역의 화자(話者)들 중 대체로 50대 이상의 연령층에서 채취한 '토박이'의 것으로, 이들 두 지역에서 공통으로 실현되는 것을 주 대상으로 하였다.

따라서, 앞으로 제시되는 자료의 방언형은 A지역과 B지역에서 두루 나타나는 것을 대상으로 하였으므로 필요한 경우가 아니면 번거로움을 피하기 위하여 본고에서는 그 지역명을 생략하기로 한다.

---

1) 崔鶴根, "全羅南道 方言硏究(音韻篇<母音>)", 「국어국문학」, no. 7(1976).
2) 李敦柱, 全南方言(螢雪出版社, 1979).

A지역: 광산, 담양, 곡성, 화순, 나주, 장성, 함평, 영광, 무안.
B지역: 보성, 장흥, 강진, 해남, 영암, 완도, 진도, 흑산도
C지역: 구례, 광양, 여천, 승주, 고흥(거문도).

1.2. 요컨대 본고는 전남지역 중 C지역과 B지역에 제시되지 않은 많은 도서 지역을 제외한 전체를 대상으로 하여 모음변이 현상을 분석 기술하되, 이제까지의 연구에서 소루하였던 점 등을 보충하여 보다 구체적이며 체계적인 논술로써 이후의 방언 연구에 기여하고자 한 노력의 한 산물이다.

그리고, 필자가 C지역어를 대상에서 제외시킨 것은 이 지역은 경상도와의 접경지역이 많아서 순수한 전남방언이라고 볼 수 없는 어휘들이 많이 섞여 있을 것으로 예상되기 때문이며, 또 B지역에 제시되지 않은 많은 도서 지역을 제외시킨 이유는 필자가 이 지역까지는 직접 현지 조사할 기회가 없었기 때문이다.

1.3. 앞으로 제시되는 모든 자료는 아래의 표음기호를 사용키로 한다.

1) 자음(consonants)
   a) 파열음(plosives)
      i) 무성무기음 「ㄱ, ㄷ, ㅂ」: [k, t, p]
      ii) 유성음 「ㄱ, ㄷ, ㅂ」: [g, d, b]
      iii) 유기음 「ㅋ, ㅌ, ㅍ」: [kʻ, tʻ, pʻ]
      iv) 경음 「ㄲ, ㄸ, ㅃ」: [kʼ, tʼ, pʼ]
   b) 파찰음
      i) 무성무기음 「ㅈ」: [ʧ]
      ii) 유성음 「ㅈ」: [ʤ]
      iii) 유기음 「ㅊ」: [ʧʻ]
      iv) 경음 「ㅉ」: [ʧʼ]
   c) 유음(Liquids)
      i) 설전음 「ㄹ」: [ɾ]
      ii) 설측음 「ㄹ」: [l]
   d) 비음(Nasals)
      i) 「ㄴ」: [n]
      ii) 「ㅁ」: [m]
      iii) 「ㅇ」: [ŋ]
   e) 마찰음
      i) 「ㅅ」: [s]

ii) 「ㅆ」: [s']
iii) 「ㅎ」: [h]

f) 「ㅅ, ㄷ, ㅌ, ㅈ」 등이 어말에서 내파열(미파열)음으로 중화(中和)되는 경우는 /t/로 표기하고, 「ㄱ, ㅋ, ㄲ」 등은 /k/로, 「ㅂ, ㅍ, ㅃ」은 /p/로 표기하였다.

2) 모음(vowels)
   a) 단모음(single vowels)
     ① 「ㆍ」: ʌ   ② 「ㅡ」: ɨ
     ③ 「ㅣ」: i   ④ 「ㅜ」: u
     ⑤ 「ㅗ」: o   ⑥ 「ㅓ」: ə
     ⑦ 「ㅔ」: e   ⑧ 「ㅚ」: ö(중모음일 경우는 oj)
     ⑨ 「ㅐ」: ɛ   ⑩ e 와 ɛ의 중화음운으로 E를 따로 설정함
   b) 이중모음(diphthongs)
     ① 「ㅑ」: ja   ② 「ㅕ」: jə
     ③ 「ㅛ」: jo   ④ 「ㅠ」: ju
     ⑤ 「ㅖ」: je   ⑥ 「ㅒ」: jɛ
     ⑦ 「ㅘ」: wa   ⑧ 「ㅝ」: wə
     ⑨ 「ㅟ」: wi
       (단, 단모음인 「ㅟ」는 ü로)
     ⑩ 「ㅞ」: we   ⑪ 「ㅙ」: wɛ
     ⑫ 「ㅢ」: ij   ⑬ 반모음 j와 w

3) 장단
   방언에서의 장모음은 [:]로 표시하였다.

2. 본론

I. 단모음의 변이

1.0. 전남방언의 단모음을 공통어(표준어)의 그것과 비교하여 보면 낱말을 형성하고 있는 모음에 있어서 상당한 변이 현상이 있음을 알 수 있다.[3] 그러므로, 전남방언과 공통어 간의 이러한 변이 예를 구분하여 설명한 다음 이들을 종합하여 전남방언, 나아가서는 국어의 음운이 변이하여 가는 추이를 살펴보려고 한다. 그럼으로써, 전남방언의 단모음이 변이되는 실태를 통하여 여기에서 어떤 규칙성을 도출해 보려는 데 목적을 둔다.

---

[3] 여기서 공통어라 함은 "서울 방언을 모태로 하는 표준어"의 개념으로 쓴 용어이다.

1.1. 우선 전남방언의 단모음 체계를 공통어와 비교, 대조하여 보면 다음과 같다.

(1) 공통어　　　　　(2) 전남방언4)
　/i ü ɨ u/　　　　　/i(ü)　ɨ u/
　/e ö ə o/　　　　　/E(ö)　ə o/
　/ɛ　 a/　　　　　　/a/

여기에서 알 수 있는 바와 같이 전남방언의 단모음 음소는 9개로 설정된다. 특히 주목을 끄는 것은 전남방언의 음소 /E/이다. 공통어의 단모음 "ㅔ/e/와 ㅐ/ɛ/는 본시 중모음(重母音)이던 것이 Contract된 것으로 이미 해방 이후 서울방언에서도 그 변별이 첫 음절에서 동요되고 있음은 지적된 사실이며5), 경상도 방언에서도 이들은 변별성을 잃고 있다.6)

전남방언에서도 표준어의 /e/와 /ɛ/는, 문자교육을 받은 사람들의 의식 속에 문자 표기법의 문제로만 구별되어 내재하고 있을 뿐이고, 실상 자연스런 대화에서는 변별되어 발화되는 예는 극히 드물어 표준어의 /e/와 /ɛ/의 중화음운으로 /E/를 설정할 필요가 있다.7)

1.2. 본고를 기술해 나가는 데 도움을 주는 현대 국어의 자음과 모음의 변별적 자질 (distinctive features)을 알아 보면 다음과 같다.8)

1) 국어의 모음자질

모음＼자질	i ㅣ	e ㅔ	ɛ ㅐ	ü ㅟ	ö ㅚ	ɨ ㅡ	ə ㅓ	u ㅜ	o ㅗ	a ㅏ
high	+	-	-	+	-	+	-	+	-	-
back	-	-	-	-	-	+	+	+	+	+
low	-	-	+	-	-	-	-	-	-	+
round	-	-	-	+	+	-	-	+	+	-

---

4) 李敦柱, op. cit., p.192 참조.
5) 李崇寧, "韓国方言形成史," 「韓国文化史大系」 第5卷: 「言語文学史」(高麗大学校 民族文化研究所, 1967), p.349.
6) 許 雄, "경상도 방언의 성조", 「최현배 선생 환갑기념 논문집」, 1954, p. 480.
7) 李敦柱, op. cit., pp.191-192에 자세하게 설명되어 있음.
8) 여기서 사용한 '→' 기호는 표준어 정서법의 음소와의 차이를 표시한 것이지 반드시 음운의 공시적 변이만을 가리킨 것은 아니다. 음운의 바뀜은 시간성이 개입되지 않은 공시적 변이도 있겠으나, 방언에서 보이는 상당수의 음운의 바뀜이 실상은 통시적 변화에 속하는 것들이지만 본고에서는 그런 내용을 무시하고 꼭 필요한 경우가 아니면, 일률적으로 '→' 기호로써 통일했으며 용어도 '변이'라는 말을 주로 사용하였다.

2) 국어의 자음 자질

자질\자음	ㅂ	ㅍ	ㅃ	ㄷ	ㅌ	ㄸ	ㅈ	ㅊ	ㅉ	ㄱ	ㅋ	ㄲ	ㅅ	ㅆ	ㅎ	ㅁ	ㄴ	ㅇ	ㄹ	w	j
vocalic	-	-	-	-	-	-	-	-	-	-	-	-	-	-	-	-	-	-	-	+	-
consonantal	+	+	+	+	+	+	+	+	+	+	+	+	+	+	-	+	+	+	+	-	-
anterior	+	+	+	+	+	+	-	-	-	-	-	-	+	+	-	+	+	-	+	-	-
coronal	-	-	-	+	+	+	+	+	+	-	-	-	+	+	-	-	+	-	+	-	+
nasal	-	-	-	-	-	-	-	-	-	-	-	-	-	-	-	+	+	+	-	-	-
continuant	-	-	-	-	-	-	-	-	-	-	-	-	+	+	+	-	-	-	+	+	+
strident	-	-	-	-	-	-	+	+	+	-	-	-	+	+	-	-	-	-	-	-	-
aspirated	-	+	-	-	+	-	-	+	-	-	+	-	-	-	+	-	-	-	-	-	-
glottal	-	-	+	-	-	+	-	-	+	-	-	+	-	+	-	-	-	-	-	-	-
back	-	-	-	-	-	-	-	-	-	+	+	+	-	-	-	-	-	+	-	+	-
high	-	-	-	-	-	-	+	+	+	+	+	+	-	-	-	-	-	-	-	+	+
low	-	-	-	-	-	-	-	-	-	-	-	-	-	-	+	-	-	-	-	-	-

1.3. 그러면, 전남방언에 나타나는 단모음의 변이 현상을 살펴 보기로 한다.

1.3.1. (1) /a/ → ε/E/, (2) /a/ → /o/

(1) /a/ → ε/E/
  (a) 놀라다(驚) → nollEda   바라다(望) → parEda
     차분하다 → ʧʻEbunhəda   바깥(外) → pEk'at
     만들다(造) → mEndilda, mEŋgilda, mEŋgalda
     차곡차곡 → ʧʻEguk ʧʻEguk   담배(烟) → tEmbE
  (b) 가마(釜, 轎車, 頭旋) → kamE
     도마(机, 俎) → tomE   자라(鼈) → ʧarE
     장마(霖雨) → ʧaŋmE   장가(娶) → ʧaŋgE
     방아 → paŋE
  (c) 가렵다 → kErupta[9]
     가볍다 → kEbupta, kEgupta
     마렵다 → mErupta, mEropta
     다리다(熨) → tEruda, tErida

---

[9] 무성자음 뒤에 오는 종결어미 '-다'는 경음화하여 [-t'a]로 발음되나 국어의 전반적인 현상이므로 [-ta]로 표기하기로 한다. 그 이유는 어원의식을 살려 이해를 돕기 위함이다.

감기다 → kEŋgida, k'Eŋgida
아리다 → Erida 차리다 → ʧ'Erida
싸라기 → s'arEgi 남기다 → nEŋgida
아끼다 → Ek'ida 다니다 → tEŋgida
맡기다 → mEk'ida 삼키다 → sEŋk'ida
다시다(咂嘴) → tEsida 박히다 → pEk'ida
잡히다 → ʧEp'ida

논술의 편의상 (c)의 예부터 보자.
(c)에서 보인 예들의 낱말들은 /a/에 /i/(또는 /i/ 선행모음)가 후행하는 것들로서 이른바 i모음 역행동화(흔히 Umlaut 현상이라 함)이다. 곧, /a/가 후행하는 전설고모음 /i/에 동화되어 /E/로 변이된 것이다. 이 현상은 국어 전체에 나타나는 보편적인 현상이므로 특이한 사실은 아니라 할지라도 이와 같은 변이가 널리 발견된다. 일반적으로 국어의 Umlaut 현상은 개재된 자음이 설단음(舌端音)을 포함한 전설성(前舌性) 자음일 경우에 제약을 받는 것으로 알려져 있지만 위의 예에서 보면 그렇지도 않은 성 싶다.10) 이와 같은 전남방언의 Umlaut 현상에 대해서는 본론의 IV에서 상술할 것이다.
다음 (a)의 경우는 전체를 포괄할 수 있는 법칙을 세우기는 힘들지만 처음 4개의 낱말에서의 /a/ → /E/현상은 /a/모음에 선행하는 자음이 /ㄹ, ㅂ, ㅊ/ 등으로 /a/가 이들 치음([+coronal])이나, 양순음([+anterior])의 조음위치에 이끌리어 /E/로 변이된 것이 아닐까 한다. 그러나, 이들 예들 중 '만들다', '차곡차곡', '담배'의 경우는 다음과 같이 설명하는 것이 더 합당할 것 같다.
방언형 '맨들다', '맹글다', '맹갈다'는 다음 옛 문헌의 용례를 볼 때 고형(古形)을 유지하고 있는 말인 듯 싶다.

밍글다: 京觀을 밍ᄀ르시니<용, 40>
민들다: 두렫혼 것 민드는 그릇시라<小言, 三, 18>
민글다: 넉량은을 드려 민그랏고<老, 下, 47>

방언형 '채국채국'은 공통어에서는 실현되고 있지 않으나 의태어에서 흔히 볼 수 있는 모음의 음상차로 생성되어 어의의 뉘앙스의 차이를 보여 주는 것으로 볼 수 있겠고, 또, '담배'가 방언에서 'tEmbE'로 실현되는 현상을 소위 원격역행동화(遠隔逆行同化)로 볼 수 있지 않을까 한다.
끝으로, (b)의 경우는 말의 구조를 잘못 분석하여 어형의 변형을 가져온 소위 오분석(誤分析)으로 설명될 수 있겠다.

---

10) 許 雄, 国語音韻学(正音社, 1963), pp. 252-257 참조.

'가마'의 고어는 본래 '가마'이었다.

　　가마들해 사ᄅᆞᄆᆞᆯ 녀허 두고 글효ᄃᆡ <月, 七, 13>
　　가마 부(釜) <類合上, 27>
　　마리ㅅ가마(頭旋) <訳上, 32>
　　가마(轎車) <同文下, 19>

그러던 것이 어느덧 '가매'형이 나타나기도 한다.

　　가매예 담고 <痘上, 6>
　　프른 가매예 슬마 내오(出翠釜) <杜重 十一, 17>

　이것은 마치 표준어의 '파리(蠅)'는 훈민정음 용자해(用字解)에는 '풀'로 나타나는데 푸리['풀+이'로 된 주격]를 '푸리+zero'로 오분석하여 오늘날 '파리'로 굳어진 것과 같이, 방언형 '가매'도 통시적으로 살펴볼 때 '가매+zero'로 오분석한 결과 오늘날의 방언형 '가매'를 생성하게 된 것이 아닐까 추정된다. 마찬가지로, 방언형 '도매', '자래', '장매', '장개', '방애' 등도 통시적으로 살펴볼 때 오분석으로 이루어진 낱말들로 보아야 하겠다.
　그밖에, 표준어 /a/모음이 전남방언에서 /E/로 실현되는 낱말들 중에는 '지나가다 → 지내가다'와 같은 i모음 순행동화에 의한 것이 있다. 그러나, '치마(裳) → 치매, 지라(脾臟) → 지래, 이마 → 이매, 잉아(綜絲) → 잉애' 등의 예들은 /a/모음에 /i/모음이 선행하고는 있으나 i모음 순행동화와는 차원을 달리하여 (b)의 낱말들과 동궤의 것으로 보고 싶다.
　왜냐하면, (b)의 예들은 모두 명사로서 그것들의 고어가 /a/로 끝나는 말들일 것이라고 추정하여 볼 때 '치마' 등의 예들도 (b)의 예들과 동일한 성격을 지닌 말들이기 때문이다. 그리고, (b)의 예들에서 볼 수 있는 /a/ → /E/의 현상은 제주도 방언에서도 한 특성을 이루고 있다고 하는데,11) 전남방언에서도 마찬가지가 아닐까 한다.
　아무튼 (b)의 낱말들은 표준어의 /a/가 어떤 음운환경의 영향을 받아 공시적으로 변이되어 방언에서 /E/로 바뀐 것이 아니라, 역사적으로 볼 때, /a/로 끝난 명사에 /ㅣ/모음이 첨가되어 이루어진 것들로서 표준어 /a/모음과 전남방언의 /E/모음이 대응을 이루게 된 것으로 볼 수 있겠다.

---

11) 李崇寧, 濟州島方言의 形態論的 硏究(二友出版社, 1978), pp. 46-47 참조.

(2) /a/와 /o/의 대응12)

 (a) 너삼(羅蔘)(<ᄂᆞ솜) → no:sam(주로 B지역)
  나누다(分)(<ᄂᆞ호다) → nonuda
  마르다(乾)(<ᄆᆞᄅᆞ다) → mollida
  말리다(使乾)(<몰뢰다) → mollida
  바수다(碎)(<ᄇᆞᄉᆞ다) → p'osuda
  밟다(步)(<ᄇᆞᆲ다) → pobta
  만지다(撫)(<ᄆᆞᆫ지다) → montʃ'ida
  말다(捲)(<ᄆᆞᆯ다) → molda
  맑다(淸)(<ᄆᆞᆰ다) → mokta
  바르다(塗)(<ᄇᆞᄅᆞ다) → porida
  밝다(明)(<ᄇᆞᆰ다) → pokta
  빨다(吮)(<ᄲᆞᆯ다) → p'olda
  남새(菜蔬)(<ᄂᆞᄆᆞ새) → nomusE
  팔다(賣)(<ᄑᆞᆯ다) → p'olda
  빻다(粉)(<ᄇᆞᆺ다) → p'otta, p'osida, p'osuda
  나물(菜)(<ᄂᆞᄆᆞᆯ) → nomul(주로 B 지역)
  남(他人)(<ᄂᆞᆷ) → nom
  말(馬)(<ᄆᆞᆯ) → mol(A지역에서는 드물고 주로 B지역)
  마루(旨)(<ᄆᆞᄅᆞ) → mollɛŋi(광산, 담양, 나주)
  마을(村)(<ᄆᆞᅀᆞᆯ) → mosil
  팔(臂)(<ᄑᆞᆯ) → p'ol
  팥(小豆)(<ᄑᆞᆺ) → p'ot
  파리(蠅)(<ᄑᆞ리) → p'ori

 위에서 살핀 /a/→/E/의 현상과 더불어, 전남방언에 있어서 /a/→/o/의 현상도 흔하게 나타나는 현상이다.
 그런데, (a)의 낱말들에서는 어떤 규칙성을 찾아볼 수 있다. 이들 낱말들을 보면 /a/모음이 모두 순음(앞)과 치음(뒤) 사이에 있고 낱말의 첫음절이라는 공통성을 지닌다.
 그런데, 이들 예의 고형은 위에서 보는 바와 같이 모두 /ㆍ/[ʌ] 모음을 개재하고 있다. 이 /ㆍ/[ʌ]는 공통어의 /a/와 전남방언의 /o/에 해당하는 음소로서, 공통어의 /a/가 전남방언의 /o/로 변이되었으리라는 생각에 의혹을 갖게 한다. 필자는 앞서 설명한 내용 중에서 공통어의 /a/가 전남방언의 /o/로 바뀌었다는 내용은 수정할 필요가 있다고 생각한다.

---

12) 여기서 '대응(対応)'이라 함은 표준어의 모음과 방언의 어떤 모음이 공시적 변이로서가 아니라 역사적 변천 과정에서, 서로 맞서 있을 때만을 지칭하는 용어로 쓴 말이다. 앞으로도 같다.

다시 말하면, /a/가 /o/로 바뀐 공시적 변이가 아니라, /ㆍ/[ʌ] 모음을 개재한 고어형이 역사적으로 각각 다른 변천과정을 밟아 표준어의 근간이 된 서울방언에서는 /a/로 변화한 반면에, 전남방언에서는 /o/로 변화한 것이라 보고자 한다. 즉, 첫음절에 /ㆍ/[ʌ]가 개재된 낱말 중, 순음과 치음 사이에 /ㆍ/[ʌ]모음이 오면, /ㆍ/[ʌ]는 그 자체의 불안정성으로 말미암아 서울방언에서는 /a/로, 전남방언에서는 /o/로 변한 것이라 할 때, 이는 곧 그 변천 경로가 달랐다고 보아야 하겠다.

이리하여 결과적으로는 오늘날 서울방언과 전남방언에서 /a/와 /o/가 모음 대응을 이루게 된 것이다.

이「ㆍ>ㅗ」현상은 경상남도와 함경북도의 일부에서도 나타나는 것으로서 평순모음의 원순모음화 현상이다.([-round] → [+round])[13]

예외적 존재인 네 낱말들 중 '나누다'의 방언형은 전남 전지역에서 [nanuda]와 수의변이되며, '나물', '남(他)', '너삼'의 방언형은 주로 B지역에서 실현되고 A지역에서는 [nəmul], [nəm], [nə:sam]으로 각각 실현되는 것이 일반이다. 그런데 /ㆍ/[ʌ]모음은 국어사에서 볼 때 그 소실 과정에서 /a/, /i/, /o/, /u/, /ə/ 등으로 변하여 일관성을 보이지 않았고 그 변화의 조건(음운 변화의 환경)도 어느 정도의 규칙성을 찾아볼 수는 있으나 예외성이 많음을 우리는 잘 알고 있다. 그런 연유의 결과적 산물이 이들 4가지 낱말들이 아닐까 한다.

그러나 4가지 낱말의 /a/모음 앞뒤의 자음을 보면, 앞의 자음이 모두 치음인 /n/이며 뒤의 자음은 순음이거나 치음이라는 사실이 주목되기도 한다.

1.3.2. (1) /ə/ → /E/   (2) /ə/ → /i/
       (3) /ə/ → /o/   (4) /ə/ → /u/

/ə/는 전남방언에서 주로 E, i, o, u 등으로 변이되어 복잡한 양상을 띤다.[14] 이것은 모든 단모음 중에서 그 변이의 폭이 가장 크다.

(1) /ə/ → /E/(전설모음화)([+back] → [-back])

이 현상도 1.3.1.의 경우와 같이 한 개의 형태소 내부에서 일어나는 것(a)과, 후행하는 /i/모음의 영향으로 변이되는, 이른바 i모음 역행동화에 의한 것(b)으로 나뉜다.

---

13) 崔鶴根, 国語方言 研究(서울大出版部, 1968), pp.44~45 참조.
14) 표준어의 /a/는 전남방언에서 /ə/로 실현되는 경우도 있다. 이것은 전남 方言이, 표준어와는 달리 모음조화 현상을 유지하고 있는 경우인데 그 수가 많지 않아 여기서는 다루지 않았다. "예" 아저씨 → 아자씨. 한편, '꺾다 → 꿍끄다, 검다(黑) → 끄머타'에서처럼 /i/로 변이되는 것도 있다.

(a) 머루 → mElgu
　　서까래 → s'Ek'arE, s'Ek'il
　　건너다(渡) → kənnEda, kinnEda
　　고등어 → kodiŋE　　　방어 → paŋE
　　문어 → munE　　　　민어 → minE
　　숭어 → suŋE　　　　잉어 → iŋE
　　붕어 → pugE　　　　상어 → saŋE
　　오징어 → odʒiŋE　　장어 → tɕʰaŋE
　　홍어 → hoŋE,
(b) 꺼림직하다 → k'Erimtʃ'ikhəda
　　갈치다(: '가르치다'의 축약형) → kEltʃ'ida
　　벗기다(使脱) → pEk'ida
　　버리다(捨) → pErida
　　섬기다(事) → sEŋgida
　　어리다(幼) → Erida
　　절이다(: 소금에 ~) → tʃErida
　　저리다(: 발이 ~) → tʃErida
　　저지르다 → tʃEdʒirida
　　처지다 → tʃʰEdʒida

　　(b)의 현상은 1.3.1.의 (c)와 같은 현상이므로 설명할 필요를 느끼지 않고, (a)의 현상은 예에서와 같이 주로 고기 이름에 나타나는 현상인데 이도 1.3.1.의 (1)(b)와 동궤로 볼 수 있겠다.
　　곧, '붕어'에 주격 'ㅣ'가 포함된 형태 '붕에'를 '붕에+ zero'로 오분석한 결과 이루어진 것이다. 그러나, (a)의 예들 중에서도 고기 이름이 아닌 것들은 /a/에 선행하는 자음(: [+anterior]) 에 이끌리어 /E/로 변이된 것이라 하겠다.

(2) /ə/ → /i/ $\left(\begin{bmatrix} -\text{high} \\ +\text{back} \end{bmatrix} \rightarrow \begin{bmatrix} +\text{high} \\ -\text{back} \end{bmatrix} \right)$

　　간섭(干涉)(~하다) → kansip(~ həda)
　　보섭(耤) → posip
　　거섶(: 비빔밥에 섞는 나물) → kəsip
　　거처하다 → kətʃʰihəda
　　정말 → tʃiŋmal
　　각처(各処)에 → kaktʃʰiE
　　난처(難処)하다 → nantʃʰihəda

예의 낱말들을 살펴보면 /ə/모음에 선행하는 자음이 /ㅅ, ㅈ, ㅊ/인 바 /ə/모음이 이들의 조음 위치에 끌려 /i/로 변이되었다. 그리고 이것은 대체로 ə>ɨ>i의 변천과정을 거치는 것으로 파악된다(정말>증말>징말). 또한 /ə/가 대체로 제2음절의 위치에 있다는 것도 주목할 만하다.

(3) /ə/ → /o/
순음 아래에서의 /ə/모음은 /o/모음으로 변이되는 경향이 짙다.(/u/모음으로 변이되는 경향도 약간 나타남. 다음 항 1.3.2.의 (4) 참조)

머슴 → mosim   먼지 → mondʒi(주로 B지역)
먼저 → mondʒa, montʃʻa(강진, 장흥, 진도, 완도)
멍에 → moŋE   멍울 → moŋol
멀미 → molmi   멀었다(遠) → mollatta
버선(襪) → posin   버짐 → podʒim
벌초(伐草) → poltʃʻo

(4) /ə/ → /u/ $\begin{pmatrix} \begin{bmatrix} -\text{round} \\ -\text{high} \\ +\text{back} \\ -\text{low} \end{bmatrix} \rightarrow \begin{bmatrix} +\text{round} \\ +\text{high} \\ +\text{back} \end{bmatrix} \end{pmatrix}$

먹다(食) → mukta   먼지(塵) → mundʒi(주로 A지역)
무겁다(重) → mugupta   실겁다 → silgupta
싱겁다 → siŋgupta   매섭다 → mEsupta
무섭다 → musupta   더럽다 → tərupta[15]
너그럽다 → nəgurupta   서럽다(哀) → sərupta
버리다(조동사) → pʼurida

예의 낱말 중 '먹다', '먼저'의 경우는 순음 아래 /ə/모음이 /u/로 바뀐 방언(또는 우리말)의 일반적 경향의 일면을 보인 경우라 하겠고, 나머지 낱말들에서 개재된 /ə/모음이 /u/모음으로 바뀐 이유는 무엇이라고 단정하기는 어려우나, /ə/모음 뒤에 순음인 /p/가 한결같이 존재하는 것으로 보아 이 /p/의 영향인 듯 싶다. 이 낱말들은 모두 'ㅂ변칙 용언'으로서, 활용할 때 /u/가 개입된다는 사실을 감안한다면 이러한 추정은 가능성이 짙은 것으로 보인다.(무서워 → 무수와)

또, 전남방언에서의 이 고모음화 현상은 전설모음화 현상과 더불어 우리말이 현대에 와서도 지속적으로 모음상승이 이루어지고 있음을 말해 주는 증거가 아닐까 싶다.(1.3.13.1. 및 1.3.13.9. 참조)

---

15) 접미사 '-럽다'나 '~업다(부들 + 업다)'가 붙어서 된 말은, 모두가 방언에서 '~rupta'와 '~(r)opta'가 수의변이된다.

1.3.3. /e/ → /i/ $\left(\begin{bmatrix} -\text{high} \\ -\text{low} \end{bmatrix} \rightarrow \begin{bmatrix} +\text{high} \\ -\text{low} \end{bmatrix} \right)$

(a) 세다(算, 强) → si:da　　　　세수(洗手) → si:su
　　세배(歲拜) → si:bE　　　　셋방(貰房) → si:pʼaŋ
　　세살(三歲) → si:sal　　　　세우다(使立) → siuda
　　세상(世上) → si:saŋ　　　　셋(三) → si:t
　　제비 → ʧiːbi, ʧiːbu　　　　제가 → ʧi:ga
　　제수(弟嫂) → ʧi:su　　　　제사(祭祀) → ʧi:sa
　　제물(祭物) → ʧi:mul　　　　제각(祭閣) → ʧi:gak
　　제기 → ʧi:gi　　　　제딴에는 → ʧikʼanEnin
　　제자리 → ʧidʒari　　　　제(除)하다 → ʧihəda
　　젠장 → ʧi:ndʒaŋ　　　　체(滯) → ʧʻi
　　체하다 → ʧʻihəda　　　　체격(体格) → ʧʻigjək
　　체계(体系) → ʧʻigE　　　　체면(体面) → ʧʻimjən, ʧʻimEn
　　체부(遞夫) → ʧʻi:bu　　　　체신(体身) → ʧʻi:sin
　　체험(体験) → ʧʻihəm　　　　베다(枕, 伐) → pi:da
　　베개(枕具) → pi:gE　　　　베돌다 → pi:dolda
　　베어먹다 → piəmukta　　　　메주(醬麴) → midʒu
　　메뚜기 → mitʼugi(흑산도, 고흥, 완도, 진도)
　　메기(鮎魚) → mi:gi　　　　메다 → mi:da
　　메스껍다 → misikʼəda　　　　메우다 → mi:da
　　게우다(吐) → kiuda　　　　게으르다(怠) → kiurida
　　게(蟹) → ki, ki:　　　　데(処) → ti
　　데리고(同伴) → tilkʼo, tirigo　　　　떼다 → tʼi:da
　　떼어먹다 → tʼiəmukta　　　　데다(火傷) → ti:da
　　떼(群) → tʼi　　　　데치다 → ti:ʧʻida
　　넷(四) → ni:t　　　　네치(四尺) → ni:ʧʻi
　　네가 → ni:ga　　　　테두리 → tʼiduri(주로 A지역)
　　헤프다 → hi:pʻuda, si:pʻuda
　　헤엄 → siəm, hiəm(진도)
　　헤매다 → himEda　　　　헤어지다 → hiədʒida
　　헷갈리다 → hikʼalida, sikʼalida

(b) 억세다 → əksida
　　괄세하다 → kalsihəda, kwalsihəda
　　집에(~ 간다) → ʧibi(~ kanda)
　　어데 → ədi, ə:di

그러던데 → kirədindi   할텐데 → həlt'Endi, həlt'indi
그런데 → kirəndi,

위에서 보는 바와 같이 /e/ → /i/ 변이는 전남방언에서 세력이 매우 강한 편이다. 위에서 고찰의 편의를 위해서 /e/가 어두에서 결합된 경우(a)와, 제2음절에 결합된 경우(b)로 나누어 보았으나 특징적 차이는 보이지 않는다. 따라서 (a)와 (b)를 포괄하여 살펴볼 수 있을 것이다.

위에 든 낱말들의 선행자음을 보면 /ㅅ, ㅈ, ㅊ/의 세력이 가장 강한 편인데, 그 원인은 /e/가 이들 낱말들과 결합하여 낱말을 산출하는 생산성이 높은 일면도 있을지 모르나, 그것보다는 이들 자음이 경구개자음이기 때문에 개구에 의해 구개부에서 떨어져 있는 모음을, 구개부에 밀착되어 산출되는 /i/의 위치로 이끌어 올리는 것이라 볼 수도 있겠다. 그러나, 이 가상적인 규칙은 /ㅁ, ㅂ, ㄴ, ㄷ, ㄸ, ㅌ/등 양순음이나 설단치조음 아래에서도 상당한 세력을 보이는 동일변화까지 해결할 수 없기 때문에 부정을 면할 수 없다. 따라서 우리는 보다 설명력이 강한 규칙을 마련해야 할 것이다.

방언에서 /e/ → /i/는 주로 경구개음, 양순음, 치조음 아래서 나타나는 변이다.

또, 한편 양순음이나 치조음아래서의 변이의 원인은 그것들이 전방성자음([+anterior])인 때문일 것이다.

그런데, 위의 예들 중 /ㅎ/ 아래서의 /e/ → /i/는 구개음화 현상과 관련성이 있는 듯이 보이며[16], 이들 낱말들은 다음과 같은 rule ordering에 의해 변화한다는 사실을 덧붙일 필요가 있다.[17]

헤프다 → hi:p'uda → si:p'uda
헤엄 → hiəm → siəm
헤매다 → himEda(→ *simEda)
헤어지다 → hiədʒida(→ *siədʒida)
헷갈리다 → hik'alida → sik'alida

---

16) 'ㅎ → ㅅ'의 변이를 구개음화로 보는 데는 문제가 없는 바는 아니나, 필자는 이것까지를 구개음화에 포함시키고자 한다. /i/모음에 선행하는 /ㅅ/은 설단치조음이 아니라 전설 경구개음으로 실현되는 것이 일반이기 때문이다.

17) 구개음화의 순서는, 자음이 먼저 변하고 다음에 모음의 변이가 뒤따른다고 보는 것이 일반적 견해인 듯하나, 이들 낱말들을 보면 오히려 그 반대의 일면을 보여준다. 모든 자음의 구개음화를 일률적으로 포괄하여 그처럼 단정을 내리는 것은 곤란한 일이 아닐까 한다. 구개음화에 대한 재검토의 필요성을 느낀다.

1.3.4. (1) /ɛ/ → /a/ (2) /ɛ/ → /i/

방언에서 /ɛ/모음은 표준어의 /ɛ/모음 자체로는 발음되지 못하고 /e/와의 중화음인 소위 /E/로 실현되는 것이 일반적 경향이라는 사실은 이미 앞에서 언급한 바 있다.(1.1. 참조)

물론, 이 사실이 방언의 가장 큰 특징적인 일면을 이룸은 틀림없다.

그런데, 이 /ɛ/는 또 하나의 특성을 지닌다. 그것은 정서법의 /ɛ/모음은 전남방언에서 다른 어떤 모음보다도 음운의 변이(교체)가 미약하다는 점이다. 이 /ɛ/는 방언에서 /a/와 /i/로 변이되는 몇 개의 특정어휘에 한정되어 있어서 어떤 규칙을 찾아내기도 힘들 정도다. 필자는 그 원인을 표준어의 /ɛ/가 방언에서 /e/와 중화(/e/에 흡수 또는 통합)됨으로써 /ɛ/가 설자리를 잃었기 때문이 아닐까 한다, 곧 변이의 근거를 잃었기 때문이라고 여겨진다.

첫음절에서는 나타나지 않는다.[18]

(1) /ɛ/ → /a/ (후설저모음화) $\left(\begin{bmatrix} -\text{back} \\ -\text{high} \\ -\text{low} \end{bmatrix} \rightarrow \begin{bmatrix} +\text{back} \\ -\text{high} \\ +\text{low} \end{bmatrix} \right)$

동생(同生) → toŋsaŋ   고생(苦生) → kosaŋ
선생(先生) → sənsaŋ   평생(平生)을 → p'jəŋsaŋil[19]

위에 예시한 낱말들의 끝음절은 모두 한자음 '생(生)'인데, 이 '生'의 15세기 우리말 표기는 '싱'이었다. 이것이 전남방언에서 '상'으로 실현되고 있는 이유는, 이들 낱말들이 한자말이라는 의식이 사라지고 우리말로 화석화(化石化)됨에 따라 음운 변화의 과정을 밟게 되는데, 먼저 /ㅣ/모음이 탈락하고, 그 뒤 /ㆍ/모음이 /ㅏ/모음으로 변화된 결과인 듯싶다.(동싱>동ᄉᆞᆼ>동상)

'苦生'이 念仏普勸文(英祖 52 年, 1776年刊)에 '고상'으로 표기되어 있는 경우를 볼 수 있는데, 이 또한 같은 이유가 아닐까 여겨진다.

디옥게 드러 고상을 슈ᄒᆞ고<普勸, 11>

---

18) /ɛ/가 /a/나 /i/로 변이되는 것 외에도 /u/ 등으로 변이되는 경우도 있다.

물방개(竜蝨) → mulp'aŋgu,   냉이(薺) → nasuŋɛ
달래(野蒜) → talluŋɛ,   달팽이(<돌풍이) → talp'ani<고흥
담배(煙草) → tambu<완도, 진도>   대님(<다님) → 다님<영광>

이 중 '냉이', '달래'의 해당 방언어휘는 전남방언에서 형태론적 이형태로 굳어진 것이 아닐까 한다.
19) 'p'Eŋsaŋil'의 형태도 전지역에서 간혹 나타남.

(2) /ε/ → /i/ (전설고모음화) $\begin{bmatrix} -\text{high} \\ +\text{low} \end{bmatrix} \rightarrow \begin{bmatrix} +\text{high} \\ -\text{back} \end{bmatrix}$

  애매(曖昧)하다 → εmihəda
  가래톳(淋巴線) → karit'E(주로 A지역)
  매캐하다 → mEk'ihəda
  메기다(번호를 ~) → migida

이 경우는 방언 화자들이 /ε/와 /e/를 구별하지 못함으로써 1.3.3.에서의 e/E/ → i의 경향처럼 /e/가 /E/로 중화된 뒤 /i/로 바뀐 것으로 볼 수 있겠다. 곧, 1.3.3.과 동궤의 것이라 하겠다.

1.3.5. /ö/ → /E/

'ㅚ'는 공통어에서는 단모음 /ö/와 중모음 /oj/의 양면성을 지닌 듯한데 전남방언에서는 모두 /E/로 실현되는 것이 일반적인 경향인 것 같다.[20]

'ㅚ'가 전남방언에서 중모음으로 실현되는 예는 없고 단모음 /ö/로 실현되는 일부의 낱말들조차 모두 /E/로도 실현되며, 또 /E/가 자연스런 발음이다. 이것은 원래 중모음이었던 ㅚ/oj/가 일단 /ö/로 단모음화되고 그 뒤 /E/로 바뀌어가고 있음을 말해주는 사실이라 할 것이다.

  꾀(謀): k'oj → k'ö → k'E
  괴짜: kojʧ'a → köʧ'a → kEʧ'a
  금괴(金塊) → kimgö → kimgE
  꾀꼬리 → k'ök'ori → k'Ek'ori
  뇌(腦) → nö: → nE: 되(升) → tö: → tE
  묏자리 → mö:ʧari → mE:ʧari   쇠(鐵) → sö → sE
  쇠고기 → sögögi → sEgEgi   죄(罪) → ʧö: → ʧE:
  최(崔)가 → ʧö:ga → ʧ'Ega
  퇴근(退勤)하다 → t'ö:ginhəda → t'Eginhəda
  회(膾) → hö: → hE: ,   고기 → kögi → kEgi

1.3.6.

  (a) /o/ → /u/(고설모음화)([-high] → [+high])
     괴롭다 → kErupta   새롭다 → sErupta

---

20) /E/로 실현되지 않는 낱말로 '쇠스랑(農器)'이 있는데, 이것은 전 지역에서 [sosiraŋ]으로 실현된다. 필자의 생각으로는 /E/로 실현되지 않은 낱말은 이것 하나밖에 없는 것 같다.
   이것은 고어의 잔영일 것이다.

   * 내 소시랑을 일허ᄇ려진가 오늘조차 찬 三年외러니.<靑丘永言(崔南善 藏本, 1728年刊), p.65>

이롭다 → i:ruptə   해롭다 → hE:ruptə
향기롭다 → hjaŋgiruptə   따사롭다 → t'asaruptə
다채롭다 → tatʃʰEruptə   이채롭다 → itʃʰEruptə
까다롭다 → k'adaruptə   골똘하다 → kolt'ulhədə
(b) 고소(芳味)하다 → kosuhədə, k'osuhədə, k'osurimhədə, k'osuptə
저고리(襦) → tʃəguri   화로(火炉) → hwa:ru, ha:ru
숫돌(礪石) → sit'ul   손톱 → sont'up
발톱 → palt'up   송곳 → soŋgut
고모(姑母) → komu(주로 B지역)
옷고름 → ok'urum   갈고리 → kalguri

(a)의 낱말들은 개재된 /o/모음을 그대로 유지하는 경우와 위에서처럼 /u/모음으로 바뀌는 경우가 수의변이되지만 /u/쪽이 강세를 보이고 있다. 이는 고설모음화 과정을 끝맺지 않은, 곧 현재 진행과정 위에 있음을 말해 주는 것이 아닐까 한다. 이들 중 '괴롭다, 해롭다, 다채롭다, 까다롭다' 등의 말들은 거의 /u/ 쪽으로 굳어진 것들이다.

(b)의 낱말들은 모두 /u/모음으로 실현되는 것들로서 서울방언에서는 아직도 /o/모음을 그대로 유지하고 있다.

이 /o/ → /u/현상은 국어사에서도 허다히 발견되는 예인데(예: 나모>나무) 서울방언이 표준말의 위치를 차지하여 새로운 변화를 억제하고 있어 아직 /o/모음을 유지하고 있지만, 원격방언에 속하는 전남방언에서는 교육의 미숙과 음성지도의 소홀로 인하여 모음이 자유로이 교체되는 결과를 초래한 것이라 하겠다.(1.3.11. 참조)

음성환경으로서는 /o/에 선행하는 자음이 연구개음과 치조음이라는 사실이 주목되기도 한다.

1.3.7. /u/와 /o/의 대응

오줌(尿)(<오좀)   → odʒom<광산, 나주, 장성, 담양>
기둥(柱)(<기동)   → tʃidoŋ<주로 B지역>
단추(釦)(<단쵸)   → tantʃʰo
메추리(鶉)(<뫼초라기, 뫼초리) → metʃʰori
개구리(蛙)(<개고리)   → k'Egori, k'Egoraktʃi
자주(頻)(<자조)   → tʃadʒo, tʃ'a:k'o
모두(全部)(<모도)   → modo
미투리(麻鞋)(<메토리)   → mit'ori
자투리(雾布)(<자토리)   → tʃat'ori, tot'omari
줄다(縮)(<졸다)   → tʃolda

위의 낱말들에서처럼 공통어의 /u/모음이 방언에서 /o/모음으로 나타나는 현상을 1.3.6.과 비교하여 "근대 국어 이후 음운의 통합관계에서 흔히 발견되는 /o/, /u/의 혼란"으로 추단하는 견해도 있으나, 필자는 견해를 달리한다.[21]

우선 이들 낱말들의 고형을 살펴보면 한결같이 /o/모음을 가진 것들이었음을 알 수 있다. 이로 미루어 볼 때 공통어 고설모음 /u/가 전남방언의 /o/모음으로 바뀐 저설모음화 현상이 아니라, 방언의 /o/모음을 개재한 낱말들은, 전남방언에서 흔히 볼 수 있는 고어의 잔영(고형의 유지)이라고 봄이 오히려 합당하지 않을까 한다. 이런 까닭으로 오늘날 공통어와 전남방언이 /u/: /o/의 대응을 이루게 되었을 것이다.

1.3.8. /u/ → /i/ (후설 원순모음의 비원순 전설모음화) $\begin{bmatrix} +\text{round} \\ +\text{back} \end{bmatrix} \rightarrow \begin{bmatrix} -\text{round} \\ -\text{back} \end{bmatrix}$

(a) 감추다(藏) → kamtʃʰida 들추다 → tiltʃʰida
    맞추다 → matʃʰida 낮추다 → natʃʰida
    멈추다(止) → məmtʃʰida 춤추다(舞) → tʃʰumtʃʰida
    한숨 → hansim 수수(蜀黍) → s'usi, tʃusi
    목숨 → moksim 아주머니 → adʒim
    가루(粉) → kari 자루(柄) → tʃari
    장수(商人) → tʃaŋsi
    거추장스럽다 → kətʃʰidʒaŋsiropta
    고추 → k'o:tʃʰi 숫돌(礪石) → sit'u:l, sit'uk
    나룻배(津船) → narip'E 시루(甑) → siri
    마루(棟) → malli, molli, mulli 오줌(尿) → odʒim
    명주 → mjəŋdʒi, mEŋdʒi
(b) 무(菁)(<무수) → musi
    여우(狐)(<여으) → jə:si
    겨울(冬)(<겨슬) → tʃəsil
(c) 무지근하다 → midʒiginhəda
    구경가다 → kigjəŋgada
    무명 → miəŋ, mjəŋ
    퉁기다 → t'iŋgida
    우기다 → igida

이에 해당하는 낱말은 위에 든 예 외에도 상당히 많다. 이것은 후설모음의 전설모음화 현상

---

[21] /o/, /u/의 혼란의 견해는 李敦柱, 「전남방언」, p.195 참조.

으로 전남방언의 한 특성을 반영해 주는 것이라 하겠다. 그러면, 이렇게 변이되는 원인은 어디에 있을까? 위의 (a), (b), (c)의 예에 대하여 차례로 살펴보자.

(a)의 낱말들은 개재된 자음의 특성에서 그 원인을 찾을 수 있다고 생각한다. 이들 낱말들은 /u/모음에 선행하는 자음이 모두 /ㅅ, ㅈ, ㅊ, ㄹ/ 등 전설성자음인고로 후설모음 /u/가 이들 자음에 끌리어 /i/로 바뀐 것이다.(1.3.3. 참조)

또, (b)의 낱말들은, 위에서 보는 바와 같이 15세기 문헌에 모두「△」으로 표기되어진 것들이다. 이들은 공통어에서는「ㅅ>△>ㅇ」의 과정을 밟아 약화, 탈락한 반면에 전남방언에서는 [s] 원음을 유지하고 있어서 소위 'ㅅ'음계 방언과 모음계 방언의 대립을 이루게 된 것이라 하겠다.

따라서, 이 경우도 (a)에 포함시켜 설명할 수 있을 것이다. 그리고, 후설고모음 /u/의 전설고모음 /i/로의 변화는 국어사에도 그대로 나타난다.(예: 춤(涎)>침, 기춤>기침 등)

또, 이들 낱말들 중에는 공통어 /u/모음이 15세기에는 /o/모음으로 나타나는 경우가 많은 것으로 보아 대체로 o>u>i의 변천과정을 거치는 것으로 파악된다.(오좀>오줌>오짐)

끝으로, (c)의 경우는 /u/모음 뒤에 /i/모음이 개재되어 있는 사실로 미루어 i모음 역행동화 현상으로 설명할 수 있겠는데 이병근 님은 이것을 원순성 성분(w)의 탈락으로 설명하고 있다.[22]

1.3.9. /i/와 /u/의 대응

동이(甕盆)(<동희)	→	toŋu
심다(植)(<심다, 시므다, 심ㄱ다)	→	sunguda
나비(蝶)(<나븨)	→	nabu
깁다(補)(<깁다)	→	ʧupta
거미(蜘蛛)(<거믜)	→	kəmu
모기(蚊)(<모긔, 모괴)	→	mogu
호미(鋤)(<호믜)	→	homu
조기(石魚)(<죠긔)	→	ʧogu
메밀(蕎麥)(<모밀)	→	mEmul
침(口液)(<춤)	→	ʧʰum
옹기(甕器)(<?)	→	oŋgu
상치(萵苣)(<?)	→	saŋʧʰu

위의 예들에서 보는 낱말들은 공통어의 /i/모음이 전남방언에서는 /u/모음으로 나타나는 것들로서, 공통어의 /i/모음이 전남방언에서 /u/모음으로 변이된 것이 아니다.

---

22) 李秉根, "京畿地域語의 母音体系와 非圓脣母音化,"「東亜文化」, no. 9(1970), pp. 149~167.

위에서 보는 바와 같이 이들 낱말들의 고어형은 중모음 'ㅓ'/ʌj/나 'ㅢ'/ɨj/를 가진 것들이다. 이들 낱말들은 사적 기저형으로부터의 변천과정에서 서울방언에서는 /i/로 변화하였고(: 나ㅂㅣ>나비, 거ㅁㅢ>거미), 전남방언에서는 /u/로(: 나ㅂㅣ>나부, 거ㅁㅢ>거무) 변화했음을 알 수 있다. 이것은 이들 낱말들이 서울방언과 전남방언에 있어서 그 음운의 변화과정이 달랐음을 말해 준다 하겠다.

그런데, 위의 낱말 중 '옹기', '상치', '심다', '깁다'는 문제를 야기시킨다.

'옹기'의 고어형은 찾을 수 없으나<物譜>(酒食篇)에 '食器'를 '식긔'라 표기한 것과<訓蒙字会>(上, 14)에 '배추'를 '비치'라 표기하고 있는 것으로 미루어 보아 '옹기'의 고어형은 '옹긔'요 '상치'의 고어형은 '상치'임을 짐작할 수 있어 문제가 되지 않는다. 또 '심다'의 고어형은 '심다, 시므다, 심ㄱ다' 등 셋이 있으나 공통어의 '심다'는 그 사적기저형이 '심다'요, 방언의 '숭구다'는 '심ㄱ다'임을 알겠다.(: 심ㄱ다>심그다>숭구다)

그러나, '깁다'는 그 사적기저형도 '깁다'이다, 흔히 전남방언에서는 '길(路)>질'과 같이 연구개음인 /k/음이 /i/모음과 만나 구개음화되는 것을 볼 수 있는데, 이와 마찬가지로 방언의 '줍다'는 사적기저형 '깁다'로부터 구개음화 등의 음운 변화 과정을 거쳐 형성된 것이 아닐까 한다.(: 깁다>기웁다>지웁다>즙다>줍다) 따라서, 공통어의 /i/가 전남방언에서 /u/로 나타나는 것을 국어사적으로 보면, 앞에서 보아온 고설모음화 현상과 동궤로 볼 수 있겠다.

1.3.10. (1) /i/ → /ə/   (2) /i/ → /ɨ/

(1) /i/ → /ə/ (후설저모음화) $\begin{bmatrix} -back \\ +high \end{bmatrix} \to \begin{bmatrix} +back \\ -high \end{bmatrix}$

곡식(穀) → koksək   음식(飮食) → imsək
아침(朝) → atʃʰək, adʒək

(2) /i/ → /ɨ/ (후설모음화) ([-back] → [+back])
여기(<이어긔, 여긔) → jəgɨ
저기(<져긔) → tʃʰəgɨ
거기(<그어긔, 거긔) → kəgɨ
그냥 → kijaŋ(전지역) kinjaŋ(진도) tʃʰijaŋ(진도)

(1), (2)의 현상은 그 세력이 아주 미약하여 위에 든 특정어휘에만 한정되어 있는 듯하다. 이런 후설 저모음화 현상 자체가 방언(또는 우리말)의 일반적 현상이 못된다.

(1)의 현상의 원인은 알아내기 어려우나 (2)의 현상은 음운의 역사적 변천과정에서 그 원인을 찾아 볼 수 있다. 곧 '여기', '저기', '거기'의 고형을 보면 모두 ㅢ/ɨj/를 개재하고 있는 말들인데, 이들 말들이 사적 변천과정에서 공통어에서는 /i/로, 전남방언에서는 /ɨ/로 바뀌어졌

으리라 추정된다. 한편 '그냥'의 어원을 '그 樣'에서 찾을 수 있는 바, 전남방언에서 쓰이는 '기양'은 이 '그양'의 /ɨ/모음이 i모음 역행동화 현상과 단모음화 현상으로 생성된 말일 것이고 (: 그양>긔양>기양), '기양'은 표준어 '그양'이 '그냥'으로 바뀐 것과 마찬가지 현상, 곧 이른바 음조를 매끄럽게 하기 위한 활음조 현상으로 그리된 것이라 하겠다.

또 '지양'의 형태는 '기양'이 구개음화되어 이루어진 결과임은 물론이다.

1.3.11. (1) /ɨ/→/i/   (2) /ɨ/→/u/

  (1) /ɨ/→/i/(전설모음화)([+back] → [-back])
    (a) 즐겁다(樂) → tʃilgəpta
      쓰러지다 → s'irədʒida
      스스럽다 → sisiropta, sisirupta
      가증(可憎)스럽다 → kadʒiŋsirupta
      슬다(産卵) → silda   쓰리다 → s'irida
      스루다(칼날을 ~) → siruda
      스쳐가다 → sitʃʰjəgada
      증상(憎狀)스럽다 → tʃiŋsaŋsirupta
      측근(側近) → tʃʰik'in   머슴 → mosim
      부스럼 → pusirəm   쓸다 → s'ilda
      씁쓰레하다 → s'ips'irEhəda
      츱츱하다 → tʃʰiptʃʰiphəda
      측량(測量) → tʃʰiŋnjaŋ
      구슬(玉) → kusil
      스물(二十) → simul<장성, 완도>

    (b) 그림(畵) → kirim   그리다 → kirida
      드리다(獻) → tirida   끓이다(使沸) → k'irida
      물들이다(染色) → muldirida

공통어의 /ɨ/모음이 전남방언에서 /i/모음으로 변이되는 경우도 상당한 세력을 갖고 있어 전남방언의 한 특성을 이루고 있는데, 이 변이는 (b)에서처럼 i 모음 역행동화의 경우를 빼면 선행자음이 「ㅅ, ㅆ, ㅈ, ㅊ」과 같은 전설성 자음([+coronal])일 때에 한정된다.

이 변이의 원인을 굳이 찾는다면, 처음 /ㅅ, ㅆ, ㅈ, ㅊ/에 /ɨ/모음이 잇달아 성음될 때는 전설성을 가진 선행자음에 끌려서 이들과 조음위치가 비슷한 /i/모음으로 바뀌게 됨으로써 발음하기가 쉽게 되어 조음작용에 필요한 노력을 덜 수 있기 때문이다.

또, 위 낱말들을 보면, 이 변이는 첫음절은 물론이요 제2음절 이하에서도 나타나는 것으로 보아 /i/모음의 위치와는 관계가 없는 것으로 보이며 이와 같은 규칙의 변화는 국어사에도 흔히 발견되는 예이다.[23]

숫다(洗拭: 杜詩八, 28)>씻다
승겁다(淡味: 同文上, 61)>싱겁다
즞다(吠: 杜詩九, 22)>짖다
믖다(裂: 釈譜六, 32)>찢다
츠다(除: 圓覚序, 47)>치다.
슴슴ᄒ다(淡: 救簡三, 64)>심심하다.

한편 한자음도 이렇게 변하는 일이 많은데 그 몇 예를 들면 다음과 같다.[24]

금**실**(琴瑟), **질**책(叱責), 법**칙**(法則), 편**집**(編輯), **친**의(襯衣)

(2) /i/ → /u/(원순모음화)([-round] → [+round])
    (a) 나쁘다 → nap'uda   예쁘다 → i:p'uda
        기쁘다 → kip'uda   우므리다 → umurida
        서글프다 → səgilp'uda   고프다 → kop'uda
        애달프다 → Edalp'uda   가쁘다 → kap'uda
        바쁘나 → pap'uda   오므리다 → omurida
        가냘프다 → kanjalp'uda   슬프다 → silp'uda
        고달프다 → kodalp'uda

    (b) 고드름(垂氷) → kodurim → kodurum
        고름(膿) → korum   구름(雲) → kurum
        노름(賭博) → norum   소름 → so:rum
        보름 → porum   두름(조기 ~) → turum
        물음표 → murump'jo   소금 → sogum
        고금도 → ko:gumdo   고등동물 → koduŋtoŋmul
        고슴도치 → kosumdoʧ'i   구금(拘禁) → kugum

이 현상은 제2음절 이하에서만 나타난다.

---

[23] 앞으로 인용되는 고어는 劉昌惇, 李朝語辭典(연대출판부, 1979)과 南広祐, 古語辭典(一潮閣, 1976)에서 옮겨 실었다. 출전명을 따로 밝히지 않는다.
[24] 한글 맞춤법 통일안, 제37항 참조.

(a)는 /i/모음이 양순음 아래 배합될 때 일어나는 변이로, 오늘날 전남방언에서는 물론, 타지역의 방언에서도 널리 나타나는 추이이다.25)

그 이유는 양순음 /ㅁ, ㅂ, ㅍ/ 아래 /i/음이 연달아 날 때는, /u/흡은 /i/음과 비슷하나 다만 원순성을 자질로 하는 음소이기 때문에, 이 /i/음이 양순음의 영향으로 입술이 자연 오므라지기 때문이다.26)

이 /i/음은 15세기에는 양순음과 자유로이 연결될 수 있었으나 17세기 말기부터 /u/로 변하기 시작하였다고 하며, 27) 현대에 와서는 낱말의 두음에서는 모두 /u/로 바뀌어 버려 쓰이지 않으며 제2음절 이하에서만 쓰이고 있는데, 그것도 양순음 아래서는 대부분 /u/음으로 바뀌고 거의 쓰이지 않으며, 용언(또는 용언의 전성명사)의 일부 특정 어휘에 국한되고 있는 실정이다.

만일 전남방언에서 용언의 제2음절 이하의 순음아래 쓰인 /i/가 /u/로 변이됨을 인정한다면 다음과 같은 규칙을 내세울 수 있을 것이다.

$$/i/ \rightarrow /u/VA_{stem} + \begin{bmatrix} -ant \\ +cor \end{bmatrix} \underline{\hspace{1cm}}$$

다음 (b)의 경우는 /i/모음이 개재된 음절의 앞 음절에 원순모음 /o, u/가 개재되어 있고, 이 모음의 영향으로 /i/가 /u/로 변이되는데, 임의적이다. 이것도 원리(원인)는 (a)의 경우와 같을 것이다.

그러나, '보름 → porum, 물음표 → murump'jo'와 같이 /i/와 /o, u/ 사이에 자음/ㄹ/이 끼일 때는 필연적 경향을 보인다. 그 이유는 확실히 알 수는 없으나 /ㄹ/은 모든 자음 가운데 유일하게 모음성([+vocalic])의 자질을 가지고 있어 /o, u/가 /i/로 이어지는 데 다른 자음보다 제약을 덜 받기 때문이 아닐까 한다.

1.3.12. 단모음의 이중모음화

(1) ə → wə

전남방언에서 단모음의 중모음화 현상은 그 세력이 극히 미약하여 아래의 경우를 빼놓고는 그 예를 찾기 힘들다.

엇다(매)! → 윗다(매)!   어쩐대 → 워쩐대, 워쩐다냐
어쩔래 → 워쩔래, 워찔래   어수룩하다 → 워수룩허다
얼마 → 월매

---

25) 국어국문학회, "국어정서법안",「국어국문학」, no. 52(1971), p. 133.
26) 訓民正音 制字解에 "ㅜ与ㅡ同而蹙"이라 함.
27) 許雄, op. cit. p.440 참조.

이 현상은 어두모음 /ə/에 원순성([+round])이 첨가되어 /ə/ → /wə/의 현상을 생성하고 있다. 이들은 방언에서 필연적 변이는 아니고 /ə/와 /wə/가 수의변이되고 있다. 그러나 /ə/가 일반적 경향이고 /wə/로 발음할 때는 어딘가 감정이 고조되는 경향을 띠는 것을 볼 때 노력 경제에서 생기는 변이와는 다른 자생적 변이일 것이다.

한편, 공통어에서는 /ə/가 /ʌ/에 가까운데 전남방언에서는 15세기 /ə/(높은데서 나는 /ə/)를 유지하고 있기에 서울의 장모음 [ʌː]보다는 더 높이[wə]로 들리는 것이 아닐까 싶다.

1.3.13. 지금까지(1.3.1. ~ 1.3.12.) 전남방언에 나타나는 단모음의 변이현상을 살펴보았다. 여기에서 발견되는 규칙들 모두가 필연적인 것은 아니다. 또, 전남방언에 나타나는 단모음의 변이현상이 윗 예에 한정되는 것이라고는 생각하지 않으나 중요한 경향은 드러났을 것으로 믿는다.

그러면, 지금까지의 내용을 일단 다시 종합하여 유형별로 나누어 보면 다음과 같다.

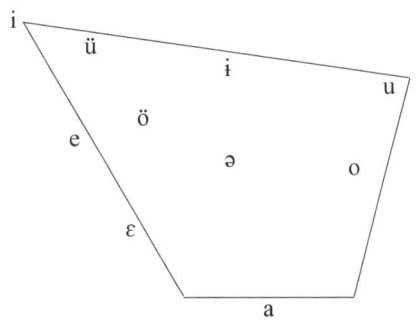

(참고도: 현대국어의 모음사각도)

1.3.13.0. 전설모음화 현상

① /ə/ → /E/(1.3.2.(1))
② /ö/ → /E/(1.3.5.)
③ /u/ → /i/(1.3.8.)
④ /ɨ/ → /i/(1.3.11.(1))

1.3.13.1. 고설모음화 현상

① /ə/ → /u/(1.3.2.(4))
② /e/ → /i/(1.3.3.)
③ /ɛ/ → /i/(1.3.4.(2))
④ /o/ → /u/(1.3.6.)

1.3.13.2. 전설고모음화 현상
① /a/ → /E/(1.3.1.(1))
② /ə/ → /i/(1.3.2.(2))

1.3.13.3. 후설모음화 현상
① /ə/ → /o/(1.3.2.(3))
② /i/ → /i/(1.3.10.(2))
③ /i/ → /u/(1.3.11.(2))

1.3.13.4. 후설저모음화 현상(개구모음화 현상)
① /ɛ/ → /a/(1.3.4.(1))
② /i/ → /ə/(1.3.10.(1))

1.3.13.5. 폐구모음화 현상
① /a/ → /E/(1.3.1.(1))
② /ə/ → /i/ 1.3.2.(2))
③ /ə/ → /o/(1.3.2.(3))
④ /ə/ → /u/(1.3.2.(4))
⑤ /ə/ → /i/(1.3.3.)
⑥ /ɛ/ → /i/(1.3.4.(2))
⑦ /o/ → /u/(1.3.6.)

1.3.13.6. 표준어와 전남방언의 음운대응
① 표준어 /a/모음에 대한 /o/모음 대응(1.3.1.(2))
② 표준어 /u/모음에 대한 /o/모음 대응(1.3.7.)
③ 표준어 /i/모음에 대한 /u/모음 대응(1.3.9.)

1.3.13.7. 비원순모음의 원순모음화 현상
① /ə/ → /o/(1.3. 2.(3))
② /ə/ → /u/(1.3.2.(4))
③ /i/ → /u/(1.3.11.(2))

1.3.13.8. 원순모음의 비원순모음화
① /ŏ/ → /E/(1.3.5.)
② /u/ → /i/(1.3.8.)

1.3.13.9. 음운변이의 특성과 그 제약

공통어(표준어)의 단모음과 비교해 볼 때, 전남방언의 단모음에 나타나는 변이현상의 특성과 그 변이의 제약에 대해 다시 종합 정리하여 봄으로써 이 장을 끝맺고자 한다.

여기서 기술하는 음운변이의 특성은 위에서 정리한 1.3.13.0.~1.3.13.8.의 내용을 더 축소해 본 것이고, 음운변이의 제약에 관한 내용은 이미 1.3.1.~1.3.10.에서 설명한 내용을 분야별로 크게 묶어 압축 요약한 것이다.

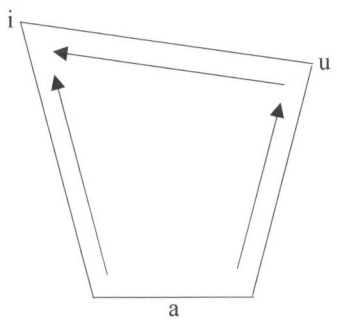

첫째, 전설모음화 현상과 고설모음화 현상, 곧 전설고모음화 현상이 강하다.

이 말은 1.3.13.0.~1.3.13.2.를 포괄한 결과로 그 제약을 보면 대체로 /ㄴ, ㄷ, ㄸ, ㅌ, ㄹ, ㅁ, ㅂ, ㅅ, ㅈ, ㅊ/ 아래서 변이가 일어나고 특히 /ㅅ, ㅈ, ㅊ/의 제약이 강하다. 그리고, 이들 전방성 자음이나 전설성 자음의 제약을 받아 전설고모음화 현상이 일어나는 원인은, 후설모음을 이들 자음의 위치로 전설화시키거나 저설모음을 고설화시킴으로써 발음을 쉽게 하여, 조음 작용에 필요한 노력을 줄이고자 한 이른바 '노력경제'에 말미암은 것이다.

전남방언에 나타나는 후설모음화 현상(후설저모음화 현상을 포함한다)은 대체로 /ə/ → /o/, /i/ → /ɨ/, /ɨ/ → /u/, /ɛ/ → /a/ 및 /i/ → /ə/의 다섯 종류가 있다.

이들 중 /ə/ → /o/와 /ɨ/ → /u/는 원순모음화 현상에 소속시켜야 될 것으로 보이고, /ɛ/ → /a/와 /i/ → /ə/는 몇 개 안되는 특정어휘에 한정될 뿐더러 그 세력이 광범위하지 못하며, /i/ → /ɨ/는 몇 개의 어휘에 한정될 뿐더러 공통어와의 역사적 변천과정의 차이로 나타난 결과이다. 이를 통하여 볼 때, 전남방언에서의 후설모음화 현상은 두드러진 현상은 못된다고 하겠다.

둘째, 원순모음화 현상이 강하다. 이 현상은 주로 /ㅁ, ㅂ, ㅍ/ 등 양순음 아래에서 일어나는 변이이며 원순모음 /ㅗ, ㅜ/ 아래서도 일어난다.

그런데, 비원순모음의 원순모음화 현상에는 고모음화 현상이 자동적으로 수반된다. 그러나 필자는 이와는 반대의 경우 곧, 고모음화 현상에 수반된 원순모음화 현상은 결코 아니라고 본다.

전남방언에서 비원순모음화 현상은 /u/ → /i/의 경우와 /ö/ → /E/의 경우 두 가지가 있지만, /u/ → /i/는 전설모음화 현상에 포함시킬 성질의 것이고 /o/ → /E/는, 원래 이중모음이던 /ㅚ/가 단모음화됨으로써 나타난 현상이지 원순모음의 비원순모음화 현상이 아니라고 생각된다. 곧, /ㅚ/는 이중모음으로 발음되면 [we]로-전남방언화자들은 [wE]로- 실현되는데, 이중모음의 단모음화에서 흔히 볼 수 있는 성절음인 뒤 요소로 단모음화됨으로써 나타난 결과가 /E/일 것이요, 또 그 중간단계가 /ö/일 것이다.(oj>ö>E)(전남방언의 이중모음의 단모음화 현상에 대해서는 Ⅱ장에서 상술할 것이다.) 따라서, 방언에서의 비원순모음화 현상 또한 주목할 만한 정도는 못된다고 하겠다.

그러면, 전남방언의 원순모음화 현상에 대해 좀 더 살펴보기로 하겠다.

김형규님은 <한국방언연구(韓国方言硏究)>에서 전설고모음화 현상은 우리말 방언의 전반적인 현상이나, 특히 전라남북, 경상남북, 그리고 제주도에 심하며 현대에 와서 시작된 것이 아니라 일찍부터 그런 경향이 있었음을 국어사의 예를 들어 증명해 주고 있다.[28]

따라서, 여기서는 국어사에 나타난 원순모음화 현상에 대해서 좀 덧붙이고자 한다.

(1) 첫음절에 'ㆍ'/ʌ/를 가진 말이 전남방언에서 /o/로 바뀐 사실은 이미(1.3.1.(2)) 에서 밝혀졌다.

(2) 또, 원래 /ʌ/모음이 /o/를 거쳐 /u/로 변화한 말이 많은데 그 중 몇 예를 들어 보이면 다음과 같다.

　　ᄒᆞᄅᆞ(一日: 釈譜 六, 2) > ᄒᆞ로(華解上, 12) > 하루
　　ᄀᆞᄅᆞ(粉: 訓蒙中, 22) > ᄀᆞ로(痘瘡方, 19) > 가루
　　ᄂᆞᄅᆞ(津: 竜歌 三, 15) > 나로(敬信, 78) > 나루
　　ᄌᆞᄅᆞ(柄: 訓蒙中, 12) > ᄌᆞ로(訳語補, 36) > 자루
　　노ᄅᆞ(獐: 訓蒙上, 18) > 노로(詩解, 物名 3) >노루
　　갓ᄀᆞ로(倒: 楞嚴解十, 55) > 갓고로(杜詩解二十三, 30) > 거꾸로

(3) 한편 /ʌ/의 경우 초성이 순음 /ㅁ, ㅂ, ㅍ/인 경우에는 [ㆍ>ㅗ>ㅜ]의 과정을 밟아 오늘에 이르렀다.

　　ᄀᆞ믈다(旱: 訓蒙, 3)>ᄀᆞ믈다(老解上, 47)>가물다
　　가플(鞘: 杜詩解, 55)>가플(訓蒙中, 18)>꺼풀
　　골프다(飢: 月釈二十一, 55)>골프다(内訓二, 80)>고푸다
　　나ᄆᆞ라다(叱責: 月釈二十一, 39)>나므라다(老解下, 28)>나무라다
　　ᄂᆞ믈(菜: 訓蒙下, 3)>ᄂᆞ믈(五倫一, 58)>나물

---

28) 金亨奎, 韓国方言硏究 下卷(서울大出版部, 1980), pp. 142-155 참조.

이상 (1)-(3)에서 보아 알 수 있는 바와 같이 우리말이 역사적으로 비원순모음이 원순모음으로 바뀌어 왔음을 알 수 있다. 이것은 아울러 저모음이 고모음화한 사실도 말해 주는 것이라 하겠다.

한편, 방언에 나타나는 /ə/ → /o/(1.3.2.(3)), /ə/ → /u/(1.3.2.(4)), /i/ → /u/(1.3.11.(2)) 등의 현상은 우리말에 있어서 현재도 원순모음화 현상이 진행되고 있음을 알려주는 예라고 생각된다. 다만 서울방언이 표준어라는 제약성 때문에 그 진행 속도가 완만하여 표면으로는 현저하게 드러나지 않을 뿐이리라고 생각된다.

그리고, 전남방언에서의 원순모음화 현상의 원인도 전설모음화 현상과 같이 노력경제에서 비롯된 것으로 볼 수 있겠다.

세째, 표준어와의 음운대응 현상이 나타난다.

이 경우는 표준어와 전남방언의 역사적 음운변천 과정의 차이로 말미암은 것이다. 표준어와 전남방언과의 사적분화의 요체가 되는 것이라고 믿어지는 /a/:/o/, /u/:/o/, /i/:/u/의 세가지 대응현상은 우리에게 퍽 흥미와 관심을 불러 일으킨다. 그리고, 이 사적분화의 시기나 원인 등에 대하여는 앞으로 정밀한 검토가 필요하다고 생각된다.

II. 이중모음의 단모음화 현상

2.0. 우선 전남방언의 이중모음의 체계를 표준어의 그것과 비교, 대조하여 보면 다음과 같다.

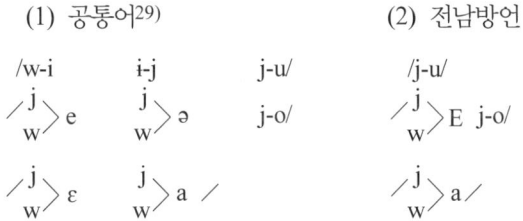

위에서 보아 알 수 있는 바와 같이, 국어의 중모음은 12개로 이중모음만이 쓰이고 있다. 그리고, 전남방언의 이중모음은 6개로 설정됨을 알 수 있다. 그 이유는, 이중모음의 단모음화 현상이 전남방언의 한 특징을 이루고 있어서 공통어의 ㅟ/wi/는 /u/나 /i/로 바뀌었고, ㅞ /we/와 ㅙ/wɛ/는 변별성을 상실하고 단모음화하여 대체로 /E/로 실현되고 있고, ㅖ/je/와 ㅒ/jɛ/도 변별성을 상실하였는데, /jɛ/는 방언에서 쓰이지 않으며, /je/는 단모음화하여 /E/나 /i/로 실현되고 있으며, 또 ㅢ/ij/가 /i/ 또는 /i/로 실현되고 있기 때문이다. 따라서 낱말의 뜻을 분화시키는 이중모음은 6개뿐이다.[30]

---

29) 許 雄, op. cit. p. 205에서 따왔음.

필자가 조사한 전남방언의 자료에 의하면 이중모음끼리의 교체는 '여덟(八) → 'jadap', '여드레(八日) → jadirE', '여든(八十) → jadin', '예(yes) → ja', '여섯(六) → 'jasət'(고흥, 해남 지역에 국한됨) '예니레 → janirE', '예닐곱 → janilgop' 등 7개뿐으로 이중모음의 단모음화 현상이 강한 하나의 특징을 이루고 있음을 알 수 있었다. 「이중모음의 단모음화 현상」이란 표제를 내건 까닭도 여기에 있다.

전남방언의 이중모음에 대해서도 그 연구 결과가 이미 나와 있으나 부분에 그친 감이 없지 않아 필자는 이중모음의 변이현상을, 필자가 조사한 자료를 중심으로, 보다 종합적으로 살펴보고자 한다. 여기서 필자는 '이중모음의 단모음화 현상'이란 큰 원칙을 넘어설만한 특별한 내용을 찾아 볼 수는 없었다.

그러나, 공통어에서 쓰이는 12개의 이중모음이 모두 전남방언에서 변이 현상을 일으킴을 알 수 있었고, 그에 따라 방언의 이중모음의 체계를 확립할 수 있는 계기를 마련할 수 있었다.

2.1. /ja/ → /a/

이 현상은 음절의 선후가 문제되지 않는데, 어떤 규칙성을 찾아보기 힘들다. 그러나, /ja/가 어두의 /ㄱ/과 만나면, /ㄱ/이 /ㅈ/으로 구개음화되고 /ja/는 /a/로 단모음화되는 경우가 흔하다.

갸름하다 → ʧarimhəda 　　　갸울이다 → ʧaullida
갸울다 → ʧaulda 　　　　　　갸웃거리다 → ʧʰauk'irida
갸우풍거리다 → ʧʰaut'uŋgirida 　걀쭉하다 → ʧalʧʰukhəda
갹출(醵出) → kakʧʰul 　　　　달걀(鷄卵) → talgal, tagal
대야(洗面器) → tEa 　　　　　그제야 → kidʒEsa[31]
외양간 → Eaŋk'an[32] 　　　　성냥 → səŋnaŋ
뺨(頰) → p'a:m, pa':mt'agu, p'amt'Egi

2.2. /jə/ → /E/; /i/

이는 /jə/가 /E/와 /i/의 쌍형으로 단모음화하여 공존하는 경우이다.

며느리 → mEnuri; minəri
멱살 → mEks'al; miks'al
면장 → mEndʒaŋ; mindʒaŋ

---

30) 李敦柱님은 여기에 /jE/를 추가하여 전남방언의 이중모음 체계를 7개로 보고 있음(李敦柱, op.cit., pp. 192-193 참조).
31) 방언 [kidʒEsa]는 옛말의 잔영인 듯싶다.
32) '외양간'은 [Eaŋk'an] 및 이것의 축약형 [jaŋk'an]이 공존하나, 후자가 세력이 강하다.

면도(面刀) → mEndo; mindo
몇 → mEt; mit
멸치 → mEltʃ'i; miltʃ'i
뼈(骨) → p'E; p'i
뼉다귀 → p'Ept'agu, p'Et'agu; p'ipt'agu, p'it'agu
벼르다 → pErɨda; pirɨda　　　　　벼락 → pErak; pirak
벼루(硯) → pEru; piru　　　　　벼룩 → pEruk; piruk
벼슬(官, 鷄冠) → pEsil; pisil
벽장(壁欌) → pEktʃ'aŋ; piktʃ'aŋ
변소(便所) → pEnso; pinso
별나게 → pElnagE; pilnagE
별로 → pEllo; pillo　　　　　병아리 → p'Eŋari; p'iŋari
별(星) → pE:l; pi:l　　　　　볕(光) → pEt; pit
펴다 → p'Eda; p'ida　　　　　평(評) → p'Eŋ; p'iŋ
편싸움 → p'Ens'am; p'ins'am
편지 → p'Endʒi; p'indʒi,

　이 현상은 숫자적으로도 아주 많아 전남방언의 하나의 큰 특성을 이룬다. 그리고, 대체로 제1음절의 경향이며 또 /jə/앞의 자음이 모두 양순음이라는 사실도 주목된다.

$$jə \rightarrow E, i / \begin{bmatrix} C \\ + \text{labial} \end{bmatrix} \underline{\qquad}$$

　표준어에서 /jə/모음을 가진 이들 낱말들은 전남의 거의 전역에서 /E/형과 /i/형이 동시에, 동지역에서 실현되어 쌍형으로 수의변이되는데, 필자는 그 원인을 전남방언의 일반적 현상의 하나인 전설고모음화 현상으로 보고자 한다.(전남방언의 전설고모음화 현상에 대해서는 1.3.13.9. 참조)
　곧, /jə/모음이 /E/를 거쳐 /i/로 바뀌는 동안(jə>E>i), /jə/가 /i/로 완전히 바뀐 것과 미처 바뀌지 못하고 그 과정에 있는 /E/로 보면 어떨까 한다.
　이 jə>E>i의 현상은 국어사를 통해서도 알 수 있어 이 추정을 뒷받침해 준다. 김형규님은 그의 <국어사연구(国語史研究)>에서 '져비(燕)>제비>지비', '몃구다(填)>멧구다>메우다>미우다', '며주(醬麴)>메조>메주(>미주)', '혀다(數)>혜다>세다(>시다)'의 국어사의 사실을 들어, 'ㅕ>ㅖ>ㅣ'의 사실이 있음을 밝히고 있다.[33]

---

33) 金亨奎, 国語史研究(一潮閣, 1972), pp.308-309.

2.3. /jə/ → /E/

우리는 2.2.에서 /jə/ 앞의 자음이 양순음인 경우에 /E/와 /i/의 쌍형을 보이는 경향을 보았는데, /jə/에 선행하는 자음이 양순음이더라도 /jə/가 /i/로 실현되는 경우는 드물고 주로 /E/로 실현되는 경우(a)가 있다. 이것은 대체로 /jə/가 제2음절 이하에 올 경우다.[34] 이 사실은 '뼈'(骨)의 단독체는 /jə/가 /E/와 /i/로 실현되는 쌍형을 갖지만, 합성어가 되어 제2음절 이하에 오면 오직 /E/로만 실현되는 사실을 보아도 알 수 있다.

한편, 어두의 양순음 아래 오는 경우라도 주로 /E/로만 실현 되는 경우(b)도 있다. 이 경우에는 /jə/가 /i/로의 변이 단계에까지는 이르지 못한 경우가 아닐까? 만일 이와 같은 가정이 타당성을 가진다면 이들도 언젠가는 -개신파의 물결에 휩쓸리지 않는 한- /i/로의 변이를 예견할 수 있다.(jə>E>i)

(a) 누명(陋名) → numEŋ   고명딸 → komEɲt'al
     중병(重病) → ʧuŋbEŋ   송편 → soŋp'En[35]
     웅변(雄辯) → uŋbEn   인편 → inp'En
     파편 → p'a:p'En   갈비뼈 → kalbip'E
     열여섯살 → ErEs'al

(b) 명매기(胡燕) → mEŋmEgi, EŋmEgi
     명찰(名札) → mEŋʧ'al   병풍 → pEŋp'uŋ
     명태 → mEɲt'E   명주실 → mEŋdʒisil
     명자(:人名) → mEŋdʒa,

또, 어두의 /ㄱ/, /ㅎ/에 후행하는 /jə/라 할지라도 아직 구개음화되지 않은 것은 주로 /E/로만 실현된다.(c)

(c) 경험(經驗) → kEŋhəm, kEŋhEm
     경련(痙攣) → kEŋnjən   경찰 → kEŋʧ'al
     경우(境遇) → kEŋu   경운기 → kEŋungi
     형색(形色) → hEŋsEk,   현황(現況) → hEnhaŋ, hEnhwaŋ

---

[34] 다음과 같은 낱말은 /jə/가 제2음절 이하에 오지만 불규칙적인 일면을 보여 주는 예외적 존재다.

     새벽(辰) → sEbok, sEbEk, sEbuk
     가볍다(輕) → kabupta, kEbupta, kabopta, kabipta, kEgupta

또, '가렵다, 어렵다, 마렵다' 등도 '가볍다'와 비슷한 변이를 한다.

[35] '송편'은 움라우트되어 'söŋp'jən~sEŋp'jən'으로 실현됨이 일반적이다.

2.4. /jə/ → /ə/

겨(: 벼껍질) → tʃə   겸손 → tʃəmson
곁(側) → tʃət   겨울 → tʃəsil
견디다(忍) → tʃəndida   겸상(兼床) → tʃəmsaŋ
겹치다 → tʃəptʃʰida   겹집 → tʃəptʃip
결리다 → tʃəlida(→ tʃelida) 겨드랑 → tʃədiraŋ
경황(景況) → tʃəŋhaŋ   경치다 → tʃəŋtʃʰida
껴안다 → tʃʰəant'a   검사겸사 → tʃəmsa-tʃəmsa
형(兄) → səŋ   형편(形便) → səŋp'jən
협력(協力) → səmnijək   협착(狹窄) → səptʃʰak

이 현상의 특징은 어두의 자음이 /ㄱ/과 /ㅎ/인 낱말들로서 첫음절의 /jə/가 /ə/로 단모음화 됨과 동시에 구개음화된다는 사실이다. 그 순서는 구개음화가 먼저 이루어진 뒤에 단모음화가 뒤따랐다고 봄이 좋을 듯하다. 이런 규칙의 순서가 다른 많은 전남방언의 예를 설명하는 데 설득력을 가진다고 믿어질 뿐더러 /ㅅ/아래서 단모음화되는 경우는 국어사를 보아도 흔히 나타나는 현상이기 때문이다.(이에 대해서는 2.5. 참조)

전남방언에서의 구개음화는 주로 어두에 오는 /ㄱ/, /ㅋ/, /ㅎ/ 등이 /i/모음이나 /j/반모음과 만날 때 일어나는데, 이 구개음화로 인하여 /jə/앞의 자음이 구개자음 /ㅈ/, /ㅊ/, /ㅅ/ 등으로 바뀜으로써 그 뒤 /jə/가 단모음화된다.36)

2.5. (1) /jo/ → /o/ (2) /ju/ → /u/

(1) /jo/ → /o/
요강(尿鋼) → ogaŋ   학교(学校) → (hɛk'jo) → hEk'o
효자(孝子) → sodʒa   효부(孝婦) → so:bu
효험(効驗) → so:həm, so:əm, so:m

(2) /ju/ → /u/
흉년(凶年) → suŋnjən   흉보다 → suŋboda
흉작(凶作) → suŋdʒak   흉내내다 → sugnEnEda
흉칙스럽다 → suŋtʃʰiksiropta 수류탄(手榴彈) → surut'an
윷(-이야!) → sut(-ija!)

---

36) 구개음화와 단모음화의 순서에 대하여는 李敦柱, op, cit., pp. 203-204.

여기서 전체를 포괄할 수 있는 규칙성을 찾아내기는 어렵다. 그러나, 2.4.에서 /ㅎ/이 구개음화되면, /jə/가 /ə/로 단모음화되는 것을 살펴본 바 있는데, 여기서도 그런 일면을 엿볼 수 있다. 곧, /jo/나 /ju/에 선행하는 /ㅎ/이 어두에 오면 /ㅎ/은 /ㅅ/으로 구개음화되고 /jo/나 /ju/는 단모음화하여 /o/나 /u/로 각각 실현된다.

이렇게 볼 때, /ㅎ/은 /jə/, 그리고 /jo, /ju/와 같은 요음을 만나면 구개음화되는 경향이 있고, 그럼으로써 이들 이중모음의 단모음화가 수반된다고 결론지을 수 있을 듯하다.

그리고, 이 /jo/>/o/, /ju/>/u/의 현상은 국어사에도 그대로 나타난다.

(a) /jo/>/o/
쇼(牛; 竜歌, 87장)>소
쇽절없다(閑空: 蒙法, 57)>속절없다
쇼쥬(酒甀; 訳下, 14)>소주
쇼로기(鳶; 海東, p. 118)>솔개, 소리개
쇼곰(塩: 柳物五, 石)>소금
쇼쇼리 ᄇᆞ람(松江一, 24)>소소리 바람

(b) /ju/>/u/
슈박(西瓜: 老下, 38)>수박
슈슈(蜀黍: 訓蒙中, 12)>수수
슈건(手巾: 訓蒙中, 23)>수건
슈고(受苦: 老解上, 41)>수고
슌ᄒᆞ다(順: 小언一, 9)>순하다
니뿌시개(牙叉兒: 訳補, 29)>이쑤시개

위에서 보면 /ㅅ/아래서 /jo/, /ju/가 단모음화되고 있는 사실을 알 수 있는데, 이로 보아 위 (1), (2)에서 구개음화가 먼저냐, 단모음화가 먼저냐 하는 것은 풀릴 수 있을 것 같다. 곧, /jo/나 /ju/에 선행하는 /ㅎ/이 먼저 구개음화되어 /ㅅ/으로 바뀐 뒤 단모음화 현상이 뒤따른 것이다.(예: 효자>쇼자>소자).그러나, 이들 이중모음 /jo/와 /ju/는 모음 중 가장 안정성을 유지하여 단모음화 현상이 제일 약한 편이다.

2.6. /wa/ → /a/

과부(寡婦) → ka:bu   사과 → saga
다과상(茶菓床) → ta:gas'aŋ   과일 → ka:il
과로(過勞) → ka:ro   꽹과리 → k'Eŋgari
꽈리 → k'ari<진도>   기와 → tʃia
좌석(座席) → tʃa:sək   화냥년 → hanjaŋnjən

화로 → ha:ro, ha:ri		활개친다 → halgEtʃʰinda	
괄시하다 → kalsihəda		활동(活動) → halt'oŋ	
봐 → pa:			

이 현상은, 고유어에서는 접속조사 '~와', '~과' 및 단독으로 음절을 이룰 경우에는 원음대로 발음하고 있지만(예: 새와, 연필과, 와상, 고와, 빨리 와 등) 일부 한자어를 제외한 대부분의 일상어에 상당한 세력을 뻗치고 있는 듯하다.

그러나, 이들 낱말들의 대부분이 /wa/ 자체로 실현되는 경우도 흔하며 지식인이나 개신파에 해당하는 화자들은 음가대로 발음하는 것이 상례이다.

이 현상은 원순이중모음의 비원순단모음화에 의한다.

2.7. /wə/ → /o/, /ə/

이중모음 /wə/는 /o/나 /ə/로 변이되는 경향이 짙다.37) 이 현상도 어떤 규칙성을 찾기 어렵다. 방언화자들은 이중모음 자체를 발음하는 데 곤란을 느끼는 것 같다. 그리하여 발음하기 쉬운 단모음으로 발음함으로써 나타난 결과일 것이다.(원순이중모음의 비원순단모음화)

꿩(雉) → k'oŋ		정월(正月) → tʃəŋəl	
원숭이(猿) → onsuɲi, ə:nsuɲi			
권(勸)하다 → ko:nhəda; kə:nhəda			
권총(拳銃) → kontʃʰoŋ		구워(- 먹다) → kuə(- mukta)	
뭘(: 무엇을) → mə:l		원고지 → oŋgodʒi	
월남(越南) → ollam, əllam		훤하다 → hə:nhəda	
정원(庭園) → tʃə:ŋon, tʃə:ŋən			
권모술수(權謀術數) → konmosuls'u, kənmosuls'u			

2.8. /wɛ/ → /ö/, /E/

ㅙ/wɛ/는 본래 표준어에서도 음소결합의 제약성으로 말미암아 이 모음과 결합하여 낱말을 이룬 수가 매우 적다.38)

ㅙ/wɛ/와 결합하여 낱말을 이룬 말 중에서 전남방언에서 상용되는 것을 들면 다음과 같다.

괘념(掛念)	→ könjəm	→ kEnjəm	
괘도(掛圖)	→ kö:do	→ kE:do	
괘씸하다	→ kös'imhəda	→ kEs'imhəda	

---

37) '원수(怨讎)'는 [Ensu]로 실현됨이 일반적인데, 이는 '원수 → önsu → Ensu'의 과정을 거치는 것으로 추측된다.

38) 음소결합의 제약성에 대하여는 許雄, op. cit. pp. 213-225.

괘종(掛鐘)	→ kö:dʑoŋ	→ kE:dʑoŋ
괜찮다	→ köntʃʰantʼa	→ kEntʃʰantʼa
쾌(ː 어지간히)	→ kʼö:	→ kʼE:
꽹과리	→ kʼöŋgari	→ kʼEŋgari
왜 그래	→ ögirE	→ EgirE
왜냐하면	→ önjahəmən	→ Enjahəmən, Enjamən
왜놈(倭者)	→ önom	→ Enom
돼지(豚)	→ töadʑi	→ tEadʑi, tojadʑi
왜간장	→ ögandʑaŋ	→ Edʑaŋ
왜가리	→ ögari	→ Egari
쐐기	→ sʼö:gi	→ sʼE:gi
홰(-치다)	→ hö:(-tʃʰida)	→ hEtʃʰida
횃대	→ hötʼE	→ hEtʼE
횃불	→ höpʼul	→ hEpʼul
괭이(鍬)	→ kʼöɲi	→ kʼEɲi

위 예에서 알 수 있는 바와 같이 '돼지'가 [tojadʑi]로 변이되는 경우를 제외하면 모든 낱말에서 한결같이 /wɛ/가 /ö/나 /E/로 실현됨을 알 수 있다. 그런데, [tojadʑi]형은 [tEadʑi]형의 속어가 아닌가 싶다. 방언 화자인 필자의 생각으로는 실제로 그렇게 사용하고 있다고 생각되기 때문이다.

그렇다면, 표준어의 /wɛ/모음은, 전남방언에서 예외없이 /E/로 변이되므로 우리는 전남방언의 이중모음이 하나 감소됨을 알겠다. 물론, 이들 낱말들의 대부분이 지식층이나 개신파들에 의해 단모음 /ö/로 실현되는 경향이 강하다. 그러나, 그밖의 순수 방언 화자들은 모두 /E/로 발음하는 것이 일반적이다.

이 현상은 2.3.5.에서 살펴본 바와 같이 /wɛ/가 /ö/로 단모음화됨에 따라 이 /ö/가 다시 /E/로 변이된 것일 것이다.(wɛ → ö → E). 설사 /ö/로 실현되는 경우가 많다고 할지라도 역시 /wɛ/가 방언에서 이중모음의 음가를 상실하고 있는 점은 마찬가지이다.(원순이중모음의 비원순단모음화)

2.9. /we/ → /E/, /i/, /o/, /u/, /ü/

국어에서 /we/와 결합된 낱말의 수는 물론 많지 않으나 이들 역시 전남방언에서는 이중모음으로 발음되는 경우는 없고 다음과 같은 단모음의 이음으로 실현되고 있다.(원순이중모음의 비원순단모음화)

궤짝 → kE:tʃʰak, ki:tʃʰak, ku:tʃʰak<담양>
꿰메다 → kʼomEda, kʼumida, kʼimida, kʼümEda

꿰다(貫) → k'ida(전지역), k'E:da<화순, 영암, 진도>, k'ü:da
뒈지다(: '죽다'의 속어) → ti:dʒida, tö:dʒida
웬만하면 → Enmanhəmən, Edʒiganhəmən
초췌(憔悴) → tʃʰoʧʰE, tʃʰoʧʰi
췌객(贅客) → tʃʰugEk, tʃʰi:gEk
훼방(毀謗) → hE:baŋ
휑하다 → hEŋhəda

전남방언 화자들이 /we/와 /wɛ/를 구별하지 못함은 /e/와 /ɛ/를 구별하여 발음하지 못함과 같다.

그런데, /we/는 /wɛ/와는 달리 그 변이가 획일성이 없다. 즉, 그 변이가 /E/, /i/, /o/, /u/, /ü/ 등과 같이 다양성을 보여주기 때문이다.

이 사실은 /we/가 현재 변이 과정 중에 있기 때문에 아직 중심 변이음을 찾지 못한 때문이 아닐까 한다.

또, /we/모음은 /wɛ/모음과 마찬가지로 이중모음으로 실현되는 경우는 없는 듯하다. 설사 교육을 받은 사람이 표준어를 의식하고 발음한다 해도 이중모음 자체로는 발음하지 않고 단모음 /ö/ 정도로나 발음하는 것 같다. 여기서, /E/, /i/로 실현되는 경우는 we>ö>E>i의 과정을 생각할 수 있음은 물론이다.

2.10. (1) /je/ → /i/, (2) /je/ → /E/

(1) /je/ → /i/
계(契) → tʃi:, ki: 계돈 → tʃi:t'on, ki:t'on
계모(継母) → ki:mo, tʃi:mo   계부(継父) → tʃi:bu
계산(計算) → tʃi:san   계속(継続) → tʃi:sok
계씨(季氏) → tʃi:s'i   계약(契約) → tʃi:jak
계원(契員) → tʃi:wən   계집 → tʃi:dʒip
계획(計劃) → tʃihEk, kihEk   계시다 → tʃi:sida
예쁘다 → i:p'uda   회계(会計) → hE:gi
옛날 → i:nnal   옌장(실망을 나타내는 감탄사) → i:ndʒaŋ
예순(六十) → Esun, isun,

(2) /je/ → /E/
계란(鷄卵) → kEran   계급(階級) → kEgip
실례(失禮) → sillE   예정(豫定) → E:dʒən
예년(例年) → E:njən

ㅖ/je/도 음소결합의 제약성으로 말미암아 표준어에서도 /ㄱ, ㄹ, ㅇ, ㅍ, ㅎ/과만 결합되기 때문에 낱말을 산출하는 생산성이 크지 못하다. 전남방언에의 변이를 살펴보면 위 예에서와 같이 /i/로 변이되는 것과 /E/로 변이되는 것이 주를 이룬다. /je/가 /E/로 실현되는 것은 여기서는 그 예를 많이 열거하지는 않았지만 대체로 교육수준이 낮은 방언 화자들에게는 생소한 낱말들이었다.

또, /i/로 변이되는 낱말들은 대체로 일상생활에서 익히 쓰이는 말이요, /je/에 /ㄱ/이 선행하는 경우가 대부분이고 /ㄱ/이 /ㅈ/으로 구개음화되는 것이 상례이나 /ㄱ/을 그대로 유지하기도 한다. 그 중 구개음화된 형태는 /ㄱ/을 유지하는 형태보다 시간적으로 먼저 이루어진 것이 아닐까 한다. 그리고, 그 변화과정은 /je/>/E/, /ji/>/i/일 것으로 추정된다.

한편, 필자가 조사한 전남방언 자료 가운데 표준어의 /je/가 이중모음 /ja/로 교체된(나타난) 낱말들이 몇 개 있었다.

'여덟(八) → 야답', '여든(八十) → 야든', '여드레(八日) → 야드레', '여니레(: 엿새나 이레) → 야니레', '예닐곱(: 여섯이나 일곱) → 야닐곱'들이 그것인데, 이들은 의미상으로 '八(eight)'이나 '六(six)'과의 관련성을 갖고 있다.

그런데, 이기문님은 그의 「국어사개설(国語史概説)」에서 후기중세어에 상향이중모음으로 j가 앞선 ja, jə, jo, ju 등이 있어서 'ㅑ, ㅕ, ㅛ, ㅠ'로 표기되었지만 jʌ, ji, ji에 대한 문자가 만들어지지 않았음은 당시의 중앙어에 이런 이중모음들이 없었기 때문이었다고 설명한 다음, 이 중 jʌ, ji에 대해서는, 훈민정음해례 합자해에 'ㆍㅡ起ㅣ声 於国語無用 児童之言 辺野之語 或有之当合 二字而用如기긔之類'라 한 내용을 들어 당시의 어떤 방언에 jʌ, ji가 존재했다는 증거로 삼고 있다. 그리고, 중앙어에서는 이 jʌ가 jə에 합류되었는데 그 연대를 15세기 중엽에서 그리 오래되지 않을 것으로 추정하고, 15세기의 '여듧'(八)은 본래 *jʌtʌrp에 소급되는 것으로 보고 있다.[39]

이교수의 이러한 견해를 긍정적으로 받아들인다면, 15세기에 '八(eight)'을 의미하는 '여듧'은 *jʌdʌrp으로 본래, 양모음 단어였는데, 공통어에서는 jʌ가 jə로 변하고 여기서 다시 모음동화가 일어나 jədərp이라는 낱말을 이루게 되었으나, 전남방언에서는 jʌ가 ja로 변하고 모음동화와 종성의 /r/이 묵음화되어 결국 jadap을 이루게 되었을 것으로 추정할 수 있을 것이다. 마찬가지로 전남방언의 jadin(八十)도 *jʌdʌn에 소급할 수 있을 것이며 jadire[jadirE]의 ja도 jʌ에 소급할 수 있을 것이다.

한편, '여섯'(六)은 15세기에는 '여슷'<竜歌86>으로 표기되어 있지만 본래 *jʌsʌt에 소급할 수 있는 것으로 추정되는데, '여섯'이 고흥이나 해남지역에서 jasət으로 실현되는 것은 이 또한 같은 이유가 아닐까 한다.

---

39) 李基文, 国語史概説(民衆書舘, 1972), 138-139.(李崇寧, op.cit., pp.5~7에서도 비슷한 내용을 언급하고 있음.)

이 '야섯'과 '이레'(<니레) 가 혼태(blending: 가방어)를 이루어 생성된 janire[janirE]와 '야섯'과 '닐곱'이 혼태를 이루어 생성된 janilgop들에서 분석추출되는 ja도 본래 jʌ에 소급될 수 있을 것으로 본다.

그리고, 전남방언의 '야니레', '야닐곱'에 해당하는 공통어의 '예니레', '예닐곱' 등이 혼태와 Umlaut 현상의 복합으로 생성된 낱말임은 물론이다.

이상의 사실을 종합하여 볼 때, /je/가 /ja/로 교체된 몇 개의 예외적 존재를 제외하면 표준어의 /je/는 전남방언에서 /i/와 /E/로 실현되고 있는 것으로 추정되고, 또 /E/로 실현되는 낱말들은 방언의 일반적 현상의 하나인 전설고모음화 현상으로 말미암아 미구에 /i/로 실현될 가능성이 높다.

/je/가 /je/자체로 실현되는 경우가 없는 바는 아니나 그것은 개신파들에 의해서이기 때문에 방언의 일반적 현상은 아니다.

따라서, /je/는 방언의 이중모음계열에서 제외된다고 본다.

한편, (1)의 예들은 다음과 같은 두 갈래의 변이 과정을 거치는 것 같다.

① 계>제>제[ʧE]>지
② 계>게[kE]>기

2.11. 표준어에서 ㅐ/jɛ/와 결합되어 낱말을 이룬 것은 다음에 보이는 7개뿐으로 감탄어로 쓰이는 '얘'를 빼놓고는 모두가 축약형이다.

① 개: 그 아이 ② 갠: 그 아이는
③ 갤: 그 아이를 ④ 얘: ㄱ. 이 애 ㄴ. 과연 놀랄 만함을 느껴 내는 소리
⑤ 얘기: 이야기 ⑥ 앤: 이 아이는
⑦ 얠: 이 아이를

그런데, 전남방언에서는 /jɛ/가 개재된 축약형이 사용되지 않고 다음과 같이 줄기 이전의 꼴(본디말)로만 쓰이며,[40] ④의 ㄴ의 의미를 가진 말은 같은 뜻의 다른 말로 대치되는 듯하다.(이를테면, '오매', '워매(어매)', '워따매(어따매)', '와' 등의 말로 대치됨)

①' 그 아그 ②' 그 아그는 ③' 그 아그를
④' 이 아그 ⑤' 이 아그, 이 악 ⑥' 이 아그는
⑦' 이 아그를

---

[40] 축약형으로 쓰일 때는 오히려 ①~⑦'의 축약형이 쓰이되 이 축약형은 관형사 '이, 그'와 그 뒤 명사 사이에 휴지를 두지 않고 연속적으로 발음하되 그 사이에 원순성([+round])만을 첨가시킨다.
단일형태소인 '이야기'는 그것의 축약형인 이악[iak]이다.

이렇게 볼 때, 표준어의 /jɛ/는 순수한 전남방언 화자들의 의식에는 존재하지 않는 것으로 생각된다.

2.12. (1) /wi/ → /u/: /i/   (2) /wi/ → /u/   (3) /wi/ → /i/
       (4) /wi/ → /ü/   (5) /wi/ → /ü/ → /i/

  (1) /wi/ → /u/: /i/
       귀신(鬼神) → ku:sin : ki:sin
       뒤(後)   → tu : ti
       뒤집다   → tuʥipta : tiʥipta
       취직(就職) → tʃʻu:ʤik : tʃʻi:ʤik
       쥐새끼   → tʃusEk'i : tʃisEk'i
       발뒤꿈치   → palduk'umtʃʻi : paldik'umtʃʻi
       쥐다   → tʃu:da : tʃi:da

  (2) /wi/ → /u/
       갈퀴(農具) → kalk'u   까마귀(鴉) → k'amagu
       바퀴(輪)   → pak'u   걸귀 → kəlgu
       방귀   → paŋgu   사마귀 → sa:magu
       돌쩌귀   → toltʃʻəgu   당나귀 → taŋnagu
       뼈다귀   → p'it'agu, p'ipt'agu, p'Et'agu, p'Ept'agu
       아쉽다   → a:supta   더위 → təu
       사위   → sau   야위다 → ja:uda
       거위   → kəu, t'Ek'au   위험(危險) → uhjəm
       위(上)   → u, u:

  (3) /wi/ → /i/
       귀머거리   → kimoktʃEŋi   말귀(言耳) → ma:lk'i
       마취(시키다) → ma:tʃʻi(-sik'ida)\
       귓구멍   → kigumək

  (4) /wi → /ü/
       위치(位置) → ütʃʻi   위법(違法) → üp'əp
       위계(位階) → ügE   위선(僞善) → üsən

  (5) /wi/ → /ü/ → /i/
       귀(耳)   → kü: → ki:

귀공자(貴公子)   → kü:goŋdʒa   → ki:goŋdʒa
쉬(: 파리의 알) → sü: → si:
쉬파리   → süpʻori   → sipʻori
쉬다(休息)   → sü:da   → si:da
취(: 산나물)   → tʃʻü: → tʃʻi:
취소(取消)   → tʃʻü:so   → tʃʻi:so

표준어의 이중모음 ㅟ/wi/는 전남방언에서는 이중모음으로는 실현되지 않고 모두 단모음화하여 /ü/, /u/, /i/로 실현된다.

(1)의 예는 표준어 /wi/가 전남방언에서 /u/형과 /i/형이 공존하여 쌍형을 이루는 경우인데, 전남방언 화자들이 /ㅟ/를 이중모음으로 발음할 수 없어 /u/와 /i/로 분리하여 무분별하게 발음한 때문인 것 같다. 곧, 주모음(ㅜ)이 탈락하면 /i/가, 부모음(ㅣ)이 탈락하면 /u/가 남는 것으로 보면 합리적인 설명이 가능하다.

그리고, (2)와 (3)도 원리는 같지만, (2)는 대체로 /u/로만 실현된다고 생각되는 예이며, (3)은 /i/로만 실현된다고 여겨지는 예들이다. 또, (4)는 /ü/로만 실현된다고 여겨지는 낱말들인데, 이것은 대체로 전남방언 화자들에게 아직 익혀지지 않은 한자어로서 방언에서 /ü/라는 단모음 음소의 존재 가치를 부여해 주고는 있으나, 멀지 않아 다른 단모음으로 변이될 가능성이 있으며, 전남방언의 단모음의 수는 특별한 외적 요인만 배제될 수 있다면, /ö/와 더불어 하나 더 감소되어 7개가 될 전망이다. 이 사실을 입증해 주기라도 하는 듯 (5)의 낱말들은 /ü/와 /i/로 수의변이되나 자연스런 대화에서는 /ü/쪽보다는 /i/로 실현되는 것이 일반이다.

그리고, 표준어에서 '쥐(鼠)', '뉘(: 쌀 속에 섞인 벼 알갱이)', '취(: 산나물의 일종)', '뒤(後)', '쉬(: 파리의 알)'는 서울말에서는 단모음 /ü/로 발음된다고 하는데,[41] 전남방언에서도 단모음으로 발음되기도 하나 '쥐'와 '뒤'의 경우는 /u/나 /i/로 발음되는 것이 일반적이고, 기타는 전남방언에서도 역시 /ü/로 발음하기도 하지만 '뉘'는 [nu]나 [ni]로 '취'는 [tʃʻi]로 '쉬'는 [si]로도 발음하고 있는 지역을 확인할 수 있다.

이상에서 살핀 (1)~(5)도 원순이중모음의 비원순 단모음화 현상에 의한다.

2.13. (1) /ij/ → /i/; /i/   (2) /ɨj/ → /i/

현대국어의 이중모음 가운데 하강이중모음은 /ɨj/ 하나뿐이다. 따라서, 다른 이중모음과 고립적이므로 매우 불안정하다. 그리하여, 이 /ɨj/는 심지어는 서울방언에서까지도 본래의 음가를 상실하여 가고 있다고 한다.[42] 전남방언에서는 두말할 필요도 없이 모두 /i/나 /i/로 변이되어 실현되고 있으며 고등교육을 받은 사람들에게까지도 오직 문자의식으로만 남아 있을 뿐이다.

---

41) 李熙昇, 国語学概説(民衆書館, 1955), p.90.
42) 許 雄, op.cit., p.205 참조.

/ɨj/는 표준어에서도 음소결합의 제약으로 말미암아, 단독으로 음절을 이루어 낱말을 이루거나 자음과 결합하여 음절을 이룰 때는 희귀하게나마 /ㄴ, ㅌ, ㄸ, ㅆ, ㅎ/과만 결합되어 낱말을 이룬다.

이 중 /ㄴ, ㅌ, ㄸ, ㅆ/은 주로 첫음절에서 /ɨj/와 결합하여 낱말을 이루는데 그 수는 몇 개 안되며, /ㅎ/은 첫 음절과 둘째 음절 이하에서 /ɨj/와 자유롭게 결합되어 낱말을 이룬다.

그런데, /ɨj/를 개재한 낱말들을 조사하여 보면 /ɨj/가 /ㄴ, ㅌ, ㄸ, ㅆ, ㅎ/과 결합되면 음절의 선후에 관계없이 전남방언에서는 모두 /i/로만 실현되고 있으며<(2)의 경우의 예>, 단독으로 음절을 이루어 낱말을 생성할 경우는 이와는 달리 /i/나 /ɨ/로 실현된다.<(1)의 경우의 예>

(1) /ɨj/ → /ɨ/; /i/
　　의관(衣冠)　　　→ ɨ:gwan; i:gwan
　　의미(意味)　　　→ ɨ:mi; i:mi
　　의리(義理)　　　→ ɨ:ri; i:ri
　　의병(義兵)　　　→ ɨ:bjəŋ
　　의복(衣服)　　　→ ɨ:bok; ibok
　　의사(医師)　　　→ ɨ:sa; i:sa
　　의식(衣食)　　　→ isik: isik
　　의심(疑心)　　　→ ɨ:sim; isim
　　의원(医院, 議員) → iwən; iwən
　　의자(椅子)　　　→ ɨ:dʒa; i:dʒa
　　의제(議題)　　　→ ɨ:dʒE; i:dʒE
　　상의(詳議)　　　→ saɲi; saɲi
　　토의(討議)　　　→ tʻoi; tʻoi
　　회의(会議)　　　→ hEi; hEi

위 예의 낱말들은 /ɨj/가 단독으로 음절을 이룬 경우인데, 전남방언에서는 /ɨ/와 /i/로 수의변이되어 실현되는 것이 일반적 현상이나 고령자일수록 /ɨ/가 강세를 보이며, 개신파들은 첫음절에서는 /ɨ/가 강세를 보이고 제2음절 이하에서는 /i/가 강세를 보인다.43)

(2) /ɨj/ → /i/
　　띄우다(: 뜨게 하다) → tʼiuda　　　틔우다(: 트게 하다) → tʼiuda
　　닝큼 → niŋkʻim　　　　　　　　　널리리 → nilliri
　　씌우다 → sʼiuda　　　　　　　　　덮씌우다 → təpsʼiuda
　　씌다(: 귀신이 접하다) → sʼi:da　　희다(白) → hida

---

43) 관형격조사 '~의'만은, [nigi](: 너의)의 경우를 제외하면 모든 방언화자들이 /i/로만 발음하고 있다.

희락(喜樂) → hirak 　　　　　　　 희사(喜捨) → hisa
희비(喜悲) → hibi 　　　　　　　　 희망(希望) → himaŋ
환희(歡喜) → hwanhi 　　　　　　 명희(: 人名) → mEŋhi
무늬 → muni

위 예에서 보듯이 /ɨj/가 자음, 곧 /ㄴ, ㅌ, ㄸ, ㅅ, ㅎ/과 결합하여 낱말을 이룰 경우는 예외 없이 /i/로 실현된다.

2.14. 이상 2.1.~2.13.에서 알 수 있는 바와 같이 표준어의 이중모음 12개 중 ㅙ/wɛ/, ㅞ/we/, ㅖ/je/, ㅟ/wi/, ㅢ/ɨj/ 등은 이미 단모음화되어 버렸고 /jɛ/와 결합된 낱말은 전남방언에는 존재하지 않는다. 따라서, 전남방언 화자들이 제대로 발음할 수 있는 이중모음은 ㅑ/ja/, ㅕ/jə/, ㅛ/jo/, ㅠ/ju/, ㅘ/wa/, ㅝ/wə/의 6개뿐으로 이들까지도 단모음화 현상이 상당히 강하게 나타난다. 그리하여, 이 단모음화 현상은 전남방언에서 이중모음의 단모음화라는 하나의 큰 특징을 이룬다.

그러면, 지금까지 살펴본 내용을 재정리하여 이 장을 마무리해 보겠다.

먼저, 이미 이중모음으로서의 가치를 상실하고 단모음화해버린 것부터 살펴보자.

/wɛ/와 /we/는 전남방언 화자들이 단모음 /ɛ/와 /e/를 변별하지 못하는 것처럼 변별하지 못할 뿐더러 모두 단모음화된다. 그 중 /wɛ/는 /ö/로 일단 단모음화되는데, 전남방언의 /ö/ → /E/의 변이의 경향에 따라 다시 /E/로 변이되는 경향을 보이고(wɛ → ö → E), 또 /we/는 /wɛ/와는 달리 그 변이가 복잡한 양상을 보여, /E/, /i/, /o/, /u/, /ü/ 등으로 바뀐다.

/jɛ/와 /je/도 위의 경우와 마찬가지로 변별되지 못하는데 /jɛ/는 표준어에서 이것과 결합되어 이루어진 낱말은 7개뿐으로, 모두가 축약형이다. 그런데, 이들 낱말들은 전남방언에서는 본디 말 그대로 쓰이고 있어 그 존재조차 부정될 것 같고, /je/는 /E/나 /i/로 단모음화된다. 그 중 /i/로 단모음화되는 경우는, 일반적으로 초성 /ㄱ/ 아래 /je/가 올 때인 것 같다.

/wi/도 전남방언 화자들은 이중모음으로는 발음하지 못하고 단모음 /ü/로 발음하나, /ü/로만 굳어진 것이 아니고 /u/나 /i/로 변이되어 실현되는 낱말이 많다. 이 내용을 좀 더 부연하면, /wi/는 전남방언에 /u/와 /i/의 쌍형으로 동시에 실현되는 경우와, /ü/로 실현되는 경우, /i/로 실현되는 경우, /u/로 실현되는 경우가 있다.

그리고, /ɨj/는 서울방언에서도 본래의 음가를 상실하여 가고 있는 것으로서, 전남방언에서는 본래의 음가대로 발음되지 못하고 /ɨ/나 /i/로 실현된다. 이 /ɨj/는 그 음소 결합의 제약성 때문에, 단독으로 음절을 이루어 낱말을 생성하거나 /ㄴ, ㅌ, ㄸ, ㅆ, ㅎ/과 결합하여 낱말을 생성하는데, 그 중 단독으로 음절을 이루어 낱말을 생성하면 /i/와 /ɨ/의 쌍형을 갖는 것이 일반이고 그밖의 자음과 결합된 낱말에서는 모두 /i/로 실현된다.

다음은 전남방언에서 이중모음으로 남아있는 나머지 6개의 이중모음에 대하여 정리해 보겠다.

/ja/는 /a/로 단모음화되는데 음절의 선후가 문제되지 않을 뿐더러 특별한 규칙성을 찾을 수가 없다.

/jə/의 단모음화는 /E/나 /i/의 쌍형을 갖는 경우와 /E/나 /ə/로 실현되는 경우의 세 가지 유형으로 나눌 수 있다. /E/나 /i/의 쌍형으로 단모음화되는 경우는 첫음절, 순음 /ㅁ, ㅂ, ㅃ, ㅍ/ 아래에서이고, /E/로 단모음화되는 경우는 제2음절 이하에서와, 첫음절에서는 /jə/ 앞의 /ㄱ, ㅎ/이 구개음화되지 않을 경우에 나타나는 현상이다. 또, /ə/로 단모음화되는 경우는 어두자음이 /ㄱ/과 /ㅎ/으로, 이들 자음이 /jə/와 만나 각각 /ㅈ/과 /ㅅ/으로 구개음화되는 경우이다.

/jo/와 /ju/는 전남방언에서 단모음화의 세력이 가장 약하여 이들 이중모음들을 개재한 낱말들이 단모음화되는 숫자는 많지 않다. 양쪽 다 어두의 초성이 /ㅎ/일 때가 많은데, /jo/와 /ju/가 이 /ㅎ/과 만나면, /ㅎ/이 /ㅅ/으로 바뀌고, 그에 따라 /jo/와 /ju/가 각각 /o/, /u/로 단모음화된다. 이렇게 보면, 구개음화 현상과 이중모음(요음)의 단모음화 현상과는 어떤 관련성이 있는 듯하다.

/wa/는 /a/로 단모음화되는 경향이 짙은데, 일부 화자들 특히 지식층이나 개신파들은 곧잘 /wa/ 자체로도 발음한다.

끝으로, /wə/는 /o/나 /u/로 단모음화되는 경향이 상당한 세력을 갖고 있으나, 특별한 규칙성은 찾을 수가 없다.

/wa/와 더불어 이 /wə/는 앞으로 단모음화 경향이 가속되지 않을까 예상된다.

그러면, 전남방언에서 이처럼 이중모음의 단모음화 현상이 강하게 나타나는 까닭은 어디에 있을까?

이돈주교수님에 의하면 지리적으로 내륙지방에 비하여 도서지방이 더 뚜렷하며 그 원인을 교육수준이 낮기 때문일 것으로 보고 있다.[44]

필자의 의견도 이와 같은데 이는 조음작용에 노력을 줄이려는 노력경제로 포괄할 수 있을 것이다. 최근 서울방언권에서도 이중모음을 기피하려는 경향이 농후하여 /wa/ → /a/, /we/ → /e/의 단모음화 경향이 있다고 한다.[45] 이것은 발음을 쉽게 하여 노력을 줄이려는 인간의 생리적 현상에 말미암은 것일진대 교육의 힘만으로는 막기 어려운 일일 것이다.

여기서 덧붙이고자 하는 것은 /wə/가 전남방언에서 /o/나 /ə/로, /we/가 /u/나 /E/로, /wi/가 /u/나 /i/로, /ij/가 /i/나 /i/로 실현되는 경우에 있어서는 주모음이나 부모음 중 어느 한 쪽이 탈락하면 다른 쪽이 실현된다는 사실을 인지할 수 있다. 곧, 이중모음 ㅟ/wi/가 /u/로 실현되는 경우는 부모음이 탈락하는 경우이고, /i/로 실현되는 경우는 주모음이 탈락하는 경우 등이다.

---

44) 李敦柱, op.cit., p. 198.
45) 崔鶴根, op.cit., pp. 53-56.

III. 전남방언의 Umlaut 현상

3.0. Umalut적 변이가 모든 방언에서 두루 나타나는 현상이라는 것은 널리 알려진 일이요, 또 전남방언을 포함한 남부방언 구역에서 특히 그 세력이 강하다는 사실도 지적되어 왔다.

그러나, 전남방언만을 대상으로 한 본격적인 연구는 아직 이루어지지 않은 것으로 안다. 필자가 본고에서 다루는 전남방언의 Umlaut 현상에 관한 내용 또한 단편적인 소개를 넘어서지 못하였으나 본고에서 다루어 온 전남방언의 음운변이 현상과도 직접적인 관련성을 맺고 있어 간략하게 기술해 보기로 한다.

이 Umlaut 현상의 본질적 의미나 음운론적 및 형태론적 제약 등에 대해서는 이미 논의된 바 있다. 그 중 김완진님과 이병근님의 논구가 특히 관심을 불러일으킨다.[46] 김완진님은 이 Umlaut 현상이 lexical morpheme 내부에서 가장 자유롭고, lexical morpheme과 grammatical morpheme의 결합에 있어서는 일정한 제약조건 하에서만 가능함을 지적하였으며, 이병근님은 운봉지역어의 Umlaut 현상에 대한 전면적 검토로서 제규칙의 확립과 새로운 관점을 제공해 주고 있다.

Umlaut 현상은 /i/나 /j/와 같은 전설고모음의 영향으로 후부모음이 전부모음화하는 현상을 일컫는다.[47]

그리하여, 이 현상의 일반적인 규칙을 꾸미면 다음과 같다.

$$\begin{bmatrix} V \\ +back \end{bmatrix} \rightarrow \begin{bmatrix} V \\ -back \end{bmatrix} / \begin{bmatrix} C \\ -cont \end{bmatrix} \begin{bmatrix} i \\ j \end{bmatrix}$$

국어의 모음은 그 위치적 자질에 의하여, 전부와 후부로 대립되어 있고 이 양계열은 다시 원순과 평순(비원순)의 두 계열로 하위구분된다. 그리하여, Umlaut의 실현도 다음과 같이 정밀화될 수 있다.[48]

```
        ɨ    u    ə    o    a
i(j) ─  ↓    ↓    ↓    ↓    ↓
        i    ü    e    ö    ɛ
```

---

46) 金完鎭, "音韻現象과 形態論의 制約,"「国語音韻体系의 研究」(一潮閣, 1980), pp. 116-142: 李秉根, "雲峰地域語의 움라우트 現象,"「金亨奎博士頌壽紀念論叢」(1971), pp. 473-487.

47) 본고에서 Umlaut의 개념은 넓은 의미의 ㅣ모음 역행동화를 포괄하는 개념으로 사용한 것이다.

48) 李秉根, op.cit., p. 478.

전남방언에서도 이와 본질적 차이는 없으나 표면상으로는 약간 다른 양상을 보인다. 전남방언에서 /e/와 /ɛ/는 /E/로 중화되는 경우가 일반이므로 위 그림에서 /a/와 /e/는 Umlaut되어 모두 /E/로 실현될 것이고, 또 전남방언에서 /ö/나 /ü/는 각각 /E/나 /i/로 변이되는 경우가 많아 때로는 o → ö → E, u → ü → i의 경향을 보여주기도 한다. 그리하여, 전남방언의 Umlaut 현상을 다음과 같이 정리해 볼 수 있을 것이다.49)

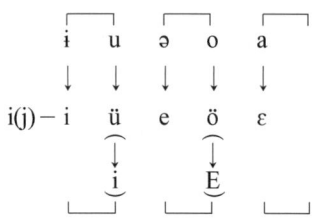

그러나, 본고에서는 이해를 돕는 뜻에서 ə+i → e, a+i → ɛ라는 문자의식을 고려하여 표기하고, 이에 따라 위에 보인 항목 중 'ə → E'는 'ə → e'로 'a → E'는 'a → ɛ'로 표기하겠다. 다만, ö → E에서 /E/는 그대로 두기로 한다.

3.1. 앞에서 살핀 공식을 바탕으로 전남방언의 Umlaut 현상에 대한 예들을 보자.

(1) i → i
    hilgida(흘기다)　　　　　　tik'ida(득기다)
    irik'ida(일으키다)　　　　　t'igi(트기)
    tʃ'indigi(진드기)　　　　　　tirida(드리다, 들이다)
    k'irida(끓이다)　　　　　　　tʃildirida(길들이다)
    əptirida(엎드리다)　　　　　kirim(그림)
    kirida(그리다)　　　　　　　p'at'irida(빠뜨리다) 등

(2) u → ü(→ i)
    kügjəŋ ~ kigjəŋ(求景)
    mütʃiginhəda ~ mitʃiginhəda(무지근하다)
    k'ümida ~ k'imida(꾸미다)
    nübida(누비다)
    pümbida ~ pimbida(붐비다)
    tʃügida(죽이다)
    küp'ida(굽히다)
    nüp'ida(눕히다) 등

---

49) 여기 ( )는 변이가 필연적이 아님을 나타냄.

(3) ə → e
   kudegi(구더기)   tʃik'egi(찌꺼기)   pek'ida(벗기다)
   kəndegi(건데기)   susik'ek'i(수수꺼끼)   t'uduregi(두드러기)
   p'usiregi(부스러기)   erida(어리다)   perida(버리다)
   tʃerida(저리다, 절이다) k'erimtʃikhəda(꺼림직하다)
   k'uremi(꾸러미)   t'uk'ebi(뚜꺼비)
   kudeŋi(구덩이)   k'aktʃeŋi(깍정이)
   tʃedʒillida(저지르다)   tʃ'edʒida(처지다)
   tʃendida(전디다-견디다) 등

(4) o → ö (→ E)
   kögi ~ kEgi(고기)   t'ok'i(토끼)
   tʃök'i(조끼)   öŋgida(옮기다)
   nögida(녹이다)   sögida(속이다)
   töŋida ~ tEŋida(동이다)   nöp'ida(높이다)
   söŋp'jən ~ sEŋp'jən(松餠)   mö:sida(모시다) 등

(5) a → ɛ
   s'onɛgi(소나기)   homɛŋi(호망이-호미)
   nabɛŋi(나방이)   s'a:rɛgi(싸라기)
   ɛk'ida(아끼다)   sɛŋk'ida(삼키다)
   hɛk'jo~hɛk'o(학교)   kəsirɛŋi(거시랑이-지렁이)
   kɛropt'a~kɛrupt'a(가렵다) tɛrida(다리다)
   ɛrida(아리다)   tʃ'ɛrida(차리다)
   mɛk'ida(맡기다)   kɛŋgida(감기다)
   kɛrida(가리다)   kadʒɛmi(가자미, 鰈魚)
   olgɛmi(올가미)   ɛmi(어미)
   ka:rɛŋi(가랑이)   tʃɛŋin(장인)
   tʃip'ɛŋi(지팡이)   hɛp'il(하필)
   paŋmɛŋi(방망이)   kɛltʃ'ida(갈치다-가르치다)
   tʃɛp'ida(잡히다)   nɛmp'jən~nɛmp'En(남편)
   pɛk'ida(박히다)   mɛk'ida(막히다)
   kümɛk'ida~kimɛk'ida(귀막히다)
   tɛsida<(입맛을) 다시다>, 등

이상의 5 가지 유형 가운데 a → ɛ와 ə → e가 가장 자유로이 실현된다. 그러면, 이상의 예들을 염두에 두고 잠시 눈을 돌려보자.

3.2. 보통 Umlaut에 대한 기술은 음운론, 형태론, 형태음소론, 통사론 등 여러 층위에서 고찰되어 왔다. 필자도 지금까지 이룩해 놓은 과거의 업적을 토대로 하여 전술한 제층위를 중심으로 기술해 보겠다.

먼저, 이 Umlaut 현상이 음운론적으로 계속적자질(continuant feature)에 의해 제약을 받는다는 것이다.

이것은 지금까지 흔히 /ㅅ, ㅈ, ㅊ, ㄴ, ㄹ/ 등과 이들을 포함한 중자음들이 동화주(assimilator)와 피동화주 사이에 介在하여 Umlaut에 제약을 가하는 것으로 알려져 온 것이다.50) 이 중 /ㄴ, ㄹ/은 음성학적으로 구개음화된 변이음들일 때로 다시 한정되는데 그 이유는 그것들이 이 조건 하에서 계속적 자질을 잉여적 자질로서 갖게 되기 때문이다.

이 계속적 자질에 의한 Umlaut의 제약은 전남방언에서도 그대로 적용된다.

 əmni(어머니)   tʃomani(주머니)
 tʃəllida(걸리다)   kusi(구유)
 tʃəpsi(접시)   kalsihəda(깔시하다)
 k'a:dʒi(가지)   tolgadʒi(도라지)
 mondʒi(먼지)   uŋguraktʃi(미꾸라지)
 totʃˁi(도끼)   jə:ntʃˁi(여치)
 k'a:ntʃˁi(까치)   jaŋatʃˁi(양아치)
 k'amatʃˁi(가물치)

위의 Umlaut에 제약을 가하는 /ㅅ, ㅈ, ㅊ, ㄴ, ㄹ/ 등은 치음으로서, i와 상통히는 [+high]라는 공통자질과 계속적자질을 가지고 있어 동질적인 것들의 연결을 싫어하는 조음적, 음운론적 제약의 인자가 됨은 사실이라 하겠으나, 4.1.에서 보인 예들 중에서 이 원칙에 어긋나는 낱말들이 있다.

 müdʒiginhəda(무지근하다)   tʃedʒillida(저질르다)
 tʃˁedʒida(처지다)   kɛltʃˁida(갈치다-가르치다)
 tɛsida(다시다)   mösida(모시다)
 mEltʃˁi(멸치)

이들은 예외적 존재로 파악할 수도 있겠으나, 한편 생각해 보면 전남방언에서는 이런 음운론적인 제약이 약화되어 이 Umlaut 현상이 보다 깊이 뿌리를 내리고 있음을 말해주는 것일지도 모른다. 이에 대해서는 보다 면밀한 검토가 요구된다고 하겠다.

---

50) 李秉根, op.cit., p. 481.

그런데, /ㄹ/에 대해서는 좀 더 언급을 요한다.

전남방언에서 i(j)에 선행하는 /ㄹ/은 앞 음절의 종성이 「ㄹ」일 때, 곧 「ㄹㄹ」을 이룰 때는 구개음화되는 것이 일반인데 이 때의 /ㄹ/은 움라우트에 제약을 가한다.(사실은 grammatical morpheme과 lexical morpheme에서도 그대로 적용되는데 이에 대해서는 후술할 것이다.)'

    tallida(달리다)   kollida(골리다-놀리다)
    hollida(홀리다)   mullida(: 아주 싫증이 나다)
    pəllida(놀음판을 ~)   s'ollida(쏠리다)
    əllida(아기를 ~)   ʧəllida(결리다) 등

그러나, 앞 음절이 「ㄹ」 이외의 자음이나 모음으로 끝나면, /ㄹ/은 움라우트가 실현되는 것과 실현되지 않는 것의 두가지가 있다.

① 실현되는 예
    ʧerida(손이-저리다)
    kirim(그림)   kirida(그리다)
    k'erida(힘든 일을 -꺼리다)
    t'udirida(두드리다)   nəmət'irida(넘어뜨리다)
    erida(송꾸락이-손가락이-아리다)
    kɛrida(창을 -가리다)   nirida(걸음이 -느리다)
    tɛrimi(다리미 - tɛrida)   tɛrida(벌꿀을 먹어 속이 -다리다), ʧidɛrida(기다리다)
    perida(버리다)\   erida(幼-어리다)

② 실현되지 않는 예
    minəri~mEnuri(며느리), kəmari(거머리), pəbəri(벙어리), p'iŋari(병아리), 다리, 허리, 고리, 자리, 거리, 가리, 구리, 노리(노루), 서리, 보리, 누리다(행복을 ~), 흐리다(날씨가 ~), 노리다(기회를 ~), 사리다(새내키-새끼를 ~), 서리다(김이 유리에 ~), 도리도리, 머리, 마리, 무리, 소리, 바구리(바구니), 대가리(머리), 포리(파리), 미나리, 꼬리, 보따리, 아가리(입), 오가리(옹기), 조리, 눈초리, 아래토리(하의), 우토리(상의), 쩌리(저리), 하리사리(하루살이), 울타리, 또가리(또아리), 대사리(다슬기), 어리다(응고, 반영)

이들 두 가지는 별다른 조건상의 차이-음운론적, 형태음소적, 성조, 음장 등-를 필자로서는 찾아내기 어렵다. 위에 든 예 중 '어리다'는 '幼'의 뜻일 때는 움라우트가 실현되는데 '응고'나 '반영'의 뜻일 때는 실현되지 않는다. 이로 미루어 음운론적 차이나 음장(모두 단음)의 차이로 말미암은 것 같지는 않지만 확실한 단안을 내리기는 어렵다.

하여간에 /ㄹ/은 구개음화되지 않을 경우라도 움라우트에 제약을 가하는 경향이 상당한 세력을 갖고 있는 듯하다.

3.3. 다음으로 문제되는 것이 형태음소론적 제약이다.
다음 예들을 보자.

견디다(<견듸다), 더디다(<더듸다), 어디(<어듸, 어딕), 오디(桑椹)(<오듸), 여기(<여긔), 저기(저긔), 포기(<*포긔), 드디어(<드듸어)

등의 예는 공통어의 예인데, 이 중 '견디다', '드디어'는 전남방언에서 각각 Umlaut되지 않고 'ʧəndida', 'tidiə'로 실현되는 것이 일반이나, 간혹 'ʧendida', 'tidiə'로도 Umalut되어 실현된다. 그러나, 사적관점에서 보아 본래 i가 아닌 데서 기인한 형태음소들은 전남방언에서도 Umlaut되지 않음이 일반적인 것 같다.

전남방언에서 '위'와 '의'가 [i]로 실현될 때 형태음소로 다룰 수 있을 것인가는 깊은 통찰이 필요하다. 그런데, 전남방언에서는 가끔 이들이 Umlaut와 관련성을 맺는다.

전남방언에서 '사귀다'가 [sɛgida]로 '바뀌다'가 [pEk'ida]로 Umlaut되어 실현되며, '少尉'가 [s'ö:i]로 '警衛'가 [kE:ŋi]로 간혹 Umlaut되어 실현되는 경우를 볼 수 있는데, 이 때의 [i]는 형태음소적 층위에서 일탈하여 음운론적 층위로의 전이를 의미하는 것이 아닐까 하며, 또 전남방언에서 '의'는 [i]로 실현되는 경우가 많은데 이 i 또한 /i/의 형태음소로 볼 수 있으리라 여겨진다.

그런데 '의'가 전남방언에서 [i]로 실현되는 경우에는 Umlaut되는 경우가 상당한 세력을 가지고 있는 것 같다.

'sɛŋi'(詳議), mEŋhi~mEŋi(明姬: 인명)들의 예에서 볼 수 있는 바와 같이 '의'가 전남방언에서 [i]로 실현될 때 이 /i/도 형태음소론적 층위에서 벗어나 음운론적 층위로의 전이를 말해주는 증거가 아닐까 한다. 특히, 인명에서는 화석화되어 버려 형태음소에서 일탈되어 있음을 흔히 본다.(명희→ 맹히→ mEŋhi, 경희→ 갱희→ kEŋhi, 병일→ 뱅일→ pEŋil 등)

3.4. 합성어에서는 morpheme의 경계에 Umlaut를 저지하는 장벽이 있어 Umlaut가 실현되지 않음이 일반이라는 것은 다른 방언과 다를 바 없으며(예: 옷깃, 가랑비), 글자 하나하나가 lexical morpheme의 구실을 하는 한자어에서 Umlaut가 잘 일어나지 않음도 같다.(수익, 우익, 심면경(三面境), 사심(邪心) 등) 그러나, 한자어 가운데 일상어로 굳어진(化石化) 말 가운데는 상당수가 Umlaut가 일어나고 있음을 본다.

명희(明熙: 인명) → mEŋhi   남면(南面) → nɛmmjən
구경(求景) → kügjən   학교 → hɛk'jo, hɛk'o
장인(丈人) → ʧeŋin   남편 → nɛmp'jən
담양(潭陽) → tɛmjəŋ   송편(松餠) → söŋp'jən

공일(空日) → köŋil   삼일(三日) → sɛmil
석유(石油) → segju   성묘(省墓) → seŋmjo
삼계면(三溪面) → seŋgEmjən   경계(境界) → kEŋgE
합격(合格) → hɛpkjək   안경 → ɛŋgjəŋ
성경(聖経) → sE:ŋgjəŋ   평일 → p'Eŋil
상면(相面) → seŋmjən,   면경(面鏡) → 멩경 → mEŋgjəŋ → miŋgjəŋ

3.5. Umlaut의 실현 범위가 단어로 한정된다는 이병근님의 견해에는 뜻을 같이 한다.[51] 그러나, lexical morpheme에 결합되는 grammatical morpheme들은 단어를 구성하는 계기적요소들이 되므로 단어에 포함시키는 것이 바람직할 것 같다. 이 계기적 요소 가운데 특히 전남방언에서 Umlaut의 세력이 강하여 한 특성을 이루는(남부 방언은 공통적이지만) 주격 -i, 계사(copula) -i-, 명사화접미사(nominalization suffix) -기/이, 그리고 파생접미사(Derived suffix)에 대하여 간단히 살펴 보자.

(1) 주격 -i, 계사 -i-
    irimi(이름이)   tʃüŋi(중<僧>이)
    seŋi(성<兄>이)   tʃeŋi(情이)
    pebi(法이)   pɛbi(밥이)
    pɛŋi(방이)   sögi(속이)
    nöbi(놉 = 일꾼이) 등

이들은 lexical morpheme과 grammatical morpheme과의 사이에 휴지가 전연 없기 때문에 단어경계 표시의 기능을 상실하고 한 개의 단어처럼 굳어진 것이라 볼 수 있다. 따라서, 음운론적인 제약조건인 /ㅅ, ㅈ, ㅊ, ㄴ, ㄹ/ 등의 자음이 오면 lexical morpheme 자체 내에서의 경우와 같이 제약을 받는다.[52]

    tʃəsi(젖이), pəsi(벗이), k'osi(꽃이),
    soni(손이), kusi(굿이), pari(발이),
    suri(술이), so:ri(松이), to:ni(돈이) 등

(2) -기/이
    map'ögi~map'Egi(맛보기)   totpögi(돋보기)
    p'onbögi~p'onbEgi(본보기)   tʃulneŋk'i(줄넘기)
    megi(먹이)   tʃ'indigi(진드기)

---

51) Ibid., pp. 482-483.(여기서 그는 lexical morpheme에 결합되는 grammatical morpheme까지를 합하여 하나의 단어로 보고 있다.)
52) 田光鉉, "全羅北道 益山地域語의 音韻論的 硏究", 「어학」 4.(全北大學校 語学研究所, 1977), pp.71-92 참조.

tʃʰik'egi(찌꺼기)   s'arɛgi(싸라기)
p'usiregi(부스러기)   sondʒɛbi(손잡이)
pueɲi(부엉이)   karɛŋi(가랑이)
t'uduregi(두드러기)   tɛdimi(다듬이)
kiregi(기러기)

이들은 비교적 자유롭게 Umlaut가 실현되는 예들이지만, 다음의 예들은 그 조건이 갖추어져 있으면서도 Umlaut의 실현이 이루어지지 않고 있다.

더하기, 빼기, 나누기, 곱하기, 꼴짜기(골짜기), 뻐꾸기, 곰배팔이, 꼽사둥이(곱사둥이), 더듬이, 말더듬이, 넓이, 옷걸이, 등

그리고, 'səlgədʒi(설걷이), talmadʒi(달맞이), midadʒi(미닫이), madʒi(맞이, 맏이), sEbutʃʰi(쇠붙이)' 등의 낱말은 개재자음의 자질에 의하여 장애를 받는 것으로 생각된다.

또, 명사화의 중요한 구실을 하는 -ki가 외견상 통사론적 구성으로 보이는 다음의 말에서는 Umlaut가 일어난다.

pögi tʃotʰa ~ pEgi tʃotʰa(보기 좋다),
pögi siltʰa ~ pEgi siltʰa(보기 싫다),
kɛgi siltʰa(가기 싫다), tikʼi siltʰa(듣기 싫다)
mekʼi siltʰa(먹기 싫다), mekʼi tʃotʰa(먹기 좋다)

이들은 중부방언에서는 Umlaut가 일어나지 않는 것으로 알려 지고 있는 것이나 전남방언에서는 어디서나 흔히 관찰되는 Umlaut 현상이라 하겠다.

이에 대한 해석은 역시 이병근님의 의견과 같이, 통사론적 구성으로 파악할 것이 아니라 형태론적으로 화석화된 것으로 봄이 좋을 듯 하다.[53]

이렇게 볼 때 Umlaut의 실현은 lexical morpheme 내부에 국한된다는 종래의 견해에 부합되게 될 것이다.

 (3) 용언 및 부사의 파생접미사
  (A) ① 끼리다(끓이다), 쥐기다~지기다(죽이다), 뇌피다(높이다), 메기다(먹이다), 깨끼다(깎이다), 내끼다(낚이다), 께끼다(꺾이다), 뵈이다~pEida(보이다), 채이다(被蹴-차이다), 쌔이다(쌓이다) 등
  ② 뮈키다~미키다(묵히다·먹히다), 엘키다(얽히다), 재피다(잡히다), 뵐피다

---

53) 李秉根, op. cit., p. 485.

~pElpʻida(볿히다-밟히다), 에피다(업히다), 뉘피다(눕히다), 쎄키다(썩히다), 매키다(막히다), 배키다(박히다), 삐피다(뽑히다) 등

③ 앵기다(안기다), 갱기다(감기다), 베끼다(벗기다), 쬐끼다(쫓기다), 넹기다(넘기다), 디키다(被聽), 댕기다(담기다) 등

(B) nəŋnekʻi(넉넉히), nöpʻi(높이), sökʻi(속히), pʻuŋdʒökʻi(풍족히), kaptʃʻɛgi(갑자기) 등

이들 용언이나 부사의 파생접미사는 계속적자질에 의한 음운론적 제약이 오지 않는 한 매우 자유롭게 움라우트가 실현되고 있음을 알 수 있다.

(C) 흘리다, 몰리다, 풀리다, 살리다, 걸리다, 갈리다, 깔리다, 굴리다, 놀리다(: 놀게 하다), 덜리다, 떨리다, 둘리다, 뚫리다, 돌리다, 꿇리다, 물리다, 벌리다, 뽈리다(빨리다), 썰리다, 울리다, 얼리다, 알리다, 올리다, 짤리다(잘리다), 졸리다, 털리다, 폴리다(팔리다), 헐리다 등

(D) kʻekʻasi(깨끗이), katʃʻi(같이), kʻokʻosi(꼿꼿이), sirəpsi(실없이), tʃikʻudʒi(짓궂이), kodʒi(곧이), tʃʻantʃʻani(천천히), nəlli(널리), məlli(멀리), pʻalli(빨리) 등

(E) kasida(가시다), katʃʻida(갇히다), haptʃʻida(합치다), əntʃʻida(얹히다) 등

위의 (C), (D), (E)는 그들이 Umlaut를 제약하는 자질을 갖고 있어 역시 Umlaut가 장애를 받는다. 그런데 위의 예들 중 '흘리다, 눌리다, 졸리다'는 때로는 움라우트되어 각각 '힐리다, 닐리다, 죌리다' 등으로 실현되기도 하는 바, 이 또한 전남방언에 있어 Umlaut 현상의 획대와 더불어 전남방언이 언젠가는 음운론적 제약에서 벗어날 수도 있다는 가능성을 시사해 주는 것이 아닐까 한다.

3.6. 지금까지 전남방언에서 나타나는 Umlaut 현상의 편린을 살펴 보았다. 이 Umlaut 현상은 전남방언에서도 다른 방언에서와 마찬가지로 통사론적 구성이 아닌 형태론적 구성에서 실현됨을 보았다. Umlaut가 제약을 받는 경우도 다른 방언에서와 같이 /ㅅ, ㅈ, ㅊ, ㄴ, ㄹ/ 등 계속적자질에 의한 음운론적 제약이었다.

그러나, 중부방언과 비교해 볼 때, 이 음운론적 제약도 많이 감소되고 있는데, 특히 용언이나 부사의 파생접미사와 어간 사이에서 심하다. 또, 본디 통사론적 구성이었던 것이 형태론적으로 화석화되는 경우는 Umlaut가 가능하여짐도 볼 수 있었다. 한자어에서와 같이 둘 이상의 형태소로 이루어진 형태론적 구성은 그것이 한자어라는 의식이 없어질 때 Umlaut가 가능하여짐도 볼 수 있었다.

이리하여 단일형태소 내부에서 Umlaut가 가장 자유롭게 실현된다는 종래의 견해에 도달하게 된다.

그리고, lexical morpheme과 grammatical morpheme과의 결합이나, 용언의 어간과

nominalizer -ki/-i 및 파생접미사 사이에서 더욱 강하게 나타나는, 전남방언이 갖는 일단의 특징도 엿볼 수 있었다.

3. 결론

본고는 지금까지 주로 전남방언의 모음의 변이현상을 단모음과 이중모음으로 크게 나누어 살펴 보았다. 또, Umlaut 현상은 단순한 음운 변이 현상은 아니나, 이 역시 모음의 변이 현상과 깊은 관련을 맺고 있다고 여겨져 본고에서 다루어 보았다.

그러면, 각장의 내용을 요약하여 결론을 맺고자 한다.

전남방언에 나타난 단모음의 변이 현상을 공통어의 단모음과 비교해 보면 다음과 같은 특징적인 면을 찾아 볼 수 있다.

첫째, 전설모음 계열에서 /e/와 /ɛ/가 변별성을 갖지 못하고 /E/로 중화된다. 따라서, 전남방언의 단모음의 수는 9개로 설정된다.

둘째, 전설고모음화 현상이 강하게 나타난다. 이 현상은 물론 경상도 방언과 제주도 방언에서도 나타나는 현상으로 전남방언에만 국한하는 특징은 아니라 하겠으나 이 현상을 대변해 주는 전남방언의 단모음의 변이와 그 제약조건을 표로 만들어 제시하면 다음과 같다.

모음변이	제약조건(음운환경)	모음
1) a → E	① /ㄹ, ㅂ, ㅊ/ 아래에서 ② 사적으로 주격 'ㅣ'가 첨가되어 (오분석)	전설고모음화
2) ə → E	① 전방성자음 아래에서 (어두) ② 1)의 ②와 동궤 (고기명에서)	전설모음화
3) ə → i	경구개자음 /ㅅ, ㅈ, ㅊ/ 아래에서	전설고모음화
4) e → i	경구개음, 순음, 치조음 (/ㅅ, ㅈ, ㅊ, ㄴ, ㄷ, ㄸ, ㅌ, ㅁ, ㅂ/) 아래에서	고설모음화
5) ɛ → i	/ɛ/가 /E/로 중화된 뒤 /i/로 전설모음화한 것으로 앞 항 4)와 동궤	고설모음화
6) ö → E	이중모음의 단모음화로	전설모음화
7) o → u	연구개음과 치조음 아래에서	고설모음화
8) u → i	/ㅅ, ㅈ, ㅊ, ㄹ/ 등 전설성 자음 아래에서	전설모음화
9) ɨ → i	전설성 자음 /ㅅ, ㅆ, ㅈ, ㅊ/ 아래에서	전설모음화

위 표에서 보아도 알 수 있는 바와 같이 이 현상은 주로 /ㄴ, ㄷ, ㄸ, ㅌ, ㄹ, ㅁ, ㅂ, ㅅ, ㅈ, ㅊ/ 등 양순음, 치조음, 경구개음 아래에서 일어나는 변이로 특히 /ㅅ, ㅈ, ㅊ/의 제약이 강하다. 그리고, 그 원인은 조음 작용에 필요한 노력을 줄이려는 노력경제로 볼 수 있으며, 이들 단모음의 변이는 ə>i>i, wə>ö>E, o>u>i 의 변천과정을 거치는 것이 많다.

셋째, 원순모음화 현상이 강하게 나타난다. 우선. 이 변이 현상의 내용을 표로 만들어 보이면 아래와 같다.

모음변이	제약조건(음운환경)	비 고
1) ə → o	양순음 아래에서	
2) ə → u	/ə/ 전후의 양순음의 영향	
3) i → u	① 양순음 아래 ② 선행하는 원순모음의 영향	

이 현상은 주로 /ㅁ, ㅂ, ㅍ/과 같은 양순음 아래에서 일어나지만 원순모음 /ㅗ, ㅜ/ 아래에서도 일어난다. 이 변이는 국어사에도 그대로 나타난다. 이 현상의 원인도 노력경제로 설명될 수 있다.

넷째, 표준어와의 음운 대응 현상이 나타난다. 이것은 서울방언을 중심으로 한 표준어와 전남방언의 음운의 사적 변천 과정의 차이로 말미암은 것인데, /a/:/o/, /u/:/o/, /i/:/u/의 세 가지가 있음을 보았다. 그리고, 모든 음운의 차이를 사적으로 좀 더 면밀히 검토해 보면 더 많은 음운 대응 현상을 추출해 낼 수 있을 것이라 믿어지며, 이 현상은 다른 방언과의 사적분화의 차이, 즉 방언음운론의 수립도 가능할 것이다.

다음은 이중모음에 대하여 살펴보자.

전남방언의 이중모음을 표준어의 그것과 비교하여 보면 이중모음의 단모음화 현상이 두드러진 특성을 이루고 있음을 알 수 있는데 그 내용을 표로 보이면 다음과 같다.

모음변이	특징(제약조건, 음운환경)	비 고
1) ja→a	특별한 규칙성 없음	음절의 선후가 문제되지 않음
2) jə→E; i	어두의 양순음 아래	/E/와 /i/가 수의변이되어 쌍형을 이룸
3) jə → E	① 제2음절 이하 ② 어두의 /ㄱ, ㅎ/이 구개음화되지 않을 때	
4) jə → ə	/jə/에 선행하는 어두자음/ㄱ, ㅎ/이 각각 /ㅈ, ㅅ/으로 구개음화될 때	

5) jo → o	어두의 초성이 /ㅎ/일 때가 많고 /ㅎ/이 /ㅅ/으로 구개음화됨	세력이 약한 편임
6) ju	〃	〃
7) wa → a	① 자음과 결합한 /ja/는 /a/로 단모음화되는 경향이 짙음. ② 지식층이나 개신파는 /a/ 자체로도 발음할 수 있음.	세력이 강함
8) wə → o, ə	특별한 규칙성은 없음.	상당한 세력
9) wɛ → E	① wɛ → ö → E의 단계를 밟음. ② 지식층이나 개신파는 /ö/로 실현되는 경우가 많음	/wɛ/와 /we/를 변별 못함. 전남방언의 이중 모음 계열에서 제외됨
10) we → E, i, o, u, ü	변이가 복잡한 양상을 보임	전남방언의 이중모음 계열에서 제외됨
11) je → i, E	일반으로 /ㄱ/ 아래서 /i/로 실현되고 기타의 경우는 /E/로 실현됨	/je/와 /jɛ/를 변별 못함. 이중모음 계열에서 제외됨
12) jɛ → ?	/jɛ/가 표준어에서 쓰이는 경우는 모두 축약형인데, 전남방언에서는 본디말 그대로 쓰이고 있어 /jɛ/ 자체가 순수한 방언에서 쓰이는 경우가 없음	이중모음 계열에서 제외됨
13) wi → u, i, ü	이중모음으로 발음 못하고 /ü/로 발음하나 /ü/로만 굳어진 것이 아니고 /u/와 /i/로 변이되어 실현되는 낱말이 많음. /wi/의 변이 유형은 ① wi→u; i ② wi→u ③ wi→i ④ wi→ü ⑤ wi→ü →i로 하위 분류됨.	이중모음 계열에서 제외됨
14) ij → i, i	이 변이는 ① ij → i; i ② ij → i로 하위분류됨. /ij/가 단독으로 음절을 이루면 /i/와 /i/의 쌍형을 갖는 것이 일반이고 /ㄴ, ㅌ, ㄸ, ㅆ, ㅎ/과 결합되면 /i/로 실현됨.	/ij/는 자음과 결합하여 음절을 이룰 때는 표준어에서도 /i/로 실현되는 듯함. 이중모음 계열에서 제외됨

공통어 12개의 이중모음은 대부분 뒤 요소에 모음점(성절음)이 있다. 위 표에서 보면 이들 이중모음이 전남방언에서 단모음화될 때는 대체로 뒤 요소로 단모음화됨을 알 수 있다. 이들 이중모음을 길게 발음해 보면 나중에는 뒤 요소만 남는다는 것을 인지하게 되는데, 주로 뒤 요소로 단모음화한 까닭은 여기에 기인된 결과일 것이다. 곧, 조음작용의 불편함을 덜기 위해서 성절음인 뒤 요소만을 발음하려는 데서 나온 타성이라고 생각된다. 또, 기타의 변이 현상은 위 표의 설명을 보면 알 수 있을 것이다.

표준어의 12개의 이중모음 가운데 현재 전남방언에서 현저하게 이중모음으로 실현되는 것은 ㅑ/ja/, ㅕ/jə/, ㅛ/jo/, ㅠ/ju/, ㅘ/wa/, ㅝ/wə/의 6개뿐이다. 그 까닭은 나머지 6개의 이중모음이 모두가 이미 단모음화되어 버렸기 때문이다.

그리고, 전남방언의 Umlaut 현상에 대해서는 김완진, 이병근님의 연구 결과를 크게 벗어날 수 있는 특징적인 면을 찾을 수는 없었다. 그러나, 다른 방언에서 아직도 제약 조건으로 크게 작용하는 계속적자질에 의한 음운론적 제약이 lexical morpheme과 grammatical morpheme과의 결합이나 nominalizer -ki/-i와 파생접미사가 용언의 어간과 결합될 때는 많이 완화되고 있음을 볼 수 있는데 이 현상은 더욱 확대될 것이 예상된다.

필자가 본고에서 다룬 어휘의 예 중에는 개인방언(idiolect)에 끌린 것도 없지 않으며 이것은 본 논문의 중심 내용에서 크게 일탈한 것이라고 믿는다.

그리고, 본고를 마침에 있어 소략에 흐른 자책을 숨길 수 없으나 이를 토대로 하여 앞으로 본격적인 조사 연구를 행하도록 노력하고자 한다.

참고문헌

1. 논문

金永松. "慶南方言의 音韻." 「国語国文学」, no. 4(釜山大学校, 1963)

_____. "慶南方言의 音韻." 「国語国文学」, no. 6 (釜山大学校, 1967)

_____. "金海方言의 音韻." 「金海地区 綜合学術調査報告」(釜山大学校, 1973)

金完鎮. "全羅北道 方言音韻論의 研究方向 設定을 爲하여. 「語学」, no. 2(全北大学校, 1975)

_____. "全羅道 方言 音韻論의 研究方向 設定을 爲하여." 「国語学論文選」, 6:「方言研究」(民衆書館, 1977), pp.355-363.

김진우. "国語音韻論에 있어서의 共謀性." 「語文研究」, no.7 (서울: 一潮閣, 1971)

都守熙. "忠南方言의 母音変化에 대하여." 「李崇寧先生 古稀紀念論叢」. 서울: 塔出版社, 1977, pp. 95-124.

李基文. "中世国語 音韻論의 諸問題" 「震檀学報」, no.32(1969)

李秉根, "京畿地域語의 母音体系와 非圓唇母音化." 「東亜文化」, no.9(東亜文化研究所, 1970), pp. 153-163.

_____. "雲峰地域語의 움라우트 現象." 「金亨奎博士頌寿紀念論叢」. 1971, pp.473-487.

_____. "現代韓国方言의 母音体系에 대하여." 「語学研究」, 7, no.2(1971)

_____. "派生語의 形成과 i 逆行同化 規則들." 「震檀学報」, no.42(1976)

李敦柱. "全南方言에 대한 考察 - 特히 島嶼地域의 方言研究를 위하여." 「語文学論集」, no. 5(全南大学校, 1969)

_____. "国語의 語形擴大考." 「장암 지헌영선생 환갑기념 논총」. 1971.

林敬淳. "보길도 방언고." 「호남문화연구」 no.9 (전남대학교, 1976)

田光鉉. "全羅北道 益山地域語의 音韻論的 研究." 「語学」, no.4(1977), pp.71-92.

_____. "南原地域語 語末-U型 語彙에 대한 通時音韻論的 考察 -二重母音의 史的 変化와 関聯하여."
「国語学」, no.4(1976)
丁益燮. "흑산도 방언 소고."「全南大学校 論文集」, no.9(1963)
崔鶴根. "全羅南道方言研究(音韻篇 '母音')."「国語国文学」, no.70(1976)
洪淳鐸. "全南方言에 対하여."「語文学」, no.9(1963)
_____. "청산도 방언 어휘."「호남문화연구」, no.4(전남대학교, 1966)
洪淳鐸·李敦柱. "거문도 방언에 대하여."「호남문화연구」, no.3(1965)
河野六郎. "朝鮮方言学試攷"「경성제국대학 문학회 논찬」, no.11(1945)

2. 단행본

金公七.「方言学」. 서울: 正向出版社. 1977.
金敏洙.「新国語学」. 서울: 一潮閣, 1968.
金完鎮.「国語音韻体系의 研究」. 서울: 一潮閣, 1980.
金亨奎.「国語史研究」. 서울: 一潮閣, 1972.
_____.「韓国方言研究」. 서울: 서울大学校出版部, 1980.
南広祐.「古語辞典」. 서울: 一潮閣, 1975.
_____.「国語学論文集」. 서울: 一潮閣, 1979,
李基文.「国語史概説」. 서울: 民衆書舘. 1972.
李敦柱.「全南方言」, 서울: 螢雪出版社, 1979.
이병건.「현대 한국어의 생성음운론」. 서울: 일지사, 1977.
李崇寧.「国語造語論攷」. 서울: 乙酉文化社, 1961.
_____.「済州島方言의 形態論的 研究」. 서울: 塔出版社, 1978.
_____.「中世国語文法」. 서울: 乙酉文化社, 1979.
_____.「韓国方言史j. 高麗大学校民族文化研究所編,「韓国文化史大系」. 9:「言語文学史」(上), 서울: 高麗大学校出版部, 1979, pp. 323-412.
李承旭.「国語文法体系의 史的研究」, 서울: 一潮閣, 1980.
李乙換 外 5 인.「国語学新講」. 서울: 開文社, 1973.
李熙昇.「国語学概説」. 서울: 民衆書舘, 1955.
劉昌惇.「李朝国語史 研究」, 서울: 三友社, 1978.
_____.「語彙史研究」. 서울: 二友出版社, 1978.
_____.「李朝語辞典」. 서울: 延世大学校出版部, 1979.
崔鶴根.「国語方言研究」. 서울: 서울大学校出版部, 1968.
최현배.「우리말본」. 서울: 正音社, 1977.
韓国方言学会編.「国語方言学」. 서울: 螢雪出版社. 1979.
한글학회 編.「한글 맞춤법 통일안」. 1958.

許 雄.「国語音韻学」. 서울: 正音社, 1963.
____.「中世国語研究」. 서울: 正音社, 1963.
____.「옛말본」. 서울: 과학사, 1976.
____.「言語学概論」. 서울: 正音社, 1976.
____.「우리 옛말본」. 서울: 샘문화사, 1981.
玄平孝.「済州島方言의 定動詞語尾 研究」. 1974.
小倉進平.「朝鮮語方言의 研究」(上, 下). 1944.
_____.「南部朝鮮의 方言」. 서울: 朝鮮史学会, 大正十三(1924).
Saussure, F. de. Cours de linguistique générale. 1969.
Hyman, Larry M. Phonology: theory and analysis. New York, 1975.
Schane, Sanford A. Generative Phonology, Prentice-Hall, 1973.
Bloomfield, L. Language. London, 1957.
Gleason, H.A. An Introduction to Descriptive Linguistics. New York, 1965.
Hockett, Charles F. A Course in Modern Linguistics. The Macmillan Company, 1958.

[처음 실린 곳]
석사학위논문(全南大學校 大學院 國語國文學科 國語學專攻). i, 1~114. 1981. 6.

[02] 전남 북서부 방언의 움라우트 현상

I.

1.0. 오구라 신페이(小倉進平) 이후 초창기의 국어방언학이 전남지역과 전북지역을 하나의 방언권으로 통합시켜 「전라방언」이라 하여 별도의 독자성을 무시한 적도 있었지만, 이 두 지역이 별개의 방언권으로 구획되어야 한다는 사실은 이제 논란의 여지가 없는 줄 안다. 그렇다면 전남 방언에 대한 움라우트 현상도 이병근(1971), 최태영(1978) 등 전북지역어 및 타지역어에 대한 연구 결과에만 의지하여 해석할 수 없는 또다른 면의 언어현상을 보여줄 수 있으리라는 기대감에서 이 문제를 다루어 보기로 했다.

전남방언도 보다 작은 하위방언권으로 구분되어 그 하위 방언권에 대한 보다 정밀한 기술이 선행되어야 전남방언 전체를 묶을 수 있는 독자적인 언어체계와 언어의 제현상을 기술할 수 있을 것이다. 그러나, 전남방언의 하위방언구획도 이루어지지 않은 현 시점에서 그것은 아직 시기상조요 위험한 일이다.

필자가 지난 10여년 동안 혹은 고등학교에 근무하면서, 혹은 여행을 하면서, 혹은 석사학위 논문 준비를 위해 방언 조사차 전남 지역을 돌아다니며 조사한 바에 의하면, 도서 지역을 포함한 남부 지역과 경상남도와 인접한 광양군을 비롯한 동부 지역은 광주를 비롯한 북서부 지역과는 상당한 언어차를 드러내고 있다는 사실을 감지할 수 있었다. 그러나, 필자가 여기서 전남방언권을 북서부, 서부, 남부 지역으로 하위 구분하는 것은 정확한 자료나 근거를 두고 구분한 것이 아니고 어디까지나 하나의 가상에 불과하다. 따라서 본고에서 전남 북서부 방언이라 칭한 것은 광주를 중심으로 한 근접의 여러 군들, 곧 광산, 나주, 화순, 담양, 장성, 함평, 영광군 등을 포괄하는 개념으로서 편의상 잠정적으로 붙인 명칭이다. 또, 이곳을 대상 지역으로 선택한 것은 필자가 이 지역어에 익숙한 '토박이'이기 때문에 기술상의 오류를 극소화할 수 있지 않을까 하는 생각에서이다.

1.1. 통합적 음운현상인 움라우트가 모든 방언에 두루 나타나는 언어현상이라는 것은 널리 알려진 일이요, 또 전남방언을 포함한 남부 방언 구역에서 특히 그 세력이 강하다는 사실도 지적되어 왔다. 그러나 전남방언만을 대상으로 한 본격적인 연구는 아직 이루어지지 않은 것으로 안다.

본고에서 필자가 추구하는 바는 전남 북서부 지역의 움라우트 현상이 보여 주는 독자적 특성을 찾는 데에도 있지만, 이 현상에 대한 다른 지역어가 갖는 가치와의 동질성을 찾는 데에도 그 초점이 놓여질 것이다. 특히, 제약조건이나 움라우트 규칙의 정밀화를 시도해 볼 것이다.

II.

2.0. 임의적 음운현상의 하나인 움라우트 현상은 i나 j를 동화주로 하고 후부모음을 피동화주로 하여 동화주와 피동화주 사이에 자음이 개재하지 않거나 [+grave]의 자음이 개재되면 후부모음이 i(j)에 동화되어 전부모음화하는 현상을 일컫는다.

그리하여 이 현상을 일반적인 규칙으로 꾸미면 다음과 같다.[1]

$$V \rightarrow [-back] / \underline{\quad} \left(\begin{bmatrix} C \\ +grave \end{bmatrix} \right) \begin{bmatrix} -cons \\ +high \\ -back \end{bmatrix}$$

〈규칙 1〉

국어의 모음은 그 위치적 자질에 따라 전부와 후부로 대립되어 있고 이 양계열은 다시 원순과 평순(비원순)의 두 계열로 하위구분되는데 이병근(1971: 478)에서는 움라우트의 실현을 다음과 같이 정밀화하고 있다.

$$i(j) -- \begin{array}{ccccc} ɨ & u & ə & o & a \\ \downarrow & \downarrow & \downarrow & \downarrow & \downarrow \\ i & ü & e & ö & ɛ \end{array}$$

〈규칙 2〉

이 지역 방언에서도 이와 본질적 차이는 없으나 표면상으로는 약간 다른 양상을 보인다. 이 방언에서 /e/와 /ɛ/는 /E/로 중화되는 경우가 일반이므로 위 그림에서 /a/와 /ə/는 움라우트되어 모두 /E/로 실현될 것이고(아비 → Ebi, 어미 → Emi), 또 u>ü>i, o>ö>E의 음운현상이 대단히 강하여[2] /ü/는 /i/로, /ö/는 /E/로 대부분 바뀐다(꾸미다>뀌미다>끼미다, 고기>괴기>kEgi) 그리하여 이 지역의 움라우트 현상은 다음과 같이 정리될 수 있다.[3]

---

1) 규칙의 화살표(→)는 편의상 사용한 부호일 뿐이며 공시적 변이만을 한정하는 것은 아니다. 본 방언에 움라우트와 관련을 맺는 상당수의 어휘들이 이미 화석화된 것이므로 오히려 <를 사용하는 편이 합리적일 수도 있겠다.
2) 졸고(1981), 전남방언의 음운론적 연구, pp. 9-80 참조.

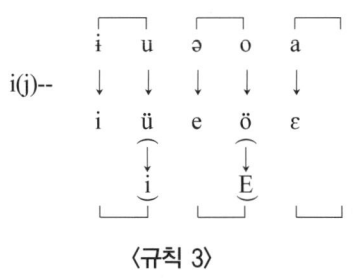

〈규칙 3〉

〈규칙 3〉에서 보는 바와 같이 이 지역의 움라우트 현상은 결과적으로 후부모음이 전부모음 /i/나 /E/의 둘 중의 하나로 바뀌는 경우가 대부분이라는 것을 알 수 있다.

그런데 본고에서는 인쇄의 편의와 이해를 돕는 뜻에서 가급적이면 ə+i → e, a+i → ɛ라는 문자의식을 고려하여 'ə → E'의 /E/는 /ㅔ/로, 'a → E'의 /E/는 /ㅐ/로 표기하겠다. 또 'o → ö → E'의 /E/는 난점이 없는 바는 아니나 역시 /ㅐ/로 표기하겠다.

2.1. 앞에서 보인 공식을 바탕으로 이 방언의 움라우트 현상에 대한 예들을 보자.

(1) ɨ → i
   트기 → 티기, 끓이다 → 끼리다
(2) u → ü(→ i)
   구미(口味) → 귀미 → 기미, 꾸미다 → 뀌미다 → 끼미다, 누비다 → 뉘비다
(3) ə → e
   구더기 → 구데기, 어리다 → 에리다
(4) o → ö(→ E)
   고기 → 괴기 → 개기(kEgi), 옮기다 → 욍기다~앵기다, 녹이다 → 뇌기다
(5) a → ɛ
   소나기 → 쏘내기, 삼키다 → 생키다

그러면, 이상의 예들을 염두에 두고 개재자음을 중심으로 이 방언의 움라우트의 실현 상태를 살펴보자.

2.2. 이 방언에서의 움라우트 실현은 동화주와 피동화주 사이에 자음을 개재시키지 않는 경우와 개재시키는 경우로 나누어 볼 수 있다.

2.2.0. 먼저 동화주와 피동화주 사이에 자음을 개재시키지 않는 경우를 보자.

(6) a. (나사를) 조이다 → 죄이다 → 재이다, 보이다 → 뵈이다 → 배이다, (병아리를) 까이다 → 깨이다, (벌에) 쏘이다 → 쐬이다 → 쌔이다, 트이다 → 티이다, 파이다 → 패이다, (빌려 준 돈을) 따이다 → 때이다

---

3) 여기서 ( )는 변이(변화)가 필연적이 아님을 나타냄. 한편, 이중모음 중에는 jə>je>E와 같이 움라우트 과정을 거치는 것도 있으나(명희>맹희>mEŋi) 그 세력이 극히 미약하여 규칙에서 제외시켰다.

b. 사이(間) → 새이, 누이 → 뉘이, 허여(: 하여) → 헤여 → 히여 → 히어
　　c. 고이도(古耳島) → 괴이도 → 개이도, 하의도(荷衣島) → 하이도 → 해이도, 소인(小人) → 쇠인
　　d. 하인 → *해인, 거인 → *게인

　이 방언을 포함한 전남방언의 조어법 가운데 두드러진 특징 중의 하나는 피동이나 사동을 나타내는 파생접미사를 덧붙여 피동사나 사동사를 만들 때 동사(능동사)의 어간이 모음으로 끝날지라도 소위 축약(contraction)을 보이지 않으며 움라우트를 일으킨다는 것이다. 말하자면, 표준어에서는 '쪼이다(被啄)'가 '쬐다'로, '조이다'가 '죄다'로 축약을 일으키지만 전남방언에서는 그리되는 일이 없고 '쬐이다'~'째이다'와 '재이다'로 사용된다. 이것은 이 방언에서는 축약되지 않는 '쪼이다'형을 기저(underlying)로 하여 (6, a)에서 보여 주는 바와 같이 움라우트를 야기시키고 있음을 말해 준다 하겠다. (6, a)와 (6, b)는 순우리말의 경우이고 (6, c)와 (6, d)는 한자어의 경우를 보인 것인데, (6, b)는 형태소 경계를 개입시키고 있는 (6, a)와는 달리 형태소 내부적인 경우지만, (6, a)와 마찬가지로 움라우트가 자유롭게 성립된다.4) 그러나, 한자어의 경우는 움라우트가 성립하는 경우와 그렇지 않은 경우가 있는데, 뒤에서 논의할 개재자음이 [+grave]인 한자어와 마찬가지로 화석화된 말에 한해서 성립하게 된다. 따라서 이승재(1983: 177-180)에서 자음을 개재시키지 않는 경우를 움라우트에서 제외시킨 견해와 도수희(1981: 4)의 충남방언에 대한 연구에서 "동화주와 피동화주 사이에는 반드시 하나 이상의 자음이 개재히여야 한다"는 움라우트 현상의 제약조건을 주장하고 있는데 이것은 마땅히 재고되어야 할 것이며 적어도 이 방언에서는 성립되지 않는 제약조건이라 하겠다. <규칙 1>에서 [+grave]의 항목을 괄로로 묶은 까닭도 여기에 있다 하겠다.

　2.2.1. 다음에는 동화주와 피동화주 사이에 자음이 개재하는 경우를 논의해 보자.

　국어에서 두 모음 사이에 개재할 수 있는 자음의 수효는 소리상으로는 많아야 둘이다. 따라서 개재자음이 단일한 경우와 두 개인 경우로 나누어 생각할 수 있다. 먼저 개재자음이 단일한 경우를 보면, 개재자음이 단일하면서, 아래 (7, a~b)에서 보는 바와 같이 개재자음이 [+grave]인 경우는 이 방언에서도 개재자음의 종류에 관계없이 [+grave]이기만 하면 움라우트가 아주 자유롭게 실현된다(이것은 지금까지 다른 지역어의 움라우트 현상의 제약조건과 일치된다).

(7) a. 올가미 → 올개미, 조끼 → 죄끼 → 재끼, 아비 → 애비, 고삐 → 괴삐 → 개삐, 어차피 → 어째피~워쨋피, 고기 → 괴기 → 개기, 모퉁이 → 모툉이 → 모탱이
　　b. 꾸미다 → 뀌미다 → 끼미다, 후비다 → 휘비다 → 히비다, 아끼다 → 애끼다, 동이다 → 됭이다 → 댕이다, 뻐기다 → 뻬기다, 떠밀다 → 떼밀다~띠밀다

---

4) 다만 표준어 '나이(年齡)'와 '아이(兒)'의 경우는 움라우트 현상을 보이지 않는다. 그러나 이 낱말들의 이 방언형은 각각 '나'와 '아그'이므로 예외가 되지 않는다.

그리고, 개재자음이 두 개인 경우도 둘 다 [+grave] 자음이면 꽤 자유롭게 실현된다('굶겨'에서 /ㅜ/와 /ㅕ/ 사이의 자음은 ㄹ, ㅁ, ㄱ 세 개지만 발화 과정에서는 하나는 묶음 - 여기서는 ㄹ이 묶음 - 되므로 두 개로 본다).

(8) a. 장기 → 쟁기, 학교→해꾜, 송편 → 쇵편 → 생편, 섬기다 → 성기다 → 셍기다, 삼키다 → 상키다 → 생키다, 당기다 → 땡기다, 붐비다 → 뷤비다 → 빔비다, 덤비다 → 뎀비다, 감기다 → 강기다 → 갱기다

움라우트 규칙은 자음동화규칙에 뒤따르는데(김완진: 1971 참조) '섬기다, 삼키다' 등의 낱말은 먼저 변자음화가 이루어진 뒤에(섬기다 → 성기다) 다시 움라우트가 실현되는 것으로 여겨진다(성기다 → 셍기다). 그런데 다음에 보이는 (9)는 둘 다 변자음이고 변자음화(후부변자음화)가 일어나지만 움라우트는 실현되지 않는다. (8)과 (9)를 비교해 볼 때 특징적인 차이점을 찾기 어렵다. 여기서도 우리는 움라우트 현상이 obligatory한 규칙이 아니라 optional한 규칙이라는 사실을 알게 된다. 따라서 도수희(1981: 5)에서 변자음화 규칙이 움라우트의 실현을 촉진한다고 한 견해는 받아들이기 어렵다. 필자는 이들 두 규칙은 어디까지나 규칙순서의 문제라고 생각한다.5)

(9) 감기 → 강기 → *갱기, 밤길 → 방낄 → *뱅낄, 숨키다(: 숨기다) → 숭키다 → *슁키다

그런데 개재자음이 ㅎ을 포함할 때는 좀 더 설명을 요한다.

(10) a. 잡히다 → 재피다, 접히다 → 제피다, 막히다 → 매키다, 썩히다 → 쎄키다, 쫍히다(: 좁히다) → 쬐피다, 굽히다 → 귀피다
b. 갇히다 → 가치다 → *개치다, 걷히다 → 거치다 → *게치다, 꽂히다 → 꼬치다 → *꾀치다, 굳히다 → 구치다 → *귀치다, 앉히다 → 안치다 → *앤치다, 많지 → 만치 → *맨치, 좋지 → 조치 → *죄치

국어에서 평저해음, 즉 ㅂ, ㄷ, ㅈ, ㄱ은 형태소경계를 사이로 ㅎ이 후행하거나 선행하면 기식화(aspiration)하고, 동시에 ㅎ은 탈락한다.6)(잡히-, 앉히-, 깨끗하-, 입학, 많다, 좋고 등의 어휘 참조)

---

5) 李秉根(1977); "子音同化의 制約과 方向", 李崇寧先生 古稀記念「國語國文學論叢」pp. 246-264 참조.
6) 이 병건(1971) ; 현대 한국어의 생성음운론, 일지사, p.62 참조.

$$\begin{bmatrix} +\text{obst} \\ -\text{cont} \\ 1 \end{bmatrix}, \quad [-\text{seg}], \quad h \quad \Rightarrow \quad \begin{bmatrix} 1 \\ +\text{asp} \end{bmatrix} 2 \begin{bmatrix} 3 \\ \emptyset \end{bmatrix}$$

〈규칙 4〉

그런데, 움라우트는 개재자음 뒤에 $\begin{bmatrix} -\text{cons} \\ +\text{high} \\ -\text{back} \end{bmatrix}$ 이 반드시 따라야 한다는 제약 때문에 움라우트와 관련한 기식화규칙은 다음과 같이 정밀화될 것이다.

$$\begin{bmatrix} +\text{obst} \\ -\text{cont} \end{bmatrix}, \quad [-\text{seg}], \quad h, \quad \begin{bmatrix} -\text{cons} \\ +\text{high} \\ -\text{back} \end{bmatrix}$$
$$1 \qquad\qquad 2 \qquad\quad 3 \qquad\qquad 4 \quad \Rightarrow \begin{bmatrix} 1 \\ +\text{asp} \end{bmatrix} 2 \begin{bmatrix} 3 \\ \emptyset \end{bmatrix} 4$$

〈규칙 5〉

그리하여 <규칙 5>에 따라 개재자음군 가운데 ㅎ을 이웃한 평저해음 ㄱ과 ㅂ은 각각 ㅋ과 ㅍ의 [+grave]로 기식화되어 (10, a)는 결국 (7)과 동궤의 것이 되며 이에 따라 움라우트가 자유롭게 실현된다. 그러나 (10, b)에서처럼 평저해음이 ㄷ이나 ㅈ일 때는 그것들이 모두 [-grave]의 자질을 갖는 ㅊ으로 기식화되기 때문에 움라우트에서 제외된다(다음(11, a) 참조). 그리고 <규칙 5>에 의해서 평저해음이 [+grave]의 자질을 가진 ㅋ이나 ㅍ으로 실현된다 할지라도 그 결과가 '볿히다(밟히다) → 볼피다 → *뵐피다, 얽히다 → 얼키다 → *엘키다'와 같이 [-grave]의 자질을 갖는 자음을 공유하는 경우는 움라우트에서 제외된다. 한편, 기식화와는 관계를 맺지 않는 '많이 → 만이 → *매니, 솔찮이(: 상당히) → 솔찬이 → *솔채니'와 같이 자음군단순화규칙이 우선적으로 적용되고 그 결과 동화주와 피동화주 사이에 [-grave] 자음이 남게 되면 자연히 움라우트를 경험할 수 없게 된다.

이상에서 보면 기식화규칙은 구개음화규칙에 앞서며 움라우트 규칙은 구개음화규칙에 뒤따르는 규칙순서(rule ordering)를 갖게 되며, 한편 자음군단순화규칙과 움라우트 규칙 간에는 자음군단순화규칙이 앞서는 것으로 보인다.

	/čap+hi+da/ (잡히다)	/kut+hi+da/ (굳히다)	/manh+i/ (많이)
자음군단순화규칙	———	———	man+i
기식화규칙	čap^h+i+da	kut^h+i+da	———

| 구개음화규칙 | ——— | kuč^h+i+da | ——— |
| 움라우트규칙 | čɛp^h+i+da [čɛp^{h}ida] | ——— [kuč^{h}ida] | ——— [mani] |

그러나 '굳히다'에서 움라우트규칙, 기식화규칙, 구개음화규칙의 차례로 규칙순서를 생각해 보면 '굳히다 → 궅히다 → 궅이다 → 귀치다'가 되어 실제 표면형(: 구치다)이 도출되지 않는다.

2.3. 앞에서 우리는 개재자음이 [+grave]인 경우를 살펴보았는데, 다음에는 그 반대의 경우를 생각해 보자.

지금까지 흔히 /ㅅ, ㅆ, ㅈ, ㅉ, ㅊ, ㄴ, ㄹ/ 등의 중(中)자음([-grave])과 이들을 포함한 중(重)자음들이 동화주와 피동화주 사이에 개재하여 움라우트에 제약을 가하는 것으로 알려져 왔다.[7] 이 [-grave] 자질에 의한 움라우트의 제약은 이 방언에서도 그대로 적용되는데 이 개재자음들 가운데 ㄹ은 기타 자음들과는 다른 제약성을 가지므로 뒤에 따로 논하기로 하고 우선 여타 자음들에 대해서 살펴보자.

(11) a. 조마니(주머니), 구시(구유), 까지(가지), 도치(도끼), 마시다, 오지다(: 오달지다), 꺼칠다(거칠다), 거닐다   (__[-grave]__)
    b. 몬지~문지(먼지), 깐치(까치), 어만디(: 엉뚱한 곳), 간신히, 간직허다(간직하다), 몬치다(만지다), 걸치다, 살찌다   (__[-grave] [-grave]__)
    c. 각시, 접시, 솜씨, 쌈지, 깍지, 팔꿈치, 넙턱치(: 엉덩이), 아금니(어금니), 둥치(덩치), 넘치다, 정치다(경치다), 접치다(겹치다), 갑디다, 적시다   (__[+grave] [-grave]__)
    d. 한길 → 항길 → 행길, 안경 → 앙경 → 앵경, 맡기다 → 막기다 → 매끼다, 듣기다 → 득기다 → 디끼다~디키다, 안기다 → 앙기다 → 앵기다   (__[-grave] [+grave]__)

위에서 (11, a)는 개재자음이 단일한 경우를, (11, b~d)는 모두 개재자음이 두 개인 경우를 보인 것이다.

(11, d)를 제외한 나머지는 동화주와 피동화주 사이에 [-grave]의 자음만 개재되면 [+grave]인 개재자음의 선후나 유무, 종류 등에 관계없이, 어떠한 경우라도 움라우트에 제약을 가한다. 그러나 (11, d)는 [-grave]의 자음이 개재되어 있지만 중(中)자음+후부변자음의 순서를 갖추고 있어 후부변자음화되므로 $\left(\begin{bmatrix} C \\ -grave \end{bmatrix} \rightarrow \begin{bmatrix} +grave \\ +back \end{bmatrix} / - + \begin{bmatrix} C \\ +grave \\ +back \end{bmatrix}\right)$ [-grave]의 자질을 잃게 되고 이 후부변자음화가 움라우트의 실현을 급여(feeding)하게 되는 것이다.[8] 그런데 여기서

---

7) 李崇寧(1954), 「ᆞ」音考, 國語音韻論研究 第一輯, pp.231-254.
  金完鎭(1971), 國語音韻體系의 研究, pp.131-136.
  李秉根(1971), 雲蜂地域語의 움라우트 現象", 「金亨奎博士頌壽紀念論叢」, pp.473-487.

분명히 짚고 넘어가야 할 것은 움라우트 현상의 제약에서 개재(중/重)자음이 [-grave]라는 것은 표기법상의 문제가 아니라 발화상의 소리값의 문제라는 사실이다. 이렇게 될 때 <규칙 1>이 성립할 수 있기 때문이다.

2.3.0. 모음적 환경에 ㄹ이 개재될 때의 움라우트 현상에 대해서 살펴보자.

국어에서 ㄹ은 [l]과 [r]의 두 가지로 실현되는데 [r]은 모음간 환경에서 홑으로만 나타나는 반면에 [l]은 그 밖의 환경에서 나타나며 모음 간에서는 겹으로만 나타난다. 그런데 [r]은 움라우트에 제약을 가하는 경우와 그렇지 않는 경우가 있으나, [l]은 거의 예외없이 제약을 가한다.

(12) a. (실현되지 않음)

미너리(며느리), 거마리(거머리), 버버리(벙어리), 뼁아리(병아리), 다리, 허리, 자리, 거리, 구리, 노리(노루), 서리, 보리, 머리, 마리, 무리, 소리, 바구리(바구니), 대가리(머리), 포리(파리), 미나리, 꼬리, 보따리, 아가리, 오가리(옹기), 조리, 눈초리, 아래토리(下衣), 우토리(上衣), 하리사리(하루살이), 울타리, 또가리(또아리), 대사리(다슬기) 도리도리, 서리서리, 쩌리(저리), 가리가리, 수리수리, 호리호리, 후리후리, 파릿파릿(파릇파릇) 등

b. (실현됨)

제리다(손이 - 저리다), 채리다(차리다), 디리다(드리다), 내리다(나리다), 기리다(그리다), 애리다(아리다), 개리다(가리다), 새리다(새내끼-새끼-사리다), 대리다(옷을-, 벌꿀을 먹어 속이-다리다), 지대리다(기다리다), 베리다(버리다), 에리다(어리다; 幼, 凝固, 反映), 씨리다(쓰리다), 끼리다(끓이다), 히리다(흐리다), 니리다(느리다) 등

c. (실현되지 않음)

오무리다 → *오뮈리다, 우무리다 → *우뮈리다, 우리다 → *위리다, 오리다(종이를~) → *외리다, 구리다 → *귀리다, 조리다(줄이다) → *죄리다, 추리다 → *취리다, 뿌리다 → *쀠리다 등

d. (실현되지 않음)

달리다, 골리다(놀리다), 물리다(: 아주 싫증이 나다), 쏠리다, 얼리다(아기를~), 절리다(결리다), 둘리다(속다) 등

e. (실현되지 않음)

살리다, 널리다, 벌리다, 빨리, 멀리, 널리 등

f. (실현되지 않음)

몰라~말리(마루), 천리, 절리, 달력, 막걸리, 알량 등

g. (실현되지 않음)

인절미, 할미, 갈비, 줄기, 물끼, 갈피, 물결, 살피다, 슬기롭다, 갈기다(: 세게 때리다), 갈키다(가르치다), 울며, 슬피 등

(12, a~d)는 개재자음이 [r]인 경우인데, 이들 중 (12, a)는 명사나 부사요, (12, b~c)는 용언

---

8) 都守熙(1981), "忠南方言의 움라우트 現象", 「方言」 5, (한국정신문화연구원 어문연구실) 참조.

(동사 및 형용사)이다.9) 이들을 바탕으로 다음과 같은 결론을 이끌어 낼 수 있을 것 같다.

동화주와 피동화주 사이에 [-grave]인 [r]이 개재하면,

① 피동화주가 /ㅗ/나 /ㅜ/가 아닌 /ㅏ/, /ㅓ/, /ㅡ/ 등인 용언은 움라우트가 실현된다. 개재자음이 [r]인 용언 중에서 움라우트가 제약을 받는 경우는 피동화주가 /ㅗ/나 /ㅜ/인 원순모음일 때이다.10) 이것은 아마 원순성([+round])이 제약을 가하는 요소가 되는 것으로 보인다.

② 용언이 아닌 명사나 부사는 거의 예외없이 움라우트의 제약을 받는다.11)

그리고, (12, d~g)는 개재자음이 [l]인 경우로서 이때는 어떤 경우라도, 곧 어사의 종류-명사, 동사, 형용사, 부사 등-, ㄹ 이외의 개재자음의 종류에 관계없이 제약을 받는다는 것을 보여 주고 있다. ㄹ을 포함한 중자음을 개재음으로 가지면 ㄹ은 변자음 앞뒤에서 변자음화될 수 없으므로 언제나 [l]인 소리값을 개재음으로 유지시키기 때문이다. 한편, 소거되는 ㄹ에 후속하는 자음군의 배열이 [+grave] [-grave] 일지라도 역시 변자음화가 불가능하므로 '굵지 → *귉지, 얽지 → *엑지, 갉지 → *객지, 늙지 → *닉지'에서처럼 움라우트가 실현되지 않는다.

2.3.1. 2.3.0에서 살펴보았던 「ㄹ」이 아닌 [-grave] 자음을 개재자음으로 한 어사 가운데서도 움라우트의 실현이 성립되는 예외적 존재가 있다.

(13) 갠지롭다(간지럽다), 뮈지근허다(무지근하다), 제질르다(저지르다), 체지다(처지다), 대시다(다시다), 뫼시다(모시다), 젠디다/전디다(견디다), 에지간히(어지간히)

그러나, 이들은 단순한 예외적 존재로만 파악하기에는 그 수가 너무 많은 감이 없지 않다. 이 방언에서는 [-grave]라는 음운론적 제약이 약화되어 움라우트 현상이 보다 깊이 뿌리를 내리고 있음인지 아니면 단순한 전설고모음화 - i(j) 이외의 동화주에 의한 움라우트 현상과는 차원이 다른- 인지는 현재로서 파악하기 힘들다. 보다 면밀한 검토가 요구된다고 하겠다.

2.4. 다음으로 문제되는 것이 형태음소론적 제약이다.

사적 관점에서 보아 본래 i가 아닌 데서 기인한 형태음소들은 이 방언에서도 움라우트되지 않음이 일반이나(어디(<어듸, 어더) → *에디), 공통어의 '견디다(<견디다)'와 '드디어(<드듸어)'는 이 방언에서는 '젠디다'와 '디디어'로 실현됨이 일반인데 이것은 이 방언에서 움라우트의 확대를 보여 주는 예가 아닐까 한다.

---

9) -라-꼴의 부사나 형용사는 원래 절대 어휘 수가 부족하여 많은 수는 찾을 수 없었음.
10) 崔明玉(1974:64)에서도 동사로 한정하여 지적된 바 있다.
11) 명사 가운데 '기림(그림), 대리미(다리미)'의 두 개의 어휘가 움라우트가 실현됨을 발견할 수 있었는데, 이는 동사 '그리다, 다리다'가 이미 움라우트되어 도출된 '기리다, 대리다'로 화석화된 뒤에 각각 파생된 명사이기 때문일 것이며, 또 선어말 어미 '-라-'도 움라우트에서 제외되는데(오리라 → *외리라, 가리라 → *개리라), 이것은 형태소 경계 때문일 것이다.

'위'와 '의'가 이 방언에서 [i]로 실현될 때 형태음소로 다룰 수 있을 것인가는 깊은 통찰이 필요하다. 그런데 이 방언에서 이들이 가끔 움라우트와 관련성을 맺는다. 이 방언에서 '사귀다'가 '새기다'로(사귀다 → 사기다 → 새기다), '바꾸다'가 '배끼다'로(바꾸다 → 바끼다 → 배끼다) 움라우트되어 실현되며 '소위(少尉)'가 '쇠이'로, '경위'(警衛)가 '겡이'([kEɲi])로 간혹 움라우트되어 실현되는 경우를 볼 수 있는데 이 때의 i는 형태음소론적 층위에서 이탈하여 음운론적 층위로의 전이를 의미하는 것이 아닐까 하며, 또 (14)에서 보는 바와 같이 이 방언에서 '의'도 [i]로 실현되는 경우가 많은데, 이 때의 i는 움라우트의 동화주 역할을 강력히 행사하는 것 같다. 특히 형태소 경계가 의식되지 않는 인명에서는 항상 움라우트와 관련을 맺는다. 따라서 이때의 i도 형태음소론적 층위에서 벗어나 음운론적 층위로의 전이를 보여 주는 것이라 하겠다.

(14) 상의(詳議) → 생이, 토의(討議) → 퇴이 → 태이, 명희(: 人名) → 몡희 → mEɲi, 경희(: 人名) → 겡희 → kEɲi

2.5. 합성어에서는 morpheme의 경계에 움라우트를 저지하는 장벽이 있어 (또는 형성되어) 움라우트가 실현되지 않음이 일반적이라는 사실은 타지역어와 다를 바 없다.

(15) a. 봄비 → *뵘비, 옷깃 → *외깃, 가랑비 → *가랭비, 밤길 → *뱀낄
    b. 옷이 → 운니 → *윈니, 앞이 → 암니 → *앰니, 밤일 → 밤닐 → *뱀닐, 홋이불 → 혼나불 → *횐니불

또 글자 하나하나가 lexical morpheme의 구실을 하는 한자어에서 움라우트가 잘 실현되지 않음도 다른 지역어와 다를 바 없으며(收益 → *쉬익, 右翼 → *위익, 正面 → *젱면), 한자어 가운데 단일형태소로 의식되는 어휘가 움라우트와 관련을 맺는다는 것도 다른 지역어와 동일하나 일상적인 한자어의 상당수가 이 방언에서는 자유롭게 움라우트되고 있다는 사실은 본 방언에서의 움라우트의 강도를 말해 준다 하겠다.

(16) 맹이(明姬), 냄면(南面), 생개면(三溪面), 대맹(潭陽), 귀경~기경(求景), 해꾜(學校), 쟁인(丈人), 냄편(男便), 쳉편 → 생편(松餠), 꾕일~갱일(空日), 새밀(三日), 세규(石油), 셍묘(省墓), 갱개(境界), 햅격(合格), 앵경(眼鏡), 셍경(聖經), 팽일(平日), 생면(相面), 面鏡 → 명경 → 멩경 → mEŋgjəŋ → 밍경, 수염(鬚髯) → 쉬염 → 시염(~쉬엄) → 시엄

2.6. lexical morpheme에 결합되는 grammatical morpheme들은 단어를 구성하는 계기적 요소들이 되므로 단어에 포함시켜, 움라우트의 실현 범위가 단어로 한정된다는 이병근(1971:

482-483)의 견해에는 뜻을 같이한다. 이 계기적 요소 가운데 특히 이 방언에서 움라우트의 세력이 강하여 한 특성을 이루는 - 전남방언을 포함한 남부방언은 공통적이지만- 주격 -i, 계사(copula) -i-, 명사화접미사(nominalization suffix) -기/이, 그리고 파생접미사(derivational suffix)에 대하여 간단히 살펴보자.

2.6.0. 주격 -i, 계사 -i-

(17) 젱이(情이), 셍이(성-氏-이, 姓), 이리미(이름이), 배비(밥이), 쇠기(속이), 뱅이(방이), 뇌비(놉-일꾼-이), 베비(법이), 영개비(영갑(: 人名)이) 등

이병근(1971: 482-483)이 지적한 바와 같이 이들은 어휘형태소와 문법형태소 사이에 휴지가 전연 없기 때문에 단어 경계 표시의 기능을 상실하고 한 개의 단어처럼 굳어진 것이라고 볼 수 있다. 따라서 음운론적 제약조건인 [-grave] 자음이 어말에 존재하면 단일어휘형태소 안에서의 경우처럼 움라우트의 제약을 받는다.[12]

(18) 젓이(젖이) → *제시, 꽃이(꽃이) → *꾀시, 밧이(밭이) → *배시, 손이 → *쇠니, 발이 → *배리

2.6.1. 명사화접미사 '기/이'는 (19, b)에서처럼 그 조건이 갖추어져 있으면서도 움라우트의 실현이 불가능한 것들도 있다.

(19) a. 마뾔기~마빼기(맛보기), 도뾔기~도빼기(돋보기), 뽄뵈기~뽄배기(본보기), 줄넹끼(줄넘기), 손재비(손잡이), 부엥이(부엉이), 대디미(다듬이), 기레기(기러기) 등
  b. 더하기, 곱하기, 나누기, 꼴짜기(골짜기), 뻐꾸기, 곰배팔이, 더듬이, 꼽사둥이(곱사둥이) 등

(19, a)의 예들이 이 방언 화자들의 의식 속에서 이미 형태소경계표지가 사라짐으로써 움라우트를 경험할 수 있게 되었으리라는 것은 예상되는 바다. (19, b)의 예들 가운데 '꼴짜기'나 '뻐꾸기'와 같은 예들도 같은 부류의 어휘들로 여겨짐에도 불구하고 움라우트가 실현되지 않음은 무슨 연유일까? 비록 동화주와 피동화주 사이에 [+grave] 자음이 개재되어 있는 단일형태소일지라도 움라우트가 항상 실현되지는 않는다는 임의성 때문으로 그 원인을 돌릴 수는 없는 것일까?

---

12) ① 田光鉉(1977), "全羅北道 益山地域語의 音韻論的 硏究"(全北大 語學硏究所), pp. 71-92 참조.
② 이 방언에서는 [/ㅌ, ㅈ, ㅊ/ → /ㅅ/] $^{noun}_{stem}$[+VX]$^{noun}_{ending}$ 의 규칙에 의해 '밭이, 꽃이, 젖이' 등에서 어간말자음 ㅌ, ㅊ, ㅈ은 모두 ㅅ으로 실현된다.

한편 'səlgəči'(설겆이), 'söbuᵗʰi'~'sEbuᵗʰi'(쇠붙이) 등의 낱말이 개재자음의 자질에 의하여 장애를 받는다는 것은 물론이요, '뵈기 싫다(좋다)', '개기 싫다(좋다)'에서의 움라우트의 실현이 이 방언에서도 나타나는데 이병근(1971: 485)의 견해와 같이, 통사론적으로 파악할 것이 아니라 형태론적으로 화석화된 하나의 낱말로 봄이 좋을 듯하다. 이렇게 볼 때 움라우트의 실현은 lexical morpheme 내부에 국한된다는 종래의 견해에 부합되게 될 것이다.

2.6.2. 앞(2. 2와 2. 3)에서 용언 및 부사의 파생 접미사에 대해서는 이미 언급한 바 있듯이 '-이/히/기'에 의해 파생된 용언 및 부사는 독립된 단어로 사전에 등재될 수 있는 형태론적 구성을 이루기 때문에 단일형태소 내에서 움라우트가 일어나는 '고기 → 괴기'와 동류의 것으로 취급될 수 있다. 따라서 '끓이다 → 끼리다, 안기다 → 앵기다, 먹이다 → 메기다, 잡히다 → 재피다, 높이 → 뇌피, 속히 → 쇠키' 등과 같이, [-grave]에 의한 음운론적 제약이 오지 않는 한 이들 용언이나 부사의 파생접미사는 움라우트에 제약을 가하는 요소가 되지 않는다. 그러나, '살리다 → *샐리다, 갇히다 → *개치다, 깨까시(깨끗이) → *깨깨시' 등에서는 개재자음의 자질 때문에 움라우트의 실현에 제약을 가한다는 것은 물론이다.

한편, 가시다 → *개시다, 놓치다 → *뇌치다'에서처럼 존칭이나 강세 형태소 '-사-', '-치-' 등도 개재자음의 자질 때문에 움라우트가 실현될 수 없다. 또 동사 가운데 개재자음이 [r]인 것은 움라우트 실현이 원칙이지만 '가리라 → *개리라'에서처럼 화자의 강한 의지를 나타내는 경우는 실현되지 않는 것이 특징적이다.

2.7. 움라우트 현상이 통시적 기술 대상인가, 공시적 기술 대상인가는 문제점을 제기한다. 이 음운현상을 통시적 현상으로 보는 견해도 없지 않지만 <최명옥(1982: 73-74), 김수곤(1978)>, 공시적 현상에 더 큰 비중을 두고 다루어 온 것이 보통이었던 것 같다. 필자도 기술의 편의상 대체로 공시적 관점에서 기술해 온 것이 사실이다. 김완진(1971:17)에 의하면 이 현상은 18세기에 비롯하여 오늘날도 그 여파가 진행중인 음운현상으로 보고 있는데 이 견해가 타당하다고 여겨진다. 그렇다면 움라우트 현상은 공시적 현상과 통시적 현상 가운데 어느 하나로 한정할 수 없다는 점에서 기술의 어려움을 더욱 야기시킨다. 가령, 이 방언에 존재하는 "퇴깽이"와 "새깽이"를 공시적 관점만으로는 기술하기 곤란할 것이다. 통시적 관점에서의 기저형 '토끼'나 '사끼'라는 어형은 언중의 의식 속에 존재하지 않으며 움라우트를 경험한 '퇴끼'와 '새끼'가 언어 습득의 대상이 되고 있다. 이들 '퇴끼'와 '새끼'를 기저형으로 하여 단어형성 과정 상에 몇 가지의 음운현상이 관련을 맺으면서(i 삭제, 움라우트 등) 현실형 '퇴깽이'와 '새깽이'가 도출된 것으로 이들 어형은 이제는 움라우트가 완성된 후의 형태로 보는 것이 보다 합리적일 것이다.

한편, 이 방언에서 '肉'을 의미하는 형태 '고기'와 '괴기'가 넘나들고 있는데 이 경우 과거의 어느 시기에 움라우트를 경험한 '괴기'라 하더라도 그것을 통시적 관점으로만 기술하여야 하는지는 의문시된다. 그리고 형태소경계에서 /i(j)/로 시작되는 형태소 앞에서는 선행형태소의 어말모음이 [+back]에서 [-back]으로 자질 변경을 보이지만(법+이 → 베비), /i(j)/ 외의 형태소 앞에서는 [+back]을 유지하는 어사의 경우(법, 법을, 법은, 법에)는 공시적 움라우트 규칙이 유효한 것으로 보는 편이 합리적일 것이다.13) 왜냐하면 이때 '법'과 '벱'을 별개의 기저형으로 삼을 수는 없기 때문이다. 따라서 피동 및 사동형태소에 의한 움라우트 현상은 공시적 음운현상으로 파악함이 좋을 듯하다.

III.

이제까지 살펴본 바와 같이 전남 북서부 지역어에 나타나는 움라우트 현상은 이병근(1971), 도수희(1981) 등에서 밝혀진 전라북도나 충청남도 지역어의 움라우트 현상과 다른 뚜렷한 특징적인 차이점을 발견할 수는 없다.

지금까지 기술한 본고의 내용을 통해 알 수 있는 바와 같이, 개재자음을 중심으로 움라우트 현상을 검토해 보면 개재자음이 없어도 움라우트를 경험하게 된다는 새로운 사실을 발견할 수 있었으며(사이 → 새이), 개재자음이 [-grave]인 경우가 움라우트에 제약을 가하는 것은 사실이나, [-grave] 자음들 중에서 「ㄹ」은 제약을 가하는 경우와 그렇지 않은 경우가 있다. 곧 개재자음이 [l]인 경우는 어떤 경우라도 제약조건이 되지만 [r]인 경우는 대상 어휘가 용언이 아닌 명사나 부사일 때에는 제약을 받고, 용언일 때는 일반적으로 받지 않는다. 그러나, 단일형태소로 된 용언일지라도 피동화주가 /ㅗ/나 /ㅜ/이면 움라우트가 제약을 받는데 이것은 아마 원순성 때문일 것이다.

순정 /i/가 아닌 [i]가 동화주의 기능을 담당하게 되는 경우로서 '위'와 '의'가 단모음화되어 나타난 i를 볼 수 있었고(사귀다 → 사기다 → 새기다, 토의 → 토이 → 퇴이), 한자어의 경우에는 많은 어사가 이 방언에서도 움라우트를 경험하게 됨을 볼 수 있는데 이러한 사실들은 '남농북희(南濃北稀)'라는 이 현상의 일면을 말해 준다 하겠다.

참고문헌

金手坤(1978), "現代國語의 움라우트 現象", 「國語學」 6.
金完鎭(1963), "母音體系의 新考察", 「震檀學報」 24.
＿＿＿(1971a), "音韻現象과 形態論的 制約", 「學術院 論文集」 10.
＿＿＿(1971b), 「國語音韻體系의 硏究」, 一潮閣.
金亨奎(1972), 「國語史硏究」, 一潮閣.

---

13) 徐禎穆(1981), "慶南 鎭海地域語의 움라우트 현상에 대하여", 「方言」 5, p. 25 참조.

都守熙(1981), "忠南方言의 움라우트現象", 「方言」 5, 韓國精神文化硏究院 語文硏究室.
徐楨穆(1981), "慶南 鎭海地域語의 움라우트 現象에 대하여", 「方言」 5.
이병건(1977), 「현대 한국어의 생성 음운론」, 일지사.
李秉根(1971), "雲峰地域語의 움라우트現象", 「金亨圭博士頌壽紀念論叢」.
_____(1981), 「音韻現象에 있어서의 制約」, 國語學硏究選書 8, 塔出版社.
李敦柱(1979), 「全南方言」, 螢雪出版社.
李崇寧(1954), ' · '音攷, 「國語音韻論硏究」(第一輯), 乙酉文化社.
李丞宰(1983), "형태소 경계의 음운론적 기능에 대하여-구례 지역어의 경우-", 「國語學硏究」, 白影鄭炳昱
    先生還甲紀念論叢 1, 新丘文化社.
崔明玉(1974), "慶南 三千浦方言의 音韻論的 硏究", 「國語硏究」 32.
_____(1982), 「月城地域語의 音韻論」, 嶺南大學校出版部.
崔泰榮(1978), "全州方言의 Umlaut現象", 「어학」(全北大) 5.
田光鉉(1977), "全羅北道益山地域語의 音韻論的 硏究", 「어학」(全北大) 4.
奇世官(1981), "全南方言의 音韻論的 硏究"(全南大學校碩士論文).
Anderson, J.(1974), Historical Linguistic Series 12a, b.
Cercignani, F.(1980), "Early 'Umlaut' Phenomena in the Germanic Languages," Language, 56-1.
Kiparsky, P.(1965), Phonological Change, IULC. Doctoral dissertation, M.I.T.
Zwicky, Arnold, M.(1967), Umlaut and Noun Plurals, Studia Grammatica 6, Berlin.

[처음 실린 곳]
「국어국문학」 90(국어국문학회). pp. 3~20. 1983. 12.

[03] 중부방언과 전남방언의 모음대응에 대한 통시적 고찰

The Vowel Correspondences between Chungbu Dialect and Chonnam Dialect

I. 머리말

1.1. 방언에는 고어가 보존되어 있다. 이 고어보존은 언어방사 원점에서의 거리가 멀면 멀수록, 그리고 큰 산맥이나 큰 강과 같은 지리적 장애물에 의해 격리된 지역일수록 그 가능성이 배가되는 것으로 알려져 왔다.

방언은 이런 보수성이라는 측면 외에 이와는 상반된 성격도 지니고 있다. 곧 원점에서 멀리 떨어진 지역어일수록 원지점에 비해 그 변화가 심화되는 경향이 있다. 예를 들면, 음운현상 가운데 구개음화, 어두의 강음화(격음화 및 경음화), 축약, 움라우트 등의 언어 현상이 바로 그것인데 이러한 음운현상이 서남방언이나 동남방언과 같은 남부방언에서 특히 강하게 나타난다는 것은 이미 널리 알려진 사실이다.

원격방언이 갖는 이러한 두 가지 특성은, 결과적으로 타지역과는 상이한 언어의 발달을 초래하게 되어 음운, 어휘, 문법의 제분야에 걸쳐 상이한 체제나 구조를 지니게 한다.

전남방언, 특히 전남의 서북부 지역은 지리적으로 가장 원격방언에 속하는 지역의 하나로 원지점이라고 볼 수 있는 중부방언과는 모든 언어 층위에서 색다른 모습으로 발전한 방언이다.

본고에서는, 여러 언어 층위 중에서 음운, 그 중에서도 모음에 국한하여 현대국어의 공시적 방언형에 있어서, 의미적 대립을 가져오지 않는 하나의 낱말이 전남방언과 중부방언에서 어떻게 모음이 교체되어 나타나며, 그 교체 시기는 언제쯤 되며, 또 그 교체 원인이 어디에 있는가를 살필 것이다.

1.2. 전남방언을 하위구획하는 연구로는 이돈주(1978), 이기갑(1982), 이기갑(1984), 서상

준(1984) 등이 있는데, 특히 이기갑(1984)은 전라남도 전역을 대상으로 음운, 어휘, 문법의 제층위에 걸친 것으로서 본격적인 연구업적으로 꼽을 만하다. 거기서는 전남방언을 다음과 같이 하위구획하고 있다.

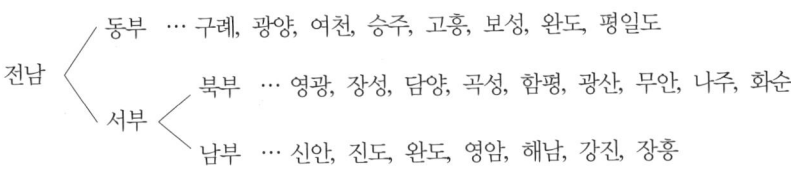

본고에서는 전남방언의 하위방언 중 전형적인 전남방언이라고 알려져 온 서부 지역, 그 중에서도 광주를 중심으로 그 주변의 여러 군들을 포함하는 서북지역어만을 대상으로, 이 지역어의 어휘와 서울을 중심으로 한 중부방언의 동일어의를 갖는 어휘의 모음을 서로 대비하여 대응되는 모음을 추출하게 된다.[1] 그리하여, 중부방언과 전남방언이 갖는 상당수의 모음 대응 현상들이 통시적으로 상이한 음운변화 과정을 밟은 결과임을 밝히게 되며 그에 따르는 음운론적인 해석이 주어지게 된다.

본고에서는 오늘날 중부방언과 전남방언 간에 동일어의를 갖는 하나의 낱말에서 모음이 상호 교체되는 것을 모음대응이라 부르고, 이 모음대응을 이루는 낱말은 과거 어느 시기에는 교체를 모르는 동일한 어형을 유지했으리라는 것을 전제로 분석된다. 곧, 중부방언과 전남방언이 중세국어 시기에 상당한 방언차를 가시고 있었을 것이라는 사실은 짐작하기 어렵지 않지만, 본고에서 대비되는 동일어의의 방언형에 있어서만은 기층에 있어서부터 다른 것이 아니라 음운의 통시적 변화의 차이에 말미암은 것이라는 점을 전제하고 들어간다. 여기서 짚고 넘어갈 것은 동일한 어의를 갖는 낱말이라도 음소연결상이 전혀 달라 동일한 어원이라고 볼 수 없는 것은 제외된다는 것이다. 따라서, 중부방언형 '파리'에 대당하는 전남방언형 '포리'는 본고의 재료가 될 수 있지만, 중부방언형 '조(粟)'와 전남방언형 '서숙'이 동일한 대상물 '粟'을 가리킨다고 할지라도 이들 두 방언형은 어원이 다르기 때문에 본고의 재료에서 제외된다.

참고로 이 지역어가 갖는 단모음 체계를 보이면 다음과 같다.(이돈주, 1978 : 192 참조)

```
   i    ü    ɨ    u
   E    ö    ə    o
           a
```

전남 서북지역어의 단모음 체계

---

[1] 본고에서 중부방언의 어휘는 주로 표준어 자료를 이용한다.

II. 중부방언 단모음과 전남방언 단모음 사이의 모음대응

2.1. 중부방언 /a/와 전남방언 /E/의 대응

이 지역어에서는 /e/와 /ɛ/가 변별성을 상실하고 /E/로 중화되지만, 이 /E/의 어원의식을 살려 /ɛ/와 /e/로 구분하면 이 대응은 다시 /a/ : /ɛ/ 및 /a/ : /e/로 갈라진다.

2.1.1. 중부방언 /a/와 전남방언 /ɛ/의 대응[2]

(1) 가마(釜 · 轎車 · 頭旋): 가매
  도마(机 · 俎) : 도매   방아(碓杵): 방애
  자라(鼈): 자래   장가(娶): 장개
  장마(霖雨): 장매   지라(脾臟): 지래
  처마(簷): 처매   치마(裳): 치매
  이마(頭上): 이매   허파(肺臟): 허패

(1)에서 보는 어사들에 있어서, 중부방언 /a/와 전남방언 /ɛ/모음이 어떤 경로로 대응하게 되었는지 단정하기는 곤란하다. 그러나, 이들이 대응을 이루는 환경-명사의 말음-과는 다른 '바깥(外):배깥', '바라다:바래다' 등에서 볼 수 있는 대응과는 근본적으로 다르다는 것만은 확실한 것 같다.

필자는 이들 전남방언에 나타나는 명사(고유어에 한정됨)의 말음 /ɛ/를 '/a/+/i/'로 분석하여 일종의 어말음첨가(epithesis, epenthesis)로 해석하고자 한다. 국어 음운사에서 볼 때, /ㅐ/는 '/a/+/i/'로 분석할 수 있으므로 이것은 무리한 해석은 아닐 듯 싶다. 곧, (1)의 어사들이 중세국어 문헌에 '가마, 도마, 방하, 쟈라, 장가, 쟝마, 지라, 쳐마, 쵸마, 이마, 허파' 등으로 나타나는 것을 참고해 볼 때, 중부방언에서는 어말의 /a/가 그대로 유지된 데 비하여 전남방언에서는 /i/가 첨가된 뒤 단모음화하여 어간의 재구조화를 가져온 것이 아닐까 한다.

  중부방언 : /a/>/a/
  전남방언 : /a/(>/a/+/i/)>/ɛ/

그러면, 이러한 /i/모음의 첨가를 가져온 원인은 어디에 있을까? 이것은 한마디로 오분석의 결과라 할 수 있다. 말의 구조를 잘못 분석하여 어형의 변형을 가져온 것이다.
 '가마'의 실례를 들어 좀 더 구체적으로 설명해 보자.
 표준어 '가마'는 중세어에서는 '가마'로 나타난다.

---

 2) 앞 어사는 중부방언, 뒤 어사는 전남방언을 가리킴. 이하 같다.

가마돌해 사ᄅᆞᆯ 녀허 두고 글효디 <月 七 13>
가마 부(釜) <類合上 27>
마리ㅅ가마(頭旋) <譯上 32>
가마(轎車) <同文下 19>

때로는 '가매'형이 나타나기도 한다.

가매예 담고 <痘上 6>
金 흔 가매 나니(釜) <「三강孝 10>
프른 가매예 슐마 내와(出翠釜) <杜重 十一 17>

이것은 마치 표준어의 '파리'(蠅)는 훈민정음해례 용자례에 '풀'로 나타나던 것이 <훈몽자회>에 오면 '프리'로 어간이 재구조화되어 나타나는데

프리 승(蠅) <字會上 21>

이 재구조화된 '프리'는 'pʰal+i'로 분석될 수 있고, 이때 첨가된 말음[i]를 주격의 토(또는 지정사의 어간)에서 비롯된 것으로 해석하듯이[3]-'프리'/pʰali/는 'pʰal+i'라는 주격토가 붙은 형태인데 이를 언중들이 잘못 분석하여 'pʰali+zero' 곧 '프리'/pʰali/ 전체를 어간으로 해석함으로써 비롯됨- 전남방언 '가매'도, 통시적으로 볼 때, '가매+zero'로 오분석한 결과 [i]가 '가마'에 녹아붙어 어간이 '가매'로 재구조화된 것이 아닐까 한다. 이러한 현상은 비단 전남방언에만 국한되는 것은 아닐지라도[4] 전남방언의 한 커다란 특징을 이루고 있다고 하겠다.

다음은 이 현상이 나타난 시기에 대해 잠깐 살펴보자.

국어사에서 이 현상은 이미 15세기 문헌에서도 볼 수 있다.

쟈래 낛고믈 말리로다(罷釣鼈) <杜초 十六 55>
쟈래 별(鼈) <字會上 20>
프른 프리 잇ᄂᆞ니라(有蒼蠅) <杜초 26>
프리 승(蠅) <字會上 21>

그런데, '풀'형이 15세기 이후 문헌에서 찾기 어려운 것으로 보아 '풀'은 15세기 경에 이미

---

[3] 현대어 '내'(我)나 '네'(汝)가 통시적으로 주격토가 붙어 형성된 것이라는 점을 고려하여 여기서도 어말에 첨가되는 [i]는 주격토일 가능성이 더 크다고 생각된다.
[4] 金亨奎(1980: 下卷 86~93)에 의하면, 이 현상은 전국적인 현상이라고 한다.

'푸리'로 어간이 재구조화되었을 가능성이 있지만, '쟈라'는 15세기 문헌은 물론 18세기 문헌
에서까지도 찾아 볼 수 있다.(앞에서 본 '가마'도 마찬가지다)

  쟈라(王八) <譯下 37>
  쟈라 별(鼈) <新增類合, 1576年刊, 上 15>, <倭語類解 18세기초刊, 下 25>
  쟈라(鼈) (物譜, 18세기刊, 介虫篇)

 '쟈라'나 '가마'형이 18세기 문헌에까지 나타나 어간의 재구조화를 가져오지 못하고 있고
현재도 이들에 대한 중부방언형은 '자라, 가마'이며 (1)의 그 밖의 중부방언형이 모두 어간말
에 /a/를 그대로 유지하고 있는 사실을 고려해 볼 때, /a/ 모음으로 끝난 어간말에 /i/가 첨가되
어 어간의 재구조화를 가져오게 하는 이 현상은 중부방언에서는 그 세력이 아주 약했다고
생각된다. 이것을 필자는, 이 현상이 전남방언을 포함한 남부방언에서 시작되어 확산되었지
만, 중부방언에서는 뿌리를 내리지 못한 것으로 해석해 둔다.
 앞에서 확인된 바와 같이, 중부방언에서도 이 현상은 이미 15세기에 나타났으니, 남부방언
에 있어서는 이보다 앞선 14세기 무렵에 시작된 것이 아닐까 추정해 본다.

2.1.2. 중부방언 /ə/와 전남방언 /e/의 대응

 한자음 '魚'는 전남방언에서 모두 /e/로 실현되는데 이 /e/ 또한 '/ə/+/i/'로 분석할 수 있고
/i/가 어말에 첨가되어(녹아붙어) 어간이 재구조화된 것으로 볼 수 있을 듯하다. 곧, 2.1.1.과
동궤의 현상으로 해석된다. 그러나, 이 현상은 '魚'가 한자어라는 의식이 사라진 뒤에나 가능
한 일이라 여겨지므로, 2.1.1.의 것들보다는 늦은 시기에 2.1.1.로부터 확산된 것으로 보인다.

  (2) 고등어 : 고등에   문어 : 문에
    민어 : 민에   방어 : 방에
    붕어 : 붕에   상어 : 상에
    숭어 : 숭에   은어 : 은에
    잉어 : 잉에   장어 : 짱에

2.2. 중부방언 /a/와 전남방언 /o/의 대응

  (3) 마르다(乾) (<ᄆᆞᆯ다) : 모르다
    만지다(撫) (<ᄆᆞᆫ지다) : 몬치다
    말다(調·捲) (<ᄆᆞᆯ다) : 몰다

말리다(使乾) (<몰뢰다) : 몰리다
　　　맑다(淸) (<몱다) : 몱다
　　　바르다(塗) (<ᄇᆞᄅᆞ다) : 보르다
　　　바수다(碎) (<ᄇᆞᅀᅳ다) : 뽀수다
　　　밝다(明) (<ᄇᆞᆰ다) : 볽다
　　　밟다(步) (<ᄇᆞᆲ다) : 볿다
　　　빨다(吮) (<ᄲᆞᆯ다) : 뽈다
　　　빻다(粉) (<ᄇᆞᆺ다) : 뽓다·뽀수다
　　　팔다(賣) (<ᄑᆞᆯ다) : 폴다
　(4)　나물(菜) (<ᄂᆞᄆᆞᆯ) : 노물
　　　남(他人) (<ᄂᆞᆷ) : 놈
　　　마을(村) (<ᄆᆞᅀᆞᆯ) : 모실
　　　말(馬) (<ᄆᆞᆯ) : 몰
　　　파리(蠅) (<ᄑᆞ리) : 포리
　　　팔(臂) (<ᄑᆞᆯ) : 폴
　　　팥(小豆) (<ᄑᆞᆺ) : 폿

　(3)의 어사들은 용언이고 (4)의 어사들은 체언으로서, 중부방언 /a/와 전남방언 /o/의 대응은 어간의 종류에 관계없이 넓게 분포되어 있음을 알겠다. 그런데, 이들 예의 고형에는, 위에서 보는 바와 같이 모두 /ㆍ/(/ʌ/)모음이 개재하고 있다. 이 /ʌ/는 중부방언 /a/와 전남방언 /o/에 대당하는 음소로서, 이것은 단순히 중부방언 /a/가 전남방언 /o/로 변이된 것이라는 생각에 의혹을 갖게 한다. 다시 말하면, 중부방언의 /a/가 음운환경의 영향을 받아 전남방언의 /o/로 바뀐 공시적 변이가 아님을 말해 주는 증거가 된다고 하겠다. 이러한 일련의 어사들은 중세국어에서의 /ʌ/가, 표준어의 자리를 차지하게 된 중부방언에서는 /a/로 음운변화를 겪은 반면에 전남방언에서는 /o/로 변화한 사실을 말해 주는 것으로 해석된다. 그러나, 최학근(1982: 246~282)은 이와 같은 두 지역어의 모음대응을 고구려어 기층(substratum)과 삼한어기층 사이의 음운대응의 결과에서 비롯되는 것으로 해석하고 있다. 시기적으로 어느 시기가 됐든 간에 이러한 음운대응 현상은 두 방언 사이에 대응되는 음운이 각기 역사적 변화과정을 달리하여 빚어진 결과임은 사실이다.

　우리는 현재 중세국어 이전의 우리말 방언의 모습을 거의 알 길이 없고, 또 중세국어 및 그 이후의 문헌이 주로 중부방언을 반영한 것이라 할지라도 이러한 모음대응 현상을 기층의 다름에서 비롯된 것으로 단정하기에는 너무나 자료(증거)가 부족하다. 만일 최학근의 견해를 그대로 받아들인다면, 현재 전남방언의 /o/에 대당하는 음이 중세국어 시기에는 /ʌ/가 아니라는 뜻으로 해석되므로, 중부방언에서는 '/ʌ/>/a/'의 변화과정을 설정할 수 있고, 전남방언에서는 /ʌ/가 그대로 유지되었거나 제3의 음에서 /o/로 변화한 과정을 설정해야 할 것이다. 필자는 이러한 최학근의 견해를, 일부 어사에 따라서는 긍정적으로 받아들일 수도 있다고 보면서 앞에서 제시한 필자의 견해 또한 가능한 것으로 볼 수 있다고 믿는다.

/ʌ/는 오늘날까지 제주도 방언에 남아 있는 것으로 알려져 있다. 그리고 전라도 방언의 실상을 반영하고 있다고 보이는 <춘향전>에서도, '몰'(馬)이 '말'로 표기되어 있는 경우를 제외하면 /ʌ/가 그대로 나타나고 있으며, 현재 전남방언에서 '爲'에 해당하는 말이 '허다'인 점 등으로 미루어, 곧 중부방언과 전남방언이 각각 '/ʌ/>/a/', '/ʌ/>/ə/'로 음운변화하여 서로 대응되고 있는 점으로 미루어, 전남방언이 중세국어 시기에 /ʌ/를 가지고 있었다고 단정한다.5) 또한, /ʌ/의 음가가 /a/와 /o/의 간음이라는 사실을 고려한다면(이숭녕,1940 참조), /ʌ/가 전남방언에서 /o/로 변화될 수 있는 가능성은, /ʌ/가 중부방언에서 /a/로 바뀔 가능성만큼이나 크다고 할 수 있을 것이다. 이렇게 볼 때, 전남방언이 중세국어 시기에 /ʌ/를 가지고 있었을 가능성은 배제될 수 없다고 믿어진다. 따라서, 위에 보인 (3)과 (4)의 어사들은 중세국어 시기에는 전남방언에서도 /ʌ/를 개재했던 것으로 보인다. 결론적으로 말해서 (3)과 (4)의 어사들은 중세국어 시기에는 두 지역어가 모두 /ʌ/를 개재한 동일한 어형으로 실현된 것들이었는데 역사적으로 상이한 변화과정을 밟게 됨으로써 오늘날 /a/와 /o/가 대응을 이루게 된 것으로 이해된다.

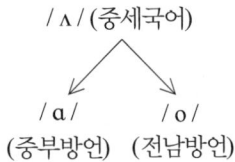

그러면, /ʌ/가 중부방언에서는 /a/로 바뀌었는데, 전남방언에서는 /o/로 바뀐 까닭은 무엇일까? 이것을 해결하는 한 방편으로 /ʌ/가 놓인 음운환경을 검토해 보자.

첫째로, /ʌ/는 낱말의 첫음절에 개재되어 있다. 오늘날 표준어의 근간을 이루고 있는 중부방언에서는 /ʌ/가 낱말의 첫음절에서는 대체로 /a/로 바뀌었음은 다 아는 사실이다. 중부방언이 고문헌 자료의 주된 대상이었다는 사실을 감안할 때 중부방언에서 /ʌ/가 /a/로 바뀐 것은 이 사실과 평행된다 하겠다.

둘째로, /ʌ/는 순음 뒤에 놓여 있다. 바로 이러한 음운적 환경이 전남방언에서 /ʌ/가 /o/로 역사적 변화과정을 밟은 소이라 생각된다. 국어사에서 보아도 /i/가 양순음 /m/, /p/, /pʰ/등에 후행하거나 선행하면 이 /i/는 /u/로 바뀌는 원순모음화 현상이 나타난다는 것은 잘 알려진 사실이다.

---

5) 전남방언의 뚜렷한 흔적을 찾을 수는 없지만, 光州本 千字文(1575년간)에도 /ʌ/를 비롯한 모든 모음과 자음이 당시 어느 문헌과도 다름없이 나타난다.

$$i > u \text{ \% } \begin{bmatrix} C \\ + \text{labial} \end{bmatrix}$$

남광우(1974)에 의하면, 양순음에 동화되어 /i/가 /u/로 바뀌는 현상은 15세기 말부터 벌써 나타나기 시작하고 역어유해(숙종 16년, 1690) 이후 동문유해(영조 24년 1748) 사이에 생산적인 예를 보이며 /i/ 표기유지의 하한선은 오륜행실도(정조 21년 1797), 곧 18세기 말까지라고 한다. 이 '/i/>/u/'라는 원순모음화 현상은 전남방언에서도 그대로 적용됨은 말할 것도 없고 그 시기도 중부방언보다는 빠를 것으로 판단된다.(시기 문제는 뒤에 다시 논함)

그런데, 전남방언에서의 원순모음화 현상은 '/i/>/u/'뿐만 아니라, (3)과 (4)의 어사들에서 보는 바와 같이 '/ʌ/>/o/'가 있고 뒤에서 살피게 되는 '/ə/>/o/'와 '/ə/>/u/'가 있다.(2.3. 및 2.4. 참조) 이렇게 볼 때, 전남방언에서의 원순모음화 현상은 중부방언의 그것보다 넓게 분포되어 강력히 작용했음을 알 수 있다. 이러한 phonological process의 일환으로 (3)과 (4)의 어사들이 전남방언에서 /ʌ/가 /o/로 변화되어 오늘날의 어형을 갖게 된 것이다.

$$\Lambda > o \text{ / \# [+labial]} \underline{}$$

2.3. 중부방언 /ə/와 전남방언 /o/의 대응

순음 아래의 /ə/ 모음이 중부방언에서는 /ə/ 모음을 그대로 유지하여 오늘날에 이르렀으나, 전남방언에서는 /o/로 바뀜에 따라 두 지역어가 오늘날 /ə/:/o/의 대응을 이루게 된다. 전남방언에서의 이 음운변화를 규칙화하면 다음과 같다.

$$ə > u \text{ / \# [+labial]} \underline{}$$

(5) 머슴 : 모심   먼저 : 몬자~몬차
    멀미 : 몰미   멍에 : 몽에
    멍울 : 몽울   버선(襪) : 보신
    벌초(伐草) : 볼초   멀었다(遠): 몰랐다
    버무리다 : 보무리다

이들 어사들도 옛 문헌에 /ə/음을 갖고 있다. 그 중 몇 예를 보이면 다음과 같다.

갓스물 선 **머슴** 쩍에 <靑大, p.155>
飛兎ㅣ **멍에** 머유메 갓갑디 아니ᄒ며 (飛兎不近駕) <杜초卄四 12>
딥 **버므리**ᄂᆞᆫ 막대로(着攪草棍) <朴通 上 22>
빗**멀믜**ᄒ다(暈舡) <譯下 22>

이렇게 볼 때, 중부방언에서는 중세국어 시기 이후 /ə/모음을 그대로 유지했지만, 전남방언에서는 /ə/가 /o/로 변화한 것이라는 사실을 알겠다. 물론 2.2.에서 지적한 대로 두 지역어가 중세국어 시기에 모음체계상 기층의 차이가 없었음을 전제로 한 것이다.

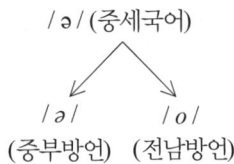

2.2.와 2.3.으로 보아 알 수 있듯이 /i/>/u/, /ʌ/>/o, /ə/>/o/ 등의 원순모음화는 후설비원순모음이 같은 서열(same order)로의 변화라는 면에서 공통성을 갖는다. 생성음운론적으로 말하면, 이 변화는 단순히 [+round]라는 자질을 얻게 됨을 의미하고, 이 때 [+round]라는 자질은 양순음에서 비롯되는 것으로 해석된다. 또, 이들 변화는 훈민정음 제자해에 나오는 "ㅜ與ㅡ同而口蹙"과 "ㅗ與·同而口蹙"도 참고가 된다.

2.4. 중부방언 /ə/와 전남방언 /u/의 대응

(6) 먹(墨) : 묵   먼지(塵) : 문지
    먹다(食) : 묵다
(7) 너그럽다 : 너그룹다   더럽다 : 더룹다
    매섭다 : 매숩다   무겁다 : 무굽다
    무섭다 : 무숩다   서럽다 : 서룹다
    슬겁다 : 실굽다   싱겁다 : 싱굽다

(6), (7)의 예도 2.3.의 경우와 같이, 중부방언에서는 /ə/가 역사적 변화를 입지 않고 그대로 /ə/를 유지한 반면에, 전남방언에서는 /ə/가 앞 또는 뒤의 양순음에 동화되어 /u/로 원순모음화한 결과 '/ə/:/u/'의 대응을 이루게 된다. 전남방언에서 /ə/가 /u/로 바뀐 변화를 규칙화하면 다음과 같다.

$$ə > u \% \begin{bmatrix} C \\ +\text{labial} \end{bmatrix}$$

그런데 앞에서 살펴본 /i/, /ʌ/, /ə/는 동서열로 원순모음화하여 각각 /u/, /o/, /o/로 바뀌었지만, 여기서는 한 단계 윗서열인 /u/로 바뀌어 [+round]와 [+high]라는 자질을 동시에 얻게 된다. (7)의 어사들이 모두 활용할 때 /ㅂ/이 /w/로 바뀌는 소위 'ㅂ 변칙 용언'이라는 점을 고려해 볼 때, 이들 어사들은 이 /w/가 갖는 [+high]라는 자질에 동화되어 그 활용형이 /u/로 바뀜에 따라 (무서와>무수와) 결국 어간도 /u/형으로 굳어진 것으로 보인다.

그러나, (6)의 어사들의 경우를, 원순화와 고부화를 동시에 겪은 것으로 보는 것은 reasonable한 phonological process라고 하기 어렵다. 여기서는 /ə/가 /u/로 바뀌기 전에 일단 /o/의 단계를 거치는 것으로 보면 보다 설득력 있는 서술이 되지 않을까 한다. (먼지>몬지>문지) 국어사에서 '/o/>/u/'의 현상은 허다히 발견되므로(예: 나모>나무), /ə/가 일단 같은 서열인 /o/로 원순화된 뒤 다시 /o/가 /u/로 고부화되는 것으로 보는 것이다.

2.2.부터 2.4.까지의 내용을 종합해 볼 때, 전남방언에서는 다음과 같은 phonological process가 통시적으로 작용했음을 알겠다.

$$\begin{bmatrix} V \\ +back \end{bmatrix} > \begin{bmatrix} +round \end{bmatrix} \% \begin{bmatrix} C \\ +labial \end{bmatrix}$$

그리고 이 원순모음화의 시기에 대해 잠깐 언급하자면, 앞에서도 살펴보았듯이 중부방언에 있어서 순음 아래의 '/i/>/u/'의 변화는 문헌상으로는 17세기 말에 시작되어 18세기에 일반화되었다. 이 순음 다음의 원순모음화 현상이 전남방언에서 보다 넓게, 그리고 강력히 작용했음을 볼 때, 이 현상이 전남방언(또는 남부방언)에서 시작되어 북상했을 가능성을 시사받는다. 그렇다면 전남방언에서 이 현상이 발생한 시기는 17세기 이전까지 거슬러 올라갈 수도 있으며 17세기에는 이미 일반화된 것이 아닐까 추정해 본다. 물론, 전남방언을 반영한 문헌자료가 전무한 현재 상황에서 정확한 시기를 알아낸다는 것은 불가능한 일이다.

2.5. 중부방언 /ɛ/와 전남방언 /a/의 대응

이 '/ɛ/:/a/'의 대응도 역사적 변화과정의 다름에서 비롯된다.

(8) 고생 (苦生) : 고상　　　동생(同生) : 동상
　　선생 (先生) : 선상　　　평생(平生) : 평상

위에 예시한 낱말들의 끝음절은 한자말 '生'인데 이 '生'의 15세기 우리말 표기는 '싱'이었다. 여기에 개재한 모음 /ʌj/가 중부방언에서는 /aj/로 변한 뒤 /ɛ/로 단모음화하여 오늘에 이르렀지만(허웅, 1965: 436~7 참조), 전남방언에서는 이들 낱말들이 한자말이라는 의식이 사라져 우리말로 화석화됨에 따라 음운변화의 과정을 밟게 되는데, 먼저 부음 /j/가 탈락하고 그 뒤 /ʌ/모음이 /a/로 변화되어 오늘에 이른 것으로 보인다.(동싱>동승>동상)

'苦生'이 염불보권문(영조 52년, 1776년간)에 '고상'으로 표기되어 나타나는 경우 또한 같은 이유에서 비롯된 것으로 볼 수 있을 것이다.

다옥게 드러 고상을 슈ᄒᆞ고 <普勸 · 11>

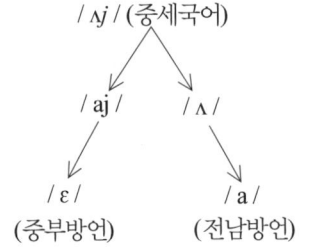

2.6. 중부방언 /o/와 전남방언 /u/의 대응

(9) 갈고리(鉤) (<갈고리) : 갈구리
    발톱(足爪) (<발톱) : 발톱
    손톱(手爪) (<손톱) : 손톱
    송곳(錐) (<송곳) : 송굿
    숫돌(礪石) (<숫돌) : 싯둘[sit'tul]
    옷고름 (<옷골홈) : 옷구룸[ok'kurum]
    저고리(襦) (<져고리>: 저구리

이들 어사들도 괄호 속의 옛말을 고려해 볼 때, 중부방언에서는 /o/모음을 유지하여 오늘에 이르렀지만, 전남방언에서는 '/o/>/u/'의 변화과정을 밟은 결과 /o/:/u/의 대응을 이루게 된 것이다.

낱말의 제2음절이라는 사실과 /o/에 선행하는 자음이 연구개음과 치조음이라는 사실이 주목되기도 하지만, 이러한 음운환경이 전남방언에서 '/o/>/u/'의 음운변화를 겪게 하는 데 어떤 인자로 작용했는지는 확실하지 않다.

중부방언에 있어서 제2음절 이하에서 /o/의 /u/로의 교체는 현대어에서도 흔히 볼 수 있는 일이지만(예; 먹고 : 먹구, 나도 : 나두 등), 19세기 후반기에 나타나 20세기에 들어와 일반화된 듯싶다.(자세한 내용은 유창돈 1980:175 참조) (손소>손수, 나모>나무, 나종>나중, 노로>노루, 하로>하루, 가족>가죽, 가마괴>가마귀 등 참조) 그런데, (9)의 두 방언형을 비교해 보면, 중부방언에서는 아직도 /u/로의 교체를 전혀 모르는 어사들이 전남방언에서는 이미 /u/로 교체되어 어간의 재구조화를 가져왔음을 알 수 있다. 이 '/o/>/u/' 현상이 중부방언에서는 지금도 지속되고 있는 것을 감안해 볼 때(자세한 내용은 후술됨) 전남방언(남부방언)에서는 19세기 이전에 시작되어-18세기까지 소급할 수 있을 듯 19세기에는 완성을 보았고 그 뒤 차차 북상한 듯싶다. 그리고 '/o/>/u/' 현상은 오늘날 전남방언에서는 나타나지 않는 것으로 보인다.

한편, 중부방언 '해롭다, 괴롭다, 까다롭다, 다채롭다' 등의 용언이, 전남방언에서는 '해룹다, 개룹다' 등에서 보듯이 표준어 접미사 '-롭-'이 '-룹-'으로 실현되는 것이 일반적 현상인데 이것은 2.4.에서와 같은 이유에서일 것이다. 곧, 접미사 '-롭-'에 의한 파생용언은 활용할 때 /ㅂ/이 /w/로 바뀌는데 이 /w/가 갖는 [+high]라는 자질의 영향으로 고부화된 것이라 하겠다.

2.7. 중부방언 /u/와 전남방언 /o/의 대응

(10) 단추(鈕)(<단쵸) : 단초
메추리(鶉) (<뫼초리 <뫼초라기 <뫼ᄎ라기) : 메초리
모두(全部) (<모도) : 모도
상수리(橡實) (<상소리) : 상소리~상솔
아욱(葵) (<아옥) : 아옥
아주(殊) (<아조) : 아조
자주(頻) (<ᄌ조) : 자조
줄다(縮) (<졸다) : 졸다

2.6.에서 우리는 중부방언 /o/모음과 전남방언 /u/모음이 대응을 이루는 경우를 보았는데, (10)의 어사들에서는 이와 반대되는 경우를 볼 수 있다. 곧 (10)의 어사들은, (9)의 어사들과는 반대로, 전남방언은 /o/모음을 그대로 유지한 데 비하여 중부방언에서는 19세기 무렵 /o/가 /u/로 변화한 결과, 오늘날 /u/:/o/의 대응을 이루게 된 것이다. 이것은 원격방언에 속하는 전남방언이 고형을 유지하고 있는 대표적인 예라고 할 수 있다. 이 현상을 이돈주(1978:195)에서 "근대국어 이후 음운의 통합관계에서 흔히 발견되는 /o/, /u/의 혼란"으로 추단한 것은 이들 어사들의 고형을 살피지 못한 데서 온 착각이 아닐까 한다. 국어에 나타난 이 '/o/</u/'의 현상이 중부방언 (9)의 어사들과 전남방언 (10)의 어사들에는 미치지 못한 결과 생긴 현상임이 분명하다고 본다.

2.8. 중부방언 /u/와 전남방언 /i/의 대응

(11) 무우(菁) (<무수)   : 무시
가을(秋) (<ᄀ슬)   : 가실
겨울(冬) (<겨슬)   : 저실
여우(狐) (<여ᄉ)   : 여시
수수(蜀黍) (<슈슈)   : 쑤시
장수(商人) (<장슈)   : 쟝시

고추(椒) (<고쵸)   : 꼬치
오줌(尿) (<오좀)   : 오짐
가루(粉) (<ᄀᆞᄅᆞ)   : 가리
시루(甑) (<시ᄅᆞ)   : 시리

괄호 속의 고형을 볼 때, 이 대응도 두 방언이 상이한 역사적 음운변화를 겪은 결과에 말미암는다. 중부방언에서는 어사에 따라 개입된 모음이 달리 나타나는 경우가 많아 일률적인 변화과정을 세울 수는 없다. '무우<무수'는 고형을 유지한 경우이고, '수수<슈슈, 장수<쟝슈'의 경우는 18세기 무렵 /s/가 구개음화함에 따라 /j/가 탈락하여 단모음화한 경우이며, '고추<고쵸, 오줌<오좀'의 경우는 /o/가 /u/로(또는 /jo/>/o/>/u/로) 변화한 경우이며, 그 밖의 어사들은 /ʌ/가 /u/로 변화한 경우이다. 그러나, 전남방언에서는 이들 개재모음들이 모두 /i/로 바뀐다. 전남방언에서 후설모음이 /ㅅ, ㅈ, ㅊ, ㄹ/ 등과 같은 전설성자음 아래서 전설모음화하는 현상은 하나의 커다란 특성을 이루는데(졸고, 1981 참조), 이에 따라 (11)의 어사들에 개재한 모음들도 /i/로 변화한 것이라 해석된다. 그런데, 여기서 전남방언의 '/ʌ/>/i/'나 '/o/>/i/'의 변화는 '/ʌ/>/i/>/i/'와 '/o/>/u/>/i/' 곧, /i/형 및 /u/형의 단계를 거친 것으로 여겨진다.(시ᄅᆞ>시르>시리, 오좀>오줌>오짐). 국어사에서 볼 때, 'ㅅ, ㅈ, ㅊ' 아래 오는 /ʌ/가 비어두음절에서 /i/로 바뀐 것은 이미 16세기 경부터 나타난 엄연한 사실이고 (아ᄎᆞᆷ>아츰), 또 /i/가 /i/로 바뀐 것은 19세기에 들어와 나타난 엄연한 사실임을 고려해 볼 때 (아츰>아침, 법측>법칙) (이기문 1972:203, 유창돈 1980:151-5) (11)에서 보는 전남방언의 어사들도 이와 동일한 이유로 변화과정을 밟게 되는 것으로 해석되며 그 변화시기는 다른 음운변화 현상들이 다 그러하듯이, 중부방언보다는 빠른 18세기 경이 아닐까 한다. 그 이유는 국어사에서 발생한 구개음화나 어두강음화 등의 음운규칙이 남부방언에서 발생하여 북상했음을 볼 때 여기에 적용된 음운규칙 또한 전남방언에서 먼저 발생했을 것이라고 추정하는 것이 무리는 아닐 것이기 때문이다. 한편, 전남방언에서 '/o/</i/'의 변화가 /u/의 중간단계를 거친 것으로 볼 수 있는 것은, 앞에서 살펴본 바 있는 (9)의 어사들과 (10)의 어사들에서도 이 '/o/</u/'의 현상은 확인할 수 있을 뿐더러 국어사에서도 이 현상은 분명히 존재했던 음운변화 규칙임을 우리는 잘 알고 있기 때문이다. (유창돈 1980: 174-5 참조)

우리는 앞에서

손톱(<손톱)   :   손톱
(중부방언)   (전남방언)
자주(<자조)   :   자조
(중부방언)   (전남방언)

에서 보는 바와 같이 동일한 음운규칙인 '/o/>/u/'가 (9)의 어사들에서는 중부방언에만 적용되고 전남방언에는 적용되지 않았으며, (10)의 어사들에서는 전남방언에만 적용되고 중부방언에는 적용되지 않은 이유를 설명하는 것을 보류했었다.

그런데, 전남방언 'o>u/x___' 라는 규칙에서 이 규칙의 입력으로 작용하는 환경 x가 중부방언과 전남방언에서 각각 달랐기 때문일 것이라는 추정을 (9)와 (10)의 어사들은 곤란하게 한다. 또, (9)와 (10)의 어사들이 말해 주듯이 두 지역에서 모두 이 규칙의 적용을 받고 있는 점을 볼 때, 지역에 따른 이 규칙의 강도차 때문도 아닌 듯하다. 그렇다면, 무슨 이유에서일까? 필자는 이 문제를 지금으로서는 숙제로 남기고 일단 접어둘 수밖에 없다.

2.9. 중부방언 /i/와 전남방언 /u/의 대응

(12) 거미(蜘蛛) (<거믜) : 거무
  나비(蝶) (<나븨) : 나부
  동이(盆) (<동희) : 동우
  모기(蚊) (<모긔) : 모구
  종이(紙) (<죠희) : 종우
  호미(鋤) (<호믹) : 호무

이들 어사들은 (11)의 그것들과는 상반되는 대응을 보여 준다.

이들 어사들의 고형은 15세기 문헌에서, 모음조화에 따라 /ʌj/나 /ɨj/를 유지한 형태로 발견 된다. 그런데, 국어사에서 볼 때, 16세기 경 /ʌ/는 제2음절에서 대체로 /i/로 변한 사실을 우리는 알고 있다.(이기문 1972:138, 1979:118 참조) 이에 따라, (12)의 어사들은 16세기 문헌에서는 '나븨>나븨, 모긔>모긔' 등과 같이 /ʌj/가 /ɨj/로 변하여 나타나게 된다(단, '거믜'와 같은 /ɨj/형은 그대로). 또, /ɨj/가 그 불안정성으로 말미암아 19세기 경에 /i/로 단모음화되었다.(허웅 1965:444~5 참조) 이러한 일련의 국어사적 사실로 미루어 볼 때, (12)의 어사들은 중부방언에서는 '(/ʌj/>)/ɨj/>/i/'의 음운변화를 입어 오늘날의 어형으로 바뀌었음을 알 수 있다.(거믜>거미, 나븨>나븨>나비) 한편, (12)에서의 전남방언형은 '나븨>나븨>나브>나부'나 '거믜>거므>거무' 에서와 같이 '(/ʌj/>)/ɨj/>/i/>/u/'의 변화과정을 밟은 것으로 추단된다. 2.2.에서 우리는 양순음 아래서의 '/i/>/u/'의 변화가 18세기까지는 이미 완성된 현상으로 보았었다. 이런 관점에서 보면, 전남방언에서의 '/ɨj/>/i/'의 변화는 중부방언에서의 '/ɨj/>/i/'의 변화보다 빠른 18세기 경에는 이미 완료된 곧, 17세기 경까지 소급할 수 있다고 보는 것이 타당한 관점이 아닐까 한다.

그리고 이 '/i/: /u/'의 대응은 (12)의 어사들 외에 다음과 같은 예들도 있다.

(13) 상치(: 채소) : 상추
  옹기(甕器) : 옹구
  조기(石魚) : 조구

이들 어사들의 15세기 어형은 문헌에서 찾지는 못했지만, 첫음절이 모두 양성모음인 점으로 보아, 이들에 대한 15세기 상대형(counterparts)은 모두 제2음절이 /ʌj/모음을 가졌을 가능성이 있다. 특히 '배추'(菘)가 <훈몽자회>(上 14)에 '빈치'로 나타나는 것을 보면 '상치'의 15세기 어형은 '쌍치'임이 틀림없다. 또 '조기'가 18세기 문헌인 <물명고>(鱗蟲)에 '죠긔'로 나타나고 역시 18세기 문헌인 <물보>(酒食)에 '食器'를 '식긔'라 한 것에 유추하여, '옹기'의 18세기 어형이 '옹긔'임을 짐작할 수 있다. 이 '식긔'와 '옹긔'의 15세기 어형이 (12)와 평행할 것으로 보아 각각 '식긔', '옹긔'로 재구할 수 있을 것으로 본다. 이렇게 보면 (13)의 어사들에서 보는 '/i/:/u/'의 대응은 (12)와 동궤의 것으로 해석된다.

이 밖에도 '메밀(蕎麥)(<모밀) : 메물, 깁다(補)(<깁다 : 줍다, 심다(植)(<심다, 시므다, 심ㄱ다) : 승그다' 등의 어사들에서도 '/i/:/u/'의 대응을 엿볼 수 있는데, 이들도 (12)나 (13)의 것들과 음운변화 과정은 다르지만, 중부방언과 전남방언에 있어서 통시적 음운변화 과정의 차이로 말미암았다는 점에서는 동일하다고 하겠다.

2.10. 중부방언 /i/와 전남방언 /i/의 대응

 (14) 거기 : 거그 여기 : 여그 저기 : 쩌그

이 '/i/: /i/'의 대응은 세력이 아주 미약하여 이들 지시대명사에만 한정되어 있는 듯하다. 이 대응 현상 또한 통시적 변화과정의 다름에서 비롯되는 것으로 해석된다. 이들 어사들의 변화과정을 보면, 중부방언에서는

 그어긔>거긔>거기
 이어긔>여긔>여기
 뎌어긔>뎌긔 (>져긔)>저긔>저기

와 같고, 전남방언에서는

 그어긔>거긔>거그
 이어긔> 여긔> 여그
 뎌어긔>뎌긔 (>져긔)>저긔>쩌그[6]

일 것으로 생각된다.

---

[6] 중부방언과 전남방언에서 '뎌긔>져긔>저긔'의 변화는 구개음화의 시기(18세기)와 /ij/의 /i/로의 단모음화 시기(19세기)를 고려하여 정한 기술적 순서다. 한편, 전남방언에서 '저긔>쩌그'는 '쩌긔>쩌그'로 하는 것이 옳을지도 모르나, 어두경음화 현상이 15세기 문헌 이전부터 발견되는 것임을 볼 때 확실히 정할 수는 없다고 본다.(김형규 1972:75 참조)

이렇게 볼 때, 두 방언형이 /ɨj/를 개재한 고형에서 변화과정이 갈리게 됨을 볼 수 있는데, 이 /ɨj/가 중부방언에서는 /i/로, 전남방언에서는 /i/로 바뀌었음을 알겠다.

중부방언에서의 이 '/ɨj/>/i/'는 대체로 19세기 무렵에 일어난 현상으로서(유창돈 1980:153~5 참조) 전남방언에도 그대로 적용된다.(예; 긔챠>기차, 픠다>피다, 븨다>비다, 일긔>일기, 싀가(媤家)>시가 등 참조)

Ⅲ. 중부방언 이중모음과 전남방언 단모음의 모음대응

3.0. 이 대응은 전남방언에서 이중모음이 통시적으로 단모음화함으로써 이루어진 결과다. 우선 전남방언의 이중모음 체계를 중부방언과 비교하여 보면 다음과 같다.

(1) 중부방언[7]   (2) 전남 방언[8]

/w-i   i-j   j-u/   /j-u/
/j\
 w/>e   /j\
         w/>ə   j-o/   /j\
                                    w/>ə   j-o/

/j\
 w/>ɛ   /j\
         w/>a /   /j\
                                    w/>a /

전남방언의 이중모음은 위와 같이 6개로 설정된다. 그 이유는, 전남방언에서는 단모음화 현상이 두드러진 특징을 이루고 있어서, 중부방언의 /wi/는 /u/나 /i/로 바뀌었고, /we/와 /wɛ/는 변별성을 상실한 뒤 단모음화하여 주로 /E/로 실현되고 있고, /je/와 /jɛ/도 변별성을 상실하였는데, /jɛ/를 개재한 전남방언형은 쓰이지 않으며, /je/는 /E/나 /i/로 단모음화하였으며, /ɨj/는 /i/나 /i/로 단모음화한 결과 전남방언에서는 이들 이중모음이 실현되고 있지 않기 때문이다.

이리하여 중부방언의 이중모음과 전남방언의 단모음이 대응을 이루게 되는데, 이들을 보이면 다음과 같다.[9](상세한 내용은 졸고, 1981 참조)

(1) /ja/ : /a/
(2) /jə/ : /E/, /i/, /ə/
(3) /je/ : /E/, /i/

---

7) 허웅(1965), p. 205.

8) 졸고(1981), p. 50.

9) 오늘날 중부방언에서 /je/, /wi/, /ɨj/등의 이중모음은 대체로 단모음화한 것이 현실이지만, 표준어의 표기법 의식을 살려 편의상 분류해 본 것이다.

(4) /jo/ : /o/
(5) /ju/ : /u/
(6) /wa/ : /a/
(7) /wə/ : /ə/
(8) /wɛ/ : /E/
(9) /we/ : /E/, /i/, /o/, /u/
(10) /wi/ : /u/, /i/
(11) /ɨj/ : /i/, /i/

그러나, 본고에서는 지면 관계상 이들을 모두 살피지는 못하고, 그 중 특징적인 몇 가지만을 골라 살피기로 한다.

3.1. 중부방언 /ja/와 전남방언 /a/의 대응

(14) 갸름하다   :   자름허다
    갸우뚱거리다 :   자우뚱그리다
    갸울다   :   자울다
    갸웃거리다   :   자웃그리다
    걀쭉하다   :   잘쭉허다

두 방언형을 비교해 보면, 전남방언에서 /ja/가 k구개음화와 관련을 맺고서 /a/로 단모음화했다는 사실을 알 수 있다. 서울을 중심한 중부방언에서는 t구개음화만이 일어나고 k구개음화는 일어나지 않았기 때문에 현대어에서도 /i, j/ 앞의 /k/가 /č/로 구개음화되지 않고 그대로 유지됨으로써 /j/의 탈락을 경험하지 않았지만, 전남방언에서는 /k/구개음화가 일어나 /k/가 /č/로 바뀜에 따라 /j/의 탈락을 경험하게 되어 '/ja/:/a/'의 대응을 이루게 된 것이다. 앞에서도 말했듯이, 구개음화가 동남방언이나 서남방언에서 시작되어 북상했고, 그 시기가 중부방언에서 대체로 18세기라는 사실을 참작할 때, 전남방언에서 /k/ 다음에 '/ja/>/a/', 곧 /j/의 탈락은 벌써 18세기 이전에 일어난 것으로 볼 수 있을 것이다.[10]

위에 든 어사들 외에도, 전남방언에서 '/ja/>/a/'의 현상을 보이는 어사로는 '갸출>각출, 달걀>달갈' 등의 예들을 추가할 수 있는데, 이들이 구개음화를 겪지 않은 것은 단모음화가 구개음화보다 먼저 일어났기 때문에 구개음화를 면할 수 있었을 것으로 이해된다.[11]

---

10) 이기문(1972 : 255)은 동남 및 서남방언에서의 t구개음화 시기를 17세기 이전까지 소급하고 있으며, k구개음화도 상당히 빠른 것으로 추정하고 있다.

11) 이것을 전남방언에 나타난 k구개음화 현상의 세력이 미약하여 이들 어사들까지 그 세력이 미치지 못한

갸울다 : 기저형   달걀 : 기저형
쟈울다 : 구개음화   달걀 : 단모음화
자울다 : 단모음화   --- : 구개음화
[자울다] : 음성형   [달걀] : 음성형

3.2. 중부방언 /jə/와 전남방언 /E/, /i/ 및 /ə/의 대응

중부방언 /jə/가 전남방언에서 /E/와 /i/의 쌍형으로 단모음화하여 공존함으로써 대응을 이루는 경우가 있다.

(15) 며느리: mEnuri~minəri
    몇: mEt~mit
    벼룩: pEruk~piruk
    뼈: p'E~p'i
    편싸움: pʰEns'am~pʰins'am
    편지: pʰEnči~pʰinči

주로 낱말의 제1음절에 한정되며 양순음 뒤라는 것을 조건으로 하는 이 현상은 세력이 아주 강하여 이러한 조건만 갖추어지면 모든 어사에 적용되는 듯하다. 중부방언에서 /jə/모음을 갖는 이들 어사들은, 전남병인에서는 쌍형으로 수의변이되는데, 전남방언이 역사적으로 전설고모음화를 강하게 겪은 일면을 보이는 예 중의 하나다. 특히, 이들 어사들이 전남방언에서 쌍형으로 실현되고 있는 까닭을, 필자는 이미 '/jə/>/e/>/i/'의 국어사의 사실을 들어 설명한 바 있다.(자세한 것은 졸고, 1981 : 54 참조) 곧, /jə/가 /E/를 거쳐 /i/로 바뀌는 동안 (/jə/>/E/>/i/), /jə/가 /i/로 완전히 바뀐 것과 미처 여기에 이르지 못한 중간 단계에 있는 /E/로 해석한 바 있다.

한편, /jə/에 선행하는 자음이 양순음이더라도 단어의 제2음절 이하에서는 /E/로만 실현되는 경우를 본다.

(16) 갈비뼈 : kalbip'E
    고명딸 : komEɲt'al
    누명(陋名) : numEŋ
    인편(人便) : inpʰEn
    중병(重病) : čuŋbEŋ

것으로 해석할 수도 있겠으나 여기서는 이 입장을 취하지 않는다.

또, /jə/ 앞에 /k/나 /h/가 오면, 이들 자음이 구개음화됨에 따라 /j/의 탈락을 가져온다. 이 현상도 이러한 조건을 만족시키는 모든 일상어에 적용된다. 물론, /j/의 탈락으로 인한 '/jə/>/ə/'의 단모음화는 /k/가 구개음으로 바뀐 뒤에나 가능한 것이므로, 그 시기는 k구개음화 시기와 함께 하는 것으로 볼 수 있을 것이다.[12]

(17) 겨 : 저   경황(景況) : 정황
    곁 : 젙   껴안다 : 쩌안다
    협력(協力) : 섭력(səmnjək)   형(兄) : 성

3.3. 중부방언 /je/와 전남방언 /E/ 및 /i/와의 대응

(18) 계(契) : 지   계모(繼母) : 지모
    계산(計算) : 지산   계속(繼續) : 지속
    계시다 : 지시다   계집(女) : 지집
(19) 계급(階級) : kEgip   계단(階段) : kEdan
    계란(鷄卵) : kEran   계통(系統) : kEtʰoŋ
    은혜(恩惠) : inhE   폐단(弊端) : pʰEdan

/je/는 음소결합의 제약성으로 말미암아 표준어에서도 /ㄱ, ㄹ, ㅇ, ㅍ, ㅎ/과만 결합되기 때문에 낱말을 산출하는 생산성이 크지 못하다. (18)의 어사들에서 보는 것처럼, 중부방언 /je/가 전남방언에서 /i/로 실현될 때는 구개음화와 관련을 맺는다. 따라서 이들 어사들의 단모음화 시기는 (14)의 어사들이 단모음화한 시기와 동일한 것으로 볼 수 있다. 곧, 18세기 이전에 이미 /e/로 단모음화한 뒤 이 /e/가 다시 /i/로 고부화된 것으로 보인다. 그리고, 여기서 '/e/>/i/'의 변화시기는 (11)의 전남방언 어사들과 비슷한 18세기 무렵이 아닐까 한다.

(19)의 어사들은 구개음화와 관련을 맺을 수 있는 환경을 갖추고 있지만 구개음화를 경험하지 않음으로써 (18)과는 다른 변화를 밟는다. 이들이 구개음화를 면할 수 있었던 까닭은, 3.1.에서처럼 구개음화보다 앞서서 단모음화된 것으로 해석해 볼 수도 있겠지만, 여기서는 이들 어사들이 언중에게 생소한 비일상어인 점으로 보아, 전남방언에서 구개음화가 완성된 이후에 언중에게 보편화된 어사들인 때문일 것이라는 추측을 해보지만 확언할 수는 없다. 현대국어에

---

12) /k/가 [č]로 구개음화되면 [kjə]는 [čjə]가 되고 이에 따라 [čjə]는 반모음 /j/를 개재시키지 않더라도 [č]의 조음방법으로 말미암아 [č]와 [ə] 사이에 저절로 /j/가 경과하는 과도를 경과하기 마련이다. 따라서 [čjə]와 [čə]의 소리는 다를 바 없게 되고 경구개음 뒤에서 /i/는 나타나지 않게 된다. 이렇게 볼 때 전남방언 (17)에서 보는 '/je/jə/ə/'는 실상은 변화를 입지 않은 것으로 해석할 수 있겠으나 본고에서는 설명의 편의상 변화의 일종으로 보았다.

서 /je/가 이중모음으로 실현되지 않고 단모음 /e/로 실현되는 것이 전반적인 현상임을 생각할 때, 전남방언에서의 '/je/>/E/'는 특기할 것은 못된다.

3.4. 중부방언 /jo/와 전남방언 /o/의 대응

(20) 효부(孝婦) : 소부   효자(孝子) : 소자
  효험(効驗) : 소험 ∽ 소엄 ∽ 솜

3.5. 중부방언 /ju/와 전남방언 /u/의 대응

(21) 흉(欠) : 숭   흉작(凶作) : 숭작
  흉년(凶年) : 숭년   흉보다 : 숭보다
  흉내내다 : 숭내내다

(20), (21)의 어사들이 전남방언에서 단모음화한 것도 앞의 (14), (17), (18)의 예들처럼 구개음화와 관련을 맺는다. /h/가 /jo/나 /ju/에 선행하는 낱말 중 고유어를 포함한 일상어에서는 구개음화와 관련을 맺고 /j/가 탈락한다. 그러나, '효도, 효성, 휴가, 휴일' 등과 같은 많은 어사들에는 구개음화가 침투되지 않고 있다. 이처럼 h 구개음화가 전남방언에서 약하게 나타나는 원인은 단언할 수는 없지만, /h/와 /j/와의 조음점의 거리가 멀고 이에 따라 시기적으로도 늦게 발생되어 전남방언의 구개음화 시기의 주변부에 들기 때문일지도 모른다.

중부방언이 갖는 12개의 이중모음 중 이들 /jo/와 /ju/가 가장 안정성을 유지하여, 이들이 전남방언에서 단모음화하는 경향이 가장 약한 편이다.

3.6. 중부방언 /wi/와 전남방언 /u/나 /i/의 대응

(22) 가마귀 : 까마구   갈퀴(農具) : 갈쿠
  당나귀 : 땅나구   더위 : 더우
  돌쩌귀 : 돌쪼구   바퀴(輪) : 바쿠~바꾸
  방귀 : 방구   뼈다귀 : 뺍따구~뻡따구
  사마귀 : 사마구   사위 : 사우
(23) 귀(耳) : 기   귀구멍 : 기구먹
  말귀 : 말기   귀(貴)하다 : 기허다
  쉬파리 : 시포리   쉬다(息) : 시다
  취나물 : 치너물   취소(取消) : 치소

(24) 귀신(鬼神) : 구산~기신
뒤집다 : 두집다~디집다
쥐새끼 : 주새끼~지새끼
쥐다 : 주다~지다
취직(就職) : 추직~치직

(22)의 어사들은 대체로 중부방언의 /wi/모음이 전남방언에서는 단모음 /u/로만 실현되며, (23)의 예들은 /i/로만 실현되며, (24)의 예들은 /u/와 /i/로 임의로 교체되어 쌍형으로-임의변이 형태로- 실현되고 있는 것들이다.

전남방언 화자들은 /ja/, /jə/, /jo/, /ju/, /wa/ 및 /wə/를 제외한 이중모음을 원음대로(이중모음으로) 발음하지 못하는데, /ㅟ/도 /u/와 /i/로 분리하여 무분별하게 발음하기 때문에 이와 같은 결과를 빚게 된 듯하다. 곧, /ㅟ/를 /u/에 초점을 두어 발음하면 -/u/를 주음으로 발음하면- /i/는 부음으로 작용하게 되므로 /i/가 탈락하게 되고, 이와 반대가 되면 /u/의 탈락을 가져오게 되는 것이 아닐까 싶다. 이것은 (24)의 전남방언 어사들이 /u/형과 /i/형의 쌍형을 갖는다는 사실로 어느 정도 뒷받침된다고 하겠다.

한편, (23)의 어사들과 (24)의 /i/형의 어사들의 경우는, (15)의 어사들에서처럼, 먼저 /ü/로 단모음화한 뒤 다시 원순성이 탈락하여 결국 /i/로 변한 것으로 설명할 수도 있겠지만(kwi>kü>ki), 필자가 앞에서와 같이 일괄적인 설명방법을 취한 까닭은, 이러한 해석방법이 다음 (25)의 어사들에서 확실하게 뒷받침을 받게 되므로 이와 평행하여 설명할 수 있기 때문이다. 이러한 자생적 모음탈락이, 중부방언에서는 19세기의 변혁기에 주로 나타나지만, 전남방언에서는 18세기까지 소급할 수 있다고 보아온 것이 필자의 지금까지의 견해였다.

3.7. 중부방언 /ij/와 전남방언 /i/나 /i/의 대응

음소결합의 제약성으로 인하여 /ij/의 음절머리음(onset)으로 올 수 있는 자음은 표준어에서도 /ㄴ, ㅌ, ㄸ, ㅅ, ㅎ/뿐이다.[13] /ij/가 이들 자음을 음절머리음으로 하여 낱말을 이룰 경우는, 중부방언에서와 마찬가지로 전남방언에서도 예외없이 /i/로 실현된다(띄우다→띠우다, 씌우다→씨우다, 틔우다→티우다, 희망→히망, 환희→환히 등 예 참조). 이러한 공시적 변이는 본고의 대상이 아니다.

다음 (25)의 어사들은 /ij/가 단독으로 음절을 이룬 경우인데, 이들은 전남방언에서 예외없이 /i/형과 /i/형이 자유변이형태(free variants)로 나타난다.

---

13) 음절머리음 /n/에 연결되는 /ij/는 실제로는 /i/이다. 여기서, /i/는 /n/이 구개음화되지 않은 소리임을 표시하기 위해 덧붙인 기호에 불과하다. 따라서, 실제로는 /n/은 제외된다.

(25) 의리(義理) : 으리~이리
　　　 의원(醫院) : 으윈~이원
　　　 토의(討議) : 토으~토이
　　　 회의(會議) : hEi~hEi

　이들 어사들에 있어서 이중모음 /ij/는 최근 서울방언 화자들에게서도 40대 이후 세대에서는 이중모음으로 발음되지 못하고 /i/, /i/, /e/ 등으로 실현되고 있는 실정이다.
　전남방언 화자들도 이 /ij/를 이중모음으로 전혀 실현하지 못한다. 그러나, (25)의 어사들은 전남방언에서 이미 어간의 재구조화를 가져온 것들임에는 틀림없는 것 같다. 그런데, 전남방언에 나타나는 두 가지 형태 중, 고령자일수록 /i/형이 강세를 보이고, 개신파들은 첫음절에서는 /i/형이 강세를 보이나 제2음절 이하에서는 /i/형이 강세를 보인다는 점이 특징적이다. 전남방언에서의 이 음운현상이 나타난 시기는, 18세기까지는 소급할 수 없을지라도 19세기까지는 올라갈 수 있을 것으로 보인다.

Ⅳ. 맺음말

　지금까지 우리는 서울을 중심으로 한 중부방언과 광주를 중심으로 한 전남방언(전남 서북방언)이 갖는 모음대응 현상에 대하여 살펴보았다. 이들 두 지역어가 현대국어에서 갖는 모음대응 현상 중 상당수가, 두 지역어의 모음이 서로 다른 통시적 변화과정을 밟은 결과에 말미암는다.
　이러한 상이한 통시적 음운변화로 말미암아 두 지역어가 단모음끼리 대응을 이루는 경우로는 /a/ : /E/(앞쪽이 중부방언, 뒤쪽이 전남방언), /a/ : /o/, /ə/ : /e/, /ə/ : /o/, /ə/ : /u/, /ɛ/ : /a/, /o/ : /u/, /u/ : /o/, /u/ : /i/, /i/ : /u/, /i/ : /i/ 등이 있고, 중부방언의 이중모음과 전남방언의 단모음이 대응되는 경우로는 /ja/ : /a/, /jə/ : /E/, /i/ 및 /ə/, /jo/ : /o/, /ju/ : /u/, /wi/ : /u/ 및 /i/, /ij/ : /i/ 및 /i/ 등이 있다.
　그 밖에도, 두 지역어의 모음이 서로 대응을 이루는 경우로서 움라우트 현상의 강도의 차이로 생긴 그것을 들 수 있다. 이에 대하여는 별고를 마련한 바 있으므로(졸고, 1983) 여기서는 다루지 않았다.
　현대국어에서 두 지역어가, 하나의 낱말에 있어서 의미상의 대립을 가져오지 않고 그 낱말을 구성하는 자음 음소가 통시적으로 음운변화 과정을 달리하여 대응을 이루는 경우도 있음은 물론이다. 본고에서도 살펴본 바 있는 두 지역어간의 구개음화의 강도나 폭의 차이에 말미암거나, 전남방언이 중간자음 /-k-/, /-p-/, /-t-/, /-s-/ 등을 유지함으로써(예; 개암 : 개금~깨금,

시렁 : 실겅, 벙어리 : 버버리, 새우 : 새비, 그릇 : 그럭, 가위 : 가새, 모이 : 모시 등) 생긴 차이로 인하여 두 지역어가 자음대응을 이룬 경우들이 그것이다. 그러나, 본고에서는 모음의 대응에 국한하였다.

본고에서 정한, 전남방언의 통시적 모음변화 시기는 자료의 부족으로 전혀 논거를 제시하지 못한 하나의 추정에 불과하다. 이 문제는 앞으로 좀 더 깊이있는 연구를 바탕으로 보완·수정해야 될 것임을 밝혀 둔다.

참고문헌

奇世官(1981), "全南方言의 音韻論的 硏究," 全南大學校 碩士學位論文.
_____(1983), "전남 북서부방언의 움라우트 현상,"「국어국문학」90, 국어국문학회.
金亨奎(1972),「國語史硏究」(增補版), 一潮閣.
_____(1980),「韓國方言硏究」, 서울大學校出版部.
南廣祐(1974), "圓唇母音化現象에 관한 硏究,"「國語學」2, pp. 31~38.
徐尙俊(1984), "全羅南道의 方言文化,"「어학교육」제15집, 전남대학교 어학연구소.
劉昌惇(1980),「李朝國語史硏究」, 二友出版社.
이기갑(1982), "전남방언의 하위구획,"「한국언어문학」21.
_____(1984), "전라남도의 방언구획과 서남해 섬들의 언어적 위치,"「島嶼文化」제2집, 목포대학 도서문화연구소.
李基文(1959), "十六世紀 國語의 硏究,"「文理論集」4.
_____(1972),「國語史槪說」(改訂版), 民衆書舘.
_____(1977),「國語音韻史硏究」, 韓國文化硏究所.
李敦柱(1978),「全南方言」, 螢雪出版社.
李崇寧(1940), "·音攷,"「震檀學報」12.
_____(1947), "母音調和硏究,"「震檀學報」16.
崔鶴根(1959),「國語方言學序說」, 精硏社.
_____(1968),「國語方言硏究」, 서울大學校出版部.
_____(1982),「韓國方言學」, 太學社.
허웅(1958),「國語音韻學」, 正音社.

[처음 실린 곳]
「순천대학논문집」(인문사회과학편) 제4집, pp. 55~69. 1985.

[04] 광산지역어의 음운체계
30대와 40대 이상의 모음체계를 중심으로

I

1.1. 최근의 생성음운론에 의하면 음운이라는 층위를 설정하는 것조차 '기술의 간결성'이라는 면에서 볼 때는 장애가 된다고 여기고 있다. Chomsky & Halle(1965: 119)는 자질표시만이 언어학적 의미를 갖고, 전통적인 뜻의 음운이라는 것에는 언어학적 의미가 없다고 말한 바 있다. 그러나, 우리는 아직도 어떤 언어의 음운에 대한 정보의 유용성을 부정할 수 없다고 믿는다.[1]

한 언어에 쓰이는 음성들은 무수하게 많다. 그러한 무수한 음성들을 음소 분석이라는 작업을 통하여 한정된 수의 음소로 묶음으로써 그 언어를 음소로써 적게 하고 그렇게 함으로써 그 언어에 대한 보다 깊은 연구가 가능하도록 전사의 용이한 체계를 제공해 주는 것이다.

우리가 언어 ㄴ의 구조를 언어 ㄴ으로 설명하거나 언어 ㄴ의 모든 언어현상을 분석하려 할 때, 언어 ㄴ에 나타나는 모든 언어음을 일일이 별개의 문자로써 표기한다는 것은 어려운 일이며 또 그럴 필요도 없다. 곧, 소위 자유변이음이나 위치변이음들을 일일이 다른 기호를 정하여 적는다는 것은 불가능한 일이며 음성학도 아닌 음운론에서는 헛된 일이다. 우리는 그러한 세세한 변이음들을 전사에서 제외시킴으로써, 그 언어를 적는 타당하고도 용이한 방법을 확립할 수 있는 것이다.(Lass, 1984: 23-24).

특정 언어(또는 특정 방언)를 연구하기 위한 제1단계는 음소를 결정하는 일이다(H.A. GLEASON, 1955=1961: 14). 우리나라 국어학계에서도 5·60년대에 이러한 작업이 중심을 이룬 바 있고(이병근, 1979 참조), 본고에서 다루게 될 광산지역어의 음운체계(특히 모음체계)에 대해서도 연구된 바 있지만[2] 본격적인 것은 아직 나오지 않았다. 전남방언 연구에 관심을 갖고 있는 필자는, 이러한 실정을 감안하여 그 연구의 제1단계로서 이 소고를 마련하게 된 것이다.

---

1) Hyman(1975: 59)의 다음 말을 상기할 필요가 있다. "All phonologists agree that it is necessary to recognize both phonetic units(phones) and phonological units(phonemes)".
2) 李敦柱(1969); 李敦柱(1979); 崔鶴根(1982); 이기갑(1984); 徐尙俊(1985)등.

1.2. 광산군은 전라남도의 일군으로 북쪽은 장성군, 동쪽은 광주시, 남쪽은 나주군, 서쪽은 함평군에 접하는 내륙군이다(지도 참조).

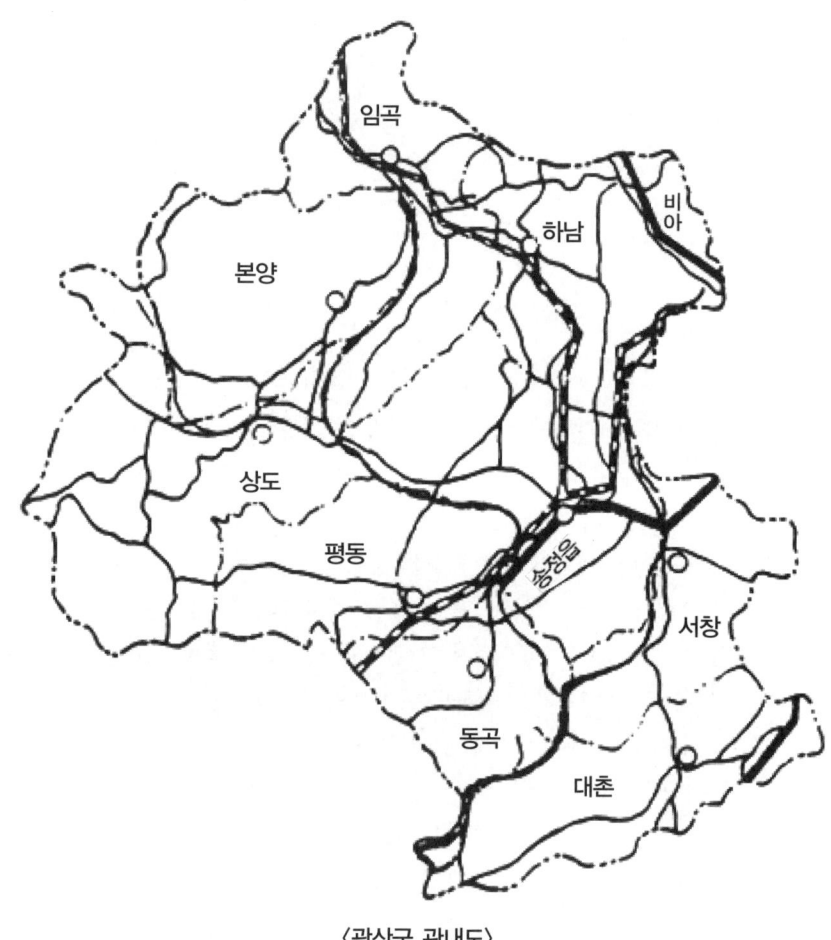

〈광산군 관내도〉

본고를 위한 자료 조사 지역은 본량면과 삼도면이다. 본량면은 특히 황룡강(영산강 지류)이 20여년 전까지만 해도 섬처럼 둘러싸고 있어서 나룻배를 이용해야 타지로 갈 수 있는 오지였다. 이런 까닭으로 군내의 다른 지역에 비하여 이 지역이 외부와의 왕래가 가장 적어 순수한 방언을 잘 보존하고 있을 가능성이 크다고 생각되어 주된 조사지역으로 선정했다.

다음 표에서 보는 본량면의 2개 지점 선동리와 남산리를 집중적으로 조사했다. 본량면의 두 곳 외에 삼도면 도덕리를 추가한 것은 이 지역과 본량면과의 방언적 차이를 알아보기 위함에서 비롯한 것이지만, 모든 조사 지역에서 음운상의 차이를 전혀 발견할 수가 없었다. 따라서, 세 지점의 자료가 동등한 가치를 부여받게 된다.

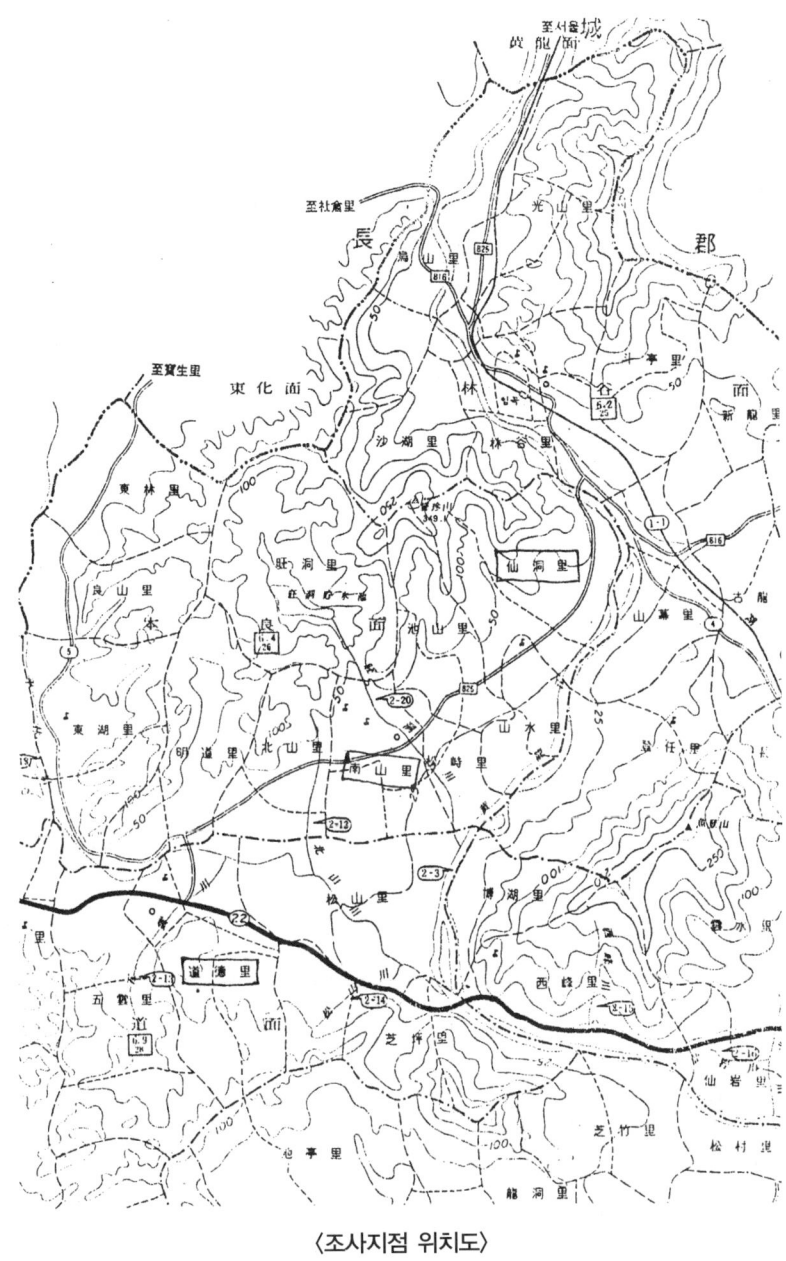

〈조사지점 위치도〉

자료 조사는 1986년 5월 4일과 5일 이틀 간에 걸쳐 이루어졌고 본고를 써 나가는 과정에서 두 차례의 확인 작업을 실시했다. 그리고, 조사 어휘는 가급적 일상 생활에서 두루 쓰는 순수한 이 지역어만을 대상으로 하였다.

본고의 자료를 제공해 준 제보자의 명단은 다음의 표와 같다.

이 제보자들을 연령별로 보면, 70대가 7명, 60대가 3명, 50대가 4명, 40대가 2명, 30대가 3명 등으로 19명의 제보자가 30대부터 70대까지 전체에 분포되어 있다. 이처럼 분포시킨 까닭은 연령차에 따른 음소체계의 차를 조사하기 위함이었다. 조사 결과 40대 이상에서는 뚜렷한 차이를 발견할 수가 없었지만, 30대는 40대 이상과는 그 차이를 드러냈다. 이리하여 결과적으로, 본고는 광산지역어(: 앞으로는 '광산어'라 칭함)의 모음 음소를 분석하되 세대차에 따라 그것이 어떻게 달라지는가를 밝히는 데 주안점이 놓이게 되었다.

조사 지점명	성명	연령	성별	직업	학력	거주 경력 및 결혼관계
본량면 남산리	염부순	74	여	농업	무	이곳 태생, 남편은 이곳에서 3대째 거주
	이연순	74	〃	〃	〃	함평군 월야면에서 15세 때 결혼한 뒤 이곳에서 거주
본량면 선동리	송시원	77	남	〃	〃	2대째 거주
	임호선	77	〃	〃	〃	5대째 거주
	송근호	75	〃	〃	〃	5대째 거주
	홍갑주	66	여	〃	〃	친정은 나주군 다도면. 18세때 결혼
	임한용	64	남	〃	〃	12대째 거주
	박귀순	55	여	〃	〃	친정은 본량면 송치리
	기우섭	53	남	〃	〃	5대째 거주
	기학섭	52	〃	〃	〃	5대째 거주
	송희상	48	〃	〃	〃	3대째 거주
	오준교	48	〃	〃	〃	3대째 거주
	기희백	39	〃	〃	국졸	14대째 거주
삼도면 도덕리	심삼기	78	여	〃	무학	친정은 본량면 남동
	고만순	76	〃	〃	〃	친정은 대촌면
	심윤순	63	〃	〃	〃	친정은 본량면 남동
	홍정희	58	〃	〃	국졸	나주에서 16세때 시집옴.
	오근희	37	남	〃	무학	6대째 이곳에서 거주
	오규열	33	〃	우체국 직원	중졸	삼도면 소재 중학 졸. 6대째 거주

1.3. 음운분석을 위하여 근래 가장 일반적으로 이용되고 있는 방법으로는 기능에 의존하는 것과 분포에 의존하는 것의 두 가지가 있다. 본고에서 광산어의 음운 분석을 위하여는 주로

전자의 방법을 취하게 되며 후자의 방법도 보충적으로 이용된다. 그리고, 이를 보다 경제적으로 수행하기 위하여 음성적 유사성도 고려하게 된다.

여기서 분포에 의존하는 방법이란 소위 상보적분포(complementary distribution)를 이루는 음성들은 한 음소로 뭉쳐진다는 것이요, 기능에 의존하는 방법이란 서로 다른 두 낱말 또는 형태소를 비교하여 동일한 환경(Same relevant environment)에 놓인 오직 한 음의 차이로 이들 두 낱말 또는 형태소가 대립을 보이면 이들은 최소대립쌍(minimal pair)을 이루게 되고 이때의 두 낱말 또는 형태소의 분화를 가져오게 하는 두 음성은 한 음소에 속할 수 없다는, 곧 별개의 음소에 속한다는 것이다. 결국 이것은 minimal pairs를 찾는 문제에 귀결되고 실제적 작업에서는 Hjelmslev와 같은 언리학자(言理學者)들이 행한 환치시험(commutation test)을 이용하게 된다. 예컨대 '[al] 앞'이라는 동일한 환경에서 음성들을 환치시킴으로써 'pʰal'('臂' 또는 '팔다'의 미래 관형사형), 'mal'('馬'), 'tal'('月' 또는 '달다'의 미래 관형사형), 'nal'('刃' 또는 '날다'의 미래 관형사형), 'sal'('肉' 또는 '사다'의 미래 관형사형)등과 같이 낱말이나 형태소의 분화를 가져오면 이때 환치 음성(commutable sound)들을 우리는 국어의 음소 /pʰ, m, t, n, s/로 설정할 수 있는 것이다.

그리고, 위에서 음성적 유사성을 고려한다는 말은, 영어에서 [ŋ]과 [h]는 minimal pair를 찾을 수 없을 뿐더러 상보적분포를 이루고 있지만 음성적으로 크게 달라 한 음소의 변이음이 될 가능성이 없다고 보는 것처럼, 국어에서도 [i]와 [u], [i]와 [a] 등은 소위 '의심없는 짝'(nonsuspicious pair of sound)으로서 한 음소의 변이음이 될 가능성이 없기 때문에 minimal pair를 일일이 찾는 일이 생략될 수 있음을 뜻한다.

그리하여, 이러한 의심없는 짝은 빼고, 음성자질이 서로 비슷하여 한 음소의 변이음이 될 가능성을 의심해 볼 만한 소위 '의심스런 짝'(suspicious pair)을 중심으로 minimal pairs를 찾아 음소를 결정하면 될 것이다.

그런데, 여기서도 문제로 등장하는 것은, 어떤 음성들이 의심스런 짝이 되려면 어느 정도 유사해야 되는가 하는 유사성의 정도이다. 지금까지 유사성의 정도를 정확히 지적해 줄 만한 어떤 객관적인 기준도 알려진 바 없다. Pike(1947: 69)는, 유사성의 정도를 정하는 기준은 경험적으로 상당히 효과적인 일반화에 도달할 수 있다고 말하고서 그 일반화를 하나의 도표(chart)로써 보여 주고 있다. 그가 제시한 도표에는 suspicious pairs가 원(circle)으로 둘러싸여 표시되고 있는데, 참고로 이것을 이용하여 공통어 모음들의 의심스런 짝을 그려 보면 대체로 다음과 같이 될 것이다.[3]

---

[3] 공통어의 모음체계는 이현복(1971)이 제시한 것에서 필자가 /ə/를 /ʌ/의 변이음으로 처리하여 조정한 것임.

(1)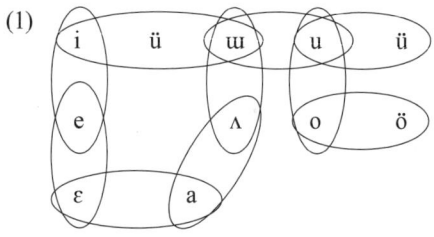

그러나, 본고에서는 변별적 자질을 이용하여 보다 객관적인 기준을 마련하여 음운분석을 시도하게 될 것이다.

1.4 음소를 분석하기 위해서는 먼저 광산어에 나타나는 음성들을 모아 분류한 음성분류표(: 음성목록표)가 작성되어야 한다. 특히 상보적 분포를 이용하여 분석할 때는 이 작업은 필수적이다.

그러나, 본고에서는 번거로움을 피하기 위하여 이런 절차는 생략된다. 광산어의 모음체계를 세우는 것이 본고의 일차적인 목적일 뿐만 아니라 광산어에서 모음은 환경에 따라 바뀌는 일이 거의 없고, 음소분석을 주로 기능에 의존하여 실시하게 되므로 음성분류표를 작성하는 과정은 생략될 수도 있다고 믿어지기 때문이다.

II

2.1. 자음음소에는 세대차에 관계없이 /p, pʰ, p'; t, tʰ, t'; k, kʰ, k', ; ʧ, ʧʰ, ʧ'; s, s'; h; m, n, ŋ; l/의 19개가 있다. 이것은 공통어의 그것과 다름이 없다. 이 사실은 너무도 잘 알려진 것이기에 자세한 분석절차는 생략하고 이들이 음소적 기능을 가지고 있음을 보이기 위해 다음에 minimal pairs만 제시하는 데 그친다.

(2) pul(火) : pʰul(草) : p'ul(角) ⇒ /p/, /pʰ/, /p'/
　　ta:m(: 가래) : tʰa:m(貪) : t'a:m(汗) ⇒ /t/: /tʰ/: /t'/
　　ko(膏) : kʰo(鼻) ⇒ /k/, /kʰ/ ku:-(: 굽다): k'u: -(借) ⇒ /k/: /k'/
　　ʧi-(負): ʧʰi-(打): ʧ'i-(蒸) ⇒ /ʧ/, /ʧʰ/, /ʧ'/
　　sʌ:l(설-): s'ʌ:l-(썰-): hʌ:l-(헐-) ⇒ /s/: /s'/: /h/
　　nom(者): non(畓): noŋ(籠) ⇒ /m/, /n/, /ŋ/
　　sal(肉): sam(麻): san(山): saŋ(床) ⇒ /l/, /m/, /n/, /ŋ/

2.2. 다음에는 광산어의 모음체계(; 단모음체계)에 대하여 살펴보자. 앞에서도 밝혔듯이 광산어에 나타나는 모음은 세대차에 따라 그 차이를 드러낸다. 그 차이는 대체로 40세를 전후로 하여 양분된다.(앞으로는 설명의 편의상 40대 이상을 40+, 40세 미만-여기서는 30대-을 40-라 표시하기로 한다. 그리고, 특별히 한정하지 않으면 양쪽을 모두 지칭한다.) 먼저 40+의 모음 체계를 알아보자. 40+에서 나타나는 모음의 어례를 들면 다음과 같다.4)

[i]: pi(雨), kʰi(身長)
[E]: pE(舟, 腹, 梨, 布), tʰE(胎, 輪)
[ü]: tü(大便), ʧü(鼠)
[ö]: sö(鐵), tö(升)
[ɯ]: kɯl(書), tɯ:l(野)
[ʌ]: ʧʌl(寺), sʌ:l(一月一日)
[a]: abuʧi(父), atul(子)
[u]: sul(酒), mul(水)
[o]: kol(骨), so(牛)

위의 9 개의 모음들이 각각 음소적 가치를 갖는지의 여부를 보다 경제적으로 알아 보기 위해서는 의심스런 짝(suspicious pair)을 결정한 뒤 그것들끼리의 minimal pair를 찾아 내는 것이 보다 편리한 길이다.

1.3.에서 밝힌 Pike의 모형을 이용하여 40+ 광산어의 suspicious pairs를 그려 보면 대체로 다음과 같이 될 것이다.

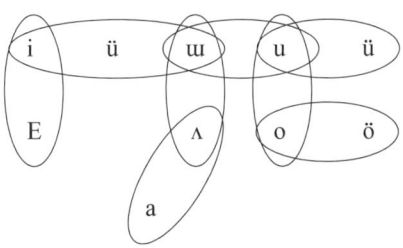

그런데, 이것은 Pike(1947: 69)도 밝힌 바와 같이 경험에서 얻어진 것일 뿐 객관적인 것은 아님을 알 수 있다.(특히, [ʌ] 와 [o]를 의심스런 짝으로 설정하지 않은 이유는 납득이 안간다.

---

4) 자음은 음소 표시로 음성 표시를 대신함을 원칙으로 한다. 다만, [l]과 [r](: 모음 사이에서 홀로 나타날 경우)만을 구분한다.

따라서, 여기서는 suspicious pairs를 결정하는 기준을 보다 객관적으로 마련하기 위해서 생성음운론에서 이용되는 변별적 자질(distinctive feature) 값을 이용하여 보기로 하자. 40+ 광산어에 나타나는 9개의 모음을 자질행렬표(feature matrix)를 만들어 보면 다음과 같다.

(4)

	i	E	ü	ö	ɯ	ʌ	a	u	o
back	-	-	-	-	+	+	+	+	+
high	+	-	+	-	+	-	-	+	-
low	-	-	-	-	-	-	+	-	-
round	-	-	+	+	-	-	-	+	+

이 자질행렬표에서 보면 모든 모음은 중복자질(잉여자질)을 포함하여 4가지의 자질로 표시되고, 각 모음 사이에는 적어도 한 가지의 자질값에서 다르다. 다시 말하면, 9개의 모음 중 어느 두 가지를 비교하여 볼 때 4개 전부가 일치하는 것은 없고 최고 3개에서 최저 1개가 일치한다.

필자는 여기서 의심스런 짝을 정하는 기준을 3가지의 자질값에서 일치하는 두 모음으로 정하기로 한다. 이 짝은 오직 하나의 자질값만이 달라서 다른 어느 모음보다도 변이음이 될 수 있는 가능성이 크기 때문이다.

이와 같은 기준으로 각각의 모음의 의심스런 짝을 정하여 정리하면 다음 14쌍이 된다.

(5) i : E   i : ɯ   E : ʌ
     i : ü   E : ö   ü : ö
     ü : u   ö : ʌ   ö : o   ʌ : o
     ɯ : ʌ   ɯ : u   u : ʌ   u : o

그러면, 이들 14쌍의 의심스런 짝에 대한 minimal pairs를 찾아 보자.

의심스런 짝의 각 항이 서로 다른 음소에 속하는지 혹은 그렇지 않은지를 알아 보기 위한 가장 확실한 방법은 minimal pair를 찾아 보는 것이기 때문이다.

(6) s'i(種子): s'E(舌), pi(雨): pE(舟, 布)⇒ /i/, /E/
     si:-(算, 强): sü:-(休息)⇒ /i/, /ü/
     ip(口): ɯp(揖), ʧip(家): ʧɯp(汁)⇒ /i/, /ɯ/

     tE(竹): tö(升), ni(汝): nü ⇒ /E/, /ü/
     tE(竹): tʌ(盆), sEk(色): sʌk(三, 石)⇒ /E/, /ʌ/

ʧü(鼠): ʧö(罪), sü(쉬): sö(鉄) ⇒ /ü/, /ö/
nü(뉘): nu(誰), ʧü:-(捕): ʧu:-(: 갑-) ⇒ /ü/, /u/
ʧö(罪): ʧʌ(겨), tö:ni('되-'의 부사형:): tʌ:ni('덜-'의 부사형) ⇒ /ö/, /ʌ/

s'ö:-(바람을 '쐬-'): s'o:-(벌이 '쏘-'), nö(腦): no(櫓) ⇒ /ö/, /o/

nɯ:l(恒常): nʌ:l(板) ⇒ /ɯ/, /ʌ/
tɯ:l(野): tu:l(二), k'ɯ:-(불을 '끄-'): k'u:-(借) ⇒ /ɯ/, /u/

mʌ:l-(遠): ma:l-(止), pʌl(罰): pal(足) ⇒ /ʌ/, /a/
sʌ:l(一月一日): so:l(부추), ʧʌ:l(다리를 '절-'): ʧo:l(졸-) ⇒ /ʌ/, /o/
kuri(銅) kori(環), pʰul(草): pʰol(肱) ⇒ /u/, /o/

이상 14쌍의 의심스런 짝들은 모두 minimal pair(s)가 발견되므로 그 대립은 모두 음소적이다. 이리하여 앞서 제시된 40+ 광산어의 9개의 모음(단모음)은 일단 잠정적인 음소(potential phoneme)로 결정되나, 그것들은 모두 낱말의 첫음절(#(C)_V(C))에서 나타나고 있어 상보적 분포를 보이는 것은 한 쌍도 없다. 따라서, 이들 9개의 potential phoneme은 그대로 40+ 광산어의 모음 음소로 최종 확정된다.

이것은 다음과 같은 체계를 갖는 것으로 해석된다.

(7) 40+ 광산어의 모음체계

	전설		후설	
	평순	원순	평순	원순
고	i	ü	ɯ	u
중	E	ö	ʌ	o
저		a		

이것을 공통어의 모음체계(허웅, 1985: 183-4)와 비교해 볼 때[5], 40+ 광산어의 모음은 전설과 후설의 고모음과 중모음이 원·평의 대립을 보이고 있는 점은 같지만 전설의 평순음이 공통어와는 달리 고, 중, 저의 계단 대립을 보이지 못하고 있음이 주목된다.

그러면, 어떻게 하여 이런 결과를 가져 오게 된 것일까? 여기에는 통시 음운론적인 해석을 가함으로써 보다 합리적인 설명이 될 수 있을 듯하다.

---

[5] 허웅(1985: 183-4)에 제시된 공통어의 모음체계는 다음과 같다.

i y ï u
e ø ə o
ɛ   a

광산어도 선행시대에는 */e/와 */ɛ/의 대립을 보이는 10모음 체계를 가지고 있었던 시기가 있었던 듯하다.

최명옥(1984: 14)은 현대 중부 방언의 /e/와 /ɛ/가 각각 월성지역어의 /i/와 /ɛ/로 규칙적으로 대응됨을 들어, 월성지역어가 선행시대에는 */e/와 */ɛ/의 대립을 보였음을 증명해 내고 있다.

여기서도 그의 이러한 해석 방법에서 착안하여 선행시대의 전남방언이 */e/와 */ɛ/의 대립을 보였음을 증명해 보자.

공통어의 /e/와 /ɛ/는 광산어에서 /E/나 /i/로 대응되는데 이것은 다음과 같이 세 부류로 나뉜다.

(8)　　(공통어)　　　　　(광산어)
　(a) pɛ(腹, 舟)　　　　pE
　　　mɛ(鞭)　　　　　　mE
　　　sɛ:(鳥)　　　　　　sE:
　　　p'allɛ(洗衣)　　　　p'allE
　　　(공통어)　　　　　(광산어)
　(b) me:ki(鮎魚)　　　　mi:ki
　　　pe:kɛ(枕)　　　　　pi:kE
　　　se:t(三)　　　　　　si:t
　　　kirənte(그런데)　　kɯnti
　　　(공통어)　　　　　(광산어)
　(c) pe(布)　　　　　　pE
　　　nue(蠶)　　　　　　nuE
　　　suʧepi(수제비)　　　suʧEpi
　　　memil(메밀)　　　　mEmul

(8)(a)에서처럼 공통어의 /ɛ/는 광산어의 /E/와 규칙적으로 대응된다. 한편, 공통어의 /e/는 광산어에서 (8)(b)에서처럼 대부분 /i/로 대응되며, 드물게는 (8)(c)에서처럼 /E/로 대응되기도 한다.

만일 광산어가 선행 시기에 */e/나 */ɛ/의 대립을 보이지 않았다면 위에서와 같은 차이를 설명할 수 없을 것이다. 다시 말하면, 광산어가 선행 시기에도 */e/와 */ɛ/의 대립을 가지지 않고 가령 모두 */E/였다면, (8)(b) 어사에 적용된 'E>i'의 규칙이 왜 (8)(a)의 어사들에는 적용되지 않았는지를 설명할 수 없게 된다. 이것은 이 규칙 적용에 제약을 가하는 어떤 인자 때문에 선택적으로 적용된 결과로도 볼 수 없다. 우리는 (8)(a)의 어사들에서, (8)(b)의 어사들과 다른 어떤 환경(초분절적 환경 포함)적 차이도 발견할 수 없기 때문이다. 따라서, 광산어도 선행 시대에는 */e/와 */ɛ/의 음소적 대립을 가졌다고 볼 수 있고, 과거 어느 시기에 어떤 요인으로 말미암아 'e>i'의 규칙과 '/e/와 /ɛ/의 /E/로의 중화규칙'이 적용된 결과 현재와 같이 되었을 것이다.

국어사에서 볼 때 이 'e>i' 규칙은 주로 치음 아래에서 발생한 자연스런 규칙이었다. 그런데, 이 규칙은 광산어를 포함하는 전남방언에서는 '치음 아래'라는 환경을 뛰어 넘어 광범위하게 세력을 미쳤던 듯하고, 이렇게 되자 전설모음 계열에서 고·중·저의 계단대립을 보였던 /i, e, ɛ/ 가운데 /e/가 /i/의 위치로 고부화되고 그 결과 /i/와 /ɛ/의 성역(聲域)이 너무 커져 /e/도 고부화함으로써 균형을 유지하게 된다.(이돈주, 1979:191) 현대 광산어(또는 전남방언)에 나타나는 /e/와 /ɛ/의 중화음운 /E/는 공통어의 [e]보다는 약간 낮은 위치에서 소리나지만 [ɛ]보다는 간극이 작은 소리임을 보아도 이 사실은 어느 정도 수긍이 간다.

한편, (c)의 어사들과 같은 일부의 어사들이 어떻게 하여 'e>i'의 규칙에서 벗어날 수 있었는지 그 이유를, 현재 필자는 모르겠다. 아무튼, 이 'e>i'라는 규칙 적용에서 벗어나 제 위치를 지키고 있던 /e/(이것을 e_1 이라 하자)는, 'ɛ>e'라는 규칙 적용을 받은 결과 형성된 새로운 [e](이것을 e_2 라 하자)가 생겨나자 결국 'e_1'과 'e_2'는 변별적 기능을 상실하기에 이르렀을 것이다. 이리하여 'e_1'과 'e_2'에 중화음운 /E/가 형성되게 된 것이 아닐까 한다. 이렇게 보면, /E/는 통시적으로는 /ɛ/가 /e/에 합류된 것이라 할 수 있겠다.

이리하여 현대 광산어가 가지고 있는 /E/가 */e/와 */ɛ/로 분리되어 재구되므로, 현대에 직접 선행하는 단계의 광산어는, 공통어처럼 아래와 같은 10모음체계를 가지고 있었음을 알 수 있다.[6]

(9) 현대에 직접 선행하는 단계의 광산어 모음체계
  i ü ɯ u
  e ö ʌ o
  ɛ   a

지금까지 우리는 40+ 광산어의 모음체계가 9모음체계로 이루어져 있음을 확인했다. 그리고, 이것은 앞 단계의 10모음체계가 변천된 것이라는 사실도 알게 되었다.

그러면, 다음에는 40- 광산어의 모음체계에 대하여 살펴보자.

40- 광산어에서는 (3)에 제시한 바 있는 40+ 광산어 음성목록 중 [ü]와 [ö]가 빠지고 나머지는 40+와 일치한다. 40+ 광산어에서 [ü]로 발음되는 어사들과 [ö]로 발음되는 어사들은 40-에서는 각각 다음 (10)에서처럼 [i]와 [E]로 발음된다.[7]

(10) (a) (40+)   (40-)
   tü:(後)   ti:
   kü(耳)   ki

---

6) 이 전설의 평순계열을 제외한 다른 모음들은 40+ 광산어와 같음을 전제로 한 것이다.
7) 공통어의 'ㅟ'와 'ㅚ'가 각각 광산어에서 [i]와 [E]로만 실현되는 것은 아니다. 이에 대하여는 뒤에 제시되는 (16)의 어사들과 졸고(1981)를 참고할 것.

           sü(쉬)   si
           tʃʰü(취)   tʃʰi
           nü(뉘)   ni
           tʃü(鼠)   tʃi
           sün(五十)   siun
           tʰü:pap(튀밥)   tʰipap
           sü:-(休)   si: -
    (b) (40+)   (40-)
           k'ö(謨)   k'E
           nö (腦)   nE
           tö (升)   tE
           sö (鉄)   sE
           tʃö (罪)   tʃE

따라서, 40+에서는

(11) (a) kü(耳): ki(旗)
         tʃʰü ('취' 나물): tʃʰi(箕)
         tʃü(鼠) : tʃi(: 김치)
    (b) k'ö(謨) : k'E(蘇)
         nö(腦) : nE(我, 川)
         tö(升) : tE(竹)
         sö(鉄) : sE(新)
         tʃö(罪) : tʃE(灰)

와 같이 音素的 對立을 보이는 [ü]와 [i], 그리고, [ö]와 [E]는 40-에서는 그렇지 못하다. 곧, 40-에서는 [ki]는 '耳'와 '旗'를, [k'E]는 '謨'와 '蘇'를 동시에 의미하게 되며 이들은 다만 문맥적으로만 구분될 수 있을 뿐이다.

따라서, 40- 광산어의 모음체계는, 40+의 그것에 비하여, 더욱 단순한 7개로 줄어든다.

(12) 40- 광산어의 모음체계

	전설		후설	
	평순		평순	원순
고	i		ɯ	u
중	E		ʌ	o
저		a		

2.3. 광산어에 나타나는 반모음으로는 /j/와 /w/가 있다. 이것은 40+, 40-에 공통이다.

「의」를 [ïi] 로 발음할 때 나타나는 반모음 [ï]는 존재하지 않는다. 그 이유는, 공통어의 「의」는 광산어에서 이중모음 [ïi] 로 발음되는 경우는 없고 [i]나 [ɯ]로 발음되고 있기 때문이다.(i:pjəŋ(의병), ɯ:ri(의리))

/j/

광산어에서 반모음 /j/는, [ïj]가 광산어에 없기 때문에 on-glide뿐이고, off-glide를 변이음으로 갖지 않는다.

[j]와 의심스런 짝을 이룰 상대음으로는 [i]가 있는데, [j]와 [i]는 다음 (13)에서 보는 minimal pair로 음소적임이 확인된다.

(13) t'jʌ('띠-'(隙)의 활용형): t'ʌ ('뜨-'의 활용형)
　　 tʃjʌ('지-'(負)의 활용형): tʃiʌ('짓-'(作, 流産)의 활용형)
　　 jʌŋ(零): iʌŋ(이엉: 지붕을 이는 행위, 즉 '이-'의 파생명사형)
　　 jak(藥): iak(이야기)

/w/

/w/는 광산어에서 [ɥ]를 변이음으로 갖지 않는다. 이것이 공통어와 다른 점이다. 광산어에서 [i] 앞에 오는 [w]는 없기 때문에(: 광산어의 이중모음에 대하여는 뒤에 논의됨) [ɥ]는 존재할 수 없다.

[w]와 더불어 의심스런 짝을 이룰 상대음으로는 [u]와 [o] 정도인데, 이것들과의 대립은 다음(14)의 minimal pairs로 음소적임이 확인된다.

(14) (a) waŋ(王): uaŋ(: 혼란을 일으키는 행위)
　　　　 tʃʰwa('추-'(: 추켜 올리다)의 활용형): tʃʰua('춥-'의 활용형)
　　 (b) kwa('고-'의 활용형): koa('곱-'의 활용형)
　　　　 nwa('놓-'의 활용형): noa('놉-'(: 분할 정도로 섭섭하다)의 활용형)

이상에서 우리는 잠재적 음소 /j/와 /w/를 얻게 된다. 그런데, 이들 /j/와 /w/는 모두 단모음 앞에서만 나타나 상보적 분포를 이루지 않고 있어 광산어(40+ 및 40-)의 음소로 확정된다.

2.4. 국어에서 '앞에 오는 반모음'(on-glide)과 단모음을 묶어 한 단위의 이중모음으로 인정하느냐 아니면 그냥 '반모음과 모음'의 복합음으로 보느냐 하는 것을 문제삼을 수 있다. 그러나, 본고에서는 이 문제는 접어 두고 광산어의 반모음과 모음의 결합상을 살펴보자.

2.2.와 2.3.에서 결정된 광산어의 음소목록을 다시 쓰면 다음과 같다.

1) 단모음

```
i ü   ɯ u        i   ɯ u
E ö   ʌ o        E   ʌ o
   a                a
  <40+>            <40->
```

2) 반모음(40+와 40-에 공통)
/j/, /w/

위에 제시한 광산어의 단모음과 반모음을 이용하여 예상 가능한 이중모음 조직표를 보이면 다음과 같다.8)

⟨40+⟩

반모음\단모음	i	E	ü	ö	a	ɯ	ʌ	u	o
j	X	jE	X	(jö)	ja	(jɯ)	jʌ	ju	jo
w	wi	wE	X	X	wa	(wɯ)	wʌ	X	X

⟨40-⟩

반모음\단모음	i	E	a	ɯ	ʌ	u	o
j	X	jE	ja	(jɯ)	jʌ	ju	jo
w	wi	wE	wa	(wɯ)	wʌ	X	X

위 표에서 X는 필연적인 빈칸이고 괄호로 묶은 것은 우연적이기는 하지만, 이중모음은 과도음이기 때문에 그 과도가 너무 짧은 소리는 발달할 가능성이 적어 광산어에서도 실현되지 않는다고 여겨지는 것들이다. 따라서, 40+ 와 40-의 광산어에서 다같이, 예상 가능한 이중모음은 'jE(예, 얘), ja(야), jʌ(여), ju(유), jo(요); wi(위), wE(웨, 왜), wa(와), wʌ(워)' 등 9개가 된다.

그러면, 이들이 과연 광산어의 이중모음으로 설정될 수 있는지를 검토해 보자

위에 든 9개의 가상적 이중모음가운데 'ja, jʌ, ju, jo; wa, wʌ'의 6개는 40+와 40-에서 다같이 다음과 같은 minimal pairs로 음소적 가치를 갖는다.(용례는 40+와 40-에 공통된 것들임)

---

8) '빈칸'에 대하여는 허웅(1985: 221~222)을 볼 것.

(15) jau-(乾): jʌu-(婚姻) ⇒ /ja/, /jʌ/
    jak(藥) : juk(六) ⇒ /ja/, /ju/
    jak(藥) : jok(辱) ⇒ /ja/, /jo/
    jʌt(엿) : jut(윷) ⇒ /jʌ/, /ju/
    jʌŋ(零) : joŋ(龍) ⇒ /jʌ/, /jo/
    jori(料理) : juri(琉璃) ⇒ /jo/, /ju/
    wari(: 이자) : wʌri(: 개를 부르는 말) ⇒ /wa/, /wʌ/

여기서 우리는 6개의 잠재적 이중모음 /ja, jʌ, ju, jo, wa, wʌ/를 얻게 되고, 이들 중 어느 두 개도 상보적 분포를 이루는 것은 없기 때문에 이들은 그대로 광산어의 이중모음으로 확정된다.(이들은 아직 논의하지 않은 'wi, wE, jE'와도 상보적 분포를 이루지 않음은 물론이다. 이에 대하여는 허웅, 1985; 229 이하를 볼 것)

다음에는 아직 살피지 않은 'wi, jE, wE'에 대하여 차례로 살펴보자.

『wi』

'ㅟ'는 다른 방언에서 단모음 /ü/로 다루느냐 아니면 이중모음 /wi/로 다루느냐 하는 것이 항상 문제되어 왔다. 그러나, 광산어에서는 그런 걱정을 전혀 할 필요가 없다. 왜냐하면, 공통어에서 'ㅟ'를 개재한 어사들이 이중모음으로 발음되는 일이 없기 때문이다.

공통어에서 'ㅟ'를 개재한 어사들은 광산어에서는 [ü]나 [u]나 [i]로 단순화(또는 단모음화)된다. 공통어의 'ㅟ'가 40+에서는 [ü]로 실현되고 40-에서는 [i]로 실현되는 것에는 앞서 제시한(10)(a)의 어사들이 여기에 해당되고, 공통어의 'ㅟ'가 40+와 40-에서 다같이 [u]로 실현되는 것에는 다음(16)의 어사들이 여기에 해당된다.[9]

(16) kusin(鬼神), ʧʰuʧik (就職)
    kalkʰu(갈퀴), pak'u (바퀴, 輪)
    kʌlku(걸귀), paŋku (방귀)
    sau(사위), uk(上)
    tʌu(더위), sa:maku(사마귀)
    utʰE(危殆), uhjʌm (危險)

우리는 이상의 사실에 의하여 40+와 40-의 광산어에서 /w/와 /i/가 결합하지 못한다고 할

---

[9] (16)의 어사들 중에는 40-에서 'ku:sin~ki:sin, ʧʰuʧik~ʧʰiʧik' 등과 같이 [u]와 [i]가 자유변이되는 어사도 있다.

수 있다. 곧, 광산어에는 /w/와 /i/가 결합하여 형성된 이중모음 [wi]는 존재하지 않으며, 따라서 /wi/는 광산어 이중모음체계 속에 들지 못한다고 할 수 있다.

『jE』

광산어에서 [jE] 도 실현되지 않는 듯하다. 그러나, [jE]의 실현 가능성은 좀더 면밀히 검토할 필요가 있다.

현대 광산어의 /E/가 선행시대의 /e/와 /ɛ/가 합류된 결과 형성된 것이므로, 현대 광산어에 /jE/가 존재한다면 공통어에서 'je'(예)와 'jɛ'(얘)를 개재한 어사들에 대응되는 광산어의 그것들에 남아 있을 가능성이 크다. 공통어의 'je'나 'jɛ' 이외의 다른 단모음 또는 이중모음이 광산어에서 [jE]로 실현될 수 있는 가능성도 고려해 보아야 하겠지만, 국어에서 단모음의 이중모음화나 이중모음끼리의 교체는 별로 없는 현상이므로, 그럴 가능성은 적을 것으로 보인다.

공통어에서 'jɛ'를 개재한 어사들부터 보자.

공통어에서 'je'를 개재한 어사는 다음에 보는 7개뿐이다.

(17) ① 개 : 그 아이
　　 ② 갠 : 그 아이는
　　 ③ 걜 : 그 아이를
　　 ④ 얘 : ㄱ. 이 애(← 이 아이)
　　　　　　ㄴ. 과연 놀랄 만함을 느껴 내는 소리
　　 ⑤ 얘기 : 이야기
　　 ⑥ 얜 : 이 아이는
　　 ⑦ 얠 : 이 아이를

그런데 (17)의 어사들을 살펴보면, 'je'가 낱말의 첫음절에 한정되어 나타나며 감탄어로 쓰이는 ④ㄴ의 '얘'를 빼면 모두가 모음축약에 의해 2차로 형성된 것이다. 그리고, 광산어에서는(17)의 공통어에 대응되는 말들이 다음 (18)과 같이 나타나고 있어 'jɛ'로의 축약이 불가능한 phonemic shape를 갖고 있음을 알 수 있다.[10] 따라서, 공통어의 'jɛ'가 광산어에서 [jE]로 실현되는 경우는 없다고 하겠다.

(18) ①´ 그 아그
　　 ②´ 그 아그는
　　 ③´ 그 아그를

---

10) 모음축약과 관련되는 phonemic shape에 대하여는 츩世官(1984)을 볼 것.

④′ ㄱ. 이 아그
　　ㄴ. 대응어 없음
⑤′ 이 악
⑥′ 이 아그는
⑦′ 이 아그를

다음에는 공통어의 'je'가 광산어에서 어떻게 실현되는가를 보자.

필자가 조사한 바로는 공통어에서 'je'를 개재한 어사들 가운데 광산어의 어휘로 쓰일 수 있는 것들로는 대체로 (19)에 제시한 어사들 정도가 아닐까 한다. 'je'를 개재한 공통어의 그 밖의 어사들은 광산어 화자들에게는 낯선 것들로서 광산어 어휘로 다루기 어려운 것들이라고 여겨져 조사 어휘에서 제외시켰다.

(19) (a) 옛날(古日)　　　예순(六十)
　　　　예의(禮儀)　　　계절(季節)
　　　　계산(計算)　　　계란(鷄卵)
　　　　계급(階級)　　　계속(繼續)
　　　　폐(弊)　　　　　혜택(惠澤)
　　(b) 핑계　　　　　　비계
　　　　삼계탕(蔘鷄湯)　세계(世界)
　　　　실례(失禮)　　　무례(無禮)

공통어의 'je'는 광산어에서 그것이 개재하는 위치에 관계없이 모두 [E]로 발음된다. 곧, (19)(a), (b)에 나타나는 공통어의 'je'는, [E:nnal], [pʰiŋkE] 등과 같이 실현된다. 심지어 (19)의 어사들을 글로 써 주고 읽게 해도, 모든 제보자가 한결같이 공통어의 '예'를 [E]로 발음했다. 이렇게 볼 때, 공통어에서 'ㅖ'를 개재한 어사들과 대응되는, (19)에 제시되지 않은 또다른 광산어가 있다고 할지라도 공통어의 'ㅖ'는 광산어에서 [E]로 실현될 것이 예상된다.

지금까지의 사실에 의하여 광산어에서 /j/와 /E/가 결합한 이중모음 [jE]는 존재하지 않는다고 결론지을 수 있다. 따라서, 광산어 이중모음의 음성 목록에 없는 [jE]를 바탕으로 한 이중모음 음소 /jE/를 광산어 이중모음 체계 속에 넣을 수는 없는 것이다.

『wE』

광산어에서 [wE]도 실현되지 않는 듯하다. 그러나, 만일 광산어에서 [wE]가 실현된다면, 곧 /w/와 /E/가 결합될 수 있다면, 공통어에서 'we'(ㅞ)나 'wɛ(ㅙ)를 개재한 어사들에서일 가능성이 크다. 그 까닭은 광산어에서 [jE]가, 공통어에서 'je'나 'jE'를 개재한 어사에 대응되는 광산어 어사에서 실현될 가능성이 큰 것과 마찬가지다.

'ㅚ'가 서울말에서 [we]로 실현되는 경우도 있는 듯하지만(이현복, 1971), 앞에서 보았듯이 광산어에서 'ㅚ'는 단모음으로만 실현되기 때문에 여기서는 논외가 된다.

그러면, 공통어에서 'we' 나 'wɛ'를 개재한 어사들이 광산어에서는 어떤 음성 형상(phonetic shape)으로 나타나는가 보자.

(20)

공통어		광산어	
		40+	40-
we	훼방	hE:paŋ	hE:paŋ
	궤짝	kö:tʃʼak	kE:tʃʼak
	뒈지-	ti:tʃi-	ti:tʃi-
	꽥꽥	kʼökkʼök	kʼEkkʼEk
wɛ	돼지	töatʃi	tEatʃi
	때기	tʼö:ki	tʼE: ki
	괭이(:고양이)	kö:ŋi	kʼEŋi
	괭이(:농기구)	köŋi	kʼEŋi
	횃대	hötʼE	hEtʼE
	쐐기	sʼöki	sʼE:ki
	왜냐 하면	önjamʌn	Enjamʌn

(20)에서 보는 바와 같이 공통어의 'we'와 'wɛ'는 광산어에서 [ö](: 대체로 40+)나 [E](: 대체로 40-)로 실현되어 [wE]로 실현되는 것은 없다. 그리고, 그 밖의 어휘에서도 조사 과정에서 [wE]의 실현을 확인하지 못했다. 이러한 사실로 미루어 보아 [wE]는 광산어 이중모음의 음성 목록에서 빠지게 된다고 여겨진다. 따라서, 광산어의 이중모음 체계에 [wE]는 포함되지 않는다.

이제 광산어의 이중모음 체계를 정리할 단계에 이르렀다.

본절의 머리에서 가설로 제시된 광산어의 가상적 이중모음 'jE, ja, jʌ, ju, jo; wi, wE, wa, wʌ'의 9개 가운데 'jE, wi, wE'의 3개가 빠지게 되어, 결국 광산어의 이중모음은, 40+와 40-에서 다같이 /ja, jʌ, ju, jo; wa, wʌ/의 6개로 최종 확정된다.

이리하여, 광산어에서 단모음과 반모음의 결합상을 표로 보이면 다음과 같다.

〈40+〉

반모음＼단모음	i	E	ü	ö	a	ɯ	ʌ	u	o
j					ja		jʌ	ju	jo
w					wa		wʌ		

⟨40-⟩

반모음\단모음	i	E	a	ɯ	ʌ	u	o
j			ja		jʌ	ju	jo
w			wa		wʌ		

이들 표를 보면 40+와 40- 광산어가 다 같이 반모음에 연결되는 단모음은 /a, ʌ, u, o/의 4개뿐이다.

그런데, 공통어에서 반모음 /j/, /w/에 연결되는 단모음은 다음 표에서 알 수 있는 바와 같이 7개이다.[11]

반모음\단모음	i	e	ɛ	ü	ö	ɯ	ʌ	a	u	o
j		je	jɛ				jʌ	ja	ju	jo
w	wi	we	wɛ				wʌ	wa		

위에서 광산어와 공통어에서 반모음에 단모음이 연결되는 양상의 근본적인 차이는 전설모음 계열에 있음을 알 수 있다.

그러면, 이런 차이를 가져오게 한 원인은 어디에 있을까? 물론, 공통어와 광산어가 각각 그것만이 갖는 독자적인 언어의 구조적 특성(특히 음운 구조의 특성) 때문이라고 말해 버리면 그만이겠지만, 그 독자적인 언어 특성이 무엇이냐 하는 것이다. 필자의 생각으로는 광산어에 작용하는 이중모음의 단모음화 또는 과도음탈락규칙 때문이 아닐까 한다.

앞에서 논의된 바와 같이 광산어에는 통시적으로 'wE>ö>E'(*kwE:ʧʼak(궤짝) > kö:ʧʼak > kE:ʧʼak, *kʼwEŋi(괭이) > kʼöŋi>kʼEŋi 참조)라는 규칙이 통시적으로 작용했고[12] 'wi>ü>i' (*kwi(耳)>kü>ki, *twi:(後)>tü:>ti: 참조)라는 규칙이 역시 통시적으로 작용해 결과적으로는 /j/와 /w/가 전설계열의 모음에 연결될 수 없게 된 것이 아닐까 한다.

---

11) 여기서 공통어의 단모음 체계는 이현복(1971)의 40-의 것을 따랐다. 그리고, 이 논문에 30-로 표시된 체계를 40-에 해당되는 것으로 보고 처리했다.

12) 광산어에서 'e>E, ɛ>E'라는 /e/와 /ɛ/의 합류 규칙이 'wE>ö' 규칙보다 앞섰던 것으로 보인다. 왜냐하면 'wɛ>ö'라는 규칙은 생각하기 어렵기 때문이다.

III

3.1. 지금까지 우리는 광산지역어에 나타나는 분절음소에 대하여 논의해 왔다.
곧, 광산지역어의 음소를 30대부터 70대까지 조사한 결과 다음과 같은 결론을 얻었다.
1) 자음음소는 세대차에 관계없이 /p, pʰ, p'; t, tʰ, t'; k, kʰ, k'; ʧ, ʧʰ, ʧ'; s, s'; h; m, n, ŋ; l/의 19개로 설정된다. 이것은 공통어의 자음체계와 일치한다.
2) 단모음 체계는 40+(; 40대 이상)와 40-(; 30대)로 양분되어 다음과 같이 상이한 모습으로 나타난다.

```
    i  ü     ɯ  u         i     ɯ  u
    E  ö    ʌ  o         E     ʌ  o
          a                    a
        <40+>                <40->
```

한편, 40+ 단모음체계에 시기적으로 직접 선행하는 단계의 광산어 단모음체계는 전설 평순 계열에서 /*e/와 /*ɛ/의 계단 대립을 이루고 있었음이 확인되므로 다음과 같았을 것이다.(이 체계는 그 밖의 모음은 변화가 없음을 전제로 한 것이다.)

<40+에 선행하는 시대의 단모음체계>
```
    i  ü    ɯ  u
    e  ö    ʌ  o
    ɛ       a
```

3) 40+의 단모음 수가 선행 시대보다 1개가 줄어든 9개인 것은 /e/와 /ɛ/의 중화(中和, 통시적으로는 /ɛ/의 /e/로의 합류)에 말미암고, 40-의 단모음 수가 40+의 그것보다 2개가 줄어든 7개인 것은 40+의 /ü/와 /ö/가 40-에서 'ü>i, ö>E'라는 원순성 탈락 규칙을 적용받은 데 말미암는다.
4) 반모음으로는 40+와 40-에 공통적으로 /j, w/가 설정된다.
이리하여, 만일 이중모음을 두 음소의 복합으로 치면, 40+ 광산어의 분절 음소는 30개(자음 19, 모음 9, 반모음 2)가 되고, 40-의 분절 음소는 28개(자음 19, 모음 7, 반모음 2)가 된다.
5) 40+와 40- 광산어에서 다 같이 반모음/j/에는 단모음/ʌ, a, u, o/만이 연결될 수 있고, 반모음에는 단모음 /ʌ, a/만이 연결될 수 있어 이중모음으로 /jʌ, ja, ju, jo; wʌ, wa/의 6개가 설정된다.

3.2. 광산어(40+ 및 40-)에도 초분절 음소(suprasegmental phoneme)가 존재한다. 곧, 월가락(/↗ ↘ →/)과 길이(/:/)와 이음새(juncture, /+/)가 있어 이들은 음소적 기능을 담당한다.
그러나, 광산어에 존재하는 이러한 초분절음소들은 공통어와 다름이 없어, 본고는 광산지역어에서 쓰이는 식자층의 말은 다루지 못했다. 광산지역어에도 공통어의 물결이 거세게 밀어

닥치고 있는 것이 현실이다. 식자층은 대체로 어원의식이 분명하여 비식자층이 발음하지 못하는 모음들을 발음하는 경우를 흔히 본다. 따라서, 식자층의 광산어 모음체계는 또 다른 양상을 보여 줄 것으로 예상된다.

끝으로 본고를 위한 방언 조사에 응해주신 제보자 여러분께 감사드린다.

그 중에서도 특히 본고를 집필하는 도중에 급환으로 타계하신 임 호선 제보자의 명복을 빈다.

그리고, 본고가 나오게 되기까지 많은 학문적 정보를 제공해 주는 등 협조와 격려를 아끼지 않으신 정제문 교수께 감사드립니다.

참고문헌

李秉根(1979), "方言硏究의 흐름과 反省", 「方言」Ⅰ, 韓國精神文化硏究院 語文學硏究室, 1979.

이기갑(1984), "동부전남 방언의 성격", 「언어학」제7호, 한국언어학회.

徐尙俊(1985), "光陽地域의 方言硏究", 「語文硏究」第7·8 合輯, ㅔㅔ.257~279.

崔鶴根(1982), 韓國方言學, 太學社.

崔明玉(1980), "月城地域語의 음운론", 嶺南大學校出版部.

李炫馥(1971), "서울말의 母音體系", 「語學硏究」第Ⅶ卷 第二號, 서울大學校 語學硏究所.

奇世官(1981), "全南方言의 音韻論的 硏究", 全南大學校 碩士論文.

_____(1984), "母音縮約의 制約性", 順天大學論文集(人文社會科學篇), 第三輯.

Chomsky & Halle(1965), "Some Controversial Questions in Phonological Theory", Journal of Linguistics I.

Lass, Roger(1984), Phonology, Cambridge University Press.

Hyman, Larry M.(1975), Phonology: Theory and Analysis, New York: Holt, Rinehart and Winston.

Gleason, Jr. H.A.(1955=1961), An Introduction to Descriptive Linguistics, New York: Holt, Rinehart and Winston.

Pike, Kenneth L.(1947), PHONEMICS: A Technique for Reducing Languages to Writing, Ann Arbor: University of Michigan Press.

[처음 실린 곳]
語文論叢 第9號, 全南大學校語文學硏究會, p. 1~27, 1986.

[05] 나로도 방언의 어휘자료

o 조사 기간;   1986년 7월 15일~18일
o 조사자;   기세관
o 보조 조사자; 강명희(국어교육과 4학년, 여)
o 제보자;   김영갑(사양, 50세, 남)
             지순엽(사동, 70세, 여)
             고재희(비치, 65세, 남)
             홍성현(예내, 60세, 남)
o 보조 제보자; 고재국(사양, 51세, 남)
             김정심(사양, 51세, 여)
             김복영(사동, 49세, 남)
             박맹심(사동, 66세, 여)
             고재영(비치, 76세, 남)
             고학석(비치, 41세, 남)
             전일봉(예내, 50세, 남)
             박귀불(예내, 63세, 남)

o **水族 및 海草**
  고기 : køki, kEki, koki(新)[1]
  멸치 : 멜[mEl], 멸
  오징어 : 오징에[oʧiŋE]

붕어 : 붕에
잉어 : 잉에
숭어 : 숭에
상어 : 상에
뱀장어 : 짱에
고등어 : 고등에
광어(넙치) : 광에, 강에

---

1) '新'은 표준어의 영향으로 최근에 쓰이는 新語를 가리킴. 이하 같다.

자라 : 자래
소라 : 소래
명태 : 맹태[mEŋtʰE]
낙지 : 낙짜, 낙쭈
도미 : 돔
꼴뚜기 : 꼬록
가오리 : 까오리
가자미 : 깐재미
해파리 : 해퍼리, (동대)[2]
메기 : 미기
미꾸라지 : 미꾸락찌
송사리 : △[3]
가재 : 가재, 가지 (D)[4]
게 : 기
참게 : 창기
새우 : 새비 cf.홍대(큰 새우)
거머리 : 거무래기, 거무리
비늘 : 비늘
지느러미 : 쭉때기, (진지러미)
꼬리 : 꼴랑지
아가미 : 구성댕이[kusəŋtẼi]
주둥이 : ʧutũi, ʧitĩi
미끼 : 입깝
굴 : 꿀, (석화)
조개 : 조개

미역 : 미익
다시마 : 미익아재비
파래 : 퍼래, 포래
김 : 해우, (짐)
삼치 : 삼치
복어 : 복쨍이 [pokʧʰẼi]
피라미 : X[5]
짱뚱이 ʧʰaŋt'ũi
조기 : 조구
고둥 : 고동
우뭇가사리 : 우무

o 人體 및 疾病
낯 : 낫, 나빠닥(卑)
얼굴 : △
코 : kʰø, (kʰE)
눈 : 눈
귀 : ky, (ki)
입 : 입, ʧitĩi(卑)
이 : 이빨
혀 : 쎄[s'E], 세빠닥(卑)[6]
목 : 목아지
목구멍 : 모꾸먹, 모꾸역, 모꾸녁(C)
창자 : 창시, 창사, 창대기
허리 : 허리
등 : 등어리
갈비 : 갈비
밥통 : 밥통, (위(新))
항문 : 똥꾸먹, 똥꾸역, 똥꾸녁

---

2) '해퍼리'와 '동대'가 공존하지만 전자가 더 일반적임. 앞으로도 이러한 경우는 이처럼 표기함.
3) 지시 대상은 있으나 그에 대한 명칭이 없을 때 △로 표기함.
4) 4곳이 조사지역의 방언형이 일치하지 않을 때는 "A 사양, B 사동, C 비치, D 예내"로 구분하여 특기함. 이하 같음. 그리고 따로 명기하지 않은 어형은 나머지 지역에 공통됨을 가리킴.

5) X은 지시대상이 없음을 표시함. 이하 같다.
6) 본 지역어에서 'ㅔ'와 'ㅐ'는 변별되지 않고 [E]로 실현됨.

엉덩이 : 넙턱찌
장딴지 : 장딴지
손 : 손
손톱 : 손툽, 손틉
손가락 : 송꾸락
손목 : 손목
팔 : 펄, (폴)
팔목 : 펄목, 폴꼬마리(B)
팔꿈치 : 펄꼬마리, 뒤꽁치(B), 펄꽁치(D)
발 : 발
발톱 : 발틉, 발툽
발뒤꿈치 : 발뒤꽁치, (발디꽁치)
발가락 : 발꾸락
젖 : 젖 cf. 젖이
폐 : 허패
무릎 : 물팍
입술 : 입써리
어금니 : 아금니, 도구통니
송곳니 : 송곳니 [soŋkonni]
덧니 : 뻐드렁니, 뻐드랑니
입천정 : 입천장
오줌 : 오짐
사마귀 : 사마구
버짐 : 버짐 [pɔʧim]
머리 : 머리, 대가리(卑), 대그빡(卑)
털 : 터럭
머리카락 : 머크락
머리털 : 머리, 머크댕이(卑)
비듬 : 지개미
가마(旋) : 가매, 갈매(A)
뒤통수 : 뒤꼭지, 디꼭지
이마 : 이망, 이망빡(卑)
가리마 : 갈매, 가림매(D), 가리매(A)

눈꺼풀 : 눈껍딱(A), 눈뚜겅(B), 눈껍뚜락(C), 눈뚜벙(D)
다래끼 : 다랏
쌍꺼풀 : 쌍까뿔, 쌍꺼뿌락(C)
코딱지 : 쾨딱찌, 쾨딱쨍이, 쾨따깽이(D)
침 : 춤
목젖 : 목쩟(A·B), 목좃(C), 목쩐(D)
볼 : 볼태기
수염 : 쒸엄, 씨엄
뺨 : 뺨
턱 : 택
기침 : 지침
가래침 : 가래춤
재채기 : 재침, 재치기(A)
딸꾹질 : 포깍찔
기지개 : 지지개
겨드랑 : 저트랑
주먹 : 주먹
배꼽 : 배꼬마리(A·B), 배꼽마리(C·D)
몸뚱이 : momt'ĩi
옆구리 : 징구리
허벅지 : 허벅다리
오금 : 오금쟁이[okïmʧẼi]
복사뼈 : 복송씨
가랑이 : kalẼi, kalẼtʰẼi
쓸개 : 씰개
주름살 : 쭈그름, 쭈그럼(D)
눈썹 : 눈썹
잇몸 : 입념
멱살 : 목쌀
어깨 : 어깨
살 : 살, 살타구(卑)
뼈 : 뻬, 뺍따구(卑)

힘 : 심, 기운(新)
여드름 : 으드럼
기미 : 질미, 기미(新)
홍역 : 홍진
명치 : 오목까심
주근깨 : 까무깨, (저승꽃)
병 : 빙
손님마마 : 손님
두드러기 : 뚜드럭
벙어리 : 버버리
곰보 : 곰보, 빠꾸, 억빼기(D)
언청이 : 월챙이[wəlʧɛ̃i], 청보
곱사등이 : 꼽싸, 꼽쌔
봉사 : 봉사
졸리다 : 자오르다
하품 : 하품

o 服飾
옷 : 옷
저고리 : 저구리
바지 : 쓰봉, (바지)
치마 : 치매
두루마기 : 두르매기, 둘매기
잠방이 : 잠뱅이, 짬뱅이[ʧ'ampɛ̃i]
고쟁이 : koʧɛ̃i, (단속곳)
허리띠 : 헐뚜
깃 : 짓
소매 : 소매
대님 : 댄님, 대임
매듭 : 매듭(A·B), 매두(C), 매답(D)
단추 : 단추(新), 단초
주머니 : ʧumãi
호주머니 : 개와, 개아쭐

비녀 : 비네
다리 : 달비
버선 : 보손
나막신 : 나막신
짚신 : 집쩨기
기저귀 : 사껄래
누더기 : 두더기, 두데기
포대기 : 요대기, 요단, 요닥찌
보자기 : 책뽀
골무 : 골미
빨래 : 서답, 빨래(新)
헝겊 : 헝급, 헝급때기
명주 : 맹지
무명 : mĩ
베 : 베
삼베 : 삼베
솜 : 소캐
오라기 : 오락찌
노끈 : 노내끼
끈 : 끈, 끈타발
다듬질 : 따드미질, 따둥개질(D)
조끼 : 죄깨
신 : 신
실 : 술

o 飮食 및 菜蔬
끼니 : 끄니, 끄이[k'ĩ]
반찬 : 반찬
점심 : 정심
소금 : 소굼
메주 : 메주
된장 : 댄장
간장 : 장

국물 : (갱쭉), 궁물(新)
회 : 해, hø
가루 : 가리
수제비 : 맹국씨
김치 : 짐치
깍두기 : 서빡찌(B·C), 새빡찌(A·D)
동치미 : 싱건지
두부 : 뚜부
담배 : 댐배, 골롱
소주 : 소지, 써지(C)
뜨물 : 뜨물
찌꺼기 : 찌끄럭찌, 찌끄레기, 찌갱이
누룽지 : 누룸밥
고두밥 : 꼬두밥
숭늉 : 숭님, 숭낭, 따숨물(C), 밥물(B)
젓 : 저깔
시루떡 : 시리떡
나물 : 노물
기름 : 지름
무우말랭이 : 싱거리
쇠고기 : 쇠괴기, 쇠개기
사이참(새참) : 쉴참, 실참, 샌요구
가지 : 까지
오이 : 물외
고추 : 꼬치
냉이 : 나시, 나생이
파 : 패
미나리 : 미나리
마늘 : 마늘
달래 : 달롱개, 달룽개
참외 : 참외, 참애
비름 : 비름
무우 : 무시

배추 : 배추, (배차)
상치 : 상추
생강 : 생강
시래기 : 씨래기
부추 : 솔

○ 穀 物

쌀 : 쌀
보리 : 보리
멥쌀 : 멥쌀
수수 : 쒸시, 씨시
좁쌀 : 서숙쌀
팥 : 퐃
콩 : 콩
깨 : 깨, 꾀(C·D)
밀가루 : 밀까리
깜부기 : 깨목, 꾀목(C·D)
감자 : 붓감재
고구마 : 감재
벼 : 나락
이삭 : 모개, 나락모가지, 모감지(D)
옥수수 . kaŋnẼi
낟가리 : 배늘
녹두 : 녹띠(A), 녹뚜(B·C·D)
왕겨 : 왕재
곡식 : 곡썩
등겨 : 등개
밀기울 : 밀찌울
조 : 서숙
귀리 : 귀보리, 기보리
씨(종자) : 씨갓, 종자(新)
까끄라기 : 까시락

122 | 국어음운론 연구: 우리말 전라도말

○ 農耕 및 道具

쟁기 : 쟁기(畓用), 훌쟁이(田用)
보습 : 보십
곡괭이 : 꼬깽이[k'ok'Ẽi]
갈퀴 : 갈쿠
낫 : 낫
갈고리 : 깔쿠리 (A·B), 갈쿵가리(C·D)
도리깨 : 도리깨
호미 : homẼi
절구통 : 도구통
절굿공이 : (도구때), 방구때
맷돌 : 매똘
방아 : 방애
체(篩) : 체
어레미 : 얼개미
키 : ʧʰẼi
돌확 : 도구통
검불 : 검불, 검불럭찌
겨 : 재
새끼 : 사내끼, 새내끼(C)
가마니 : kamẼi(A·D), 가매기(B), 가마니, kamãi(C), 미수리(D)
멍에 : 멍에
작대기 : 짝때기
바지게 : 바지게(A·B), 발때, 소코리(C·D)
삼태기 : 산태기
작두 : 작뚜
손잡이 : 손재비
써레 : 써레
삽 : 사부(A·D), 삽(B·C)
부삽 : 부까래
고무래 : 당글개(A), 당그래(B·C·D)
부지깽이 : 부짝때기

대접 : 대집, 갱끄럭
사발 : 사발
양푼 : 양판
접시 : 접씨
시루 : 시리
주걱 : 주벅
석쇠 : 모태
동이 : 동우
조리 : 조리
광주리 : 바구리, 광지리, (강지리)(新)
가마(轎) : 가매
국 : 갱
화로 : 화리, 하리
인두 : 윤디
다리미 : 대리비(A), 대레비(B·C·D)
그물 : 구물
두레박 : 탈박, 틀박(A·B), 타리박, 타레박(C·D)
바가지 : 바가치
빗자루 : 비찌락
도끼 : 도꾸, 도치(新)
얼레빗 : 얼개빗
화살 : 활살(C·D), 화살, 하살(A·B)
그릇 : 그럭
가위 : 가시개
성냥 : 성낭
숯 : 숫, sut'Ẽi
거울 : 개울
비누 : 비누
세수대야 : 세수때
족집게 : 쪽찝깨
또아리 : 또방기, 또바리, 또뱅기
도마 : 도매

젓가락 : 저꾸락, (저범)
숟가락 : 수꾸락(B·C·D)), 수쿠락(A)
병 : 뱅, 도꼬리뱅
되 : tø, tE
자(尺) : 재(B C D), 재재때(A)
저울 : 제울
흙손 : 흑칼(A B·C), 앙투칼(D)
벼루 : 배리
살강 : 설강
솥뚜껑 : 소두방
자물쇠 : 쇠통
열쇠 : 쇠때, 세때

종지 : 종지기
보시기 : 추발
뚝배기 : uɲtʰĩi(A), 툭수발, 툭시발(B·C·D)
옹자배기 : 옴박찌
옹기(질그릇) : 옹구
서랍 : 뺄깐
뒤주 : 두지
바구니 : 바구리
자루 : 차두
송곳 : 송곳
숫돌 : 시뚤, 쉬뚤
종이 : 종우
귀얄 : 하끼

o 農具 및 道具

다듬잇돌 : 따디미똘(A), 서답돌(B·C·D)
지팡이 : 지팽이, 짝때기
꼬챙이 : 꼬쟁이
홍두깨 : 홍두깨
참빗 : 챔빗
돗바늘 : 똑빠늘(A·B), 돕바늘(C·D)
회초리 : 회차리, 해차리, 해까리
방망이 : paŋmẼi
반짇고리 : 발쌍지, 반지그럭(新)
부젓가락 : 불저꾸락
풀무 : 불무
풍구 : 풍로
담뱃대 : 댐배때
담배통 : 대통, 댐배통
(담배)빨대 : 물쭈리
베개 : 비개
목침 : 토막, 톡침(新)
면도 : 민도
독 : 도가지

돗자리 : 초석
멍석 : 덕썩
올가미 : 홀링개
낚시 : 낙쑤
낚싯줄 : 갱심
덫 : 덕
장도리 : 장도리
장작 : 장작
바퀴 : 바꾸
노(櫓) : 뇌, 내
키(柁) : 치
그네 : 홀태발
바둑 : 바독
팽이 : 팽 cf 팽 친다.
제기 : 지기
소꿉장난 : 바끔살이(A), 새깜살이(A~D)
쇠스랑 : 소시랭이

o 家屋
　기둥 : 지둥
　기와 : 지아
　추녀 : 춘새
　지붕 : 지붕구(C·D), 지붕쿠(B),
　　　　 지붕캐(A)
　용마루 : 모릿대
　처마 : 집지석
　대들보 : 대들보
　서까래 : 염목, (쎄까래)
　바람벽 : 배랑빡
　담장 : 담, 담불
　구들 : 꾸둘
　굴뚝 : 기뚝, 귀뚝
　마루 : 물리
　부엌 : 정지
　부뚜막 : 부뚝
　아궁이 : 부삭(부삭), cf.부삭에
　시렁 : 농채(A), 설겅, 실겅
　벽장 : 백짱(A·B), 장안(C·D)
　미닫이 : 밀창
　돌쩌귀 : 돌쪼구
　변소 : 통시, (치깐)
　외양간 : 마구
　울타리 : 우타리
　마당 : 마당
　섬돌 : 뜰방똘
　사립문 : 새립문
　이웃 : 웃(웃), cf.웃에
　학교 : 하께, 해께
　연기 : 연기, 내
　그을음 : 끼시럼, 끄시럼
　사닥다리 : 새달, 새다리

o 草木
　나무 : 나무
　뿌리 : 뿌랭이
　가지(枝) : 까지
　줄기 : 둥치, 덩치, 원치
　그루터기 : 등컬(A·C), 등걸(B·D)
　잎사귀 : 입쌱
　가시 : 까시
　잔디 : 짠두박
　피마자(아주까리) : 피마지
　탱자 : 탱자
　이끼 : 퍼래, 포래, cf.퍼래찌다
　옻 : 옷
　삘기 : 삐비
　꽈리 : 땡깔(A·B), 때깔, 때왈(C·D)
　딸기 : 딸
　곰팡이 : 탕, (곰팽이)(新)
　호박 : 호박
　칡 : 칙
　덤불 : 덤풀
　떼 : 띄, (떼)
　포기 : 폭찌

o 花果
　꽃 : 꼿
　진달래 : 창꼿
　꽃봉오리 : 꼬뽕다리
　머루 : 멀구
　포도 : 포도
　개암 : 깨금
　고욤 : 고양감, 먹감
　복숭아 : 복쑹
　오디 : 오질개

아그배 : 독배
석류 : 성노
호도 : 호두(A·B), 호도(C·D)
귤 : 감율
나팔꽃 : 나팔꽂(A·B·C), 나발꽂(D)
대추 : 대추
곶감 : 꼬깜
모과 : 모개
과실 : 과살
밤송이 : pams'Ẽi, 밤쑹어리
유자 : 유재
해바라기 : 해바라기

o 鳥 類
까마귀 : 까마구
까치 : 깐치
꿩 : 꿩, 꽁, 껑
장끼 : 장꿩, 장껑, 장꽁
까투리 : 암꿩, 암껑, 암꽁
거위 : 개우
메추라기 : 메추리
제비 : 지비
부엉이 : puẼi
부리(주둥이) : ʧiʧii, ʧyʧii, 주둥아리
닭 : 닥
닭의 털 : 닥털
닭의 새끼 : 달구새끼(: '닭'의 卑)
닭의 똥 : 달구똥, 닥똥
암탉 : 암딱
수탉 : 쑥딱, 장딱
병아리 : 삥아리
볏 : 배슬, 배실
달걀 : 다갈

노른자위 : 노랑제란, (노랑창)
흰자위 : 흔제란, (흔창)
굴뚝새 : 귀뚝새, 기뚝새, 끼뚝새
기러기 : 기러기, 기레기
뜸북이 : 뜸북새
황새 : 황새
뱁새 : 빕새
뻐꾸기 : 뻐꾹새
올빼미 : 오빼미
박쥐 : 뽈찌, 뽁쥐, 빡찌
비둘기 : 삐들구

o 獸 類
암캐 : 암깨, 앙깨, 암캐, 앙캐
수캐 : 수깨, 수캐
강아지 : 갱아지
고양이 : 쐬깨미, 쌔깨미, 쐬끼미
돼지 : 되아지, 대아지
멧돼지 : 산대아지(A·B), 메뙤아지(C·D)
암소 : 암소
황소 : 부락때기, 부사리, 뿌사리
송아지 : 쇵끼, 쇠앙끼, 쇠아지
말 : 말
망아지 : 망아지(A·B), 말새끼(C·D)
노루 : 노리

o 昆蟲 및 爬蟲類
벌레 : 벌거지
개미 : 깨미
파리 : 퍼리
쉬 : 시, 시떵어리, 쉬
구더기 : 구더리
모기 : 모구

하루살이 : 하리사리
나방 : 나부
나비 : 나부
벌 : 벌
땅벌 : 오빠수, 땅뻘
암펄 : 암뻘
수펄 : 수뻘
잠자리 : 잠자리, 꼬방, 빵꾸
개똥벌레 : 개똥벌레, 개똥불
달팽이 : 달팽이[talphẼi] (A·D)
　　　　talphãi (B·C)
개구리 : 깨오락찌
두꺼비 : 뚜께비
뱀 : 뱀
구렁이 : 구렝이
노래기 : 싸내기
지렁이 : 거생이, 거시렝이, 거챙이(D)
누에 : 뉘
고치 : 꼬치
번데기 : 쬔데기
거위(蛔虫) : 거시, 거생이, 거챙이(D)
바구미 : 좀
진딧물 : 진디물(A), 진지물(B),
　　　　뜨물(C), 물컷(D)
진드기(牛蝨) : ʧintik'Ẽi, ʧintĭk'Ẽi,
　　　　ʧʰintik'Ẽi
거미 : 거무
매미 : 매미
지네 : 지네
굼벵이 : kumpẼi, kulmẼi(D)
메뚜기 : 메뚜기
귀뚜라미 : 귀뚜라미, 귀뚜레미,
　　　　귀뚜라미, 귀뚤개미(D)
여치 : 연치

사마귀(버마재비) : 사마구
벼룩 : 베락
좀 : 좀
빈대 : 빈대
이(虱) : 이
서캐 : 쎄, (세까리)
장구벌레 : △

○ **人倫 및 人事**

사위 : 사우
형 : 성
동생 : 동상, (동생)
계집애 : 가이네, (가시네)
어린애 : 애기
쌍동이 : s'aŋtũi
홀아비 : 홀압씨
홀어미 : 홀엄씨
일가 : 일개
효자 : 소자
면장 : 민장
점장이 : ʧʌmʧẼi
남(他人), 놈
거지 : 동낭치
장남 : 장남, 장손, 큰아들(新)
막내 : makt'ũi
선생 : 선상, 선생(新)
학생 : 학상, 학생(新)
꼽추 : 꼽싸
젖먹이 : 애기
문둥이 : muntĨi
손자 : 손지
귀머거리 : 귀목쨍이, 기먹쨍이, 먹보
목수 : 목수

미장이 : 토수(A·B), tʰøaktʃʰẼi(C),
　　　　 waŋtʰuʧẼi(D)
난장이 : nanʧẼi
사팔뜨기 : 사팔이(A), 째글보(B·C·D)
장사(商人) : 장사(A·B), 장수(C·D)
아주머니 : 아짐, (아지메, 아짐씨)
아저씨 : 아제
고수머리 : 꼽쓸머리, 꼬시랑머리
도둑 : 도독(놈)

o 天文· 地理· 河川 · 金石
별 : 빌
은하수 : 은하수
달 : 달
달무리 : 달머리
햇무리 : 햇머리
노을 : 북새
무지개 : 무지개
가물음 : 가뭄
벼락 : 베락
안개 : 앵개, 으내미(A)
회오리바람 : 쏙쏘리바람
동풍 : 새빠람, (새파람)
서풍 : 늦바람
남풍 : 마파람
남동풍 : 샘마파람
남서풍 : 갈바람
북풍 : 높새바람
아지랑이 : 아지랭이
흙 : 흑
모래 : 모살(모새)
돌 : 독, 돌(D)
바위 : 바구

구슬 : 구실
쇠 : 쇠[sø], 새
고을 : 골
마을 : 모실, 동네, cf.모실간다
길 : 질
산꼭대기 : 산뽁때기, 산뽁찌
벼랑 : 비렁
구덩이 : 구덕
우물 : 샘
거품 : 버끔, 뻐끔
강변 : 갱번
덩이 : 뎅이, 덩어리
모퉁이 : motũi, motỹi
가(邊) : 갓
썰물 : 난물[nammul](A·B), 썰물(C·D)
밀물 : 들물
눈(雪) : 눈
언덕 : 어덕, 엉덕
산 : 까끔, 산(新)
골짜기 : 꼴창, 꼴짝
도랑 : 또랑
밭두둑 : 받두덕
못(池) : 둠벙
진흙 : 지덕
티끌 : 티
먼지 : 몬지
자갈 : 자갈(A·C·D), 작쌀(B)
석유 : 세구
구리 : 꾸리(쇠)
우박 : 우박
고드름 : 고더럼
번개 : 벙개
볕 : 볏

o 時候

올해 : 올해
작년 : 작년, 거년
내년 : 내년, 오난
전전년 : 재작년
전전전년 : 저재작년(A·B),
　　　　　그재작년(C·D)
명명년 : 우맹년
명명명년 : 저우맹년
오늘 : 오눌
어제 : 어지깨
그저께 : 그저께
전전전일 : 그그저께
전전전전일 : 그그그저께
내일 : 낼
모래 : 모래
글피 : 곱패
명명명명일 : 그곱패
아침 : 아칙, 아직, 아적
낮 : 낮
저녁 : 저녁
새벽 : 새복
봄 : 봄
여름 : 여름
가을 : 가실
겨울 : 삼동, (겨울)
이제 : 인자
추위 : ×
더위 : 더우
처음 : 첨
나중 : 낭중, 난중
요즈음(요사이) : 요새, 요참
다음 : 담, 디

o 親族名稱

할아버지 : 하네 (한아씨)
할머니 : 할메 (함씨)
외할아버지 : 외하네, 에하네
외할머니 : 외할메, 에할메
큰아버지 : 큰아베, 큰아부지
큰어머니 : 큰어메
아버지 : 아부지, 아베(新)
시아버지 : 씨아바니, 씨아부지,
　　　　　씨아베, 씨압씨
시어머니 : 씨어메, 씨엄씨, 씨어무니
고모 : 고모
누이 : 누, 누님, 누임(경칭)
남자동생(: 남자 또는 여자의) : 동생
형수 : 행수, 아짐씨(新)
자형(姉兄) : 매비
시숙 : (손우게)씨아제, (아주범)
시동생 : (손아래)씨아제
올캐 : 올캐, (성), 오라부덕
시누이 : 씨누
아주머니 : 아짐
장인 : ʧãin
장모 : 장모
오빠 : 오빠, 오래비, 오랍씨
며느리 : 메느리, 메누리, (자부) (敬)
새색시 : 새각씨
계집애 : 가시내, 가이네, kãinE
사나이 : mʌĩmE, (mʌimE)
이모 : 이모
이숙 : 이숙
고숙 : 고숙, 작숙
처남 : 처냄, (처남)
처형 : 손우게 처제, 처아짐씨

처제 : 처제, 손아래처제, 아짐씨
동서 : 동서, 동세

○ 方位
여기 : 여그
저기 : 저그, 쩌그(强)
거기 : 거그, 꺼그(强)
위(上) : 욱
아래 : 아래
곁 : 겻(곁) cf.곁에
곁 : 젙
모서리 : 모소리
구석 : 구석찌, 꾸석
왼-(左) : 완-
오른-(右) : 오른-
-쪽 : -짝

○ 數
하나 : 한나
둘 : 둘
셋 : 싯, cf.서이(: 갯수를 셀 때)
넷 : 닛 [ni t] cf.너이(: 갯수를 셀 때)
다섯 : 다섯
여섯 : 야섯
일곱 : 일곱
여덟 : 야달
아홉 : 아홉
열 : 열
스물 : 시물
서른 : 서런
마흔 : 마온
쉰 : syn
예순 : Esun

일흔 : 이른
여든 : 야든
아흔 : 아은
백 : 백
열하나 : 열한나
열셋 : 열싯
열넷 : 열닛
한두 : 한두
두세 : 두시
두서너 : 두서너
너더댓 : 너덧
대여섯 : 대야섯
예닐곱 : 야닐곱
여남은 : 여나무
1(개) : 한
2(개) : 두
3(개) : 시
4(개) : 니
5(개) : 다섯
6(개) : 야섯
1(말) : 한
2(말) : 두
3(말) : 서
4(말) : 너
5(말) : 닷
6(말) : 앗
7(말) : 일곱
8(말) : 야달
1(섬) : 한
2(섬) : 두
3(섬) : 석
4(섬) : 넉
5(섬) : 닷

6(섬) : 얏
1일 : 하리
2일 : 이틀
3일 : 살[sa:l]
4일 : 날[na:l]
5일 : 닷새
6일 : 얏새
7일 : 이레
8일 : 야드레
9일 : 아으레
10일 : 여럴
11일 : 열하리
20일 : 수무날, 시무날
몇(幾) : 맷(몇) cf.몇이나
얼마 : 얼매, 언마
가웃(半) : 가웃
15되 : 말가웃
두께 : 뚜께
두름 : 두름
뼘 : 뼘
접때 : 아래께, mõE

○ 代名詞

나 : 나
나+가 : 나가
나+것 : 나껏
나+의(책) : 나책
저 : 저(제) cf.제가
저+의 : 제 cf.제책
우리 : 우리
저희(들) : 저이(들)
너 : 너(니) cf.니[ni]가, 니는, 니를, 니랑
너+의 : 니 cf.니책

너희(들) : 니그(들), 니기(들)
자기 : 지 cf.지껏(: 자기의 것)
자기들 : 지그들, 지기들
자네 : 자네
누구 : 누구(누) cf.누가, 누집, 누껏
어떤 : 어뜬

○ 副詞

겨우 : 포로시
가지런히 : 가주러니, 가지러니
나란히 : 나라니, narãi, 날랄이
거의 : 거자, 거지반
모두 : 모도
얼른 : 언능
빨리 : 싸게, 싸게싸게
벌써 : 볼쎄, 그세
도리어 : 대려, 됩때
아마 : 암만해도
저절로 : 제절로, 지절로
어차피 : 어차피, 어짜피
어머나 : 워매, (워마)
어떻게 : 어쩍께, 워차끔, 어떠꼬롬
공연히 : 무단히
언제 : 은제
틈틈이 : 이로이로, 틈틈이
바싹 : 뽀짝
먼저 : 몬체, mõE, 몬침
좀처럼 : 좀체, 조매
일부러 : 역부로, 역부러
아직 : 아직, 당애
조금 : 째깐, 쬐깜, 째까
제각기 : 지아금
왜 : 외[ø]

고루고루 : 골고리
거꾸로 : 꺼꿀로, 꺼꾸리
바로 : 빤드시
혼자 : 혼차, (호자)
-면(어미) : -먼
-면서 : -ㅁ서
-니까 : -ㅇ께
-싶다 : -잡다
-버리다 : -뽈다, -뿌리다
천천히 : 찬챙이
느닷없이 : 뜽금없이
하마터면 : 깐딱했으먼
송두리째 : 옴싹

다르다 : 달르다
기다리다 : 지달리다
꼬다 : 까다
추다 : 치다
내려라 : 내래라
훔치다 : 돌르다
세다 : 시다
되었다 : 대앴다
쉬어라 : 시라
서다 : 스다
마르다 : 몰르다
먹다 : 묵다
나누어 먹어라 : 나나 묵어라
버리다 : 베리다
내버리다 : 내뿌리다

○ 動詞・形容詞

깎다 : 깡끄다
달아라 : 다께라
묻다(問) : 물다
빨다 : 뽈다
팔다 : 폴다
높다 : 노프다
낮다 : 나찹다, 야칩다
덮다 : 더프다
가볍다 : 가붑다
꽂다 : 꼽다
앉아라 : 앙거라, 앙저라
밝다 : 붉다
맑다 : 맑다(B·D), 몱다(A·C)
넓다 : 볿다
잃다 : 잇다
만나다 : 만내다
놀라다 : 놀래다
부르다 : 불르다

뜨시다 : 따숩다
고소하다 : 꼬시다
가져라 : 거저라
부순다 : 뿌시근다
섞다 : 섞으다
싣다 : 실다, 싫다
붇다 : 불다
얕다 : 야프다
넣다 : 여다
뱉다 : 퍁다
쓸다 : 씰다
구르다 : 궁글다
만들다 : 맨들다, 맹글다
심다 : 심구다, 시므다
씻다 : 시치다
굽다 : 꾸다
부끄럽다 : 열럽다
깊다 : 지프다

어렵다 : 에럽다	허울(: 뱀껍질) : 허물
가깝다 : 가찹다	허수아비 : 허새비
덥다 : 떱다	흉년 : 숭년
잇다 : 잇다(: 규칙활용)	한곳 : 한테, 항간디
짓+어라 : 지어라	빗 : 빗
긋다 : 기리다	넋 : 넉
붓+어라 : 붓어라	길쌈 : 길쌈
젓+어라 : 젓어라	흉 : 숭
쪼다 : 쫏다	음식 : 음석
꾸짖다 : 야단치다, 머시락하다	자식 : 자석
얹다 : 엉그다	양식 : 양석
당기다 : 땡기다	웃목 : 웃목
분지르다 : 뿐질르다, 뿔르다, 꿍끄다	아랫목 : 부숨방, 장석
싸우다 : 쌈하다	쓰레기 : 진태미
켜다 : 쓰다	모이 : 모시
여위다 : 야우다, 몰르다	달음박질 : 담박질, 땀박질
넓다 : 너룹다	부아 : 부애
가리키다 : 겔치다	찌꺼기 : 찌서구, 찌끄레기
그치다 : 끈치다	지푸라기 : 지푸랑치, 지푸랑지,
자르다 : 짤르다	지푸랑가지
줄다 : 굴다	고수레 : 태
감기다 : 갱기다	못자리 : 모자리, (모판)
담기다 : 댕기다	무엇 : 멋
먹이다 : 미기다	무엇 때문에 : 머땜새, 뭐땜새, 뭣남새
가렵다 : 근지룹다	목말 : 무등
게으르다 : 깨울하다	권(卷) : 곤
냅다 : 맵다	숨바꼭질 : 수꾸막찔, 숨박찔
	호미씻이 : ×

o **其他 名詞**

성(姓) : 성	벼훑이 : 홀태
방아 : 방애	볏단 : 토매
불쏘시개 : (불)쏘시개	새꽤기 : 호배기
낙숫물 : 집지석물	디딜방아 : 드들방애
	고갱이 : 속

시루번 : 시리빼 덤 : 찔끔
수렁 : 시구렁창, 시구렁 대장간 : 성냥깐
귓불 : 귀빱, (귀붕알) 풀무 : 불모
귀에지 : 귀창, 기창 방아개비 : 메뚜기
귀이개 : 교지개, 기지개 두엄 : 쇠덤
목물 : 목물, (등물) 홍수 : 큰물
가부좌 : △ 풍악 : 풍약
구린내 : 꾼내 도깨비 : 도채비, 도치비, 도깨비(新)
고린내 : 꼬랑내 헤엄 : 히엄
굴렁쇠 : 도롱테 그림자 : 거름재, 꺼름재
아우타다 : 아시타다 꾸중 : 야단, 지천
거스름돈 : 남지기 거짓말 : 거지깔
우수리 : 잔돈, (낫돈) 모양 : 모냥, mõjaŋ
에누리 : ×

[처음 실린 곳]
「南道文化硏究」第二輯(1986), pp. 329~345.

[06] 섬진강 유역권의 방언

1. 서언

1.1. 본고는 섬진강 가에 놓인 두 마을, 곧 하류에 놓인 전남 광양군 다압면 도사리 섬진 마을과 중류에 놓인 구례군 문척면 죽마리 죽연(: 고유이름은 '벌멀')을 대상으로 조사한 방언을 음운과 형태를 중심으로 비교·고찰한 것이다.

섬진은 최하류의 섬진강을 동으로 끼고 경남 하동읍을 마주하고 있는 마을이고, 죽연은 섬진으로부터 직선거리 20여 km 떨어진 북서쪽에 역시 섬진강을 북으로 끼고 구례읍을 마주하고 있는 마을이다(다음 페이지 <조사지점 위치도> 참조).

이들 두 마을은 비록 거리상으로는 20여 km밖에 떨어져 있지 않지만 언어상으로는 상당한 차이를 느끼게 하는데, 이는 특히 억양상의 차이를 중심으로 음운, 형태, 통사, 어휘 등 전반적인 차이에 말미암는다. 이들 두 지역이 조사 대상 지역으로 선정된 것은 순천대학교 <지역개발연구소>에서 이들 두 지역을 학술조사 대상지역으로 선정하였기에 이를 무비판적으로 받아들인 데에 따른 것이요 별다른 의미는 없다. 따라서 본고는 기술의 단순성을 피하고 변화를 주기 위하여 섬진지역어(: 앞으로는 '섬진어'라 칭함)와 죽연지역어(: 앞으로는 '죽연어'라 칭함)에 대한 음운 및 형태상의 특징을 비교하여 가며 간략하게 기술하되 이기갑(1984)과 서상준(1985)에서 다루지 않은 것만을 주요 기술대상으로 삼는다. 그리고 이들 두 방언에 대한 이해를 돕기 위해서 동류의 것이라 할지라도 조사된 것이라면 가급적 많은 어례를 제시하기로 한다.

문화는 큰 강을 중심으로 발생하여 전개된다는 것이 통념으로 알려져 있다. 그리고 큰 강은 큰 산과 더불어 방언 분화의 지리적 요인을 대표하는 것으로 알려져 있다. 순천대학교 <지역개발연구소>에서 섬진강 유역을 학술조사 대상지역으로 선택한 이유 가운데 하나도 바로 이런 인식에 바탕을 두고 있을 줄 안다. 이러한 의미에서 섬진강이 국어와 관련한 언어문화적 측면에서 부여받을 수 있는 의미를 찾아보는 것이 본고에 맡겨진 임무의 하나가 아닐까 한다.

그러나 필자가 조사한 바로는 섬진강이라는 지리적 환경이 이들 두 지역의 언어적(방언적) 분화를 가져온 직접적인 인자가 된 것 같지는 않다. 서상준(1985: 257)에서 이미 지적한 바와 같이, "백운산을 중심으로 동부지역(진월·진상·다압면 등)의 주민들이 강 건너 동남방언 지역의 하동과 예부터 생활권을 같이해 옴으로써 방언 간의 교섭에 의한 결과" 광양방언이 하동방언과 더불어 동남방언과 서남방언의 전이지대를 형성하게 되었을 것이고, 이것이 이들 두 지역의 방언적 차이를 가져온 주요 인자가 되었을 것으로 판단한다. 요컨대, 이들 두 지역의 방언적 차이는 동남방언과 서남방언이라는 언어 전파 물결이 백운산이라는 지리적 장벽에 막혀 더이상 전진하지 못하고 이 산에서 차단된 데에 비롯한 것으로 이해된다.

1.2. 본고는 1991년 6월 13일과 14일 양일간에 걸쳐 필자가 단독으로 1차 조사한 뒤, 1991년 7월 9일과 10일 양일간에 걸쳐 필자와 함께 재직하고 있는 정제문 교수의 도움을 받아 2차 조사한 언어 자료에 전적으로 의존하여 쓰였으며, 이중 의문나는 점을 1992년 2월 19일 확인 조사하여 보완했다.

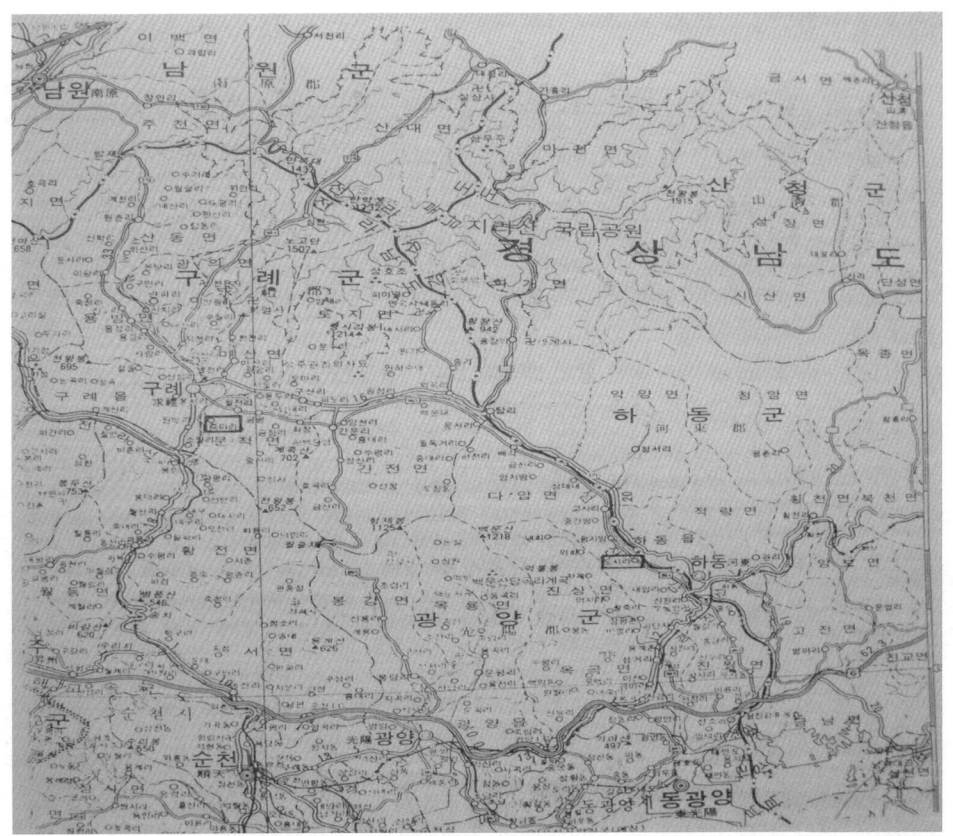

〈조사지점 위치도〉

본고의 자료를 제공해 준 제보자에 대한 정보는 다음 표와 같다.[1]

〈제보자 조사표〉

조사 지점명	성명	연령	성별	직업	학력	거주경력	비고
섬진	박덕균	69	남	농업	무학	3대째 거주	주 제보자. 하동에서 이주
	박석귀	56	남	농업	중졸	8대째 거주	보조 제보자. 처가는 하동
	김현생	51	남	농업	고졸	3대째 거주	보조 제보자. 하동에서 이주
	강현구	46	남	농업	고졸	4대째 거주	보조 제보자. 현 이장
죽연	고석용	78	남	농업	무학	8대째 거주	주 제보자. 외가는 구례 황전
	고영래	63	남	농업	국졸	9대째 거주	보조 제보자. 외가는 문척면
	박순조	79	남	농업	국졸	4대째 거주	보조 제보자. 외가는 구례

2. 음운상의 특성

2.1. 음운체계

이들 두 지역어의 자음체계, 모음체계 그리고 활음체계는 공통어(중앙어)의 그것들과 같다.[2] 모음체계에 대하여는 이미 이기갑(1984: 116-117)에서,[3] 그리고 자음체계와 활음체계에 대하여는 이승재(1980: 14-20)에서 설정한 것과 동일한 결과를 얻었으므로 본고에서는 재론하지 않는다. 그리고 한 어절에 한 번씩 나타나 어절의 경계를 표시해 주는 분계적 기능을 갖는 것으로 보이는 강세는 변별력을 지니는 것 같지는 않으나 섬진어에서는 '[masít'a](: 맛이 있다)'와 '[másit'a](: 마셨다)'처럼 강세 위치로 구분되는 어휘도 있는 듯하여 보다 정밀한 조사가 요구된다.[4]

2.2. 모음축약과 장음화

용언의 어간과 어미가 결합할 때 수반되는 모음축약이나 장음화의 양상이, 죽연어에서는

---

1) 제보에 응해 주신 분들께 진심으로 감사드립니다.
2) 공통어의 음운체계에 대하여는 허웅(1985: 183-4) 참조.
3) 李敦柱(1979) 이후 전남방언의 모음이, 중앙어의 /e/와 /ɛ/가 /E/로 합류됨으로써, 일반적으로 9모음 체계를 갖는 것으로 알려져 왔는데, 동일한 전남지역이라 할지라도 광양군을 중심으로 하는 동부전남 지역어는 중앙어와 동일한 10모음 체계를 갖는 것으로 이기갑(1984)과 徐尙俊(1985)에서 확인된 바 있다.
4) 이 방언에서 성조 또는 강세(stress)가 변별적 기능이나 분계적 기능을 갖는지의 여부에 대하여는 다음 기회에 논의하기로 하고 본고에서는 그 결론을 유보하기로 한다.

서부전남 방언이나 공통어에서의 그것들과 대차가 없으나 섬진어에서는 이들과 사뭇 다르다. 따라서 섬진어만을 대상으로 간단히 기술한다.

가) 섬진어에서는 개음절로 끝나는 단음절인 용언 어간 말음 'ㅣ'와 피동 또는 사동 접미사 '이'가 연결되면 후행하는 접미사 '이'는 줄어지지만 앞 어간말음 'ㅣ'가 길어져 보상을 받는다 (보상적 장음화를 가져온다). 예컨대, '(머리에)이- + -이-(사동 또는 피동 접미사) + -ㄴ다→인:다(:이게 한다, 이어진다), 지-(負) + -이- + -ㄴ다 →진:다(:지게 한다, 지워진다)' 따위와 같다.

나) 개음절로 끝나는 단음절인 용언 어간 말음 'ㅣ'와 '어'계 어미나 과거시제 선어말어미 '었'이 연결되면 후행하는 '어'는 줄어지지만 앞 어간말음 'ㅣ'는 길어져 역시 보상적 장음화를 가져온다.5) 예컨대, '이- + -어라→이:라, 피-+-었다→폈:대[piːtʼa](: 피었다)' 따위와 같다. 다만, 장음절 어간말음에 이어지는 '어'는 보상적 장음화 없이 줄어진다. 곧, '기:- + -어 가다 →기:가다, 지:-(:지게하다)(←지- + -이-) + -었다→짔:대[ciːtʼa]' 따위와 같다.

다) 이러한 현상은 어간말음이 'ㅜ, ㅔ, ㅐ, ㅚ, ㅟ' 등일 경우에도 동일하게 나타난다. 예컨대, '누- + -어라 →누:라, 메- + -어라 →메:라, 매- + -었다→맸:다, 되- + -어 →되:, 쉬- + -었다→쉈:다' 따위와 같다.

라) 용언 어간의 말음이 가) ~ 다)에서와 같다고 할지라도 어간의 음절수가 2음절 이상인 경우에는, '단어의 첫음절에서만 장음을 인정하고 그 이하의 음절은 모두 짧게 발음함을 원칙으로 한다'는 국어의 일반 현상에 따라, 장음으로 소리나지 않는다. 예컨대, '바꾸- + -아서→바까서(*바꺄:서), 땡기-(引) + -어라→땡기라(*땡기:라), 보내- + -었다→보냈다(*보냈:다)' 따위와 같다. 뿐만 아니라 끝 음절이 '우'인 다음절(주로 2음절) 어간이 '아/어'계 어미와 만나면 어간 말음 '우'가 'w'로 glide화되면서 축약되지만, 역시 같은 이유로 장음화는 없다: 태와, 싸와, 재와, 채와, 배와, 게워, 세워.

마) 어간의 말음이 'ㅡ, ㅏ, ㅓ'인 경우는 이들 어간 말모음이 탈락하는데, 이 경우는 장음화가 수반되지 않는다.6) 예컨대, '쓰- + -어서→써서(*써:서), 가- + -아서→가서(*가:서), 펴- + -었다→폈다(폈:다)' 따위와 같다.

2.3. 어두경음화

섬진과 죽연에서 모두 어두경음화가 강하게 나타난다. 이 현상은 고유어와 한자어에서 다

---

5) 다만, '(머리에)아-'는 동작의 주체가 주어로 등장하는 경우에는 과거시제 선어말어미 '-었'이 연결되더라도 예외적으로 '있:-'이 되지 않고 '였-'이 되는 점이 특이하다.
6) 모음의 축약과는 달리, 두 모음이 연결될 때 그 중의 한 모음이 탈락되어 음절의 단축이 일어나는 경우에는 장음화가 수반되지 않는다. 이에 대하여는 喬世官(1984: 4-5) 참조.

같이 나타나나 고유어에서 보다 두드러진다. 먼저 두 지역 가운데 경음화가 어느 한 쪽에 나타나나 다른 한 쪽에는 나타나지 않아 서로 다른 경향을 보이는 어휘들을 중심으로 표로 보이면 다음과 같다. 여기서 '광산' 방언형은 서부전남 방언을 대표시킨 것으로서 졸고 기세관(1986a)를 마련하던 때에 함께 조사된 것이고, '서부경남'과 '동부경남' 방언형은 최학근(1978)과 김형규(1980)을 참조한 것으로서, 이러한 조처는 죽연어와 섬진어의 경음화 현상에 대한 이해를 돕기 위한 배려이다.7)

지역 어휘	광산	죽연	섬진	서부경남	동부경남
갈치	갈치	갈치	깔치	깔치	칼치
가시	까시	가시	까시	까시	까시
개미	개미	개미	깨미	깨미	깨미
고추	꼬치	꼬치	고치	꼬치	꼬치
구석	꾸석떼기	구석	구석	구석	구숙
강냉이	깡냉이	강냉이	강냉이	깡냉이	깡내이
구들(짱)	꾸둘(짱)	꾸들(짱)	구들(짱)	구둘(짱)	꾸둘(짱)
게으르다	끼울르다	게옳다	께옳다	께옳다~께앓다	깰타
검다	끔허다	검따<껌따8)	껌따	껌따	껌따
거칠다	꺼칠다	거칠다>꺼칠-	거칠다	거칠다	거칠다
두두러기	뚜드레기	두드레기	두드레기	두드리기~뚜-	두드레기
당나귀	땅나구	땅나구	당나구~땅나구	당나구	당나구
비둘기	삐들구	비들기	삐들키	삐들키	삐둘키
수염	시엄	쉬엄	씨염	씨염	씨염~새미
소주	쐬주~쩨주	소주	소주	소주~세주	소지
시숙	시숙	시숙	씨숙	씨숙	씨숙
시누이	시누	씨누	씨누	씨누	씨누
쇠(鐵)	쇠~세	쇠	쎄	쎄	쎄
수캐	수깨	수깨	수깨	쑤깨	쑤깨
새우	새비	새비	쌔비	쌔비	새비
살구	살구	살구	쌀구	쌀구	살구
조끼	죄깨	죄꾀	째끼	째끼	째끼
갈퀴	갈쿠	갈키	깔쿠리~-지	깔쿠리~-구-	깔꾸리

---

7) 여기에서 음장은 고려하지 않는다. 예컨대, 죽연어에서 '깔치'는 본래 '깔ː치'이나 음장 표시를 하지 않은 따위다.

8) '검다<껌다'에서 부호 <는 '검다'와 '껌다'가 수의적으로 출현하지만, '껌다'가 '검다'보다 그 출현 빈도가 높다는 뜻이다. 이하 같다.

국어의 어두경음화는 전라남도와 경상남도를 포함한 남부방언에서 가장 두드러진 것으로 알려져 있다. 따라서 이 현상은, 구개음화나 움라우트가 남부방언을 진원지로 하여 방사된 것으로 생각하는 것처럼(이기문, 1972: 196; 기세관, 1983: 19), 근대국어 이전의 어느 시기에 바로 이 지역에서 시작되어 점차 북진한 것으로 이해됨 직하다. 만일 이렇게 볼 수만 있다면 경음화에 있어 개신의 방향도 남에서 북으로 달리는 '남북방향'이 될 것이다.

그런데 위에 제시된 자료만을 대상으로 죽연어와 섬진어의 경음화 현상을 비교하여 보면, 대체로 죽연어에 비하여 섬진어는 서부경남어(때로는 동부경남어)의 영향권 안에 있으면서 경음화의 경향이 보다 강하게 나타나며, 죽연어는 한편으로는 서부전남어에 가깝기도 하지만 다른 한편으로는 '가시, 게웋다, 비둘기' 등 일부 어휘에서는 이 지역에서만 경음화가 일어나지 않는데, 이들 어휘만을 가지고 보자면 죽연지역은 소위 파동설(wave theory)에서 말하는 잔재지역(relic area)에 해당한다고 할 만하다. 잔재지역은 특히 방사의 중심지가 하나가 아니고 복수일 때 상정하기 쉬운 것으로 알려져 있는데, 이들 어휘에 해당하는 서부 전남어와 동부 경남어가 모두 경음화를 경험하고 있음이 주목된다. 곧, 이들 어휘에 있어서 방사의 중심지는 동부경남과 서부전남의 두 곳이요, 이 두 지역이 방사의 중심지가 되어 이곳으로부터 경음화라는 개신파가 서부경남과 동부전남으로 확산되어 갔으나 죽연까지는 그 세력이 미치지 않은 것으로 볼 수도 있지 않을까 한다(다음 그림 참조).

전남 서부 ═══⟹   ⟸═══ 경남 동부
경음화

한편, 이 경음화 현상은 남부방언 안에서도 어휘에 따라 지역적 차이를 보임을 알 수 있다. 만일 이 현상을 단순한 수의적 음운현상으로 보지 않고 어휘에 따라 경음화의 진원지를 달리 설정하여, 개신의 물결이 차츰 퍼져 나간다는 파동설(wave theory)을 원용하여, 그 개신의 방향을 설명한다면 위의 경우 말고도 다음과 같은 두 가지 경우도 생각할 수 있을 것이다.

첫째는 서쪽에서 동쪽으로의 개신(改新)이다. '거칠다, 두드러기, 당나귀, 소주' 등의 어휘가 여기에 속한다. 이 유형은 서남방언의 서부 지역에서 개신의 물결이 일어 점차 동쪽으로 퍼져가다가 죽연 또는 섬진에서 멈춘 경우로 아직은 경남 동부에는 미치지 못한 것으로 해석할 수 있는 것이다.

전남 서부 ═══════⟹ 경남 동부
경음화

둘째는 동쪽에서 서쪽으로의 개신이다. '갈치, 개미, 시숙, 시누이, 쇠, 수염, 수캐, 새우,

조끼, 갈퀴' 등의 어휘가 여기에 속한다. 이 유형은, 첫째와는 반대로, 동남방언의 동쪽에서 개신의 물결이 일어 점차 서쪽으로 퍼져가다가 섬진 또는 죽연에서 멈춘 경우로 아직은 전남 서부에는 미치지 못한 것으로 해석할 수 있는 것이다.

전남 서부 ══════◁══════ 경남 동부
경음화

그밖에 중앙에서 동쪽 또는 서쪽으로의 개신의 경우도 생각해 볼 수 있을 것이다. 이는 남부방언의 중심부, 곧 경남 서부와 전남 동부가 방사의 중심지가 되어 경남 동부나 전남 서부로 퍼져나가는 경우이다. 그러나 이 경우에는 죽연이나 섬진도 방사의 중심지가 될 것인데, 이들 지역에서 이러한 어례를 찾아보기 어려운 것으로 미루어 보아, 남부방언의 경음화에 있어 이러한 경우는 없는 듯하다.[9]

2.4. 움라우트

통합적 음운현상인 움라우트가 모든 방언에 두루 나타나는 언어현상이라는 것은 이미 널리 알려진 일이요, 또 전남방언을 포함한 남부방언 구역에서 특히 그 세력이 강하다는 사실도 지적되어 왔다(기세관, 1983: 4). '(머리를)감기다→깽기다, 두드러기→두드레기, 두꺼비→뚜께비, 당기다→땡기다, 부스러기→뿌시레기, 사립문→새립문, 소나기→쏘내기, 호랑이→호랭이, 고기→괴기~개기, *사비(: 새우)→새비' 등에서처럼 죽연어나 섬진어에서는 움라우트가 자연스럽다. 그러나 이들 지역어만이 갖는 특징적인 움라우트 현상은 보이지 않은 듯하다.[10]

2.5. 모음조화

국어의 모음조화는 대체로 어간 끝 음절 모음의 종류에 따라 결정되지만 방언차가 아주 큰 것으로 알려져 있다. 그런데 죽연어와 섬진어에서 용언 어간과 어미가 결합하는 모습을 보면, 어미의 모음이 어간의 모음은 물론 어간의 음절수와 어간의 끝 음절의 구조의 제약도 아울러 받는다는 사실이 확인된다.

우선 섬진어의 경우부터 살펴보기로 한다. 그리고 그것도, 이미 2.2.에서 살펴본 것처럼,

---

9) 서부전남에서는 경음화를 경험하는 어휘일지라도 죽연과 섬진에서는 그렇지 않은 어휘들을 참고로 몇 가지 든다: 고추(죽연어): 고치(섬진어), (누에)고치(죽연어 및 섬진어. 이하 같다), 구석, 고시레(: 고수레), 공, 둥그렇다, 비틀다, 작때기, 작뚜, 점(點), 저그(: 저기) 등. 이들 어휘는 서부전남에서는 '꼬치, 꼬치, 꾸석찌, 꼬시레, 꽁, 뚱그렇다, 삐틀다, 짝때기, 짝뚜, 쩜, 쩌그' 등처럼 어두음이 경음을 갖는 것들이다.
10) 이 지역어의 움라우트 현상에 대한 보다 자세한 것은 徐尙俊(1985: 262-263) 참조.

섬진어에서는 어간이 개음절로 끝나는 경우에는 어간 모음과 어미가 축약되거나 어간 모음이 탈락되는 경향을 보이므로 어간이 폐음절로 끝나는 경우만을 대상으로 살펴보기로 한다.

1) 단음절인 어간 모음이 'ㅏ, ㅗ, ㅐ'일 때에는 어미가 '-아' 계열(: -아, -아서, -아라, -아도, -아야, -았-, -았었- 등)이 오고, 그 밖의 모음 'ㅓ, ㅜ, ㅡ, ㅣ, ㅔ, ㅚ, ㅟ, ㅢ, ㅞ' 등일 때에는 '-어' 계열(: -어, -어서, -어라, -어도, -어야, -었-, -었었- 등)이 온다: 알아, 살아, 잣아(紡), 얇아, 쌂아, 앉아, 높아, 훑아(: 핥아), (모이를)쫏아, 낫아(癒, 勝), 붋아(: 밟아), 매버(辛); 걸어, 넓어, 더버(暑), 벗어, 섧어(: 써러워), 붊어(: 부러워).

2) 어간이 2음절 이상의 다음절일 경우는 어간의 끝 음절 모음의 종류에는 관계없이 제1음절 모음의 종류에 따라 모음조화가 이루어지나 양성 모음 '-아' 계열이 오는 경향이 강하다. 곧, 제1음절이 'ㅏ, ㅗ, ㅐ'일 때는 '-아' 계열이 오고, 그 밖의 모음일 때는 '-아' 계열만이 오기도 하고 '-어' 계열만이 오기도 하고 '-아' 계열과 '-어' 계열이 다 오기도 하여 불규칙적인 모습을 보인다: 싸납아서, 야물아서(: 여물어서), 배좁아서(: 비좁아서), 개겁아서(: 가벼워서), 깨울라서(: 게을러서), 애럽아서(: 어려워서); 미끄럽아서, 어둡아서, 부끄럽아서, 무섭아서>무섭어서, 무겁아서>무겁어서, 어울러, 저질러.

3) 개음절로 끝나는 2음절 어간이 어미와의 결합 과정에서 끝 모음의 탈락으로 인하여 어간이 교체될 때는 이 교체형의 음절구조에 따라 모음조화가 이루어진다. 곧, '가라-(分), 나르-, 고르-, 모라-(不知), 보라-(: 바르-); 부라-(呼), 두라-(周), 사라- (: 사르-), 오라-(登), 짜라-(: 자르-), 조라(: 조르-), 찌라-(: 찌르-), 흐라-(流)' 등과 같은 소위 '르'(또는 '리') 불규칙 용언이 '-아/어'와 결합하여 각각 '갈-, 날-, 골-, ㅽ' 등으로 교체될 때는 이 교체형의 구조에 따라 모음조화가 이루어진다: 갈라, 날라, 골라, 몰라, 볼라, 살라, 올라, 짤라, 졸라, 찔러, 흘러, 불러, 둘러. 이러한 현상은 '몰르-(乾)'와 같은 '으' 불규칙 용언의 경우에 있어서도 마찬가지다: 몰라.

4) 그러나 3)에 해당하는 어간 교체를 하는 경우라도 어간이 3음절 이상일 경우는 2)에 준하여 모음조화가 이루어진다: 까부리-(箕) + -아→까불라, 짱글리-(: 자르-) + -아→짱글라; 어울리-(: 어우르-) + -어→어울러, 저지르- + -어→저질러.

다음은 죽연어의 경우를 살펴보기로 한다.

1) 죽연어의 모음조화는 서부전남 방언에서의 그것과 대차없는 듯하다. 곧, 어간의 음절수나 음절 구조와는 관계없이 어간의 끝 음절 모음이 'ㅏ, ㅗ, ㅐ' 일 때는 대체로 '-아' 계열이 오고, 그 밖의 모음, 곧 'ㅓ, ㅜ, ㅣ, ㅡ' 등이 오면 '-어' 계열이 오는 경향이 강하다: 짤라서(: 짧아서), 낚아, 맑아, 갚아, 붋아(: 밟아), 얇아, 훑아(: 핥아), 잣아(紡), (모이를)쫏아, 노나(: 나눠), (병이)낫아, 매와, 도와, 배와, 채와(: 채워), 재와, 태와, 깨달아, 섞어, 엱어(: 얹어), 굶어, 젊어, 잃에[이러], 영꺼(: 엮어), (벼를)훑어, 널러서~넓어서, 읽어, 끓에[꾸리], 떫어, 웃어, (노를)젓어, 줏어(拾), 누어~눠, 구어~궈, 미워, 추워, 어두워, 뚜꺼워(: 두꺼워), 더러워, 쉬어, 보여, 모여, (머리에)여라, (지붕을)이어라, 세워, 피워.[11]

2) 개음절로 끝나는 2음절 어간이 어미와의 결합 과정에서 끝 모음의 탈락으로 인하여 어간이 교체될 때는 이 교체형의 음절구조에 따라 모음조화가 이루어지는 점은 섬진어에서와 같다: 마르- + -아→말라, 몰라, 발라, 살라, 올라, 졸라, 바꾸 + -아→(바꽈→)바까, 가꾸 + -아→가까(~가꽈), 감추 + -아→감차, 돌보- + -아→돌바, 엿보- + -아→엿바; 쑤 + -어→써(~쒀), 흐르- + -어→흘러, 머물러, 문질러, 어울러, 저질러.
3) '냉개라(: 남겨라), 몰래라(: 몰려라), 가재라(: 가져라), 죄래라(: 졸여라)'와 같이 '이'나 '리'나 '기' 등 'ㅣ' 모음으로 끝나는 일부 어간이 어미 '-애'와 결합하기도 한다.

그 밖에 두 지역어 모두 '귀찮-, 파랗-, 시퍼렇-, 노랗-' 등은 '귀찬애서, 파래서, 시퍼래서, 노래서' 등과 같은 활용을 보인다. 이는 물론 국어 방언의 전반적인 현상이기도 하다.

3. 겹받침 어간의 단순화

3.1. 끝음절의 끝소리로 겹받침을 가진 체언

공통어에서 겹받침(둘받침)을 가진 체언은 죽연어에서는 다음과 같이 서부전남 방언과 동일한 모습의 홑받침을 갖는다. 예컨대, 공통어의 '흙(土)'은 죽연어에서 그 단독형이 '흑'이요, 조사와 통합할 때에도 '흑이, 흑은, 흑을, 흑에, 흑도'와 같은 곡용을 보여줌으로써 역시 '흑'이다.

흙→흑   찰흙→찰흑
까닭→까닥   칡→칙
두듥→두덕   닭→닥~댁
몫→목   넋→넉
삯→싹   값→갑
여덟→야달

한편, 동남방언의 영향권 안에 든다고 여겨지는 섬진어에서도 대체로 이와 동일한 모습을 보이지만, 일부 어휘에서 죽연어와는 약간 다른 모습을 보이기도 한다.
1) 공통어에서 'ㄺ'받침을 가진 어휘가 섬진어에서는 'ㅋ' 받침을 가지는 것이 주목된다. 따라서 공통어의 '흙, 찰흙, 닭'은 섬진어에서는 각각 '흑, 찰흑, 닥'이요, 이들은 '흑이, 흑은, 흑을, 흑에, 흑도; 닥이, 닥은, 닥을, 닥에, 닥도'와 같이 곡용한다.
2) 공통어에서 'ㅄ' 받침을 가진 '값(價)'은, 위에서 보는 바와 같이 죽연어를 포함한 전남방

---
11) '앉어라, 괴루와'와 같이 이에 어긋난 어휘도 있기는 하다.

언에서 홑받침 '갑'으로 나타나는데, 섬진어에서는 '값'으로 나타나 '값이, 값은, 값을, 값에, 갑도'와 같이 곡용한다.

3) 공통어의 '여덟(八)'은 섬진어에서 '야달이~야닮이, 야달은~야닮은, 야달을~야닮을, 야달에~야닮에, 야달~야닮'과 같은 곡용을 보여 '야달'과 '야닮'이 공존함을 알 수 있다.

그런데 여기에서 이 'ㅋ' 받침을 가진 체언이 옛시기에도 역시 'ㅋ' 받침을 가졌던 어휘였을 것인가 하는 의문이 생긴다. 다시 말해서 섬진어 '닥'이 옛말에서도 역시 'ㅋ' 받침을 가졌던 단어 '닼'이었을 것인가 하는 점이 의문점으로 대두된다. 이 단어의 옛모습을 밝혀줄 수 있는, 이 지역어가 반영된 옛문헌을 통한 확인 작업을 할 수 없기 때문에 지금으로서는 이에 대한 단정을 내릴 수는 없다. 그러나 이 단어가 적어도 'ㅋ' 받침을 가진 '닼'은 아니었을 것이라는 것은 분명한 것 같다.

우리는 흔히 합성어나 파생어의 단어형성 과정을 통해서 어떤 단어의 옛모습을 짐작할 수 있는 경우를 본다. '계란'을 죽연에서 '달걀', 서부전남에서 '다갈' 또는 '달걀'이라 하고, 이들 두 지역어에서 '닭똥'을 '달구똥', '닭'을 비칭할 때 '달구새끼'라 하는데[12], 이것은 곧 '닥(鷄)'이 이 지역어에서도 이전에는 '닭'이었음을 예측하게 한다. 이와 마찬가지로, 죽연어 또는 서부전남 방언 '달구똥, 달구새끼'에 대응하는 섬진어가 각각 '다구똥, 다구새끼'임을 고려할 때 현재의 섬진어 '닥'은 이들 단어가 형성된 이전 시기에는 오히려 '닥'-만일 어떤 이유로 'ㄹ'이 탈락했다면 '닭'-이었을 가능성이 크지 현대어와 동일한 형태 '닥'이었을 가능성은 적다. 만일 당시에도 '닥'이었다면, 현대어 '다구똥, 다구새끼'는 오히려 '*다쿠똥, *다쿠새끼'로 나타날 가능성이 크기 때문이다.

3.2. 끝음절의 끝소리로 겹받침을 가진 용언 어간

중부방언 또는 공통어의 겹받침 용언(: '끝음절의 끝소리로 둘받침을 가진 용언 어간'을 줄여서 이렇게 일컫기로 함)의 대부분이 죽연어나 섬진어에서도 겹받침을 유지한다.[13] 다만,

---

12) 단어형성은 그 단어가 형성될 때의 단어형성 규칙에 따른다(奇世官, 1990: 15).공통어의 '달걀'이 옛말 '둘긔알(둘기알)<←둙(鷄) + 의(이)(: 관형격 또는 처격조사) + 알(卵)>로 거슬러올라갈 수 있는 것처럼, 죽연이나 서부전남 방언 '달구똥, 달구새끼'도 각각 옛말 '둘긔쫑(둘기쫑), *둘긔삿기(*둘기삿기)'로 거슬러올라갈 수 있을 것이다. 그리고 서부전남 방언 '다갈'과 '달걀'은 각각 '닥(鷄) + 알(卵)', '닭 + 알'의 합성으로 볼 수 있을 것이다. 곧, '다갈'은 '닭'이 '닥'으로 재구조화된 뒤 이것이 '알'과 결합한 것으로 해석할 수 있을 것이다.

또, 죽연어와 서부전남 방언에는 '닭'과 '가리'(: 짐승을 가두는 대나무로 엮은 물건)가 결합하여 형성된 '달구가리'(: 닭이나 병아리를 가두는 가리)라는 어휘와, '닭을 가두는 우리'를 일컫는 '달구장태'라는 어휘가 있는데, 이 '달구가리, 달구장태'도 현재의 죽연이나 서부전남 방언 '닥'의 옛말이 '닭'이었음을 추정하는 방증자료로 이용될 수 있을 것이다.

겹받침이 어말 또는 자음 앞에서 음절구조상의 제약을 받아 단순화될 때, 표준어에서 'ㄹ'을 앞세우는 겹받침 가운데는 'ㄺ, ㄻ, ㄼ' 등처럼 어말 또는 자음 앞에서 후행자음이 줄어들기도 하고(예: 맑게[말께], 넓다[널따], 핥다[할따]), 'ㄻ, ㄿ'과 같이 선행하는 'ㄹ'이 줄어들기도 하고(예: 젊다[점: 따], 읊고[읍꼬]), 심지어는 동일한 겹받침이 경우에 따라 선행자음이 줄어들기도 하고 후행자음이 줄어들기도 하여(예: 밟다[밥: 따]/넓다[널따], 맑다[막따]/맑게[말께]) 그 줄어드는 양상이 불규칙한 모습을 보인다.14) 그러나 죽연어와 섬진어에서는 겹받침 'ㄺ, ㄻ, ㄼ' 등은 항상 선행하는 'ㄹ'이 줄어들어 후행하는 'ㄱ, ㅁ, ㅂ'이 남고(예: 붉다[복따](明), 붉게[복께], 읽다[익따], 읽고[익꼬]; 삶고[쌈:꼬]; 밟고[봅꼬~복꼬]), 겹받침 'ㄾ'은 표준어와 마찬가지로 후행하는 'ㅌ'이 준다: (벼를)훑다(: 죽연어)/훑다(: 섬진어)[홀따/홀따]. 그리고 'ㄿ'을 겹받침으로 가진 용언은 존재하지 않는다15).

4. 체언의 형태음소론적 변동

4.1. 'ㅈ, ㅊ, ㅌ' 또는 'ㅍ'을 말음으로 가진 체언이 조사와 결합할 때 보여주는 체언 말음의 교체 현상은 전국적인 현상이지만 약간의 지역차가 있음은 이미 널리 알려진 사실이다. 아래 표에서 보는 바와 같이, 두 조사 대상 지역에서도, 죽연어에서는 체언 말음 'ㅈ, ㅊ, ㅌ'은 'ㅅ'으로, 'ㅍ'은 'ㅂ'으로 변동되고, 섬진어에서는 체언 밑음 'ㅌ'이 'ㅊ'으로 또는 'ㅊ'이 'ㅌ'으로-이 경우는 처격에서만 'ㅌ' 말음으로 변동되는 점으로 보아 'ㅌ' 받침을 가진 체언이 처격에서 'ㅌ' 말음을 유지하는 것에 통일을 기하려는 소위 유추로 풀이된다.- 변동되어, 서로 다른 모습을 보여준다. 그런데 이기갑(1984)과 서상준(1985)이 전남동부 방언을 대상으로 이에 대한 논의를 이미 한 바 있다. 곧, 이기갑(1984: 119-123)은 서부전남, 구례군 토지면 그리고 광양군 진월면 등 세 지역을 비교하면서 체언의 형태음소론적 변동에 대하여 통시음운론적 관점을 끌어들여 상론한 바 있고, 서상준(1985: 267)은 광양지역을 대상으로 역시 같은 논점을 취한 바 있다. 필자도 이들의 의견에 동의하는 입장이므로 본고에서는 이에 대한 논의를 따로 하지 않고 조사된 자료만을 제시하고자 한다(**어휘에 따라서는 앞의 두 논문에서 제시한 자료와 차이가 있다).

---

13) 공통어 '짧다'에 대당하는 죽연어는 '짜룹다'로서 '짤라서, 짜룬, 짜룰, 짜루먼, 짜룹고, 짜룹냐, 짜룹제' 등으로 활용하고, 섬진어는 '짜리다'로서 '짤라서, 짜린, 짜릴, 짜리먼, 짜리고, 짜리냐, 짜리제' 등으로 활용한다.
14) 문교부 고시(1988. 1. 19.) 「표준어 규정」의 제2부 "표준 발음법" 제10항 및 제11항 참조.
15) 이들 지역어에서 공통어 '읊-'에 해당하는 어휘는 '을프-'로서 '을퍼, 을퍼서, 을프먼, 을프제, …' 등으로 활용한다.

1) 죽연어

체언 \ 조사	-이	-은	-을	-에
겉	것	것	것	겉
밭	밧	밧	밧	밭
솥	솟	솟	솟	솥
밑	밋	밋	밋	밑
볕	볏	볏	볏	볕
삽	삿	삿	삿	삿
팥	폿	폿	폿	폿
콩팥	콩폿	콩폿	콩폿	콩폿
암톹	암똣	암똣	암똣	암똣
(머리)숱	숫	숫	숫	숫
꽃	꼿	꼿	꼿	꼿
숯	숫	숫	숫	숫
낯	낫	낫	낫	낫
몇	멧	멧	멧	멧
윷	윳	윳	윳	윳
옻	옷	옷	옷	옷
빛	빗	빗	빗	빗
빚	빗	빗	빗	빗
낮	낫	낫	낫	낫
이웃(<이웆)	이웃	이웃	이웃	이웃
좆	좃	좃	좃	좃
젖	젓	젓	젓	젓
목젖	목좃	목좃	목좃	목좃
앞	앞	앞	앞	앞
옆	옆	옆	옆	옆
잎	잎	잎	잎	잎
숲	숲	숲	숲	숲
짚	집	집	집	집
헝겊	헝겁	헝겁	헝겁	헝겁
섶	섭	섭	섭	섶

2) 섬진어

체언\조사	-이	-은	-을	-에
겉	겆	겆	겆	겉
밭	밧	밧	밧	밭
솥	솣	솣	솣	솥
밑	밎	밎	밎	밑
볕	볏	볏	볏	볕
팥	퐂	퐂	퐂	퐅
콩팥	콩퐂	콩퐂	콩퐂	콩퐅
(머리)숱	숯	숯	숯	숱
꽃	꽃	꽃	꽃	꼳
숯	숯	숯	숯	숟
낯	낯	낯	낯	낟
몇	멪			
윷	윶	윶	윶	율
옻	옻	옻	옻	옫
빛	빛	빛	빛	빋
빗	빗	빗	빗	빗
낫	낫	낫	낫	낫
젖	젖	젖	젖	젖
목젖	목젖	목젖	목젖	목젖
이웃	이웃	이웃	이웃	이웃
좆	좆	좆	좆	좆
앞	앞	앞	앞	앞
옆	옆	옆	옆	옆
잎	잎	잎	잎	잎
숲	숲	숲	숲	숲
짚	짚	짚	짚	짚
섶	썪	썪	썪	썪

5. 결어

섬진강의 하류와 중류에 위치한 두 마을의 방언을 조사한 결과 억양상의 두드러진 차이 외에도 음운, 형태, 통사, 어휘 등 전반적인 차이가 관찰되었는데, 이러한 언어의 차별화에 직접적 인자로 작용한 지리적 환경은 섬진강이 아니라 백운산인 것으로 판단된다.

본문 기술의 순서에 따라 이들 방언에서 볼 수 있는 음운과 형태상의 특징을 다음과 같이 정리할 수 있다.

1. 자음, 모음 및 활음체계는 공통어와 같은데, 이에 대한 기술은 기존의 업적에서 이미 충분히 이루어졌다고 보아 재론하지 않았다.

2. 섬진어의 경우, 모음축약 및 그에 수반되는 장음화의 양상이 서부전남 방언과 상당한 차이를 보인다.

가) 개음절로 끝나는 단음절의 용언 어간 말음 'ㅣ, ㅜ, ㅔ, ㅐ, ㅚ, ㅟ'에, 파·사동 접미사 '이' 또는 '어'계 어미나 과거시제 선어말어미 '었'이 연결되면 후행하는 '이'와 '어'가 줄어지고 어간말음 'ㅣ'는 길어지는 보상적 장음화가 일어난다.

나) 이 방언에서도 용언 어간이 2음절 이상인 경우에는, 장음화하지 않는다.

다) 어간의 말음이 'ㅡ, ㅏ, ㅓ'인 경우는 이들 어간말모음이 탈락하는데, 이 경우에는 장음화가 수반되지 않는다.

3. 섬진과 죽연에서 모두 어두 경음화가 강하게 나타나는데 이 현상은 한자어보다 고유어에서 두드러진다. 조사자료만을 대상으로 두 방언의 경음화 현상을 비교하여 보면, 섬진어는 서부경남어(때로는 동부경남어)의 영향권에 있으면서 경음화의 경향이 보다 강하게 나타나며, 죽연어는 한편으로는 서부전남어에 가깝기도 하지만 일부 어휘에서는 경음화가 일어나지 않는다. 이들 어휘만으로 판단한다면 죽연지역은 소위 잔재지역(relic area)에 해당한다고 할 수 있다.

4. 통합적 음운현상인 움라우트가 자연스럽게 나타나지만 이들 지역어에서만 볼 수 있는 특징적인 것은 보이지 않는다.

5. 섬진어에서, 단음절의 폐음절 어간 모음이 'ㅏ, ㅗ, ㅐ'일 때에는 '-아' 계열의 어미가 오고, 그 밖의 모음일 때에는 '-어' 계열의 어미가 온다. 어간이 2음절 이상의 다음절일 경우는 어간말음절 모음의 종류에 관계없이 '-아' 계열이 오는 경향이 강하지만, 제1음절 모음의 종류에 따라 모음조화가 이루어진다. 개음절로 끝나는 2음절 어간이 어미와 결합하면서 끝 모음이 탈락함으로써 어간이 교체될 때는 이 교체형의 음절구조에 따라 모음조화가 이루어진다. 그러나 이런 종류의 어간 교체라도 어간이 3음절 이상일 경우는 역시 제1음절 모음에 따라 모음조화가 이루어진다.

죽연어의 모음조화는 서부전남 방언에서의 그것과 대차없다. 즉, 어간의 음절수나 음절구조와는 관계없이 어간의 끝 음절 모음이 'ㅏ, ㅗ, ㅐ' 일 때는 대체로 '-아' 계열이 오고, 그 밖의 모음이 오면 '-어' 계열이 오는 경향이 강하다. 개음절로 끝나는 2음절 어간이 어미와 결합할 때 끝 모음이 탈락함으로써 어간이 교체될 때는 이 교체형의 음절구조에 따라 모음조화가 이루어지는 점은 섬진어에서와 같다.

6. 공통어에서 겹받침을 가진 체언은 죽연어에서는 서부전남 방언과 동일한 모습의 홑받침

을 갖는다. 동남방언의 영향권에 든다고 여겨지는 섬진어에서도 대체로 이와 동일한 모습을 보이지만, 일부 어휘에서 죽연어와는 약간 다른 모습을 보이기도 한다. 특히, 공통어에서 'ㄹ' 받침을 가진 어휘가 섬진어에서는 'ㅋ' 받침을 가지는 것이 주목되지만 이것도 이전 시기에는 'ㄱ' 또는 'ㄹ' 받침을 가졌을 가능성이 크다. 중부방언 또는 공통어의 겹받침 용언의 대부분이 죽연어나 섬진어에서도 겹받침을 유지한다.

7. 죽연어에서는 체언 말음 'ㅈ, ㅊ, ㅌ'은 'ㅅ'으로, 'ㅍ'은 'ㅂ'으로 변동되고, 섬진어에서는 체언 말음 'ㅌ'이 'ㅊ'으로 또는 'ㅊ'이 'ㅌ'으로 변동되어, 서로 다른 모습을 보여주지만 기존의 논의로 충분하다고 판단하여 상론하지 않았다.

8. 끝으로, 섬진어에서는 성조 또는 강세가 변별적 또는 분계적 기능을 하는 것처럼 보이는 예를 볼 수 있으나, 이를 기술하기 위해서는 보다 정밀한 조사가 필요하므로 훗날을 기약하기로 하였다.

참고문헌

기세관(1983), "전남 북서부 방언의 움라우트 현상", 「국어국문학」 90호, 국어국문학회.
奇世官(1986a), "光山地域語의 音韻體系-30代와 40代 以上의 母音體系를 中心으로-", 「語文論叢」 第9輯, 全南大學校 語文學研究會.
_____(1986b), "나로도 방언의 어휘자료", 「南道文化研究」 第二輯, 順天大學 南道文化研究所.
_____(1987), "구개음화의 공시태와 통시태", 鄭炳洪先生華甲紀念論文集, 學文社.
_____(1990), "國語 單語形成에서의 /ㄹ/脫落과 /ㄴ/添加에 대한 音韻論的 研究", 博士學位論文(원광대학교 대학원).
金亨奎(1980), 「韓國方言研究」, 서울大學校出版部.
徐尙俊(1985), "光陽地域의 方言 研究", 「語文論叢」 第7·8合輯, 全南大學校 語文學研究會.
이기갑(1984), "동부전남 방언의 성격", 「언어학」 제7호, 한국언어학회.
──(1986), 「전라남도의 언어지리」, 국어학총서11, 國語學會.
李基文(1972), 「國語史槪說」(改訂版), 塔出版社.
李敦柱(1979), 「全南方言」, 螢雪出版社.
李丞宰(1980), "求禮地域語의 音韻體系", 「國語研究」 第45號, 國語研究會.
崔鶴根(1978), 「韓國方言辭典」, 玄文社.
허 웅(1985), 「국어 음운학」, 샘문화사.

[부록]

〈죽연어〉와 〈섬진어〉의 경음화

다음 표에서 밑줄친 어휘는 두 지역 가운데 어느 한 쪽만 경음화를 경험함으로써 두 지역이 경음화에 대하여 서로 다른 모습을 보여주는 경우이고, ( )로 묶은 것은 어원이 달라 경음화와는 관련이 없지만 참고로 제시한 해당 방언형이다.

어휘＼지역	죽연	섬진	어휘＼지역	죽연	섬진
굴	석회	꿀	고두밥	꼬두밥	꼬두밥
가지(茄子)	까지	까지	곶감	꼬깜>건시	꼬깜
개구리	깨구락찌	깨고리	구린내	꾸른내	꾸린내
고린내	꼬린내	꼬린내	갓난아이	간난애기	간난애기
괭이	꿩이	깽이	가죽	가죽~까죽	까죽
고깔	꼬깔	꼬깔	고사리	고사리~꼬-	꼬사리
고들빼기	꼬들빼기>고들-	고들~꼬-	곱슬머리	꼬시랑머리	꼬시랑머리
골짜기	꼴짝~꼴차기	꼴짝~꼴창	겉	것~겉	꼍~껕
구정물	꾸정물	꾸정물	그을음	끄시럼	끄시럼
곡괭이	꼬꿩이	꼬깽이	그루터기	(개등걸이)	끌퉁~끌텅
광주리	꽝지리	깡저리	가락지	까락찌	까락찌
개울	깨골창	(꼬랑)	거적	꺼죽떼기	꺼죽떼기
각다귀	깍따기	깍떼기	다듬질	따듬질	따드미질
거꾸로	꺼꾸로	꺼꾸로	고소하다	꾸시롬하다	꼬시다
굽다	꿉따	꿉따	긋다	기린다	끗따
두부	뜨부~뚜부	뜨부~뚜부	그치다	근치다~끈-	끈치다
감다	깜따	깜따	감기다(使洗)	깽기다	깽기다
질기다	찔기다	찔기다	갑갑하다	까깝하다	까깝따
도(:윷놀이)	뙤	때~뙤	조금	쪼끔	쪼깜
겨누다	꼬누다	꼬누다	두꺼비	뚜께비	뚜께비
도랑	또랑	(꼬랑)	둑	뚝	뚝
두께	뚜께	뚜끼	되놈	되놈~뙤놈	뙤놈
다닥다닥	따닥따닥	따닥따닥	다뿍	따뿍	다뿍
닥나무	땅나무	땅나무	당기다	땅그다	땡기다
두껍다	뚜껍따	뚜껍따	던지다	떤지다	떤지다
다독거리다	따둑꺼리다	따둥끼리다	다듬다	따듬따	따듬따
닦다	딱따	딱따	단단하다	딴딴하다	단단하다

병아리	병아리~삥-	삐가리	박쥐	뽁쥐	뽁찌
번데기	뻔데기	(꼰데기)	부스러기	뿌시레기	뽀시레기
보스락	뽀시락	뽀시락	바싹	뽀짝	뽀짝
부수다	뿌싱는다	뿌식타	부서지다	뿌스거지다	?
분지르다	뿐질르다	뿐지르다>뿌-	시래기	씨래기	씨래기
수수	쑤시	쑤시	시동생	시동생	씨아제
시어머니	씨어무니	씨어메	시아버지	씨아부니	씨아베
서캐	쌔캐~쌔	쌔	소나기	쏘내기	쏘내기
서까레	쌔까레	쌔까레	수세미	쑤세미	쑤세미
자르다	짜르다	짤르다	쇠줄	쇠줄	쎄줄
삶다	쌂따	쌂따	사납다	싸납따	싸납따
성내다	썽내다	썽내다	족집게	쪽찌깨	쪽찌깨
잔디	잔듸~잔디	짠디~짠두박	족제비	쪽쩨비	쪽쩨비
조각	쪼각	쪼가리	장다리무	짱다리무시	짱다리무시
줄기	쭐거리	쭐거리	장어	(비암)짱에	짱에
절름발이	쩔룩빠리	쩔뚝빠리	지린내	찌린내	찌린내
족두리	쪽또리	쪽따리	집게	찌깨	찌깨
죽지	쭉찌	쭉떼기	지게미	찌갱이	찌갱이
곱사등이	꼽새	꼽새	기울다	찌울다	찌울다

[처음 실린 곳]
地域開發研究 第2輯, 「섬진강 유역권의 종합학술조사 보고서 -구례군 문척면 죽마리·광양군 다압면 도사리를 중심으로-」(順天大學校 地域開發研究所), 1992.2.29. 발행, p.23~40.

[07] 내적재구에 의한 전남방언사 연구

1. 머리말

특정 언어에 대한 역사적 연구를 가장 손쉽게 달성하는 길은 시간적으로 서로 다른 시기에 작성된 기록물을 자료로 삼아 이를 분석·검토하는 것이다.[1] 그리고 전남방언사의 기술을 위해서도 이 방언이 반영된 문헌을 자료로 삼아 이를 검토하면 될 것이다.

그런데 문제는 해당 언어(또는 방언)가 반영된 역사적 기록물이 전혀 없거나 설사 있다고 하더라도 극히 미약한 상태에 있는 경우에는 이러한 방법론을 이용할 수 없다는 것이다. 우리는 이런 경우에 차선책으로 언어(또는 방언)들을 서로 비교하거나 특정 언어(또는 방언)의 공시태 안에서의 형태론적 교체를 증거로 하여 그 언어(또는 방언)의 통시태를 재구해 내는 내적재구의 방법론을 채택할 수밖에 없게 된다. 본고에서 다루고자 하는 전남방언도 이런 부류에 속한다. 전남방언만이 고스란히 반영된 옛문헌이 전무한 상태에 있기 때문이다.

따라서 전남방언사 기술을 일차적인 목표로 삼고 있는 본고는 현대 전남방언의 공시태를 대상으로 하여 이 안에서 언어사를 재구할 수밖에 없는 처지에 있다. 더욱이, 필자는 현재 전남방언사를 전반적으로 기술할 수 있는 입장에 있지 않으므로 본고에서는 전남방언 중에서도 과거 필자가 조사한 적이 있는 몇 개 지역을 중심으로, 그것도 합성어와 파생어에 한정시켜 이들에 나타나는 언어변화의 몇 가지 유형과 그 변화요인을 주로 음운론적인 측면에서 약술하기로 한다.[2]

2. 음운현상과 어휘재구조화

2.1. 내적 재구의 방법은 공시적으로 출현하는 하나의 특정한 형태론적 교체에서부터 출발

---

[1] 만일 음성언어가 남아 있다면 그것을 대상으로 삼아 연구하는 것이 가장 이상적이겠으나 이를 기대하기란 세계 어떤 언어에서도 어려운 것이 현실이다.
[2] 전남방언사에 대한 전반적인 기술은 후일을 기약하기로 한다.

하며, 여기서 과거에 이러한 변화를 야기했던 음운적 변화와 그 변화가 일어나는 조건 요인들을 이끌어내는 데 그 목적이 있다(최전승, 1992: 121).

우선 기존한 합성어와 파생어에 새로 생겨난 음운규칙이 적용됨으로써 어휘의 재구조화를 가져온 경우부터 검토해 보기로 한다.

전남방언을 포함한 국어사를 통해서 볼 때, 형태소 경계를 개재시키는 단어 내부에서 선행요소의 끝소리 /ㄹ/이 후행요소의 첫소리 'ㄴ, ㅅ, (ㅿ), ㄷ, ㅈ' 앞에서 탈락하는 규칙이 14세기를 전후로 하는 시기에 발생한 것은 하나의 커다란 사건임에 틀림없다(기세관, 1991: 14). 이 규칙의 발생으로 현대어 '화살'과 '소나무'는 각각 '*활살'과 '*솔나무'에서 /ㄹ/이 탈락되어 재구조화된 결과임은 물론이다.

이미 기세관(1991: 15-20)에서 지적한 바 있듯이, 합성어 및 파생어와 같은 단어형성(word-formation)은 그것들이 형성될 때 적용되는 단어형성 규칙에 따르며 이들 단어의 형태소 경계에서 나타나는 음운현상은 그것들이 합성 또는 파생의 과정을 거친 뒤에 형성된 단어(: 합성어 또는 파생어)에 적용된다. 가령 중부방언 '소나무'는 이것이 형성되는 처음 단계에서는 [[#솔#][#나무#]] 정도의 내적 구조를 가진 것이었을 것인 바 이 단계에서는 어기들의 분석과 결합이 자유로웠을 것이다. 그러다가 시간이 흐름에 따라 두 어기의 결합 정도가 점차 강해져 [#솔#나무#] 정도의 내적 구조를 가지게 되면서 하나의 단위로서의 성격이 더 강해지고 어기들의 분석과 결합도 자유롭게 이루어지지 못하게 되는 이른바 이완합성어의 성격을 띠었을 것이다. 그 뒤 '솔'과 '나무' 사이의 결합 강도가 더욱 강화되면서 그 내적 구조가 [#솔+나무#] 정도의 것으로 바뀜으로써 하나의 단위로서 기능할 수 있는 자격을 부여 받게 되는 이른바 긴밀합성어의 성격을 띠었을 것이다.3) '소나무'는 바로 이 긴밀합성어 [#솔+나무#]에 '/ㄹ/ 탈락'이라는 음운규칙이 적용되어 비로소 형성된 것이라고 볼 수 있다(기세관, 1991: 14-20). 이렇게 볼 때, 현대어 '소나무', '화살' 등에서 보는, /솔/, /활/ 등의 다른 이형태 /소/, /화/ 등은 선행시기에 /ㄹ/ 탈락이라는 음운규칙의 적용을 받은 결과 형성된 것임을 알 수 있다. 이기문(1963: 86-88)에서는 이 시기를 전기 중세국어 후반인 14세기 무렵으로 추정한 바 있다. 이 과정을 그림으로 보이면 다음과 같다.

(1) [[#솔#][#나무#]] > [#솔#나무#] > [#솔+나무#] > 소나무
      | | |········/ㄹ/ 탈락
   단어+단어   이완합성어 긴밀합성어

국어사에서 어휘의 재구조화를 가져온 또다른 탈락규칙으로 /ㄱ/ 탈락을 들 수 있다. 다음

---

3) '이완합성어'와 '긴밀합성어'라는 용어는 Allen(1975)의 견해를 빌려 李賢熙(1991: 320-321)에서 사용한 것을 여기에서도 그대로 가져온 것이다.

그림에서 보는 것처럼 현대어 '나래, 모래, 노래' 등은 이 규칙의 적용으로 /ㄱ/이 탈락된 뒤 재구조화한 어휘들인 것이다.

(2) [[#눌#][+개#]] > [#눌++개#] > [#눌+개#] > [#눌+애#]/[#ㄴ+래#] > 나래
       | | |················· /ㄱ/ 탈락
   단어+접미사   이완파생어   긴밀파생어

여기서 /ㄱ/ 탈락형 '눌애/ㄴ래'는 선·후행요소의 통합체가 굳어져서 단일어화한 것으로 판단되기 쉽다. 이런 경우 우리는 역사적으로 탈락된 /ㄱ/이 복귀되는 경우를 보기도 한다. 현대어 '날개'가 바로 그것이다: 눌애>눌개>날개. 이는 과도한 어형의 파괴를 피하여 파생어로서의 자격을 유지하려는 힘이 작용한 것으로 볼 수 있을 것이다(이현희, 1991: 323). 그런데 우리가 여기서 기억하고 넘어가야 할 것은 '나래'가 '날개'보다 고형에 속한다는 사실이다(이현희, 1991: 321).

전남방언(: 앞으로는 주로 '이 방언'이라 일컫기로 한다.)에서 /ㄹ/ 탈락과 관련을 맺을 수 있는 어사들은 단어에 따라서는, 전지역에서 /ㄹ/ 탈락과는 무관한 어형만이 나타나기도 하고(: 공통어 '부젓가락'은 전지역에서 '불저금, 불저붐, 불재끄락' 중 어느 한 형태로 실현된다.), /ㄹ/ 탈락형과 비탈락형이 지리적으로 양분되어 나타나기도 하며(: 공통어 '차조'는 함평, 무안, 신안, 영암, 강진, 해남, 진도, 완도 등 서남부 지역에서는 '차서숙'으로, 기타 지역에서는 '찰서숙'으로 실현된다.), /ㄹ/ 탈락형만이 나타나기도 하고(: 아드님, 따님, 화살, 싸전, 싸장사, 이부자리, 노무새~놈새~나무새~남새 등), /ㄹ/ 탈락형과 비탈락형이 동일지역에서도 수의적으로 교체되기도 한다(: 버드나무~버들나무, 소나무~솔나무, 다달이~달달이, 사더니~살더니, 사지도~살지도 등). 이 가운데 비탈락형의 경우는 /ㄹ/ 탈락을 경험한 뒤 다시 /ㄹ/을 회복한, 곧 /ㄹ/ 탈락형에서 비탈락형으로 복귀한 것으로 판단된다. 여기서 보는 /ㄹ/의 회복 또한 과도한 어형의 파괴를 피하여 파생어 또는 합성어로서의 자격을 유지시키려는 힘이 작용한 결과일 것이고 탈락형이 고형에 속한다고 할 수 있을 것이다.

필자는 /ㄹ/ 탈락과 같은 특정 음운 현상의 공시적 불규칙성은 그 규칙이 발생한 선행 시기의 언어를 고려할 때 비로소 설명될 수 있음을 상술한 바 있으므로(기세관, 1991), 여기에서는 따로 논의하지 않기로 한다.

2.2. 단일구조(:단일어)를 갖는 어휘들 중에는 역사 변화와 더불어 개신파에 밀려 한자어 등 다른 형태로 대치되어 단독으로는 문장 속에서 쓰이지 않게 되었지만 그것이 어기가 되어 형성된 합성어나 파생어 속에서는 단어 형성시의 옛모습을 그대로 유지한 채 화석처럼 남아 있는 경우가 있다. 예컨대, 중부방언 '아우본다, 아우탄다; 마을간다'에 대응하는 전남방언 '아시본다, 아시탄다; 모실간다~마실간다'라는 어휘에서 '아시'와 '모실~마실'이 바로 그것이다. 이들 단어가 단독으로 쓰일 때는 각각 '동생, 동네~마을'로만 쓰이고 있을 뿐인 것이다.

이 경우는 단일어로서의 어기는 소멸했거나 어형변화를 일으켰지만 그 어기로부터의 합성어나 파생어는 그대로 남아 있어서 어휘 소멸에 있어서 이들 양자가 운명을 같이하는 것이 아니라 각자 독자적으로 행동하는 경우라고 하겠다(송철의, 1983: 63).[4]

이처럼 합성어나 파생어 속에서의 어기가 고형을 유지할 수 있는 것은 언어변화, 특히 음운변화에 있어서 그것들이 갖는 보수성에 말미암는다. 곽충구(1983: 106-107)에서는 합성어나 파생어가 언어변화에 대해 보수적인 이유를 다음과 같이 기술한 바 있는데 이는 매우 타당한 지적이라고 여겨진다. 곧 체언이나 용언의 어간말자음(자음군)은 굴절접사와 결합할 때에는 그 형태론적 경계에서 음운론적 교체를 이루어 변화될 가능성이 있으나, 모음으로 시작하는 파생접사나 다른 어사와 결합하여 파생어나 합성어를 이룰 때에는 그런 환경이 소거됨으로써 새로운 개신파의 침투가 저지되어 변화를 받지 않고 고형을 유지한 채 남을 수 있게 된다는 것이다.

3. 합성어 및 파생어에 나타나는 음운변화

3.1. 전남방언에 나타나는 음운변화

지금까지 보아온 것처럼 우리는 합성어나 파생어가 갖는 이런 특성을 이용하여 언어사, 특히 음운변화사 및 이에 따른 형태변화사를 재구할 수 있다.[5] 이 장에서는 이런 경우만을 대상으로 이 방언의 선행 단계의 어형을 부분적으로 재구해 보고자 한다. 이와 유사한 연구 방법론은 이미 곽충구(1983)에서 이루어진 바 있는데 이 장은 주로 이를 바탕으로 이루어졌음을 밝혀 둔다.

가) 어간말자음의 변화

① ㅍ>ㅂ(: 짚>집)

이 방언에서 '짚(藁)'은 대체로 /짚/과 /집/으로 교체되는데 전자는 /지프락/에서처럼 파생어에서, 후자는 단독으로 나타난다. 우리는 이들 두 이형태를 대응시켜 어간말 자음의 변화, 곧 어간말유기음의 무기화를 설명할 수 있다(곽충구, 1983: 107-108).

---

[4] 반대로 어기는 그대로 남아 있는데 합성어나 파생어가 사라진 경우도 있다. 이에 대하여는 宋喆儀(1983: 63) 참조.
[5] 이 경우에 있어서 단어의 형태 변화는 주로 새로운 이형태의 형성으로 나타난다.

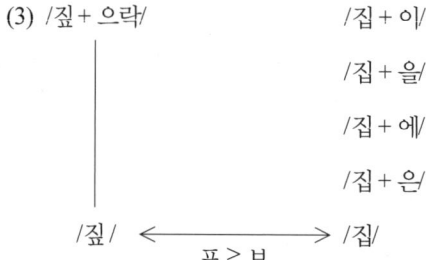

이 'ㅍ>ㅂ'의 변화는 흔히 /ㅍ/이 음절의 끝소리, 곧 자음 또는 휴지 앞에서 내파화하여 /ㅂ/에 합류하는 음운변화를 입게되자 체언 끝의 'ㅍ~ㅂ'의 교체가 일어나게 되고 결국은 /ㅂ/을 끝소리로 가진 교체형인 단독형이 기본형으로 인식되게 되어 모음으로 시작하는 조사 앞의 환경에까지 그 분포가 확대된, 이른바 수평화(leveling)로 설명된다(고광모, 1989: 9-10). 이렇게 보면 'ㅍ>ㅂ'의 변화는 순수한 음운론적 변화에 한정되는 것만은 아니라고 할 수 있다.

그런데 이 방언에서 보는 동일한 'ㅍ>ㅂ'이라도 어휘에 따라 그리고 지역에 따라 그 변화의 폭이 다르다. 동부 전남에 속하는 광양군 다압면 섬진어에서는 전술한 '짚'을 비롯하여 '앞, 옆, 잎, 숲, 짚, 썳(: 섶)' 등의 체언 말음 'ㅍ'이 모음으로 시작되는 모든 조사 앞에서 유지되지만, 서부전남어에서는 처격에서만 /ㅍ/으로 실현될 뿐이고 그 밖의 경우는 /ㅍ/과 /ㅂ/이 넘나든다(기세관, 1992: 34-36).

② ㅌ>ㅅ(: 끝>끗)

서부전남어에서 '끝(末)'은 처격의 경우를 빼면 /끗/으로 실현되는 데 대하여 파생어 '끄터리~끄트머리'에서는 /끝/으로 실현된다. 여기서도 이들을 대응시켜 'ㅌ>ㅅ'의 변화를 얻을 수 있다.

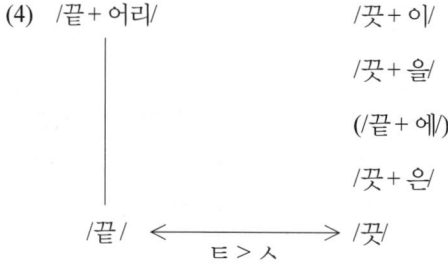

이 'ㅌ>ㅅ'은 'ㅌ>ㅊ>ㅅ'과 같은 중간단계의 과정을 거치는 방언도 존재하는데 '끚이, 끚은, 끚을'과 같은 곡용을 보여 주는 광양지역어가 여기에 해당하는 것으로 알려져 있다(이기갑, 1984:

122). 최전승(1986: 276-284)에서도 이 'ㅌ>ㅅ'의 변화를 'ㅌ>ㅊ>ㅅ'의 과정으로 보고 19세기 후기 전라방언의 실례를 들어 이를 구개음화와 유추적 확대로 설명한 바 있는데 필자도 이와 견해를 같이한다. 이렇게 보면 이 'ㅌ>ㅅ'의 변화도 음운론적 변화만이 아니라고 할 수 있다.[6]

그 밖에 이 방언에서 'ㅊ>ㅈ>ㅅ', 'ㅈ>ㅅ, ㅋ>ㄱ' 등과 같은 체언말음의 형태음소론적 변화를 볼 수 있는데 이에 대하여는 이기갑(1984: 119-123), 서상준(1985: 267) 및 기세관 (1992: 34-36) 등에서 이미 논의된 바 있으므로 여기서는 줄이기로 한다.

나) 어말자음군의 단순화 —'ㄺ〉ㄱ(〉ㅋ)'의 경우—

공통어에서 'ㄺ' 받침을 가진 어휘가 광양군 도사리 섬진마을에서는 'ㅋ' 받침을 가지는 것이 주목된다. 따라서 공통어의 '흙(土), 찰흙(粘土), 닭(鷄)'은 이 지역어에서는 각각 '흑, 찰흑, 닥' 이요, 이들은 '흑이, 흑은, 흑을, 흑에, 흑도; 닥이, 닥은, 닥을, 닥에, 닥도'와 같이 곡용한다.

그런데 여기에서 이 'ㅋ' 받침을 가진 체언이 이른 시기에도 역시 'ㅋ' 받침을 가졌던 어휘였을 것인가 하는 의문이 생긴다. 다시 말해서 섬진어 '닥'이 옛말에서도 역시 'ㅋ' 받침을 가졌던 단어 '닭'이었을 것인가 하는 점이 의문점으로 대두된다. 이 단어의 옛모습을 밝혀줄 수 있는, 이 지역어가 반영된 옛문헌을 통한 확인 작업을 할 수 없기 때문에 지금으로서는 이에 대한 단정을 내릴 수는 없다. 그러나 이 단어가 적어도 'ㅋ' 받침을 가진 '닭'은 아니었을 것이라는 것은 분명한 것 같다.

'계란'을 구례지역어에서 '달걀', 서부전남에서 '다갈' 또는 '달갈'이라 하고, 이들 두 지역어에서 '닭똥'을 '달구똥', '닭'을 비칭할 때 '달구새끼'라 하는데, 이것은 곧 이 방언 '닥(鷄)' 이 이 지역어에서도 이전에는 'ㄺ'이라는 어말자음군을 가진 단어이었음을 예측하게 한다.

(5) /닭 + 우 + 똥/   /닥 + 이/
      | /닥 + 을/
      | /닥 + 에/
      | /닥 + 은/
     /닭/ ←—— ㄺ>ㄱ ——→ /닥/

또, 구례지역어와 서부전남 방언에는 '닭'과 '가리'(: 짐승을 가두는 대나무로 엮은 물건)가

---

[6] 고광모(1989: 18)에서는 이 'ㅌ>ㅅ'의 변화를 'ㅌ>ㄷ>ㅅ'과 같이 /ㅌ/이 /ㄷ/으로 재구조화한 뒤 /ㅅ/으로 바뀐 것으로 설명한다.

결합하여 형성된 '달구가리'(: 닭이나 병아리를 가두는 가리), '닭을 가두는 우리'를 일컫는 '달구장태', '닭털'을 의미하는 '달구털~달구터럭'이라는 어휘가 있는데, 이 '달구가리, 달구장태, 달구털~달구터럭'도 현재의 구례지역어나 서부전남 방언 '닥'의 선행어가 '닭'이었음을 추정하는 방증자료로 이용될 수 있을 것이다.

이와 마찬가지로, 구례지역어 또는 서부전남 방언 '달구똥, 달구새끼'에 대응하는 섬진어가 각각 '다구똥, 다구새끼'임을 고려할 때, 현재의 섬진어 '닥'은 이들 합성어가 형성되기 이전 시기에는 오히려 '닥'-만일 어떤 이유로 'ㄹ'이 탈락했다면 '닭'-이었을 가능성이 크지 현대어와 동일한 형태 '닭'이었을 가능성은 적다. 만일 당시에도 '닭'이었다면, 현대어 '다구똥, 다구새끼'는 오히려 '*다쿠똥, *다쿠새끼'로 나타날 가능성이 크기 때문이다.

이렇게 보면 섬진어 '닭'의 어말자음군은 'ㄺ>ㄱ>ㅋ'의 변천과정을 밟았음을 짐작할 수 있다.

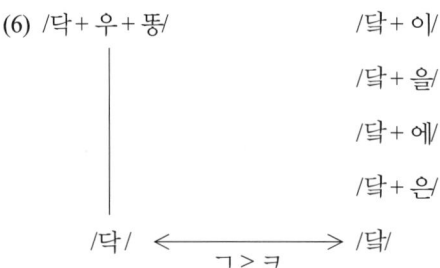

전술한 바 있듯이, 단어형성은 그 단어가 형성될 때의 단어형성 규칙에 따른다. 따라서 서부전남 방언 '다갈'과 '달갈'은 각각 '닥(鷄) + 알(卵)', '닭 + 알'의 합성으로 볼 수 있을 것이다. 곧, '다갈'은 '닭'이 '닥'으로 재구조화한 뒤에 이것이 '알'과 결합하여 합성어를 이룬 것으로 해석할 수 있다.

이와 같이 우리는 공시적인 단일어와 그 단일어로 구성되어 있는 합성어 또는 파생어에서 보는 상이한 음운변화를 통해서 어간말 자음군의 단순화를 설명할 수 있는 것이다.

그런데 공통어의 '달걀'이 옛말 '둘긔알(<둘긔알)<─돍(鷄) + 의(: 속격조사) + 알(卵)>로 거슬러올라갈 수 있는 것처럼, 구례지역어나 서부전남 방언 '달구똥, 달구새끼'도 각각 옛말 '*돍똥, *돍삿기'로 거슬러올라갈 수 있을 것으로 본다.7)

'달구똥'은 /닭 + 우 +똥/으로 분석할 수 있다. 그런데 이 경우에 여기서 문제되는 것은

---

7) ①이렇게 되면, 이들이 각각 '*둘긔똥(둘긔쏭), *둘긔삿기(둘긔삿기)'로 소급되는 것으로 기술한 바 있는 기세관(1992: 33, 주12)의 입장과 달리하는 것이 된다.

②본고에서 이 방언의 재구형 또는 고형은 기술의 편의상 설정한 것이다.

'우'를 어떤 문법 단위로 파악할 것인가, 곧 그것을 속격조사 '익'의 변화형으로 볼 것인가 아니면 다른 어떤 것으로 볼 것인가 하는 것이다.

필자는 이 '우'를 속격조사로 보지 않고 'sports'를 우리말 '스포츠'로 적을 경우 '스'와 '츠'의 '으'에 해당하는 일종의 매개모음으로 본다. '달구새끼, 달구장태, 달구가리, 달구털'에서 보는 '우' 또한 마찬가지이다. 그 이유는 다음과 같다.

두 단어가 결합하여 합성어를 이루는 경우를 포함하여, 전남방언에서는 어느 경우에라도 중부방언의 속격조사 '의'가 실현되지 않는데, 이 방언에서의 이러한 경향은 선행 시기에 있어서도 동일하였을 것으로 믿어진다. 그렇다면, 이 방언에서 '닭'과 '쏭'이 결합한 합성어는, 이들 두 요소를 이어주는 속격조사와 같은 것이 필요 없이, 이것들이 바로 연결된 '*닭쏭'이었을 것이다. 이렇게 보면 결국 그 뒤 이 형태가 일련의 변화과정을 겪은 결과 '달구똥'이 된 것으로 보는 것이 되는데 이는 다음과 같이 설명된다.

알타이 제어가 그런 것처럼, 이기문(1972: 69)에 따르면, 고대국어에서는 모든 자음이 음절 말 위치에서도 아직 내파화가 일어나지 않고 제 음가대로 발음되었다. 국어에서 'ㄺ, ㄻ, ㄼ' 등과 같이 '제1자음이 'ㄹ'인 겹받침은 후기 중세국어 시기까지만 해도 음절 끝에서도 둘 다 발음되었었는데(기세관, 1991: 60) 이것도 이들 자음이 내파화하지 않은 데서 비롯한 것일 것이다.

전남방언도 여기서 예외는 아니었을 것임은 물론이요, 전남방언은 오늘날도 그러한 경향을 보여주는 흔적을 도처에서 볼 수 있는 바,[8] '달구똥'의 '달구' 또한 그러한 어사에 해당하는 것으로 파악된다. 곧, '닭'과 '쏭'이 결합하여 형성된 합성어 '*닭쏭'에서 '닭'의 어말자음군 'ㄺ'은 음절 끝에서도 내파화하지 않고 둘 다 발음되었을 것이고 이러한 발음 습관은 계속하여 이어져 오고 있던 바, 이를 어중에서 세 자음이 연이어 나타나는 것을 허용하지 않는 국어의 음절 구조 규칙에 따라 내파화하지 않은 'ㄱ'을 표기하기 위해 매개모음 '우'를[9] 첨입시킨 데서 '달구'가 비롯하였을 것으로 본다: ([tʌlkt'oɟ]>)[talkt'oɟ]→([talkit'oɟ]>)[talkut'oɟ]. 따라서, 동일한 어기 '닭'이라도 모음으로 시작하는 '알'과의 합성어가 이 방언에서 '*달구알'이 아닌 '달걀'인 것은 당연한 결과일 것이요, 이 사실도 전술한 우리의 입장을 간접으로나마 뒷받침해 준다고 하겠다.

다) 용언어간의 재구조화

'마개'가 동사의 어간 '막-'과 접미사 '-애'의 결합으로 이루어진 것으로 볼 수 있는 것처럼, '벼훑이'에 대당하는 이 방언형 '홀태'는 어기 '홅'과 접미사 '-애'가 결합하여 이루어진 것으로

---

[8] 아래 (7)과 (8)의 예 참조.
[9] (7)과 (8)을 통해서 짐작되는 바와 같이, 이 매개모음 '우'는 '으'로 소급될 수 있을 것으로 보인다.

분석되는데, 여기서 어기 '훑'은 용언 어간 '훑-'에서 온 것으로 추정할 수 있다. 따라서 이 방언에서 동사 '홀트-'는 일음절 어간 '훑-'에 매개모음 '-으-'가 결합하여 이루어진 형태일 것이요, 이 '-으-' 또한 전술한 '달구'의 '우'와 동일한 기능을 하는 것으로 해석된다. 곧, 이 방언형 '홀트-'의 '으' 역시, '훑-'의 어간말자음군 'ㄾ'이 자음어미 앞에서도 내파화하지 않고 둘 다 발음되므로 이를 현대국어의 맞춤법에 따라 적자면 필연적으로 'ㅌ'과 뒤따르는 자음 사이에 모음이 하나 필요하게 되는데, 바로 이를 위하여 첨입된 모음에 해당하는 것으로 파악된다.

이렇게 보면 중세국어나 중부방언에서 일음절로 나타나는 어사 가운데 이 방언에서 2음절 어간으로 표기되는 상당수가 이 방언에서도 이전에는 일음절 어간이었을 가능성이 클 것으로 여겨지는데, 다음 (7)과 (8)의 어사들이 그런 예에 속한다.

(7) 홀트 - (:훑-)   훑트 - (:훑-)
    할트 - (:핥-)   지프 - ~지푸(深)
    노프 - ~노푸(高)   야프 - ~야푸(淺)
    가프 - ~가푸(: 갚-)   너릅 - ~널룹- ~널브- ~널부(廣)
    살므 - ~쌀무(: 삶-)   볼브 - ~볼부(踏)(<넓-)
    을프 - ~을푸(吟)   골므 - ~골무(膿)
    더프 - ~더푸(覆)   무그 - (食)
    자브 - ~자부(着)   마트 - (:맡-)
(8) (쉼→)숭구(植),   (낡>)낭구(木)
    (붊ㄱ>불무구>)풍구(冶) (좀>)장구(閉)
    (눕집>)노무집(他家)   (둠→)당구(浸)

따라서 (7)과 (8)에 제시한 어사들은 이 방언이 음절말 위치에서도 자음의 내파화가 일어나지 않은 언어이었음을 추정케 하는 증거로 삼을 수 있게 하고, 이 현상이 합성이나 파생어에만 한정되지 않고 폭넓게 나타남도 보여 준다.

여기서 우리는 고대국어에서는 모든 자음이 음절말 위치에서도 아직 내파화가 일어나지 않고 제 음가대로 발음되었다고 한 이기문(1972: 69)의 견해를 다시 한 번 상기하게 되고, 이 방언이 바로 그 주장을 강변해 주는 좋은 예가 될 수 있다고 믿는다. 이는 마치 이 방언 '달개다'(說)가 중세국어 '달애다'의 전신이 '*달개다'이었을 것임을 방증하여 주듯이. 특히, 이 현상이 자음으로 끝나는 어간에 한정되며 첨입되는 모음 또한 한결같이 '으'(또는 '우')에 한정된다는 사실은 전술한 우리의 입장을 견지하는 데 보다 적극적으로 뒷받침해 줄 수 있을 것으로 믿는다.

한편, 중부방언의 '심-(植)'이 근대국어 시기까지도 '시므-(植)'와 '심-'이 환경에 따라 교체되던 것이었음을 감안하여 이 방언 '홀태'도 어간 '*홀트-'에 접미사 '-애'가 결합하여 형성된 파생어로 볼 수 있는 가능성도 배제할 수는 없다. 이렇게 본다면 (7)의 예들은 고형을 유지하고 있는, 곧 흔히 방언이 갖는 변화에 대한 보수성을 보이는 것들로 해석할 수도 있을 것이나 본고에서는 이 방안은 취하지 않기로 한다. 필자는 근대어 '시므-' 또한 '심-'의 'ㅁ'이 음절말의 위치에서도 내파화가 일어나지 않았던 데서 비롯한 형태일 것이라는 입장을 견지하고 있기 때문이다.

이렇게 보면, '즘->잠그-, 듧->담그-' 등과 같이 국어사에서 자음으로 끝나는 어간에 '으(/ᄋ)'가 첨가되어 어형의 확대를 가져온 직접적인 동기는 바로 국어가 갖는 이러한 특성, 곧 자음이 음절말 위치에서도 내파화가 일어나지 않고 제 음가대로 발음된 언어적 특성을 가졌던 데에 기인한 결과일 것으로 믿는 바이나 이에 대하여는 다음 기회에 별고를 마련하기로 한다.10)

라) 어두자음군의 단순화

'쌀(米)'은 단독형으로는 /쌀/이지만, 이것을 어기로 하는 파생어들은 /찹쌀/, /몹쌀/(: 멥쌀), /멥쌀/(: 제사 때 신위께 올리는 밥을 '메밥'이라 하는데 이 밥을 지을 쌀을 '멥쌀'이라 함.) 등으로 나타나 '쌀'이 이 방언에서도 선행시기에는 /ㅄ/을 어두자음군으로 가진 단어였음을 짐작할 수 있다: 뿔>>쌀.

그 밖에 '멀크락~머리카락, 수캐~쑤캐, 암캐~앙캐, 안팎, 암탉' 등의 예를 통해서 이 방언에 'ㅎ'을 말음으로 갖는 체언이 존재한 시기가 있었음을 알 수 있다. 이에 대한 설명은 줄이기로 한다.

3.2. 중세국어에 나타나는 음운변화

이러한 연구 방법론이 선행 시기의 공시태에서도 이용될 수 있음은 물론이다. 후기 중세국어에서의 한 예를 보자.

(9) 어시 다 눈 멀어든(月釋 2: 7)
눈먼 어시는 淨飯王과 摩耶夫人이시니라(月釋 2: 13)
아바님도 어시어신마ᄅᆞᆫ(시용향악보 12~13, 思母曲)
아바님도 어이어신마ᄅᆞᆫ(악장가사 상: 6, 思母曲)

---

10) 그런데 여기서 공통어 '잠그-, 담그-'에 모음계 어미가 연결된 활용형 '잠가, 잠가라; 담가, 담가라' 등은 통시적으로 보면 어간에 어미가 바로 연결된 형태일 뿐이지 어간말 모음 '으'가 탈락을 경험한 형태가 아니라는 사실이 주목된다.

(9)에서 보는 '어ᅀᅵ(~어이)'는 단독으로 나타나는데 '부모'를 뜻함이 틀림없다. 그런데 (10)의 예에서 보는 바와 같이, 후기 중세국어에서 '엇'으로도 실현되는 이 '어ᅀᅵ'는 합성어에서만 나타나 '母'를 의미한다는 것이 주목된다. 한편, '母'를 뜻하는 어형이라도, 합성어에서와는 달리, 단독형에서는 '어미'로 나타난다는 사실이 매우 흥미롭다<(11) 참조>.

   (10) 어버ᅀᅵ(兩親)(←업+어ᅀᅵ)(釋譜 6: 3)
       어ᅀᅵ아들(母子)(釋譜 6: 5)
       思母曲 俗稱 엇노리 界面調(시용 11)
       cf. 어ᅀᅵ쫄(母女)(三綱, 열: 27)
   (11) 어미(釋譜 6: 1; 月釋 8: 87; 訓蒙初 상: 16)

  곧, '母'에 해당하는 어형이 합성어에서는 '엇~어ᅀᅵ'으로 나타나던 것과는 달리, 단독형으로는 '어미'로 나타남이 압도적이어서 '엇~어ᅀᅵ'는 후기 중세국어 시기에는 이미 사멸의 길을 걷고 있음을 알 수 있다.
  한편, 고대국어에서의 용례, '愛尸母史'(安民歌)는 '母'가 '엇~어ᅀᅵ'로 실현되었음을 말해 준다(金完鎭, 1973: 46).
  이상의 사실을 종합하여 볼 때, 첫째 '엇~어ᅀᅵ'는 본래는 '兩親'의 뜻이 아니라 '母'의 뜻만을 지녔음을 알 수 있고, 둘째 이 어사는 '엇(>*어시)>어ᅀᅵ>어이'와 같은 어형의 변화 과정을 상정할 수 있어서 합성어에서 보는 어형이 단독형보다 고형을 유지하고 있음-변화가 더딤-도 알 수 있을 뿐만 아니라 이를 바탕으로 하여 'ㅅ>ㅿ>ㅇ'의 변화 과정을 알 수 있다.
  이렇게 볼 때, 현대어 '어버이'는 공시적으로는 단일어로 처리할 수밖에 없겠지만, 통시적 사실을 고려한다면 '업(父)'과 '어이(母)'가 결합하여 화석화한 합성어임을 알 수 있고 또 이들 두 어기가 각각 고형을 유지할 수 있는 것은 바로 합성어가 갖는 언어변화에 대한 보수성에 말미암는다고 하겠다.

4. 맺음말

  이 글은 과거 필자가 조사한 적이 있는 몇 개 지역의 전남방언 자료 가운데 합성어와 파생어를 중심으로 거기에 나타나는 음운론적인 변화를 검토함으로써 전남방언사에 대한 내적 재구를 시도한 것이다.
  본론에서 다룬 내용을 요약하면 다음과 같다.
  1. 국어의 전반적인 현상이겠지만, 전남방언 '소나무, 화살, 사더니, 싸전' 등의 어휘는 '*솔나무,

*활살, *살더니, *쌀전' 등에서 선행요소의 끝소리 /ㄹ/이 선행시기에 탈락되어 재구조화한 것이다.

2. 단일구조를 갖는 어휘들 중에는 역사 변화와 더불어 개신파에 밀려 한자어 등 다른 형태로 대치되어 단독으로는 문장 속에서 쓰이지 않게 되었지만 그것이 어기가 되어 형성된 합성어나 파생어 속에서는 단어 형성시의 옛모습을 그대로 유지한 채 화석처럼 남아 있는 경우가 있다.

이처럼 합성어나 파생어 속에서의 어기가 고형을 유지할 수 있는 것은 언어변화, 특히 음운 변화에 있어서 그것들이 갖는 보수성에 말미암는다. 우리는 합성어나 파생어가 갖는 이런 특성을 이용하여 언어사, 특히 음운변화사 및 이에 따른 형태변화사를 재구할 수 있다.

1) 이 방언에서, 단일어 /집/(藁)과 파생어 /지프락(: 짚+-으락)/을 대응시켜 어간말자음의 변화 'ㅍ>ㅂ'을, 단일어 /끝/(末)과 파생어 /끄터리(: 끝+어리)/를 대응시켜 역시 어간말자음의 변화 'ㅌ>ㅅ'을 재구할 수 있다. 그 밖에 이 방언에서는 'ㅊ>ㅈ>ㅅ, ㅈ>ㅅ, ㅋ>ㄱ' 등과 같은 체언말음의 형태음소론적 변화도 있었으나 기존의 논의로 충분하다고 보고 상론하지 않았다.

2) 공통어에서 'ㄺ'으로 실현되는 어말자음군은 서부 전남방언을 포함한 대부분의 전남지역어에서 'ㄱ'으로 단순화하였지만(: 닭(鷄)>닥), 광양군 다압면 섬진마을에서는 'ㄺ>ㄱ>ㅋ'이라는 특이한 변천을 보인다(: 닭>닥>닼).

그런데 이 '닭'을 어기로 하는 합성어 '달구똥, 달구새끼, 달구장태, 달구털, 달구가리' 등에서 '달구'는 '닭'의 어말자음군 'ㄺ'이 음절 끝에서도 내파화하지 않고 둘 다 발음되므로, 이를 어중에서 세 자음이 연이어 나타나는 것을 허용하지 않는 국어의 음절 구조 규칙에 따라 내파화하지 않은 'ㄱ'을 표기하기 위해 매개모음 '우'를 첨입시킨 데서 비롯한 형태일 것으로 파악하였다.

3) 이 방언형 '홀태(: 벼훑이)'는 어기 '훑'과 접미사 '-애'의 결합으로 분석되는데 여기서 어기 '훑'은 용언 어간 '훑-'에서 온 것으로 추정할 수 있어서, 이 방언에서의 동사 '홀트-'는 일음절 어간 '훑-'에 매개모음 '-으-'를 첨가시켜 표기한 형태에 불과한 것으로 볼 수 있다. 곧, 이 '-으-'도 '달구'의 '우'와 동일한 기능을 하는 것으로 파악하였다.

이처럼 중세국어나 중부방언에서 자음으로 끝나는 일음절 어간을 가진 상당수의 어사가, 이 방언에서는 자음으로 시작하는 어미와 결합할 때, 어간에 '으'나 '우'를 첨가시킴으로써 결국은 어말 자음이 내파화하지 않게 되고 이에 따라 어간이 2음절로 적히게 되는데, 이 또한 내파화하지 않는 '어말자음'을 표기하기 위한 불가피한 조처에서 비롯한 것으로 파악하였다. 그리고 우리는 이 사실을, 이 방언이 음절말 위치에서도 자음의 내파화가 일어나지 않은 언어이었을 것으로 추정하는 증거로 삼을 수 있을 것으로 보았다.

3) '쌀(米)'은 단독형으로는 /쌀/이지만, 이것을 어기로 하는 파생어들은 /찹쌀/, /몹쌀/, /멥쌀/ 등으로 나타나 '쌀'이 이 방언에서도 선행시기에는 /ㅄ/을 어두자음군으로 가진 단어이었음을 짐작할 수 있다. 바꾸어 말해서 이 방언에도 선행시기에는 어두자음군 /ㅄ/이 존재하였음을 알 수 있다.

3. 이러한 연구 방법론은 후기 중세국어와 같은 선행시기의 공시태에서도 적용될 있다.

'母'는 후기 중세국어의 한글 문헌에서 단독형에 있어서는 때로는 '어싀~어이'로 나타나기도 하지만 주로 '어미'로 나타나고 있어서 그 당시에 이미 전자가 후자로 바뀌어 가고 있었음을 짐작할 수 있다. 그런데 이 형태가 합성어 안에서는 '엇~어싀'로 나타나고 있어서 당시까지 이미 '엇(>*어시)>어싀>어이'의 변화 과정을 밟았음을 알 수 있다. 현대국어에서 보는 '어버이'는 바로 이 '어이'와 '업(父)'이 결합하여 화석화한 채 남아있는 어형이라고 할 수 있다.

끝으로 이러한 내적재구는 각 시기별로의 공시적 기술을 바탕으로 이루어질 때 비로소 보다 체계적이고 정밀하게 기술될 수 있을 것임을 부기하여 둔다.

참고문헌

郭忠求(1983), "派生語 및 複合語를 통한 方言史硏究", 蘭臺李應百博士回甲紀念論文集, 蘭臺 李應百博士回甲紀念論文集刊行委員會 編, 寶晉齋, 105-116.
고광모(1989), "체언 끝의 변화 ㄷ>ㅅ에 대한 새로운 해석", 「언어학」 제11호, 한국언어학회, 3-22.
奇世官(1986), "光山地域語의 音韻體系-30代와 40代 以上의 母音體系를 中心으로-", 「語文論叢」 第9號, 全南大學校 語文學硏究會, 1-26.
기세관(1986), "나로도 방언의 어휘자료", 「南道文化硏究」 第二輯, 順天大學 南道文化硏究所, 329-345.
奇世官(1991), "國語 單語形成에서의/ㄹ/脫落과/ㄴ/添加에 대한 音韻論的硏究", 圓光大學校 博士學位論文.
奇世官(1992), "섬진강 유역권의 방언", 「地域開發硏究」 第2輯, 順天大學校 地域開發硏究所, 23-40.
金完鎭(1973), "國語 語彙 磨滅의 硏究", 「震檀學報」 35, 震檀學會, 37-59.
徐尙俊(1985), "光陽地域의 方言 硏究", 「語文論叢」 第7·8合輯, 全南大學校 語文學硏究會, 257-279.
宋喆儀(1983), "派生語 形成과 通時性의 問題", 「國語學」 12, 國語學會, 47-72.
이기갑(1984), "동부전남 방언의 성격", 「언어학」 제7호, 한국언어학회, 115-133.
李基文(1963), "十三世紀 中葉의 國語資料", 「동아문화」 第一輯, 63-91.
李賢熙(1991), "中世國語의 合成語와 音韻論的 情報", 「石靜 李承旭先生回甲紀念論叢, 315-333.
崔銓承(1986), 「19세기 후기 全羅方言의 음운현상과 그 역사성」, 翰信文化社.
韓國精神文化硏究院(1991), 「韓國方言資料集 Ⅵ」(全羅南道篇).
Allen, M.R.(1975), "Vowel Mutation and Word Stress in Welsh, " Linguistic Inquiry 4.
Bynon, T.(1977), Historical Linguistics, Cambridge University Press.<崔銓承 옮김(1992), 「歷史言語學」, 翰信文化社.>

[처음 실린 곳]
「南道文化硏究」 第四輯(1993), 順天大學校 南道文化硏究所, 49~70.

[08] 여수방언의 음운론적 특성

1. 머리말

1.1. 언어학자들은 방언에 대하여 "모든 화자들은 적어도 한 방언의 화자들이다."라는[1] 입장을 취한다. 예를 들면, 서울말은, 그 밖의 다른 형태의 한국어가 모두 방언인 것과 꼭 같이, 동일한 자격을 갖는 하나의 방언일 따름이다. 이와 마찬가지 이유로 여수말도 서울말과 동등한 자격을 갖춘, 한국말이라는 상위 단위에 속하는 하나의 하위 단위로서의 방언일 뿐이다. 어떤 방언이 어느 의미에서든 다른 방언보다 언어학적으로 우월하다는 생각은 아무 의미도 갖지 못한다. 모든 방언은 독자적인 언어체계를 가지고 있고 언어로서의 대등한 지위를 갖기 때문이다. 이때의 '여수방언'은, 표준어나 서울말에도 없고 다른 지역어에도 없는, 여수 지역에서만 쓰이는 여수 특유의 언어 요소만을 가리키는 것이 아니라 여수 토박이들이 전래적(傳來的)으로 써 온 한국어 전부를 가리킨다. 이처럼 방언이 중앙어와 동등한 가치를 부여 받게 된 것은 19세기의 소위 소장문법가들에 의해[2] 언어 변화의 요인으로 시간만이 아니라 사회적, 지리적 조건이 크게 작용한다는 사실이 인식된 이후부터서이다.

1.2. 화자란 지역적 배경과 사회적 배경을 동시에 공유할 수밖에 없는 존재이므로 모든 방언은 지역적이면서도 사회적일 수밖에 없다. 곧, 방언의 분화는 지리적인 조건에 의해서뿐만 아니라 사회 계층이나 세대차와 같은 사회적 조건에 의해서도 나타난다. 같은 여수말이라고 하더라도 둔덕동에서 자라난 사람의 그것과 신월동에서 자라난 사람의 그것이 다를 수 있고, 같은 둔덕동 말이라고 하더라도 30대의 그것과 80대의 그것이 다를 수 있다. 이처럼 한 언어 안이라고 할지라도 방언 분화는 여러 층위(層位)에서 갖가지 다른 이유로 말미암아 갖가지 다른 크기로 일어난다.

---

[1] "All speakers are speakers of at least one dialect."(J. K. Chambers & Peter Trudgill, 1980: 3)
[2] H. Paul, K. Brugmann, A. Leskien, B. Delbrück 등이 대표적이다.

이러한 관점에 서서 우리가 어떤 방언을 조사한다고 할 때 가장 이상적인 방법은 언어 분화를 일으킬 수 있는 조건들을 많이 고려하면 고려할수록 좋다는 결론에 도달한다. 이를 위하여는, 조사 지점의 수는 지역 간의 방언 분화를 상세히 보여줄 만큼 방언차가 생기는 곳마다 한 지점씩 선정하여야 할 것이고 사회 계층, 성별, 세대차(연령)를 포함한 온갖 사회적 조건도 고려해야 할 것이다. 그러나 무턱대고 많은 지점을 조사 지점으로 선정하거나 온갖 사회적 조건을 동시에 고려할 수도 없는 일이고 또 그럴 필요도 없다. 방언분화가 동(洞)이나 마을이 달라질 때마다 일어나는 경우는 거의 없으며 여러 가지 사회적 조건을 동시에 고려한다는 것은 대체로 시간과 경비가 허락되지 않기 때문이다.

우리나라 사람들은 방언 의식이 민감하여 자기 고장의 말 영역이 어디서 어디까지라는 것을 꽤 정확히 인식하고 있는데, 지역적으로 같은 군에 사는 사람들 사이에서는 같은 언어(방언)를 쓴다는 의식을 갖고 있어서 대체로 군 단위가 하나의 동일 방언권을 형성한다고 한다(이익섭, 1984: 63). 여수 지역 사람들도 대체로 그들이 서로 같은 여수 출신 사이라면 언어차(방언차)가 없는 같은 방언을 쓴다는 의식을 갖고 있어서 여수시를 하나의 동일 방언권으로 인식한다.[3]

이상과 같은 이유로 필자는 여수시 전체가 지역적으로는 동일 방언권일 것으로 추정하고 방언 조사에서 지역차는 고려 대상에서 제외시켰고, 다만 사회적 조건 가운데 성별과 세대차만을 고려하였다. 그러나 성별에 따른 방언차는 방언 자료의 동질성에 영향을 줄 만큼 크지 않은 것으로 확인되어 결국 세대차만을 고려한 방언 조사가 되었다.

1.3. 오늘날 우리나라가 정치적, 경제적, 사회적, 문화적으로 급격한 변혁기에 놓여 있음은 주지의 사실이다. 이에 따라 언어도 다방면에서 개신파(改新波, innovation wave)에 휩싸여 있어서 세대의 다름만으로도 꽤 다른 모습의 방언을 보여 주리라는 것을 예상하기란 어렵지 않다. 이 글이 노년층과 젊은층을 동시에 제보자로 선정한 이유는 전래적(傳來的)인 방언을 캐는 것 이외에 세대차에 따른 언어 변화상도 알아보기 위함이었다. 물론, 방언 조사가 젊은층보다는 노년층에 집중되었는데, 이는 이 글이 주로 최근 급격히 사라져가는 전래적인 방언을 캐 보존한다는 데 더 큰 비중이 놓이기 때문이다.

이 글은 1996년 2월 8일부터 10일까지 3일 동안에 걸쳐 필자가 우리 대학교 교육대학원 국어과 재학생이자 제보자이기도 한 한경호 선생의 도움을 받아 여수시 둔덕동 하이츠아파트 안에 있는 노인정에서 조사한 언어 자료에 의존하여 쓰였으며, 이 가운데 의문나는 점을 수시로 확인·조사하여 보완했다. 이 글의 방언 자료를 제공해 준 제보자에 대한 정보는 다음 <표 1>과 같다.[4] 여기서 앞 세 사람은 노년층을, 뒤 네 사람은 젊은층을 대표한다.

---

[3] 이 지역 사람들은 여수방언이, 직선거리로 북쪽에 15km 안팎 떨어져 있지만 바다가 가로놓인 광양방언이나 역시 직선거리로 남서쪽에 10km도 채 못되지만 바다가 가로놓인 여천군 화양방언과는 상당한 차이를 보인다고 강변한다. 이에 대하여는 다음 기회에 다루기로 한다.

⟨표1: 제보자 조사표⟩

구 분	성명	연령	성별	직업	학력	거주 경력	주 소
주제보자	김한봉	79	남	없음	국졸	3대째 거주	여수시 둔덕동 하이츠아파트 3동 206호
협조자	박기암	82	남	없음	무학	4대째 거주	하이츠아파트 3동 1303호
협조자	김대약	74	여	없음	무학	3대째 거주	하이츠아파트 8동 506호
제보자	한경호	35	남	교사	대졸	2대째 거주	여수시 수정동 391번지
협조자	김정애	45	여	없음	고졸	2대째 거주	5년전부터 순천에서 거주함
협조자	정선엽	49	여	없음	고졸	4대째 거주	여수시 서교동 872. 충무동 태생
협조자	강기창	51	남	사장	대졸	4대째 거주	여수시 서교동 872. 교동 태생

1.4. 이 글은 다음과 같은 두 가지 목적을 띠고 쓴 것이다. 하나는 여수 방언의 음운론적 특성을 윤곽이나마 종합적으로 파악하는 것이고 다른 하나는 세대차에 따른 언어 변화상을 살펴보는 것이다.

이 글은 음운(音韻), 어휘(語彙), 문법(文法)에 걸친 여수방언의 종합적인 특징을 기술할 목적으로 방언 조사가 애당초 계획되고 이루어졌다. 이를 위하여 우선 두 가지 종류의 방언 조사 질문지가 작성되었는데 그 중 한 가지는 1250여 개 어휘 항목으로 이루어진 어휘 질문지이고, 다른 하나는 음운 항목을 주로 하고 문법 항목을 곁들인, 500여 개 항목으로 이루어진 음운 및 문법 질문지이다. 이 글은 후자, 곧 음운 및 문법 질문지에 따라 조사된 방언 자료를 바탕으로 한 연구 결과 가운데 전반부인 음운편에 해당한다.

2. 음운상(音韻上)의 특성(特性)

2.1. 음소체계(音素體系)

이 방언의 자음체계와 활음체계는 세대차에 관계없이 공통어의 그것들과 같다. 곧, 자음 음소에는 노년층이냐 젊은층이냐에(: 앞으로는 노년층과 젊은층을 동시에 일컬을 때는 '양층위' 또는 단순히 '이 방언'이라고 하기로 한다.) 관계없이 /p, pʰ, p'; t, tʰ, t'; k, kʰ, k'; ʧ, ʧʰ, ʧ'; s, s'; h; m, n, ŋ, r/의 19개가 있고, 활음 음소에는 양층위에 /w, y/의 2개가 있다. 이 사실은 기세관(1986a)과 기세관(1992)에 의하여 밝혀진 서남방언의 다른 하위 방언의 그것들과 일치하는 것이므로 이 글에서는 재론하지 않기로 한다.

그러나 이 방언의 모음 음소 체계는 다음과 같이 양 층위에서 서로 다른 양상으로 나타난다.

---

4) 제보에 응해 준 여러분께 진심으로 감사드린다.

(1) 여수방언의 모음 음소 체계

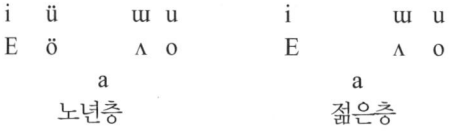

곧, 여수 방언의 모음 음소가 노년층에서는 전설과 후설의 4쌍의 고모음과 중모음이 원순성을 상관 표지로 원(圓)·평(平)으로 대립되어 매우 균형 잡힌 9개의 3서열 4계열 3각 체계를 이루고 있고, 젊은 층에서는 후설만이 원·평으로 분화된 7개의 3서열 3계열 3각 체계를 이루고 있다. 이것은 전남 서부에 위치한 광산방언의 모음 음소 체계와 완전히 일치하는 것이며,[5] 지리적으로 멀리 떨어져 있지 않은 광양방언이나 구례방언이 공통어와 마찬가지로 전설의 평순 모음이 고·중·저의 정도 대립(gradual opposition)을 보여 주는 것과는 달리 그렇지 않음도 주목된다.[6] 이 방언에서 공통어 '때(垢, 時)'와 '떼(群)', '배(梨, 腹, 舟)'와 '베(布)'는 최소대립쌍(minimal pairs)을 형성하지 못한다. 곧, 이 방언에서 /e/와 /ɛ/는 음소적 가치를 갖지 못하고 /E/로 합류된다. 그리고 공통어 /ü/와 /ö/는 이 방언의 노년층에서는 /i/ 및 /E/와 변별되어 '귀(耳): 기(蟹), 뉘(: 쌀에 섞인 겨): 니(汝)'와 '괴(謨): 깨(: 참깨), 되(升): 대(竹)' 등이 최소대립쌍을 형성함으로써 음소적 가치를 갖는다. 그러나 50대 이후의 젊은층에서는 원순성이 탈락하여 '귀, 뉘'는 '기, 니'로, '괴, 되'는 '깨, 대'로 실현됨으로써 /ü/와 /ö/가 각각 /i/와 /E/로 이미 합류되어 음소적 가치를 갖지 못한다.[7] 이상의 사실을 바인라이히(Uriel Weinreich)가 제안한 통합체계(diasystem)를 끌어들여 나타내면 (2)와 같다(Chambers, J.K. & Trudgill, P., 1980: 45).

---

[5] 기세관(1986a) 참조. 이 논문은 지금은 행정 구역의 개편으로 광주광역시 광산구에 속하는 전라남도 광산군 방언 화자 가운데 30대부터 70대를 대상으로 음운 체계를 비교·분석한 결과 음소 체계가 40세를 전후로 하여 곧 40세 이상 세대의 10모음 체계와 30대의 7모음 체계로 양분되어 나타남을 밝힌 것이다. 이들은 각각 (1)에서 보인 여수방언의 노년층 및 젊은층의 그것들과 완전히 일치한다. 그리고 1986년 당시 40세는 현재 50세에 해당하므로 이들 두 방언에서 두 체계가 갈리는 분기점까지 일치한다. 이 사실은 해방을 전후로 한 시기가 국어사 내지는 국어 방언사-좁게는 전남 방언사에 부여하는 의미와 관련하여 시사하는 바가 있을 것으로 생각한다.
[6] 광양방언과 구례방언의 모음 음소 체계에 대하여는 이기갑(1984), 서상준(1985), 기세관(1992) 참조.
[7] 여수방언에서 음절머리음(onset)이 자음으로 시작되지 않은 '위(爲)'는 노년층에서는 단모음 [ü]로, 젊은층에서는 이중모음 [wi]로 발음된다. 그 밖에 공통어에서 '위'로 표기되는 '위(上)', '사위(婿)' 등에서 보는 것과 같은 '위'는 [u]로 실현된다: 욱(上), 사우(婿).

(2) 노년층(O)과 젊은층(Y) 모음 음소 체계의 통합체계

$$O \cdot Y // \frac{O / i \sim ü}{Y / i} \sim \frac{O / E \sim ö}{Y / E}$$

이 통합체계 (2)는 양층위의 부분적 차이와 부분적 유사성은 물론 양층위 사이에 상응하는 체계적 특성을 보여준다. 즉, 전술한 바와 같이, 노년층에서 /i/와 /ü/를 갖는 두 가지 단어군이 젊은층에서는 /i/를 갖는 한 가지 단어군으로 나타나고, 노년층에서 /E/와 /ö/를 갖는 두 가지 단어군이 젊은층에서는 /E/를 갖는 한 가지 단어군으로 나타남을 표시하며, 만일 이와 관련한 노년층의 방언형이 주어지면 젊은층의 방언형은 무엇이 될 것인가를 예견할 수 있게 해 준다.

기세관(1986a)에서는 공통어의 /e/나 /ɛ/가 광산방언에서 /i/나 /E/로 규칙적으로 대응되는 것에 착안하여 현대에 직접 선행하는 단계의 광산방언 모음 음소 체계를 재구한 바 있는데, 이와 같은 방법으로 현대에 직접 선행하는 단계의 여수방언 모음 음소 체계를 재구하면 (3)과 같을 것으로 추정한다.[8]

(3) 현대에 직접 선행하는 단계의 여수방언 모음 음소 체계
    i ü   ɯ u
    e ö   ʌ o
    ɛ   a

이것은 현대에 직접 선행하는 단계의 여수방언의 모음 음소 체계가 공통어와 같은 10모음 체계이었음을 말해준다. 이를 (1)에 제시한 여수방언의 그것과 비교해 보면, 여수방언에서는 역사적으로 전설 모음 /e/와 /ɛ/가 합류된 뒤에 /E/로 자리잡았으며 최근에 들어와 젊은층에서는 /ü/와 /ö/가 음소의 자격을 상실하여 음소 체계의 재구조화를 가져왔음을 알 수 있다. 곧, 여수방언의 모음 음소는 역사적으로 10모음 체계에서 9모음 체계를 거쳐 7모음 체계로 변화하였다고 할 수 있다.[9]

2.2. 모음 축약(母音縮約)과 장음화(長音化)

필자는 기세관(1992)에서도 광양방언을 대상으로 '모음 축약(母音縮約)과 장음화(長音化)'에 대하여 논의한 바 있다.[10] 이 여수방언에서의 모음 축약 및 이에 따른 장음화 현상도 광양방언에서의 그것과 상통한 점이 많다. 이 음운 현상을 요약하면 다음과 같다.

---

8) 재구 방법론을 포함하여 상세한 내용은 기세관(1986: 12-13) 참조.
9) 여수방언에서 (3)에 선행하는 단계의 모음 음소 체계를 재구하는 문제에 대하여는 앞으로의 과제로 남긴다.
10) 이 때 논의 대상으로 삼은 광양방언은 섬진강을 끼고 경상남도 하동읍과 마주 보고 있는 전남 광양군 도사리 섬진마을의 그것이었다. 여기서는 이 방언을 편의상 '광양방언'이라 일컫기로 한다.

가) 개음절로 끝나는 단음절(單音節)인 용언 어간 말음 'ㅣ'와 '-어'계 어미가 연결되면 후행하는 어미 '-어'는 줄어지지만 앞 어간 말음 'ㅣ'는 길어져 소위 보상적 장음화를 가져온다. 이 사실은 동남방언에서는 흔히 보는 현상인 것으로 알려져 있기도 하다.

(4) 이:-(戴)+-어라→이:라   이:-+-었다→잀:따[i:t'a]
    기:-(匍)+-어 간다→기:간다   기:-+-었다→깄:다
    비:-(空)+-어→비: 비:-+-었다→빘:다
    피-(發)+-어→피: 피-+-었다→폤:다
    디:-(火傷)+-어→디: 디:-+-었다→딨:다
    지-(落, 負)+-어→지: 지-+-었다→짔:다
    치-(打)+-어→치: 치-+-었다→칬:다
    찌-(蒸)+-어→찌: 찌-+-었다→찠:다

이들 어사는 '이:-+-어→이어→이:, 이:-+-었다→이었다→잀:다; 지-+-어→지어→지:, 지-+-었다→지었다→짔:다'와 같은 음운론적 과정을 밟는 것으로 기술할 수 있어 어간 모음이 갖는 기저 음장의 차이는 비관여적임을 알 수 있다. 그런데 이 방언에서는 2음절 이상의 다음절 어간에 이어지는 '-어'가 줄어질 때도 장음화를 보상받음이 특이하다.

(5) 말기-(: 말라-)+-어→말기: 말기-+-었다→말깄:다
    시키-+-어→시키: 시키-+-었다→시킸:다
    둘리-(: 속-)+-어→둘리: 둘리-+-었다→둘맀:다
    끈치-(: 그치-, 止)+-어→끈치: 끈치-+-었다→끈칬:다
    갈리-(離婚)+-어→갈리: 갈리-+-었다→갈맀:다
    생키-(: 삼키-)+-어→생키: 생키-+-었다→생킸:다
    지달리-(待)+-었다→지달리: 지달리-+-었다→지달렸:다

(4)의 어사들 중에는 '여라; 였다; 겨, 겼다 ……'와 같이 어간 모음 'ㅣ'가 'y'로 활음화(gliding)하여 축약된 어형과 공존하기도 하며, (5)의 어사들 중에는 '말개[malgE]11), 말갰다; 시캐, 시캤다……'와 같이 어간 모음 'ㅣ'가 'y'로 활음화(gliding)하여 축약된 뒤에 이것이 다시 /E/로 단모음화한 어형이 공존하기도 하는데12) 이것은 이 곳이 지리적으로 동남방언과 서남방언의 전이지대(轉移地帶, transition zone)에 있음을 알려 주는 징표로 삼을 수 있을 듯하다.

---

11) 이 방언에서의 /E/는 표준어 맞춤법에 따른 어원을 살려 'ㅔ'와 'ㅐ'로 구분하여 적는다. 다만, 어원이 불분명한 /E/는 'ㅐ'로 적기로 한다.

12) 여기서 /E/형은 'jə/>/E/'라는 통시적 규칙이 적용된 결과 형성된 것이다(: 말기-+-어→말겨>말개).

나) 이러한 보상적 장음화 현상은 어간 말음이 'ㅚ, ㅟ'의 단음절인 경우에도 동일하게 나타난다.

(6) 되-(升)+-어 → 되ː   되-+-었다 → 됐ː다
    쥐-(握)+-어 → 쥐ː   쥐-+-었다 → 줬ː다
    쉬-(休)+-어 → 쉬ː   쉬-+-었다 → 쉈ː다
    뛰-(走)+-어 → 뛰ː   뛰-+-었다 → 뛨ː다

다) 그러나 어간 말음 'ㅡ, ㅏ, ㅓ'가 '-어'계 어미와 결합하면 탈락하는데 이 때는 장음화가 수반되지 않는다. 이것은 형태소 경계를 사이에 두고, 두 모음이 만나 축약될 때와는 달리 두 모음 중 한 모음이 탈락하여 음절 단축이 일어날 때는 장음화가 수반되지 않는 국어의 일반적인 특성 때문일 것이다.13)

(7) 사-(買)+-아 → 사   가-(去)+-아 → 가
    까-(ː 사내끼를 꼬-)+-아 → 까   싸-(包)+-아 → 싸
    할트-(ː 핥-)+-아 → 할타   볼르-(塗)+-아 → 볼라
    몰르-(乾, 無知)+-아 → 몰라   날르-(飛)+-아 → 날라
    스-(酸)+-어 → 서   쓰-(苦, 用, 點火)+-어 → 써
    서-(立)+-어 → 서   여-(넣-)+-어 → 여
    눌르-(壓)+-어 → 눌러   따르-(隨)+-아 → 따라
    떨브-(ː 떫-)+-어 → 떨버   질르-(汲)+-어 → 질러
    뿌시그-(破損)+-어 → 뿌시거   야브-(ː 야위-)+-아 → 야바

어간 모음 'ㅐ'가 '-어'계 어미와 결합할 때는 어미의 모음이 탈락하는데 이 경우에도 위와 같은 이유로 장음화는 수반되지 않는다.

(8) 매-(밭을~)+-어 → 매   개-(이불을~)+-어 → 개
    대-(물을~)+-어 → 대   재-(尺)+-어 → 재
    캐-(採)+-어 → 캐   패-(發)+-어 → 패
    달개-(誘, 說)+-어 → 달개   포개-(疊)+-어 → 포개
    보내-(送)+-어 → 보내   보태-(加)+-어 → 보태
    손대-(觸手)+-어 → 손대   놀래-(驚)+-어 → 놀래
    만내-(ː 만나-)+-어 → 만내   바래-(望)+-어 → 바래

---

13) 음장, 곧 소리의 길이는 주로 모음에 얹혀 존재한다. 따라서 두 모음이 만날 때 그 중의 한 모음이 탈락되어 음절의 단축이 일어나면 장음화가 수반될 수 없다. 그러나 두 모음이 축약되어 생성된 음절의 음장은 축약 전의 두 모음이 갖고 있는 음장의 합력으로 나타나므로 장음화를 수반한다(기세관, 1984: 4-5).

라) 어간 말음이 'ㅜ'인 용언이 '-어'계 어미와 결합할 때는 다음 (9)의 예와 같이 축약되기도 하고 (10)에서와 같이 어간 말음 'ㅜ'가 탈락하기도 한다.

 (9) 꾸-(借, 夢)+-어→ 꾸: 누-(: 오줌을~)+-어→ 누:
   게우-(: 이불/음식을~)+-어→ 게워   띠우-(使浮)+-어→ 띠워
   싸우-(爭)+-어→ 싸워   태우-(使乘)+-어→ 태워
   채우-(使滿)+-어→채워   재우-(使寢)+-어→ 재워

 (10) 바꾸-(交換)+-아→ 바까   가꾸-(育)+-아→ 가까
   나누-(分)+-아→ 나나   다루-+-아→ 다라
   가두-(圍)+-아→ 가다   야푸-(淺)+-아→ 야파
   푸-(汲)+-어→ 퍼   지푸-(深)+-어→ 지퍼

그런데 '주-(與)'에 명령형 어미 '-어라'가 결합한 활용형은 남에게 줄 때는 '주:라', 나에게 줄 때는 '주라'로 실현되어 음장(音長)의 차이로 구별됨이 특이하다.

마) 어간 모음 'ㅗ'가 어미 '-아'와 결합하는 경우는, '오-(來)'가 양층위에서 '와'로만 실현되는 경우를 빼면, 노년층에서는 'ㅗ'가 'w'로 활음화하여 축약된 어형으로 실현되고 젊은층에서는 '싸(<쏴), 바(<봐)'와 같이 축약에 이어 'w'가 다시 탈락한 어형으로 실현된다.

 (11) 오-(來)+-아→ 와   쏘-(射)+-아→ 쏴~ 싸
   고-(: 뼈를~)+-아→ 과~ 가   보-(見)+-아→ 봐~ 바

2.3. 모음 조화(母音調和)

이 글에서는 용언이 활용할 때, 곧 용언 어간의 모음과 '-아/어'계 어미 사이에 나타나는 모음 조화 현상을 다루기로 한다.

형태소 경계를 사이에 두고 용언 어간과 어미 사이에 나타나는 국어의 모음 조화는 대체로 어간 끝 음절 모음의 종류에 따라 결정되는 것으로 알려져 있다. 이 방언에서의 모음 조화는 어간의 음절 구조, 즉 어간 모음의 종류와 어간의 음절수에 따라 결정되며 양성모음화라는 통시적 변화 과정을 겪고 있는 것으로 요약된다. 이를 좀더 구체적으로 살펴보면 다음과 같다.

가) 어간이 단일 음절로 이루어진 어간은 어간 모음이 'ㅏ, ㅗ' 및 'ㅐ'에서 비롯한 'E'일 때에는 어미가 '-아' 계열(: -아, -아서, -아라, -아도, -아야, -았-, -았었- 등)이 오고, 그 밖의 모음인 'ㅓ, ㅜ, ㅡ, ㅣ, ㅚ, ㅟ, ㅢ, ㅔ'일 때에는 '-어' 계열(: -어, -어서, -어라, -어도, -어야,

-었-, -었었- 등)이 옴이 일반적이다: 갂아, 쌂아(: 삶아), 얇아, 핥아, 잣아(紡), 낫아(勝, 癒), 와(來), 좋아, 꽂아, 놀아, 돌아, 솟아, 쏟아, 뽓아(: 빻아), 쫓아(琢), 훑아, 볿아(踏), 봄아(明), 높아, 놔(: 놓아), 쫓아, 팥아(: 뱉아), 맵아(辛); 썰어, 떫어, 넓어, 젊어, 열어, 벗어, 젓어(掉), 끗어(劃), 들어, 물어, 묵어(食), 웃어, 줏어(拾), 읽어, 잇어(連), 쥐어(: 질겨), 입어.14) 그러나 어간 모음 'ㅏ'와 어미 '-어'가 결합하는 용언도 다소 보인다: 앙거(座), 잡어(捕), 담어.

나) 개음절로 끝나는 다음절 어간이 '-아/어'계 어미와의 결합 과정에서 끝 모음이 탈락함으로써 어간이 교체될 때는 이 교체형의 음절 구조에 따라 모음 조화가 이루어진다. 곧, 다음 (12)와 (13)의 예들이 보여 주는 것처럼, '따르-(隨), 몰르-(不知); 찔르-(: 찌르-), 불르-(呼), 흘르-(流), 대질르-(衝)' 등과 같은 소위 '으' 불규칙 용언이 '따르-, 몰르-; 찔르-, 불르-, 흘르-, 대질르-' 등으로 교체될 때는 교체 어간의 끝모음이 양모음일 때는 '-아' 계열의 어미가, 음모음일 때는 '-어' 계열의 어미가 와 교체형의 구조에 따라 모음 조화가 이루어진다.

(12) 따르-(隨)+-아→ 따라   할트-(: 핥-)+-아→ 할타
　　　날르-(飛)+-아→ 날라   살르-(燒)+-아→ 살라
　　　갈르-(分)+-아→ 갈라   짤르-(斷)+-아→ 짤라
　　　볼르-(塗)+-아→ 볼라   몰르-(乾, 無知)+-아→ 몰라
　　　졸르-(: 조르-)+-아→ 졸라   올르-(乘)+-아→ 올라

(13) 끌르-(解)+-어→ 끌러   흘르-(流)+-어→ 흘러
　　　눌르-(壓)+-어→ 눌러   둘르-(周)+-어→ 둘러
　　　걸르-(濾)+-어→ 걸러   물르-(退, 軟)+-어→ 물러
　　　질르-(長, 汲)+-어→ 질러   찔르-(刺)+-어→ 찔러
　　　숭그-(植)+-어→ 숭거   끙끄-(折)+-어→ 끙꺼
　　　씨끄-(洗)+-어→ 씨꺼   지푸-(深)+-어→ 지퍼
　　　궁굴르-(頓)+-어→ 궁굴러   까불르-(簸)+-어→ 까불러
　　　대질르-(衝)+-어→ 대질러   뿡글르-(折)+-어→ 뿡글러
　　　접질르-(: 삐-)+-어→ 접질러 뿌시그-(破損)+-어→ 뿌시거
　　　끄실르-(: 그스르-)+-어→ 끄실러 떨브-(: 떫-)+-어→ 떨버

이러한 현상은 제2음절 모음이 'ㅜ'인 (14)의 어사들에서도 동일하게 나타난다.

(14) 바꾸-(交換)+-아→ 바까   가꾸-(育)+-아→ 가까
　　　노누-(分)+-아→ 노나   다루-+-아→ 다라

---

14) 이 방언에는 'ㅔ'에서 비롯한 'E'를 어간 모음으로 갖는 단음절 용언이 없는 듯하다.

가두-(圍)+-아→가다   야푸-(淺)+-아→야파
지푸-(深)+-어→지퍼

다만, 다음 (15)의 어사들과 같이 그 교체 어간이 한 음절인 경우는 탈락하기 전의 음절 구조에 따라 모음 조화가 이루어진다.

(15) 사-(買)+-아→사   가-(去)+-아→가
     까-(: 새끼를 꼬-)+-아→까   싸-(包)+-아→싸
     스-(酸)+-어→서   쓰-(苦, 用, 點火)+-어→써
     서-(立)+-어→서   여-(넣-)+-어→여
     푸-(汲)+-어→퍼

다) 어간의 끝음절 '우'가 어미 '어'와 만나면 '우'가 'w'로 활음화하면서 '워'로 축약되는데, 이 가운데 어간의 제1음절 모음이 양모음 'ㅏ, ㅐ'이면 젊은층에서는 이 '워'가 다시 '와'로 바뀌어 실현된다: 태워>태와. 여기서 우리는 이 방언에서의 모음 조화가 양성모음화라는 역사적 변화 과정을 겪었으며 그 시기는 지금으로부터 멀지 않다는 사실을 확인한다.

(16) 게우-+-어→게워   띠우-(使浮)+-어→띠워
     시우-(使立)+-어→시워   싸우-(爭)+-어→싸워(>싸와)
     태우-(使乘)+-어→태워(>태와) 채우-(使滿)+-어→채워(>채와)
     배우-(學)+-어→배워(>배와)   재우-(使寢)+-어→재워(>재와)

라) 2.2.에서 이미 지적한 바 있듯이, 이 방언에서는 어간의 끝모음 'ㅣ'가 '-어'계 어미와 만나 /E/로 축약되기도 하는데 이것은 '(i+ə→)yə>E'라는 역사적 변화를 겪은 데 말미암은 것이다(시키-+-어→시켜>시캐). 이 때 모음 /E/가 선행하는 어간 모음에 중립적(中立的)인 것은 /E/가 /ㅔ/와 /ㅐ/의 합류음인 데에 말미암는다고 판단한다.

(17) 돌리-(使回)+-어→돌래(~돌리:)   말기-(: 말리-)+-어→말개(~말기:)
     시키-+-어→시캐(~시키:)   둘리-(: 속)+-어→둘래(~둘리:)
     끈치-(: 그치-, 止)+-어→끈채(~끈치:) 생키-(: 삼키-)+-어→생캐(~생키:)
     갈리-(: 이혼하-)+-어→갈래(~갈리:) 갈치-(敎)+-어→갈채(~갈치:)

마) 이러한 통시적 양성모음화는 양모음으로의 수평화(leveling)로서 소위 'ㅂ' 불규칙 용언의 활용에서 두드러지게 드러난다. 용언 어간 '어둡-(暗)'에 어미 '-어'가 결합한 활용형은

노년층에서는 '어둡어'와 '어두워'가 수의변이되고 젊은층에서는 '어두와'로 실현되는데 여기서 우리는 '어둡어>어두워>어두와'와 같은 변화 과정을 상정할 수 있으며, 용언 어간 '눕-(臥)'에 어미 '-어'가 결합한 활용형은 노년층에서는 '눕어'와 '누워'가 수의변이되고 젊은층에서는 '누:'로 실현되는데 여기에서도 '눕어>누워>누어>누:'와 같은 변화 과정을 추정할 수 있다. 다음 (18)의 예들은 '>'를 중심으로 왼쪽은 노년층, 오른쪽은 젊은층의 어형을 표시한다.

(18) 덥-(暑) + -어 → 덥어 ~ 더워 > 더와
    굽-(炙) + -어 → 굽어 > 꾸:
    눕-(臥) + -어 → 눕어 ~ 누워 > 누:
    밉-(憎) + -어 → 밉어 ~ 미워 > 미와 ~ 미아
    쉽-(易) + -어 → 쉽어 ~ 쉬워 > 쉬와
    춥-(寒) + -어 → 춥어 ~ 추워 > 추와
    더럽-(汚) + -어 → 더럽어 ~ 더러워 > 더러와
    어렵-(難) + -어 → 어렵어 ~ 어려워 > 어려와
    고맙- + -어 → 고맙어 ~ 고마워 > 고마와
    가찹-(近) + -어 → 가찹어 ~ 가차워 > 가차와
    뚜껍- + -어 → 뚜껍어 ~ 뚜꺼워 > 뚜꺼와
    무섭- + -어 → 무섭어 ~ 무서워 > 무서 ~ 무서와
    싸납- + -어 → 싸납아 ~ 싸나워 > 싸나와
    부끄럽- + -어 → 부끄럽어 ~ 부끄러워 > 부끄러와
    돕-(助) + -아 → 돕아 ~ 도와 > 도와 ~ 도아
    곱-(麗) + -아 → 곱아 ~ 고와 > 고아
    맵-(辛) + -어 → 맵아 ~ 매와 > 매와 ~ 매아
    개굽-(輕) + -어 → 개굽어 ~ 개구워 > 개구와
    고롭-(苦) + -아서 → 고롭아서 ~ 고로와서 > 고로와서 ~ 고라서
    근지럽-(가렵-) + -어 → 근지럽어 ~ 근지러워 > 근지라와
    해겁-(輕) + -어 → 해거버 ~ 해거워 > 해가와

두 방언의 접촉지대(接觸地帶)인 전이지대에서는 양쪽 방언의 요소가 뒤섞여 나타나며 이들 두 요소의 관계는 한쪽이 고형(古形)이고 다른 쪽이 신형(新形)일 가능성이 큰 것으로 알려져 있다.

노년층에서 수의변이되는 '어둡어'와 '어두워'를 각각 동남방언형과 서남방언형으로 보면, 전자가 고형, 후자가 신형이 될 것이요 이 지역을 동남방언과 서남방언의 물결이 만나 합쳐지는 전이지대로, 이 방언을 일종의 병존방언(竝存方言, mixed lect)으로 간주할 수 있을 것이

다. 이렇게 본다면, 젊은 층에서 '어두와'형으로 통일된 것은 '어둡어'형이 '어두워'형과의 세력 다툼에서 밀려 사라짐에 따라 '어두워'형만이 남은 뒤에 이것이 다시 '어두와'형으로 변화한 것으로 해석할 수 있을 것이다.15)

2.4. 어두 경음화(語頭硬音化)

국어의 어두 경음화 현상은 동남방언과 서남방언을 포함한 남부방언에서 특히 두드러지며 한자어에서보다 고유어에서 두드러진 것으로 알려져 있다. 이 방언에서도 어두 경음화가 강하게 나타나며 한자어에서보다 고유어에서 더욱 두드러짐은 물론이다.

이 방언에서의 어두 경음화를 살펴보기 위하여 공통어에서 이 현상과 관련을 맺을 개연성이 있는, 경음을 짝으로 갖는 'ㄱ, ㄷ, ㅂ, ㅅ, ㅈ' 등을 어두 음소로 갖는 어휘 155개를 선정하여 조사하였다. 그 결과 이 방언 어휘가 공통어와는 어원이 달라 이 현상과는 직접적인 관련이 없는 일부 어휘를 포함하여 모두 30개의 어휘가 경음화를 보여주지 않을 정도로 어두 경음화가 강하게 나타났다.

필자는 기세관(1992)에서 남부의 동서를 달리는 경음화라는 개신파(改新波)가 있다고 주장한 바 있지만 자료가 한정된 탓으로 추정에 그친 바 있다. 따라서 이 글은 기세관(1992)의 주장을 보강하는 셈이다. 우선, 이 개신파의 방향을 파악하기 위하여, 경음화가 지역에 따라 다르게 실현되는 어휘 23개를 뽑아 다음 <표 2>로 정리했다. 이들 어휘 자료는 주로 기세관(1992: 28)에서 제시한 것에 여수 방언의 해당형을 보탠 것으로, '서부전남' 방언형은 필자가 기세관(1986a)를 위해서 조사한 것이고, '구례'와 '광양' 방언형은 각각 기세관(1992)를 마련하면서 조사한 '죽연어'와 '섬진어'에 해당한다. 또, '서부경남'과 '동부경남' 방언형은 최학근(1978), 김형규(1980) 및 한국정신문화연구원 어문연구실 편(1993)을 참조한 것으로서, 이러한 조처는 여수방언의 경음화 현상에 대한 이해를 돕기 위한 배려이다. 다음면 <표 2> 참조.

어두 경음화의 측면에서 위에 제시한 23개 어휘 자료를 살펴보면, 우선 표준어 '갈치, 개미, 잔디, 거칠다, 당나귀, 갓난아이, 시숙, 쇠, 수캐, 새우, 살구, 조끼, 갈퀴' 등 13개 어휘의 경음화의 분계가 여수에 놓여 있으며, 그 가운데 '갈치, 개미, 거칠다, 당나귀, 시숙, 쇠, 수캐, 조끼' 등 8개 어휘가 경남방언의 영향권 안에 들어 있고, '잔디, 갓난아이, 새우, 살구, 갈퀴' 등 5개 어휘가 전남방언권 안에 들어 있음을 알 수 있다. 이것은 여수가 지리적으로 이들 두 방언이 접촉하는 지역에 위치하고 있어서 두 방언의 특성을 함께 띠고 있는, 이른바 전이지대에 속하기 때문일 것이다. 그러나 이들 23개 어휘에 나타나는 어두 경음화 현상에만 기대어

---

15) 이기갑(1984: 118)에는 여수보다 동쪽에 위치한 광양군 진월면에서 '덥-, 맵-, 눕-. 곱-' 등이 공통어에서와 같이 불규칙 활용을 하는 것으로 보고하고 있다.

여수방언을 전술한 두 상위 방언권 가운데 굳이 어느 하나에만 소속시킨다면, 전남방언권보다는 경남방언권에 소속시킬 수 있을 것이다.[16]

<표 2>에 제시한 어휘만을 대상으로 보더라도, 경음화 현상은 남부방언 안에서도 어휘에 따라 지역적 차이를 보임을 알 수 있다. 만일 이 현상을 단순한 수의적 음운현상으로 보지 않고 어휘에 따라 경음화의 진원지를 달리 설정하여, 개신의 물결이 차츰 퍼져 나간다는 파동설(波動說, wave theory)을 원용하여, 그 개신의 방향을 설명한다면 다음과 같은 몇 가지 경우로 나누어 설명해 볼 수 있을 것이다.

〈표2:지역별 경음화〉

표준어 \ 지역	서부 전남	구례	여수	광양	서부 경남	동부 경남
갈치	갈치	갈치	깔치	깔치	깔치	칼치
두부	뚜부~뜨부	뚜부~뜨부	뚜부~뜨부	뚜부~뜨부	뚜부~두부	두부~드부
개미	개미	개미	깨미	깨미	깨미	깨미
구린내	구렁내	꾸룬내	꾼내	꾸린내	꾸룬내	꾸룽내
두꺼비	뚜께비	뚜께비	두께비	뚜께비	뚜끼비~두께비	뚜끼비
강냉이	깡냉이	강냉이	강냉이	강냉이	깡냉이	깡내이
구들장	꾸들짱	꾸들짱	구들짱	구들짱	구들짱	꾸들짱
게으르다	끼울르다	게욶다	게욶다~께우르다	께욶다	께욶다~께욶다	깷다
잔디	잔디	잔듸~잔디	잔디	짠다~짠두박	짠디	짠디
거칠다	꺼칠다	거칠다~꺼칠다	거칠다	거칠다	거칠다	거칠다
두드러기	뚜두레기~뚜드럭	두드레기	뚜드레기	두드레기	두드리기~뚜드리기	두드레기
당나귀	땅나구	땅나구	당나구	당나구~땅나구	당나구	당나구
번개	벙개	벙개	벙개	벙개	벙개~뻥개	뻥개
소나기	쏘내기	쏘내기	쏘내기	쏘내기	소내기	소내기~소나구
갓난아이	깐난애기~깐난이	깐난애기	깐난이	간난애기	간난아아~간난애기	간난아아~간난애기

---

16) 그러나 이 문제, 곧 여수방언을 전남방언과 경남방언 가운데 어느 쪽에 소속시킬 것인가는 이처럼 단순하게 결정될 성질의 것이 아니다. 이 문제는 보다 많은 자료를 바탕으로 좀더 면밀하고 다각적으로 검토한 뒤에 결정해야 할 것이다.

시숙	시숙	시숙	씨숙	씨숙	씨숙	씨숙
시누이	시누	씨누	씨누	씨누	씨누	씨누
쇠(鐵)	쇠~세	쇠	쐬	쎄	쎄	쎄
수캐	수깨	수깨	쑤깨	쑤깨	쑤깨	쑤깨
새우	새비	새비	새비	쌔비	쌔비	새비
살구	살구	살구	살구	쌀구	쌀구	살구
조끼	죄깨	죄꾀	쪼끼	째끼	째끼	째끼
갈퀴	갈쿠	갈키	갈키~갈쿠리	깔쿠리~깔쿠지	깔쿠리~깔꾸리~까꾸리	깔꾸리~까꾸리

첫째는 동쪽과 서쪽 두 방향에서 동시에 중앙으로 밀려오는 개신이다. 위에 제시한 어휘 가운데 '두꺼비, 강냉이, 구들장, 게으르다' 등 일부 어휘에서는 여수를 중심으로 서부 전남과 경남의 사이에서만 경음화가 일어나지 않는데, 이들 어휘만을 가지고 보자면 여수를 포함한 중앙 지역은 소위 파동설(波動說, wave theory)에서 말하는 잔재지역(殘滓地域, relic area)에 해당한다고 할 만하다. 잔재지역은 특히 방사의 중심지가 하나가 아니고 복수일 때 상정하기 쉬운 것으로 알려져 있는데, 이들 어휘에 해당하는 서부 전남어와 동부 경남어가 모두 경음화를 경험하고 있음이 주목된다. 곧, 이들 어휘에 있어서 방사의 중심지는 동부 경남과 서부 전남의 두 곳이오, 이 두 지역이 방사의 중심지가 되어 이곳으로부터 경음화라는 개신파(改新波)가 서부 경남과 동부 전남으로 확산되어 갔으나 여수까지는 그 세력이 미치지 않은 것으로 볼 수 있을 것이다(기세관, 1992: 29). 다음 <그림 1> 참조

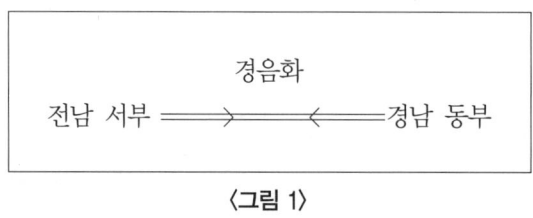

〈그림 1〉

둘째는 서쪽에서 동쪽으로 퍼져 나가는 개신(改新)이다. '두부, 거칠다, 당나귀, 소나기, 갓난아이' 등의 어휘가 여기에 속한다. 이 경우는 서남방언의 서부 지역에서 개신의 물결이 일어 점차 동쪽으로 퍼져 나갔으나 아직 동부 경남에는 미치지 못한 것으로 해석할 수 있는 유형이다. 이 경우에도 개신파가 도달한 지점이 다소 달라서 어휘에 따라서는 개신의 물결이 동부 전남 이전에 멈춘 것도 있고(: 거칠다, 당나귀), 동부 전남의 여수나 광양에 미친 것도 있으며(: 소나기, 갓난아이), 서부 경남에 미친 것도 있다(: 두부). 이와 같은 현상의 원인은 음운 변화는 어떤 중심지에서 일어나 한 언어 사회의 영역으로 확산하겠지만 모든 어휘에서

동시에 일어나지는 않기 때문일 것이다(金芳漢, 1986: 32). 만일, 이러한 관점이 받아들여질 수 있다면, 국어의 어두 경음화 현상은 아직 확산(擴散, diffusion) 과정에 놓여 있다고 할 수 있고 그것의 완성은 그 변화가 전체 지역으로 확산되는 미래의 어느 시점이 될 것이라고 할 수 있다.[17] 한편, 구례 지역을 '두드러기'의 잔재지역으로 본다면, '두드러기'도 이 유형에 넣을 만하다.

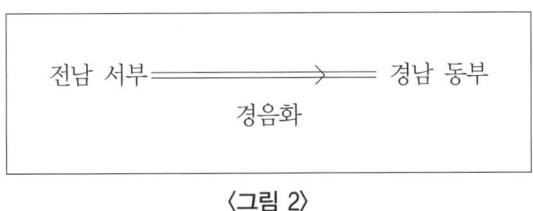

〈그림 2〉

셋째는 동쪽에서 서쪽으로 퍼져 나가는 개신이다. '갈치, 개미, 구린내, 번개, 시숙, 시누이, 쇠, 수캐, 조끼, 갈퀴' 등의 어휘가 여기에 속한다.[18] 이 유형은, 둘째와는 반대로, 동부 경남에서 개신의 물결이 일어 점차 서쪽으로 퍼져 나갔으나 아직 서부 전남에는 미치지 못한 것으로 해석할 수 있는 것이다. 이 경우에도 개신파가 도달한 지점이 다소 달라서 어휘에 따라서는 개신의 물결이 서부 경남에 미친 것도 있고(: 번개), 동부 전남의 여수나 광양을 지나 구례까지 미친 것도 있으나(: 구린내, 시누이), 대부분 동부 전남의 여수나 구례에서 멈추고 있다(: 갈치, 개미, 시숙, 시누이, 쇠, 수캐, 조끼, 갈퀴).

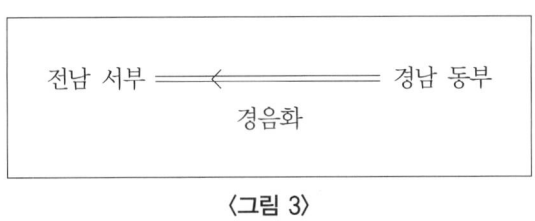

〈그림 3〉

넷째는 중앙에서 동서 양쪽으로 퍼져 나가는 개신이다. '새우'와 '살구'가 여기에 해당한다. 이 경우는 남부방언의 중심부인 동부 전남이나 서부 경남이 진원지가 되어 개신의 물결이 경남 동부나 전남 서부로 퍼져 나가는 것으로 해석할 수 있는 유형이다.[19]

---

17) 이러한 언어 변화관에 대하여는 金芳漢(1986: 32) 참조.
18) 우연일지는 모르나 해당하는 어휘수가 가장 많다는 것이 주목된다. 만일 이것이 우연만은 아니라면, 이는 어두 경음화의 진원지가 서남방언이 아닌 동남방언임을 시사하는 것일지도 모른다.
19) 이 방언의 어두 경음화와 관련한, 보다 자세한 어휘 자료는 이 논문 뒷부분에 제시한 〈부록〉을 참조.

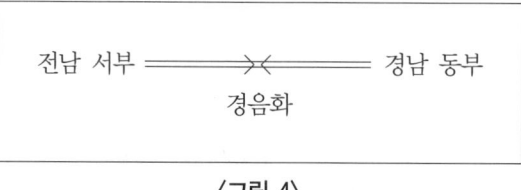

<그림 4>

2.5. 움라우트

임의적 음운 현상의 하나인 움라우트는 /i/나 /j/를 동화주(同化主)로 하고 후부모음(後部母音)을 피동화주(被動化主)로 하여 동화주와 피동화주 사이에 변자음이 개재하면 후부모음이 /i/나 /j/에 동화되어 전부모음화하는 현상을 일컫는다.

통합적 음운 현상인 움라우트가 모든 방언에 두루 나타나는 언어 현상이라는 것은 이미 널리 알려진 일이요, 또 전남방언을 포함한 남부방언 구역에서 특히 그 세력이 강하다는 사실도 지적되어 왔다(기세관, 1983: 4). '(머리를)감기다→깽기다, 두드러기→뚜드레기, 두꺼비→뚜께비, 당기다→땡기다, 부스러기→뿌시레기, 사립문→새립문, 소나기→쏘내기, 호랑이→호랭이, 고기→괴기~개기, 호망이→호맹이, 버리다→베리다, 학교→핵교, 이름이→이림이' 등에서처럼 여수방언에서는 움라우트가 자연스럽다. 그러나 이 방언만이 갖는 특징적인 움라우트 현상은 보이지 않으므로 이에 대한 자세한 논의는 기세관(1983)에 미루기로 한다.

3. 맺음말

이 글은 여수방언의 음운론적 특성을 음소 체계, 모음 축약과 장음화, 모음 조화, 어두 경음화 등을 중심으로 윤곽이나마 종합적으로 파악하고 세대차에 따른 언어 변화상도 살펴보자는 데 있었다. 본문의 내용을 요약하는 것으로써 이 글의 맺음말로 삼는다.

1) 이 방언의 자음과 활음 음소 체계는 공통어와 같다.

2) 이 방언의 모음 음소는 노년층에서는 전설과 후설의 4쌍의 고모음과 중모음이 원순성을 상관 표지로 원(圓)·평(平)으로 대립되어 매우 균형잡힌 9개의 3서열 4계열 3각 체계를 이루고 있고, 젊은층에서는 후설만이 원·평으로 분화된 7개의 3서열 3계열 3각 체계를 이루고 있다.

3) 현대에 직접 선행하는 단계의 여수방언의 모음 음소 체계는 공통어와 같은 10모음 체계이었다. 따라서 여수방언의 모음 음소는 역사적으로 10모음 체계에서 9모음 체계를 거쳐 7모음 체계로 변화하였다고 할 수 있다.

4) 여수방언에서의 모음 축약 및 이에 따른 장음화 현상을 요약하면 다음과 같다.

가) 용언 어간 말음 'ㅣ, ㅚ, ㅟ'에 '-어'계 어미가 이어지면 '-어'는 줄어지지만 어간 말음 'ㅣ'는 길어져 보상적 장음화를 가져온다. 이 때 어간 모음이 갖는 기저 음장의 차이는 이 보상적 장음화와는 무관하다.

나) 용언 어간 말음 'ㅡ, ㅏ, ㅓ'에 '-어'계 어미가 이어지면 어간 모음이 탈락하고, 용언 어간 말음 'ㅐ'에 '-어'계 어미가 이어지면 어미의 모음 'ㅓ'가 탈락하는데 이 때는 장음화가 수반되지 않는다. 이것은 형태소 경계를 사이에 두고, 두 모음이 만나 두 모음 중 한 모음이 탈락하여 음절 단축이 일어날 때는 장음화가 수반되지 않는 국어의 일반적인 특성 때문이다.

다) 용언 어간 말음 'ㅜ'에 '-어'계 어미가 이어지면 두 모음이 축약되는 경우와 어간 말음 'ㅜ'가 탈락하는 경우가 있다.

라) 용언 어간 말음 'ㅗ'에 '-아'계 어미가 이어지면 노년층에서는 'ㅗ'가 'w'로 활음화하여 축약되고 젊은층에서는 'ㅗ'가 탈락 - 축약에 이어 'w'가 다시 탈락 - 한다.

5) 이 방언에서 용언이 활용할 때 보여주는 모음 조화는 대체로 어간의 음절 구조, 즉 어간 모음의 종류와 어간의 음절수에 따라 결정되며 양성모음화라는 통시적 변화 과정을 겪고 있는 것으로 요약된다. 이를 좀더 구체적으로 기술하면 다음과 같다.

가) 단음절 어간의 모음 'ㅏ, ㅗ'와 'ㅐ'에서 비롯한 'E'에는 어미가 '-아' 계열이 이어나고, 그 밖의 모음인 'ㅓ, ㅜ, ㅡ, ㅣ, ㅚ, ㅟ, ㅢ, ㅔ' 등에는 '-어' 계열이 이어남이 일반적이다.

나) 개음절로 끝나는 다음절 어간이 '-아/어'계 어미와의 결합 과정에서 끝 모음이 탈락함으로써 어간이 교체될 때는 이 교체형의 음절 구조에 따라 모음 조화가 이루어진다. 곧, 교체 어간의 끝모음이 양모음일 때는 '-아' 계열의 어미가 오고, 음모음일 때는 '-어' 계열의 어미가 와 교체형의 구조에 따라 모음 조화가 이루어진다. 다만, 그 교체 어간이 한 음절인 경우는 탈락하기 전의 음절 구조에 따라 모음 조화가 이루어진다.

다) 어간 말음 '우'가 어미 '어'와 만나면 '우'가 'w'로 활음화하면서 '워'로 축약되는데, 이 가운데 어간의 제1음절 모음이 양모음 'ㅏ, ㅐ'이면 젊은층에서는 이 '워'가 앞 모음과 조화를 이루어 다시 '와'로 바뀐다. 이 사실은 이 방언에서의 모음 조화가 양성모음화라는 역사적 변화 과정을 겪었으며 그 시기는 지금으로부터 멀지 않음을 가리킨다. 이러한 통시적 양성모음화는 양모음으로의 수평화(leveling)로서 소위 'ㅂ' 불규칙 용언의 활용에서 두드러진다.

라) 어간 말음 'ㅣ'에 '-어'계 어미가 이어지면 이들 두 모음이 /E/로 축약되기도 하는데 이것은 '(i+ə→)yə>E'라는 역사적 변화의 결과이다. 이 때 모음 /E/는 선행하는 어간 모음에 중립적(中立的)인데 이것은 /E/가 통시적으로 /ㅔ/와 /ㅐ/의 합류음인 데에 말미암는다.

6) 어두 경음화는 이 방언을 포함하여 남부방언에서 두드러지게 나타나지만 남부방언 안에서도 약간의 지역적 차이를 보여준다. 남부방언에서 경음화라는 개신파는 그 진원지가 어디이냐에 따라 동쪽과 서쪽 두 방향에서 동시에 중앙으로 밀려오는 경우, 서쪽에서 동쪽으로 퍼져

나가는 경우, 동쪽에서 서쪽으로 퍼져 나가는 경우, 중앙에서 동서 양쪽으로 퍼져 나가는 경우 등으로 구분된다.

   7) 이 방언에서도 움라우트가 활발히 일어난다. 그러나 이 방언에 한정되는 특징적인 움라우트 현상을 찾지 못하여 상론하지 않았다.

   8) 이 방언에서는 이 지역이 동남방언과 서남방언의 전이지대임을 암시하는 언어 현상들이 확인된다. 이러한 암시는 모음 축약이나 어두 경음화에서 두드러진다.

   9) 이 방언에서는 노년층과 젊은층의 언어 차이가 두드러진다. 양층위에서는 모음 음소의 수, 모음의 축약, 모음 조화, 어두 경음화 등에서 차이가 있어 세대차에 따른 언어 변화를 실감하게 한다. 그리고 이 언어 변화는 그 양상과 방향까지 예측 가능하게 한다. 이것은 해방을 전후한 시기를 중심축으로 한 20세기가 근대국어 시기 이후 이 방언 내지는 국어가 맞고 있는 언어 변화의 교체기(交替期)일 개연성이 있음을 시사해 주는 것으로 간주한다.

참고문헌

기세관(1983), "전남 북서부 방언의 움라우트 현상", 「국어국문학」 90호, 국어국문학회.
奇世官(1986a), "光山地域語의 音韻體系-30代와 40代 以上의 母音體系를 中心으로-", 「語文論叢」 第9號, 全南大學校 語文學研究會.
_____(1986b), "나로도 방언의 어휘자료", 「南道文化研究」 第二輯, 順天大學 南道文化研究所.
_____(1987), "구개음화의 공시태와 통시태", 鄭炳洪先生華甲紀念論文集, 學文社.
_____(1990), "國語 單語形成에서의 /ㄹ/ 脫落과 /ㄴ/ 添加에 대한 音韻論的 硏究", 博士學位論文(원광대학교 대학원).
기세관(1992), "섬진강 유역권의 방언", 「地域開發研究」 第2輯, 順天大學校 地域開發研究所.
金芳漢(1986), "音韻變化는 점진적인가 비약적인가", 「語文論叢」 第9號, 全南大學校 語文學研究會.
金亨奎(1980), 「韓國方言研究」, 서울大學校出版部.
나진석(1977), "경남방언의 말본", 「한글」 159호, 한글학회.
徐尙俊(1985), "光陽地域의 方言 研究", 「語文論叢」 第7·8合輯, 全南大學校 語文學研究會.
이기갑(1984), "동부전남 방언의 성격", 「언어학」 제7호, 한국언어학회.
_____(1986), 「전라남도의 언어지리」(국어학총서 11, 國語學會), 塔出版社.
李基文(1972), 「國語史槪說」(改訂版), 塔出版社.
李敦柱(1979), 「全南方言」, 螢雪出版社.
李丞宰(1980), "求禮地域語의 音韻體系", 「國語研究」 第45號, 國語研究會.
崔銓承(1986), 「19세기 후기 全羅方言의 음운현상과 그 역사성」, 翰信文化社.
崔鶴根(1978), 「韓國方言辭典」, 玄文社.

韓國方言學會 編,「國語方言學」, 螢雪出版社, 1973.
韓國精神文化研究院 語文研究室 編(1993),「韓國方言資料集(慶尙南道篇)」, 韓國精神文化研究院.
허 웅(1985),「국어 음운학」, 샘문화사.
Chambers, J. K. & Peter Trudgill(1980), Dialectology, Cambridge University Press.

〈부록〉 여수방언의 어두 경음화

다음 자료 가운데 △은 지시 대상은 있으나 그에 대한 명칭이 없음을 표시하고, ×은 지시 대상이 없음을 표시하며, ( )속의 어형은 공통어와는 어원이 달라 어두경음화와는 직접적인 관련이 없지만 참고로 제시한 해당 방언이다.

가락지 : 까락지
가시 : 까시
가위 : 가시개
가죽 : 까죽
가지 : 까.지
각다귀 : 깔따구
갈치 : 깔치
갈퀴 : 갈키, 갈쿠리
감기다 : 깽기다
감다 : 깜다
갑갑하다 : 까깝다, 까깝허다
갓난아이 : 깐난이
강냉이 : 강냉이>깡냉이
개구리 : 깨구리, 깨구락찌>개구리
개미 : 깨:미
개암 : △
개울 : △
갸웃거리다 : 짜웃거리다
거꾸로 : 꺼꾸로
거적 : 꺼적때기
거칠다 : 거칠다>꺼칠다
건더기 : 건데기
걸핏하면 : 끄떡허먼
검다 : 껌따, 껌허다
검불 : 검부레기
겉 : 껕

게으르다 : 게욿다, 께우르다>께욿다
겨누다 : △
고깔 : 꼬깔
고두밥 : 꼬두밥
고등어 : 고등에
고들빼기 : 꼬들빼기
고랑 : 꼬랑
고린내 : 꼬랑내
고사리 : 꼬사리
고소하다 : 꼬시다
고수레 : 꼬시레
고추 : 꼬치
고치 : 고치>꼬치
곡괭이 : 꼭굉이
골짜기 : 꼴착, 꼴짜기
곱사등이 : 꼽새
곱슬머리 : 꼽실머리(毛), 꼬시리(人)
공 : 공
곶감 : 꼬깜
광주리 : △
괭이 : 굉이>깽이
구들장 : 구들짱
구린내 : 꾼내
구석 : 구석(찌), 꾸석(찌)
구정물 : 꾸정물
굴 : 꿀(石花), 굴:(窟)

굽다 : 꾸:다	딸꾹질 : (포깍질)
그루터기 : 끌텅	바르다 : 볼르다
그스르다 : 끄실르다	바싹 : 뽀짝
그을음 : 끄시름	박쥐 : 뽁쥐
그치다 : 끈치다	뱉다 : (퍁다)
긋다 : 끗다	번개 : 번개, (뇌성)
기울다 : 기울다	번데기 : 뻔데기
깁다 : △	벌써 : (폴:새)
다닥다닥 : 따닥따닥	병아리 : 뼁아리
다독거리다 : 따둑거리다	보스락 : 뽀시락뽀시락
다듬다 : 다듬다>따듬다	부서지다 : 뿌서지다
다듬잇돌 : 다듬잇돌>따듬잇돌 cf.독(石)	부수다 : 뿌시다
다듬질 : 다듬이질>따듬이질	부스러기 : 뿌시레기
다뿍 : 다뿍>따뿍	분지르다 : 뽕근다, 뽕그르다, 뿐지르다
닥나무 : 땅나무	비둘기 : 삐둘구
닦다 : 딲다	비탈 : (깔크막)
단단하다 : 딴딴허다	비틀다 : 삐틀다
달음박질 : 담박질	사납다 : 싸납다
닮다 : (탁허다)	살구 : 살구
당기다 : 땡기다	삵괭이 : 씰가지
당나귀 : 당나구>땅나구	삶:다 : 쌂:다
던지다 : 떤지다	새암 : 샘:
도(: 윷놀이에서의) : 뙤	새우 : 새비
도랑 : 또랑	생쥐 : 생:주 > 생:지
되놈 : 뙤놈>때놈	서카래 : 씨까래
두꺼비 : 두께비>뚜께비	서캐 : 쌔깔, 씨깔, 쌔깔이, 씨깔이,
두껍다 : 뚜껍다	쌔깔애, 씨깔애
두께 : 뚜께	성내다 : 썽내다
두드러기 : 뚜두레기	세:다 : 시:다
두레박 : (뜰박, 뜨르박, 투르박, 테레박)	소나기 : 쏘내기
두부 : 뚜부	소주 : 쏘주, 쎄주
둑 : 뚝	쇠(鐵): 쐬똠박
둥글다 : 둥글다	쇠줄 : 쐬줄

[08] 여수방언의 음운론적 특성 | 185

수세미 : 수세마>쑤세미　　　쟁반 : 쟁반
수수 : 쑤시　　　　　　　　저기 : 쩌기
수염 : 쉬엄, 씨엄　　　　　절름발이 : 쩔룩빨이
수캐 : 쑤깨　　　　　　　　점(點) : 점
수컷 : 쑤껏 cf. 암껏　　　　조각 : 쪼각
시누이 : 씨누　　　　　　　조금 : 쪼끔, 쬐끔
시동생 : 씨동생　　　　　　조끼 : 쪼끼
시레기 : 씨레기　　　　　　족두리 : 쪽도리
시숙 : 씨숙　　　　　　　　족재비 : 쪽쩨비
시아버지 : 씨아바니, 씨압씨　족집개 : 쪽찌깨
시어머니 : 씨어매, 씨엄씨　　종달새 : ×
자루(袋) : 자리　　　　　　죽지 : 쭉지
자르다 : 짜리다　　　　　　줄기 : 쭐기, 쭐거리
작대기 : 작대기　　　　　　지게미 : 찌갱이
작두 : 작두>짝두　　　　　 지린내 : 찌린내
잔디 : 잔디　　　　　　　　진드기 : 찐드기
장다리무 : 짱다리무시　　　질기다 : 쥚다, 찔기다
장어 : 짱에　　　　　　　　집개 : 찌깨

[처음 실린 곳]
「先淸語文」第24輯, 147~172. 서울大學校 師範大學 國語敎育科. 1996.

[09] 여수방언의 형태론적 특성

1. 머리말

1.1. 모든 방언은 독자적인 언어 체계를 가지고 있고, 언어학적으로는 언어로서의 대등한 지위를 갖는다. 서울말이 한국어라는 상위의 언어 단위에 속하는 하나의 방언인 것과 꼭 같이, 여수말도 서울말과 동등한 자격을 갖는, 한국어에 속하는 하나의 방언이다. 상위 언어 단위로서의 한국어가 하위 언어 단위로서의 방언들의 집합이라고 볼 때, 한국어에 대한 연구는 그것을 이루는 여러 방언에 대한 연구가 병행될 때 소기의 성과를 기대할 수 있다. 따라서 우리가 국어를 연구한다고 할 때 특정 방언, 예컨대 서울방언의 연구에만 편중하는 것은 바람직스럽지 않다. 이러한 의미에서, 여수방언에 대한 연구는 그 나름대로 의의를 갖는다고 하겠다.

1.2. 이 글은 여수방언의 음운론적 특성과 형태론적 특성을 윤곽이나마 종합적으로 기술하되 세대차에 따른 언어 변화상도 곁들여 파악할 목적으로 원래 '여수방언 개관'이라는 제목으로 쓴 기세관(1997)의 후반부를 약간 손질한 것이다.[1] 따라서 이 글은 불규칙 용언의 활용, 겹받침 어간의 단순화, 체언의 형태음소론적 변동 등을 중심으로 여수방언의 형태론적 특성을 기술하되 세대차에 따른 언어 변화상에도 유의할 것이다.

2. 형태상(形態上)의 특성

2.1. 불규칙 용언의 활용

공통어에서 불규칙을 보이는 '잇-(連), 잣-(紡), 젓-(掉), 붓-(注出), 낫-(癒, 勝)' 등을 포함

---

[1] 그 전반부는 1996년 10월에 출간된 『先淸語文』(서울大學校 師範大學 國語敎育科) 第24輯에 '여수방언의 음운론적 특성'이라는 제목으로 투고한 바 있다.

하여 'ㅅ'을 말음으로 갖는 용언이 전남방언에서 규칙적인 활용을 보인다는 것은 주지의 사실이다. 여수방언에서도 이들 용언은 규칙 활용을 보임이 일반적이지만 '(농사를, 시를) 짓-, 끗-(劃), 줏(拾)' 등 일부 동사는 다음 (1)에서와 같이 규칙 활용형과 불규칙 활용형이 수의적으로 교체되기도 한다. 이들 세 단어가 경남방언에서도 불규칙 활용을 한다는 사실을 고려한다면(나진석, 1977: 76), 이는 이 곳이 동남방언과 서남방언의 전이지대(轉移地帶)에 놓여 있는 데 말미암은 현상일 것이다.

(1) (농사를, 시를) 짓-+-어→짓어~지: 짓-+-었다→짓었다~ 지:따
    끗-(劃, 引)+-어→끄서~끄: 끗-+-었다→끗었다~끄:따
    줏(拾)+-어→줏어~주: 줏-+-었다→줏었다~주:따

이미 기세관(1996)의 2.3. 마)에서 지적한 바와 같이, 이 방언에서는 'ㅂ' 불규칙 용언의 어간에 모음계 어미가 이어지면, 다음 (2)에서와 같이, 노년층에서는 어간의 끝소리 'ㅂ'을 유지하거나, 'ㅂ'이 활음 'w'로 바뀌는 규칙적인 활용상을 보임이 일반적이지만, 젊은층에서는 'ㅂ'이 아주 없어진 어형으로 실현된다. 곧, 이 방언에서는 '눕어>누워>누어>누:'와 같은 통시적 변화를 겪으면서 'ㅂ'이 'w'로 바뀐 뒤 탈락하기도 한다.[2] 그런데 노년층에서 수의변이되는 '누버'와 '누워'를 각각 동남방언형과 서남방언형으로 보면 이 지역을 동남방언과 서남방언의 개신파가 만나는 전이지대로 간주할 수 있을 것이다.

(2) 눕다 눕고 눕지 눕게 눕소
    누버 누버서 누붕께 누브면 누버라
    누워~누어 누워서~누어서 누웅께 누우면 누워라~누어라
    누: 누:서 눙:께 누:면 누:라

그 밖에, 이 방언에서는 공통어 '누르-, 푸르-; 귀찮-, 괜찮-, 많-, 파랗-, 시퍼렇-, 노랗-, 빨갛-, 하얗-' 등에 어미 '-아'가 이어지면 '누래, 푸래; 귀찬애, 괸찬애~갠찬애, 만애, 파래, 시퍼래, 노래, 빨개, 흐개(~히개~흐캐~히캐)' 등과 같이 활용한다. 이들은 '하다(<ᄒᆞ다)'의 활용형 '해'와 관련지어 통시적으로 해석할 수 있는 예로서 이는 국어 방언의 전반적인 현상이기도 하다. 또, 이 방언에서는 '가다'와 '오다'의 명령형이 각각 '가그라', '오니라'로 활용하여, 공통어에서 '거라' 불규칙을 보이는 '가다'는 '그라' 불규칙을 보이며 공통어에서 '너라' 불규칙을 보이는 '오다'는 '니라' 불규칙을 보여준다. 이는 전남방언의 일반적인 현상이기도 하다.

---

2) 이러한 통시적 변화 과정에 대하여는 기세관(1996)의 2.3. 마)를 참조하고 각 어휘에 따른 개별적인 활용형은 기세관(1996)의 (18)을 참조할 것.

2.2. 겹받침 어간의 단순화(單純化)

2.2.1. 끝음절의 끝소리로 겹받침을 가진 체언

공통어에서 겹받침(둘받침)을 가진 체언은 이 방언에서는 다음 (3)처럼 홑받침을 갖는다. 예컨대, 공통어의 '츩(葛根)'은 여수방언에서 그 단독형이 '칙'이요, 조사와 통합할 때에도 '칙이, 칙은, 칙을, 칙에, 칙도'와 같은 곡용을 보여줌으로써 역시 '칙'이다.

(3) (ㄱ) 흙 → 흑 닭 → 닥
　　　　암닭 → 암탁 츩 → 칙
　　　　밭두듥 → 밭두덕
　　(ㄴ) 몫 → 목 넋 → 넉
　　　　품삯 → 품싹
　　(ㄷ) 값 → 갑
　　(ㄹ) 여덟 → 야달

공통어에서 'ㄺ' 받침을 가진 체언은 모음계 어미가 이어지면 서남방언에서 'ㄱ' 받침으로 실현됨이 일반적인데, 이 방언에서는 '흙'과 '닭'이 'ㅋ' 받침으로 실현되는 것이 주목된다. 따라서 공통어의 '흙'과 '닭'은 이 방언에서는 각각 '흑, 닥'이요, 이들은 '흑이, 흑은, 흑을, 흑에, 흑도; 닥이, 닥은, 닥을, 닥에, 닥도'와 같이 곡용한다. 이는 동남방언에서는 흔히 보는 것이요 광양방언과도 완전히 일치하는 것이다(기세관, 1992: 32). 그러나 이들 단어 '흑'과 '닥'은 이 방언에서도 과거 어느 시기에는 'ㄺ' 받침을 가진 것들이었을 것으로 추정한다.

필자는 기세관(1992: 32-33)에서 합성어나 파생어 속에서의 어기는, 그것이 문장 속에서 단독으로 단일어의 자격으로 나타날 때와는 달리, 이들 단어가 형성될 당시의 고형을 유지한 채 화석처럼 남아 있는 특성을 갖는다는 점을 이용하여 광양방언 '닥'이 'ㄺ' 받침을 가진 '닭'이었던 시기가 있었을 것으로 추정한 바 있다.[3] 이처럼 공시적인 형태론적 교체만을 유일한 증거로 삼아 통시적인 음운 규칙들을 재구해 내는 내적재구(內的再構)의 방법에 기대면, 이 방언 '닥'도 '닭'이었던 과거 어느 시기가 있었음을 추정할 수 있겠다. 이 방언에서 노인층 화자는 '계란(鷄卵)'을 '달갈', '닭똥(鷄糞)'을 '달구똥', 닭을 비칭(卑稱)할 때 '달구새끼', 닭을 가두는 우리를 '달구장', 닭이나 병아리를 가두는 가리를 '달구가리'라고 하기 때문이다.[4]

---

[3] 현재 필자로서는 체언 말음 'ㄺ'이 'ㅋ'으로 바뀐 것에 대하여 어떤 공시적 또는 통시적 설명도 할 수 있는 입장에 있지 않다. 그러나 좀더 상세한 설명은 기세관(1992) 및 畜世官(1993)을 참조.

[4] 이 방언의 젊은층 화자는 '계란'을 '개란', '닭똥'을 '닥똥', 닭의 비칭을 '닥새끼', 닭을 가두는 우리를 '닥장', 닭이나 병아리를 가두는 가리를 '닥가리'라 한다. 한편, 여수방언 어형 '물팍'은 공통어 '무릎'과

공통어에서 'ㄳ' 받침을 가진 체언은 모음계 어미가 이어지면 서남방언에서 홑받침 'ㄱ'으로 실현되는데, 이러한 현상은 이 방언에서도 한가지이지만 오직 '몫'만은 공통어에서처럼 '몫'으로 나타나 '몫이, 몫은, 몫을, 몫에, 목도'와 같이 곡용한다.

공통어에서 'ㅄ' 받침을 가진 '값'은 모음계 어미 앞에서 'ㅅ'이 줄어든 '갑'으로 실현된다. 이는 전국적으로 꽤 확산되어 있는 현상이기도 하다.

공통어에서 'ㄼ' 받침을 가진 '여덟(八)'은 이 방언에서는 'ㅂ'이 줄어든 '야달~여덜'로 실현된다: 야달이, 야달은, 야달을, 야달에, 야달; 야달개(달, 되). 서부 전남어가 '야답'인 것을 고려해 볼 때, 이는 동남방언의 영향인 듯싶다.

2.2.2. 끝음절의 끝소리로 겹받침을 가진 용언 어간

겹받침이 어말 또는 자음 앞에서 음절구조상의 제약을 받아 단순화될 때, 표준어에서 'ㄹ'을 앞세우는 겹받침 가운데는 'ㄺ, ㄻ, ㄿ' 등처럼 어말 또는 자음 앞에서 후행자음이 줄어들기도 하고(예: 맑게[말께], 넓다[널따], 핥다[할따]), 'ㄻ, ㄿ'과 같이 선행하는 'ㄹ'이 줄어들기도 하고(예: 젊다[점: 따], 읊고[읍꼬]), 심지어는 동일한 겹받침이 경우에 따라 선행자음이 줄어들기도 하고 후행자음이 줄어들기도 하여(예: 밟다[밥: 따]/넓다[널따], 맑다[막따]/맑게[말께]) 그 줄어드는 양상이 불규칙한 모습을 보인다.5) 그러나 이 방언에서는 겹받침 'ㄺ, ㄻ, ㄼ' 등이 어말이나 자음 앞에서 항상 선행하는 'ㄹ'이 줄어들어 후행하는 'ㄱ, ㅁ, ㅂ'이 남고(예: 붉다[복따](明), 붉게[복께], 몱다(透明)[목따], 몱고[목꼬]; 쌂고[쌈:꼬]; 볿고[봅꼬~복꼬]), 겹받침 'ㄾ'과 'ㄿ'을 가진 용례는 찾기 어렵다.

중부방언 또는 공통어의 겹받침 용언(: '끝음절의 끝소리로 둘받침을 가진 용언 어간'을 줄여서 이렇게 일컫기로 한다.) 가운데 상당수가 이 방언에서는 겹받침을 갖지 않는다. 이 방언에서는 공통어에서 'ㄾ'을 가진 용언 '훑-'(또는 '훑-')가 '(벼를) 훌트고, 훌트지, 훌트먼, 훌터'와 같이, '핥-'는 '(쎄빠닥으로) 할트고, 할트지, 할트먼, 할타'와 같이 활용하여 그 기본형을 각각 '훌트-'와 '할트-'로 설정할 수 있으므로 이들 용언은 이미 겹받침 'ㄾ'을 가진 용언이 아니다. 또, 공통어에서 'ㄿ'을 겹받침으로 가진 용언 '읊-'도 이 방언에서는 '을퍼, 을퍼서, 을퐁께, 을프먼, 을프제, ……' 등으로 활용하여 그 기본형을 '을프-'로 설정할 수 있으므로 'ㄿ'을 겹받침으로 가진 용언이 아니다. 또, '옮-'는 '욍기-~앵기-'로, '잃-'는 '잊-'로, '닳-'는

강원방언 어형 '무루팍'에 견주어 볼 때, '묾(: 어기)+-악(: 접미사)' 정도로 분석된다고 할 수 있어, 젊은층의 어형 '무릎'도 선행 시기에는 'ㅍ' 받침을 가진 단어이었음을 알 수 있다. 또, 이 방언에서 '훑-'는 공통어 '훑-'와 '훑-'의 두 가지 의미를 내포하고 있지만, '벼나 보리 등의 곡식을 떨어내는 기구'인 '벼훑이'가 이 방언에서 '*훌태'가 아닌 '훌태'인 점으로 미루어 보아 '벼나 보리 등의 곡식을 떨어내는 행위'를 일컫는 단어가 과거 어느 시기에는 '훑-'이었을 것으로 추정할 수 있다.

5) 문교부 고시(1988.1.19.), 「표준어 규정」의 제2부 "표준발음법" 제10항 및 제11항 참조.

'달아자-'로, '끓'는 '끙끄-'로 그 어간이 재구조화되었으며, 공통어 '닳-'는 이 방언에서 '탁허-'로, '싫'는 '궂-'로 대치되어 쓰이고 있어서 이들 단어 역시 겹받침 용언이 아니다.6) 필자는 기세관(1993: 12-16)을 통해서 '핥-+-으->할트-'에서처럼 공통어에서 겹받침을 가진 일음절 용언 어간들의 상당수가 모음 'ㅡ'를 첨가시킴으로써 전남방언에서 2음절 어간으로 재구조화된 것을 두고, 국어가 원래 어간말 자음군을 포함한 모든 자음이 음절말 위치에서도 내파화(內破化)하지 않고 제 음가대로 발음된 언어적 특성을 가진 언어였던 데에 기인한 것으로 해석한 바 있다.

2.3. 체언의 형태음소론적 변동

2.3.1. 'ㅈ, ㅊ, ㅌ'을 말음으로 가진 체언이 모음으로 시작하는 조사와 결합할 때 보여주는 체언 말음의 교체 현상이 방언에 따라 다소 차이가 있음은 이미 널리 알려진 사실이다. 이러한 체언에 나타나는 말음의 교체는 인접 방언 상호간의 간섭에 의해 나타나거나, 그 방언 자체의 통시적인 음운 변화에 말미암은 것이지 중앙어가 어떤 개별 방언의 그것으로 바뀐 것으로 보기 어렵다는 것은 물론이다. 아래 <표 1>에서 부호 '<' 다음의 옛말 항에 옛말이 실리지 않은 경우는 해당 옛말이 공통어와 같음을 표시하고 '?'로 표기된 것은 불분명한 경우이다. 교체형의 끝소리란에서 '>'의 왼쪽은 노년층의 어형을 가리키고, 오른쪽은 젊은층의 어형을 가리키며 이러한 구분이 없는 것은 양쪽에 공통됨을 가리킨다. 표제어로 제시한 방언형은 노년층을 중심으로 설정한 것이다.

〈표 1〉

방언 (:공통어〈옛말〉)	조사 -이	-은	-을	-에
꽃(:겉<겿)	ㅊ	ㅊ	ㅊ	ㅌ
밧(:밭)	ㅅ	ㅅ	ㅅ	ㅌ
솟(:솥)	ㅅ	ㅅ	ㅅ	ㅌ
밋(:밑)	ㅅ	ㅅ	ㅅ	ㅌ
볓(:볕)	ㅊ>ㅅ	ㅊ>ㅅ	ㅊ>ㅅ	ㅌ
끗(:끝)	ㅊ>ㅅ	ㅊ>ㅅ	ㅊ>ㅅ	ㅌ
폿(:퐅<퐃)	ㅅ	ㅅ	ㅅ	ㅅ
콩퐛(:콩퐅<콩퐃)	ㅅ	ㅅ	ㅅ	ㅅ

---

6) 공통어 '짧-'와 '넓-'에 대당하는 여수방언은 '짤루와서, 짧은, 짧을, 짧으면, 짤릅고, 짤릅냐, 짤릅제; 널루와서, 넓은, 넓울, 넓으면, 널릅고, 널릅냐, 널릅제' 등과 같이 특이한 활용상을 보여준다.

숯(:숱<?)	ㅊ>ㅅ	ㅊ>ㅅ	ㅊ>ㅅ	*안쓰임
꽃(:꽃<곶)	ㅅ	ㅅ	ㅅ	ㅅ
숫(:숯<슛)	ㅅ	ㅅ	ㅅ	ㅅ
윷(:윷<?)	ㅅ	ㅅ	ㅅ	ㅅ
옻(:옻<옷)(漆)	ㅊ>ㅅ	ㅊ>ㅅ	ㅊ>ㅅ	ㅊ>ㅅ
낯(:낯<놏)	ㅊ>ㅅ	ㅊ>ㅅ	ㅊ>ㅅ	ㅊ>ㅅ
몇(:몇)	ㅊ>ㅅ	ㅊ>ㅅ	ㅊ>ㅅ	ㅊ>ㅅ
닻(:닻<?)	ㅊ>ㅅ	ㅊ>ㅅ	ㅊ>ㅅ	ㅊ>ㅅ
빛(:빛)	ㅊ>ㅅ	ㅊ>ㅅ	ㅊ>ㅅ	ㅊ>ㅅ
젖(:젖<졎)	ㅈ>ㅅ	ㅈ>ㅅ	ㅈ>ㅅ	ㅈ>ㅅ
빚(:빚>빋)	ㅈ>ㅅ	ㅈ>ㅅ	ㅈ>ㅅ	ㅈ>ㅅ
낮(:낮)	ㅈ>ㅅ	ㅈ>ㅅ	ㅈ>ㅅ	ㅈ
목젖(:목젖<목졎)	ㅈ>ㅅ	ㅈ>ㅅ	ㅈ>ㅅ	ㅈ>ㅅ
좆(:좆<?)	ㅈ>ㅅ	ㅈ>ㅅ	ㅈ>ㅅ	ㅈ>ㅅ
윷(:이웃<이웆)	ㅈ>ㅅ	ㅈ>ㅅ	ㅈ>ㅅ	ㅈ

　<표 1>은 우선 이 방언이 체언의 끝소리 'ㅈ, ㅊ'이 'ㅅ'으로 바뀐, 소위 파찰음의 마찰음화라는 국어 방언의 일반적 특성에 얼마나 충실한가를 한눈에 보여준다. 특히, 노년층의 교체형과 젊은층의 그것을 비교하여 보면 그 변화의 시기가 지금으로부터 그리 멀지 않음도 명시적으로 보여준다.

　이 언어 규칙은 주격 및 대격 조사 앞에서 가장 민감하게 반응하여 이 환경에서는 'ㅌ'을 끝소리로 가진 일부 체언에까지 확대되었음도 잘 알려져 있다. 공통어 '밭(田), 솥(鼎), 밑(下)'들이 이 방언에서도 처격 조사 '-에'나 향격 조사 '-으로' 앞에서는 아직 각각 '밭, 솥, 밑'으로 실현되지만, 주격과 대격 조사 앞에서는 각각 '밧, 솟, 밋'으로 실현되어 이 견해에 평행하다. 그런데 이들과 같은 'ㅌ' 끝소리를 가진 체언이라도 '볕'과 '끝'에서는 그 끝소리가 이 방언의 처격형에서 노년층에서는 'ㅊ'으로, 젊은층에서는 'ㅅ'으로 실현된다. 이것은 'ㅌ'이 t구개음화라고 하는 새로운 개신 규칙의 적용으로 먼저 주격형에서 'ㅊ'으로 바뀐 뒤에 대격형 등에 확대되었으나 아직 마찰음 'ㅅ'에는 도달하지 못한, 곧 'ㅊ'의 단계가 'ㅌ>ㅊ>ㅅ'이라는 변화 과정의 중간 단계일 것으로 해석한 것은 바람직한 태도이었음을 증명한다(이기갑, 1984: 120-121 ; 곽충구, 1984: 15-20). 곽충구(1984: 6)에서도 지적한 바와 같이, 이 방언의 '빚'도 중세국어의 '빋(債)'에 t구개음화라는 새로운 개신 규칙이 적용되어 재구조화된 것임은 물론이거니와 젊은층의 어형 '빗'은 이 '빚'에 다시 마찰음화라는 규칙이 적용되어 형성된 것이다.

　공통어 '팥'과 '콩팥'이 처격에서도 그 끝소리가 'ㅌ'이 아닌 'ㅅ'으로 실현되어 이들은 'ㅌ' 받침을 가진 체언 가운데 예외적 성격을 띠는데 이는 그 옛말이 'ㅊ' 끝소리를 가졌던 것들이라는 데에 기인하는 것으로 보인다. 이들 단어는 통시적으로 보면 'ㅊ'의 'ㅅ'으로의 마찰음화를 겪은 것에 지나지 않은 것들이다. 한편, 공통어 '겉'이, 그 옛말이 'ㅊ'을 가진 '겇'이었음에도 불구하고, 처격형에서 'ㅌ'으로 실현되는 것은 처격에서 'ㅌ' 말음으로 실현되는 다른 체언들에 이끌린 때문이 아닐까 한다.

다음에는 이 방언에서의 'ㅊ>ㅅ' 또는 'ㅈ>ㅅ'의 시기, 곧 파찰음이 마찰음으로 변화한 시기에 대하여 좀더 생각해 보자.

<표 1>에서 보는 바와 같이, 첫째, 노년층에서는 이 변화가 이미 시작되었으나 아직 완성되지는 않았다고 할 수 있다. 노년층에서는 'ㅊ'이나 'ㅈ'에서 변화한 'ㅅ'이 체언의 끝소리로 실현되기도 하지만 'ㅊ'이나 'ㅈ' 그 자체로 실현되는 것이 아직 많이 있음을 확인할 수 있기 때문이다. 둘째, 젊은층에서는 이 변화가 마지막 단계에 와 있다고 할 수 있다. 젊은층에서는 체언의 끝소리 'ㅊ'이나 'ㅈ'이, 또는 구개음화를 겪은 'ㅊ'이나 'ㅈ'이 대부분 'ㅅ'으로 실현되고 있기 때문이다. 젊은층에서는 오직 공통어 '낯(晝)'과 '이웃(隣)(<이웆)'의 끝소리가 처격 조사 '-에'와 '-으로' 앞에서 'ㅈ'을 유지하고 있으며, 공통어 '겉(表)(<겇)'의 끝소리가 노년층과 같은 'ㅊ'을 유지하고 있을 뿐이다.7)

이상의 사실과 전주와 고창을 중심으로 하는 19세기 후기의 전라방언 자료에 이미 체언의 끝소리 /ㄷ, ㅌ, ㅈ, ㅊ/ 등이 마찰음 'ㅅ'으로 상당수 반영되어 있다는 최전승(1986: 263-284)의 보고를 고려하여 볼 때, 이 방언에서의 이 변화는 이미 20세기 이전에 시작되어 점차 확산되어 가다가 20세기 중반 이전에 'ㅈ'이나 'ㅊ'을 끝소리로 가진 대부분의 체언에 확산되었으며 이제는 그 마지막 난계에 이르렀다고 정리할 수 있겠다.

그리고 이 마찰음화 현상은 전남의 동부에서 서부로 갈수록 정도가 심하므로(이기갑, 1984: 119-123), <그림 1>과 같이, 그 개신파가 서부를 진원지로 하여 동부로 퍼져 가고 있다고 할 수 있을 것이다.

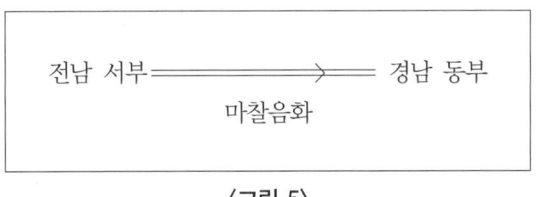

〈그림 5〉

---

7) 이 방언에서 파찰음 'ㅊ'과 'ㅈ'의 마찰음 'ㅅ'으로의 변화는 마지막 단계에 놓여 있는 것만은 틀림없겠으나, 이들 단어가 이 환경에서 마지막까지 마찰음화에 저항을 보이는 이유는 분명하지 않다. 이기갑(1984: 121)와 곽충구(1984: 16)에서도 이 문제에 대하여는 같은 입장을 보인다. 다만, 공통어 '낯(晝)'과 '이웃(隣)(<이웆)'의 처격형이나 향격형이 이 방언에서 각각 '낮에, 웆에; 낮으로, 웆으로'로 실현되어 체언의 끝소리 'ㅈ'을 유지하고 있는 것은 '밭, 솥, 밑, 볕, 끝' 등이 처격형이나 향격형(또는 구격형)에서 'ㅌ'을 유지하고 있는 것과 같은 이유에서일 것으로 짐작된다.

2.3.2. 체언의 끝소리 'ㅍ'이 모음으로 시작되는 일부 조사 앞에서 'ㅂ'으로 교체되는 것도 전국적인 현상이지만 지역차가 큰 편이다. 다음 <표 2>는 이 현상이 전남방언 안에서 어떻게 나타나는가를 보여준다. 교체형을 간소화하여 끝소리만 적었으며 그 지역 방언으로서 생소하다고 여겨져 조사되지 않은 것은 해당란을 비워 두었다. 또, 해당 방언형이 별개로 존재할 경우에는 그것을 부기하였다.

<표 2>

지역 \ 조사	체언	앞	옆	잎	짚	헝겊	섶	숲
서부	-이	ㅂ	ㅂ		ㅂ	ㅂ	ㅂ	
	-을	ㅂ	ㅂ	입삭	ㅂ	ㅂ	ㅂ	
	-에	ㅍ	ㅍ		ㅂ	ㅂ	ㅂ	
	-으로	ㅍ	ㅍ		ㅂ	ㅂ	ㅂ	
고흥	-이	ㅍ~ㅂ	ㅍ~ㅂ	ㅍ~ㅂ	ㅂ	ㅂ	ㅂ	ㅂ
	-을	ㅍ~ㅂ	ㅍ~ㅂ	ㅍ~ㅂ	ㅂ	ㅂ	ㅂ	ㅂ
	-에	ㅍ	ㅍ	ㅍ	ㅂ	ㅂ	ㅂ	ㅂ
	-으로	ㅍ	ㅍ	ㅍ	ㅂ	ㅂ	ㅂ	ㅂ
구례	-이	ㅍ	ㅍ	ㅍ	ㅂ	ㅂ	ㅂ	ㅍ
	-을	ㅍ	ㅍ	ㅍ	ㅂ	ㅂ	ㅂ	ㅍ
	-에	ㅍ	ㅍ	ㅍ	ㅂ	ㅂ	ㅍ	ㅍ
	-으로	ㅍ	ㅍ	ㅍ	ㅂ	ㅂ	ㅍ	ㅍ
여수	-이	ㅍ	ㅍ	ㅍ				ㅍ
	-을	ㅍ	ㅍ	ㅍ	ㅍ			ㅍ
	-에	ㅍ	ㅍ	ㅍ	ㅍ			ㅍ
	-으로	ㅍ	ㅍ	ㅍ	ㅍ ㅍ			ㅍ
광양	-이	ㅍ	ㅍ	ㅍ	ㅍ		ㅍ	ㅍ
	-을	ㅍ	ㅍ	ㅍ	ㅍ		ㅍ	ㅍ
	-에	ㅍ	ㅍ	ㅍ	ㅍ		ㅍ	ㅍ
	-으로	ㅍ	ㅍ	ㅍ	ㅍ		ㅍ	ㅍ

이들 체언은 옛말에서도 'ㅍ'을 끝소리로 가진 것들인데, '앞'과 '옆' 등 일부 체언의 끝소리가 처격 및 향격 조사 앞에서 'ㅍ'을 유지하고 있는 것을 빼면, 서부전남에서는 'ㅍ'이 이미 'ㅂ'으로 바뀌어 이제는 'ㅂ' 끝소리를 가진 체언으로 재구조화되었다. 그러나 이 현상은 동쪽으로 갈수록 점차 약해져 여수를 포함한 동부전남에는 그 세력이 아직 미치지 않고 있는 것이 아닐까 한다. 이 변화는 자립성을 가진 체언이, 용언과는 달리, 단독으로 나타날 때는 체언 말음절의 끝소리가 일곱 끝소리 가운데 어느 하나로 중화되는데, 이 중화음이 다른 곡용형에까지 확대됨으로써 결국 재구조화에 이르는 것으로 보인다(최전승, 1986: 281). 이는 곧 공통

어 '돍(帆, 席)>돗, 돍(期)>돌, 하놃(天)>하늘' 등이나 이 방언 '둙(鷄)>닭>닥, 츩(葛)>칡>칙' 등에서 보는 자음군단순화와 더불어 우리말 체언이 통시적으로 (C)V(C)의 음절구조를 지향하면서 단순화의 과정을 밟고 있는 것으로 풀이할 수 있다(곽충구, 1984: 14). 이 현상 역시 서부 전남을 개신의 진원지로 하여 동부 전남으로 퍼져 가고 있는 것으로 볼 수 있다.

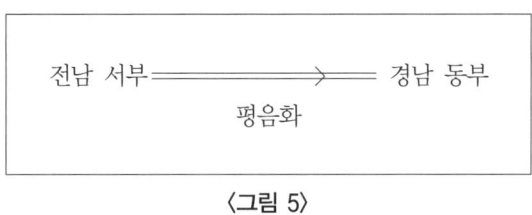

〈그림 5〉

2.3.3. 공통어에서도 'ㅋ'을 끝소리로 가진 체언은 '부엌(竈); 윗녘, 아랫녘, 해질녘, 해뜰녘' 등 그 수가 극히 한정되어 있다. 이 'ㅋ'은 서울을 포함한 중부방언에서조차 'ㄱ'으로 수의적 교체를 하는 것으로서 여수를 포함한 전남의 전역에서도 'ㄱ'으로 실현되어 현재 전남방언에서 'ㅋ' 끝소리를 가진 체언은 없다. 그런데 이 교체를 'ㅋ>ㄱ'의 통시적 변화로 간주하기는 어려울 것으로 보인다. 이들 체언의 옛말이 '브억, 웃녁' 등에서처럼 'ㄱ' 끝소리를 가진 것들인 바 이 방언에서 보는 이들 체언의 끝소리는 이 'ㄱ'이 그대로 유지되고 있는 것으로 파악함이 좋을 것이다.[8]

3. 맺음말

이 글은 여수방언이 형태론적으로 가지는 특징을 윤곽이나마 종합적으로 파악하고 세대차에 따른 언어 변화상도 살펴보자는 데 집필의도가 있었다. 본문의 내용을 요약하는 것으로써 이 글의 맺음말로 삼는다.

1) 이 방언은 용언이 활용할 때에 다음과 같은 특성을 보인다.

가) 공통어에서 불규칙 활용을 보이는 'ㅅ'을 말음으로 갖는 용언이 대부분 규칙적으로 활용하지만 '(농사를, 시를) 짓-, 끗-(劃), 줏-(拾)' 등 셋은 규칙 활용형과 불규칙 활용형이 수의적으로 교체된다.

나) 'ㅂ' 불규칙 용언의 어간에 모음계 어미가 이어지면, 어간의 끝소리 'ㅂ'을 유지하거나, 'ㅂ'이 활음 'w'로 바뀌는 규칙적인 활용상을 보임이 일반적이지만, 'ㅂ'이 아주 없어지기도 한다.

2) 공통어에서 겹받침을 가진 체언은 이 방언에서 홑받침을 가진 체언으로 단순화하여 재

---

[8] 중부방언 '부엌'이나 전남방언 '부석~부삭'은 중세국어 '브석'에 이어지고, 또 다른 전남방언(고흥방언) '부섭~부삽~부섶~부샆'은 중세국어 '브섭'에 이어지는 것으로 보인다.

구조화되었고, 공통어에서 겹받침을 가진 용언 어간 중에도 홑받침으로 단순화하여 재구조화된 경우가 많다. 특히, 'ㄺ' 받침을 가진 '흙(土)'과 '닭(鷄)'이 'ㅋ' 받침을 갖는 것이 주목되지만 이들도 역시 이전 시기에는 'ㄺ' 받침을 가졌을 가능성이 크다.

3) 이 방언에서도 체언 말음 'ㅈ, ㅊ'의 'ㅅ'으로의 재구조화, 즉 파찰음의 마찰음화를 확인할 수 있는데, 이러한 체언에 나타나는 말음의 교체는 인접 방언 상호간의 간섭에 의해 나타나거나 그 방언 자체의 통시적인 음운 변화에 말미암은 것이지 중앙어가 어떤 개별 방언의 그것으로 바뀐 것은 아니다.

가) 이 언어 규칙은 주격 및 대격 조사 앞에서 가장 민감하게 반응하여 이 환경에서는 'ㅌ'을 끝소리로 가진 일부 체언에까지 확대되었으나 처격 조사 '-에'나 향격 조사 '-으로' 앞에는 아직 그 영향력이 미치지 못한 경우가 많다. 다만, 공통어 '팥'과 '콩팥'이 처격에서도 그 끝소리가 'ㅌ'이 아닌 'ㅅ'으로 실현되는 것은 이들의 옛말이 'ㅊ' 끝소리를 가졌던 것들이라는 데에 기인하며 통시적으로는 'ㅊ'의 'ㅅ'으로의 마찰음화를 경험한 것들에 지나지 않는다.

나) 일부 어휘의 'ㅌ' 끝소리가 처격형에서 노년층에서는 'ㅊ'으로, 젊은층에서는 'ㅅ'으로 실현되어 세대에 따라 다른데, 이것은 'ㅊ'의 단계가 'ㅌ>ㅊ>ㅅ'이라는 변화 과정의 중간 단계임을 증명한다.

다) 이 방언에서의 'ㅊ>ㅅ' 또는 'ㅈ>ㅅ', 곧 파찰음의 마찰음화는 이미 20세기 이전에 시작되어 점차 확산되어 가다가 20세기 중반 이전에 'ㅈ'이나 'ㅊ'을 끝소리로 가진 대부분의 체언에 확산되었으며 이제는 그 마지막 단계에 이른 것으로 추정된다.

라) 이 마찰음화는 전남의 동부에서 서부로 갈수록 정도가 심하므로 그 개신파가 서부를 진원지로 하여 동부로 퍼져 가고 있다고 할 수 있다.

4) 서부 전남에서 보는 체언 말음 'ㅍ'의 'ㅂ'으로의 재구조화는 동쪽으로 갈수록 점차 약해져 여수를 포함한 동부 전남에는 그 세력이 아직 미치지 않고 있다.

5) 우리말 체언은 통시적으로 (C)V(C)의 음절구조를 지향하면서 마찰음화, 평음화, 자음군 단순화와 같은 단순화의 과정을 밟고 있다.

6) 이 방언을 포함한 서남방언에서는 공통어에서의 체언 말음 'ㅋ'이 'ㄱ'으로 실현된다. 이 방언에서 보는 이 'ㄱ'은 'ㅋ>ㄱ'의 통시적 변화가 아니라 이들 체언이 옛말에서부터 갖고 있었던 'ㄱ' 끝소리를 현대어에서도 그대로 유지하고 있는 것에 불과하다.

7) 이 방언에서는 불규칙 용언의 활용이나 겹받침 어간의 단순화 등처럼 이 지역이 동남방언과 서남방언의 전이지대임을 암시하는 언어 현상들이 확인된다.

8) 이 방언에서는 노년층과 젊은층의 언어 차이가 두드러진다. 모음 음소의 수, 모음의 축약, 모음 조화, 어두 경음화 등과 같은 음운론적인 것에서는 물론이요(기세관, 1996), 불규칙 용언의 활용이나 체언 말음의 마찰음화 등과 같은 형태론적인 것에서도 통시적 언어 변화를 실감케 하는 언어적 차이를 양층위에서 확인한다. 그런데 필자는 기세관(1996)에서 이 언어

변화가 그 양상과 방향까지 예견할 수 있게 하고 이것은 해방을 전후한 시기를 중심축으로 한 20세기가 근대국어 시기 이후 이 방언 내지는 국어가 맞고 있는 언어 변화의 교체기(交替期)일 개연성이 있음을 시사해 주는 것으로 간주한 바 있다.

참고문헌

기세관(1983), 「전남 북서부 방언의 움라우트 현상」, 『국어국문학』 90호, 국어국문학회.
奇世官(1986a), 「光山地域語의 音韻體系-30代와 40代 以上의 母音體系를 中心으로-」, 『語文論叢』 第9號, 全南大學校 語文學硏究會.
_____(1986b), 「나로도 방언의 어휘자료」, 『南道文化硏究』 第二輯, 順天大學 南道文化硏究所.
_____(1987), 「구개음화의 공시태와 통시태」, 鄭炳洪先生華甲紀念論文集, 學文社.
_____(1990), 「國語 單語形成에서의 /ㄹ/脫落과 /ㄴ/添加에 대한 音韻論的 硏究」, 博士學位論文(원광대학교 대학원).
기세관(1992), 「섬진강 유역권의 방언」, 『地域開發硏究』 第2輯, 順天大學校 地域開發硏究所.
_____(1996), 「여수방언의 음운론적 특성」, 『先淸語文』 第24輯, 서울大學校 師範大學 國語敎育科.
_____(1997), 「여수방언 개관」, 『南道文化硏究』 第6輯, 順天大學 南道文化硏究所.
金芳漢(1986), 「音韻變化는 점진적인가 비약적인가」, 『語文論叢』 第9號, 全南大學校 語文學硏究會.
金亨奎(1980), 『韓國方言硏究』, 서울大學校出版部.
나진석(1977), 「경남방언의 말본」, 『한글』 159호, 한글학회.
徐尙俊(1985), 「光陽地域의 方言 硏究」, 『語文論叢』 第7·8合輯, 全南大學校 語文學硏究會.
이기갑(1984), 「동부전남 방언의 성격」, 『언어학』 제7호, 한국언어학회.
_____(1986), 『전라남도의 언어지리』(국어학총서 11, 國語學會), 塔出版社.
李基文(1972), 『國語史槪說』(改訂版), 塔出版社.
李敦柱(1979), 『全南方言』, 螢雪出版社.
李丞宰(1980), 「求禮地域語의 音韻體系」, 『國語硏究』 第45號, 國語硏究會.
崔銓承(1986), 『19세기 후기 全羅方言의 음운현상과 그 역사성』, 翰信文化社.
崔鶴根(1978), 『韓國方言辭典』, 玄文社.
韓國方言學會 編, 『國語方言學』, 螢雪出版社, 1973.
韓國精神文化硏究院 語文硏究室 編(1993), 『韓國方言資料集(慶尙南道 篇)』, 韓國精神文化硏究院.
허 웅(1985), 『국어 음운학』, 샘문화사.
Chambers, J. K. & Peter Trudgill(1980), Dialectology, Cambridge University Press.

[처음 실린 곳]

「국어학연구의 새지평」, 성재 이돈주선생화갑기념논총간행위원회, 태학사, pp. 375~390. 1997.

[10] 여수지역어의 음운현상에 대한 사회언어학적 고찰[*]

1. 머리말

1.1. 언어는 지리적 거리가 달라지거나 계층이나 세대, 성별 등 사회적 요인이 달라지면 차이를 보인다. 언어학이 언어의 모든 차원, 모든 측면과 양상을 연구할 것을 요구한다면 항상 사회적인 맥락 속에 놓여 있는 다양하고 때로는 상반된 언어 현상을 고찰하는 것 또한 당연한 일이다.[1)]

그래서 일찍이 주시경(1906: 12)도 "말과 글이 업스면 엇지 그 뜻을 서로 通ᄒ며, 그 뜻을 서로 通치 못ᄒ면 엇지 그 人民이 서로 聯ᄒ여 이런 社會가 成樣되리요."라고 하여 언어를 사회와 연결하여 인식해야 한다는 생각을 넘어 언어가 사회를 이루게 하는 핵심적 요소임을 지적하고 있다. 이처럼 언어의 제반 현상이 사회와 깊이 연관되어 있고 그러한 사회적 문맥으로부터 결정적인 영향을 받음에도 이제까지의 전통적인 방언 연구 방법은 언어변화의 내적인 요인에만 치중함으로써 언어 변화의 참모습을 밝히지 못했다는 지적을 받아 왔다. 필자는 '언어 변이와 사회적 요인과의 관계를 체계적으로 살피는 것'을 사회언어학이 추구하는 연구 목적으로 인식하고, 여수지역어를 대상으로 이 지역어에 나타나는 음운상의 특징, 특히 움라우트와 어두경음화가 언어변화의 사회적 요인 가운데 세대(Generation), 성별(Sex), 학력(Educational Background)과 어떠한 상관관계를 갖고 있는가를 살피되[2)], 이들 사회적 요인 각각이 언어변화에 어느 정도의 영향을 어떻게 미치는가에 대해 질문지를 통한 통계적 방법으로 살펴보고자 한다.

1.2. 이 연구의 자료 수집은 1996년 2월 12일부터 18일에 걸쳐 실시한 예비조사를 거쳐,

---

[*] 공동집필: 한경호
1) 이 글은 한경호(1997)의 제4장을 바탕으로 쓴 것이다.
2) 언어적인 변화를 가져오는 사회적인 변수로 '지역, 계층, 세대, 나이, 성별, 학력, 말투' 등의 요인들을 지적할 수 있는데, 이 글에서는 '세대, 성별, 학력'에 한정하여 기술하기로 한다.

1996년 8월 10일부터 25일까지의 본 조사를 통해 이루어졌다. 또한, 이 글이 여수지역어의 사회적인 분화 양상을 살펴보려는 목적을 가지고 있으므로 질문지3)도 이러한 연구 목적에 맞도록 작성하는 것이 중요했다.

방언조사에서 제보자는 연구의 성패를 가름하는 중요한 역할을 하므로 연구내용과 목적에 부합한 인물을 선정하는 것이 중요하다. 따라서 사회적 요인을 고려해야 하는 이 연구에서는 다음과 같은 요인을 고려하여 제보자를 선정하였다.

첫째, 이 글이 여수방언을 연구하는 것이므로 제보자를 여수지역 출신으로 한정했다. 2대 이상 여수에서 살고 있으며, 태어나서 20세 정도까지는 여천 지역을 뺀 여수지역에서 살고 있는 사람으로 한정하였다.4)

둘째, 세대별 방언 연구를 위해서는 단순히 나이에 의한 구분만이 아니라 세대간에 언어적인 차이가 있는 것으로 판단되는 세대의 개념을 도입하여, G1(70세 이상), G2(50~60대), G3(30~40대), G4(10~20대)의 넷으로 구분하였다.5)

셋째, 남녀간의 방언차를 연구하고자 하는 것도 이 연구의 목적 중의 하나이므로 세대(나이)를 고려한 남녀간의 균형을 이루도록 제보자를 선정하였다.

마지막으로, 학력도 고루 배정하도록 노력했다. 하지만 고령층에서는 고학력 화자를 찾기가 쉽지 않았고, 저연령층에서는 저학력 화자들을 찾기가 어려웠다.

위와 같은 조건을 고려하여 선정한 제보자 110명의 세대별, 성별, 학력별 분류는 다음 <표 1> 과 같다.

<표 1> 제보자의 구성

구분	남					여					계
	무학	국졸	중졸	고졸	대졸	무학	국졸	중졸	고졸	대졸	
10대	·	·	·	30	·	·	·	·	20	·	50
20대	·	·	1	2	2	·	·	·	2	3	10
30대	·	1	1	2	1	·	·	1	2	2	10
40대	·	1	1	2	1	·	1	2	1	1	10
50대	1	1	1	1	1	1	3	·	1	·	10
60대	2	2	1	·	·	4	1	·	·	·	10

---

3) 질문지는 모음체계에 관한 것 12개, 어두경음화에 관한 것 19개로 구성되어 있다.
4) 필자의 생각으로는 구(舊) 여천군 삼일면, 화양면, 돌산읍 등지는 여수 방언과 미세한 차이가 있다고 생각되어 여천 출신을 제외하였다.
5) 제보자의 세대 구분에 대하여는 이미재(1988: 27), 이정복(1992: 16), 박경래(1993: 40) 참조. 이 글에서는 어느 정도 방언차를 보여 줄 것인가 하는 기대치와, 그들의 사회적인 성장 배경을 고려하여 세대 구분을 하였다. 예컨대, G1은 언어 습득기를 일제 시대에 보낸 전통 방언 연구에서 말하는 진정한 여수 방언의 소유자이며, G2는 해방 이후 6·25와 관련된 세대이며, G3는 5·16이후 교육을 비교적 많이 받고 자란 세대이며, G4는 이른바 신세대로 불리는 세대이다.

70대	1	2	·	·	·	4	·	·	·	·	7
80대	1	·	·	·	·	2	·	·	·	·	3
계	5	7	5	37	5	11	5	3	26	6	110

조사지점은 비교적 농촌 지역이라 할 수 있는 오천동(마을회관)과 여수의 변두리 지역이라 할 수 있는 신월동, 둔덕동(아파트 노인정), 중심지인 중앙동, 교동(사무실과 가게) 등지를 고르게 선정하였으며, 또한 현지 조사시 면접은 자유롭고 안정된 분위기를 조성하여 자연스러운 발화 상황이 이루어지도록 배려하였다.

2. 움라우트 현상의 사회적 실현 양상

2.1. 국어의 움라우트는 일반적으로 후행하는 모음 i나 반모음 y에 이끌려 후부모음이 전부모음으로 바뀌는 일종의 역행동화 현상이다. 이 현상은 거의 모든 방언에서 관찰되는 일반적인 현상이나, 그 실현 양상에서 지역 간의 차이를 보이는데 대체로 동남방언이나 서남방언에서 강하게 나타나며 북쪽으로 갈수록 약하게 실현되는 것으로 알려져 있다.

이처럼 남부방언에서 세력이 강한 움라우트는 여수지역어에서도 자연스럽게 실현되는데, 기세관(1997: 22)은 "(머리를)감기다 → 깽기다, 두드러기 → 뚜드레기, 두꺼비 → 뚜께비, 당기다 → 땡기다, 부스러기 → 뿌시레기, 사립문 → 새립문, 소나기 → 쏘내기, 호랑이 → 호랭이, 고기 → 괴기~개기, 호망이 → 호맹이, 버리다 → 베리다, 학교 → 핵교, 이름이 → 이림이 등에서처럼 여수방언에서는 움라우트가 자연스럽다."고 지적한 바 있다.

따라서 크게는 환경 조건에 따라서, 작게는 어휘 항목에 따라 실현 양상이 다를 수 있는 움라우트는 같은 항목이라도 연령층에 따라 그리고 화자들에 따라 그 실현에 차이를 보일 수 있다는 점을 고려하면 세대, 성별, 학력 등의 사회적 요인을 고려한 접근 방법도 의미 있는 일이라 하겠다.

2.2. 움라우트 현상의 세대별 실현 양상

여수지역어에서의 움라우트 실현은 노년층에서는 매우 활발한 데 비해 청소년층에서는 제한적으로 나타난다. 이처럼 세대 간의 차이를 보여주는 움라우트 현상이 어느 시점에서부터 그리고 어떤 조건에서 공시적인 움라우트 규칙을 상실해 가는지, 또한 얼마만큼의 속도로 변화해 가는지 차차 밝혀지게 될 것이다. 세대별 움라우트 실현 양상을 <표 2>에 든 17개의 어휘 항목을 통해 알아보자.

〈표 2〉 세대별 움라우트 실현율(%)

구 분	어휘 항목		세 대 별			
	표준형	움라우트형	70대이상	50~60대	30~40대	10~20대
단일형태소 내에서의 움라우트	지팡이	지팽이	100	85	48	0
	가랑이	가랭이	100	89	67	12
	아비	애비	90	22	0	0
	고기	괴기	90	25	3	0
	당기-	땡기-	100	78	67	50
	삼키-	생키-	100	81	48	20
	우기-	위기, 이기-	100	88	52	0
	가리-	개리-	100	85	56	4
	다리-	대리-	100	89	71	40

구 분	어휘 항목		세 대 별			
	표준형	움라우트형	70대이상	50~60대	30~40대	10~20대
형태소 경계에서의 움라우트	밥이	뱁이	0	38	0	0
	목숨이	목쉼이	90	27	0	0
	막히-	맥히-	90	62	38	16
	속이-	쇡이-	90	38	3	0
	먹이	멕이	90	12	0	0
	다듬이	다디미	100	61	28	8
	똑똑이	똑뙤이	90	46	12	0
	넉넉히	넝넥히	90	50	14	0

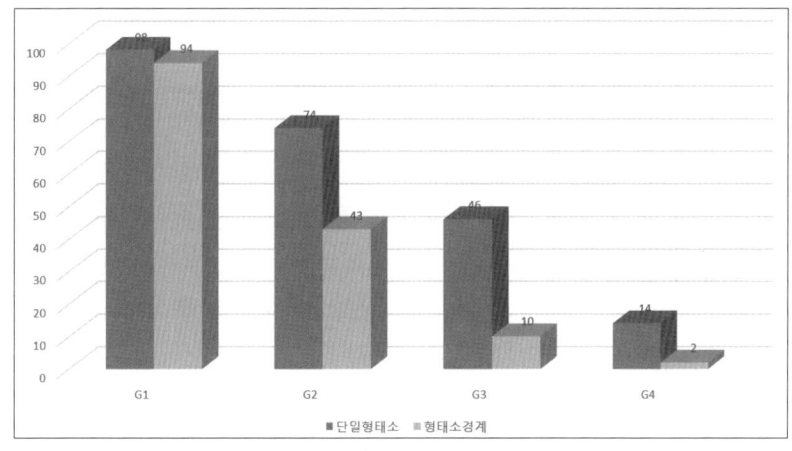

〈그림 1〉 시대별 움라우트 실현율

<표 2>를 통해 여수지역어의 세대별 움라우트의 실현율이 환경 조건에 따라 다르게 나타나고 있음을 알 수 있다. 곧, 형태소 경계에서보다 형태소 내부에서 더 나중까지 유지된다. G4세대를 예로 들면, 단일형태소 내에서 움라우트가 실현된 어휘는 '가랑이6), 당기-, 삼키-, 가라-, 다리-' 등 조사 항목의 절반 이상인 데 반해, 형태소 경계에서의 움라우트 실현 어휘는 '막히-, 다듬이' 정도만이다.

또한 어휘 항목에 따라서도 세대별 실현 양상이 다르다는 것을 알 수 있다. '당기-, 삼키-, 다리-, 막히-' 등의 어휘가 지속적으로 높은 움라우트 실현율을 유지하고 있지만, '아비, 고기, 밥이, 목숨이, 먹이' 등은 일찍부터 움라우트가 실현되지 않고 있음을 알 수 있다.

그리고 <그림 1>을 통해서 이 지역어의 움라우트 현상은 70대 이상의 G1세대에서는 활발하게 실현되지만 50~60대의 G2세대에 이르러 동요를 보이기 시작하여 30~40대의 G3세대에 이르러 급감하며, G4세대에서는 거의 제한적으로 실현되고 있음을 알 수 있다. 특히, 청소년층의 제보자들은 17개의 조사 대상의 어휘 항목 중 부모님 또는 할아버지, 할머니들의 언어를 듣고 배워서 익숙한 7개의 어휘 항목에 대해서만 움라우트를 실현하고 있는데, 이는 형태소 내부에서의 움라우트가 통시적 현상이라는 것을 보여주는 동시에 언어 내적인 요인에 의해서도 언어가 변화하지만 언어 외적인 요인에 의해 상당히 제약받을 수 있다는 것을 의미하기도 한다. 이는 청소년층 세대가 교육의 혜택을 많이 받아 방언형인 움라우트를 표준어형으로 대체시킨 결과 움라우트의 실현 비율이 현저하게 낮아진 것으로 해석된다.

이상 <표 2>와 <그림 1>을 통해서 본 여수지역어의 세대별 움라우트 실현 양상을 정리하면, G1세대에서 가장 움라우트 실현이 활발하며 연령층이 낮아질수록 점진적으로 그 실현 비율이 감소하다가 G3세대인 40대에 이르러 급감하기 시작한다. 특히, 움라우트의 감소 현상은 G4세대에 이르러 새로운 국면에 접어들었다고 볼 수 있는데 여기서 여수지역어의 움라우트에 대한 미래를 예측하게 한다.

2.3. 움라우트 현상의 성별 실현 양상

일반적으로 여자들이 언어 사용에 민감하여 표준어에 가깝고, 품위 있는 어형을 쓰려는 경향이 강하다는 것은 주지의 사실이다. 따라서 그만큼 여성들의 말에는 방언형이라고 인식되고 있는 움라우트 어형이 덜 나타날 것으로 예측되는데 이에 대한 여수지역어의 움라우트 실현 양상을 조사해 보자.

---

6) '가랑이 가랭이'에서의 움라우트는 통시적으로는 '가랑이'가 '가르-+-앙이→가랑이'의 과정을 거쳐 형성된 파생어이므로, 형태소 내부가 아닌 그 경계에서 일어나는 것으로 보아야 하겠으나 '가랑이'는 의존형태 '가르-'가 갖는 본뜻에서 다소 멀어졌으므로 공시적으로는 형태소 내부로 처리한다.

<표 3> 움라우트의 성별 실현율(%)

구 분			70대이상	50~60대	30~40대	10~20대
성별	남	단일형태소 내에서의 움라우트	95	76	48	16
		형태소 경계에서의 움라우트	90	45	14	3
	여	단일형태소 내에서의 움라우트	100	69	42	12
		형태소 경계에서의 움라우트	95	37	10	2

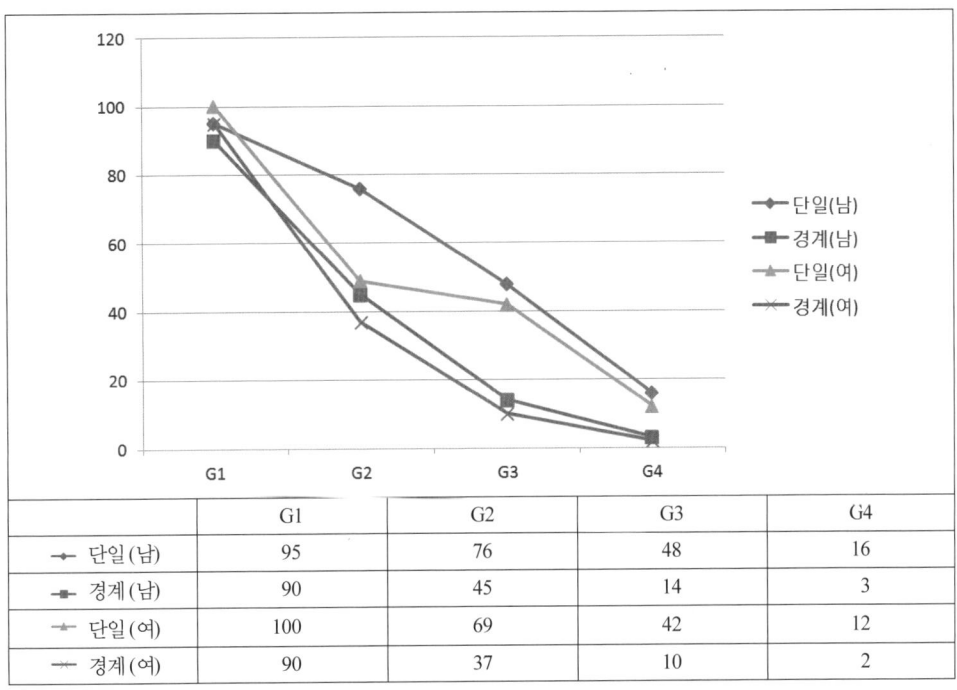

	G1	G2	G3	G4
단일(남)	95	76	48	16
경계(남)	90	45	14	3
단일(여)	100	69	42	12
경계(여)	90	37	10	2

앞의 <표 3>과 <그림 2>를 통해서 여수지역어에서는 각 세대별 움라우트 실현 정도가 성별에 따라 차이를 보이고 있음을 알 수 있다. 즉, 70대 이상의 G1세대에서는 남자보다 여자가, 50~60대 이하의 세대부터는 여자보다 남자가 움라우트 된 어형을 더 많이 사용하고 있는 실정이다.

여자들이 남자들에 비해 표준어 지향적이라는 일반적 인식에 비추어 볼 때, 70대 이상에서 남자보다 여자가 움라우트 실현율이 더 높다는 것은 주목할 만한데, 박경래(1993: 169~170)의 "전통적으로 우리 사회에서는 '남존여비(男尊女卑)' 사상이 강하여 남자들만이 글(한문)을 배웠고, 대외적인 활동도 남자들에게만 허용된 반면 여자들에게는 집안에서 살림 잘하는 '현모양처(賢母良妻)'를 요구했기 때문에 상대적으로 글줄이나 읽을 줄 알고 유식한 말을 하는 것은 남자들의 몫이었다. 자연히 남자들의 말이 유식하며 우월한 것으로 받아들여진 반면 여자들의 말은 무식하고 보수적인 것으로 받아들여졌던 것인데 이러한 언어태도가 현재

에까지 변하지 않고 이어져 내려오면서 그동안 상당한 변화를 겪은 실제 언어사용 실상과 차이가 생긴 것이라고 생각된다."는 주장이 설득력 있게 느껴진다.

한편, 젊은층으로 내려올수록 남자들보다 여자들이 움라우트형을 덜 사용하는 것으로 나타나고 있다. 이는 사회적으로 볼 때 여자들의 학력이 전반적으로 높아졌고, 여성들의 사회 활동도 많아졌으며, 공식적으로 여권 신장 운동이 활발하게 일어나 여성들 자신의 각성도 높아져 언어 변화에 있어서도 적극적으로 대처하게 된 결과로 풀이된다. Trudgill(1983: 167~168)은 이와 관련하여 "남자들은 그들이 무엇을 <하느냐>에 따라 사회적 지위가 매겨지는 데 반해 여자들은 어떻게 <보이느냐>에 따라 사회적 자리매김이 결정되는 면이 있기 때문이다. 잘 보이려고 하는 행위가 언어적인 면에 나타난 것이 표준형을 남자들보다 더 열심히 구사하는 현상인 것이다."라고[7] 언어심리학으로 해석한 바 있다.

이상을 정리하면, 움라우트는 G1세대에서는 남성에서보다는 여성에서 강하게 나타난다. 이는 G1세대의 여성이 갖는 보수성에 기인하는 것으로 보인다. 그러나 젊은층으로 내려올수록 오히려 남성보다는 여성에게서 약하게 나타난다. 이는 일반적으로 여성은 남성보다 품위 있는 어형을 쓰려는 성향이 강하고 언어 사용에 민감하여 표준어를 즐겨 써 언어로써 자신을 잘 보이려는 여성들의 심리가 반영된 결과로 풀이된다(Chambers & Trudgill, 1980 : 97~98).

2.4. 움라우트 현상의 학력별 실현 양상

여수지역어에서의 학력별 움라우트 실현 양상을 연령층과 연계하여 살펴보면 <표 4>와 같다.

〈표 4〉 움라우트의 학력별 실현율(%)

구 분		70대이상	50~60대	30~40대	10~20대
무학	단일형태소 내에서의 움라우트	100	90	·	·
	형태소 경계에서의 움라우트	100	60	·	·
국졸	단일형태소 내에서의 움라우트	100	80	55	·
	형태소 경계에서의 움라우트	90	55	20	·
중졸	단일형태소 내에서의 움라우트	·	80	47	8
	형태소 경계에서의 움라우트	·	40	16	2
고졸	단일형태소 내에서의 움라우트	·	60	40	14
	형태소 경계에서의 움라우트	·	40	8	3
대졸	단일형태소 내에서의 움라우트	·	50	40	20
	형태소 경계에서의 움라우트	·	20	5	5

---

7) 이익섭(1994: 119)에서 재인용.

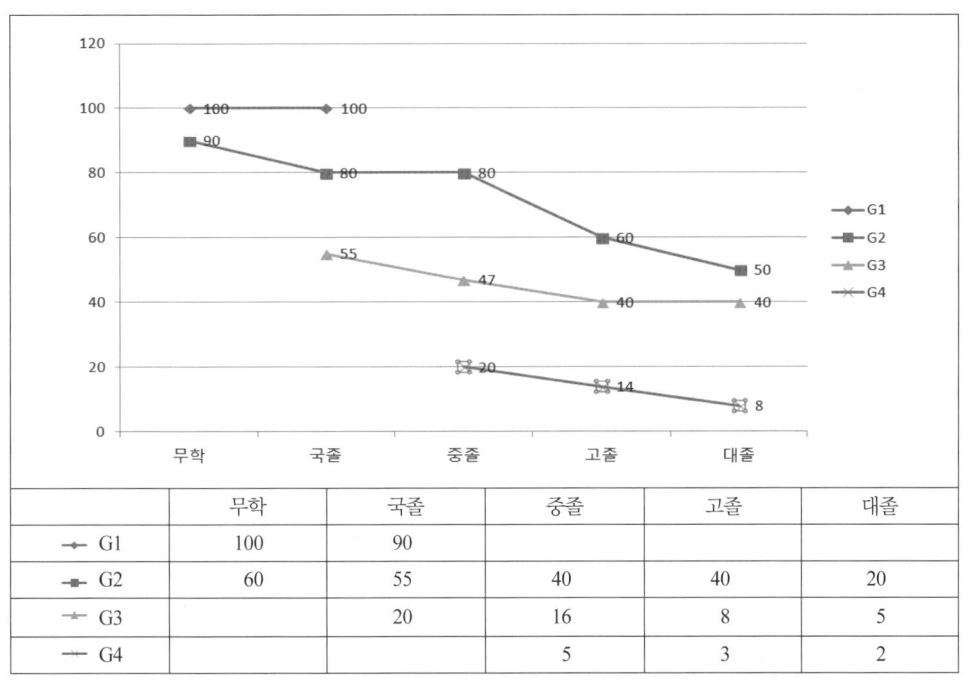

<그림 3-1> 움라우트의 학력별 실현율(단일형태소 내)

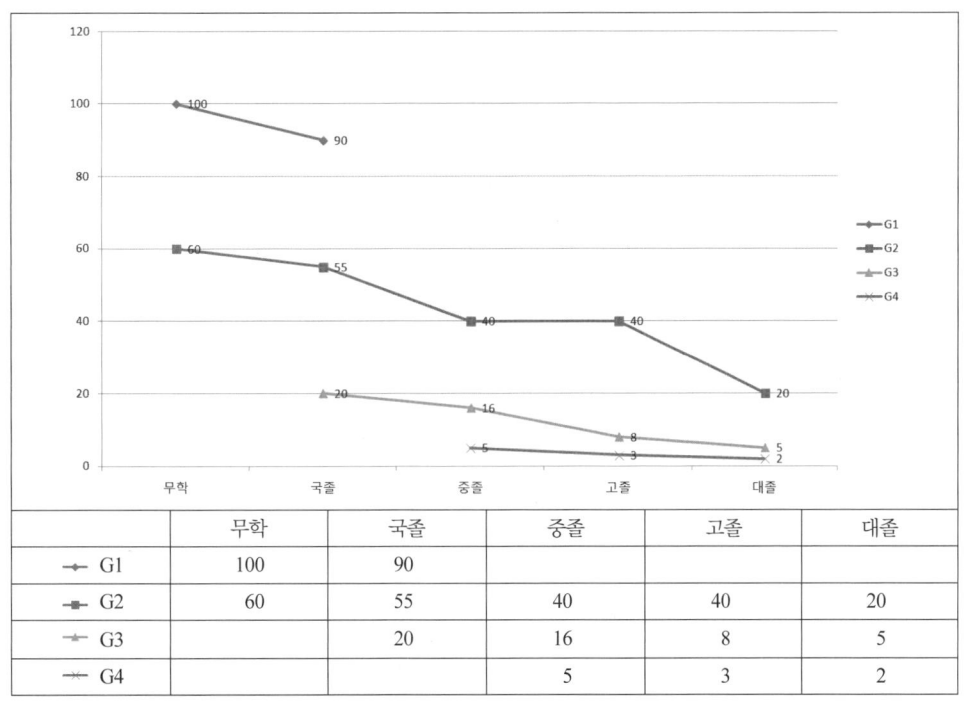

<그림 3-2> 움라우트의 학력별 실현율(형태소 경계)

위의 <표 4>를 통해 모든 연령층에서 대체적으로 학력이 낮을수록 움라우트 실현율이 높고, 학력이 높을수록 그 실현율이 낮음을 알 수 있다. 이는 연령층과 학력이 움라우트 실현과 밀접한 관계가 있음을 의미하는데 아무래도 학력이 낮을수록 방언형의 사용 비율이 높고, 학력이 높을수록 방언형의 사용 비율이 낮게 나타난다. 이는 학교 교육의 결과 표준어의 사용 비율이 높아졌다는 일반적 인식과 무관하지 않을 것으로 판단된다.

특히, G4세대는 다른 세대의 화자들과는 달리 움라우트 된 어형 사용의 비율도 낮고 학력과의 상관성도 적은 편인데, 이는 이 세대가 공시적인 움라우트 규칙을 상실하였고 표준어에 민감한 청소년층인 때문일 것으로 풀이된다. 또한 G4세대는 앞의 세대들과는 달리 오히려 학력이 낮을수록 움라우트 실현이 약간 낮게 나타나는데 이는 이 세대의 시기가 이제 막 표준어 교육을 받기 시작하여 표준어를 구사하려는 노력이 큰 때문으로 생각된다.

그리고 같은 학력의 소유자라 하더라도 세대(연령)에 따라 움라우트 실현 양상이 다름을 알 수 있는데, 이는 같은 학력이라도 언어에 대한 가변성이 큰 젊은층에서는 비천형으로 여겨지는 방언형보다는 우월 지위를 가진 표준어 지향적인 데 비해 연령층이 높으면 주위로부터 집단의 결속과 개인적인 동질성의 징표로서 방언형을 더 많이 사용하게 하는 압력을 받기 때문으로 생각된다(이익섭, 1984 : 201; 박경래, 1993 : 175).

또한 <그림 3-1>과 <그림 3-2>를 비교해 보면 '밥이, 속이-, 먹이, 넉넉이' 등과 같은 형태소 경계에서의 움라우트보다는 '지팡이8), 당기-, 다라-' 등과 같은 단일 형태소 내에서의 움라우트가 비교적 학력의 영향을 덜 받으며 움라우트를 지속적으로 실현시키고 있음을 알 수 있다.

이상을 정리하면, 움라우트 실현은 학력 수준과 반비례하여 대체적으로 학력이 낮을수록 그 실현 비율이 높으며, 학력이 같더라도 표준어에 민감한 G4세대보다 집단의 결속력과 동질성을 중시하는 G1세대에서 민감함을 알 수 있다.

3. 어두경음화 현상의 사회적 실현 양상

3.1. 경음화는 평음 /k, t, p, č, s/가 음성적으로 무기 긴장음인 경음(된소리) /k', t', p', č', s'/로 바뀌는 현상이다. 이 현상은 형태소의 위치에 따라 어두경음화, 어중경음화, 어말경음화로 분류할 수 있는데, 여기서는 어두경음화에 대해서만 다룬다.9)

---

8) '지팡이'도, '가랑이'와 같은 차원에서, '짚+-앙이→지팡이'의 과정을 거쳐 형성된 것으로 해석되므로, '지팡이→지팽이'에서 보는 움라우트는 형태소 내부가 아닌 그 경계에서 일어나는 것으로 보아야 하겠으나 '지팡이'는 의존형태 '짚-'이 갖는 본뜻에서 다소 멀어졌으므로 공시적으로는 형태소 내부로 처리한다.

어두경음화란 어두에 위치하는 /k, t, p, s, č/ 등에 [+tense] 또는 [+glottal]이 가해져 /k', t', p', s', č'/로 실현되는 현상을 말하는데, 이는 사적(史的) 음운과정으로서보다는 사회적 요인으로 설명하는 것이 보통이다. 즉, 15세기 국어에서 격렬성을 띤 동작을 보다 인상적으로 나타내기 위하여 어두음이 경음화되었던 경향이 점차 일반화된 것으로 볼 수 있다(이기문, 1961: 124).

이러한 어두경음화 현상은 일반적으로 동남방언과 서남방언을 포함한 남부방언에서 활발한 것으로 인식되고 있는데, 전남지역 중에서도 특히 동부 도서 및 해안이 내륙에 비하여 뚜렷하다는 지적이 있는데(이돈주, 1978 : 202~203), 이는 여수지역어에서도 예외는 아니다.

한편, 지금까지의 대부분의 연구가 어휘론적 분석에 머물러 어두경음화에 대한 원인을 밝히는 데 소홀한 듯하다. 물론, 이기문(1972ㄴ: 53~54)은 중세 국어의 '빛', '비븨-', '두드리-' 등이 '씰-', '쎄븨-', '쑤드리-'로 된 것은 격렬성을 띤 동작을 보다 인상적으로 나타내기 위하여 어두음이 경음화되었던 경향이 점차 일반화된 것이라 하여 사회적 요인에서 그 원인을 찾고 있으며, 최태영(1983: 54)은 "어두경음화의 발생은 단순한 음운론적인 측면에서만 해결되는 것이 아니고 형태론적 내지 의미론적인 측면과도 관련이 있는 것으로 보인다."고 하여 이기문(1972ㄴ)의 주장을 받아들이고 있다. 필자도 어두경음화 현상이 언어내적인 요인뿐 아니라 세대, 성별, 학력 등과 같은 언어외적인 요인도 고려 대상이 되어야 진정한 의미의 고찰이 될 것으로 믿는다.

3.2. 어두경음화 현상의 세대별 실현 양상

이미재(1988: 66~67)는, 오구라 신페이(小倉進平, 1944)와 김형규(1974)의 방언조사 자료를 바탕으로 자료를 비교하여, 오구라(1944)에는 함경북도 방언에 나오는 그 소수를 제외하고는 경음화가 일어난 자료를 찾을 수 없는 데 반해 김형규(1974)에서는 105개의 경음화된 어휘가 더 나타난다고 하여 노년층에서 젊은층으로 올수록 경음화 현상이 확산되고 있다고 지적하고 있다.

차차 밝혀지겠지만, 여수지역어에서도 젊은 세대에서 경음화 현상이 뚜렷한 것은 사실이지만 그렇다고 모든 어휘에 걸쳐 노년층보다 심하게 나타나는 것은 아니다. 여수지역어에 나타나는 세대별 경음화 실현 양상을 19개의 어휘항목을 통해 조사한 결과를 보이면 <표 5>와 같다.

---

9) 기세관(1996: 13)은 여수방언의 어두경음화 관련 조사항목 155개 중 125개의 어휘가 어두경음화를 실현하고 있다고 지적하고 있다.

〈표 5〉 어두경음화 현상의 세대별 실현율(%)

구 분		70대이상	50~60대	30~40대	10~20대
/k/계	/k'alʧʰi/	90	86	79	50
	/k'Emi/	80	78	69	4
	/k'Eurida/	90	80	48	8
	/k'aŋnEŋi/	40	48	62	82
	/k'oʧi/	90	85	78	46
	/k'ombo/	90	92	69	86
	/k'ops'E/	90	88	86	92
/t/계	/t'ubu/	80	82	68	8
	/t'udilEgi/	100	89	85	70
	/t'Eŋgida/	90	92	83	22
/p/계	/p'anʧ'akp'anʧ'ak/	80	82	86	82
	/p'idulku/	90	48	38	0
	/p'iɲali/	90	62	42	0
/s/계	/s'aŋnom/	60	70	76	96
	/s'onEgi/	100	95	90	88
	/s'anapt'a/	100	90	96	88
/ʧ/계	/ʧ'aŋE, ʧ'aŋə/	80	84	68	8
	/ʧ'okʧ'ipk'E/	90	100	100	100
	/ʧ'ilgida/	70	66	68	70

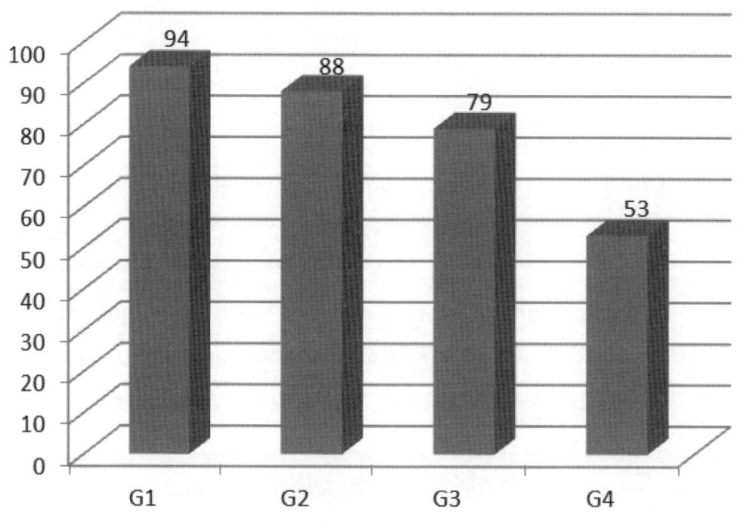

〈그림 4〉 어두경음화 현상의 세대별 실현율

<표 5>를 통해 여수지역어의 세대별 어두경음화 실현 양상을 분석해 보면 다음과 같다. 곧, G1, G2, G3세대에서는 대체로 어두경음화 현상이 모든 조사 대상 어휘에 대하여 고르고 활발하게 일어나고 있다. 이에 비해 G4세대에서는 '개미, 게으르다, 두부, 당기다, 비둘기, 병아리, 장어' 등의 어휘에 대해서는 경음화가 매우 약화되어서 소멸되거나 소멸 직전에 있음을 보여주고 있으며, '강냉이, 곰보, 곱추, 반짝반짝, 상놈, 사납다, 소나기, 족집게, 질기다' 등의 어휘에서는 여전히 높은 실현율을 보이거나 오히려 경음화 실현 비율이 높아지기까지 하였다.[10]

여수지역어에 나타나는 어두경음화에서 주목되는 것은 G4세대에서는 어휘에 따라 어두경음화의 실현 양상이 달라진다는 점이다. 곧 조사 대상 어휘 모두에서 경음화가 실현되기보다는 어휘에 따라서는 경음화하지 않은 표준어로 대체되지만, 또 다른 어휘들에서는 경음화를 뚜렷이 실현시키기도 한다는 점이다. 전자의 경우에 있어서는 대중 전달 매체와 학교를 통한 학습 기회의 확대에 영향을 받은 때문일 것이고 후자의 경우에 있어서는 그 원인을 캐기가 쉽지 않은데 아무래도 심리적 관점으로 추정할 수밖에 없을 듯하다. 이미재(1988: 65~66)는 경음화의 조건으로 "첫째는 순수하게 음성학적 조건 때문에 경음화가 일어나는 경우로서, 특히 낱말 안에서 파열음 다음의 위치에서 연성 장애음이 경음화되는 경우이다. 둘째는 화자의 표현 의도를 더욱 분명히 함으로써 의사 전달의 효과를 높이고, 화자의 심리적 강도를 부각시키기 위해 경음을 취하는 경우이다. 마지막 세 번째는 의미적인 관점에서 격렬한 동작이나 감정을 표현하기 위해 형태마저 격해져 경음화가 일어나는 경우를 들 수 있다."고 세 가지를 든 바 있다. 여수지역의 G4세대에서 보여주는 어두경음회의 경향도 이미지가 든 두 번째와 세 번째의 해석과 관련이 있을 것으로 보인다. 즉 여수 지역의 G4세대에게는 이러한 심리가 상승작용을 일으켜 어휘에 따라서는 아직도 어두경음화가 생산적인 음운현상으로 자리잡고 있을지도 모를 일이다.

그런데 여기서 <그림 4>를 통해서 한 가지 흥미로운 사실을 발견할 수 있다. /c'aŋE/와 /k'alc^hi/는 G1~G3세대에서는 높은 경음화 실현율을 보이지만 G4세대에서 갑자기 그 실현율이 낮아진다. 이는 여수가 2,000여 가구에 9,000여 명의 어업인구를 가진 지역이라는 사실과 무관하지 않을 것으로 보인다. 즉, 이들 어휘가 이 세대에게는 익숙하지만, G4세대에게는, 이 지역도 최근 산업화되고 도시화되어, 낯설기 때문일 것으로 풀이된다.

---

10) 기세관(1997)은 제보자를 대체로 이 글에서의 G1세대에 한정하여 '강냉이'가 경음화를 입지 않은 것으로 조사하고 이를 파동설(wave theory)과 관련하여 해석한 바 있다. 즉, 기세관(1997)은 동서를 달리는 경음화라는 개신파가 있다고 전제하고, '두꺼비, 강냉이, 구들장, 게으르다' 등의 어휘가 G1세대의 여수지역어에서 경음화에서 벗어난 것을 두고 여수지역이 동쪽과 서쪽 두 방향에서 동시에 밀려오는 개신파의 물결이 아직 미치지 못한 잔재지역이기 때문일 것으로 해석한 바 있다. 이렇게 보면, '강냉이'가 G4세대로 갈수록 경음화의 실현 비율이 높아진 것은 이 지역이 잔재지역적 특성을 벗어나고 있음을 말하는 것일지도 모를 일이다.

3.3. 어두경음화 현상의 성별 실현 양상

Trudgill(1975)은 남성보다는 여성이 언어로써 자기의 신분을 드러내고자 하는 경향이 크다는 점을 지적하였다. 즉, 직업을 갖고 있지 않은 많은 여성이 직업 여성에 비해 자신의 외모에 더 신경을 쓰는 것과 마찬가지로, 여성은 남성보다 낮은 자신의 사회적 지위를 보상받기 위해 언어에 호소하는 경우가 많다는 것이다. 따라서, 표준어 사용에 있어서도 여성이 남성보다 높은 표준어 사용률을 보인다는 것이다. 반면에, 남성 가운데에서는 노동자 계층에 속하는 남성들이 자신들의 남성다움을 과시하기 위해 비표준어를 고의로 사용하며, 이것은 남성의 사회적 지위보다는 남성의 유대감(solidarity)을 표현하는 '은밀한 권위'(covert prestige)의 한 예가 된다고 한다(Labov, 1966 : 495 ; Trudgill, 1975 : 92).[11]

이처럼 여수지역어에서도 표준어를 지향하는 여성보다, 은밀한 권위를 내세우는 남성이 경음화 사용 빈도가 높을 것이라는 전제 아래 이를 세대와 성별을 고려하여 확인해 보기로 한다.

〈표 6-1〉 어두경음화 현상의 성별 실현율(%)

성별 \ 연령	70대 이상	50~60대	30~40대	10~20대
남	86	84	78	58
여	82	76	68	47

〈표 6-2〉 어두경음화 현상의 성별 실현율(%)

어휘 \ 성별	G1		G2		G3		G4	
	남	여	남	여	남	여	남	여
갈치	92	88	88	84	83	75	68	32
곰보	90	90	96	88	76	62	96	76
두부	80	80	80	84	72	64	10	6
반짝반짝	80	80	82	82	88	84	90	74
상놈	65	55	80	60	82	70	100	92
질기다	72	68	72	60	74	62	86	54
계 (평균)	80	77	83	76	79	70	75	56

---

11) 이미재(1988: 77~78)에서 재인용.

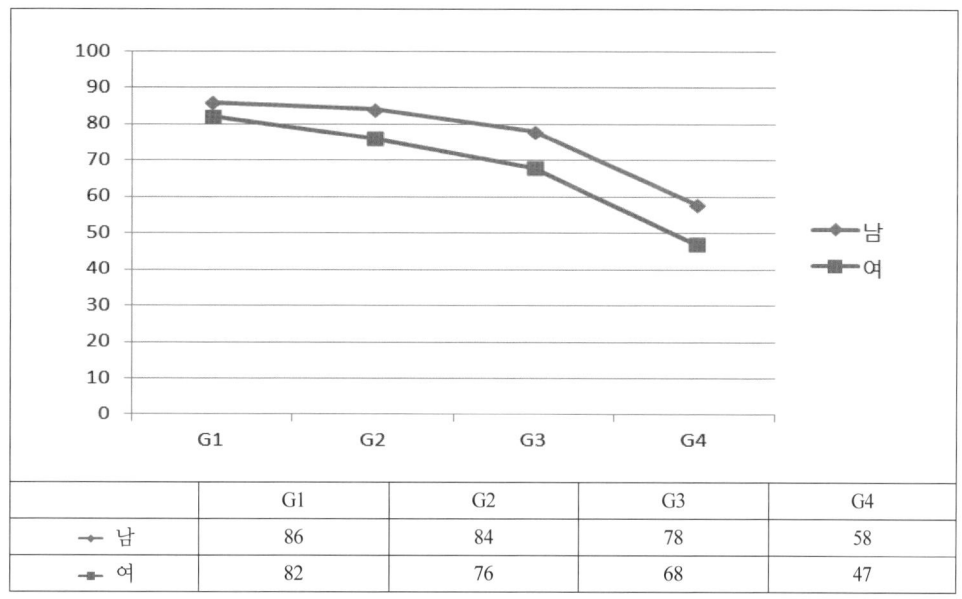

<그림 5> 어두경음화 현상의 성별 실현율

위의 <표 6-1>과 <그림 5>를 통해 각 세대별 어두경음화 실현율이 성별에 따라 차이가 있음을 알 수 있다. 즉 G1~G4세대 모두 남성에 비해 여성의 어두경음화 실현율이 낮게 나타나고 있는데, 이는 여수지역어에서도 여성이 남성보다 언어 사용에 더 민감하여 덜 촌스럽고, 더 우아한 어형을 쓰려는 일반적인 경향과 남성들의 자기 고장말을 지키려는 은밀한 권위가 작용하여 생긴 결과로 해석하고자 한다.

<표 6-2>는 남녀간의 어두경음화 실현 비율을 특정 어휘를 통해 구체적으로 살펴본 결과이다. 특이한 것은 G4세대의 남녀간의 경음화 실현 비율의 차이가 <표 6-1>에 나타나는 G4세대의 남녀 간의 차이에 비해 매우 크다는 점이다. 그리고 특별히 감정 개입이 심한 '곱추, 반짝반짝, 상놈, 질기다' 등의 어휘에서 남녀간의 경음화 실현 비율에 많은 차이를 보이고 있다는 점이다. 이는 G4세대의 여성이 다른 세대에 비해 전술한 여성적 특성이 상대적으로 강한 데에 기인할지도 모른다.

3.4. 어두경음화 현상의 학력별 실현 양상

문화란 일반적으로 상위 문화가 하위 문화에 영향을 미친다는 점을 감안하면 학력이 높은 화자일수록 표준어 사용에 민감할 것으로 예측하기란 어렵지 않다.

따라서 여수지역어의 어두경음화 현상도 학력과 상관성을 가질 것이라는 가정을 염두에 두면서 세대와 학력에 따른 어두경음화 실현 비율을 알아보자.

〈표 7〉 어두경음화 현상의 학력별 실현율(%)

학력 \ 연령	70대 이상	50~60대	30~40대	10~20대
무 학	85	90	84	·
국 졸	83	84	79	·
중 졸	·	79	74	45
고 졸	·	74	68	56
대 졸	·	69	62	58

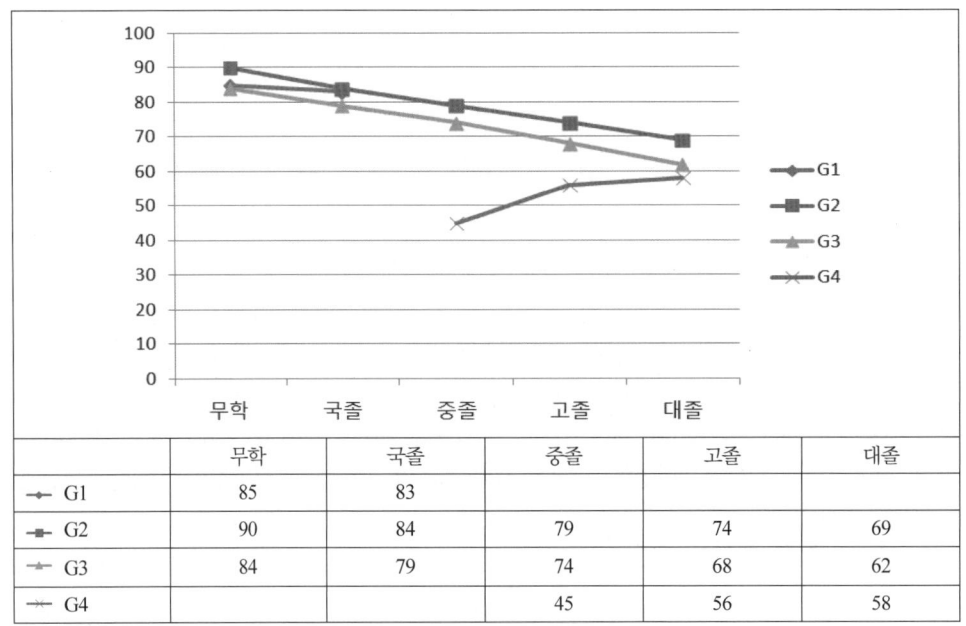

	무졸	국졸	중졸	고졸	대졸
G1	85	83			
G2	90	84	79	74	69
G3	84	79	74	68	62
G4			45	56	58

〈그림 6〉 어두경음화 현상의 학력별 실현음

    <표 7>과 <그림 6>을 통해 여수지역어의 학력별 어두경음화는 대체로 학력이 낮을수록 실현 비율이 높고 학력이 높을수록 실현 비율이 낮게 나타난다. 이는 학력이 낮을수록 방언형의 사용 비율이 높고 학력이 높을수록 표준어 사용 비율이 높을 것이라는 가정에 합치된다. 곧 어두경음화는 학력 정도와 반비례하는 상관성을 보여준다.
    다만, G4세대에서는 학력이 낮아도 경음화 실현 비율이 낮게 나타나는데 이는 G4세대의 저학력 제보자가 모두 표준어에 민감하고, 표준어를 사용하는 매스컴에 많이 노출된 중·고등학생들이기 때문일 것으로 풀이된다.

4. 맺음말

이 연구에서는 여수지역어를 대상으로 사회적 요인인 세대(Generation), 성별(Sex), 학력(educational background)이 움라우트와 어두경음화에 어떻게, 어느 정도의 영향을 끼치는가를 살펴보았다. 이제까지 논의된 내용을 요약하는 것으로 맺음말을 대신한다.

1) 움라우트는 대체로 동남방언이나 서남방언에서 강하게 나타나며 북쪽으로 갈수록 약하게 실현되는데 이처럼 남부방언에서 세력이 강한 움라우트는 여수지역에서도 자연스럽게 실현되고 있다. 이를 사회적 요인과 관련지어 살펴보면 다음과 같다.

첫째, 세대별로는 움라우트가 G1세대에서 가장 활발하며, 연령층이 낮아질수록 점진적으로 그 실현 비율이 감소하다가 G3세대인 40대에 이르러 급감하기 시작하여 G4세대에 이르러는 거의 제한적으로만 실현되고 있다.

둘째, 성별로는 움라우트가 G1세대에서는 남성보다 여성에게서 그 실현 비율이 높다. 이는 G1세대 남성의 보수적 언어 태도와 관련 있을 것으로 보인다. 그리고 젊은층으로 내려올수록 남성에 비해 여성에게서 그 실현 비율이 높다. 이는 언어로써 자신을 더 잘 보이려는 젊은 여성의 심리적 태도에 기인할 것으로 해석된다.

셋째, 학력별로는 움라우트가 대체로 학력이 낮을수록 실현 비율이 높으며, 학력이 같더라도 표준어에 민감한 G4세대에서보다 집단의 결속력과 동질성을 중시하는 G1세내에서 그 실현 비율이 높다.

2) 어두경음화 현상은 전남지역 중에서는 특히 동부 도서 및 해안 지방이 내륙 지방에 비하여 뚜렷하게 나타나는 것으로 알려져 있는데 여수지역어에서도 그 실현이 두드러진다. 이를 사회적 요인과 관련지어 살펴보면 다음과 같다.

첫째, 어두경음화는 대체로 G1, G2, G3세대에서 조사 대상 어휘 모두에서 고르고 활발하게 일어난다. 이에 비해 G4세대에서는 어휘에 따라 그 실현 여부가 다르다. 곧 조사 대상 어휘 모두에서 경음화가 실현되기보다는 어휘에 따라서는 경음화하지 않은 표준어로 대체되기도 하지만, 또 다른 어휘들에서는 경음화를 뚜렷이 실현시키기도 한다. 전자의 경우에는 대중 전달 매체와 학교를 통한 학습 기회가 확대된 데 기인한 것일 것이고 후자의 경우에는 화자의 표현 의도를 더욱 분명히 함으로써 의사 전달의 효과를 높이고, 화자의 심리적 강도를 부각시키거나 격렬한 동작이나 감정을 표현하기 위해 형태마저 강화시켜 경음화한 데 말미암은 것일 것이다. 이는 여수 지역의 G4세대에게는 아직도 어두경음화가 생산적인 음운현상으로 자리잡고 있음을 반영한다.

둘째, 어두경음화의 실현 비율은 성별에 따라 달라진다. 곧 G1~G4세대 모두에서 남성에 비해 여성에게서 그 실현율이 낮게 나타난다. 이는 여성이 남성보다 언어 사용에 더 민감하여 더 우아한 어형을 쓰려는 심리가 강하며 남성은 여성보다 권위주의적이어서 자기 고장말을 지키려는 은밀한 권위가 작용한 데에 기인한 결과로 풀이된다.

셋째, 어두경음화는 대체로 학력이 낮을수록 높게 나타나고 학력이 높을수록 낮게 나타난다. 다만, 표준어에 민감하고 대중 매체에 보다 많이 노출되어 있는 중·고등학생인 G4세대에서는 학력이 낮아도 낮게 나타난다.

참고문헌

奇世官(1981), "全南方言의 音韻論的 研究", 全南大學校 碩士學位 論文.
기세관(1996), "여수방언의 음운론적 특성", 「先淸語文」第24輯, 서울大學校 師範大學 國語敎育科.
_____(1997), "여수방언 개관", 「南道文化研究」第六輯, 順天大學校 南道文化研究所.
金完鎭(1971), 「國語音韻體系의 研究」, 一潮閣.
金亨奎(1974), 「韓國方言研究」, 서울大學校出版部.
朴慶來(1993ㄱ), "槐山地域語의 社會言語學的 考察 - 이중모음의 단모음화를 중심으로 -", 「국어국문학」 101, 국어국문학회.
_____(1993ㄴ), "忠州方言의 音韻에 대한 社會言語學的 研究", 서울대학교 대학원 박사학위 논문.
李基文(1961), 國語史槪說, 民衆書館.
_____(1972ㄱ), 國語音韻史研究, 韓國文化研究所(1977: 塔出版社).
_____(1972ㄴ), 改訂國語史槪說, 民衆書館.
李敦柱(1978), 全南方言, 螢雪出版社.
_____(1969), "全南 方言에 對한 考察: 特히 島嶼地方의 方言研究를 爲하여", 「語文學論集」5, 全南大學校.
이미재(1988), "언어변화에 관한 사회언어학적 연구-경기도 화성방언을 중심으로-", 서울대학교 대학원 박사학위 논문.
李翊燮(1984), 「方言學」, 民音社.
_____(1994), 「사회언어학」, 민음사.
이정복(1992), "경어법 사용에 대한 사회언어학적인 연구 - 하동 지역의 한 언어 공동체를 대상으로 -", 國語研究 第109號, 國語研究會.
周時經(1906), 「대한국어문법」, 李基文 편(1976), 『周時經全集』, 亞細亞文化社.
崔泰榮(1983), 「方言 音韻學」, 螢雪出版社.
한경호(1997), "여수지역어의 음운현상에 대한 사회언어학적 연구", 순천대학교 교육대학원 석사학위 논문.
小倉進平(1944), 「朝鮮方言學 試考 '鋏'語攷」, 東都書籍.
Chambers, J.K. & Trudgill, P.(1980), Dialectology, Cambridge University Press.
Labov(1966), The Social Stratification of English in New York City, Washington D.C.: Center for Applied

Linguistics.

Trudgill, P.(1974), The Social Differentiation of English in Norwich, Cambridge University Press.

_____(1975), "Sex, Covert Prestige, and Linguistic Change in the Urban British of Norwich", Reprinted in B. Thorne and N. Henley, (ed).

_____(1983), 「Sociolinguistics : An Introduction to Language and Society」, rev. ed. London : Penguin Books.

[처음 실린 곳]
「과학과 교육」 제10집, 순천대학교 과학교육연구소, pp. 1~17. 2002.

[11] 광양 방언의 음운론과 형태론

1. 머리말

1.1. 큰 강과 큰 산은 방언 분화의 지리적 요인을 대표한다. 이러한 뜻에서 영남과 호남을 가르는 지리적 역할을 하는 지리산과 섬진강이 부여하는 국어와 관련한 언어·문화적 의미를 찾는 것이 이 글에 맡겨진 임무의 하나가 아닐까 한다.

광양(光陽)은 지리적으로 서남 방언권에 속하는 순천시(옛 승주군 포함) 및 구례군과 인접해 있지만 언어상으로는 이들 지역 방언과 상당한 차이를 느끼게 한다. 이는 특히 억양의 차이를 중심으로 음운, 형태, 어휘 등 전반적인 차이에 말미암는다. 이러한 차이는 광양 방언과 하동 방언의 그것보다 크게 느껴진다. 이는 백운산(1218m)이 지리산과 섬진강보다 큰 언어적 장벽으로 작용하기 때문인 것으로 추정된다. 좀더 구체적으로 말하면, 하동 북쪽인 동북쪽에 놓인 지리산(1915m)이 백운산보다 크고 높지만 직접 광양에 인접하지 않아 북쪽과 서북쪽에 직접 접한 백운산에 비하여 언어 장벽으로서의 기능이 약하고, 광양에 인접한 섬진강 또한 남해 바다로 이어지는 최하류 지점이어서 장벽으로서보다는 교류 수단으로서의 기능을 크게 맡고 있기 때문일 것으로 생각된다.

광양 방언은 하동 방언과 더불어 동남 방언과 서남 방언의 전이지대(轉移地帶)를 형성하는데 이는 두 지역이 예부터 시장권과 통혼권 등 생활권을 같이해 옴으로써 언어적 간격을 좁힐 수 있었기 때문일 것이다(서상준, 1985: 257).

1.2. 광양군은 백운산을 배경으로 동으로는 다압면, 남으로는 구 광양읍과 진월면, 진상면, 옥곡면, 옥룡면, 봉강면 등으로 이루어져 있다. 이 글은 필자가 기세관(1992)과 기세관(2004)의 <광양방언 어휘집>을 바탕으로, 지역적으로는 다압면, 진상면, 옥룡면의 3개 면을 중심으로 광양 방언의 음운과 형태에 대한 몇 가지 특성을 기술한 것이다.[1] 기술의 변화를 꾀하고

---

1) 이 <광양방언 어휘집>의 자료는 《향토글》, 《전남방언사전》, 《광양군지(光陽郡誌)》, 《골약향토

이해를 배가시키기 위하여 때로는 인접 지역어와 비교하기도 하고, 동류의 것이라 할지라도 조사된 것이라면 가급적 많은 어례(語例)를 제시하기로 한다.

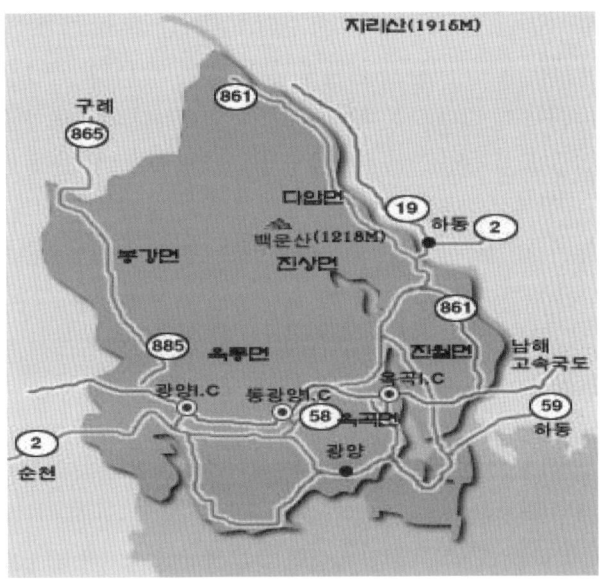

〈조사지점 위치도〉

1.3. 오늘의 한국어는 지역 방언의 종화요 시간의 변화와 더불어 바뀌어 가는 공시태의 축적물이다. 이는 개별적 지역 방언의 차이는 역사를 소급할수록 좁혀지고, 공시적 방언의 참모습을 이해하기 위해서는 역사적 언어 정보를 이용할 필요가 있음을 함의(含意)한다. 현대 국어의 하위 방언들이 가지고 있는 방언적 특징들이 19세기에 비로소 갖추어졌음을 고려할 때(최전승, 1987), 오늘날 문헌어가 전무한 광양 방언에 대한 사적 연구를 위해서 상대적으로 풍부한 중부 방언의 역사적 정보를 이용하는 것은 불가피하기도 하려니와 필수적이기도 하다. 이 글은 이러한 입장을 견지하여 광양 방언에 대한 음운론적 특성과 형태론적 특성을 기술하되 다른 방언, 특히 중부 방언이 많이 반영된 공통어의 역사적 정보를 적극적으로 이용할 것이다.[2]

지(骨若鄕土誌)―우리 지방의 방언》 등에서 광양방언 어휘를 뽑아 통합·정리한 것에 필자가 직접 조사한 것을 보충한 것이다. 필자는 순천대학교에 재학 중인 대학원 학생 한경호(: 박사과정), 유혜경(: 석사과정), 송명숙(: 석사과정)의 도움을 받아 2003년 8월 14일부터 15일까지 옥룡면 운평리에서, 그리고 2003년 8월 18일 진상면 섬거리에서 확인·조사한 바 있다.

2) 이 글은 본래 지리산과 섬진강 서쪽에 인접한 광양의 언어적 특성을 개괄적으로 발표해 달라는 청탁을 받고 쓴 것이다. 그러나 시간에 쫓기고 능력이 부쳐, 본래의 의도와는 달리, 음운론과 형태론에 한정된

2. 광양 방언의 음운론과 형태론

현대국어의 공시태 안에서 어떤 음운 현상과 관련을 맺고 있는 어휘들일지라도 자세히 들여다보면 어휘 재구조화가 일어나 화석화한 경우가 흔하다. 특히, 과거 어느 시기 어떤 음운 규칙의 지배를 받아 화석화한 어휘는, 비록 통시적으로는 음운론과 관련을 맺고 있다고 할지라도, 현대국어의 어휘부에 그대로 등재될 수도 있다고 믿는다. 이러한 어휘들에서 보는 언어 현상은 그 경계 범주가 엄격히 구분되지 않아 음운론과 형태론의 양쪽 범주에서 두루 다룰 수 있을 것이다. 이 장에서 다루는 많은 항목들이 이러한 범주에 들 수 있을 듯하다. 따라서 이 글에서는 이 두 가지 범주를 따로 구분하지 않고 '광양 방언의 음운론과 형태론'이라는 하나의 항목에 묶어 다룬다.

2.1. 음운체계(音韻體系)

우리말을 이루는 여러 가지 방언들은 한국어라는 한 언어의 하위 체계에 속하므로 한국어가 갖는 언어적 특성을 상당 부분 공유할 수밖에 없다. 그러나 이들 각각은 방언인 까닭에 독자적인 언어적 특성도 갖는다. 광양 방언의 음운에서도 이러한 특성을 볼 수 있다.

두 방언의 공통성과 독자성은 그것들을 비교함으로써 드러나는 경우가 흔하다. 여기서는 광양 방언의 음운을 자음, 모음, 활음(반모음), 운소 등으로 나누어 논의하되 이들의 공시적, 통시적 특성을 서남 방언, 특히 서부전남 방언 또는 공통어와 비교하여 약술한다.

음운(音韻)이란 말뜻을 구별하는 기능을 가진 소리 단위이다. 음운에는 자음, 모음, 활음(반모음) 등처럼 발화 연쇄에서 계기적으로 나타나는 음소(音素, segmental phoneme)와 길이[長短], 높이[高低], 세기[强弱]와 같이 음소에 얹혀 나타나는 운소(韻素, prosodeme)가 있다.

광양 방언의 자음은 /p, pʰ, p'; t, tʰ, t'; k, kʰ, k'; ʧ, ʧʰ, ʧ'; s, s'; h; m, n, ŋ; r/(/ㅂ, ㅍ, ㅃ; ㄷ, ㅌ, ㄸ; ㄱ, ㅋ, ㄲ; ㅈ, ㅊ, ㅉ; ㅅ, ㅆ; ㅎ; ㅁ, ㄴ, ㅇ; ㄹ/)의 19개로 공통어와 같다. 이는 일부 동남 방언에는 없는 /s'/(/ㅆ/)가 있음을 함의한다.

서남 방언의 모음 체계는 지역차나 세대차에 따라 공통어와 다른 양상을 보인다. 지역적으로는 광주를 중심으로 하는 서부와 광양을 중심으로 하는 동부에서 다르고, 또 이들 지역에서도 50대 이상의 노년층과 그 이하인 젊은층(주로 30·40대)에서 다르다. 수학정도에서도 식자층이냐 비식자층이냐에 따라 다르다. 여기서는 광양 방언의 토박이말을 논의하고자 하므로 무학자(無學者) 또는 초등학교 이하의 초보적인 교육만을 받은 사람의 말을 주요 기술 대상으로 삼는다.

만족스럽지 못한 글이 되고 말았다.

서남 방언이라고 하면 흔히, 구례나 광양 등 동부 지역을 제외한 전남의 전역에서 사용되는 방언, 곧 서부전남 방언으로 대표된다. 서부전남 방언의 모음(단모음) 음소 체계는 세대에 따라 다음 (1)과 같이 요약된다(기세관, 1981; 기세관, 1986a).

(1) 서부전남 방언의 모음 음소 체계

서열\계열		전설		후설	
		평순	원순	평순	원순
		1	2	3	4
고설	1	i	ü	ɨ	u
중설	2	E	ö	ə	o
저설	3	a			

〈노년층〉

서열\계열		전설		후설	
		평순	원순	평순	원순
		1	2	3	4
고설	1	i		ɨ	u
중설	2	E		ə	o
저설	3	a			

〈젊은층〉

곧, 이 방언의 모음 음소는, 노년층에서는 전·후설의 고·중모음 4쌍이 원순성(roundness)을 상관 표지로 평(平)·원(圓)으로 대립되어 매우 균형 잡힌 9개의 3서열 4계열 3각 체계를 이루고 있고, 젊은층에서는 후설만이 평·원으로 분화된 7개의 3서열 3계열 3각 체계를 이루고 있다. 이것은 세대차에 관계없이 전설의 평순 모음이 고·중·저의 3단계로 정도 대립(gradual opposition)을 보이며 3서열 4계열 4각 체계를 이루고 있는 전남 동부 방언의 모음 음소 체계 (2)와 비교된다. 이 (2)는 공통어의 모음 음소 체계와도 일치한다.

(2) 광양 방언의 모음 음소 체계

서열\계열		전설		후설	
		평순	원순	평순	원순
		1	2	3	4
고설	1	i	ü	ɨ	u
중설	2	e	ö	ə	o
저설	3	ɛ		a	

따라서 광양 방언에서는 공통어에서처럼 '개(犬): 게(蟹)', '때(時): 떼(群)', '배(梨, 腹, 舟): 베(布)'는 최소대립쌍(minimal pairs)을 형성하여 서로 뜻이 다른 단어를 이루지만, 서부전남 방언에서는 그렇지 않다. 곧, 서부전남 방언에서는 /e/와 /ɛ/가 음소적 가치를 잃고 /E/로 합류되었지만, 광양 방언에서는 음소적이다.

한편, /ü/와 /ö/는 광양 방언이나 공통어에서 음소적 가치를 갖는데 이는 노년층의 서부전남 방언에서도 같다. 서부전남 방언의 노년층에서는 '귀(耳): 기(蟹), 뉘(: 쓿은 쌀에 섞인 벼 알갱이): 니(汝)'; '꾀(謀): 깨(: 참깨)(: /kˈE/), 되(升): 대(竹)(: /tE/) 등과 같은 최소대립쌍을 형성하여 /ü/와 /i/, 그리고 /ö/와 /E/가 모두 음소적이다. 그러나 젊은층에서는 원순성이 탈락하여 '귀, 뉘'는 각각 '기, 니'로, '꾀, 되'는 각각 '깨(: /kE/), 대(: /tE/)'로 실현되어 /ü/는 /i/로, 그리고 /ö/는 /E/로 이미 합류되어 이들 /ü/와 /ö/는 음소적 가치를 잃었다. 따라서, 노년층에서 /i/와 /ü/로 달리 발음되는 두 가지 단어군이 젊은층에서는 /i/로 발음되는 한 가지 단어군으로 나타나고, 노년층에서 /E/와 /ö/로 구별되어 발음되는 두 가지 단어군이 젊은층에서는 /E/로 발음되는 한 가지 단어군으로 나타난다. 따라서 만일 이와 관련한 노년층의 방언형이 주어지면 젊은층의 방언형이 무엇이 될 것인가를 예견할 수 있을 것이다. 이로부터 서부전남 방언 모음 음소 체계에 커다란 변화가 최근에도 일어났음을 알 수 있다.

(1)에서 보는 노년층의 서부전남 방언의 /i/ 중에는 광양 방언의 /e/와 대응되는 것이 있으며, /E/는 광양 방언의 /e/ 또는 /ɛ/에 대응된다. 이는 서부전남 방언에서 과거 어느 시기에 'ㆎ의 변화'와 '/e/와 /ɛ/의 /E/로의 변화'를 겪어 빚어진 결과이다. 따라서 노년층에 직전한 서부전남 방언의 모음 음소 체계는 공통어 또는 광양 방언의 체계 (2)와 같았을 것으로 추정할 수 있다. 이렇게 볼 때, 서부전남 방언에서는 역사적으로 전설 모음 /e/와 /ɛ/가 /E/로 합류되어 자리 잡았으며 최근에 들어와 젊은층에서는 /ü/와 /ö/가 음소의 자격을 상실하여 음소 체계가 바뀌었음을 알 수 있다. 곧, 서부전남 방언의 모음 음소는 역사적으로 10모음 체계에서 9모음 체계를 거쳐 7모음 체계로 변화하였지만 광양 방언에서는 10모음 체계를 유지해 오고 있다. 이는 광양 방언이 서부전남 방언에 비하여 변화에 있어서 보다 보수적임, 곧 서부전남 방언이 광양 방언에 비하여 보다 진보적임을 뜻한다. 또 이 점에서 공통어와 광양 방언은 동일한 변화 과정에 있다고 할 수 있다.

광양 방언을 포함한 서남 방언의 활음(반모음) 음소로는 /j/와 /w/가 있다. 이들은 따로 독립된 체계를 이루고 있다기보다는 이중모음 체계 안에서 대립관계를 유지한다. 서남 방언의 이중모음 체계에도 지역차나 세대차가 있다.

서부전남 방언에서 활음 /j/에 연결되는 단모음은 /ə, a, u, o/(/ㅓ, ㅏ, ㅜ, ㅗ/)의 4개이고, 활음 /w/에 연결되는 단모음은 /ə, a/(/ㅓ, ㅏ/)의 2개이다. 이는 세대차와는 무관한 사실이다 (기세관, 1981). 따라서 서부전남 방언의 이중모음은 /jə, ja, ju, jo; wə, wa/(/ㅕ, ㅑ, ㅠ, ㅛ; ㅝ, ㅘ/)의 6개이다. 한편, 광양 방언에서 활음 /j/에 연결되는 단모음은 /e, ɛ, ə, a, u, o/(/ㅔ, ㅐ, ㅓ, ㅏ, ㅜ, ㅗ/)의 6개이고, 활음 /w/에 연결되는 단모음은 /i, e, ɛ, ə, a/(/ㅣ, ㅔ, ㅐ, ㅓ, ㅏ/)의 5개로, 이 방언에서의 이중모음은 /je, jɛ, jə, ja, ju, jo; wi, we, wɛ, wə, wa/(/ㅖ, ㅒ, ㅕ, ㅑ, ㅠ, ㅛ; ㅟ, ㅞ, ㅙ, ㅝ, ㅘ/)의 11개일 것으로 추정된다.

광양 방언에도 공통어에서 보는 운소(韻素) 또는 초분절 음소(suprasegmental phoneme)가 존재한다. 곧, 길이(장단, /: /)와 월가락(억양, /↗ ↘ →/) 및 이음새(연접, juncture, /+/)가 있어 이들은 음소적 기능을 담당한다. '벌(蜂)'과 '벌(罰)', '뼝(病)'과 '뼝(瓶)'은 각각 모음의 길고 짧음에 따르고, 오름 가락 '묵어↗'는 의문을, 내림 가락 '묵어↘'는 명령이나 서술을, 수평 가락 (밥을 좀) '묵어→'(보자.)는 말이 아직 끝나지 않고 이어나감을 표시하는데 이는 말끝 높이에 따르며, '너나갈길'이 '너 나갈 길'을 뜻하느냐 혹은 '너나 갈 길'을 뜻하느냐 하는 것은 어디에 개방 이음새를 두느냐에 따라 결정된다.

한 어절에 한 번씩 나타나 어절의 경계를 표시해 주는 분계적(分界的) 기능을 갖는 것으로 보이는 강세가 광양 방언에서 변별력을 지니는 것 같지는 않다. 그러나 이 방언에서는 '[maɕit'a](: 맛이 있다)'와 '[máɕit'a](: 마셨다)'처럼 강세 위치로 구분되는 어휘도 있는 듯하여 보다 정밀한 조사가 요구된다.3)

2.2. 모음축약(母音縮約)과 장음화(長音化)

용언의 어간과 어미가 결합할 때 수반되는 모음축약이나 장음화의 양상이, 광양 방언에서는 서부전남 방언이나 공통어에서의 그것들과 사뭇 다르다. 요점만을 간단히 기술한다.

가) 개음절로 끝나는 1음절인 용언 어간 말음 'ㅣ'와 피동 또는 사동 접미사 '이'가 연결되면 후행하는 접미사 '이'는 줄어지지만 앞 어간말음 'ㅣ'가 길어져 보상을 받는다(보상적 장음화를 가져온다). 예컨대, '(머리에)이- + -이-(사동 또는 피동 접미사) + -ㄴ다→인:다(: 이게 한다, 이어진다), 지-(負) + -이- + -ㄴ다 →진:다(:지게 한다, 지워진다)' 따위와 같다.

나) 개음절로 끝나는 1음절인 용언 어간 말음 'ㅣ'와 '어'계 어미나 과거시제 선어말어미 '었'이 연결되면 후행하는 '어'는 줄어지지만 앞 어간말음 'ㅣ'는 길어져 역시 보상적 장음화를 가져온다.4) 예컨대, '이- + -어라→이:라, 피-+-었다→폈:다[pi:t'a](:피었다)' 따위와 같다. 다만, 어간말 장모음에 이어지는 '어'는 표면상 보상적 장음화는 없다. 곧, '기:- + -어 가다→기:가다, 지:-(:지게하다)(←지- + -이-) + -었다→졌:다[ʨi:t'a]' 따위와 같다. 이는 기존의 어간말 장음과 보상적 장음이 동자질의 연속을 피한 일종의 이화 작용의 결과에 말미암는 것으로 해석된다.

다) 이러한 현상은 어간말음이 'ㅜ, ㅔ, ㅐ, ㅚ, ㅟ' 등일 경우에도 동일하게 나타난다. 예컨대, '누- + -어라 →누:라, 메- + -어라 →메:라, 매- + -었다→맸:다, 되- + -어 →되:, 쉬- + -었다→쉈:다' 따위와 같다.

라) 용언 어간의 말음이 가)~다)에서와 같다고 할지라도 어간의 음절수가 2음절 이상인

---

3) 이 방언에서 성조 또는 강세(stress)가 변별적 기능이나 분계적 기능을 갖는지의 여부에 대하여는 다음 기회에 논의하기로 하고 이 글에서는 그 결론을 유보하기로 한다.

4) 다만, '(머리에)이-'는 동작의 주체가 주어로 등장하는 경우에는 과거시제 선어말어미 '-었'이 연결되더라도 예외적으로 '있:-'이 되지 않고 '였-'이 되는 점이 특이하다.

경우에는, '단어의 첫음절에서만 장음을 인정하고 그 이하의 음절은 모두 짧게 발음함을 원칙으로 한다'는 국어의 일반 현상에 따라, 장음으로 소리나지 않는다. 예컨대, '바꾸- + -아서→바까서(*바까:서), 땡기-(引) + -어라→땡기라(*땡기:라), 보내- + -었다→보냈다(*보냈:다)' 따위와 같다. 뿐만 아니라 끝 음절이 '오/우'인 다음절(주로 2음절) 어간이 '아/어'계 어미와 만나면 어간 말음 '오/우'가 'w'로 활음화하면서 축약되지만, 역시 같은 이유로 장음화는 없다: 태와, 싸와, 재와, 채와, 배와, 게워, 세워.

마) 어간의 말음이 'ㅡ, ㅏ, ㅓ'인 경우는 이들 어간 말모음이 '아/어'계 어미와 연결되면 탈락하는데, 이 경우는 장음화가 수반되지 않는다.5) 예컨대, '쓰- + -어서→써서(*써:서), 가- + -아서→가서(*가:서), 펴(/phyə-/- + -었다→폈다(*폈:다)' 따위와 같다.

2.3. 어두 경음화(語頭硬音化)

국어의 어두 경음화 현상은 남부 방언과 북부 방언에서 특히 두드러지며 한자어에서보다 고유어에서 두드러진 것으로 알려져 있다. 이 방언에서도 어두 경음화가 강하게 나타나며 한자어에서보다 고유어에서 더욱 두드러짐은 물론이다.

이 방언에서의 어두 경음화를 살펴보기 위하여 공통어에서 이 현상과 관련을 맺을 개연성이 있는, 경음을 짝으로 갖는 'ㄱ, ㄷ, ㅂ, ㅅ, ㅈ' 등을 어두 음소로 갖는 어휘 155개를 선정하여 조사하였다. 그 결과 이 방언 어휘가 공통어와는 어원이 달라 이 현상과는 직접적인 관련이 없는 일부 어휘를 포함한 30개의 어휘만이 경음화를 보여주지 않을 정도로 어두 경음화가 강하게 나타났다.

이 현상의 상대적 강도를 알아보기 위하여 나머지 120여 어휘 가운데 경음화가 어느 한 쪽에 나타나나 다른 한 쪽에는 나타나지 않아 서로 다른 경향을 보이는 어휘 23개를 뽑아 (3)으로 정리했다. 이들 자료 중 '서부전남' 방언형은 필자가 기세관(1986)을 위해서 조사한 것이고, '구례'와 '광양' 방언형은 각각 기세관(1992)을 마련하면서 조사한 '죽연어'와 '섬진어'에 해당한다.6) 또, '서부경남'과 '동부경남' 방언형은 최학근(1978), 김형규(1980) 및 한국정신문화연구원 어문연구실 편(1993)을 참조한 것으로서, 이러한 조처는 광양 방언 경음화의 상대적 강도를 파악하기 위한 배려이다.

---

5) 모음의 축약과는 달리, 두 모음이 연결될 때 그 중의 한 모음이 탈락되어 음절의 단축이 일어나는 경우에는 장음화가 수반되지 않는다. 이에 대하여는 기세관(1984: 4~5) 참조.
6) 죽연은 구례군 문척면에, 섬진은 광양군 다압면에 위치한 자연 마을이다.

(3) 어두경음화 대조표

어휘\지역	서부 전남	구례	광양	서부 경남	동부 경남
갈치	갈치	갈치	깔치	깔치	칼치
가시	까시	가시	까시	까시	까시
개미	개미	개미	깨미	깨미	깨미
고추	꼬치	꼬치	고치	꼬치	꼬치
구린내	구렁내	꾸룬내	꾸린내	꾸룬내	꾸룽내
강냉이	깡냉이	강냉이	강냉이	깡냉이	깡내이
게으르다	끼울르다	게욿다	께욿다	께욿다~께앓다	깰타
검다	끔허다	검따<껌따7)	껌따	껌따	껌따
거칠다	꺼칠다	거칠다>꺼칠-	거칠다	거칠다	거칠다
두드러기	뚜드레기	두드레기	두드레기	두드리기~뚜-	두드레기
당나귀	땅나구	땅나구	당나구~땅-	당나구	당나구
번개	벙개	벙개	벙개	벙개~뻥개	뻥개
수염	시엄	쉬엄	씨염	씨염	씨염~새미
소나기	쏘내기	쏘내기	쏘내기	소내기	소내기~소나구
시숙	시숙	시숙	씨숙	씨숙	씨숙
시누이	시누	씨누	씨누	씨누	씨누
쇠(鐵)	쇠~세	쇠	쎄	쎄	쎄
수캐	수깨	수깨	쑤깨	쑤깨	쑤깨
새우	새비	새비	쌔비	쌔비	새비
살구	살구	살구	쌀구	쌀구	살구
조끼	죄깨	죄꾀	째끼	째끼	째끼
갈퀴	갈쿠	갈키	깔쿠라~깔쿠지	깔쿠라~까꾸리	깔꾸라~까꾸리

우선, 위에 제시한 23개 어휘에만 기댄다면, 어두 경음화가 서남 방언에서보다 동남 방언에서 강력하게 나타나는 경향을 보임을 알 수 있다(동부경남 : 서부전남 = 17 : 10). 그리고 광양 방언이, 경음화를 보이는 17(16)개 어휘 중 서부전남과 중복되는 것은 5(4)개인 것에 비하여 동부경남과 중복되는 것은 15개나 되어, 이 자료에만 기댄다면 서남 방언보다는 동남 방언에 가깝다고 하겠다.8)

---

7) '검따<껌따'에서 부호 <는 '검따'와 '껌따'가 수의적으로 출현하지만, '껌따'가 '검따'보다 그 출현 빈도가 높다는 뜻이다. 이하 같다.
8) 그러나 이 문제, 곧 광양 방언을 서남 방언과 동남 방언 중 어느 쪽에 소속시킬 것인가는 이처럼 단순하게 결정될 성질의 것이 아니다. 이 문제는 보다 많은 자료를 바탕으로 좀더 면밀하고 다각적으로 검토한

(3)에 제시한 어휘만을 대상으로 보더라도, 경음화 현상은 남부 방언 안에서도 어휘에 따라 지역적 차이를 보임을 알 수 있다. 이는 형태소마다 개별적이고도 점진적으로 이루어진다는 어휘확산의 개념으로 설명할 수 있을 것이다. 만일, 이 현상을 단순한 수의적 음운현상으로 보지 않고 어휘에 따라 경음화의 진원지를 달리 설정하여, 개신의 물결이 차츰 퍼져 나간다는 파동설(波動說, wave theory)을 원용하여, 그 개신의 방향을 설정한다면 다음과 같은 몇 가지 유형으로 나누어 설명해 볼 수 있을 것이다.

　첫째는 동쪽과 서쪽 두 방향에서 동시에 중앙으로 밀려오는 개신이다. 위에 제시한 어휘 가운데 표준어 '강냉이, 구들장, 게으르다, (검다)' 등 일부 어휘에서는 중앙부에 위치한 광양, 구례, 서부경남의 어느 한 곳에서 경음화가 일어나지 않는데, 이들 어휘만을 가지고 보자면 중앙 지역은 소위 파동설(波動說, wave theory)에서 말하는 잔재지역(殘滓地域, relic area)에 해당한다고 할 만하다. 잔재지역은 특히 방사(放射)의 중심지가 하나가 아니고 복수일 때 상정(想定)하기 쉬운 것으로 알려져 있는데, 서부전남과 동부경남의 해당 어휘가 모두 경음화를 경험하고 있음이 주목된다. 곧, 이들 어휘에 있어서 방사의 중심지는 동부경남과 서부전남의 두 곳이요, 이 두 지역이 방사의 중심지가 되어 이곳에서부터 경음화라는 개신파(改新波)가 중앙부(서부경남과 동부전남)로 확산되어 갔으나 중앙의 세 곳 중 한 곳에까지 그 세력이 미처 미치지 않은 것으로 볼 수 있을 것이다(기세관, 1992: 29). 이를 그림으로 보이면 <그림 1>과 같다.

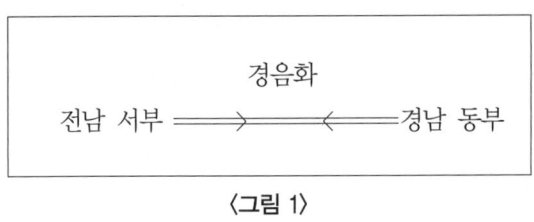

〈그림 1〉

　둘째는 서쪽에서 동쪽으로 퍼져 나가는 개신(改新)이다. '거칠다, 당나귀, 소나기' 등의 어휘가 여기에 속한다. 이 경우는 서남 방언의 서부 지역에서 개신의 물결이 일어 점차 동쪽으로 퍼져 나갔으나 아직 동부경남에는 미치지 못한 것으로 해석할 수 있는 유형이다. 이 경우에도 개신파가 도달한 지점이 다소 달라서 어휘에 따라서는 개신의 물결이 서부경남 이전에 멈춘 것도 있고(: 거칠다, 당나귀), 동부전남의 여수나 광양에 미친 것도 있다(: 소나기). 이와 같은 현상의 원인은 음운 변화는 어떤 중심지에서 일어나 한 언어 사회의 영역으로 확산하겠지만 모든 어휘에서 동시에 일어나지는 않기 때문일지도 모른다(金芳漢, 1986: 32). 만일, 이러한

　뒤에 결정해야 할 것이다.

관점이 받아들여질 수 있다면, 국어의 어두 경음화 현상은 아직 확산(擴散, diffusion) 과정에 놓여 있다고 할 수 있고 그것의 완성은 그 변화가 전체 지역으로 확산되는 미래의 어느 시점이 될 것이다(<그림 2> 참조).

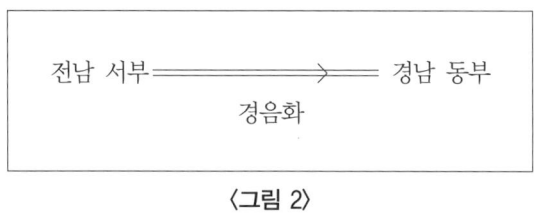

〈그림 2〉

셋째는 동쪽에서 서쪽으로 퍼져 나가는 개신이다. '갈치, 개미, 구린내, 번개, (수염), 시숙, 시누이, 쇠, 수캐, 조끼, 갈퀴' 등의 어휘가 여기에 속한다.9) 이 유형은, 둘째와는 반대로, 동부 경남에서 개신의 물결이 일어 점차 서쪽으로 퍼져 나갔으나 아직 서부전남에는 미치지 못한 것으로 해석할 수 있을 것이다. 이 경우에도 개신파가 도달한 지점이 다소 달라서 어휘에 따라서는 개신의 물결이 서부경남에 머문 것도 있고(: 번개), 동부전남의 광양을 지나 구례까지 미친 것도 있으나(: 구린내, 시누이), 대부분 동부 전남의 광양에서 멈추고 있다(: 갈치, 개미, 수염, 시숙, 쇠, 수캐, 조끼, 갈퀴)(<그림 3> 참조).

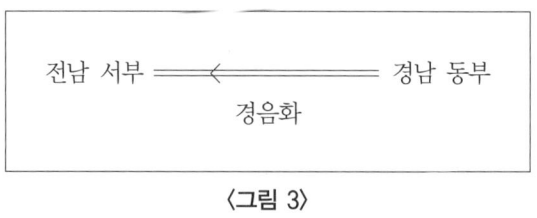

〈그림 3〉

넷째는 중앙에서 동서 양쪽으로 퍼져 나가는 개신이다. '새우'와 '살구'가 여기에 해당한다. 이 경우는 남부 방언의 중심부인 동부전남이나 서부경남이 진원지가 되어 개신의 물결이 동부경남이나 서부전남으로 퍼져 나가는 것으로 해석할 수 있는 유형이다(<그림 4> 참조). 그러나 이에 해당하는 어례(語例)를 찾기 어려운 것이 흠으로 남는다.10)

---

9) 우연일지는 모르나 해당하는 어휘수가 가장 많다는 것이 주목된다. 만일, 우연만은 아니라면, 이는 어두 경음화의 진원지가 서남 방언이 아닌 동남 방언임을 시사하는 것일지도 모른다.
10) 서부전남에서는 경음화를 경험하는 어휘일지라도 구례와 광양에서는 그렇지 않은 어휘들을 참고로 몇 가지 든다: 고추(구례)/고치(광양), (누에)고치(구례 및 광양. 이하 같다), 구석, 고시레(: 고수레), 공, 둥그렇다, 비틀다, 작때기, 작뚜, 점(點), 저그(: 저기) 등. 이들 어휘는 서부전남에서는 '꼬치, 꼬치, 꾸석찌,

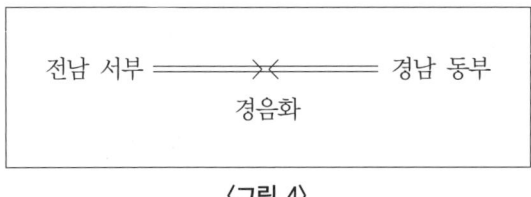

〈그림 4〉

2.4. 움라우트

통합적 음운현상인 움라우트가 모든 방언에 두루 나타나는 언어현상이라는 것은 이미 널리 알려진 일이요, 또 서남 방언을 포함한 남부 방언에서 그 세력이 특히 강하다는 사실도 지적되어 왔다(金完鎭, 1975)[11]. '(머리를)감기다→깽기다, 남기다→냉기다, 차리다→채리다, 다리다→대리다, 달이다→댈이다, 다리미→대리미, 두드러기→두드레기, 두꺼비→뚜께비, 부스러기→뿌시레기, 고기→괴기~개기, 종일→죙일, 죽이다→쥑이다~직이다, 틈틈이→틈틈이' 등에서처럼 광양 방언에서는 움라우트가 자연스럽다. 그러나 이 방언만이 갖는 특징적인 것은 보이지 않는다.[12] 참고로 '조쟁이(: '좆'의 낮은말), 날포랭이(: 날파리), 염생이(: 염소)'가 움라우트와 연동되어 형성된 과정을 보이면 다음과 같다.

(4) /좆 + -앙이/   /날폴 + -앙이/   /염소 + -앙이/   : 기저형
    조장이   날포랑이   염솽이   : 단어형성
    ───   날포랑이   ───   : ㆍ > o
    조쟁이   날포랭이   염솅이   : 움라우트
    ───   ───   염생이   : w 탈락
    [조쟁이]   [날포랭이]   [염생이]   : 음성형

2.5. 모음조화(母音調和)

현대국어에서 모음조화의 강도나 양상은 방언에 따라 차이가 큰 것으로 알려져 있다. 오늘날 공통어에서 용언 어간과 부사형 어미 '-아/어'가 결합한 교체형이 보여주는 모음조화는 어간이 1음절이고 또 그 어간 모음이 'ㅏ, ㅗ'일 때만 어미가 '-아' 계열이 오고(: 잡아, 보아),

---

꼬시레, 꽁, 뚱그렇다, 뻬틀다, 짝때기, 짝뚜, 쩜, 쩌그' 등처럼 어두음이 경음을 갖는 것들이다.
11) 최임식(1984)은 19세기 후기 평안방언에서 그리고 田島泰秀(1918)는 20세기 초엽 함경북도 일대에서 움라우트가 폭넓게 적용되었음을 보고한 바 있다(최전승, 1990: 105).
12) 이 지역어의 움라우트 현상에 대한 보다 자세한 것은 서상준(1985: 262~263) 참조.

어간이 그 밖의 모음이거나 2 음절 이상일 때는 '-어' 계열이 온다(: 개어, 되어, 쉬어, 주어, 피어, 괴로워, 아름다워). 그러나 현실적으로는 모음조화의 파괴로 중부 방언에서도 일 음절 어간 모음이 'ㅏ'일 경우까지도 음성모음 '-어' 계열과 결합하는 경향이 있다(: 잡어).

광양 방언에서 용언 어간과 어미가 결합하는 모습은 어미 모음이 어간 모음은 물론 어간의 음절수와 어간 끝 음절의 구조에도 제약을 받는 듯하다.

1) 어간이 1음절이고 그 모음이 'ㅏ, ㅗ, ㅐ'일 때는 어미가 '-야' 계열(: -아, -아서, -아라, -아도, -아야, -았, -았었 등)이 오고, 그 밖의 모음 'ㅓ, ㅜ, ㅡ, ㅣ, ㅔ, ㅟ, ㅢ, ㅞ' 등일 때는 '-어' 계열(: -어, -어서, -어라, -어도, -어야, -었, -었었 등)이 와 모음조화의 일반 원칙에 충실하다.

    (5) (ㄱ) 알아, 살아, 잣아(紡), 얇아, 쌂아, 앉아, 높아, 훑아(:핥아), (모이를)쫏아, 낫아(:癒, 勝), 볿아(:밟아), 매와~매바(辛), -자아서~-자:서~-자바서(:-싶어서)
       (ㄴ) 걸어, 넓어, 더버(暑), 벗어, 섧어(:서러워), 븗어(:부러워), 주워서~주어서~줍어서(: 기워서), 눕어서~누워서, 미워~밉어

2) 어간이 2음절 이상의 다음절일 경우는 어간의 끝 음절 모음의 종류에 관계없이 대체로 제1음절 모음의 종류에 따라 모음조화가 이루어지나 양성 모음 '-아' 계열이 오는 경향이 강하다. 곧, 제1음절이 'ㅏ, ㅗ, ㅐ'일 때는 '-아' 계열이 오고, 그 밖의 모음일 때는 '-아' 계열만이 오기도 하고 '-어' 계열만이 오기도 하고 '-아' 계열과 '-어' 계열이 다 오기도 하여 불규칙적인 모습을 보인다. 이는, 공통어에서와는 반대로, 어간 모음이 음성모음일지라도 어미가 양성모음인 '-아' 계열이 오는 경향이 있음을 말해준다.13)

    (6) (ㄱ) 싸납아서~싸나와서, 아름다바서, 아깝아서, 아수와서~아수바서(: 아쉬워서), 야물아서(: 여물어서), 배좁아서(: 비좁어서), 괴로와서~괴롭아서, 개겁아서(: 가벼워서), 깨울라서(: 게을러서)
       (ㄴ) 서러워서~서러와서~서럽어서~서럽아서, 뚜꺼워서~뚜꺼버서, 미끄럽아서, 어두워서~어두와서~어더워서~어둡어서~어둡아서, 어려워서~어려와서~어렵어서~에럽아서, 부끄럽아서, 무섭아서>무섭어서, 무겁아서>무겁어서, 어울러, 저질러

3) 개음절로 끝나는 2음절 어간이 어미와의 결합 과정에서 끝 모음의 탈락으로 어간이 교체될 때는 이 교체형의 음절구조에 따라 모음조화가 이루어진다. 곧, '가리-(分), 나르-, 고르-, 모리-(不知), 보리-(: 바르-); 부리-(呼), 두리-(周), 사라- (: 사르-), 오리-(登), 짜리-(: 자르-), 조리-(: 조르-), 찌리-(: 찌르-), 흐리-(流)' 등과 같은 소위 '르'(또는 '리') 불규칙 용언이 '-아/

---

13) (6, ㄴ)에서 보는 >는 두 형태가 다 나타나나 >의 왼쪽 형이 더 일반적이라는 뜻이다.

어'와 결합하여 각각 '갈-, 날-, 골-, ……' 등으로 교체될 때는 이 교체형의 구조에 따라 모음조화가 이루어진다. 결과적으로는 모음조화가 어간의 제1음절에 지배를 받는 셈이다.

(7, ㄷ)에서는 음성모음 '우'로 끝나는 2음절 어간과 '-아/어'가 결합할 때는 어간 말음 '우'가 w로 활음화하면서 어미 '-아'와 결합하여 '와'로 축약되기도 하고 축약된 뒤 부음(副音) w의 탈락을 가져오기도 한다(: 바꾸- + -아→바꽈→바까). 여기서도 어간의 제1음절만이 모음조화에 관여적임을 확인한다.

  (7) (ㄱ) 갈라, 날라, 골라, 몰라, 볼라, 살라, 올라, 짤라, 졸라
    (ㄴ) 찔러, 흘러, 불러, 둘러
    (ㄷ) 바꽈~바까, 나놔~나나, 감촤~감차, 가꽈~가까

4) 어간이 3음절 이상일 경우는 첫음절의 종류에 따라 모음조화가 이루어진다.

  (8) 까부리-(箕) + -아→까불라, 짱글리-(: 자르-) + -아→짱글라; 어울리-(: 어우르-) + -어→어울러, 저지르- + -어→저질러.

이상 1)~4)를 통해서, 광양 방언에서 용언 어간과 '-아/어'계 어미가 결합할 때 보여주는 모음조화는 표면적으로는 대체로 어간의 제1음절 구조에 제약되지만 일부 음성모음 어간이 '-아' 계열과 결합하는 양성모음화 경향을 보이는 것으로 요약할 수 있다.

그런데 3)과 4)의 해석은 어디까지나 표면적 언어 사실을 정확하게 기술(記述)하고는 있지만, 어미 '-아/어'가 왜 인접한 음절이 아닌 제1음절에 제약되는지 설명하지 못한다. 모음조화가 본질적으로는 순행동화요 간격동화가 아닌 인접동화라는 상식을 상기할 때, 이러한 의문점이 합리적으로 설명되어야 할 것이다.

이들에 대한 공시적 음운론적 기술을 포기하고 이들 활용형 전체를 어휘부에 등재해 버릴 수도 있겠으나 이 또한 바람직스럽게 여겨지지 않는다. 이들에 나타난 현상이 어디까지나 단일형태소 내부가 아닌 형태소 경계를 사이로 할 뿐만 아니라 이 현상이 모음조화라는 음운론적 현상이므로 음운론적으로 기술할 수 있다면 그렇게 하는 편이 바람직스럽기 때문이다.

언어 현상에 대한 이해는 어느 특정 시기의 공시태 안에서는 제대로 이루어질 수 없는 경우도 있다. 언어도 시간에 따라 변화하는 실체라고 본다면, 그 변화에 대한 이해 없이 언어 현상에 대한 이해가 완벽해질 수 없기 때문이다. 현대국어에 나타나는 언어 현상을 공시적으로 기술할 경우에도 마찬가지다. 특히, 현대국어의 공시태 안에 나타나는 언어 현상이라 하더라도 그것이 생산력이 없을 경우에는 그 기술이 현상(現象)에 대한 단순한 기술(記述)의 차원을 넘기란 어렵다. 이런 경우에는 그 언어 현상이 생산적으로 나타난 시기로 거슬러 올라가

그 시기의 공시 언어 체계 안에서 기술할 때 비로소 합리적으로 설명할 수 있다는 관점을 필자는 기세관(1990) 이후 줄곧 견지해 왔다. 다시 말해서, 언어는 규칙의 체계이지만 시간의 추이(推移)에 따라 변화하므로, 곧 언어 변화는 규칙의 소멸, 생성(첨가), 확대, 축소, 재생 등을 가져오므로, 현대국어에서 보는 어떤 언어 현상을 단순한 기술의 차원을 뛰어넘어 '설명(說明)'하고자 할 때는 그와 관련한 언어 규칙이 생명력을 가지고 생산적으로 적용되던 시기의 언어(의 공시태) 정보를 이용해야 한다는 것이다. 이러한 사실은 '이틀 + 날→이튿날'에서 보는 'ㄹ→ㄷ'의 교체와 'ㄹ' 탈락 규칙이나 구개음화 규칙과 같이 역사적으로 소멸 또는 축소된 언어 규칙들을 통해서 증명된다(기세관, 1990).

이렇게 볼 때 우리는 현대국어에서 보는 'ㅂ, ㅅ, ㅎ' 불규칙 등 소위 불규칙 용언의 형태론도 'ㄷ' 불규칙 용언의 그것에 평행하게 기술할 수 있을 것이요, 나아가서 이러한 우리의 시각은 보다 확장되어 국어 음운론이나 형태론은 물론 국어학 전반에 적용될 수 있을 것으로 믿는다. 따라서, 현대국어의 공시태에서 특정 형태에 한정되는 일련의 불규칙한 언어 현상도 현대국어의 공시태 안에서 무리한 설명을 시도할 것이 아니라, 비록 공시적으로 기술하더라도, 이들 현상이 생산적으로 적용되던 시기의 공시태를 대상으로 기술할 때 비로소 자연스럽게 '설명(說明)'될 수 있다는 것을 재삼 강조하고자 한다(기세관, 1990; 기세관, 1994).

3)과 4)의 활용형은 말음절이 '릭/르'인 시기에 어떤(또는 일련의) 과정을 거쳐 형성되어 화석화한 채 현대국어의 공시태에 남아 있는 존재들이다. 따라서 이들 활용형이 형성될 때 적용된 모음조화 규칙은 마땅히 그 당시의 언어 공시태, 곧 말음절이 '릭/르'인 언어 자료에 직용해야 한다. 이러한 입장에 설 때 이들 어형에 적용되는 모음조화 현상을 자연스럽게 기술할 수 있다.

이러한 관점에 서면 (5), (6, ㄱ), (7, ㄱ, ㄴ), (8)의 어휘들은 '어간 말음절의 구조' 유형에 따라 모음조화가 규칙적으로 이루어짐을 알 수 있다. 이는 모음조화가 규칙적으로 적용되던 중세국어 시기의 그것과 일치한다. 따라서 이들 활용형은 이미 이 시기에 형성되어 하나의 형태론적 단위로 인식됨으로써 화석화할 수 있었는데 바로 이 화석형이 오늘날에 이어져 오고 있는 것으로 해석할 수 있을 듯하다. 이러한 해석은 또한 (7, ㄷ)이 '우-말음 어간'임에도 어미 '-어'가 아닌 '-아'와 결합하는 것에 대한 의문을 해소시켜 준다. 최전승(1997)에서 이 현상을, 이들 어간이 역사적으로 '밧고-, 눈호-, 곱초-, 갓고-'와 같이 양모음으로 끝난 것들이었고 이 시기에 '-아'와 결합하여 활음 w로 바뀌어 화석화한 채 지금까지 이어져 오고 있는 것으로 해석한 것은 우리의 견해와 일치한다.[14]

---

14) 어간에 자음 어미와 매개모음 어미가 연결되면 어간 말음 'ㆍ'가 '우'로 바뀌는 'ㆍ > 우' 규칙이 적용되어 이들 어형이 현대국어 '바꾸고, 바꾸며; 나누고, 나누며; 감추고, 감추며'로 이어지지만(: 곱초고>감초고>감추고), 모음 어미와 결합할 때에는 'ㆍ'가 활음화하여 w로 바뀌기 때문에(: 곱촤>감촤) 규칙 'ㆍ > 우'를 적용받을 수 없었다(최전승, 1997; 이진호, 2002).

이렇게 볼 때, 광양 방언에서 용언 어간과 '-아/어'계 어미가 결합할 때 보여주는 모음조화는, 일부 ㅂ 변칙동사를 제외하면, 모음조화가 규칙적으로 적용되던 시기의 어간말 음절구조의 제약을 받는다고 결론지을 수 있다. 바꿔 말하자면, 이들 활용형은 모음조화가 규칙적으로 지켜지던 시기에 형성되어 화석화한 채 오늘날에 이어져 오고 있다고 할 수 있다.

5) 그 밖에 '귀찮-, 파랗-, 시퍼렇-, 노랗-' 등은 '귀찬애서, 파래서, 시퍼래서, 노래서' 등과 같은 활용을 보인다. 이들은 '애'를 공유하는 것이 특징적이다. 이 '애'는 '해(←ᄒᆞ- + -아)'에 'ㅎ 탈락 규칙'(h→∅/+vocalic__]VY)이 적용되어 화석화한 것으로 이해된다.15) 이는 국어 방언의 전반적인 현상이기도 하다.

2.6. 단모음화

국어사나 국어 방언사를 통해 중모음이 단모음으로 바뀐 경우는 아주 흔하다. 이 현상은 이 방언에서도 예외는 아니다.16) 이 현상이 일어나는 원인은 노력경제, 곧 발음의 편의로 빚어진 것으로 이해된다(허웅, 1985: 422~440).

이 글에서는 이중모음으로 거슬러 올라갈 수 있는 단모음 가운데 1) 부음(副音)의 탈락에 의한 단모음화, 2) 주음(主音)과 부음의 수약(收約, contraction)에 의한 단모음화, 3) 기타 '여 > 에'(yə > yəy > ye > e)에 의한 단모음화의 세 가지만을 약술한다.

2.6.1. 부음의 탈락에 의한 단모음화

이중모음이 주음과 부음 가운데 어느 하나가 탈락하여 단순화할 때는 부음이 탈락하는 것

---

15) 'ᄒᆞ여'의 교체형 '해'의 형성 과정에 대하여는 몇 가지 이견이 있다.

첫째는 'ᄒᆞ여(/hʌ-yə/'와 'ᄒᆡ여(/hʌy-yə/)'가 발음에는 본질적인 차이가 없고 단지 음절 분단의 기준에 변위(變位)가 있었던 표기인 'ᄒᆡ'에서 비롯되었다는 이숭녕(1955=1988)의 견해가 있다.

둘째는 'ᄒᆞ다'의 어간 'ᄒᆞ-'가 모음조화를 이탈한 부사형어미 '-여'와 결합하기 시작할 때인 중세국어 단계에서 이미 재구조화된 어간 'ᄒᆡ-'가 나타나 복수 기저형을 갖게 되었는데, 자음으로 시작하는 어미 앞에서는 'ᄒᆞ-', 모음으로 시작하는 어미 앞에서는 'ᄒᆡ-'가 쓰여 각각 현대국어 '하-'와(: ᄒᆞ->하-) '해-'에 (ᄒᆡ-(/hʌy/ > 해-(/hay/ > 해-(/hɛ/) 이어진 것으로 파악한 최명옥(1988, 1992)의 견해가 있다.

셋째는 'ᄒᆞ여'가 움라우트, 단모음화, 모음탈락 등의 과정을 겪어 '해'가 형성된 것으로 설명하는 최전승(1998)의 견해가 있다(hʌ- + -yə > hʌy- + -yə >hɛ- + -yə > hɛ- + ɛ > hɛɛ → hɛ-).

넷째는 'ᄒᆞ여'를 모음조화와 연동한 합리적 설명을 위하여 기저형 '*히-'를 설정한 정광(1986)과 이현희(1987)의 견해가 있다.

16) 이 방언에서 이중모음의 단모음화는 동부 방언이나 서부전남 방언의 그것에 비하여 상대적으로 약한 듯하다. 이는 아마도 이 방언에서 단모음 /e/와 /ɛ/가 변별됨에 따라 이중모음 /ye/와 /yɛ/도 변별되는 것과 무관하지 않을 듯싶다.

이 원칙이다(음운론적으로 자연스럽다). 예컨대, uy>u(위>우), wa>a, wə>ə 등과 같다. uy(위)가 i(이)가 되는 경우도 원래의 주모음 u는 부모음 w로, 그리고 원래의 부모음 y는 주모음 i로 바뀌는 중간 단계를 겪는 것으로 봄이 자연스럽다. 곧, uy>wi>i의 과정을 밟는다고 본다.[17] 이렇게 볼 때, uy>i는 uy>wi를 전제하므로 국어사에서 '위>우'는 '위>이'에 시간상 뒤지지 않는다고 할 수 있다. 따라서 이 방언에 공존하는 '지저구~지저기, 사마구~사마기, 거무~거미, 골무~골미' 등과 같은 쌍형 간의 단어형성 순서를 예측하게 한다.

주음과 부음이 모두 탈락을 경험하지 않고 단순화할 때는 'əj>e, aj>ɛ'와 같이 수약된다. 이러한 이중모음의 단모음화는 방언에 따라 양상이 같게 나타나는 것만은 아니어서 방언 간의 모음대응을 야기한다.

2.6.1.1. 부음 y 탈락에 의한 단모음화

2.6.1.1.1. 어말 '우' 형 체언(U-型 체언)

다음 예들은 어말에 '우'를 가진 명사로 (9, ㄱ)은 공통어의 '위'와, (9, ㄴ)은 공통어의 '이'와 대응한다. 곧, 광양 방언과 공통어가 'u : ü(우 : 위)'와 'u : i(우 : 이)'로 모음 대응을 이루는 어휘들이다. 이들 단어에서는 한결같이 공통어에는 없는 '위(uy)'의 부음 y 탈락을 겪어 화석화한 채 남은 것들로 이해된다.[18] 역사적 기저형이 '위(uy)'가 아닌 (9, ㄴ)의 예도, 공통어가 겪은 '의 > 이'와는 달리, 이 방언에서는 끝모음이 '위(uy)'(또는 '외>위')로의 변화 단계를 거친 것으로 해석된다. 예컨대, (9ㄴ)의 '모구'를 통시적으로 '모기(석보 9: 9) >모긔(훈몽-초, 상: 11) > 모괴(蚊, 박해, 중: 58)>*모귀(moguy) > 모구'의 과정으로 이해하는 것과 같은 따위다.[19]

(9) (ㄱ) 땅나구(: 당나귀), 따구(: 따귀), 뺨따구(~뺨따기)(: 뺨따귀), 사우(: 사위), 지저구(~지저기)(: 기저귀), 비우(: 비위), 야바구 (: 야바위), 어구(: 어귀), 아구(: 아귀), 사마구(~사마기)(: 사마귀)(<사마괴), 방구(: 방귀)(<방귀), 바구~바우(: 바위), 바쿠(: 바퀴)(<바회), 뻬다구~뻡다구(~뻬다기)(: 뼈다귀),

(ㄴ) 종우(: 종이)(<죵희<죠희<죠히), 동우(: 동이)(<동희<동히), 모구(: 모기)(<모긔), 옹구(: 옹기)(<옹긔<옹긔), 거무(: 거미)(<거믜)

---

17) 최전승(1988)에서도 현평효(1962) 및 옛 문헌 자료의 어례들을 들어 이와 동일한 과정으로 기술한 바 있다.
18) 공통어 '머루(<멀위)'는 부음 y의 탈락을 겪은 것이다. 광양 방언형 '몰구'도 y 탈락을 겪은 '우 형(U-型)' 어휘이다. 유음 /l/ 아래에서도 여전히 'ㄱ'을 유지한 채 고형을 유지하고 있음이 눈에 띈다.
19) '종우'와 '동우'도 각각 '죠히(훈민 해례: 25)>죠희(박해, 하: 56)>죵희(박해, 중: 58)>*죵회>*죵휘> 종우, 동희(신합, 상: 27)>동희(구황촬 7)>* 동회>*동휘>동우' 정도의 과정을 상정해 봄직하다.

2.6.1.1.2. 구개음화에 의한 단모음화

이 방언에서도 역사적으로 t, k, h 구개음화를 두루 겪은 바 있다.[20] 이 가운데 구개음화에 의한 단모음화로 공통어와 모음 대응을 이루는 경우만을 든다.

(10, ㄱ)은 '겨 > 져> 저', 계 > 제 >제 그리고 (10, ㄴ)은 '흉 > 슝 > 승, 혜>셰>세>시'와 같이 /ㄱ/과 /ㅎ/의 구개음화에 이은 구개반모음 /y/의 탈락에 의해 이 방언에서 단모음화가 야기됨으로써 공통어의 이중모음과 대응을 이루게 된 것이다.[21]

(10) (ㄱ) k + yX > ʧ + yX > ʧ + X(X는 단모음)
저(: 겨), 저드랑(~저트랑)(: 겨드랑), 전디다(: 견디다), 절단(: 결단), 절리다(: 결리다), 접(: 겹), 접치다(: 겹치다), 정끼(: 경끼), 젙(~젗)(: 곁), 제집(: 계집), 조실(: 교실), 짜우뚱(: 갸우뚱), 쩌입다(: 껴입다),

(ㄴ) h + yX > š + yX > š + X > s + X(X는 단모음)
승(凶), 숭터(: 흉터), 승내(: 흉내), 승년(: 흉년), 승칙허다(: 흉측하다), 시푸다(: 혜푸다), 시아리다(: 헤아리다)

2.6.1.2. 부음 w 탈락에 의한 단모음화

1) 위 > 이(wi > i)

이에 해당하는 어휘는 현대국어에서 방언간의 '위~우~이'의 대응을 보이는데 통시적으로 '위'로 소급될 수 있다.

전술한 바와 같이, 아래 (11, ㄱ)의 예는 통시적으로 '위'가 'wi'의 단계에서, 곧 '위'가 'uy'가 아닌 'wi'의 단계에서 부음 w가 탈락한 뒤 재어휘화하여 오늘에 이어진 것으로 보인다. '위'가 'uy'의 단계에서 i로 변한 것으로 해석하면 주음이 탈락한 것이 되어 부자연스럽기 때문이다. (11, ㄴ)의 예들은 '골모 > 골뫼 > 골뮈(/kolmuy/) > 골뮈(/kolmwi/) > 골미[22], 호미 > 호믜 > 호뮈(homuy) > 호뮈(homwi) > 호미, 거믜 > 거뮈(/kəmuy/) > 거뮈(/kəmwi/) > 거미, 기믜 > 기뮈(/kimuy/) > 기뮈(/kimwi/) > 기미'를 상정하면 자연스럽게 해결된다.

---

20) 서남 방언에서는 공시와 통시를 통틀어 /ʧ, ʧʰ, ʧ'; t, tʰ, t'; k, kʰ, k'; s, s'; h, h'; n; r/ 등의 음소가 구개음화와 관련을 맺었거나 맺고 있다. 이 가운데 공시와 관련을 맺고 있는 것으로는 /t/계, /s/계, /h/계, /n/, /r/이고, 통시와 관련을 맺는 것으로는 /ʧ/계, /t/계, /k/계, /s/계, /h/계, /n/, /r/이다. 서남 방언의 구개음화에 대한 자세한 논의는 崔泰榮(1987) 참조.
21) 이에 대한 자세한 논의는 崔泰榮(1987, 260~267) 참조.
22) 최전승(1983)에서는 '골뫼'형이 '골모'에 접미사 -i가 붙어 형성된 것으로 보고 있다.

(11) (ㄱ) 디(: 뒤), 지저기(: 기저귀), 지(: 쥐), 추이(: 추위), 박지~뽁지(: 박쥐), 뼈다기(: 뼈다귀), 사마기(사마귀), 뺨떼기(: 뺨따귀)

(ㄴ) 골미(: 골무)(< 골모), 호미~호맹이(←호망이←호미 + 앙이)(< 호뮈 < 호믜 < 호미), 거미(: 거미), 지미(: 기미)

2) w→∅(와 > 아, 외 > 에, 워 > 어, 위 >이)

활음 w의 탈락으로 이중모음이 단모음으로 바뀐 경우인데 이는 동남 방언이나 서남 방언에서는 흔한 현상이다. (12, ㄴ)과 (12, ㄷ)에 대하여만 간단히 설명을 덧붙인다.

(12, ㄴ)의 예들은 통시적으로 어말음 '오'의 탈락에 앞서 활음화 o→w의 과정을 밟았을 것이다(: 밧고- + -아→밧과/바좌 > 바꽈 > 바까). 그런데 어말모음이 '오'인 동일한 구조이지만 초성(onset)이 없이 핵모음만으로 이루어진 어간 '배와, 재와, 태와'가 w 탈락을 꺼림이 주목된다.[23]

(12, ㄷ)에서 보는 개재모음의 음운화 과정은 (oy >) ö > we > e와(최명옥, 1982), (oy >)we > ö > e로(최전승, 1987)의 어느 한 가지로 설정할 수 있겠다. 후자의 해석에서는 e가 활음(부음) w의 탈락에 직접 이어지는 것은 아니라는 것이 주목되는데, 오늘날 서남 방언에서는 동일 지역이라도 ö형(: 노년층)과 e형(: 젊은층)이 공존한다는 점을 고려해 볼 때(: 괴기~게기) 'ö > e'가 부자연스러운 해석이라고는 보이지 않는다. 최전승(1987)에서는 다양한 문헌적 사례(史例)를 들어 이를 실증한 바 있다.

(12) (ㄱ) 가간(: 가관), 가부(: 과부), 간술(: 관술), 꽉(: 곽), 사가(: 사과), 한갑~항갑(: 환갑), 항새(: 황새), 항소(: 황소), 강대뻬(: 광대뼈), 강지리(: 광주리), 학독~학돌(: 돌확), 하토(: 화투), 에국(: 외국)

(ㄴ) 바까(~바꽈), 나나(~나놔), 감차(~감촤), 가까(~가꽈), 갈바(~갈봐)

(ㄷ) 게다(: 괴다), 데다(: 되다), 네성(: 뇌성)), 게기(~괴기)(: 고기)

(ㄹ) 헌허다(: 훤하다), 시언허다(: 시원하다), 건허다(: 권하다)

(ㅁ) 십다(쉽다), (방귀를)끼다(뀌다), 디지다(뒤지다)

2.6.2. 주음(主音)과 부음의 수약(收約, contraction)에 의한 단모음화

(13)의 어말모음 '애', '에'는 공통어와 옛 문헌에서 각각 '아'와 '어'에 대응된다. 이렇게 볼 때 이들은 과거 어느 시기엔가 어말에 i의 첨가로 형성되었음이 확실하다. 이들 개음절 명사에 붙는 i는 그 앞에 형태소 경계가 있는 것도 아니며 의미를 첨가하여 의미 분화를 가져오거나 문법범주의 변화를 가져오는 기능도 없다.[24] 따라서 공시적으로는 형태소의 자격을

---

23) 이에 대한 자세한 논의는 츕世官(1989) 참조.
24) 그러한 점에서는 오늘날 '영식이가, 영식이는, 영식이를, 영식이에게, 영식이만, ……' 등에서처럼 폐음절 인명에 접미하는 -i와 상통한다. 이기갑(2003: 34)에서는 인명에 붙는 이 -i가 모든 조사에 두루 붙을

부여하기 어렵다.25)(13)의 어휘들은 과거 어느 시기, 아마도 근대 국어 시기에 주격조사(또는 지정사) i가 어말모음 a/ə에 녹아 붙어 재어휘화했을 것이다(: a + i > ay > ɛ, ə + i > əy > e)(기세관, 1981: 9~18). i의 첨가 여부는 지역차에 따르는데 이 사실이 방언 간에 a~ɛ 또는 ə~e라는 모음대응을 야기한다. 광양 방언의 또 다른 '에/애'형인 '조레(: 조리), 점재(: 점지), 조매조매(: 조마조마)는 (13)의 i 첨가와는 성격을 달리한다.

(13) (ㄱ) 독새(毒蛇), 도매, 방애, 잉애, 봉새, 부애, 부재(富者), 가매, 일개, 임재, 이새, 자래, 장개, 조캐, 지래, 치매, 패(蔥), 재(尺), 장매

(ㄴ) 농에, 붕에, 숭에, 전에, 장애~짱에, 잉에, 은에, 방에, 오징에, 홍에, 동세(同壻)

2.6.3. 여>에(yə>yəy>ye>e)에 의한 단모음화

이 현상은 일견 부음의 탈락과 상관없이 이중모음 yə가 단모음 e로 단순화한 경우로 보인다. 그러나 이처럼 이중모음 yə가 부음 y의 탈락으로 단모음 e로 바로 단순화한다고 기술하는 것은 음운화 과정상 자연스럽지 않다. 이를 두고 종래 단순히 음운 수약(contraction) 또는 음운 도치(metathesis)로 기술하기도 하였는데, 이는 하향 부모음 y(off-glide)가 아닌 상향 부모음(on-glide) y가 ə와 결합하여 수약을 일으킨다고 기술하는 것이 된다. 이는 역사적 사실과 견주어 상식을 뛰어넘는 무리한 방법이며, y와 ə가 도치되어 əy로 바뀐 뒤 e로 수약되었다고 기술하는 것도 그러한 변화를 일으킬 만한 특별한 이유를 찾기 어렵다는 점에서 자연스럽지 못하다. 최전승(1986, 194~217)에서 이 현상과 관련한 실증적 사례(史例)를 들어 yə > yəy > ye > e의 합리적인 과정으로 설명한 것은 큰 성과라고 여겨진다(: 면도(/myənto/) > 멘도(/myəynto/) > 멘도(/myento/) > 멘도(/mento/)).

(14) 멘장, 멕살(~멕서리), 멘도, 멜구, 멩태, 멩창, 메칠, 베락, 벵(病, 瓶), 벡(壁), 베실(: 벼슬), 펜지, 벨, 벨로, 벨놈, 벨똥, 벨(~볓), 벳발(: 볕발), 남펜, 체겡(體鏡), 멩지(: 명주), 메느리, 벨나냐, 챙세주다, 제룹대(: 겨릅대), 헹(兄,), 신겡(: 신경), 멩겡(: 면경), 벨멩, 행겔(: 한결)

수 있다는 점을 들어 명사의 일부인 접사, 곧 접미사로 취급하고 있다. 필자는, 잠정적이지만, '책이라도, 책이나마, 책이야, 책이랑' 등에서 보는 -i-도 본질적으로는 인명에 붙는 -i-와 동일한 언어 요소로 간주한다. 이 -i-는 활용 어미 '-으니, 으면, -으므로, -으니까'나 도구격 조사 '-으로'에서 보는 -i-와 기능을 같이하는 요소로 볼 수 있을 듯하다. 요컨대, -i-를, -i-가 매개모음의 기능을 하듯이, 음을 고르는 음성적 요소일 것으로 본다. 이렇게 보면 -i-는 명사의 일부가 아니라 조사나 어미의 일부가 된다. 이들은 모두가 개음절 뒤에 붙는 조사나 어미와 음운론적으로 조건된 이형태인 셈이다. 이와 유사한 관점을 최현배(1961: 640~650)와 허웅(1975: 38~39)에서도 찾을 수 있다.

25) 최전승(1995: 307)에서는 선행 연구를 발판삼아 접미사로 처리하고 이 -i가 개음절 어간의 체언에도 접속한 것으로 보고 있다.

'베실, 펜지, 메칠' 등이 움라우트를 멀리함은 개재자음으로 예견되지만[26], i(j) 모음이 뒤따르는 '멩겡(: 면경), 벨멩(: 별명), 행겔(: 한결)'의 음운화 과정은 특히, 움라우트 규칙과 yə→e 규칙의 적용 여부와 적용 순서에 유의할 필요가 있다. (15)를 통해서 움라우트가 yə→e에 앞섬을 확인한다.[27]

(15) (ㄱ) /한결/ : 기저형   (ㄴ) /한결/ : 기저형
      항결   : ㄴ → ㅇ   항결   : ㄴ → ㅇ
      항겔   : yə → e   행결   : 움라우트
      —   : 움라우트   행겔   : yə → e
     [*항겔]   : 음성형   [행겔]   : 음성형

2.7. 모음상승(고모음화)

광양 방언에는 'ㅔ > ㅣ, ㅗ > ㅜ, ㅡ > ㅣ' 등과 같이 역사적으로 저설모음이 고설모음으로 그리고 후설모음이 전설모음으로 바뀐 어휘들이 많다. 이 현상은 방언에 따라 강도의 차이는 있지만 국어 방언의 전반적인 현상이기도 하다.

2.7.1. 에>이(e 〈 i)

서부전남 방언에서는 공통어의 /ㅔ/가 /ㅣ/로 바뀐 어휘가 허다하다(기세관, 1981: 21~24). 이래 제시한 예들을 빼면 이 방인에서는 서부전남에 비하여 /ㅔ/를 제대로 발음하는 어휘늘이 많다. 그리고 '막대기, 새, 새끼, 새비, 재, 채소, 배다' 등에서 보는 /ㅐ/도 제대로 발음되며 /ㅣ/로 바뀌지도 않는다. 이는 이 방언에서 /ㅔ/와 /ㅐ/가 변별적인 것과 관련이 있을 듯하다. (16, ㄴ)은 2.8.에서 다룰 치찰음화와도 무관하지 않을 듯싶다.

(16) (ㄱ) 디(: 데), 본디(: 본데), 비개(: 베개), 미추리(: 메추라기), 가상이서(: 가에서), 비다(: 베다), 미다(: 메다), 집이(: 집에),
    (ㄴ) 시상(: 세상), 쑤시미(: 수세미), 시다(: 세다), 싯(: 셋)

2.7.2. 오>우(o>u)

(17)의 어휘들은 역사적으로 '오' 모음으로 소급된다. 곧, 이들은 '오 > 우(o > u)'의 변화를 겪어 형성되어 화석으로 남은 어휘들이다.

---

26) 19세기 이후 및 최근의 여러 언어 자료에서 개재자음 설정성(舌頂性, -grave)을 뛰어넘는 움라우트가 실현됨을 확인하고 이를 음성변화의 파장의 원리나 형태소마다 개별적으로 적용되는 어휘 확산의 개념으로 설명하기도 한다(郭忠求, 1986; 최전승, 1989).

27) 이는 역사적 순서와도 일치하리라 여겨진다.

(17) 저구리(: 저고리)(< 져고리), 통수(: 통소)(< 통쇼), 손툽(: 손톱)(< 손톱), 발툽(: 발톱)(< 발톱),

그런데 광양 방언에는, (18)의 예들처럼, 아직 고형인 '오' 형을 유지한 채로 남아있는 어휘들이 있다. 그리고 '지봉~지붕, 쪽도리~쪽두리'와 같이 쌍형으로 존재하는 (19)도 있다. 이상의 사실로 미루어 광양 방언이 오늘날도 여전히 '오 > 우(o > u)'라는 모음상승(또는 고모음화) 과정을 밟고 있다고 하겠다.28) 이런 경우에는 신구형이 공존하기 마련인데, 여기서는 '오' 형이 구형(舊形, 보수형)이고 '우'형이 신형(新形, 개신형)이다.29)

(18) 깨고리(: 개구리), 조마니(: 주머니), 지봉(~지붕), 쪽도리(~쪽두리)(: 족두리), 하토(: 화투), 팔꼼치(: 팔꿈치), 해방동이(: 해방둥이), 하로(: 하루), 송도리차(: 송두리째), 단초(: 단추)

(19) 지봉~지붕, 쪽도리~쪽두리

2.8. 으>이(ɨ > i)(: 치찰음화)

이 현상이 국어사에서 모든 방언에 두루 나타나는 것임은 잘 알려진 사실이다. (20)의 예들은 이 현상이 광양 방언에서도 예외가 아님을 말해준다. 치찰음 아래서는 '쑤시(: 수수), 죽신(: 죽순), 씨시다(: 쑤시다)'에서처럼 '우'도 '이'로 바뀌기도 한다. 이는 치찰음의 위치자질에 이끌린 일종의 동화 현상일 것이다.

(20) 시물(: 스물), 이실비(: 이슬비), 실금실금(: 슬금슬금), 실며시(: 슬며시), 실그머니(: 슬그머니), 야발시럽다(: 야발스럽다), 시치다(: 스치다), 실겁다(: 슬겁다), 으시시(: 으스스), 으실으실(: 으슬으슬), 씨레기(: 쓰레기), 씰개(: 쓸개), 씸벅씸벅(: 씀벅씀벅), 씰다(: 쓸다), 씨리다(: 쓰리다), 씨다듬다(: 쓰다듬다), 씰데없다(: 쓸데없다), 질겁다(: 즐겁다), 징명(: 증명), 짜징(: 짜증), 칭게(: 층계)

2.9. 'ᄋ(ʌ)'의 다른 모음으로의 합류에 의한 어휘 재구조화

주지하는 바와 같이, 'ᄋ(ʌ)'는 소멸하여 다른 모음 음소에 합류되었는데, 합류되는 대상이 방언에 따라 달라 방언간의 모음 대응을 초래하였다.

(21)의 어휘들의 개재모음 '오'는 공통어 '아'와 대응한다. 남부 방언(동남 방언과 서남 방언)을 비롯한 여러 방언에서 'ᄋ(ʌ)'는 순음 아래서 '오'에 합류되지만(: ʌ > o), 공통어의 근간

---

28) 서남 방언의 전설·고모음화에 대한 자세한 논의는 기세관(1981) 참조.
29) 공통어 '모두'가 이 방언에서 '모다'로 나타남이 특이하다.

을 이루는 중부 방언에서는, 특이하게도, 순음 아래서도 '아'에 합류됨으로써(: ㅅ > a) 오늘날 o~a의 대응을 이루게 되었다. 때로는, 이 방언에서 '오'로 합류한 '볼쎄~폴쎄(: 벌써), 볼가지(: 벌레)'가 중부 방언에서는 '어'에 합류한 경우도 있다(: ㅅ > ə).

(21) 폴(臂), 포리(蠅), 날포랭이(: 날파리), 포래(扉), 놈(他人), 몰(馬), 보탕(: 바탕), 보트다(: 밭다), 볽다(明), 볿다(踏), 폴다(賣), 몱다(淸), 몰다(卷), 몬치다(: 만지다), 볼르다~보르다 ~보리다(塗)

2.10. 음절말 자음의 파열화에 의한 어휘 재구화

2.10.1. 광양 방언 '달구똥'은 '닭 + 우 + 똥'으로 분석할 수 있다. 그런데 여기서 문제되는 것은 '우'를 어떤 문법 단위로 파악할 것인가, 곧 그것을 속격조사 '의'의 변화형으로 볼 것인가 아니면 다른 어떤 것으로 볼 것인가 하는 것이다.

필자는 이 '우'를 속격조사로 보지 않고 '자음을 폐쇄화하거나 내파화하지 않고 끝까지 분명히 발음할 때 흔히 모음 [ɨ]로 인식되는 끝소리'일 것으로 생각한다. 곧 'sports'를 우리말 '스포츠'로 적을 경우 '스'와 '츠'의 모음 '으'에 해당하는 일종의 매개모음으로 본다.30) 광양 방언을 비롯한 서남 방언형 '달구새끼, 달구장태, 달구가리, 달구털'에서 보는 '우' 또한 마찬가지다. 그 이유는 다음과 같다.

이 방언을 포함한 서남 방언에서 '둙'과 '쏭'이 결합한 합성어는, 이들 두 요소를 이어주는 속격조사와 같은 것이 개입되지 않고 바로 연결된 '*둙쏭'이었을 것으로 추정된다. 두 단어가 결합하여 합성어를 이루는 경우를 포함하여, 서남 방언에서는 어느 경우에도 중부 방언의 속격조사 '의'가 실현되지 않기 때문이다. 이 방언에서의 이러한 경향은 선행 시기에 있어서도 동일하였을 것으로 믿어진다. 이렇게 보면, 결국 그 뒤 이 형태가 일련의 변화과정을 겪은 결과 '달구똥'이 된 것으로 보는 것이 되는데 이는 다음과 같이 설명된다.

알타이 제어가 그런 것처럼, 이기문(1972: 69)에 따르면, 고대국어에서는 모든 자음이 음절 말(音節末) 위치에서도 아직 내파화(內破化)가 일어나지 않고 제 음가(音價)대로 발음되었었다. 국어에서 'ㄹㄱ, ㄹㅁ, ㄹㅂ' 등과 같이 제1자음이 'ㄹ'인 겹받침은 후기 중세국어 시기까지만 해도 음절 끝에서도 둘 다 발음되었었는데(기세관, 1991: 60), 이것도 이들 자음이 내파화하지 않은 데서 비롯한 것일 것이다.

광양 방언도 여기에서 예외는 아니었을 것임은 물론이다. 오늘날도 그러한 경향을 보여주는

---

30) 엄밀히 말하자면, 'sports'를 '스포츠'로 적는다고 해서 's'와 'ts' 소리가 각각 '으' 모음이 들어간 [스]와 [츠]가 아니듯이, 자음을 내파화하지 않고 발음할 때의 '으'에 가까운 끝소리이지 매개모음 '으' 자체는 아니다. 여기서는 편의상 일종의 '매개모음'이라 해 둔다.

흔적을 도처에서 볼 수 있는바((22), (23)의 예 참조), '달구똥'의 '달구' 또한 그러한 어사에 해당하는 것으로 파악된다. 곧, '둙'과 '쏭'이 결합하여 형성된 합성어 '둙쏭'에서 '둙'의 어말자음군 'ㄺ'은 음절 끝에서도 내파화하지 않고 둘 다 발음되었을 것이고 이러한 발음 습관은 계속하여 이어져 오고 있던 바, 이를 어중에서 세 자음이 연이어 나타나는 것을 허용하지 않는 국어의 새로운 음절구조 규칙에 따라 내파화하지 않은 'ㄱ'을 표기하기 위해 매개모음 '우'를31) 첨입시킨 데서 '달구'가 비롯하였을 것으로 본다([tʌlkstoŋ >)[talkt'oŋ]→([talkit'oŋ >)[talkut'oŋ]).32)

한편, '마개'가 동사의 어간 '막-'과 접미사 '-애'의 결합으로 이루어진 것으로 볼 수 있는 것처럼, '벼훑이'에 대당하는 이 방언형 '홅애'는 어근 '훑'과 접미사 '-애'가 결합하여 이루어진 것으로 분석되는데, 여기서 어기 '훑'은 용언 어간 '훑-'에서 온 것으로 추정할 수 있다. 따라서 이 방언에서 동사 '홀트-'는 1음절 어간 '훑-'에 매개모음 '-으-'가 결합하여 이루어진 형태일 것이요, 이 '-으-' 또한 전술한 '달구'의 '우'와 동일한 기능을 하는 것으로 해석된다. 곧, 이 방언형 '홀트-'의 '으' 역시, '훑-'의 어간말자음군 'ㄾ'이 자음어미 앞에서도 내파화하지 않고 둘 다 발음되므로 이를 현대국어의 맞춤법에 따라 적자면 필연적으로 'ㅌ'과 뒤따르는 자음 사이에 모음이 하나 필요하게 되는데, 바로 이를 위하여 첨입된 모음에 해당하는 것으로 파악된다.

이렇게 보면 중세국어나 중부 방언에서 1음절로 나타나는 어휘 가운데 이 방언에서 2음절 어간으로 표기되는 상당수가 이 방언에서도 이전에는 1음절 어간이었을 가능성이 큰 것으로 여겨지는데, 다음 (22)와 (23)의 어휘들이 그런 예에 속한다.33)

---

31) 이 매개모음 '우'는 '으'로 소급될 수 있을 것으로 보인다.
32) '우'를 갖는 '달구알'의 과정을 거친 것으로 해석된다((둙+알→)둙알 >> 달그알 > 달구알 > 달괄 > 달갈). 이 변천과정은 이기갑 교수가 토론문에서 지적한 것을 그대로 받아들인 것이다. 이 교수께 감사드린다. 다만, 이 교수께서는 '달구알'을 속격조사와의 통합형으로 본 바 있는데, 이는 이 글에서의 입장과 다르다.
33) 이기갑 교수께서는 토론문에서 서남방언 '처나무덕(: 처남댁), 오라부덕(: 올케), 동상아덕~동숭에덕(: 올케)'의 '우', '아', '에' 앞의 선행명사는 '처남, 오라비, 동상'과 속격조사 '의/의'와의 통합형으로 보아야 한다고 하여 필자의 견해에 이의를 제기한 바 있다. 이들 어형에 해당하는 광양방언형은 '처남댁~처나무덕, 올케~오라비댁, 올케~동상댁~동상덕~동상으덕~동상아덕~동상으댁~동상에댁~동숭으덕~동숭으덕~동숭에덕'이다. 이처럼 어근이 2음절인 경우는 그것이 3음절로 확대되는데, 이 경우의 '으~우~에~아'도 전술한 매개모음으로 본다. 예컨대, '동상으덕~동상으댁'에서의 '으'는 음성적으로 'ŋ~ŋǝ~i'의 과정을 겪었을 것으로 추정된다. '리어(鯉魚)'의 '어[ŋǝ]'가 '에[ǝ]'로 바뀔 때 음절 머리음 [ŋ]이 탈락한 통시적 과정을 생각하면 이는 수긍될 수도 있을 것으로 여긴다. 한편, 광양방언 '오라비댁'은 '오라비'와 '댁'의 합성어요, 서부전남방언 '오라부덕'은 어근 '오랍(: 내훈·초, 2상:49)'과 '댁'의 합성으로 보인다. 손희하 교수께서도 토론문에서 역시 이 '우', '으'를 속격조사로 해석한 기존의 견해에 동조한 바 있고 한 걸음 더 나아가 이렇게 볼 때 '역사적 언어정보'를 이용하고자 하는 이 글의 논지에 맞다는 지적을 한 바 있다. 두 분의 충언에 진심으로 감사드린다. 필자도 기세관(1992: 33)에서 이미 이를 해석한 바 있지만 기세관(1993: 60)에서 이 글의 입장으로 바뀌었음을 말씀드리면서, 여기서 다시 오늘날 광양방언을 포함한 서남방언에서 속격 '의/의'가 합성법에 쓰인 예를 찾을 수 없음을 상기시켜 드릴 뿐이다.

(22) 홀트-(: 훑-)　　　　　　훌트-(: 훑-)
　　　할트-(: 핥-)　　　　　　지프-~지푸-(深)
　　　노프-~노푸-(高)　　　　야프-~야푸-(淺)
　　　가프-~가푸-(: 갚-)　　　널브-~널부-(廣)
　　　살므-~쌀무-(: 삶-)　　　볼브-~볼부-(踏)(<넓-)
　　　떨부다(: 떫다)　　　　　골므-~골무-(膿)
　　　보트다(: 밭다)　　　　　지푸다(: 깊다)
　　　시푸다(: 싶다)　　　　　수무다(: 숨다)
　　　(쇼->)숭구-(植)　　　　 (낚>)낭구(木)
　　　(죠->)장구-(閉)　　　　 (둪->)당구-(浸)
(23) 다무락(: 담)　　　　　　 (눔 집>)노무집(他家)
　　　사부~사보(: 삽)　　　　 사부까래(: 삽가래)

　따라서 (22)와 (23)에 제시한 어휘들은 이 방언, 나아가서는 국어가 음절말 위치에서도 자음의 내파화가 일어나지 않은 언어이었음을 추정케 하는 증거로 삼을 수 있게 하고, 이 현상이 합성어나 파생어에만 한정되지 않고 폭넓게 나타남도 보여 준다.

　여기서 우리는 고대국어에서는 모든 자음이 음절말 위치에서도 아직 내파화(內破化)가 일어나지 않고 제 음가(音價)대로 발음되었다고 한 이기문(1972: 69)의 견해를 다시 한 번 상기하게 되고, 이는 전술한 '달구똥, 달구털' 등이나 (22)와 (23)의 어휘들이 바로 그 주장을 강력히 옹호해 주는 좋은 예가 될 수 있다고 믿는다. 이는 마치 이 방언 '달구다'(說)가 중세국어 '달애다'의 전신이 '*달개다'이었을 것임을 방증하여 주듯이, 특히, 이 현상이 자음으로 끝나는 어간에 한정되며 첨입되는 모음 또한 한결같이 '으'(또는 '우')에 한정된다는 사실은 전술한 우리의 입장을 견지하는 데 보다 적극적으로 뒷받침해 줄 수 있을 것으로 믿는다.

　한편, 중부 방언의 '심-(植)'이 근대국어 시기까지도 '시므-(植)'와 '심-'이 환경에 따라 교체되던 것이었음을 감안하여 이 방언 '홀태'도 어간 '*홀트-'에 접미사 '-애'가 결합하여 형성된 파생어로 볼 수 있는 가능성도 배제할 수는 없다. 이렇게 본다면 (22)의 예들은 고형(古形)을 유지하고 있는, 곧 흔히 방언이 갖는 변화에 대한 보수성을 보이는 것들로 해석할 수도 있을 것이나 여기에서는 이 방안을 취하지 않기로 한다. 필자는 근대어 '시므-' 또한 '심-'의 'ㅁ'이 음절말(音節末)의 위치에서도 내파화(內破化)가 일어나지 않았던 데서 비롯한 형태일 것이라는 입장을 견지하고 있기 때문이다.

　이렇게 보면, '죠->잠그-, 둪->담그-' 등과 같이 국어사에서 자음으로 끝나는 어간에 '으(/우)'가 첨가되어 어형의 확대를 가져온 직접적인 동기는 바로 국어가 갖는 이러한 특성, 곧 자음이 음절말 위치에서도 내파화(內破化)가 일어나지 않고 제 음가(音價)대로 발음된 언어적 특성이 작용한 결과일 것으로 믿는다.

2.11. 불규칙 용언의 활용

공통어에서 불규칙을 보이는 '잇-(連), 잣-(紡), 젓-(掉), 붓-(注出), 낫-(癒, 勝)' 등을 포함하여 'ㅅ'을 말음으로 갖는 용언이 서남 방언에서 규칙적인 활용을 보인다는 것은 주지의 사실이다. 광양 방언에서도 이들 용언은 규칙 활용을 보임이 일반적이지만 '(농사를, 시를) 잣-, 끗-(劃), 줏-(拾)' 등 일부 동사는, 다음 (24)에서와 같이, 규칙 활용형과 불규칙 활용형이 수의적으로 교체되기도 한다. 이들 세 단어가 동남 방언에서도 불규칙 활용을 한다는 사실을 고려한다면(나진석, 1977: 76), 이는 광양 방언이 동남 방언과 서남 방언의 전이지대(轉移地帶)에 놓여 있는 데 말미암은 현상일 것이다.

(24) (농사를, 시를) 잣-+-어→짓어~지:　　잣-+-었다→짓었다~지:따
　　 끗-(劃, 引)+-어→끗어~끄:　　　 끗-+-었다→끗었다~끄:따
　　 줏-(拾)+ -어→줏어~주:　　　　 줏-+-었다→줏었다~주:따

이 방언에서는 'ㅂ' 불규칙 용언의 어간에 모음계 어미가 이어지면, 다음 (25)에서와 같이, 노년층에서는 어간의 끝소리 'ㅂ'을 유지하거나 'ㅂ'이 활음 'w'로 바뀌는 규칙적인 활용상을 보임이 일반적이지만, 젊은층에서는 'ㅂ'이 아주 없어진 어형으로 실현되기도 한다. 곧, 이 방언에서는 '눕어>누워>누어>누:'와 같은 통시적 변화를 겪으면서 'ㅂ'이 'w'로 바뀐 뒤 탈락하기도 한다. 그런데 여기서 '누버'를 동남 방언형으로, '누워, 누어'를 서남 방언형으로 보면 이 지역을 동남 방언과 서남 방언의 개신파가 만나는 전이지대로 간주할 수 있을 것이다. 곧 서부를 진원지로 하는 'ㅂ→w, w→∅'라는 개신파의 세력이 광양까지 밀려왔지만 아직 동부 방언에까지는 나아가지 못함으로써 이 지역이 전이지대적 특성을 띠게 된 것이라 하겠다.

(25) 눕다　　　　눕고　　　　　눕지　　　눕게　　　눕소
　　 누버　　　　누버서　　　　누붕께　　누브먼　　누버라
　　 누워~누어　누워서~누어서　누웅께　　누우먼　　누워라~누어라
　　 누:　　　　 누:서　　　　　눙:께　　 누:먼　　 누:라

그 밖에, 이 방언에서는 공통어 '누르-, 푸르-; 귀찮-, 괜찮-, 많-, 파랗-, 시퍼렇-, 노랗-, 빨갛-, 흐거-(: 하얗-)' 등에 어미 '-아/어'가 이어지면 '누래, 푸래, 귀찬애, 괸찬애~갠찬애, 만애, 파래, 시퍼래, 노래, 빨개, 흐개' 등과 같이 활용한다. 또, 이 방언에서는 '가다'와 '오다'의 명령형이 각각 '가그라', '오니라'로 활용하여, 공통어에서 '거라' 불규칙을 보이는 '가다'는 '그라' 불규칙을 보이고, 공통어에서 '너라' 불규칙을 보이는 '오다'는 '니라' 불규칙을 보여준다. 이는 남부 방언의 일반적인 현상이기도 하다.

2.12. 겹받침 어간(語幹)의 단순화(單純化)

2.12.1. 끝음절의 끝소리로 겹받침을 가진 체언

공통어에서 겹받침(둘받침)을 가진 체언은 서부전남 방언에서는 다음과 같이 홑받침을 갖는다. 예컨대, 공통어의 '흙(土)'은 그 단독형이 '흑'이요, 조사와 통합할 때에도 '흑이, 흑은, 흑을, 흑에, 흑도'와 같은 곡용을 보여줌으로써 역시 '흑'이다.

(26) 흙→흑   찰흙→찰흑
     까닭→까닥   칡→칙
     두듥→두덕   닭→닥~댁
     못→목   넋→넉
     삯→싹   값→갑
     여덟→야답~야달

광양 방언에서도 대체로 이와 동일한 모습을 보이지만, 일부 어휘에서는 약간 다른 모습을 보여 동남 방언적 성격을 띠기도 한다. 이를 정리하면 다음과 같다.

1) 공통어에서 'ㄹ'받침을 가진 어휘가 광양 방언에서는 'ㅋ' 받침을 가지는 것이 주목된다. 따라서 공통어의 '흙, 찰흙, 닭'은 광양 방언에서는 각각 '흑, 찰흑, 닥'이요, 이들은 '흑이, 흑은, 흑을, 흑에, 흑도; 닥이, 닥은, 닥을, 닥에, 닥도'와 같은 형태음소적 변동을 보인다. 이는 동부(동남 방언)를 진원지로 하는 'ㄹ → ㅋ'이라는 개신의 물결이 아직 한반도의 서부에까지는 미치지 못하고 광양에 머물고 있다고 해석된다.

2) 공통어에서 'ㅄ' 받침을 가진 '값(價)'은, 위에서 보는 바와 같이, 서부전남 방언에서는 홑받침 '갑'으로 나타나는데, 광양 방언에서는 '값'으로 나타나 '값이, 값은, 값을, 값에, 갑도'와 같이 변동된다.[34]

3) 공통어의 '여덟(八)'은 광양 방언에서 '야달이~야닲이, 야달은~야닲은, 야달을~야닲을, 야달에~야닲에, 야달~야답'과 같은 곡용을 보여 '야달'과 '야닲'이 공존함을 알 수 있다.

그런데 여기에서 이 'ㅋ' 받침을 가진 체언이 옛 시기에도 역시 'ㅋ' 받침을 가졌던 어휘였을 것인가 하는 의문이 생긴다. 다시 말해서 광양 방언 '닥'이 옛말에서도 역시 'ㅋ' 받침을 가졌던 '닥'이었을 것인가 하는 것이 의문점으로 대두된다. 이 단어의 옛 모습을 밝혀줄 수 있는, 이 지역어가 반영된 옛 문헌을 통한 확인 작업을 할 수 없기 때문에 지금으로서는 이에 대한 단정을 내릴 수는 없다. 그러나 이 단어가 적어도 'ㅋ' 받침을 가진 '닥'은 아니었을 것이라는 것은 분명한 것 같다.

전술한 바 있듯이, 우리는 흔히 합성어나 파생어의 단어형성 과정을 통해서 어떤 단어의

---

34) 동남 방언형 '깝'을 고려하면 이 문제에 관한 한 이 지역이 잔재지역이라 할 만하다.

옛 모습을 짐작할 수 있다. 광양 방언 '닭'과의 합성어 '닥알~달갈, 달구똥, 달구새끼, 달구장태, 달구털'을 통해서 이 지역어 '닥(鷄)'이 이전에는 '닭'이었음을 예측하게 한다. 곧, 현재의 광양 방언 '닥'은 이들 단어가 형성된 이전 시기에는 오히려 '닭'이었을 가능성이 많지 현대어와 동일한 형태 '닥'이었을 가능성은 적다. 만일 당시에도 '닥'이었다면, 현대어 '달구똥, 달구새끼'는 오히려 '*다쿠똥, *다쿠새끼'로 나타날 가능성이 많기 때문이다.35)

2.12.2. 끝음절의 끝소리로 겹받침을 가진 용언 어간

중부 방언 또는 공통어의 겹받침 용언(: '끝음절의 끝소리로 둘받침을 가진 용언 어간'을 줄여서 이렇게 일컫기로 한다.)의 대부분이 광양 방언에서도 겹받침을 유지한다.36) 다만, 겹받침이 어말 또는 자음 앞에서 음절구조상의 제약을 받아 단순화할 때, 공통어에서 'ㄹ'을 앞세우는 겹받침 가운데는 'ㄺ, ㄼ, ㄾ' 등처럼 어말 또는 자음 앞에서 후행자음이 줄어들기도 하고(예: 맑게[말께], 넓다[널따], 핥다[할따]), 'ㄻ, ㄿ'과 같이 선행하는 'ㄹ'이 줄어들기도 하고(예: 젊대[점:따], 읊고[읍꼬]), 심지어는 동일한 겹받침이 경우에 따라 선행자음이 줄어들기도 하고 후행자음이 줄어들기도 하여(예: 밟대[밥:따]/넓대[널따], 맑대[막따]/맑게[말께]) 그 줄어드는 양상이 불규칙한 모습을 보인다.37) 그러나 광양 방언에서는 겹받침 'ㄺ, ㄻ, ㄼ' 등은 항상 선행하는 'ㄹ'이 줄어들어 후행하는 'ㄱ, ㅁ, ㅂ'이 남고(예: 볽대[복따](明), 볽게[복께], 읽다[익따], 읽고[익꼬]; 쌂고[쌈:꼬]; 볿고[봅꼬~복꼬]), 겹받침 'ㄾ'은 공통어와 마찬가지로 후행하는 'ㅌ'이 준다(예: (벼를)훑대[훌따/홀따]). 그리고 'ㄿ'을 겹받침으로 가진 용언은 존재하지 않는다38).

2.13. 체언의 형태음소적 변동

2.13.1. 'ㅈ, ㅊ, ㅌ'을 말음으로 가진 체언이 모음으로 시작하는 조사와 결합할 때 보여주는 체언 말음의 교체 현상이 방언에 따라 다소 차이가 있음은 이미 널리 알려진 사실이다. 이러한 체언에 나타나는 말음의 교체는 인접 방언 상호간의 간섭에 의하거나, 그 방언 자체의 통시적인 음운 변화에 말미암은 것이지 중앙어가 어떤 개별 방언의 그것으로 바뀐 것으로 보기 어렵다.

이기갑(1984: 119~123)은 서부전남, 구례군 토지면 그리고 광양군 진월면의 세 지역을 비교하면서 체언의 형태음소적 변동에 대하여 통시음운론적 관점을 끌어들여 상론한 바 있고,

---

35) 내적 재구에 대한 자세한 논의는 기세관(1993) 참조.
36) 공통어 '짧다'에 대당하는 광양 방언은 '짜리다'로서 '짤라서, 짜린, 짜릴, 짜리면, 짜리고, 짜리냐, 짜리제' 등으로 활용한다.
37) 문교부 고시(1988. 1. 19.) 「표준어 규정」의 제2부 "표준 발음법" 제10항 및 제11항 참조.
38) 공통어 '읊-'에 해당하는 광양 방언 어휘는 '을프-'로서 '을퍼, 을퍼서, 을푸먼, 을푸제, …' 등으로 활용한다.

徐尙俊(1985: 267)도 광양 지역을 대상으로 역시 같은 논점을 취한 바 있다. 필자도 본질적으로는 이와 같은 입장에 서서 약술한다.39)

(27) 광양방언 체언말음의 변동표40)

방언(: 공통어<옛말) \ 조사	-이	-은	-을	-에/으로
꼍(: 겉<곁)	ㅊ	ㅊ	ㅊ	ㅊ
밫(: 밭)	ㅊ	ㅊ	ㅊ	ㅌ
솣(: 솥)	ㅊ	ㅊ	ㅊ	ㅌ
밫(: 밑)	ㅊ	ㅊ	ㅊ	ㅌ
볏(: 볕)	ㅊ	ㅊ	ㅊ	ㅌ
끛(: 끝<긑)	ㅊ	ㅊ	ㅊ	ㅌ
퐆(: 팥<퐃~퐃)	ㅊ	ㅊ	ㅊ	ㅊ
콩퐆(: 콩팥<콩퐃)	ㅊ	ㅊ	ㅊ	ㅊ
숯(: 숯<?)	ㅊ	ㅊ	ㅊ	ㅊ
꽃(: 꽃<곶)	ㅊ	ㅊ	ㅊ	ㅊ
숯(: 숯<슟)	ㅊ	ㅊ	ㅊ	ㅊ
윳(: 윷<?)	ㅊ	ㅊ	ㅊ	ㅊ
옻(: 옻<옷)(漆)	ㅊ	ㅊ	ㅊ	ㅊ
낯(: 낯<놏)	ㅊ	ㅊ	ㅊ	ㅊ
멫(: 몇)	ㅊ	ㅊ	ㅊ	ㅊ
닻(: 닻<?)	ㅊ	ㅊ	ㅊ	ㅊ
빛(: 빛)	ㅊ	ㅊ	ㅊ	ㅊ
젖(: 젖<졎)	ㅈ	ㅈ	ㅈ	ㅈ
빚(: 빚<빋)	ㅈ	ㅈ	ㅈ	ㅈ
낮(: 낮)	ㅈ	ㅈ	ㅈ	ㅈ
목젖(: 목젖<목졎)	ㅈ	ㅈ	ㅈ	ㅈ
좆(: 좆<?)	ㅈ	ㅈ	ㅈ	ㅈ
윳(: 이웃<이웇)	ㅈ	ㅈ	ㅈ	ㅈ

(27)은 광양 방언 체언의 형태음소적 변동상을 보여주는데 이는 다음과 같은 2가지로 요약된다. 첫째, 체언말음이 'ㅈ, ㅊ'인 어휘들은41) 어말음 'ㅈ, ㅊ'을 그대로 유지한다. 곧, 이들은 'ㅅ'으로의 마찰음화를 아직 겪지 않고 있다. 둘째, 공통어에서 'ㅌ'을 끝소리로 가진 체언은 두 가지 유형

---

39) 어휘에 따라서는 앞의 두 논문에서 제시한 자료와 차이가 있다.
40) 부호 < 다음의 옛말 항에 옛말이 실리지 않은 경우는 해당 옛말이 공통어와 같음을 표시하고 ?로 표기된 것은 불분명한 경우이다. 표제어로 제시한 방언형은 노년층을 중심으로 설정한 것이다.
41) 좀더 정확히 말한다면 역사적 기저음이 'ㅈ, ㅊ'인 어휘들이다.

의 변동상을 보인다. 곧 처격 조사 '-에'나 향격 조사 '-으로' 앞에서 말음 'ㅌ'을 유지하는 것(: 밭(田), 솥(鼎), 밑(下), 볕(陽), 끝(末))과 그렇지 않은 것(: 겉(皮), 팥(小豆))으로 갈린다.
 'ㅌ' 말음이 모든 지역 방언에서 처격과 향격 조사 앞에서 'ㅌ'을 유지한다는 것은 이미 잘 알려진 사실이다. 따라서 이러한 환경에서도 'ㅌ'을 유지하지 못하고 'ㅊ'으로 교체된 '겉, 팥, 콩팥'이 이단자인 셈인데 이는 그 옛말이 'ㅊ' 끝소리를 가졌던 것들이라는 데에 기인하는 것으로 해석된다. 이 방언에서 'ㅈ, ㅊ'을 기저로 가진 다른 어휘들은 모든 환경, 곧 처격과 향격 조사 앞에서까지도 어말음의 변동을 보이지 않고 있는데 '꽃, 폿, 콩폿'만이 변동을 보일 이유가 없기 때문이다. 이렇게 보면, '겉, 팥, 콩팥'에 해당하는 광양 방언 '꽃, 폿, 콩폿'의 어말음은 처격과 향격 조사 앞에서 'ㅌ'이 'ㅊ'으로 바뀐 것이 아니라 본래의 'ㅊ'을 유지한 것에 불과하다고 하겠다. 따라서 'ㅈ' 말음을 가진 '이웃'으로 소급되는 광양 방언 '윳(: 이웃)'이 모든 환경에서 'ㅅ'이 아닌 'ㅈ'을 유지하는 것도 같은 이유로 설명될 수 있을 것이다.
 이기갑(1984: 120~121)과 郭忠求(1984: 15~20)에서는 '밫, 솣, 믹, 볓, 끛' 등에서 보는 'ㅊ'을 'ㅌ > ㅊ > ㅅ'이라는 변화 과정의 중간 단계로 파악한 바 있다. 곧, 'ㅌ'이 t 구개음화라고 하는 새로운 개신 규칙의 적용으로 먼저 주격형에서 'ㅊ'으로 바뀐 뒤에 대격형 등에 확대되었으나 아직 마찰음 'ㅅ'에는 도달하지 못한, 곧 'ㅊ'의 단계가 'ㅌ > ㅊ > ㅅ'이라는 변화 과정의 중간 단계일 것으로 파악한 바 있다.42) 이는 바람직한 해석이었음을 (28)의 여수 방언이 실증해 주고 있다. 여수 방언에서는 오늘날 이 'ㅊ'이 노년층에서는 대체로 'ㅊ'으로, 젊은층에서는 'ㅅ'으로 실현된다.43)

(28) 여수 방언 체언 말음의 변동표44)

방언(: 공통어 〈옛말〉 \ 조사	-이	-은	-을	-에/으로
꽃(: 겉<겇)	ㅊ	ㅊ	ㅊ	ㅌ
밧(: 밭)	ㅅ	ㅅ	ㅅ	ㅌ
솟(: 솥)	ㅅ	ㅅ	ㅅ	ㅌ
밋(: 밑)	ㅅ	ㅅ	ㅅ	ㅌ
볓(: 볕)	ㅊ>ㅅ	ㅊ>ㅅ	ㅊ>ㅅ	ㅌ
끛(: 끝<긑)	ㅊ>ㅅ	ㅊ>ㅅ	ㅊ>ㅅ	ㅌ
폿(: 퐅<퐃)	ㅅ	ㅅ	ㅅ	ㅅ
콩폿(: 콩팥<콩퐃)	ㅅ	ㅅ	ㅅ	ㅅ
숯(: 숱<?)	ㅊ>ㅅ	ㅊ>ㅅ	ㅊ>ㅅ	*안쓰임

---

42) 광양 방언형 '빛'은 그 고형이 '빋'이라는 점에서 특이한데, 郭忠求(1984: 6)에서도 지적한 바와 같이, 이 방언의 '빛'도 중세국어의 '빋(債)'에 t 구개음화라는 새로운 개신 규칙이 적용되어 이미 재구조화된 형태일 것이다.
43) 이에 대한 자세한 내용은 기세관(1997) 참조.

꼿(: 꽃<곳)	ㅅ	ㅅ	ㅅ	ㅅ
숫(: 숯<슟)	ㅅ	ㅅ	ㅅ	ㅅ
윳(: 윷<?)	ㅅ	ㅅ	ㅅ	ㅅ
옷(: 옻<옷)(漆)	ㅊ>ㅅ	ㅊ>ㅅ	ㅊ>ㅅ	ㅊ>ㅅ
낮(: 낯<눛)	ㅊ>ㅅ	ㅊ>ㅅ	ㅊ>ㅅ	ㅊ>ㅅ
뱃(: 몇)	ㅊ>ㅅ	ㅊ>ㅅ	ㅊ>ㅅ	ㅊ>ㅅ
닷(: 닻<?)	ㅊ>ㅅ	ㅊ>ㅅ	ㅊ>ㅅ	ㅊ>ㅅ
빗(: 빛)	ㅊ>ㅅ	ㅊ>ㅅ	ㅊ>ㅅ	ㅊ>ㅅ
젖(: 젖<졎)	ㅈ>ㅅ	ㅈ>ㅅ	ㅈ>ㅅ	ㅈ>ㅅ
빗(: 빗>빋)	ㅈ>ㅅ	ㅈ>ㅅ	ㅈ>ㅅ	ㅈ>ㅅ
낫(: 낮)	ㅈ>ㅅ	ㅈ>ㅅ	ㅈ>ㅅ	ㅈ
목젖(: 목젖<목졎)	ㅈ>ㅅ	ㅈ>ㅅ	ㅈ>ㅅ	ㅈ>ㅅ
좃(: 좆<?)	ㅈ>ㅅ	ㅈ>ㅅ	ㅈ>ㅅ	ㅈ>ㅅ
윳(: 이웃<이웆)	ㅈ>ㅅ	ㅈ>ㅅ	ㅈ>ㅅ	ㅈ

다음에는 마찰음화 'ㅊ>ㅅ' 또는 'ㅈ>ㅅ'의 시기, 곧 파찰음이 마찰음으로 변화한 시기에 대하여 생각해 보자.

(28)을 통해서 우리는 여수 방언의 형태음소적 변동에 대한, 다음과 같은 사실을 확인한다. 첫째, 노년층에서는 이 변화가 이미 시작되었으나 아직 완성되지는 않았다고 할 수 있다. 노년층에서는 'ㅊ'이나 'ㅈ'에서 변화한 'ㅅ'이 체언의 끝소리로 실현되기도 하지만 'ㅊ'이나 'ㅈ'이 대체로 아직 그대로 실현되고 있음을 확인할 수 있기 때문이다. 둘째, 젊은층에서는 이 변화가 마지막 완성 단계에 있다고 할 수 있다. 구개음화를 겪은 'ㅊ'이나 'ㅈ'을 포함하여, 젊은층에서는 체언의 끝소리 'ㅊ'이나 'ㅈ'이 대부분 'ㅅ'으로 실현되고 있기 때문이다. 젊은층에서는 오직 공통어 '낮(晝)'과 '이웃(隣)(< 이웆)'의 끝소리가 처격 조사 '-에'와 '-으로' 앞에서 'ㅈ'을 유지하고 있으며, 공통어 '겉(表)(< 겇)'의 끝소리가 노년층과 같은 'ㅊ'을 유지하고 있을 뿐이다.45) 이러한 사실을 통해서 우리는 여수 방언에서는 마찰음화라는 음운 과정이 오늘날 진행되고 있음을 알 수 있다.

---

44) (28)은 (27)과 같은 방법으로 만든 것이다. 다만, 교체형에서 >의 왼쪽은 노년층의 어형을 가리키고, 오른쪽은 젊은층의 어형을 가리키며 이러한 구분이 없는 것은 양쪽에 공통됨을 가리킨다.

45) 이 방언에서 파찰음 'ㅊ'과 'ㅈ'의 마찰음 'ㅅ'으로의 변화는 마지막 단계에 놓여 있는 것만은 틀림없겠으나, 이들 단어가 이 환경에서 마지막까지 마찰음화에 저항을 보이는 이유는 분명하지 않다. 이기갑(1984: 121)와 郭忠求(1984: 16)에서도 이 문제에 대하여는 이와 같은 입장을 보인다. 다만, 공통어 '낮(晝)'과 '이웃(隣)(< 이웆)'의 처격형이나 향격형이 이 방언에서 각각 '낮에, 윳에; 낮으로, 윳으로'로 실현되어 체언의 끝소리 'ㅈ'을 유지하고 있는 것은 '밭, 솥, 밑, 볕, 끝' 등이 처격형이나 향격형(또는 구격형)에서 'ㅌ'을 유지하고 있는 것과 같은 이유에서일 것이다.

한편, (29)는 서부전남 방언에서, '웆에'를 제외하면, 'ㅊ'과 'ㅈ'이 모두 이미 'ㅅ'으로 바뀌었음을 확인해 준다. 이렇게 볼 때, 체언말음의 마찰음화에 있어 광양 방언이 가장 보수적이고 여수 방언이 그 다음이고 서부전남 방언이 가장 진보적임을 알 수 있다.

(29) 서부전남 방언 체언 말음의 변동표

체언 \ 조사	-이	-은	-을	-에/으로
겉	ㅅ	ㅅ	ㅅ	ㅌ
밭	ㅅ	ㅅ	ㅅ	ㅌ
솥	ㅅ	ㅅ	ㅅ	ㅌ
밑	ㅅ	ㅅ	ㅅ	ㅌ
볕	ㅅ	ㅅ	ㅅ	ㅌ
샅	ㅅ	ㅅ	ㅅ	?
팥	ㅅ	ㅅ	ㅅ	ㅅ
콩팥	ㅅ	ㅅ	ㅅ	ㅅ
암톹	ㅅ	ㅅ	ㅅ	ㅅ
(머리)숱	ㅅ	ㅅ	ㅅ	ㅅ
꽃	ㅅ	ㅅ	ㅅ	ㅅ
숯	ㅅ	ㅅ	ㅅ	ㅅ
낯	ㅅ	ㅅ	ㅅ	ㅅ
몇	ㅅ	ㅅ	ㅅ	ㅅ
윷	ㅅ	ㅅ	ㅅ	ㅅ
옻	ㅅ	ㅅ	ㅅ	ㅅ
빛	ㅅ	ㅅ	ㅅ	ㅅ
빗	ㅅ	ㅅ	ㅅ	ㅅ
빚	ㅅ	ㅅ	ㅅ	ㅅ
낫	ㅅ	ㅅ	ㅅ	ㅅ
이웃~윳	ㅅ	ㅅ	ㅅ	ㅈ
좇	ㅅ	ㅅ	ㅅ	ㅅ
젖	ㅅ	ㅅ	ㅅ	ㅅ
목젖	ㅅ	ㅅ	ㅅ	ㅅ

이상의 사실과 전주와 고창을 중심으로 하는 19세기 후기의 전라방언 자료에 이미 체언의 끝소리 /ㄷ, ㅌ, ㅈ, ㅊ/ 등이 마찰음 'ㅅ'으로 상당수 반영되어 있다는 崔銓承(1986: 263~284)의 보고를 고려하여 볼 때, 서부전남 방언에서의 이 변화는 이미 20세기 이전에 시작되어 점차적으로 확산되어 가다가 20세기 중반 이전에 'ㅈ'이나 'ㅊ'을 끝소리로 가진 대부분의 체언에 확산되었으며 이제는 그 마지막 단계에 이르렀지만, 여수 방언에서는 'ㅈ, ㅊ'이

'ㅅ'으로 바뀌는 과정이 진행되고 있으며, 광양 방언에서는 이제야 'ㅌ→ㅊ'의 변화 단계에 머물러 있다고 할 수 있다. 따라서 마찰음화 현상은 전남의 동부에서 서부로 갈수록 정도가 심하므로, <그림 5>와 같이, 그 개신파가 서부를 진원지로 하여 동부로 퍼져 가고 있다고 할 수 있을 것이다(이기갑, 1984: 119~123).

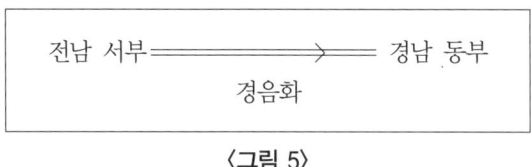

〈그림 5〉

2.13.2. 체언의 끝소리 'ㅍ'이 모음으로 시작되는 일부 조사 앞에서 'ㅂ'으로 교체되는 것도 전국적인 현상이지만 지역차가 큰 편이다. 다음 (30)은 이 현상이 서남 방언에서 어떻게 나타나는가를 보여준다. 그 지역 방언으로서 생소하다고 여겨져 조사되지 않은 것은 해당란을 비워 두었다. 또, 해당 방언형이 별개로 존재할 경우에는 그것을 부기하였다.

(30) 체언 말음 'ㅍ'의 변동표

지역 및 조사	체언	앞	옆	잎	짚	헝겊	섶	숲
서부	-이	ㅂ	ㅂ		ㅂ	ㅂ	ㅂ	
	-을	ㅂ	ㅂ	(입삭)	ㅂ	ㅂ	ㅂ	
	-에	ㅍ	ㅍ		ㅂ	ㅂ	ㅂ	
	-으로	ㅍ	ㅍ		ㅂ	ㅂ	ㅂ	
고흥	-이	ㅍ~ㅂ	ㅍ~ㅂ	ㅍ~ㅂ	ㅂ	ㅂ	ㅂ	ㅂ
	-을	ㅍ~ㅂ	ㅍ~ㅂ	ㅍ~ㅂ	ㅂ	ㅂ	ㅂ	ㅂ
	-에	ㅍ	ㅍ	ㅍ	ㅂ	ㅂ	ㅂ	ㅂ
	-으로	ㅍ	ㅍ	ㅍ	ㅂ	ㅂ	ㅂ	ㅂ
구례	-이	ㅍ	ㅍ	ㅍ	ㅂ	ㅂ	ㅂ	ㅍ
	-을	ㅍ	ㅍ	ㅍ	ㅂ	ㅂ	ㅂ	ㅍ
	-에	ㅍ	ㅍ	ㅍ	ㅂ	ㅂ	ㅍ	ㅍ
	-으로	ㅍ	ㅍ	ㅍ	ㅂ	ㅂ	ㅍ	ㅍ
여수	-이	ㅍ	ㅍ	ㅍ	ㅍ			ㅍ
	-을	ㅍ	ㅍ	ㅍ	ㅍ			ㅍ
	-에	ㅍ	ㅍ	ㅍ	ㅍ			ㅍ
	-으로	ㅍ	ㅍ	ㅍ	ㅍ			ㅍ
광양	-이	ㅍ	ㅍ	ㅍ			ㅍ	ㅍ
	-을	ㅍ	ㅍ	ㅍ			ㅍ	ㅍ
	-에	ㅍ	ㅍ	ㅍ			ㅍ	ㅍ
	-으로	ㅍ	ㅍ	ㅍ			ㅍ	ㅍ

이들 체언은 옛말에서도 'ㅍ'을 끝소리로 가진 것들인데, '앞'과 '옆' 등 일부 체언의 끝소리가 처격 및 향격 조사 앞에서 'ㅍ'을 유지하고 있는 것을 빼면, 서부전남에서는 'ㅍ'이 'ㅂ'으로 바뀌어 'ㅂ' 끝소리를 가진 체언으로 재구조화되었다. 그러나 이 경향은 동쪽으로 갈수록 점차 약해져 동부 전남의 여수와 광양에까지는 그 세력이 아직 미치지 못하고 있는 것이 아닐까 한다. 이 변화는 자립성을 가진 체언이, 용언과는 달리, 단독으로 나타날 때는 체언 말음절의 끝소리가 소위 일곱 끝소리 가운데 어느 하나로 중화되는데, 이 중화음이 다른 곡용형에까지 확대됨으로써 결국 재구조화에 이르는 것으로 보인다(최전승, 1986: 281). 이는 곧 공통어 '돐(帆, 席)>돗, 돐(期)>돌, 하눓(天)>하늘' 등이나 이 방언 '돍(鷄)>닭>닥, 츩(葛)>칡>칙' 등에서 보는 자음군단순화와 더불어 우리말 체언이 통시적으로 (C)V(C)의 음절구조를 지향하면서 단순화의 과정을 밟고 있는 것으로 풀이할 수 있다(곽충구, 1984: 14).

이 현상 역시 서부전남을 개신의 진원지로 하여 동부전남으로 퍼져 가고 있다고 할 수 있다.

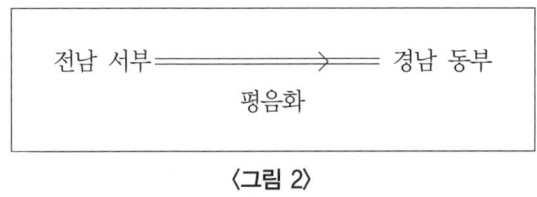

〈그림 2〉

2.13.3. 공통어에서도 'ㅋ'을 끝소리로 가진 체언은 '부엌(竈); 윗녘, 아랫녘, 해질녘, 해뜰녘' 등 그 수가 극히 한정되어 있다. 이 'ㅋ'은 서울을 포함한 중부 방언에서조차 'ㄱ'으로 수의적 교체를 하는 것으로서 서남 방언 중에서는 오늘날 광양 방언에서만 '부삭~부석, 웃녘, 동녘' 등으로 나타나 'ㅋ'을 유지하고 있다. 여기에서도 광양 방언의 보수성을 엿볼 수 있다.

3. 맺음말

언어는 지나간 공시태의 축적물이다. 따라서 오늘의 광양 방언의 참모습을 이해하기 위해서는 역사적 언어 정보를 이용할 필요가 있다. 현대국어의 하위 방언들이 가지고 있는 방언적 특징들이 비로소 19세기에 갖추어졌음을 고려하여, 오늘날 광양 방언에 대한 연구를 위해서 중부 방언의 역사적 정보를 이용하는 것은 불가피하다. 이러한 입장을 견지하여, 광양 방언에 대한 음운론적 특성과 형태론적 특성을 기술하되 다른 방언, 특히 중부 방언이 많이 반영된 공통어의 역사적 정보를 적극적으로 이용하였다.

본문의 내용을 정리하여 맺음말로 대신한다.

1. 광양 방언의 자음은 /p, pʰ, p'; t, tʰ, t'; k, kʰ, k'; ʧ, ʧʰ, ʧ'; s, s'; h; m, n, ŋ; r/(/ㅂ, ㅍ, ㅃ; ㄷ, ㅌ, ㄸ; ㄱ, ㅋ, ㄲ; ㅈ, ㅊ, ㅉ; ㅅ, ㅆ; ㅎ; ㅁ, ㄴ, ㅇ; ㄹ/)의 19개로 공통어와 같다.

2. 광양 방언의 모음은 공통어와 같은 10모음 체계를 이룬다. 이는 9모음 체계를 가진 방언과는 달리, 이 방언에서는 보수성을 띠어 /e/와 /ɛ/가 음소적(변별적)이어서 아직 /E/로 합류되지 않았다.

3. 광양 방언에서 용언의 어간과 어미가 결합할 때 수반되는 모음축약이나 장음화의 양상을 정리하면 다음과 같다.

가) 개음절로 끝나는 1음절인 용언 어간 말음 'ㅣ'와 피동 또는 사동 접미사 '이'가 연결되면 후행하는 접미사 '이'는 줄어지지만 앞 어간말음 'ㅣ'가 보상적 장음화를 가져온다.

나) 개음절로 끝나는 1음절인 용언 어간 말음과 '어'계 어미나 과거시제 선어말어미 '었'이 이어지면 후행하는 '어'는 줄어지지만 앞 어간말음 'ㅣ'는 길어져 역시 보상적 장음화를 가져온다. 다만, 장음절 어간말음에 이어지는 '어'는 표면상 보상적 장음화를 일으키지 않는데 이는 동자질 연속을 피하려는 일종의 이화 작용에 따른 것으로 보인다.

다) 용언 어간의 말음이 가)~나)에서와 같다고 할지라도 어간의 음절수가 2음절 이상인 경우에는 국어 음장 규칙에 따라, 장음화하지 않는다.

라) 어간의 말음이 'ㅡ, ㅏ, ㅓ'인 경우는 이들 어간 말모음이 탈락하는데, 이 경우에도 국어의 음장 규칙에 따라 장음화가 수반되지 않는다.

4. 광양 방언에서도 어두 경음화가 강하게 나타나며 한자어에서보다 고유어에서 더욱 두드러진다. 남부 방언의 권역에 따라 어두 경음화가 달리 실현되는 어휘 23개를 중심으로 조사한 결과 서남 방언보다 동남 방언에서 이 경향이 강하게 나타나고, 광양 방언은 이 현상에서 서남 방언보다 동남 방언에 가까운 경향을 보인다. 이들 어휘를 바탕으로 하면 개신파의 방향이 다음과 같은 네 가지 유형으로 나타난다. 첫째는 동쪽과 서쪽 두 방향에서 동시에 중앙으로 밀려오는 개신이요, 둘째는 서쪽에서 동쪽으로 퍼져 나가는 개신이요, 셋째는 동쪽에서 서쪽으로 퍼져 나가는 개신이요, 넷째는 중앙에서 동서 양쪽으로 퍼져 나가는 개신이다.

5. 광양 방언에서도 움라우트가 자연스러우나 이 방언만이 갖는 특징적인 것은 보이지 않는다.

6. 용언 어간과 부사형 어미 '-아/어'가 결합할 때 나타나는 광양 방언의 모음조화는 이것이 규칙적으로 적용되던 지난 시기의 어간말 음절구조의 제약을 받는 경향이 짙다. 이렇게 보면, 이들 활용형은 모음조화가 규칙적으로 지켜지던 시기에 형성되어 화석화한 채 오늘날에 이어져 오고 있는 것들로 해석된다.

7. 공통어의 이중모음에 대응되는 광양 방언의 단모음은 통시적으로 단모음화를 겪은 것들이다. 이에는 부음(副音)의 탈락에 의한 것: 주음(主音)과 부음의 수약(收約, contraction)에 의한 것 등이 있다.

8. 광양 방언에도 'ㅔ > ㅣ, ㅗ > ㅜ, ㅡ > ㅣ' 등과 같이 역사적으로 저설모음이 고설모음으로 그리고 후설모음이 전설모음으로 바뀐 모음변화가 확인된다.

9. 중부 방언과 광양 방언의 ㅏ~ㅗ(a~o)의 대응은 양 방언에서 ·(ʌ)의 변화가 달랐기 때문에 야기된 것이다. 곧 이와 관련을 맺는 어휘에서는 중부 방언에서 · > ㅏ(ʌ < a), 광양 방언에서 · > ㅗ(ʌ > o)의 변화가 일어났다.

10. 광양 방언 '달구, 사부, 낭구, 지푸, 장구' 등은 어말 자음이 파열됨으로써 2음절어로 확대된 것으로 추정되는데, 이러한 어형의 확대를 가져온 직접적인 동기는 바로 자음이 음절말 위치에서도 내파화(內破化)가 일어나지 않고 제 음가(音價)대로 발음된 국어의 특성이 작용한 것으로 보인다.

11. 공통어나 동남 방언에서 'ㅅ'을 말음으로 가진 용언 가운데 모음 사이에서 'ㅅ'이 없어지는, 소위 'ㅅ' 불규칙 용언은 서남 방언에서는 'ㅅ'을 유지하는 규칙성을 보인다. 광양 방언에서 'ㅅ' 불규칙 용언은 대체로 규칙성을 보이나 한 어휘가 동시에 규칙형과 불규칙형의 두 교체형으로 실현되는 것도 있다. 이는 광양 방언이 동남 방언과 서남 방언의 전이지대(轉移地帶)적 특성을 갖기 때문인 것으로 해석된다.

12. 공통어에서 'ㄺ'받침을 가진 어휘가 광양 방언에서는 'ㅋ' 받침을 가지는 것이 주목된다. 따라서 공통어의 '흙, 찰흙, 닭'은 광양 방언에서는 각각 '흑, 찰흑, 닥'이요, 이들은 '흑이, 흑은, 흑을, 흑에, 흑도; 닥이, 닥은, 닥을, 닥에, 닥도'와 같은 형태음소적 변동을 보인다. 이는 동남 방언을 진원지로 하는 'ㄺ→ㅋ'이라는 개신파가 광양까지 밀려왔지만 아직 서남 방언에까지는 미치지 못한 때문으로 해석된다. 이들 단어의 받침 'ㅋ'은 '닭'과의 합성어 '달구똥, 달구털' 등을 통해 'ㄺ' 으로 소급된다.

13. 광양 방언의 용언어간 말음 'ㄺ, ㄻ, ㄼ' 등은, 공통어와는 달리, 음절 끝에서 항상 선행하는 'ㄹ'이 줄고 후행하는 'ㄱ, ㅁ, ㅂ'이 남는다.

14. 체언 말음 'ㅈ, ㅊ, ㅌ'이 모음계 조사와 결합할 때 보여주는 교체 양상은 방언에 따라 다소 다르다. 이 체언 말음의 교체는 인접 방언 상호간의 간섭에 의하거나, 그 방언 자체의 통시적인 음운 변화에 말미암은 것이지 중앙어가 어떤 개별 방언의 그것으로 바뀐 것으로 보기 어렵다.

가) 광양 방언 '꽂(皮), 퐂(小豆), 콩퐂(腎)'의 어말음 'ㅊ'은 처격과 향격조사 앞에서도 'ㅌ'이 아닌 'ㅊ'으로 실현되는데, 이는 이들 단어의 말음이 이전 시기에도 'ㅌ'이 아닌 'ㅊ'이었던 데에 기인하는 것으로 해석된다. 이 방언에서 'ㅊ'을 말음으로 갖는 다른 어휘들은 모든 환경, 곧 처격과 향격 조사 앞에서까지도 어말음의 변동을 보이지 않고 있는데 이들만이 변동을 보일 이유가 없기 때문이다. 체언 말음 'ㅈ'도 모든 환경에서 형태음소적 변동을 보이지 않고 그대로 유지되는데, 'ㅈ' 말음을 가진 '읒(< 이웃, 隣)'이 처격 및 향격조사 앞에서도 'ㅅ'이 아닌 'ㅈ'을 유지하는 것도 같은 이유에서이다.

나) 서부전남 방언의 마찰음화, 곧 'ㅌ>ㅊ>ㅅ' 또는 'ㅈ>ㅅ'는 20세기 이전에 시작되어 20세기 중반 이전에 'ㅈ'이나 'ㅊ'을 끝소리로 가진 대부분의 체언에 확산되었으며 이제는 그 마지막 단계에 이르렀다고 할 수 있다.

다) 이 마찰음화 현상은 서부전남 방언에서보다 광양 방언에서 민감하지 못하다. 이 현상은 전남의 동부에서 서부로 갈수록 정도가 심하므로 그 개신파가 서부를 진원지로 하여 동부로 퍼져 가고 있다고 할 수 있다.

15. 체언 말음 'ㅍ'과 'ㅋ'은, 서부전남에서는 처격이나 향격조사 앞에 오는 경우를 빼면, 이미 각각 'ㅂ'과 'ㄱ'에 중화되었으나, 광양 방언을 포함한 동부전남 방언에서는 그대로 유지되어 보수적 성격을 띤다. 이 현상도 서부전남을 개신의 진원지로 하여 동부전남으로 퍼져 가고 있다고 할 수 있다.

16. 지금까지 살펴본 것처럼 광양 방언은 음운론적·형태론적으로 나름대로의 여러 가지 특성을 갖는다. 그 중에서 주목되는 것은 동부 방언과 서부 방언의 중간적 특성, 곧 전이지대적 특성을 갖는다는 것이다. 이는 광양이 경남과 전남의 중간 지대인 접경 지역에 놓여 있어 동쪽 또는 서쪽에서 밀려온 언어 개신의 물결이 아직 이곳을 지나고 있기 때문일 것이다.

참고 문헌

고광모(1989), "체언 끝의 변화 ㄷ>ㅅ에 대한 새로운 해석", 「언어학」 제11호, 한국언어학회, 3~22.
骨若鄕里親睦會, "骨若鄕土誌-우리 地方의 방언", 광주고려문화사, 1990.
郭忠求(1983), "派生語 및 複合語를 통한 方言史研究", 蘭臺李應百博士回甲紀念論文集, 蘭臺 李應百 博士回甲紀念論文集刊行委員會 編, 寶晉齊, 105~116.
_____(1986), "「露韓會話」와 함북 경흥방언, 진단학보 62, 79~125.
光陽郡誌編纂委員會, "光陽郡誌", 광주일보출판국, 1983.
奇世官(1981), "全南方言의 音韻論的 研究", 전남대 대학원 석사논문.
기세관(1983), "전남 북서부 방언의 움라우트 현상", 「국어국문학」 90호, 국어국문학회.
奇世官(1986a), "光山地域語의 音韻體系-30대와 40대 以上의 母音體系를 中心으로-", 「語文論叢」 제9輯, 全南大學校 語文學研究會.
기세관(1986b), "나로도 방언의 어휘자료", 「南道文化研究」 第二輯, 順天大學南道文化研究所.
奇世官(1987), "구개음화의 공시태와 통시태", 鄭炳洪先生華甲紀念論文集, 學文社.
―――(1989), "國語 Glide化의 制約性", 露曉李庸周博士回甲紀念論文集, 한샘, 142~148.
―――(1990), "國語 單語形成에서의 /ㄹ/ 脫落과 /ㄴ/ 添加에 대한 音韻論的 研究", 圓光大學校 大學院 博士學位論文.
기세관(1992), "섬진강 유역권의 방언", 「地域開發研究」 第二輯, 順天大學校 地域開發研究所.
―――(1993), "內的 再構에 의한 全南方言史 研究", 「南道文化研究」 第四輯, 順天大學校南道文化研究所.
―――(1994), "國語 不規則 語幹의 形態論과 音韻論", 「韓國言語文學」 第32輯, 韓國言語文學會.
김영일(2004), "어형 '나뮈[木]'의 원형과 형태 변화-경상도 방언을 대상으로-", 「한글」 제264호, 한글 학회.

金完鎭(1973), "國語 語彙 磨滅의 硏究",「震檀學報」35, 震檀學會, 37~59.
──(1975), "전라도 방언 음운론의 연구방향 설정을 위하여",「어학」(전북대) 2.
김정한, "향토글-광양지방을 중심으로", 한국자료정보사, 1994.
金亨奎(1980),「韓國方言硏究」, 서울大學校出版部.
나진석(1977), 경남 방언 [2] 말본, ≪한글≫ 159, 한글 학회.
徐尙俊(1985), "光陽地域의 方言 硏究",「語文論叢」第7·8合輯, 全南大學校 語文學硏究會.
宋喆儀(1983), "派生語 形成과 通時性의 問題",「國語學」12.
이기갑(1984), "동부전남 방언의 성격",「언어학」제7호, 한국언어학회.
──(1986),「전라남도의 언어지리」, 국어학총서11, 國語學會.
──(2003),「국어 방언 문법」, 태학사.
李基文(1963), "十三世紀 中葉의 國語資料",「동아문화」第一輯, 63~91.
──(1972),「國語史槪說」(改訂版), 塔出版社.
李敦柱(1979),「全南方言」, 螢雪出版社.
이병근·박경래(1991), "경기방언에 대하여", 김영배 선생 환갑기념논총.
이숭녕(1988),「이숭녕 국어학선집, 음운편 Ⅲ」, 민음사.
李丞宰(1980), "求禮地域語의 音韻體系",「國語硏究」第45號, 國語硏究會.
──(1992), "融合形의 形態分析과 形態의 化石",「周時經學報」제10집, 탑출 판사.
이현희(1987), "'ᄒᆞ다' 어사의 성격에 대하여",「한신논문집」2집, 한신대학교.
정 광(1986), "'하-' 동사활용의 음운론적 해석",「국어학 신연구」, 탑출판사.
崔明玉(1982),「月城地域語의 音韻論」, 嶺南大學校出版部.
최임식(1984), "19세기 후기 서북방언의 음운체계", 계명대학교 대학원 석사학위 논문.
최전승(1983), "비어두음절 모음의 方言的 分化(u~i)와 접미사 –i의 기능",「國語學硏究」, 정병욱선생 화 갑기념논총 Ⅰ, 신구문화사, 154~175. 최전승(1995)에 재수록.
──(1986),「19세기 후기 전라방언의 음운현상과 그 역사성」, 한신문화사.
──(1987), "이중모음 '외', '위'의 단모음화 과정과 모음체계의 변화,「어학」(전북대) 14. 최전승(1995) 에 재수록.
──(1989), "국어 i-umlaut 현상의 기원과 전파의 방향",「한국언어문학」27, 27~61. 최전승(1995)에 재 수록.
──(1990), "움라우트",「國語硏究 어디까지 왔나」, 東亞出版社.
──(1995),「한국어방언사연구」, 태학사
──(1997), "용언 활용의 비생성적 성격과 부사형 어미 '-아/어'의 교체 현상",「국어학 연구의 새지평」 (성재 이돈주 선생 화갑기념 논총), 태학사, 1207~1259. 최전승(2004)에 재수록.
──(1998), "국어 방언과 방언사 기술에 있어서 언어 변이(variations)에 관한 연구",「방언학과 국어학」 (청암 김영태 박사 화갑기념논문집), 태학사, 593~643. 최전승(2004)에 재수록.
──(2004),「한국어 방언의 공시적 구조와 통시적 변화」, 도서출판 역락.

崔鶴根(1978),「韓國方言辭典」, 玄文社.

최현배(1961/1985),「우리말본」, 정음사.

허 웅(1985),「국어 음운학」, 샘문화사.

──(1975),「우리 옛말본」, 샘문화사.

현평효(1962),「제주도방언 연구」(자료편), 태학사.

田島泰秀(1918), "咸鏡北道의 訛言", 조선교육연구회 잡지 2월호, 60~69.

Allen, M.R.(1975), "Vowel Mutation and Word Stress in Welsh, " Linguistic Inquiry 4.

Bynon, T.(1977), Historical Linguistics, Cambridge University Press.<崔銓承 옮김(1992),「歷史言語學」, 翰信文化社.>

[처음 실린 곳]

「배달말」35집, 배달말학회. pp. 5~59. 2004

[12] 전남 방언의 말소리의 특징

1. 음운

　우리말을 이루는 여러 가지 방언들은 한국어라는 한 언어의 하위 체계에 속하므로 이들은 한국어가 갖는 언어적 특성을 상당 부분 공유할 수밖에 없다. 그러나 이들 각각은 방언인 까닭에 독자적인 언어적 특성도 갖는다. 전남 방언의 음운에서도 이러한 특성을 볼 수 있다.
　두 방언의 공통성과 독자성은 그것들을 비교함으로써 드러나는 경우가 흔하다. 여기서는 전남 방언의 음운을 자음, 모음, 활음(반모음), 운소 등으로 나누어 논의하되 이들의 공시적, 통시적 특성을 전남 방언의 하위 방언 또는 공통어와 비교하여 약술한다.
　음운(音韻)이란 말뜻을 구별하는 기능을 가진 소리 단위이다. 음운에는 자음, 모음, 활음(반모음) 등처럼 발화 연쇄에서 계기적으로 나타나는 음소(音素, segmental phoneme)와 길이[長短], 높이[高低], 세기[強弱]와 같이 음소에 얹혀 나타나는 운소(韻素, prosodeme)가 있다.
　전남 방언의 자음은 /p, pʰ, p'; t, tʰ, t'; k, kʰ, k'; c, cʰ, c'; s, s'; h; m, n, ŋ; r/(/ㅂ, ㅍ, ㅃ; ㄷ, ㅌ, ㄸ; ㄱ, ㅋ, ㄲ; ㅈ, ㅊ, ㅉ; ㅅ, ㅆ; ㅎ; ㅁ, ㄴ, ㅇ; ㄹ/)의 19개로 공통어와 같다. 이는 일부 동남방언(: 경상도 방언)에는 없는 /s'/(/ㅆ/)이 있음을 뜻한다.
　전남 방언의 모음 체계는 지역차나 세대차에 따라 공통어와 다른 양상을 보인다. 지역적으로는 광주를 중심으로 하는 서부와 구례나 광양을 중심으로 하는 동부에서 다르고, 또 이들 지역에서도, 2000년을 기점으로 하여, 50대 이상의 노년층과 그 이하인 젊은층(주로 30·40대)에 따라 다르다. 수학정도에서도 식자층이냐 비식자층이냐에 따라 다르다. 여기서는 전남 방언의 토박이말을 논의하고자 하므로 무학(無學) 또는 초등학교 이하의 초보적인 교육만을 받은 사람의 말을 기술 대상으로 삼는다.
　전남 방언이라 하면 흔히, 구례나 광양 등 동부 지역을 제외한 전남의 전역에서 사용되는 방언, 곧 전남 서부 방언을 가리킨다. 전남 서부 방언의 모음(단모음) 음소 체계는 세대에 따라 다음 (1)과 같이 요약된다.

(1) 전남 서부 방언의 모음 음소 체계

서열\계열	전설		후설	
	평순 1	원순 2	평순 3	원순 4
고설 1	i	ü	ɯ	u
중설 2	E	ö	ʌ	o
저설 3	a			

〈노년층〉

서열\계열	전설		후설	
	평순 1	원순 2	평순 3	원순 4
고설 1	i		ɯ	u
중설 2	E		ʌ	o
저설 3	a			

〈젊은층〉

곧, 이 방언의 모음 음소는, 노년층에서는 전·후설의 고·중모음 4쌍이 원순성(roundness)을 상관 표지로 평(平)·원(圓)으로 대립되어 매우 균형잡힌 9개의 3서열 4계열 3각 체계를 이루고 있고, 젊은층에서는 후설만이 평·원으로 분화된 7개의 3서열 3계열 3각 체계를 이루고 있다. 이것은 세대차에 관계없이 전설의 평순 모음이 고·중·저의 3단계로 정도 대립(gradual opposition)을 보이며 3서열 4계열 4각 체계를 이루고 있는 전남 동부 방언의 모음 음소 체계 (2)와 비교된다. 이 (2)는 공통어의 모음 음소 체계와도 일치한다.

(2) 전남 동부 방언의 모음 음소 체계

서열\계열	전설		후설	
	평순 1	원순 2	평순 3	원순 4
고설 1	i	ü	ɯ	u
중설 2	e	ö	ʌ	o
저설 3	ɛ		a	

따라서 전남 동부 방언에서는 공통어에서처럼 '떼(群): 때(垢, 時)', '베(布): 배(梨, 腹, 舟)'는 음운론적으로 최소대립쌍(minimal pairs)을 형성하여 서로 뜻이 다른 단어를 이루지만, 전남 서부 방언에서는 그렇지 못하다. 곧, 전남 서부 방언에서는 /e/와 /ɛ/가 음소적으로 구별되지 않는다. 이를 두고 /e/와 /ɛ/가 음소적 가치를 갖지 못하고 /E/로 합류되었다고 일컫는다.

한편, /ü/와 /ö/는 전남 동부 방언이나 공통어에서 음소적 가치를 갖는데 이는 노년층의 전남 서부 방언에서도 마찬가지이다. 이 방언의 노년층에서는 '귀(耳): 기(蟹), 뉘(: 쓿은 쌀에 섞인 벼 알갱이): 니(汝)'; '꾀(謀): 깨(: 참깨)(: /kˈE/), 되(升): 대(竹)(: /tE/) 등과 같은 최소대립쌍을 형성하여 /ü/와 /i/, 그리고 /ö/와 /E/가 모두 음소적이다. 그러나 젊은층에서는 원순성이 탈락하여 '귀, 뉘'는 각각 '기, 니'로, '꾀, 되'는 각각 '깨(: /kE/), 대(: /tE/)'로 실현되어

/ü/는 /i/로, 그리고 /ö/는 /E/로 이미 합류되어 이들 /ü/와 /ö/는 음소적 가치를 잃었다. 따라서, 노년층에서 /i/와 /ü/로 달리 발음되는 두 가지 단어군이 젊은층에서는 /i/로 발음되는 한 가지 단어군으로 나타나고, 노년층에서 /E/와 /ö/로 구별되어 발음되는 두 가지 단어군이 젊은층에서는 /E/로 발음되는 한 가지 단어군으로 나타난다. 따라서 만일 이와 관련한 노년층의 방언형이 주어지면 젊은층의 방언형이 무엇이 될 것인가를 예견할 수 있을 것이다. 이로부터 전남 서부 방언 모음 음소 체계에 커다란 변화가 최근에도 일어났음을 알 수 있다.

(1)에서 보는 노년층의 전남 서부 방언의 /i/ 중에는 전남 동부 방언의 /e/와 대응되는 것이 있으며, /E/는 전남 동부 방언의 /e/ 또는 /ɛ/에 대응된다. 이는 전남 서부 방언에서 과거 어느 시기에 'e>i의 변화'와 '/e/와 /ɛ/의 /E/로의 변화'를 겪어 빚어진 결과이다. 따라서 노년층에 직전한 전남 서부 방언의 모음 음소 체계는 공통어 또는 전남 동부 방언의 체계 (2)와 같았을 것으로 추정할 수 있다. 이렇게 볼 때, 전남 서부 방언에서는 역사적으로 전설 모음 /e/와 /ɛ/가 /E/로 합류되어 자리잡았으며 최근에 들어와 젊은층에서는 /ü/와 /ö/가 음소의 자격을 상실하여 음소 체계가 바뀌었음을 알 수 있다. 곧, 전남 서부 방언의 모음 음소는 역사적으로 10모음 체계에서 9모음 체계를 거쳐 7모음 체계로 변화하였다고 할 수 있다. 이는 전남 동부 방언이 전남 서부 방언에 비하여 변화에 있어서 보다 보수적임을, 곧 전남 서부 방언이 전남 동부 방언에 비하여 보다 진보적임을 뜻한다. 또 이 점에서 공통어와 전남 동부 방언은 동일한 변화 과정에 있다고 할 수 있다.

전남 방언의 활음(반모음) 음소로는 /j/와 /w/가 있다. 이들은 따로 독립된 체계를 이루고 있다기보다는 이중모음 체계 안에서 대립관계를 유지한다. 전남 방언의 이중모음 체계도 지역차나 세대차가 있다.

전남 서부 방언에서 활음 /j/에 연결되는 단모음은 /ʌ, a, u, o/(/ㅓ, ㅏ, ㅜ, ㅗ/)의 4개이고, 활음 /w/에 연결되는 단모음은 /ʌ, a/(/ㅓ, ㅏ/)의 2개이다. 이는 세대차와는 무관한 사실이다. 따라서 전남 서부 방언의 이중모음은 /jʌ, ja, ju, jo; wʌ, wa/(/ㅕ, ㅑ, ㅠ, ㅛ; ㅝ, ㅘ/)의 6개이다. 한편, 전남 동부 방언에서 활음 /j/에 연결되는 단모음은 /e, ɛ, ʌ, a, u, o/(/ㅔ, ㅐ, ㅓ, ㅏ, ㅜ, ㅗ/)의 6개이고, 활음 /w/에 연결되는 단모음은 /i, e, ɛ, ʌ, a/(/ㅣ, ㅔ, ㅐ, ㅓ, ㅏ/)의 5개로, 이 방언에서의 이중모음은 /je, jɛ, jʌ, ja, ju, jo; wi, we, wɛ, wʌ, wa/(/ㅖ, ㅒ, ㅕ, ㅑ, ㅠ, ㅛ; ㅟ, ㅞ, ㅙ, ㅝ, ㅘ/)의 11개일 것으로 추정된다.

전남 방언에도 공통어에서 보는 운소(韻素) 또는 초분절 음소(suprasegmental phoneme)가 존재한다. 곧, 길이(장단, /: /)와 월가락(억양, /↗ ↘ →/) 및 이음새(연접, juncture, /+/)가 있어 이들은 음소적 기능을 담당한다. '벌(蜂)'과 '벌(罰)', '병(病)'과 '병(甁)'은 각각 모음의 길고 짧음에 따르고, 오름 가락 '묵어↗'는 의문을, 내림 가락 '묵어↘'는 명령이나 서술을, 수평 가락 (밥을 좀) '묵어→'(보자.)는 말이 아직 끝나지 않고 이어나감을 표시하는데 이는 말끝 높이에 따르며. '너나갈길'이 '너 나갈 길'을 뜻하느냐 혹은 '너나 갈 길'을 뜻하느냐 하는 것은 어디에 개방 이음새를 두느냐에 따라 결정된다.

최근 전파나 통신 수단의 발달로 전남 방언에도 공통어의 물결이 거세게 밀어닥치고 있다. 식자층은 대체로 어원 의식이 분명하여 비식자층이 발음하지 못하는 모음들을 곧잘 발음하는 경우를 흔히 본다. 따라서 식자층을 대상으로 하는 전남 방언의 음운은 또다른 양상을 보여 줄 것으로 예상된다.

2. 성조가 없다.

3. 장단의 구별이 노년층과는 달리 젊은층에서 사라졌다.

4. 기타: 동위적 이화에 의한 /ㄹ/ 탈락이 공통어에 비하여 약하다(예; 소나무: 솔나무).

참고문헌

奇世官, 光山地域語의 音韻體系―30代와 40代 以上의 母音體系를 中心으로―, 「語文論叢」 第9號, 全南大學校 語文學研究會, 1986.
기세관, 섬진강 유역권의 방언, 「地域開發研究」 第2輯, 順天大學校 地域開發研究所, 1992.
＿＿＿, 여수방언 개관, 「南道文化研究」 第六輯, 順天大學校 南道文化研究所, 1997.
＿＿＿, 광양 방언의 형태론, 「배달말」 제35호, 배달말학회, 2004.

[처음 실린 곳]
전남방언의 말소리의 특징-출처: 강의노트

제2부
우리말 연구

[13] 모음축약의 제약성
[14] 구개음화의 공시태와 통시태 —서남방언을 중심으로
[15] 국어 Glide화의 제약성
[16] 국어 음운론 기술 방법론에 대한 소고
[17] 첨가음 /ㄴ/의 기능
[18] 국어 /ㄹ/ 탈락과 관련한 두어 문제
[19] 국어 음운론 기술의 새로운 방안
[20] 국어 불규칙 어간의 형태론과 음운론
[21] 첨가음 'ㄴ'의 성격
[22] 국어 사이시옷의 기능
[23] 국어 사이시옷의 음가
[24] '바라대[望]'의 맞춤법 —'바라'와 '비람'을 중심으로

[13] 모음축약의 제약성
Constraints on Vowel Contraction

I. 서언

우리는 전통적으로 언어에 나타나는 여러 가지 음운현상들이 분절음 또는 그것의 결합과정에서 빚어지는 것으로 해석해 왔고, 이에 따라 생기는 많은 문제점들을 해결하기 위하여 애써 왔다.

국어의 음운현상 가운데 축약(縮約)이란 것이 있다. 또, 이 축약과 혼란을 야기시키는 음운현상으로 탈락이 있다. 본고는 축약을 보다 정밀하게 이해하기 위해서, 축약과 탈락의 범주를 확실히 한 다음 축약, 특히 모음축약에 제약을 가하는 기제를 밝힐 것이다.

그리고, 이 축약이나 탈락과 밀접한 관계를 맺고 있는 음운현상으로 장모음화가 있다. 이것은 어떤 언어단위를 될 수 있으면 같은 단위로 유지하려는 조음경향이라는 점에서 그 음성학적 근거를 찾을 수 있을 것이다(김진우, 1976 참조). 우리는 흔히 이 현상을 보상적 장음화(compensatory lengthening)라 부른다. 이 보상적 장음화에 대해서는 김완진(1972), 김진우(1976), 이병근(1975, 1978) 등의 업적에 미룬다.

본고의 목적이 모음축약에 가해지는 제약성을 밝히려는 데 있으므로, 장모음화에 대해서는 자료 제시만을 한 뒤 최종적으로 정리하는 데 그칠 것이다.

본고에서 중점적으로 다루게 되는 축약에 대해서도 가급적 용언어간과 모음으로 시작되는 접사가 연결될 경우로 축소하고, 공시적으로 다루는 것을 원칙으로 하되, 공시적 기술만으로 부족할 경우에는 통시적 기술방법도 취하게 된다. 따라서, 때로는 중세를 넘나들게 되기도 한다.

II. 축약과 탈락의 범주

두 음절이 연접할 때, 우리는 흔히 자음이나 모음이 탈락하거나 축약을 일으키는 경우를 본다. 그 원인이야 여러 가지가 있겠지만, 가장 본질적인 것으로 최소노력의 원리(the principle of least effort)¹⁾를 들 수 있을 것이다. 인간에게는 필시 가능하면 노력을 적게 들이고서 상대방에게 자기의 의사를 전달하고자 하는 본능이 내재해 있다는 사실은 일찍부터 알려져 온 바다. 이러한 본능이 음운을 탈락시키거나 두 음절에 속하는 두 모음을 복모음으로 오므라들게 하여 음절수를 줄이게 하는 것이다.²⁾ 노력 절감의 본능은 본래부터 인간에게 내재되어 있는 것이므로, 이것을 competence라고 한다면, 음절수를 줄여 말하는 구체적인 언어표현은 performance라고 말할 수 있을 것이다.

두 음절이 연접하여 비음절화를 가져오는 경우에는 두 가지가 있다. 하나는 음절의 peak를 이루는 두 모음 중 어느 하나가 탈락함으로써 음절수가 줄어드는 경우이고(쓰+어→써), 다른 하나는 두 음절에 소속된 두 모음이 탈락을 경험하지 않고 오므라들어 하나의 음절핵을 이루는 경우다(가꾸+어→가꿔). 음절을 전제로 한다면 앞의 경우는 음절단축, 뒤의 경우는 음절축약이라고 부를 수 있을 것이다. 이것을 형식화하면, 대체로 음절단축의 경우는 (1)처럼, 음절축약의 경우는 (2)처럼 나타낼 수 있을 것이다.

(1) $\begin{bmatrix} \sigma \\ V \end{bmatrix} \begin{bmatrix} \sigma \\ V \end{bmatrix} \rightarrow \left\{ \begin{bmatrix} 1 & \emptyset \end{bmatrix} \atop \begin{bmatrix} \emptyset & 2 \end{bmatrix} \right\} \begin{matrix} (a) \\ (b) \end{matrix}$
    1 2
   (단, (a), (b)는 이접적 순서)

(2) $\begin{bmatrix} \sigma_1 \\ V^1 \end{bmatrix} \begin{bmatrix} \sigma_2 \\ V^2 \end{bmatrix} \rightarrow \begin{bmatrix} \sigma_3 \\ V^1 V^2 \end{bmatrix}$

이 비음절화는 (3)에서 보는 것처럼 음절을 구성하고 있는 모음이 탈락하거나, 두 모음이 오므라들어 이중모음을 형성할 때만 나타나고, 자음의 탈락과는 무관하다.

(3) 'ㅣ' 탈락
   ① 가지고 → 갖고
     (3음절)   (2음절)
  축약
   ② 여쭈어 → 여쭤,
     (3음절)   (2음절)
  'ㄹ' 탈락
   ③ 바늘질 → 바느질
     (3음절)   (3음절)

---

1) S. Ullmann, The Principles of Semantics, 1957, p. 296; 허웅, 국어음운학, 정음사, p. 461.
2) 이러한 심리적인 원인 외에 실제 언어현상에서 나타나는 축약의 직접적 동기로는, 연결되는 두 음절의 구조나 어떤 언어의 음운체계 등을 들 수 있다. 자세한 것은 후술될 것이다.

따라서, 음절축약은 음운의 탈락이나 축약과 직접적인 관계를 맺는다고 할 수 있다.

그런데, 음운의 축약이나 탈락은 (3)의 경우와는 달리, 그 차이를 인식하기 어려운 경우도 있어서, 이들의 개념 범주를 확실히 해 둘 필요가 있다.

최현배(1981: 123-125)에서는 음운의 축약과 탈락을 구분하지 않고, 축약을 탈락에 포함시켜 '생략(줄임)'이라는 용어로 설명하고 있지만, 오늘날 이 두 가지를 구분하여 이해하지 않는 사람은 거의 없다. 그런데, 축약과 탈락을 이해함에 있어서는 학자에 따라 약간의 견해차를 드러내고 있는 것도 사실이다. 축약과 탈락의 범주를 설정함에 있어서는, 축약의 범주를 정함으로써 탈락의 범주가 자동적으로 정해질 수도 있다. 그 범주에 혼란을 야기하는 쪽은 탈락이 아니라 축약이기 때문이다.

허웅(1981 : 346)에서는 축약(줄임)을 "이어진 두 홀소리가, 그 사이에 tension의 약화가 있어서, 둘의 tension으로, 곧 두 음절로 발음 되던 것이, 발음을 빨리 하고, 노력을 줄이기 위해서, 그것을 하나의 tension만으로 내어서 한 음절로 줄이거나, 또는 그 사잇소리인 홑홀소리로 바꾸는 것을 줄임 (contraction)"이라고 정의하고 있다.

한편, 이숭녕(1978 : 356 - 357)에서는 "別個의 音節에 속하는 두 母音이 한 母音 또는 二重母音으로의 結合 또는 溶合(Verbindung od. Verschmelzung)"하는 것을 수축(收縮, Zusammenziehung)이라 하고, "주로 Hiatus 또는 二重母音에서 두 母音이 母音圖上의 距離가 멀 때 두 母音의 中間位置의 한 母音으로 變異하는 現象"을 수약(收約, contraction)이라 정의하여 앞서 말한 수축의 하위범주에 넣고 있다. 이숭녕이 말한 수약이란 'ㅏ+ㅣ→ㅐ, ㅗ+ㅣ→ㅚ, ㅓ+ㅣ→ㅔ' 등과 같이 이른바 산음화에 한정되는 감이 들어, 축약의 하위 범주 속에 포함시키는 우리의 견해와는 차이가 있다.

이렇게 볼 때, 이숭녕의 '수약'(contraction)은 그 개념 범주가 지나치게 협소한 느낌이 들고, 오히려 '收縮'이 허웅의 '縮約(contraction)'에 가깝다. 그러나, 이것 역시 허웅의 '축약'보다는 범위가 협소하다. 용어야 어떤 말을 사용하든(또는 어떤 말로 번역하든) 문제될 것이 있느냐고 반문할지 모르지만, 그 용어가 지니는 기본적 의미를 크게 벗어나서는 곤란하다고 생각한다. 이숭녕의 '수축'이 허웅의 '축약'과 동일한 언어 현상을 가리키는 용어라고 해석할 때, 우리가 염두에 두고 넘어가야 할 것이 있다. 곧, 두 학자가 모두 축약이라는 음운현상은 모음하고만 관련을 맺고, 음절의 감소, 곧 비음절화를 가져온다고 말하고 있다는 사실이다.

본고에서 사용되는 '탈락'이라는 용어는 변형생성문법의 용어로 자주 등장하는 deletion(삭제)과는 달리 전통적으로 사용되어 온 음운론적인 용어다. 생략(省略)과 유사한 개념으로 쓰이기도 하지만, 생략은 화자의 의지가 개입될 때나 통사론적 범주의 용어로 더 많이 쓰이는 듯하다 ('주어의 생략'은 가능하지만, '주어의 탈락'은 어색하다). 본고에서는 우리가 일반적으로 이해하고 있는 개념, 곧 어떤 음을 아주 없애버리는 음운현상을 가리키는 음운론적인 용어로 사용된다.

그러나 축약이나 탈락이 앞에서 본 개념 범주만으로 쉽게 구분되는 것은 결코 아니다. 특히, 실제 언어 자료에 당면하여 이들을 구분하려 할 때 더욱 그렇다.
　그러면, 위의 내용을 근거로 축약과 탈락의 범주에 대해 좀더 필자의 견해를 개진해 보자.
　축약은, 우선 두 분절음이 연접할 때 이들이 한 음으로 오므라드는 음운현상으로, 별개의 두 음절에 속하는 두 모음이 연접할 때는 하나의 단모음 또는 이중모음으로 결합하거나 융합(融合)하여 비음절화를 가져오게 되고, 두 자음이 연속할 때는 외견상 기존의 어느 한 음소로 나타나게 된다.
　모음축약은 공시적으로는 현대국어의 모음체계 안에서만 가능하다. 다시 말해서 (4)가 보여주는 모음축약의 예들은 이론적으로는 가능하다고 할 수 있다. 축약의 결과 나타난 음이 국어의 모음체계에 존재하기 때문이다.[3] 그러나, 'ㅗ+ㅓ'라든가 'ㅘ+ㅓ' 등의 축약은 있을 수 없다.

(4) ㅏㅣ
　　ㅓ+ㅣ→ㅔ
　　ㅗㅚ
　　ㅜㅟ

　　ㅑㅒ
　　ㅕㅖ
　　ㅣ+ㅗ→ㅛ
　　ㅜㅠ
　　ㅔㅖ
　　ㅐㅒ
　　ㅗ+ㅏ→ㅘ
　　ㅒㅙ

　　ㅜ+ㅓ→ㅝ
　　ㅔㅞ

　자음의 축약은 'ㅎ'과 비연속평저해음인 'ㄱ, ㄷ, ㅂ, ㅈ'이 연접할 때, 각각 'ㅋ, ㅌ, ㅍ, ㅊ'으로 축약되는 경우뿐이다(Ⅲ장 1절 참조).
　축약과 탈락을 좀 더 세밀히 구분하기 위해 흔적(trace)이라는 용어를 끌어들여 보자.
　축약은 위에서도 알 수 있듯이, 외견상 (표기법상) 두 모음이나 자음이 자질 변경을 가져오는 것에 불과하여, 축약된 모음을 분석하면 원래의 두 모음으로 재생시킬 수 있는 경우가

---

[3] 그러나, 실제 언어 자료에서는 위의 예들이 다 나타나는 것은 아니며, 또 제시하지 않은 모음축약의 예들도 존재한다.

많을 뿐만 아니라(자음도 마찬가지다), 어떠한 형식으로든지 흔적을 남기게 된다. 그러나, 어떤 음운이 탈락했을 때는 흔적을 남기지 않는다.

예를 들면, 'poa(보아) → pwa (봐)'에서 /o/는 /w/로 자질 변경을 가져 왔을 뿐 완전히 없어진 것은 아니며, '봐 → 보+아'와 같이 원형복귀가 가능하다. 따라서, 이것은 축약에 해당된다. 한편, 't'i(뜨) + ə(어) → t'ə(떠)'에서는 /i/가 흔적도 없이 사라져 버렸으며 '떠'의 표기만으로는 원형복귀가 불가능하기 때문에 탈락에 해당된다. 이러한 예들은 축약이나 탈락의 초보적인 것들이어서, 흔적이라는 용어를 빌지 않더라도 그 구별을 쉽게 할 수 있다. 그러나, '마음 → 맘'의 경우에서는 표기법상으로는 음절수가 줄어들어 탈락현상으로 간주해야겠지만, '맘'을 단음절 '맘'과 장음성이라는 흔적으로 분석할 수 있으므로 축약으로 볼 수도 있다.4) 본고에서는 이런 경우도 축약으로 다루게 된다. 이것은 앞서 축약의 정의에서 밝힌 융합의 경우에 해당되는 것으로 본다.

성조언어인 중세국어에서는 성조라는 자질이 흔적으로 남는 경우가 있다. 'ᄃ리'(橋)의 주격형 'ᄃː리'에서는 주격조사 i(去聲)가 어간 끝소리 i에 흡수(융합)됨으로써 평성이 상성(평성+거성)으로 나타나는데, 만일 성조가 음절(의 모음)에 얹힌다는 전통적인 견해를 따른다면, 'ᄃː리 → ᄃ리+거성'으로 분석 가능하여 흔적이 성조로서 남게 되므로 축약의 범주 속에 들어가게 된다.

중세국어에서는 개방음절로 끝나는 어간에 붙는 주격조사는 i 다. 그런데, 그 개방음절의 모음이 i 인 경우에는 주격조사 i 는 어간모음 i 에 흡수되어 표기법상으로는 드러나지 않지만, 성조에는 변화를 가져와 평성인 어간모음 i 가 상성으로 바뀌게 되는 것이다.

이상에서 볼 때 축약과 탈락의 한계는 흔적의 유무에 있다고 할 수 있다. 이렇게 되면, 전통적으로 생각해 오던 탈락의 범주는 축소되는 데 비하여 축약의 그것은 확대된다.

그러나, 흔적의 유무를 가지고 축약과 탈락의 한계를 정하는 데에도 다음의 경우는 주의를 요한다.

중세국어의 표기법이 음절식이었다는 것은 다 아는 바다. 이를테면, '매맞—'에 모음으로 시작되는 접사 '아'가 연결되면 '매마자(←매맞+아)'가 되고, '섞—'(混)가 활용어미 '은'과 '을'을 취한 형태는 각각 '섯근', '섯글'이 되어 연철표기된다. 그런데, 이와는 달리 소위 분철표기된 경우도 가끔 보인다. '몰애'(砂)가 그런 부류다. 이것은 원래, 기저형 '몰개'에서 'ㄱ'이 탈락되고 그 흔적이 연철을 방해하는 인자로 작용하여 /mo-rɛ/가 아닌 /mol-ɛ/로 표기된 것이라고 하는데 (박종희, 1983: 82), 이 경우 'ㄱ'의 탈락으로 볼 것인가가 문제다. 흔적만으로 따진다면, 축약으로 볼 수 있지 않느냐고 말할 수 있을지 모른다. 그러나, 'ㄱ' 그 자체는 표기법, 음장, 성조 상으로도 전혀 흔적을 남기지 못하고, 다만 연철을 방해하는 비시현적(非

---

4) 필자는 '마음 → 맘'과 같이 모음이 탈락하여 음절이 단축된 것이 아니라, 'ᄆᆞᅀᆞᆷ>ᄆᆞᆷ>*마암>맘'의 통시적 변화를 입으며 축약된 것으로 본다. 이에 대해서는 후술될 것이다.

示顯的) 특성만을 남기고 있을 뿐이다. 이 특성은 우리가 직접 감지할 수 없는 비음성적인 것이어서 음운론에 속하는 축약이나 탈락과는 거리가 있다. 따라서 , /ㄱ/의 탈락으로 보는 것이 좋을 것이다. 앞에서 말한 바와 같이 자음의 축약은 'ㅎ'과 비연속 평장애음과의 복합으로 생긴 소위 유기음화에 한정된다. 자음의 탈락은 결코 기존 음절의 비음절화를 가져올 수 없다는 사실에 주목할 필요가 있다.

축약과 탈락의 범주를 음장이라는 흔적으로 따질 때, 우리는 제 2음절 이하에서 이루어지는 음절축약을 모음의 축약과 탈락 중 어느 것으로 보아야 할지 알기 어렵다. 국어의 음장은 단어의 제1음절에서만 시차적이므로, 제2음절 이하에서는 음장이 흔적으로 남을 수가 없기 때문이다.

(5) 지나+아서 → 지나서
    건너+어서 → 건너서
    애쓰+어서 → 애써서
    거세+어서 → 거세서
    보내+어서 → 보내서
    참되+어서 → 참되서

(5)에서 모음 'ə'나 'a'는 탈락했는지 아니면 앞 모음에 용해되어 축약되었는지 이들 어사들만을 가지고서는 알기 어렵다. 이런 경우, 우리는 '어/아'계 접사들이 단음절(單音節) 어간과 결합할 때 보여주는 음장의 변화를 근거로 그 범주를 정하면 된다.

(6) 가(去) +아서   →   가서
    싸(包) + 아서   →   싸서
    켜(點火) + 어서   →   켜서
    펴(陣)+ 어서   →   펴서
    쓰(書)+ 어서   →   써서
    개(晴)+ 어서   →   개서
    캐(採)+ 어서   →   캐서
    떼(間)+ 어서   →   떼서
    되(爲)+ 어서   →   돼서
    되(반죽이~) +어서   →   되서

(6)에서 알 수 있는 바와 같이 이들 어사들은 비음절화에 의한 음장의 변화를 전혀 발견할 수 없다. 곧, 모음의 탈락이다. 따라서 (5)의 경우도 (6)에 발맞추어 축약이 아닌 탈락으로 간주하게 된다.

다음에는 축약과 탈락의 상관성에 대해서 알아보자.

축약과 탈락은 별개의 음운현상이지만, 상호 관련성을 맺고 계기적으로 일어나는 경우에는 일정한 순서를 갖는다.

축약, 탈락, 장모음화 및 단모음화의 규칙순서를 함께 살펴보자.

잘 알려진 바와 같이 국어의 장모음어간은 모음어미 앞에서 단모음화한다.(웃+어 → 웃어, 남+아 → 남아, 등)

(7) 단모음화규칙

V → [-long]/_____]verb+VX
              stem

이 단모음화규칙(南廣祐, 1962 : 263; 金完鎭, 1972 : 286; 李秉根, 1975 : 21 등)에 의해 '꾸(借)+어'는 '꾸어'가 되고, 다시 '꿔'로 Glide화에 의한 장모음화를 경험한다(w-Glide화규칙(16) 참조). '놓+아'는 '놓아'가 되면 'ㅎ' 탈락규칙(h → ∅/[-cons] ____ [-cons])에 의해 'ㅎ'이 탈락된 뒤(놓아 → 노아), w-Glide화에 의해 축약이 이루어지고 동시에 장모음화를 보상받게 된다(노아 → 놔). 여기서 'ㅎ' 탈락은 축약을 급여(feed)하는 급여순서(feeding order)에 놓인다. 그러나, 모음축약이 'ㅎ'탈락에 앞서면 모음축약규칙은 공전적용이 되어 우리가 원하는 '놔'는 얻을 수 없게 된다. 이렇게 볼 때 단모음화규칙, 탈락규칙, 축약규칙, 장모음화규칙의 순서가 된다.

그러나, 탈락과 축약이 항상 급여순서에만 놓이는 것은 아니다. '좋+아'가 단모음화규칙에 의해 '좋아'가 되고 'ㅎ'이 탈락되어 '조아'가 되더라도 '좌'로 축약되지 않는다. 또, 모음탈락은 축약을 가져올 수 없다는 것은 앞에서도 밝혔다.(쓰+어→써, 가+아→가)

이상을 정리하여 도식화하면 (8)과 같다.

	꾸+어	놓+아	좋+아	
(8)	꾸 어	───	좋 아	단모음화
	───	노 아	조 아	'ㅎ'탈락
	꿔	놔	───	모음축약
	꿔	놔	───	장모음화
	[꿔]	[놔]	[조아]	음성형

좋+아		놓+아	
좋 아	단모음화	───	단모음화
조 아	'ㅎ'탈락	───	모음축약
좌	모음축약	노아	'ㅎ' 탈락
좌	장모음화	───	장모음화
[좌]	음성형	[노아]	음성형

지금까지 우리는 축약과 탈락의 범주를 중심으로 살펴보았다. 특히, 허웅(1981)과 이숭녕(1978)의 축약이 모음과만 관련을 맺는다는 견해는 시정을 요한다. 또, 탈락과 축약의 범주도 보다 정밀화되어야 함을 알았다.
　이상의 논술만으로 탈락과 축약의 범주가 모두 해결되는 것은 아니다. 이에 대한 논의는 다음 장에서 보다 구체화될 것이다.

III. 축약과 그 제약성

1. 자음의 축약

　앞에서 이미 밝혔듯이, 국어에서 자음은 성절음(syllabic sound)이 되지 못하므로, 두 자음이 축약되더라도 비음절화를 가져올 수 없다. 또, 자음축약은 'ㅎ'과 비연속 평장애음이 연접할 경우에만 나타난다. 곧, 'ㄱ, ㄷ, ㅂ, ㅈ' 등의 평장애음은 'ㅎ'에 선행하거나 후행하면, 각 각 'ㅋ, ㅌ, ㅍ, ㅊ'으로 축약되어 유기음화한다.

(9) 자음축약규칙

$$\begin{bmatrix} -son \\ -cont \end{bmatrix}_1 \%h_2 \Rightarrow \begin{bmatrix} 1\cdot 2 \\ +asp \end{bmatrix}$$

(10) 놓고 → 노코　　놓다 → 노타
　　*놓바 → *노파　놓지 → 노치
　　각하 → 가카　　닫혀 → *다텨(→다쳐)
　　맏형 → 마텽
　　잡혀 → 자펴　　젖혀 → 저쳐

(11) 콩, 탈, 팔, 창
　　크다, 트다, 파다, 차다

　우리가 일반적으로 단일음소 /ㅋ/, /ㅌ/, /ㅍ/, /ㅊ/ 등으로 간주하는 (11)의 ㅋ, ㅌ, ㅍ, ㅊ과 (10)의 상대음들을 동일시할 수는 없다. 우리는 흔히 (10)의 그것들을, (11)의 것들과는 달리, ㄱ+ㅎ(ㅎ+ㄱ), ㄷ+ㅎ(ㅎ+ㄷ), ㅂ+ㅎ(ㅎ+ㅂ), ㅈ+ㅎ(ㅎ+ㅈ) 등과 같이 두 음소의 복합으로 보고 소위 재음소화(rephonemicization)할 수 있는 경우로 여긴다(鄭然粲, 1980 : 130-151).

다시 말해서 (10)에서 보는 'ㅋ, ㅌ, ㅍ, ㅊ' 등은 적어도 공시적으로는 두 음소의 축약이 빚은 결과인 것이다.

2. 모음축약과 그 제약성

국어에서 체언이거나 용언이거나 어간 내에서 두 모음이 연접할 때 수의적으로 축약을 일으켜 장모음화를 수반한다는 사실을 우리는 알고 있다(金完鎭, 1972; 김진우, 1976; 李秉根, 1975, 1978).

어간 내부에서의 모음축약은 주로 통시적 음운변화에 속하는 수의적인 현상으로 장모음화를 필수적으로 수반한다.

(12) 아이>애, 사이>새, 오이>외, 가히>개, 버히다>베다, 자히다>재다, 까이다>깨다 등

그러나, 모음의 축약은 (12)와 같은 어간 내부에서보다도 개음절 어간과 모음으로 시작되는 접사가 연결되는 형태소 연결 위치에서 보다 활발히 일어난다. 이것은 단순히 음운론적 층위를 뛰어넘어 형태론적 층위가 관여함을 말해 준다 하겠다. 이들 모음계 접사는 '이'계 (이×) (―이, ―이어, ―이어서, ―이니, ―인 등), '어/아'계 (어/아×) (―어/아, ―어서/아서, ―어라/아라, ―어야/아야, ―어도/아도 등) 및 '으'계 (으×) (―으니, ―은, ―으면, ―으시, ―을, ―음, ―음세, ―을쏘냐, ―읍시―, ―으라― 등)가 있는데, 이 중 모음축약과 관련을 맺는 것은 이×와 어/아×이고, 그 중에서도 Glide 형성과 관련되는 것은 어/아×이다. 그러면, 이 어/아 ×를 중심으로 모음축약의 제상과 그 제약성을 살펴보자.

어/아×가 개음절 어간 모음과 연결되어 Glide를 형성하기 위해서는, 어간 모음이 '이'나 '오'나 '우'일 것을 요구한다. 다시 말해서, 국어의 용언 어간 중 '이'나 '오'나 '우'로 끝나는 개음절 어간이 어/아×와 결합하면 어간말모음이 각각 y나 w로 Glide화하면서 '어/아'와 결합하여 하나의 음절핵을 이루어 한 음절로 축약되는 것이다.

1) y-Glide화에 의한 모음축약과 그 제약성

먼저 어간 모음 '이'가 접사 '어/아'와 결합할 때 y-Glide화를 보이며 이중모음으로 축약을 일으키는 경우부터 살펴보자.

(13) y-Glide화 축약
$i \rightarrow y / \underline{}]_{verb+ə}^{stem}$

(14) (a) 즐기어 → 즐겨, 붐비어 → 붐벼
　　　누비어 → 누벼, 디디어 → 디뎌
　　　서리어 → 서려, 빠지어 → 빠져⁵⁾
　　　가르치어 → 가르쳐,
　　　구부리어 → 구부려,
　　(b) 보이어 → 보여, 고이어 → 고여
　　　놓이어 → 놓여, 쌓이어 → 쌓여
　　　잡히어 → 잡혀, 섞이어 → 섞여
　　　남기어 → 남겨, 안기어 → 안겨
　　　흘리어 → 흘려, 갈리어 → 갈려
　　　가시어 → 가셔, 오시어 → 오셔
　　　놓치어 → 놓쳐, 밀치어 → 밀쳐
　　(C) 끼+어 → 끼어~? 껴
　　　비(空)+어 → 비어~? 벼
　　　이(戴)+어 ← 이어~ 여
　　　기(匍)+어 → 기어~? 겨
　　　띠+어 → 띠어~? 뗘
　　　피+어 → 피어~? 펴
　　　시(酸)+어 → 시어~? 셔
　　(d) 지(落, 負)+어 → 지어~ 져⁶⁾ (→저)
　　　치(打)+어 → 치어~ 쳐 (→처)
　　　찌(蒸)+어 → 찌어→ 쩌 (→쩌)

　　(14)(a)는 용언 어간이 단일형태소로 된 2음절 이상인 경우로서 규칙 (13)의 적용을 받아 자유롭게 축약을 일으킨다. '즐기어~즐겨'와 같이 축약되지 않은 형태와 축약된 형태가 수의적인 교체를 보이지만, 축약형이 거의 필수적으로 나타난다. (14)(b)는 전통문법 학자들이 소위 보조어간이라 칭한 '이, 히, 기, ……' 등의 접사가 덧붙어 생성된 어사들로서 (14)(a)와 마찬가지로 축약을 일으킨다.⁷⁾ (14)(a)와 (14)(b)는 구어에서는 필수적인 축약을 보여주는 듯하다. 특히, 어간 말음절이 핵음만으로 이루어진 '이'는 비축약형태는 실현되지 않는다. 〈모이+어→모여(*모이어), 보이+어→보여(*보이어) 등〉

---

5) 국어에서 /y/는 'ㅈ, ㅊ, ㅉ' 등 경구개 자음 뒤에서는 탈락하므로 '져, 쳐, 쩌'는 각각 '저, 처, 쩌'로 음성실현을 보이겠으나, 이해의 편의상 그대로 둔다.
6) '져, 쳐, 쩌'는 /y/탈락에 의해 단모음화를 가져와 실제 음성형은 각각 '저, 처, 쩌'가 된다. 이에 대해서는 후술될 것이다.
7) 피동이나 사동접사에 의해 파생된 형태는 단일형태소로 이루어진 어간과 동일한 자격을 갖고 활용어미를 취한다. 따라서, 본고에서는 이러한 파생어간들을 단일형태소로 된 어간과 구분하지 않는다.

(14(c)는 어간이 단일 음절인 경우로서 일반적으로 축약을 꺼리는 경향을 보여준다. 빠른 말씨나 casual한 말씨에서는 축약형이 나타나기도 하지만, '아-'(戴)를 제외하면 정상 언어에서는 축약시키지 않는 것이 상례다.[8] (14)(c)가 (14)(a), (b)와는 달리 축약을 기피하는 이유는 무엇일까?

이것을 해결하기 위해서 (14)(c)가 보여주는 음운론적 특성이나 형태론적 특성을 고려해 볼 수 있다. 먼저, 어간이 갖는 음운론적 특성을 고려해 본다면, 어간 CV에서 C가 갖는 특성과 V가 갖는 특성을 따져 보아야 할 것이다. C, 곧 어간 음절이 갖는 onset는 (14)(a), (b)와 비교해 볼 때 별다른 차이점을 발견할 수가 없기 때문에 onset C에 의한 제약이라고는 하기 어렵다. 그리고, 어간 모음 V는 모두 i 이기 때문에 여기서도 (14)(a), (b)와 구별되지 않는다. 그러나, 혹시 이 어간 모음 i 가 '어디(<어듸), 더디다(<더듸다)' 등의 어사가 구개음화를 회피할 때 보여주는 형태음소적 제약이 작용하는가를 보기 위해, 상대되는 고어휘가 갖는 어간 모음들을 조사해 보았지만 일관성있는 해석을 내릴 만한 아무 자료도 얻지 못했다('이다<니다, 기다<긔다' 등에서 보는 것처럼 어간 모음이 '이'로도 나타나고 '의'로도 나타난다). 어간이 갖는 음운론적 특성으로 고려될 수 있는 마지막 한 가지는 음장이다. 사실, 김완진(1972 : 90) 은 바로 이 음장의 차이에서 그 제약원인을 찾고 있다. 그러나, (14)(c)에서 확인할 수 있는 것처럼 그럴 것 같지도 않다. '피-(發)'와 같은 단모음을 갖는 어간이 존재하기 때문이다. 이 사실은 이병근(1975, 1978)에서 이미 확인된 바도 있다. 그렇다면, (14)(c)의 어사들이 축약을 기피하는 원인은 음운론적 특성에서는 찾기 어렵다고 할 수 있을 것이다.

다음으로 형태론적 특성을 고려해 보자.

(14)(c)의 어사들의 축약형이 다른 어휘와의 형태적(또는 의미적) 충돌을 가져오는 경우는 없다. 따라서, 우리는 (14)(c)의 어사들이 (14)(a)(b)와 다른 형태론적 특성, 특히 형태구조상의 특징을 찾는다면, 이들 어사들의 어간이 단음절이라는 것밖에 없다. 필자는 이들의 축약을 가로 막는 기제를 바로 여기서 찾고자 한다. 왜냐하면, 이들 어사들이 축약을 기피할 만한 음운론적인 이유를 찾기 어렵기 때문이다.

그러나, 축약에 제약을 가하는 것은 주로 음운론적인 기제다. 다시 말해서, 축약에 가해지는 일차적인 제약은 음절수에 있는 것이 아니라, 음절구조에 있다. 두 음절 CV와 VC의 연합도 축약이 가능하지만, 이보다는 CV와 V의 연결이 보다 활발한 축약을 보여주리라는 가능성을 예상하는 것은 무리가 아닐 것이다. 만일 이 가정이 확인될 수 있다면 onset나 coda가 모음축약에 제약을 가하는 음운론적 조건이 된다는 것을 말한다. 이 가정은 단순한 가정이 아니라 사실이다. 이에 대한 논의는 뒤에 가서 하기로 하고 -아직 그런 시기가 아니다- 다만 여기서는 (14)(c)의 어사들에 가해지는 축약에 대한 제약이 이 음운론적인 것 이외에도 어간이 단음절이라는 형태구조가

---

8) 그러나, 젊은 층에서는 이들도 거의 예외없이 구어에서 축약을 보여주었다. 현재 서울의 청소년들은 장단의 구별도 거의 무시하고 있음을 필자는 확인할 수 있었다.

동시에 작용하고 있다는 것을 밝히고자 할 뿐이다. 뒤에서 밝혀지겠지만, 축약이라는 음운현상 자체가 수의적인 현상이다. 이 사실 위에 또 다른 기제가 축약에 작용함을 보이고자 할 뿐이다.

우리는 문어에서 축약형을 기피하는 것을 흔히 본다. 문맥이나 상황 의존도가 큰 국어에서는 문법적 형태구조가 접사의 체계적 양상에 따라서 그 변동을 야기시키고 나아가서는 통사적 구조의 변동까지도 영향을 미치는 접사의 기능이 중시되는 말이다(이규호, 1975 : 102-108). 따라서, 문어에서는 모든 문법 형태소들을 분명히 하여 원활한 의사전달을 기할 필요가 있는 것이다. 음운의 축약이나 탈락 등 여러 가지 음운현상들이 '최소노력의 원리'라는 면에서는 바람직하고 또 필요한 것이겠지만, 이것은 의사전달의 명료성과는 배치된다. 이러한 두 가지의 대립적인 성질 - 노력 경감과 표현의 명료 - 이 언어에는 항상 줄다리기를 하며 존재하고 있다는 사실을 우리는 잘 알고 있다. 다시 말해서 축약이나 탈락이 형태소 인식을 불리하게 하여 효과적인 의사전달에 역기능으로 작용할 수도 있다는 말이다. 특히, 단음절 어간에서의 축약이 제약을 받고 있다는 사실은 바로 이를 말해 주는 것이 아닐까 한다. 어간 형태소에 문법 형태소들이 결합할 때, 비록 그것이 음운현상이라 하더라도 형태소의 기능을 인식하기 어려울 정도로는 실현되지 않는다는 이병근(1981 : 222)의 지적은 합당한 것이라고 여겨진다.

필자는 (14)(c)가 축약을 기피하는 것은 축약이라는 음운현상이 수의적이라는 것 외에 1음절이 되는 데서 오는 의사전달의 어려움을 막기 위한 현상으로 보고자 하는 것이다.

그러나, (14)(c)의 어사들이 축약에서 완전 면제되는 것으로 오해해서는 안된다. 이들이 다만 활발하지 못할 뿐이다. ?표를 이들 어사 앞에 붙인 것은 가능성을 완전히 배제하지는 않는다는 뜻으로 해석하기 바란다.

그러나, (14)(d)는 아무래도 축약이라는 언어 현상에 가해지는 일차적인 제약조건으로 돌아가서 해석하는 것이 좋을 듯하다. 앞에서도 밝혔듯이 축약에 가해지는 일차적인 기제는 음운론적인 것이다. 다시 말해서 연접하는 두 음절이 갖는 음절구조이다.

(14)(d)는 두 핵음절의 연결에서나 보는 필수적인 축약을 보여준다. 이것이 (14)(c)와 다른 것은 이들 단음절 어간의 onset가 경구개자음 'ㅈ, ㅊ, ㅉ'라는 데 있다. 알려진 바와 같이 국어에서 Glide y는 경구개음 뒤에 연결되지 못한다. 그것은 경구개음과 y는 조음하는 혀의 위치가 매우 가까와서 y가 없더라도 경구개음과 뒤에 이어지는 모음 사이에는 y와 같은 Glide가 나타나기 마련이기 때문이다(허웅, 1965 : 161). 다시 말하면, cyə, cʰyə, c'yə, ҫyə, ɲyə, 등을 조음하여 내는 소리는 cə, cʰə, c'ə, ҫə, ɲə 등의 소리와 다를 바 없다. 따라서, 경구개음 뒤에서 Glide y는 나타나지 않는 것이다. 이것을, 경구개음과 y가 다같이 [+palatal], [+high] 및 [-back]이라는 자질을 공유하고 있어서 '쓸+니→쓰니, 불+당→부당, 불+정→부정, 등에서 보는 것과 같은 동위적 이화에 의한 탈락으로 해석해도 좋을 것이다.

그러나, 여기서 문제되는 것은 왜 경구개자음 뒤에서 y-Glide화에 의한 음운축약이 필수적으로 일어나며 Glide y가 탈락하느냐 하는 것이다. '치(打)+어→쳐→처'의 과정이 보여주듯이 일단 Glide화에 의한 장모음화가 이루어진 뒤 y탈락에 의한 단모음화를 경험하는 것으로 해석해야 한다. '처'의 단계를 인정할 수밖에 없는 것은 onset가 경구개자음이 아닌 여타의 모든 경우의 Glide화에 의한 모음축약에는 반드시 장모음화가 수반되기 때문이다(이에 대해서는 차차 밝혀짐). 또, 뒤에 밝혀지겠지만, 음장은 모음 위에 얹히기 때문에 y탈락과 동시에 '치'의 i 에 얹힌 음장이 떨어져 나가는 것으로 보아야 합리적인 설명이 되므로 y의 탈락으로 보아야 하기 때문이다. 음장과 관련지어 볼 때, 경구개음 뒤에서 /ㅕ/와 /ㅓ/가 중화되었다든지, 앞 경구개 자음에 y가 중화되었다든지 하는 설명은 설득력이 없다.

'ㅈ, ㅊ, ㅉ'의 경구개음 뒤에서 축약이 필수적이라는 사실은 이들 경구개음이 갖는 음성적 특성 때문이다. 필자는 축약의 원초적인(본질적인) 기제(機制)가 말의 속도를 빨리 하고 노력을 줄이려는 인간의 본능적인 심사에 있다고 파악한다. 이 심성의 작용으로 축약이 가능한 환경만 조성되면 언제든지 축약은 일어날 수 있는데, 어간말음 i와 접사 ə가 연결되면 축약되려는 힘이 작용하게 되고, 이에 따라 i는 y로 Glide화 되지만 앞의 경구개음이 있기 때문에 저절로 그리고 필연적으로 떨어져 나가는 것으로 일단 해석해 둔다. 어떻든, 국어에서 개음절 모음 i는 접사 ə에 연결되면 반드시 y-Glide화함과 동시에 탈락한다. 이것을 규칙(13)에 의해 y-Glide화한 뒤 다시 규칙(15)에 의해 탈락한다고 설명할 수도 있다. 이때 우리가 유의해야 할 것은 규칙(13)과 (15)가 통시적 관계로서가 아니라 상호 유기적인 관계를 맺고 연속적으로 적용된다는 것이다.

이 Glide y 탈락규칙을 도식화하면 대체로 다음과 같이 나타낼 수 있을 것이다.

(15) Glide y 탈락규칙[9]

$$y \to \emptyset / [+\text{palatal}] \underline{\quad C \quad} \text{ (필수적)}$$

y-Glide화와 관련한 축약에서 빠뜨린 것이 있다. 곧, '짓-(作)'와 '찧-(舂)'와 같은 어사 들이 그것이다. 이들 'ㅅ' 변칙용언과 'ㅎ' 말음 어간은 어/아/×와 만나면 각각 'ㅅ'과 'ㅎ'이 떨어지게 되어 y-Glide화와 관련을 맺을 수 있는 구조를 갖게 된다. 그러나, 이들은 모음 축 약을 보여주지 않는다. '지-(負)'와 '찌-(蒸)'는 각각 '지어→져, 찌어→쪄'로 Glide화에 의한 축약을 보여주는 데 비하여(이들도 결국 규칙 (15)에 의해 각각 '져→저, 쪄→쩌'로 된다.) '짓-(作)'

---

9) 이 규칙은 다음과 같이 나타내는 것이 원칙이겠으나 이해의 편의를 위해 간소화한 것이다.

$$y \to \emptyset / \underline{\quad} \begin{bmatrix} +\text{cons} \\ +\text{hiRh} \\ -\text{back} \end{bmatrix}$$

과 '쫑-(春)'는 '(잣+어→)지어→*져', '(쫑+어→) 찌어→쩌'와 같이 축약에서 제외된다. 이것은 '잣+어→지서, 쫑+어→찌허'의 재음절화의 과정에서 각각 'ㅅ'과 'ㅎ'이 사라졌지만, null segment로서의 place holding function은 사라지지 않았음을 말해준다 하겠다.[10] 이 null segment를 ∅로 나타낸다면, 이 ∅가 축약규칙이 적용되기 전의 input에 남아 있어 축약을 면제시키는 압력(무게)으로 작용하는 데에 기인하는 것으로 해석할 수 있을 듯하다. '지―(負)'는

$$c\ i\ +\ \vartheta\ \rightarrow\ c\ j\ \vartheta$$
$$\sigma_1\quad\sigma_2\quad\sigma_3$$

로 되어 축약이 가능하게 되지만, '잣―(作)'와 관련한 '지―'의 음절구조 및 축약의 과정은

$$c\ i\ +\ \emptyset\ \vartheta\ \rightarrow\ c\ i\ \emptyset\ \vartheta$$
$$\sigma_1\quad\sigma_2\quad\sigma_1\quad\sigma_2$$

가 되어 축약이 불가능하게 되는 것이다. 곧, i와 ə 사이에는 ∅가 끼어 있어 y-Glide화가 이루어질 수 없게 되고, 이에 따라 축약이 불가능한 것으로 해석할 수 있다. 이것을 복선 음운론적인 차원에서 해석하면, 연결선(association line)은 서로 엇갈리지 못한다는 원칙에 위배되기 때문이라고 볼 수 있다.[11] 연결선을 가로지르지 않고서는 ə에 붙은 연결선이 σ 1에 연결될 수 없기 때문에 축약이 이루어지지 못하게 되는 것이다.

지금까지 우리는 '이'로 끝나는 개음절 어간이 '어/아'계 접사와 결합하여 '이'가 y-Glide화하면서 축약을 보여주는 경우를 살펴보았다. 여기서 축약의 예외들로 다루어져 온 몇몇 어사들이 음운론적, 표면 음성적 차원이 아닌 형태론적 층위가 관여하고 있다는 것임을 다시 한 번 강조해 둔다.

2) w-Glide화에 의한 모음축약과 그 제약성
다음은 어간 모음이 '오'나 '우'로 끝나는 개음절 어간이 어/아×와 연결될 때 w-Glide화

---

10) Daniel A. Dinnsen(1974 : 48)의 다음 말을 참조할 것.
   "The null segment has its application in lexical representations by virtue of its unique specification, which can be used to trigger a rule, and by virtue of its place holding function which will designate where a phonological rule will effect its structural change."

11) "……the lines associating syllables and segments may not cross" (D. Kahn, 1976 : 20)

를 보이며 음절축약(모음축약)을 일으키는 경우를 보자. 이 w-Glide화 규칙은 대체로 다음과 같이 나타낼 수 있다.

(16) w-Glide화 규칙

$$\begin{pmatrix} o \\ u \end{pmatrix} \rightarrow w / \underline{} \;] \text{ verb } + ə$$
$$ \text{stem}$$

먼저 이 규칙의 적용을 받는 어사들을 제시해 보자.

(17) (a) 오(來)+아 → 와(*오아)
　　　싸우(爭)+어 → 싸워(*싸우어)
　　　태우(使乘)+어 → 태워(*태우어)
　　(b) 나누(分) +어 → 나누어~나눠
　　　가꾸+어 → 가꾸어~가꿔
　　(c) 두(置) +어 → 두어~둬
　　　꾸(夢) +어 → 꾸어~꿔
　　　꾸(借) +어 → 꾸어~꿔
　　　보(見) +아 → 보아~봐 (→바)
　　　쏘(射)[12] +아 → 쏘아~쏴

(17)의 어사들은 모두 규칙 (16)의 적용을 받아 축약을 일으킨다. 그런데, (17)(a)와 (17)(b), (c)는 축약되는 양상이 다르다. 곧, (17)(a)는 필수적인 데 비하여 (17)(b), (c)는 수의적이다. 그리고, (17)(b)와 (17)(c)는 어간의 음절수에 따라 따로 분류한 것인데, 축약의 강도에 있어서 (17)(c)보다는 (17)(b)가 보다 강력함을 보일 뿐 구어에서는 모두 자유스럽게 축약이 일어난다. (17)(c)가 (17)(b)보다 축약에 소극적인 것은 (14)(c)가 축약을 꺼리는 것과 같은 이유 때문일 것이다. 곧, 1음절로 되어 형태소 인식을 저해하는 것을 막기 위함일 것이다. 그리고, (17)(a), (b), (c)에서 보는 바와 같이 기저음장의 차이는 축약의 제약조건이 될 수 없다.

앞에서 우리는 y-Glide화 규칙의 적용을 받아 축약을 일으키는 경우 (14)를 살펴본 바 있는데, (17)의 어사들이 보여주는 축약현상도 이와 별로 다를 바 없다. 다만, 같은 단음절 어간으로 되어 있는 (17)(c)의 어사들이, (14)(c)의 어사들과는 달리, 상당히 자유롭게 축약을 보여준다. 이것은 w-Glide화 규칙이 y-Glide화 규칙보다 강력한 힘을 가지고 있음을 말해주는 것이라 하겠다.

---

[12] 국어사전에서는 단모음으로 처리하고 있지만, 金完鎭(1972 : 286)의 견해와 같이 장모음으로 처리하는 것이 옳을 듯하다.

우리는 이제 모음축약의 기제가 무엇인지 확실히 밝힐 수 있는 단계에 이른 것 같다. 이에 대한 분명한 해답을 찾아본 뒤 넘어가기로 하자(이해의 편의를 도모하기 위해서 이미 보인 어사들이라 할지라도 다시 인용하면서 기술해 나갈 것이다).

앞에서도 잠깐 언급한 바 있듯이, 원래 모음 축약이라는 음운현상이 연접하는 두 음절의 음절구조와 관련을 맺는 언어현상이라고 할 때, 우리는 일차적으로 연접하는 두 음절의 구조를 따져보아야 할 것이다. 국어의 음절구조를 CVC, CV, VC, V의 네 가지로 파악할 때, CVC는 축약에서 제외된다. 따라서, 두 음절이 연접하여 축약을 일으킬 수 있는 경우는 나머지 세 가지 경우가 된다. 두 음절을 각각 S1, S2라 표시할 때 연접하는 S1, S2가 축약과 관련을 맺게 되는 음절구조상의 결합상은 VV, CVV, CV$VC, V$VC의 네 가지가 있다.

(18) V$V
   (a) 아아 → 아, 어어 → 어, 오오 → 오, 우우 → 우, 우아 → 와, 우어 → 워
   (b) 아이 → 애, 오이 → 외, 어음(手形)> ? 엄
   (c) 보이+어 → 보여(*보이어), 모이+어 → 모여(*모이어), 고이+어 → 고여(*고이어), 이(戴)+어 → 여(*이어)
   (d) 오(來)+아 → 와(*오아), 싸우(爭)+어 → 싸워(*싸우어), 태우(使乘)+어 → 태워(*태우어)
   (e) 아우(第), 아우성, 아우르다, 어우르다, 어이(→*에), 우아(優雅)→ ? wa

(19) CV$V
   (a) 사이 > 새, 가히 > 가이 > 개, 자히 → 자이 → 재-, 고이 → 괴-, 누이 → 뉘-
   (b) 기(匍)+어 → 기어(~겨)
       끼(반지를~)+어 → 끼어(~껴)
       비(空)+어 → 비어(~벼)
       피(發)+어 → 피어(~펴)
       시(酸)+어 → 시어(~셔)
   (c) 보(見)+아 → 보아~봐
       고(煎)+아 → 고아~과
       두(置)+어 → 두어~둬
       꾸(夢)+어 → 꾸어~꿔
       꾸(借)+어 → 꾸어~꿔
   (d) 즐기+어 → 즐겨 (?즐기어)
       누비+어 → 누벼 (?누비어)
       디디+어 → 디뎌 (?디디어)
       서리+어 → 서려 (?서리어)
       잡히+어 → 잡혀 (?잡히어)
       남기+어 → 남겨 (?남기어)

　　　　흘리 + 어 → 흘려 (흘리어)
　　　　가시 + 어 → 가셔 (?가시어)\
　　　　고치 + 어 → 고쳐 (?고치어)
　　(e) 나누 + 어 → 나눠 (?나누어)
　　　　바꾸 + 어 → 바꿔 (?바꾸어)
　　　　다투 + 어 → 다퉈 (?다투어)
　　　　다루 + 어 → 다뤄 (?다루어)

(20) CV$VC
　　(a) 마음 > 맘, 가을 > 갈, 노을 > 놀, 마을 > 말, 다음 > 담
　　(b) 가입(加入), 거울(鏡), 도안(圖案), 사업(事業), 고역(苦役), 고음(高音), 구읍(舊邑), 구입(求入), 대인(大人, 對人)

(21) V$VC
　　이엉, 이안(移案, 利眼), 이앙(移秧), 우악스럽다, 우엉, 우언(寓言), 오일(五日), 오인(誤認), 오입(誤入), 이웃, 이윽고, 이익(利益)

　이상 (18)~(21)의 어사들을 통해, 우리는 다음과 같이 모음축약에 작용하는 음운론적인 기제를(특성을) 정리해 볼 수 있다.

　첫째, 두 단모음이 차례로 연결되어 이룩된 연결체(복합체)가 국어의 모음체계 내에 들어가게 되면, 일단 축약이 가능한 환경이 마련된다. 그러나 그 연결체가 국어 모음체계 내에 들지 못하면 축약되지 않는 것이 원칙이다. 예를 들면, 'ㅏ+ㅗ'의 연결체 'ㅏㅗ(ao)'는 국어의 모음체계(二重母音体系)에는 존재하지 않기 때문에 'ㅏ+ㅗ'의 연결은 축약에서 제외되지만, 'ㅗ+ㅏ'의 연결체 'ㅗㅏ'는 국어의 모음체계 안에 들게 되어 축약이 가능한 모음 연결이 되는 등이다. 앞서 (4)에 제시된 예들이 대체로 모음축약이 가능한 연결들이다.

　둘째, 두 핵음절의 연결이 가장 활발한 축약을 보여준다. 특히, y-Glide화 규칙 (13)과 w-Glide화 규칙 (17)의 지배를 받는 용언 어간과 접사와의 연결에서는, 축약이 필수적이다. 이들 Glide화에 의한 축약이 활발한 이유는 Glide가 갖는 특성 때문일 것이다. Glide는 혀나 입술이 고정된 위치 -i나 u의 위치- 나 모양(원순과 평순, 특히 국어에서는 Glide w는 on-glide만 존재하므로 원순성이 된다.)을 유지하지 못하고 다른 모음 쪽으로 이동하면서 음가를 형성하는 음이기 때문에, 곧 다른 모음과 결합할 때 비로소 음가를 형성하기 때문에, 다른 모음과 쉽게 결합하기도 하지만, 이런 불안정성으로 말미암아 쉽게 떨어져 나가기도 한다. 국어 음운사에서 보는 Glide화나 Glide의 탈락에 의한 중모음의 형성과 소멸도 Glide가 갖는 이런 특성에 기인하는 것으로 여겨진다. 곧, Glide가 갖고 있는 이러한 음성적 특성이 Glide화에 의한 모음 축약을 촉진하게 된 것으로 해석하고자 한다.

국어에서 '의'(iy 또는 ii)를 제외하면 Glide는 그보다 간극(aperture)이 큰 음에 딸려 있는 소리인데 두 음절이 Glide화에 의한 축약을 보이려면, 뒤 음절이 반드시 모음만으로 된 핵음절일 것이 요구된다. 뒤 음절이 VC의 구조를 갖고 있는 (21)이 축약을 기피하는 것도 coda에 의한 Glide화의 장애 작용도 한몫 끼는 것으로 풀이된다(오일→*wel, 우익→*wik, 이엉→*yəŋ 등 참조). 또, '아이>애, 오이>외'에서의 축약은, 핵음절의 연결이 갖는 축약의 활발성이 체언 어간 내에까지 미치고 있는 것으로 생각해 볼 수도 있을지 모르나, 적어도 공시적으로는 (18)(e)의 일부 어사들을 통해 알 수 있는 바와 같이, 모음축약을 거부하는 것으로 여겨진다.

셋째, onset와 coda는 모음축약에 제약을 가하는 인자가 된다.[13] 이 사실은 핵음절 간의 연결인 (18)(c), (d)와 (통시적 모음축약과 관계를 맺는 (19)(a)와 (20)(a)의 어사들을 고려에서 제외한) (19)(b)~(e), (20)(b) 및 (21)과 비교해 볼 때 확실하다. 특히, (20)(b)에 해당하는 모든 어사들이 축약을 기피하는 것은 onset와 coda가 동시에 모음축약의 제약에 참여한 때문일 것이다. 또, (21)이 (19)(b)~(e)보다 모음축약을 기피하는 경향이 심한 것은 onset보다는 coda가 보다 강한 제약성을 보여주는 것을 말해준다 하겠다.

마지막으로, (20)(b)나 (21)의 어사들의 대부분이 한자어라는 것도 모음축약을 기피하는 한 원인으로 포함시킬 수도 있을지 모른다. 외래어가 고유어에 비하여 생경한 어사들이기 때문에, 형태소 인식을 보다 필요로 하는 것이 사실이고, 따라서 이들은 어원의식이 사라진 뒤에야 흔히 음운변화를 입는 것으로 알려져 왔다. 그러나, 필자는 (20)(b)나 (21)에 해당하는 고유어가 적은 것을 우연한 공백(accidental gap)으로 보고, 단순히 한자어라는 사실이 모음축약에 제약을 가하지는 않을 것으로 보고 싶다. 적은 수의 해당 고유어가 축약을 기피하는 원인을 합리적으로 설명할 수 있는 방안이 마련되지 않기 때문이다.

(18)~(20)의 어사들 중에서 아직 설명하지 않은 어사들에 대해서도 잠깐 살펴보자.

(18)(a)의 모든 어사들은 감정을 표현하는 소위 감탄사인데, 국어사전에는 '아, 어, 오, 우' 등이 마치 축약에 의해 이루어진 것처럼 기재되어 있다. 이것은 사실과 다르다.

인간의 감정, 특히 고조된 감정을 효과적으로 표현하기 위해서는 자연히 길고 강하게 표현하기 마련이다. 이들 어사들을 우리가 흔히 2음절로 표현하는 것은 단순한 표기상의 기교에 지나지 않는다. 우리가 마치 'art'를 우리글로 적을 때 동일한 모음을 반복하여 '아아트'로 표기하는 것과 다름이 없는 것이다. 원래 이들은 각각 장음 '아ː, 어ː, 오ː, 우ː'이지 축약에 의해 형성된 장음절이 아니다. 다만, 같은 감탄사라도 '와ː, 워ː'의 경우는 '오+아→와ː, 우+어→워ː'와 같이 모음축약에 의한 결과일 것이다.

---

13) onset가 음절의 음운론적 특질을 결정하는 데에 비관여적이라는 견해도 있다.
"The initial consonant onset is irrelevant in determinining the phonological properties of a syllable,"(Hyman, 1975 : 189)

(20)(a)는 통시적으로 설명된다. 김진우(1976 : 54)에서 이들 어사들이 'mai-m→maam→mam, koi-l→kool→kol' 등과 같이 모음의 완전동화에 의해 보상적 장모음화를 이룬 것으로 해석한 것은 무리다. 이렇게 보면, '서울'도 'səul→səəl→*səl'의 과정을 보일 수 있고, 또 모든 모음이 앞 모음에 완전동화를 이룰 수 있다는 결과로 치달을 수도 있기 때문이다. 필자는 각주 4)를 통해서 잠깐 언급한 바 있듯이, '마음'과 '맘'이 통시적 음운변화를 달리하여 이루어진 어사인 것으로 파악하고자 한다. 곧, '마음'은 'ᄆᆞᅀᆞᆷ>ᄆᆞᅀᆞᆷ>(*마ᅀᆞᆷ)>마음'의 음운변화과정을 밟아 이룩된 것인데 비하여, '맘'은 'ᄆᆞᅀᆞᆷ>ᄆᆞᅀᆞᆷ>(*마암)>맘'의 과정을 거치면서 형성된 어사일 것이다.(고슬>고을>고을, 고슬>고을>골, 처ᅀᆞᆷ>처ᅀᆞᆷ>처음, 처ᅀᆞᆷ>처엄>첨: 등 참조) 이렇게 보는 것이 훨씬 자연스럽다. 'ᆞ'는 그 소실과정에서 볼 때, 2음절 이하에서는 선행모음에 완전동화된 경우가 아주 흔하다는 국어사적 사실이 확실하기 때문이다.(위의 어사들을 참조할 것)

언어현상을 기술할 때 공시적 기술과 통시적 기술이 있을 수 있고, 때로는 공시적 기술이 통시적 기술에 우선하기도 한다. 그러나, 언어현상에 대한 이해가 공시적 기술만으로 완벽해질 수는 없다. 언어도 시간에 따라 변하는 역사성을 가진 실체라고 한다면, 그 변화에 대한 이해 없이 언어현상에 대한 이해가 완벽해질 수 없다.(宋喆儀, 1983 : 47) 공시적 기술 일변도인 언어기술만으로는 언어현상을 합리적으로 설명하기 어려울 경우도 있다는 사실을 이제 깨달을 시기에 이르렀다고 생각한다.[14] Greenberg(1979 : 275)도 이 두 가지 기술방법을 엄격히 구별하는 것은 절대적 기준이 될 수 없고, 이제는 널리 부정되고 있음을 밝히고 있다.[15] 끝으로 모음축약과 관련지어 한 가지 더 덧붙일 것은, 체언이나 용언의 어간 내에서의 모음축약이 극히 눈에 띄지 않는다는 사실이다. 특히, 모음축약은 공시적으로는 어간 내에서는 나타나지 않는 듯하다. 그것은 체언을 이루는 음절구조가 개음절간의 연속이 드물고 더우기 Glide화와 관련을 맺을 수 있는 음절의 연결이 드문 때문일지도 모른다. 아니, Glide화에 의한 중모음이 형성되는 과정에서 이미 Glide화 규칙의 적용을 받은 뒤여서, Glide화 규칙의 지배를 받을 수 있는 환경이 사라진 때문일지도 모를 일이다. 이 문제는 단어 형성에 대한 통시음운론적 고찰이 이루어진 뒤에나, 그리고 Glide 형성과 관련한 중모음의 발생에 대한 완벽한 연구가 이루어진 뒤에나 풀릴지도 모를 일이며 현재는 불가능한 일이라고 여겨진다.

w-Glide화에 의한 모음축약, 원래 어간말음이던 어느 자음의 탈락으로 어/아×와 연접하게 되어도 일어나는 경우가 있다. 모든 'ㅂ' 변칙 용언이 이와 관련을 맺으며, 어간말음절의 모음이 '오'나 '우'인 'ㅅ'변칙 용언 및 어간 말음절의 모음이 '오'나 '우'이고, 어간말음이 'ㅎ'인 모든 용언이 이와 관련된다. 'ㅅ' 변칙 용언의 예로는 '붓-(注)'와 여기서 파생한 '퍼

---

14) 필자는 또 어떤 언어층위를 기술함에 있어서도 다른 모든 언어층위의 정보가 이용될 때 언어기술이 보다 완벽해질 수 있다는 태도를 취한다.

15) "As minimum, the strict separation of synchronic and diachronic studies -envisaged by Saussure, but never absolute in practice- is now widely rejected."(Greenberg, 1979 : 275)

붓:-'가, 'ㅎ' 말음 용언으로는 '좋-'와 '놓-' 등이 있을 뿐이다.

(22) 붓:+어 → 부어 (~?붜:)
퍼붓+어 → 퍼부어 (~?퍼붜)
좋+아 → 조아 (*좌:)
놓+아 → 노아~ 놔:
터놓+아 → 터노아~ 터놔

형태소 경계에서 이들 자음이 탈락하여 조성된 중간구조가, 앞에서 논의한 '오'나 '우'로 끝나는 개음절 어간과 동일한 환경을 갖게 됨으로써 w-Glide화 규칙 (16)의 적용을 받을 수 있는 환경을 갖게 되는 셈이다.

'짓-(作)', '찧-(春)'이 접사 '어/아'와 연접하여 y-Glide화 규칙 (15)의 적용을 받을 수 있는 환경이 마련되더라도 규칙 (15)에서 면제되는 것과 같이, 이들도 규칙 (16)에서 면제되는 것이 원칙일 것이다. 그러나, '놓-'만은 예외로 존재하는데16) 이에 대해서는 별고를 마련할 계획이다.

'ㅂ' 변칙 용언은 어간말음 'ㅂ'이 어/아×와 만나면 w로 바뀌는데, 이것을 도식화하면 다음과 같다.

(23) p → w 規則(ㅂ변칙)
P → w/ _____]변칙 +ə

이에 따라 생긴 w는 '어/아'와 결합하여 이중모음 /wə/나 /wa/를 형성하게 된다. 이 경우도 두 음운이 축약된 것으로 볼 수 있지만, 모음 간의 축약이 아니므로 음절의 감소(비음절화 또는 음절단축)는 이루지 못한다. 그러나, 'ㅂ' 변칙 용언 중에는 규칙 (26)에 의해 w가 탈락될 때는, 규칙 (16)의 지배를 받아 모음축약이 일어나 음절단축을 가져온다. (24)(a)의 어사들이 이 예에 속한다.

(24) (a) 굽:(炙)+어 → 구워(→어)~궈:
눕:(臥)+어 → 누어~눠:
춥(寒)+어 → 추워(→추어)~춰
줍(拾)+어 → 주워(→주어)~줘
어둡+어 → 어두워(→어두어)~어둬
여쭙+어 → 여쭈워(→여쭈어)~여쭤

---

16) 본고에서는 '놓-'를 예외적인 어사인 처리했지만, 金完鎭(1972 : 292), 李秉根(1978 : 18) 등은 오히려 '좋-'를 예외적 존재로 보고 있다. 관점의 차이가 이런 결과를 빚게 된 것이다.

(b) 돕:(助)+아 → 도와(*돠:)
　　곱:(麗)+아 → 고와(*과:)
　　괴롭+아 → 괴로워(*괴롸)
　　이롭+아 → 이로와(*이롸)
　　향기롭+아 → 향기로와(*향기롸)
(c) 밉(憎)+어 → 미워 (*뮤:어, *며:)
　　맵(辛)+어 → 매워
　　깁:(補)+어 → 기워(*규:ㅓ, 겨:)
　　겹(힘에~)+어 → 겨워(*　　)
　　쉽:(易)+어 → 쉬워(*슈:어)
　　두껍+어 → 두꺼워(*두꿔)
　　더:럽+어 → 더러워(*더뤄)
　　고맙+아 → 고마와(*고롸)
　　사납+아 → 사나와(*사놔)
　　미덥+어 → 미더워(*미둬)
　　무섭+어 → 무서워(*무숴)
　　아름답+아 → 아름다와(*아름돠)

(24)(a)는 어간말음절의 모음이 /o/인 'ㅂ' 변칙 용언에 접사 '어'가 연결된 모습이고, (24)(b)는 어간말음절모음이 /o/인 어간에 접사 '아'가 연결된 것이며, (24)(c)는 /u/나 /o/ 이외의 어간말음절모음을 가지는 'ㅂ' 변칙 용언에 접사 '어/아'가 연결된 것이다.

우리는 여기서, Glide w와의 연결에 있어서, /u/와 다른 모음과의 차이점을 발견한다. 곧, 어간말음 /p/가 모음계 접사 '어/아'와 만나면 /w/로 바뀐 뒤 /u/뒤에서는 탈락하지만 /o/등 다른 모음 뒤에서는 그렇지 않음을 알 수 있다. (24)(a)의 '굽'과 (24)(b)의 '돕-' 및 (24)(c)의 '밉' 등이 음성형으로 도출되는 과정을 보이면 (25)와 같다.

(25) /kup+ə/　　　/top+ə/　　　/mip+ə/　　기저형
　　　──　　　　top a　　　　──　　　　모음조화규칙
　　　kuwə　　　　towa　　　　miwə　　　(23)
　　　kuə　　　　　──　　　　　──　　　 w 탈락규칙
　　　kwə　　　　　──　　　　　──　　　(16)
　　　kwə:　　　　──　　　　　──　　　장모음화
　　　[kwə:]　　　[towa]　　　[miwə]　　음성형

'굽-'의 경우는 /u/ 뒤의 /w/가 탈락된 뒤 다시 /u/가 /ə/ 앞에서 /w/로 Glide 화하여 1음절로

축약을 일으킨다. 그러나, '돕ː-'와 '밉-'의 경우는 각각 /o/와 /i/ 뒤에서 /w/가 그대로 남아 있어서, 축약을 일으킬 수 없게 된 것이다. 이 사실은 '고ː-(煎)'와 '곱-(麗)'을 비교해 보면 더욱 뚜렷해진다.17)

ko+a	kop+a	
———	kow a	(23)
(———)	(———)	(w 탈락규칙)
kw a	———	(16)
kwaː	———	장모음화규칙
[kwa]	[kowa]	음성형

'곱ː-'는 /w/ 탈락규칙 (26)에서 면제되므로 중간구조로서 'koa'를 형성할 수 없고(곱ː+아 → 고와 → *고아), 그 결과 w-Glide화 규칙 (16)에서도 면제되어 음절단축을 가져올 수 없다. 그러나, '고ː-'는 원래 어간이 개음절이기 때문에 규칙 (16)의 적용을 받아 'kwa'(과)를 도출할 수 있게 되는 것이다.

/o/ 이외의 모음 뒤에서는 말할 것도 없고 /o/ 뒤에서도 /w/가 탈락을 보이지 않는데, /u/ 뒤에서는 /w/가 탈락되는 이유는 무엇일까?

우리는 앞에서, 경구개자음 뒤에서 Glide y가 필수적으로 탈락되는 현상을 관찰한 바 있다. /u/ 뒤에서 /w/가 탈락되는 것도 이와 비슷한 이유 때문일 것이다. 곧, /u/와 /w/는 [+labial], [+high]라는 공통자질을 가지고 있어서 이들 두 음이 연결되는 것을 허용하지 않으나 [+labial], [-high] 인 /o/ 뒤에서는 위치적 자질이 다르기 때문에 /w/와 /o/가 연결될 수 있게 되는 것이다. (崔泰榮, 1983 : 103 참조) 국어에서 동일한 위치의 두 음성이 연결되는 것을 기피하는 동위적 이화에 의한 음운탈락이라는 일반적 언어현상이 있음을 앞에서 설명한 바 있다. 비록 /w/가 /u/와 동일한 음소는 아니라 하더라도, /u/와 원순성의 자질을 공유할 뿐만 아니라 동일한 위치에서 발성이 시작되는 동위적 음성이라 할 수 있다. 따라서, /u/ 다음에 /w/를 연이어 조음한다는 것은 동일한 단모음을 조음하는 이치와 다를 바 없다. 동일한 두 모음을 발음하기 위해서는 앞 음을 일부러 점약음으로 발음하든가 아니면 상당히 긴 휴지 (++)를 두어야만 음절경계를 생성시킬 수 있다. 그렇게 하자면 신경을 써야 하는 일이며, 힘이 드는 노릇이다. 그러므로, 이러한 발음을 피하려는 경향이 나타나게 되는 것이다.(허웅, 1965 : 210)

/u/ 뒤의 /w/도 이러한 발음의 어려움을 피하기 위해 나타나는, 동기관적 이화에 의한 탈락 현상으로 볼 수 있을 것이다. 이 /w/ 탈락규칙을 다음과 같이 형식화할 수 있을 것이다.

---

17) 당면한 논의와 직접 관계가 없는 모음조화규칙이나 단모음화규칙 등은 무시되었다.

(26) w 탈락규칙[18]

　　w → ∅ /u _____

　　(/w/는 /u/ 뒤에서 탈락한다).

　(24)(b), (c)의 어사들이 모음축약을 기피하는 것은 순전히 이 규칙 (26)에서 면제되기 때문이고, (24)(a)의 어사들이 모음축약을 가져올 수 있는 것은 이 규칙 (26)의 적용을 받아 결국 (17)의 어사들과 동일한 환경이 되어 규칙 (16)의 적용을 받기 때문인 것이다.

　Glide화에 의한 모음축약은 장모음화를 수반한다. (24)(b), (c)의 어사들이 장모음화를 수반하지 못한 이유, 곧 모음축약을 일으키지 못한 이유를 金完鎭(1972 : 292)과 李秉根(1978 : 19)에서는 예외로 돌리고 있으며, 김진우(1976 : 50-51)에서는 기저음장에서 이들 어간말 모음이 장음을 가지고 있기 때문인 것으로 보고 있다. 이것은 (24)(b), (c)의 어사들에 작용하는 w 탈락규칙을 간파하지 못한 데서 오는 오류가 아닌가 한다.

3) 통시적 모음축약과 단모음화

　통시적 모음축약으로 간주될 수 있는 일련의 어사들이 있다.

　후설모음으로 끝나는 용언 어간에 피동이나 사동의 접사 '이'가 연결되면 전설화하여 단모음으로 축약되어 피동사나 사동사를 형성하는 일부의 어사들이 이와 관련을 맺는다.

(27) (a) 차(蹴) + 이 → 차이- → 채:-
　　　　싸-(包) + 이 → 싸이- → 쌔:-

---

18) 이 /w/는 순자음 뒤에서도 탈락된다. 따라서, 이 규칙은 다음과 같이 정밀화될 수 있을 것이다.

$$w \rightarrow \emptyset / \left/ \begin{pmatrix} u \\ \begin{bmatrix} +cons \\ +labial \end{bmatrix} \end{pmatrix} \right. \underline{\quad}.$$

이 규칙의 지배를 받는 '바쁘다, 고프다'류의 어사는 '쓰다'류의 어사와 구별되어야 한다고 생각한다.

　　pap'iə
　　pap'u ə　원순모음화
　　pap'w ə　(16)
　　pap' ə　　(26)
　　[pap' ə]

한편, '기쁘다'류는 '기뿌다'를 기저형으로 삼을 수도 있을 것이다.(南廣祐, 1984 : 75~82 참조)

  보-(見) + 이 → 보이- → 뵈:-
  쏘-(벌이~) + 이 → 쏘이- → 쐬:-
  누-(오줌을~) + 이- → 누이- → 뉘:-
  바꾸- + 이 → 바꾸이- → 바꿔-
  나누-+이 → 나누이- → 나눠-
(b) 타-(乘, 燒)+이우 → 태우-
  자 (眠) +이우 → 재우-
  차-(滿)+이우 → 채우-
  서-(立) +이우 → 세우-
  쓰-(書) +이우 → 씌우-
  뜨-(浮) +이우 → 띄우-
  크-(身長) +이우 → 키우(<킈우-<킈오-)

우리는 앞에서 피동이나 사동 접사 '이'가 용언어간과 결합하여 형성된 파생어간에 '어/아'가 연결되면, y로 Glide화하는 것을 살펴본 바 있다. 그런데, (27)의 어사들을 통해 알 수 있는 바와 같이, 어간 개음절 모음이 후설모음일 경우는 '이'가 Glide화하는 대신에 바로 단모음으로 축약된다.[19] 이것을 도식화하면 다음과 같다.

(28) 단모음으로의 축약규칙

$$\begin{bmatrix} +\text{syll} \\ +\text{back} \end{bmatrix}_{\substack{\text{verb} \\ \text{stem}}} + \text{i} \Rightarrow \begin{bmatrix} 1 \cdot 2 \\ -\text{back} \end{bmatrix}$$
$$\quad\quad 1 \quad\quad\quad 2$$

  그런데, 파생접사의 경우는 어간과의 결합이 어미의 결합보다 긴밀하게 연결되어 있는 느낌이 있고, 음운변화의 양상도 어간과 어미와의 연결에서 나타나는 것과는 다소 다를 때가 있다는 것이 지적된 바 있듯이(高永根, 1974; 宋喆儀, 1977), (27)(a), (b)에서도 그러한 현상을 엿볼 수 있다. (27)(b)가 파생어 형성과정에서 파생접사가 가중된 것도 바로 이 파생접사가 갖는 밀착성에 기인한 것으로 해석된다.
  우리가 국어사적 지식을 전제로 하지 않는다면, (27)(b)의 축약된 단모음 /ɛ/, /e/ 등에서는 그것이 어느 정도 가능할 듯하다. 이것은 (27)(b)가 어간재구조화를 완료한 것으로 해석할 수 있다. 이렇게 되면, 이들에 대한 음운규칙은 통시적인 것이 된다.
  (27)(a)도, (27)(b)에는 미치지 못하지만, 본어간과 꽤 밀착된 감을 갖게 하는데, 이것은 이

---

[19] 이것도 통시적으로는 Glide와 관련을 맺는다. 이렇게 보면, '이'는 어간 개음절 모음 앞이나 뒤에서 모두 Glide화한다고 볼 수 있다.

들 어사도 어간재구조화를 어느 정도 이루고 있는 것이 아닐까 한다. 전통문법학자들이 이 '이'를 포함한 파생접사류를 보조어간이라 칭한 것도 수긍이 간다.

개음절로 끝나는 용언 어간 뒤에서, 사동이나 피동의 접사 '이'가 축약에 관여한 것은 중세국어 문헌에서도 자주 눈에 띄다. 비록 이때 단모음으로의 축약을 이룩한 것은 아니지만.

(29) 보-(見)+이 → 뵈니 (용36)
　　　　　　　　뵈요리라 (석13)
　　　셔―(立)+이 → 셰이시니 (용11)
　　　　　　　　셰요더 (月印21)
　　　나―(出)+이 → 내시니이다 (용8)
　　　　　　　　내면 (석19)

이때 /i/는 /y/로 바뀌어 /ay/, /ey/ 등의 2중모음을 형성하고 있었지만, 원형으로 복귀가 가능한 수의적 변이였다는 사실을 우리는 안다.(허웅, 1965 : 384-391) 그런데, 이렇게 형성된 이들 하강이중모음이 19세기 이후 단모음으로 축약을 일으켜, /ay/는 /ɛ/로, /əy/는 /e/로 바뀌었다. 그리고, /uy/와 /oy/도 이들보다 약간 늦은 시기지만 역시 19세기에, 각각 /wi/와 /we/의 상승이중모음으로 바뀌어 현재 단모음화 과정에 놓여 있다고 한다.(허웅, 1965 : 433-437)

이렇게 볼 때, (27)(b)는 벌써 오래전에 (이들 이중모음의 단모음화와 거의 동일한 시기에 ?) 단모음으로의 축약을 완료했을 가능성이 짙다고 하겠다.

이 통시적 음운 변화에 속하는 것으로, 후설모음에 전설모음이 연결되어 전설단모음으로 축약되는 것에는, 단일형태소 내에서도 찾아볼 수 있다는 사실은 앞에서 이미 밝힌 바 있다. (가히>가이>개, 버히다>버이다>베다, 자히다>자이다>재다). 이것도 원래 중모음으로의 축약을 전제로 했을 것임은 물론이다.

이렇게 보면, 모음축약이든 자음축약이든, 축약은 두 음소의 복합화라고 할 수도 있을 것이다.

그리고, 이 단모음으로의 통시적 모음축약에 의해 형성된 어사들이 현재 장모음으로 실현되고 있는 사실과 y-Glide화나 w-Glide화라는 Glide화에 의한 모음축약이 어제 오늘의 일이 아니라는 사실을 기억해 둘 필요가 있을 것이다. 문헌상으로는 15세기부터 시작되지만, 실제로는 이보다 훨씬 거슬러 올라갈 것이다.

IV. 모음축약과 장모음화

이상 III장 전체를 통하여 우리는 모음축약과 음장에 대하여 다음과 같이 요약할 수 있다. 모음축약은 반드시 장모음화를 수반한다.[20] 그것이 y-Glide화에 의한 것이든, w-Glide화에 의한 것이든, 또 이들 Glide화가 공시적인 것이든 통시적인 것이든, 어간 내에서든 형태소 결합에서든 어떠한 경우를 막론하고 장모음화가 수반된다. 다만, 단어의 제2음절 이하에서는 - 좀 더 자세히 말하면 한 breath group 내에서는 - 단모음화 규칙에 의해 다시 단모음화되므로 표면상 드러나지 않을 뿐이다.

두 모음의 복합화에 의한 중모음화나 통시적 단모음화로 설명되는 모음축약에 우리는 국어 장모음의 한 출처가 있음을 알 수 있다.

이 사실을 통해 우리가 유추할 수 있는 또 하나의 사실은 국어의 음장이 모음에 얹혀 존재한다는 것이다.

김재민(1977 : 19-22)은 두 모음 사이에 있는 자음의 폐쇄지속시간의 길이는 앞·뒤에 어떤 모음이 오든지 일정하다는 실험음성학적 결과를 보고한 바 있다. 그렇다면, 음절의 상대적 길이(quantity)는 결국 어떤 음절 속에 들어 있는 모음, 곧 성절음에 따라 결정된다고 볼 수 있다. 곧, 장음절이냐 단음절이냐 하는 것은 그 음절의 onset나 coda에는 상관없이 성절음, 곧 모음이 갖는 시간의 길이에 좌우된다는 것이다. 만일, 단음절의 모음이 갖는 시간의 길이를 한 mora로 정한다면, 축약에 의해 형성된 장모음은 2mora(two mora)에 해당되는 길이를 갖게 될 것이다. Glide화에 의한 모음축약에 의해 이루어진 음절이 장음절 하는 것은 Glide로 바뀌지 않은 음이 Glide로 바뀐음의 길이를 흡수하기 때문일 것이다.(또는, Glide화 모음이 차지하는 시간의 길이가 다른 모음으로 전이된 때문일 것이다).

국어의 음장이 모음에 얹혀 존재한다는 또 하나의 증거는, 두 모음의 축약이 반드시 장모음화를 수반하는 것과는 달리, 연접하는 두 모음 중 어느 하나가 탈락할 때는 음장의 변화가 없다 - 장모음화가 일어나지 않는다 - 는 사실이다. (6)의 어사들을 참고하면, 이 사실을 금방 알 수 있을 것이다.

국어의 음장이 모음에 얹혀 존재한다는 또 다른 증거도 있다. 규칙 (15)의 지배를 받는 어사들에 접사 '어'가 연결되면 어간말 모음 i가 y로 Glide화되면서 동시에 탈락한다. 이들 어사 들은 Glide화에 의한 장모음화를 일단 거쳐 단모음화되는 것으로 볼 수 있는데, 이 단모음화는 i의 탈락에 기인한 것이다. 곧, i가 y-Glide화와 동시에 탈락할 때, i가 보유하고 있는 음장도 함께 떨어져 나가는 것이다.(지-(負)+어→져:→저) 이에 대한 자세한 설명은 이미 Ⅲ장 1절에서 펼친 바 있다.

지금까지 흔히 국어의 장모음화를 놓고, '보상적' 또는 '대상적'이란 말을 즐겨 써 왔는데, 엄격히 말하자면 이것은 장모음화의 본질을 꿰뚫지 못한 데서 온 그릇된 표현이다. 음절의 입장에서 보면, 장모음화가 음절의 감소를 가져왔으므로 '보상'이 될 수 있을지 모르지만,

---

20) 장모음화가 모음축약에 필수적으로 수반되는 것이라면 이때의 음장은 redundant feature에 불과하다고 말할 수 있다.

사실은 두 모음이 본래부터 보유하고 있는 음장을 복합한 것에 불과한 것이다.
  끝으로 장모음의 출처의 하나가 모음축약에 있다는 사실이 밝혀진 이상, 국어의 장모음의 모든 출처가 어디에 있는 것인가 하는 것이다.
  국어의 기저모음을 i, ɔ, a의 셋으로 본 Kim, Chin-wu(1972)의 견해에 타당성을 인정한다면, 이들 기저모음과 Glide /y/나 /w/의 복합이라는 일종의 모음축약으로 장모음은 나타났을지도 모를 일이다.
  우리는 또 하나의 장모음의 출처가 국어 성조 특히 상성에 소급되고 있음을 잘 알고 있다. 그 밖에 또, '드르(野)>들, 기슴(耘)>김, 알음→앎, 살음→삶' 등에서 보는 음절단축에 대한 보상에서 오는 장모음화 및 효과적인 감정표현을 위해서 수반되는 '어, 아, 오, 우' 등을 들 수 있을 것 같기도 하나, 현재의 필자 입장으로서는 하나의 연구과제로 제기할 수밖에 없다.

V. 결론

  본고를 쓰게 된 동기는, 어떤 음운현상에 접근할 수 있는 관건(關鍵)이 음운규칙의 예외가 되는 어사들에 있으리라는 생각을 갖고, 축약의 예외가 되는 어사들을 들여다 본 데에 있다.
  '잇:-(連), 붓:-(注), 찧-(舂), 좋:-(好), 곱:-(麗)' 등의 어사가 모음계 접사 '어/아'와 연결되면, y-Glide화나 w-Glide화와 관련을 맺는 중간구조를 형성하게 되지만, 기저형태의 제약으로 Glide화에 의한 모음축약을 가져올 수 없다. 이때 제약을 가하는 직접적인 인자는 'ㅅ' 변칙이나 'ㅎ' 말음 용언의 어간에서는 'ㅅ'이나 'ㅎ'이 탈락된 자리에 null segment가 남아 있기 때문이고, 'ㅂ' 변칙 용언에서는 'ㅂ'의 변이음 'w'가 존재하여 두 모음이 직접 연결되지 못하기 때문이다. 다만, 'ㅂ' 변칙 용언 가운데 어간말음절의 모음이 /u/인 경우는 w탈락규칙에 의해 /w/가 탈락됨으로써 w-Glide화에 의한 모음축약을 가져올 수 있게 된다.
  어간내부에서의 모음축약은 주로 통시적 현상과 관련을 맺는데, 그 수가 별로 많지 않다.
  Glide화에 의한 모음축약은 용언어간과 모음계 접사가 연결되는 형태소 연결위치에서 가장 활발하게 일어난다.
  모음축약에 제약을 가하는 음운론적인 인자로는 연접하는 두 음절의 구조가 있다.
  두 음절 S1과 S2가 연접하여 축약을 이룰 수 있는 음절구조상의 결합상(結合狀)은 VV, CVV, CV$VC, V$VC의 네 가지가 있다. 이 중 V$V는 y-Glide화나 w-Glide화에 의한 필수적인 모음축약을 보여준다. 이것은 핵음절의 연결에서는 onset나 coda에 의한 제약을 전혀 받지 않기 때문인 것으로 해석된다. CV$V의 경우에서는 y-Glide화나 w-Glide화에 의한 모음축약이 수의적인데, y-Glide화에 의한 것보다는 w-Glide화에 의한 모음축약이 더 잘 일어난다.

이 경우 어간이 단음절인 경우는 모음축약이 더 제약을 받는데, 이것은 형태소 인식의 어려움을 막기 위함일 것이다. 또, 단음절 어간이라도 w-Glide화와 관련을 맺을 경우는 꽤 자유로운 모음축약을 보여준다. 이것은 w-Glide화 규칙이 갖는 힘이 y-Glide화 규칙이 갖는 힘보다 강력한 데서 오는 결과일 것이다.

CV$V의 음절연결에서 앞 음절의 자음이 경구개자음일 경우는 y-Glide화가 필연적으로 일어나 모음수축을 보이는데, 이것은 경구개음만이 갖는 음성적 특성 때문일 것이다.

V$VC의 연결에서는 CV$V의 연결보다도 더 큰 제약을 받는 듯한데, 이것은 onset보다는 coda가 보다 큰 제약성을 발휘하기 때문일 것이다. onset와 coda의 두 가지가 함께 제약을 가하는 CV$VC의 연결에서는 통시적인 것을 빼면 모음축약을 이루지 못한다.

모음축약은 어떠한 경우를 막론하고 장모음화를 수반한다. 따라서 국어의 장모음의 한 출처를 여기서 찾을 수 있게 된다. 이 모음축약에 의한 장모음화는 축약 전의 두 모음이 갖고 있는 음장의 합력으로 나타나는 것으로 해석된다. 형태소 연결위치에서 두 음절이 연결될 때 모음축약이 필수적으로 장모음화를 수반하는 것과 달리, 연접하는 두 모음 중 한 모음이 탈락하면 장모음화는 수반되지 않는다. 이로 미루어 국어의 음장은 모음에 얹혀 존재함을 알 수 있다.

이러한 모음의 축약이나 탈락과 관련한 연구의 뒷받침이 없이 이루어진 과거의 장모음화에 대한 연구는 자연히 수많은 예외와 오류를 동반하지 않을 수 없었다고 믿는다.

전남방언의 화자인 필자로서 용례의 선정과 해석에 있어서 많은 오류를 범했을 것임을 자인한다. 앞으로 이런 오류들은 보다 깊은 연구를 통해서 하나씩 시정해 나갈 방침이다.

참고문헌

高永根(1974), 國語接尾詞의 硏究, 百合出版社.
郭忠求(1984), "体言語幹末 舌端子音의 磨擦音化에 對하여", 국어국문학 91.
金手坤(1977), "'ㅂ'-變則動詞類의 音韻論的 意義", 언어 제2권 제2호, 한국언어학회.
김영기(1973), "'Irregular' verbs in Korean Revisited", 語學硏究 9-2.
金完鎭(1972), "形態論的 懸案의 音韻論的 克服을 위하여, ─이른바 長母音의 境遇─", 東亞文化 11輯, 273-299.
_____(1977), 中世國語聲調의 硏究, 塔出版社.
김진우(1970), "所謂 變格用言의 非變格性에 關하여", 韓國言語文學 8·9.
_____(1976), "國語音韻論에 있어서의 母音音長의 機能", 語文研究 第九輯, 忠南大文理大語文研究會.
김차균(1981), 음운론의 원리, 창학사.
南廣祐(1960), "長短音考", 國語學論文集, 一潮閣, 255-276.
_____(1984), 韓國語의 發音硏究[I], 一潮閣.

박종회(1983), 국어 음운론 연구, 원광대학교출판국.

宋喆儀(1977), 派生語形成과 音韻現象, 國語研究 38, 國語研究會.

_____(1983), "派生語 形成과 通時性의 問題", 國語學 12, 國語學會, 塔出版社.

劉昌惇(1970), 李朝語辭典, 延世大學校出版部.

이규호(1975), 말의 힘, 제일출판사.

李基文·金鎭宇·李相億(1984), 國語音韻論, 學研社.

이병건(1976), 현대 한국어의 생성 음운론, 일지사.

李秉根(1975), "音韻規則과 非音韻論的 制約", 國語學 3, 17-44.

_____(1978), "國語의 長母音化와 報償性", 國語學 6, 1-28.

_____(1981), "유음 탈락의 음운론과 형태론", 한글 제173·174호 어우름, 한글학회.

李崇寧(1961), 中世國語文法, 乙酉文化社.

_____(1978), 音韻論研究, 民衆書館.

田相範(1980), 生成音韻論, 塔出版社.

鄭然粲(1977), 慶尙道方言聲調研究, 塔出版社.

崔泰榮(1983), 方言音韻論 — 全州地域語를 中心으로, 螢雪出版社.

최현배(1981), 우리 말본<깁고 고침>, 정음사.

허 웅(1965), 國語音韻學<改稿新版>, 正音社.

_____(1981), 언어학 -그 대상과 방법-, 샘문화사.

Allen, W. Sidney(1973), Accent and Rhythm. Prosodic Features of Latin and Greek : A Study and Reconstruction. Cambridge Studies in linguistics 12, Cambridge University Press.

Dinnsen, Daniel A.(1974), "Constraints on global rules in phonology", Language 50.

Greenberg, J. H.(1979), "Rethinking Linguistics Diachronically", Language 55-2.

Heffner, R. M. S.(1949), General Phonetics. The University of Wisconsin Press.

Hooper, J. B.(1972), "The syllable in phonological theory", Language 48-3.

Hyman, L. M.(1975), PHONOLOGY : theory and analysis. Holt, Rinehart and Winston,

Kahn, Daniel(1976), Syllable-based Generalizations in English Phonology. University of Massachusetts.

Kim, Chin-woo(1968), "The Vowel System of Korean", Language 44-3.

_____(1972), "Two Phonological Notes : A-sharp and B-flat", in Brame ed. (1972), 155-170.

Kim-Renaud, Young-Key(1975), The Korean Consonantal Phonology. Tower Press.

_____(1977), "THE SYLLABLE IN KOREAN PHONOLOGY", PAPERS IN KOREAN LINGUISTICS. edited by Chin-W. Kim, University of Hawaii.

Newman, Paul(1972), "Syllable weight as a phonological variable", Studies in African Linguistics 3, 301-323.

Saussure, F. de(Translated by Wade Baskin)(1957), Course in General Linguistics. McGraw-Hill Book Company, New York.

Sloat, C., Taylor, S. R., Hoard, J. E.(1978), Introduction to Phonology. Englewood Cliffs, N. T. : Prentice-Hall.
Vennemann, Theo(1972), "On the theory of syllabic phonology", Linguistische Berichte 18.

[처음 실린 곳]
母音縮約의 制約性, 「논문집」(인문사회과학편, 순천대학) 3집, pp.411~431. 1984.

[14] 구개음화의 공시태와 통시태
서남방언을 중심으로

I

    지금까지 국어 구개음화 현상에 대하여는 공시적으로나 통시적으로 상당한 논의와 성과가 있었다(참고문헌 참조). 그런데 이들 대부분이 중앙어를 대상으로 한 것들이었고 서남방언이나 동남방언을 대상으로 한 본격적이고도 전면적인 연구는 없는 것 같다.
    구개음화의 진원지로 알려져 온 남부방언에서는 구개음화가 중부방언에 비하여 다양한 모습을 띠었던 것으로 알려져 왔다. 이러한 점을 감안하여, 본고는 서남방언을 중심으로 한 현대국어가 구개음화와 과거에는 어떻게 관련을 맺었었고 또 현재는 어떻게 관련을 맺고 있는가, 즉 국어 구개음화의 통시태와 공시태를 재조명하게 될 것이다.
    본고는 서남방언과 공통어가 동일한 형태로 나타나는 언어 자료를 가급적 많이 이용하려고 노력하였다. 그러나 필요한 때에는 서남방언에 한정되는 자료와 중세 국어 자료도 이용된다. 서남방언에 나타나는 구개음화는 중부방언에서 보는 그것을 모두 포괄한 그 이상의 양상을 보이므로 중부방언의 구개음화의 모습도 아울러 살피자는 데 의도가 있기 때문이다.
    구개음화에 대한 연구는 이미 상당한 성과를 거두었다고 여겨진다. 본고에서는 과거의 업적에서 미처 다루지 못한 부분은 물론 이미 다룬 내용에 대하여도 나름대로의 해석을 가해보려고 노력하였다.
    본고에서 이용되는 서남방언의 자료는 필자가 지금까지 조사해 온 여러 곳의 서남방언 가운데 광주를 중심한 서부 지역어가 중심이 됨을 밝힌다.

II

2.1. 현대국어에서 공시적으로 나타나는 구개음화는 어느 지역 방언을 막론하고 대체로

다음과 같은 두 가지 유형으로 나타난다. 첫째, 한 음소가 다른 음소로 바뀌는 것으로서, 형태소 경계를 사이로 /t/, /tʰ/가 /i/, /j/와 만날 때 각각 /ʧ/, /ʧʰ/로 바뀌는 것이요, 둘째, 한 음소 안의 변이로서 /s/, /n/, /r/, /h/가 /i/, /j/와 만나 각각 [š](=[ɕ]), [ñ](=[ɲ]), [ř](=[ʎ]), [ɦ̃](=[ç])로 실현되는 것이 그것이다.

한편, 통시적으로는 서남방언 등에 나타나는 소위 't구개음화, k구개음화, h구개음화'가 전자에 속하고, 'c구개음화, s구개음화, n구개음화'가 후자에 속한다.

우리가 보통 공시적인 구개음화라 하면 전자만을 지칭해 온 것이 보통인데, 전자에서는 변이 전후가 음소적 대립을 가져오기 때문에 우리의 의식에 바로 떠올라 오지만, 후자에 있어서는 변이 전후의 차이가 다만 한 음소 안의 변이음들 간의 음성적 차이뿐이어서 그 차이를 쉽게 인식할 수 없다.

한 음소의 변이음들은 그것들이 나타나는 환경이 배타적이어서 변별적 기능을 발휘하지 못한다. 이러한 이유 때문에 변이음들 간의 이러한 음성적 차이는 모화자들의 의식에서 민감하지 않아도 되며, 실제에 있어서도 우리는 이들 변이음들을 심리적으로는 기저 음소와 동일하게 인식하고 있는 것이다.

이러한 구분은 뒤에서 논의할 통시적 구개음화에 대한 본질을 살피는 데 몫을 담당하게 된다(이에 대하여는 차차 밝혀지게 된다).

2.2. 음소 간의 변이로써 표출되는 t구개음화는 어간과 접사라는 형태소 경계를 사이로 하여 나타나는 필연적인 현상이다. 잘 알려진 바와 같이 이 현상은 서북방언을 제외하면 전국적인 분포를 가지는 것으로서 이 지역어에 국한되는 것이 아님은 물론이다.

이것을 표면적으로 드러나는 유형별로 나누어 보면 다음과 같다.

   ㄱ) 어간+-i
      a. 어간+주격 조사 -i
         맏이, 밭이
      b. 어간+부사형 어미 -i
         곧이, 낱낱이
      c. 어간+명사형 어미 -i
         물받이, 일가붙이
      d. 어간+사동 및 피동 접미사 -i-
         붙이-
   ㄴ) 어간+사동 및 피동 접미사 -hi-
      닫히-, 굳히-

그런데, 이러한 구분은 별다른 의미를 부여받지 못한다는 사실을 알게 된다. 곧 ㄴ)은 ㄱ)과 구별될 성질의 것은 아니다. ㄴ)은 다만 표면 음성적으로 어간에 [hi]가 연결되어 구개음화가 이룩된다는 점에서 구별되나 ㄱ)의 d에 소속되어야 할 성질의 것이다. 왜냐하면 ㄴ)도 중간구조상으로는 ㄱ)의 과정을 거쳐 표면화되기 때문이다.[1]

/tat+hi/   기저표상
tat^h i   축약
tat͡ɕ^h i   구개음화
[tat͡ɕ^h i]   음성표상

국어에서 거센소리의 짝이 있는 약한 소리는 /h/와 이어나면 거센소리(유기음)로 축약되는데, 이 거센소리 되기(유기음화)는 구개음화에 선행하므로 ㄴ)의 어사류는 먼저 유기음화 규칙을 적용받게 되고 이 결과 ㄱ)의 d와 동일한 중간구조를 이루게 되어 결과적으로는 ㄱ)의 d와 동일한 구개음화를 겪게 되는 것이다. 따라서, '닫히-'류에서 /h/는 구개음화 규칙을 세우는 데 고려할 필요가 없음을 깨닫게 된다.[2]

그런데, 서남방언에서는 체언 어간이 공시적으로 /t/, /t^h/를 끝소리로 갖는 말이 주격 조사 -i와 연결될 때는 '끗이'(끝이), '낫이'(낯이)와 같이 /s/말음으로 재구조화되었으므로 ㄱ)의 b, c, d의 세 가지 유형만 존재하게 된다.

한편, 최명옥(1982:141)에서는 피동사와 사동사의 파생을 통시적인 것으로 보고 피동이나 사동 어미 i에 의한 t구개음화는 공시적 음운 기술의 대상이 될 수 없다는 견해를 보이기도 하지만, 오늘날 변형문법론자들이 국어 피동문이나 사동문을 변형규칙에 의해 능동문으로부터 도출되는 것으로 파악하고 있는 점을 고려하여(송석중 1978, 송병학 1979, 남기심 1983 등 참조), 피동사나 사동사의 파생은 공시적으로 설명될 수 있으리라 본다.

통시적으로 볼 때 본래적이 아닌 /i/(예컨대 '무디-')가 t구개음화를 비롯한 구개음화의 동화

---

1) '닫혀'에 있어서는 구개음화 규칙 다음에 과도음화 규칙이 적용된 뒤 다시 y삭제 규칙이 적용받게 되어 음성형 [tač^{h}ə]가 도출된다.

/tat+hi+ə/   기저표상
tat^h i ə   축약
tač^h i ə   구개음화
tač^h j ə   과도음화
tač^h ə   y삭제
[tač^h ə]   음성표상

2) 김영기(1975:201)에서는 이 /h/를 넣어 구개음화를 규칙화하고 있다.

주로서 작용할 수 없으며 단일형태소 내에서의 t구개음화는 공시적으로는 일어나지 않는다는 것은 현대국어에서 전반적인 현상이다. 서남방언에서도 이와 궤를 같이함은 물론이지만, 다만 'radio', 'nicotine'이 '[natʃo]', [nikʰotʃʰin]으로 구개음화되는 것과 같은 현상은 본래적인 /i/는 아직까지 구개음화의 동화주로 작용할 수 있다는 증거를 제공해 주는 듯도 하다. 그러나, 이러한 예는 극소수에 해당하는 예외적인 존재로서 단일형태소 내의 t구개음화는 통시적인 현상으로 보아 좋을 듯하다.[3]

이미 알려진 바와 같이 t구개음화는 형태소 경계와는 상관없이 일어난 현상이었다. 곧, 오늘날 형태소 경계를 사이로 /t/, /tʰ/와 /i/, /j/의 연결이 어려운 것은 통시적 음운변화의 결과에 말미암는다. 단일형태소에서의 t구개음화 현상이 과거 어느 시기에 소멸함으로써 이제는 형태소 경계를 사이로 할 때에만 한정되게 되었다고 할 수 있다. 그렇다면 이 경우, 구개음화 규칙이 살아남게 된 직접적인 원인을 동화주 /i/, /j/에서 찾을 것이 아니라, 형태소 경계에서 찾을 수 있을 것이다. 음운현상이 형태론적 제약을 받는 경우가 흔하다는 사실은 우리가 주지하는 바인데, 여기서도 또한 그러한 사실을 보게 된다.

2.3. 공시적인 n구개음화는 /n/이 /i/나 /j/에 선행하면 [ɲ]으로 바뀌는 보편적 성격을 띠지만 약간의 예외가 있다. (1)의 예들이 여기에 속하는 것들이다.

(1) [niŋkʰïm]   (넝큼)
    [niʎʎiɾi]   (닐리리)
    [ninano]   (늬나노)
    [nigE]   (네 개)
    [niga]   (네가)

이들은 구개음화와 관련을 맺지 않으므로 (2)의 어사들과는 달리 /n/이 어두에 위치해도 탈락을 겪지 않는다.

(2) [jəʃa]   (여자)
    [jodo]   (요도)
    [iŋmjəŋ]   (익명)

---

[3] 그러나, 崔銓承(1986:297)에서는 일부 남부방언에 '오다→오지, 잔다→잔지, 티끌→치끌, 반딧불→반지뿔'과 같이 단일형태소 안에서도 t구개음화와 관련을 맺고 있는 사실을 들어 "현대 남부방언에서 t구개음화 규칙이 형태소 내부에서도 그 기능을 발휘하고 있는 살아있는 규칙인 것을 의미한다."고 해석했지만, 필자는 이를 음운규칙의 차용에서 비롯되는 over-simplification으로 보고자 한다.

그런데 (3)의 어사들도 /n/이 어두에서 탈락되지 않고 유지된다.

(3) [njaŋ]   (냥←兩)⁴⁾
    [njən]   (년(年) 또는 '여자'의 비칭)
    [njəndo] (年度)
    [njəsək] (녀석)
    [nim]   (바느질에서 토막친 실을 세는 말)
    [nip]   (닢)

(3)의 어사들에서 보는 어두의 [n]이 탈락을 외면하는 것은 (4)의 어사들에서 보는 비어두의 [n]이 탈락을 외면하는 이유와 어깨를 나란히 하는 것으로 여겨진다.

(4) [namɲjə] (남녀)
    [taŋɲjo] (당뇨)
    [ïnɲik]   (은닉)

우리는 (3)의 어사들이 자립성이 없는 의존명사(불완전명사)라는 데 주목할 필요를 느낀다. 이들은 홀로 어두에 나타나는 일은 없고 앞에 오는 관형어와 결합할 때에야 자립성을 부여받게 된다. 관형어 또한 자립성이 없는 단어로서 반드시 뒤에 오는 체언과 힘께라야 비로소 자립할 수 있다. 이러한 관계로 (3)의 어사들은 앞말과 긴밀한 결합을 유지하는 통사구조를 갖게 됨으로써 통사론적 구성을 넘어선 형태론적 구성을 이루게 되고, 결과적으로는 (4)의 구조와 동일한 자격을 갖게 됨으로써 [n]의 탈락을 면제받게 되는 것이다. 다시 말해서 이것은 '이'(齒)가 비어두에서 '썩은 니', '금니'로 실현되는 것과 같은 이치라고 할 것이다.

그러면, (1)의 어사들에서 /n/이 비어두에서도 구개음화를 외면하는 이유는 무엇 때문일까? 그것은 '어디', '더디-', '버티-' 등이 공시적 t구개음화를 외면하는 이유와 평행한다. 곧, 이들 어사들에 개재하는 /i/가 본래적인 것이 아니라는 데 그 원인이 있다. 이를 최태영(1983 : 68)에서와 같이 단일형태소 내에서 /i/나 /j/에 선행하는 /n/이 모두 구개음화되고 있지 않다는 증거로 삼기는 어려울 듯하다.⁵⁾ 왜냐하면, (5)에서 보는 어사들은 단일형태소 내에서 구개음화가 활발히 일어나고 있기 때문이다.⁶⁾

---

4) [ɲ], [ʧ], [ɕ] 등 구개자음 뒤에 오는 [j]는 의무적으로 탈락되기 때문에 [ɲj], [ʧj], [ɕj] 등은 실제로는 [ɲ], [ʧ], [ɕ]로 실현되지만, 여기서는 구개음화와 관련된 이해를 돕기 위해서 편의상 그대로 둔다.
5) 15세기 문헌에 '四'는 '네', '汝'는 '너'로 나타난다. '四'는 현재 서남방언에서 [nəj] 또는 [nəi]로 실현되고 있다.
  이 현상을 金完鎭(1971)에서처럼 형태음소 /ɲ/를 배정하여 공시적 기술을 시도할 수도 있을 것이다.

(5) [tɕəɲjək]   (저녁)
   [taɲi-]   (다니-)
   [əmɲi]   (어머니)
   [iɲjək]   (당신)

공시적인 n구개음화는 단일형태소 내이냐, 형태소 경계를 사이로 하느냐 가리지 않고 일어난다. (6)과 (7)은 형태소 경계를 사이로 하는 보기다.

(6) [soɲi] (손이)   [toɲi] (돈이)
   [pənbəɲi] (번번이)   [ip'iɲi] (예쁜이)

(7) [munɲjəlgo] (문열고) [tɕaɲin] (잔인)
   [ɕiɲjoŋ] (신용)   [səɲin] (선인)

그런데 (8)은 /n/과 [i] 사이에 /h/가 개재되어 있다는 점에서 (6)이나 (7)과 차이를 보인다.

(8) /k'utɕunhi/ (꾸준히)
   /tɕʰapunhi/ (차분히)

그러나 (8)도 중간구조상으로는 (6)이나 (7)과 같은 과정을 거치게 되므로 이들과 궤를 같이 하는 것으로 볼 수 있다. 즉, (8)은 n구개음화 규칙이, 유성음 사이에서 일어나는 h삭제 규칙 다음에 일어나는 것으로 규칙 순서를 정하면 되는 것이다.

/k'utɕunhi/   기저표상
k'utɕuni   h삭제
k'utɕuɲi   구개음화
[k'utɕuɲi]   음성표상

어두에서 /n/탈락은 통시적 구개음화와 관련을 맺는다고 본다. 이렇게 보면 구개음화가 발생하기 전에는 /i/나 /j/에 선행하는 [n]도 구개음 [ɲ]을 변이음으로 갖지 못했을 것이고, 이에 따라 (9)는 (10)과 같은 기저형을 유지했을 것으로 볼 수 있다.

---

6) 중부방언형 [muni](무늬), [poni](보늬) 등 일부 어사는 비어두에서도 [i] 앞의 /n/이 구개음화되지 않는다. '무늬'에 해당하는 서남방언형은 '무누'이고, '보늬'의 대당형은 없는 것으로 보인다.

(9) [i] (이)   [ilgop] (일곱)
    [ibul] (이불)   [ima] (이마)

(10) /ni/ (니)   /nilkop/ (닐곱)
     /nipïl/ (니블)   /nima/ (니마)

공시적으로는 (10)의 어사들은 이미 (9)와 같이 /n/이 없는 쪽으로 재구조화된 것으로 보고, (11)의 어사들에서는 /n/이 첨가된 것으로 해석하기도 하지만(허웅, 1985:286~7), 통시적으로 보면 /n/이 그대로 유지된 것에 불과하다.7)

(11) [kïmɲi] (금니)   (cf. /kïmni/)
     [jeɲilgop] (예닐곱)   (cf. /jenilkop/)
     [hoɲɲibul] (홑이불)   (cf. /hotʰnipul/)
     [amɲima] (앞이마)   (cf. /apʰnima/)

우리는 여기서 (2)와 (4)의 관계는 (9)와 (11)의 관계와 한자말과 우리말이라는 차이를 빼면 차이가 없음을 깨닫게 된다. 이러한 관점에서 볼 때 (2)의 기저형은 /n/이 있는 쪽을, (9)의 기저형은 /n/이 없는 쪽을 택하여 정하는 것은(/녀자/:/일곱/) 일관성이 없는 처사라고 여겨진다.8)

현대국어에서 우리가 (9)의 어사들을 (10)과 같이 기저형을 정하기는 어려울 듯하다(-만일 추상적 기저형 설정을 피하고자 한다면). 왜냐하면 (10)의 어사들은 (9)의 형태로 완전히 재구조화되었다고 인식되기 때문이다. 그렇다면 (2)의 어사들도 이에 발맞추어 /n/이 없는 쪽으로 재구조화된 단어로 보는 것이 바람직할 것이다. 이렇게 되면 구개음화와 관련하여 어두에서 /n/이 탈락하는 것은 통시에 한정되는 규칙이라 하겠다.

그러나 여전히 /n/탈락을 공시적 기술 대상으로 삼을 수 있을지 모른다. 즉, /n/이 유지된 쪽을 기저형으로 삼고 긴 휴지(##) 다음에서는 /n/이 탈락한다고 보는 것이다. 이렇게 되면 이 규칙은 아주 간결해지고 일반성도 어느 정도 포착하는 것처럼 보인다.

---

7) '덧니', '홑이불'에서처럼 맞춤법상으로 때로는 /n/이 있는 쪽, 때로는 없는 쪽을 택하여 일관성을 보이지 않는다. 그러나, 최소한 합성어와 파생어에서는 이를 좀더 신중히 검토해 볼 일이다.
8) 여기서 보는 /n/탈락규칙과 /n/첨가규칙은 한 규칙으로 통합되어야 할 성질이라 여겨진다. 필자는 통시적인 /n/탈락규칙으로 통합될 수 있다고 본다. 차차 밝혀지겠지만 이 경우 /n/탈락과 /n/첨가는 공시적으로는 존재하지 않는다.

ㄱ. ##이가 시리다.
ㄴ. 참 ##이가 시리다.
ㄷ. 좋은 #니가 다 썩어 버렸다.
ㄹ. 금니, 덧니, 옥니, 어금니

ㄱ~ㄹ에서 보면 [i]와 [ñi]의 두 음성형 가운데 [i]는 ## 다음으로 한정되고 # 나 + 경계 뒤에서는 [ñi]로 실현된다는 것을 알 수 있다. 따라서 [n] 탈락 규칙은 n → ∅ / ## _____ $\begin{pmatrix} i \\ j \end{pmatrix}$ 와 같이 간결하게 세워진다. '입다' 등 용언류는 #가 관형어와 체언 사이로 한정되므로, 항상 ## 다음에 나타난다고 보고 또 (3)의 어사들은 # 다음에 나타난다고 볼 수 있으므로 이들 어사들도 이 규칙의 적용을 받게 되어 이 규칙의 지배를 받게 된다.

그러나, 이것으로 문제가 모두 해결될 성싶지는 않다. '초이레'(*초니레), '초여름'(*초녀름) 등의 말이 또 존재하기 때문이다. 더욱이 동일한 '첫-'에 의해 파생되는 말이라도 '첫여름, 첫이레'는 [n]이 있는 쪽으로 '첫인사, 첫인상'은 없는 쪽으로 실현되는 것을 음운론적으로 일관성있게 설명할(규칙화할) 길이 없다.

그러므로, 우리는 '여자;남녀, 이;금니, 여름;초여름;늦녀름' 등이 공시적으로 이미 이 꼴 (음성형태)대로 재구조화된 것으로 보아야 한다고 믿는다. '초여름'을 보더라도 이것은 '초-'와 '녀름'이 아닌 '여름'이 결합한 것이니 이 결합은 시기적으로는 구개음화 이후에나 가능한 일이기 때문에 어두에서의 /n/탈락과 관련한 n구개음화가 통시적 현상이라는 사실을 보강해 준다고 하겠다. 그러나, /n/탈락과 관련한 n구개음화가 통시적인 것이라는 가장 확실한 증거는 (1)의 어사들이 구개음화와 무관하다는 것이다. 만일, /n/탈락과 관련한 구개음화가 공시적인 것이라면 (1)의 어사들도 당연히 구개음화되어 탈락되어야 하기 때문이다. 통시적 n구개음화는 바로 이 /n/탈락과 관련한 것이라고 하겠는데, 이 통시적 n구개음화가 힘을 발휘하고 있을 당시 (1)의 어사들에서 /n/에 후행하는 모음은 /i/가 아닌 이중모음이었기 때문에 n구개음화 규칙을 적용받을 수 없었고 그 뒤 단모음화되어 /i/로 바뀐 뒤에는 이 규칙은 이미 죽은 규칙이 되어버린 것이다.

한편, /n/이 없는 쪽을 기저형으로 삼고 # 나 + 다음에서 /n/이 첨가된다고 보는 해석도 '초여름' 등의 어사를 예외로 처리해야 하는 어려움이 따르므로 바람직스럽지 못함을 알 수 있다.

2.4. /s/와 /s'/가 /i/와 /j/에 선행하면 /š/와 /š'/로 바뀌는 s구개음화는 t구개음화나 n구개음화와는 달리 /i/의 경우 그것이 본래적인 것이든 비본래적인 것이든 모든 /i/ 앞에서 구개음화가 실현되고 있어서 공시적인 음운규칙으로 다룰 수 있는 보편적이며 필연적인 규칙인 듯하다.[9]

---

[9] (12)의 예 둘은 최태영(1983:71)에서 따옴.

(12) [k'aɕi] (가시<가싀)
　　 [kaɕi-] (가시-<가싀-)
　　 [ɕida] (쉬<싀-)
　　 [ɕ'iɛbi] (시아비<싀아비)

(13) [ɕil] (실)　　　[ɕ'i] (씨)
　　 [oɕi] (옷이)　　[möɕi-] (뫼시-)
　　 [k'ɛk'iɕi] (깨끗이) [oɕəsə] (오셔서)

그러나, 통시적으로 보면 (12)와 (13)의 어사들은 구개음화와 관련하는 한 그 양상을 달리한다. 곧, (12)의 어사들은 통시적 구개음화와는 관련을 맺지 않는다.

국어사를 통해 우리는 중부방언이 15세기에는 /s/이 /i/나 /j/에 선행해도 구개음화를 겪지 않은 결과 [ɕ]를 변이음으로 갖지 못했음을 알 수 있다. '섬(階):셤(島), 소(潭):쇼(牛)'에서처럼 'sa, sə, so, su'와 'sja, sjə, sjo, sju'의 대립은 바로 그러한 우리의 인식을 뒷받침해 주는 증거가 될 수 있기 때문이다.

15세기 국어에서 /s'/가 '쏘다(射), 니쏘리'에서처럼 사용되었음을 확인할 수 있지만, 이것이 /i/나 /j/와 연결되어 쓰였는지는 확인되지 않고 있다. 만일 /s'/가 /i/나 /j/와 이어질 수 있었다면 구개음화가 발생하기 전에는 이것이 [ɕ'] 라는 변이음을 또한 갖지 못했을 것이다.

따라서, 국어사를 통해 볼 수 있는 (14)의 어사들도 구개음화기 발생하기 전에는 'ㅅ'이 [ɕ]가 아닌 [s]로 실현되었을 것이다.

(14) a. 샤마괴(黑子)(字會中 34)
　　　 -쇼셔(龍歌 107)
　　　 쇼경(盲)(字會中 3)
　　　 쇼쇼리(松江 將進酒辭)
　　　 슈건(帨)(字會中 23)
　　　 슈달(水獺)(小언五 40)
　　　 슈슈(字會上 12)
　　　 셔울(京)(杜초卄四 32)
　　　 셰간(世間)(杜초上 76)
　　　 셔다(立)(석十九 5)
　　 b. 시렁(架)(小언二 50)
　　　 실(絲)(杜초八 28)
　　　 뫼시다(月八 94)

왜냐하면 (14a)의 어사들에 나타나는 '샤, 셔, 쇼, 슈'가 오늘날 '사, 서, 소, 수'로 실현되고 있어 /j/의 탈락을 확인할 수 있는데, syV에서 /j/가 삭제되기 위해서는 's>š'가 전제되어야 하기 때문이다.

이렇게 볼 때 s구개음화는 통시적으로 /s/와도 관련을 맺었음을 확인할 수 있고, t구개음화나 n구개음화의 경우를 보더라도 (14b)의 어사들이나 (13)의 어사들도 구개음화와 관련을 맺었다고 보아야 타당하다. 그런데, 여기서 두 가지 문제점이 생긴다. 첫째는 (12)의 어사들에 개재된 /i/가 본래적이 아님에도 불구하고 공시적 구개음화와 관련을 맺고 있다는 사실이다. 이것은 앞서 논의한 t구개음화나 n구개음화와 관련한 우리의 일반적 인식과는 거리가 있다. 둘째는 단일형태소로 이루어진 (14a)의 어사들에서 syV가 구개음화와 y삭제 규칙에 의해서 šV로 실현되어야 함에도 sV로 실현되고 있다는 점이다. 이러한 문제를 해결하기 위한 한 가지 방법은 š→s/___V$_{(-i)}$ 라는 규칙을 y삭제 규칙 뒤에 첨가시키는 것이다. 이병건(1978)에서는 šV연속이 갖는 구개음화 규칙에 대한 불투명(opacity)을 제거하기 위해서 이 š→s규칙이 첨가된 것으로 인식한 것으로 보인다. (14b)에서와 같이 š에 후행하는 모음이 /i/일 때는, 곧 ši일 때는, 이 연속 ši는 구개음화 규칙에 대해서 불투명하지 않으므로 ši를 유지하게 되지만, šV에서 V가 /i/ 이외의 모음일 경우에는 연속 šV가 구개음화에 대하여 불투명하므로 이러한 불투명을 제거하기 위해 š→s규칙이 발생한다.[10] (14a)의 어사들은 오늘날 이 š→s규칙의 발생으로 재구조화된 어형인 것이다.

한편, š→s규칙이 첨가될 수 있었다는 것은, 이 규칙이 발생할 시점에서도 s구개음화 규칙이 살아있는 규칙으로 존재했음을 말해 준다. 바로 이러한 사실이 (12)의 어사들이 오늘날까지 s구개음화와 관련을 맺게 되는 것으로 이해된다. 이렇게 볼 때 첫 번째 문제점도 자동적으로 풀리게 된다.

지금까지 논의한 s구개음화와 관련한 어사들의 도출 과정을 정리하면 다음과 같다.

(가시-)	(실)	(뫼시-)	(옷이)	(슈슈)	
/kasïj-/	/sil/	/mojsi-/	/osi/	/sjusju/	통시적 기저표상
—	šil	mojši-	oši	šjušju	s구개음화
—	—	—	—	šušu	y삭제
—	—	—	—	susu	š→s
kasi-	—	möši-	—	—	단모음화
kaši-	—	—	—	—	s구개음화
[kaɕi-]	[ɕil]	[möɕi-]	[oɕi]	[susu]	음성표상

---

10) 허웅(1985:536)에서는 'š→s'의 원인을, [š]와 [s]가 한 음소 /s/의 변이음이므로 심리적으로 [š]와 [s]를 동일시한 데서 찾고 있다. 그런데 이것은 ši 연속에서는 왜 'š→s'규칙이 적용되지 않는지가 설명되지 않는다.

/s/가 공시적으로 [ʃ]로 바뀌는 경우도 s구개음화에 포함된다. (15)에서 보는 바와 같이 [ʃ]는 /s/가 [ü, ö, ɥi]에 선행할 때 나타나는 변이음이라는 점에서 볼 때 /s/가 [i, j]에 선행할 때 나타나는 [š]와는 차원을 달리하므로 참고로 제시하는 데 그친다.

 (15) [ʃüp-] (쉽-)
  [ʃö] (쇠)
  [ʃɥi] (쉬:쉽게)

 2.5. /h/는 나는 자리가 일정하지 않다고 하여 고정자리(주변이음이 나는 자리)를 부여하지 않는 이도 있지만(허웅, 1980, 1985), 이는 /s/, /n/ 등의 자음들도 나는 자리가 일정하지 않은 것은 마찬가지다. 물론, /h/는 그에 뒤따르는 모음의 영향을 가장 많이 받는 음소로서, 이것이 소리날 때의 조음 위치는 입술에서 목청에 이르는 여러 vocal track에 걸친다. 그러나, /h/가 입술, 치조, 경구개, 연구개 등 모든 vocal track에 걸쳐 조음된다고 해서 그 분포의 폭이 동일한 것은 아니다. /h/는 /e, ɛ, ï, ə, a, u, o/가 뒤따를 때 성대마찰음 [h]로 소리나, 성대에서 나는 경우가 가장 많으므로 성대를 /h/의 주변이음이 나는 자리로 정하는 것이 좋을 듯하다. /h/의 대표변이음을 성대에서 나는 [h]로 보고 다른 곳에서 나는 소리는 음성적 환경을 받아 변이된 것으로 보는 전통적인 입장을 받아들이자는 것이다. 이렇게 볼 때 비로소 공시적으로 h구개음화를 인정할 수 있게 되고, 통시적인 h구개음화도 합리적으로 설명할 수 있는 것이다.
 /i/나 /j/에 선행하는 /h/는 공시적으로 어디에서나-단일형태소 내부이든 형태소 경계를 사이로 하든-구개음화되어 [ɦ](=[ç])로 바뀐다. 물론 이 때도 [h]로 소리낼 수도 있어서 [ɦ]와 [h]는 임의로 변이되기도 하지만, 다소 강조하여 소리내면 [ɦ]로 나는 것이 보통이다(허웅, 1985 : 195). 따라서 임의적이기는 하지만 h구개음화의 존재는 인정된다고 하겠다.

 (16) a. [ɦim] (힘)
   [ɦjəŋ] (형)
  b. [jəŋɦjaŋ] (영향)
   [noɦjə] (놓여)

 그런데, h구개음화는 공시적으로는 /i/가 본래적인 것이냐 아니냐를 가리지 않고 일어나는 보편적인 현상이라는 점에서 공시적 s구개음화와 일치한다. 곧, (17)에서의 예들도 (16)과 동일하게 구개음화된다.

 (17) [ɦi-] (희-)
  [ɦimaŋ] (희망)
  [hwanɦi] (환희)

그러나, (16b)에서와 같이 /h/가 유성음 사이에 놓이면 유성음으로 바뀌거나(:[jəɲɦijaŋ]), 약화되어 드러나지 않게 되므로(:[jəɲjaŋ]), h구개음화는 그 환경을 어두로 한정하는 것이 좋을 듯하다. h구개음화가 어두로 한정되는 경향을 보이는 것은 /h/가 가지는 내재적 음성특질에 말미암는다고 본다.11)

다음은 통시적 h구개음화에 대하여 알아보자.

통시적 h구개음화는 서남방언에서도 어두라는 음성환경에서만 일어난 역사적 산물이다. 통시적 h구개음화는 공시적인 그것이 한 음소 안의 변이인 데 대하여 한 음소 /h/가 다른 음소 /s/로 바뀐 것이었다는 점에서 공시적인 그것과는 크게 달랐다. 이러한 음소 사이의 변이는 동일한 역사적 산물인 t구개음화나 k구개음화에 있어서도 마찬가지다.

c구개음화는 t구개음화나 k구개음화의 전제가 되며, s구개음화는 h구개음화의 전제가 된다(이기문, 1980:67). 송민(1986:73)에서는 c구개음화가 t구개음화보다 먼저 발생한 이유로서 경구개역이 체계상으로 빈칸이었다는 점과 구개 위치에서는 파열음보다 파찰음이 더 natural 하다는 점을 들고 있다. s구개음화가 k구개음화보다 먼저 일어난 것도 이와 동일한 이유로 설명될 수 있을 것이다. 시기적으로 s구개음화에 뒤지는 h구개음화는, 이 규칙의 발생으로 /h/가 /s/의 경구개 변이음 [ɕ]로 구개음화된다는 점에서 s구개음화와 밀접한 관련을 맺는다. h구개음화로 형성된 /h/의 경구개 변이음으로는 [ɦ](=[ç]) 정도를 생각해 볼 수 있을텐데 그렇지 못한 것은 t구개음화나 k구개음화로 형성된 /t/와 /k/의 변이음이 각각 [t]와 [k]가 아니라는 점과 평행하게 해석해 볼 수 있다. 즉, [t]와 [k]가 이미 존재하는 [ʧ]에 합류될 수 있었던 것은 이들이 공유하는 파열성이 작용한 듯하고, [ɦ]가 [ś]에 합류될 수 있었던 것은 이들이 공유하는 마찰성 때문이 아닐까 한다. 자료(문헌)의 빈곤으로 n구개음화와 h구개음화 발생의 앞뒤를 밝힐 수 없음이 현재 필자의 처지다. 설사 n구개음화까지 h구개음화에 앞서 발생하여 [ć], [ś], [ñ]의 세 가지 음성이 구개 위치에 존재한다 하더라도 [ɦ]는 그것이 갖는 음성자질로 보아 [ɕ]가 아닌 [ʧ]나 [ɲ]으로는 합류될 수 없는 것이다.

최세진의 훈몽자회범례(訓蒙字會凡例)의 초성독용팔자(初聲獨用八字) 가운데 'ㅎ屎'의 한자음이 오늘날 중부방언에서 '시'로 나타난다든가 15세기에 '楃'는 '셔'이던 것이 17세기에 오면 '혀'(박통중간 하 46)로 hyper correction되어 표기된 것을 보면 h구개음화는 중부방언의 언어 구조에까지 다소 압력을 미친 것이 아닐까 한다.12)

/h'/(/ㅎㅎ/)를 구개음화와 관련지어 해석한 경우는 아직 없는 듯하다. 이것은 k구개음화나 t구개음화와 관련지어 볼 때 평행을 이루지 못하는 관점으로 논리에 어긋난다. /h/가 구개음화

---

11) 국어에서 /h/가 자음적 특성을 제대로 갖는 경우는 어두에 한정되는 것으로 여겨진다. /h/를 자음으로 보지 않고 반모음으로 처리하는 이가 있는 것도 /h/가 갖는 내재적 음성자질 때문일 것이다.

12) '힘줄>심줄', '힘힘ᄒ다>심심하다' 등의 어휘도 통시적으로 h구개음화와 관련된 예들이다.

와 관련을 맺었다면 /h'/도 당연히 구개음화와 관련을 맺었다고 보는 것이 타당하다. 우리가 /h'/가 구개음화와 관련을 맺었는지를 확인하기 어려운 것은 다만 그것이 다른 음소에 합류되기 전에도 기능부하량이 극히 미약한 데서 오는 탓이리라. 오늘날 서남방언형 '(불을) 써라'는 바로 '혀-'의 구개음화로 이루어진 어형이 아닐까 한다.

h구개음화로 서남방언 등에서는 (18)에서와 같은 모든 고유어와 (19)에서와 같은 우리말로 익어진 일부 한자어에서 어두의 /h/가 /i/나 /j/에 연결될 수 없게 된 것이다.

(18) a. 힘>심 힘줄>심줄
       혀>서 힘힘ᄒ다>심심하다
   b. 혀다>쓰다(: 불을 켜다, 고치실을 뽑다)
       *혈믈>썰물
(19) 형(兄)>성>성
     흉(凶)>숭>숭
     효자(孝子)>쇼자>소자

h구개음화로 형성된 [ɕ]는 s구개음화로 형성된 [ɕ]가 [s]로 바뀌는 과정과 동일한 변화 과정을 거쳐 [s]로 바뀜은 물론이다. 그것들이 도출되는 과정의 대강을 보이면 다음과 같다.

(힘)	(혀)		(혀-)	
/him/	/hjə/	/hjuŋ/	/h'jə-/	통시적 기저표상
šim	šjə	šjuŋ	š'jə-	h구개음화
—	šə	šuŋ	š'ə-	y삭제
—	sə	suŋ	s'ə-	š→s
—	—	—	s'ï-	기타
[šim]	[sə]	[suŋ]	[s'ï-]	음성표상

2.6. 지금까지 우리는 국어의 /ㄹ/이 그것이 놓이는 환경에 따라 [ɾ], [r], [l], [ʎ] 등 4가지 변이음을 갖는 것으로 보고, 이들 중 어느 것을 대표로 정하느냐 하는 것이 문제거리로 되어 왔다. 여기서 [ɾ]과 [r]은 임의로 바뀌므로 표기상의 편의를 고려하여 [r]로 대표시킬 수 있고, [ʎ]은 [l]이 [i, j] 앞에서 변이된 것으로 볼 수 있으므로 [l]에 포함시켜 [l]로 대표시킬 수 있다는 점에 있어서는 이론의 여지가 없을 듯하다. 그런데 다음이 문제다. 곧, [r]([ɾ] 포함)과 [l]([ʎ] 포함) 중 어느 쪽을 대표로 택할 것이냐가 문제다. 허웅(1985 : 161)에서는 분포의 폭을 고려하여 [l]을 대표로 선택했고, 김차균(1982)에서는 국어 음운론적 과정의 하나인 닫침소리 규칙과 관련하여 [r]을 대표로 선택했다. 국어에서 모음이 뒤따르지 않는 자음은 닫침소리로 바뀌

는데, 만일 [l]을 대표로 정하게 되면 유음에서만 이 규칙이 적용되지 못하는 결과가 되므로 [r]을 대표로 택함으로써 이 규칙이 갖는 보편성을 높이자는 데 뜻이 있는 것으로 이해된다. 본고는 이 문제를 다루는 데 주안점이 놓이지 않으므로 이 문제에 대해서는 더 이상 거론하지 않기로 하고, 다만 필자는 [r]을 대표로 선택하는 입장을 취한다는 점만 밝힌다.

그런데, 필자는 /ㄹ/이 위에 보인 네 가지 변이음 이외에 [ř]도 변이음으로 갖는다고 믿는다. 우리가 [ʎ]을 [l]의 경구개 변이음으로 간주하듯이 [ř]도 [r]의 그것으로 볼 수 있기 때문이다. (20)과 (21)은 각각 [ř]과 [ʎ]의 존재를 확인해 준다.

    (20) [s'ïři](쓰리) (cf. s'ïra:쓰라)
        [s'ïřjə](쓰려) (cf. s'ïrə:쓰러)
        [taři](다리) (cf. tara:달아)

    (21) [taʎʎjək](달력) (cf. talla:달라)
        [taʎʎi-](달리-)
        [taʎʎi](달리)

곧, 구개음화로 [r]이 [ř]로 바뀌는 [r]구개음화와 [l]이 [ʎ]로 바뀌는 [l]구개음화는 구별되어 기술되어야 할 성질의 것이라는 것이다. 왜냐하면 [r]과 [l]은 그 음성적 차이가 너무 커서 음성적으로 [r]이 [ʎ]로 구개음화되고 [l]이 [ř]로 구개음화된다고 볼 수 없기 때문이다.13)

한편, (20)과 (21)의 어사들은 r구개음화가 /i/나 /j/ 앞이라는 구개음화 환경만 갖추어지면, 공시적으로는 어디에서나─단일형태소 안이든, 형태소 경계를 사이로 하든, 비본래적 /i/ 앞에서든─구개음화를 일으킴을 보여 주고 있는데 이것은 공시적 구개음화 가운데 한 음소 안의 변이음으로의 바뀜으로 규정되는 s구개음화나 h구개음화와 일치한다.

r구개음화가 통시와도 관련을 맺었는지는 확실하지 않다. 동일한 음성적 변이인 n, s, h구개음화가 통시와 관련을 맺었다는 문헌적 증거를 보여 주고 있는 데 반해, r구개음화에서는 그러한 증거를 확인할 길이 없다. 그러나 n, s, h구개음화가 통시와 관련을 맺은 것이 확실한 이상 r구개음화도 통시와 관련을 맺었다고 보는, 곧 구개음화가 발생하기 전에는 [ř]이나 [ʎ]을 변이음으로 갖지 못했다고 보는 것이 좋을 것이다.

2.7. 우리는 아직 통시적 현상에 한정되는 k구개음화에 대해서는 다루지 못했다. 이 k구개음화의 발생으로 k계 자음이 어두에서 č계로 바뀌게 됨으로써 오늘날 서남방언 등 k구개음화와 관련을 맺는 방언과 중부방언 등 k구개음화와 관련을 맺지 못하는 방언이 /i/나 /j/에 선행

---

13) 앞의 2.1에서는 편의상 이들 두 가지를 구분하지 않고 한데 묶어 'r구개음화'라 칭했다.

하는 어두에서 'ㅈ:ㄱ, ㅊ:ㅋ, ㅉ:ㄲ'의 대립을 갖게 되었음은 주지의 사실이다. 필자는 k구개음화에 대한 기왕의 논의를 더 깊게 할 만한 언어적 사실을 찾지 못했다. 이에 대하여는 다른 이들의 업적에 미룬다.

2.8. 지금까지의 논의를 통해서 우리는 한 음소 목록 안에서 음성적 변이에 그친 구개음화는 특별한 경우를 빼면, 발생 이후 계속 생명을 유지해 온 데 비하여 한 음소가 다른 음소로 바뀐 곧 음소적 변화를 입은 구개음화는 부분적 또는 전체적 사멸을 겪었음을 알 수 있었다. 도대체 이러한 까닭은 어디에 있는 것일까? 다시 말해서 통시적 구개음화가 통시적인 것으로 그친 원인은 어디에 있는 것일까?

통시적 구개음화로 인하여 /s, s', ʧ, ʧʰ, ʧ'/ 다음에서 /a, ə, o, u, aj, əj, oj, uj/와 /ja, jə, jo, ju, jaj jəj, joj, juj/는 각각 대립적 기능을 상실하게 되었다. 그 뿐만 아니라 /k, kʰ, k', h, h', n/가 /i/나 /j/ 상향모음(:/j/로 시작되는 중모음)과 연결되어 이루어지는 음절은 어두에서 나타날 수 없다는 불균형을 가져오게 되었다.

위에서 말한 음소들 사이의 대립적 기능의 상실이란 이들 자음과 /j/ 상향모음이 연결될 수 없다는, 곧 특정한 자음과 특정한 중모음이 연결될 수 없다는 불균형을 이름이다. 즉, 서남방언을 포함하여 앞절들에서 다루어 온 통시적 구개음화와 관련을 맺는 방언에서는 구개음화 결과 자음과 모음의 연결표에는 많은 빈칸이 생기게 되었으며, 특정 음절의 어두 불허라는 불균형을 가져오게 되었다. 만일 모든 통시적 구개음화가 어두 등 제약이 약화되고 계속해서 일어나게 되면 이러한 불균형은 더욱 심화될 것이다. 통시적 구개음화가 통시적인 것으로 끝난 것은 바로 이러한 음운론적 역기능을 막기 위함이었을 것이다.[14)]

2.9. 본고에서 다룬 통시적 구개음화로는 t, k, h, n, s, r구개음화가 있었다. 이들의 발생 순서에 대해서는 2.5에서도 조금 언급한 바 있지만 여기서 좀더 첨언해 보기로 한다.

'c>č'라는 c구개음화의 발단이 되는 '[ts]~[ʧ]'의 임의적 변이와 때를 같이하여 /t, k, s, h, n, r/ 등도 [ť, ǩ, š, ȟ, ň, ř]의 임의적 변이음을 갖는 구개음화 규칙의 적용을 받게 되었는지 하는 것이 문제로 등장한다. 그런데, 우리가 't>č'라는 t구개음화와 'k>č'라는 k구개음화는 'c>č'라는 c구개음화가 전제가 된다는 이왕의 견해를 받아들인다고 할 때는 이러한 해석은 보류될 수밖에 없다. 곧, 서남방언 등에서 t계 및 k계 구개음화는 c계 구개음화를 전제로, h계 구개음화는 s계 구개음화를 전제로 하므로, t구개음화와 k구개음화보다는 c구개음화가 앞서고 h구개음화보다는 s구개음화가 앞선다. 또한 t구개음화가 k구개음화를 앞선다는 이왕의 견해를 따른다면(이기문, 1980:68~69, 최전승, 1986:288) 'c>t>k'라는 구개음화 발생 순서

14) 김차균(1985:190)도 이를 음소들 사이의 대립적 기능의 약화로 인한 기능 부하량의 감소로 설명하고 있지만 필자의 견해와는 다소 다르다.

를 생각해 볼 수 있다. 이를 바탕으로 우리는 c구개음화가 일어난 뒤 t, s, n, r 등 치음의 구개음화(:후진적 구개음화)가 뒤따르고, k, h 등 비교적 음역이 넓은 연구개음과 경구개에서 멀리 떨어진 목청소리의 전진적 구개음화가 마지막으로 일어난 것이 아닐까 한다. 곧, 제1단계로 c, 제2단계로 t, s, n, r, 제3단계로 k, h구개음화라는 3단계 순서를 밟아 이들 구개음화가 발생한 것이 아닐까 한다. 그러나 이러한 추정은 문헌적 자료에 의한 증명이 뒷받침될 때 단순한 추정 이상의 가치를 부여받게 되겠지만, 서남방언이나 동남방언에 대한 역사적 문헌이 절대적으로 부족한 현 시점에서는 단순한 추정으로 그칠 수밖에 없겠다.

III

국어에서 만날 수 있는 구개음화는 역사와 더불어 그 양상을 달리해 왔다. 서남방언을 중심으로 통시와 공시를 통틀어 볼 때 /ʧ, ʧʰ, ʧ'; t, tʰ, t'; k, kʰ, k'; s, s'; h, h'; n ; r/ 등의 음소들이 구개음화와 관련을 맺었거나 맺고 있다. 이들 가운데 공시와 관련을 맺는 것으로는 /t/계, /s/계, /h/, /n/, /r/ 등이고, 통시와 관련을 맺는 것으로는 /c/계, /t/계, /k/계, /s/계, /h/계, /n/, /r/ 등이다.

한편 이들은 한 음소 안의 변이, 곧 음성적 변이에 그치는 것과 한 음소가 다른 음소로 바뀌는 변동, 곧 음소적 변동을 일으키는 것으로 나누어 볼 수도 있다. 음성적 변이에 그친 것들은 시간적, 환경적(음성환경적) 제약을 덜 받게 되지만, 음소적 변동을 가져오는 것들은 그러한 제약을 더 받게 된다. 음성적 변이는 한 음소 안의 변이음들 사이의 차이에 불과하므로 공시와 관련을 맺는 s, n, r구개음화가 어두나 형태소 경계 등 환경적 제약을 별로 받지 않으며 발생 이후 계속해서 생명을 유지할 수 있었지만, 음소적 변이는 한 음소가 다른 음소로 바뀌는 것이므로 구개음화 뒤 여러 가지 역기능, 곧 자음과 모음의 연결표에 많은 빈칸이 생기게 되고 특정 구조를 가진 음절의 어두 불허라는 불균형 등을 초래하게 되는 역기능을 막기 위하여 시간적, 환경적 제약을 받을 수밖에 없다. 공시적 t구개음화가 형태소 경계에 한정된 것이라든가 통시적인 k구개음화와 h구개음화가 어두에 한정되었을 뿐만 아니라 통시적 현상에 머물게 되는 시간적 제약을 받게 된 것 등 통시적 구개음화가 통시적인 것으로 그친 것은 다 이러한 이유 때문일 것이다. 다만, 구개음화의 발단이 되는 c구개음화는 단순히 주변이음이 치조음에서 경구개음으로 바뀐 것에 불과하므로 생명의 유지와는 무관한 것이라 하겠다.

국어사적으로 보아 'ij>i'와 같은 이중모음의 단모음화나 y탈락 규칙 등은 어떤 구개음화 규칙이 공시적인 것이냐, 통시적인 것이냐, 아니면 공시와 통시 양쪽에 걸치는 것이냐 등을 결정하는 데 중요한 몫을 담당한다. '어디(<어듸)', '여기(<여긔)' 등이 오늘날 구개음화와 관련을 맺지 않는다는 것은 통시적 t구개음화 및 k구개음화의 존재를 확인해 주고, '넝쿨'이

오늘날 구개음화와 무관하다거나 어두에서의 /n/탈락은 통시적 n구개음화의 존재 지표가 된다. '희다'에서 /h/가 /s/로 바뀌지 않고 오히려 [ç]로 구개음화하고 있는데, '힘'에서는 /h/가 /s/로 실현되고 있다는 것은 공시적 s구개음화와 통시적 s구개음화가 전혀 별개의 존재 가치를 지닌다는 지표가 되며, '슈슈>수수'와 관련한 y탈락과 š→s규직, '가시(<가싀)'에서의 /s/의 구개음화는 s구개음화가 발생 이후 오늘날까지 계속해서 생명을 유지해 오고 있다는 증거를 제공해 준다.

　　본고는 서남방언에 나타나는 구개음화의 공시태와 통시태를 중심으로 이와 관련한 몇 가지 문제들을 다루어 보았다. 이에 대한 구체적인 내용은 본문을 보기 바란다.

참고문헌

金手坤(1976), Palatalization in Korean, 광문사.

김영기(1975), Korean Consonantal Phonology, 塔出版社.

金完鎭(1971), "音韻現象과 形態論的 制約", 學術院 論文集, <人文·社會科學篇> 10.

_____(1967), "韓國語發達史上(音韻史)", 韓國文化史大系 9, 高大民族文化研究所.

金周弼(1985), "口蓋音化에 대한 通時的 研究", 國語研究 68.

김차균(1982), "국어의 약음소들에 나타나는 음운론적인 과정들의 연구", 음운론의 원리, 창학사, 1983.

_____外(1985), 國語音韻論, 韓國放送通信大學出版部.

金亨奎(1962), 國語史研究, 一潮閣.

남기심외(1983), 언어학 개론, 탑출판사.

宋 敏(1986), 前期近代國語音韻論研究, 塔出版社.

송병학(1979), "한국어의 수동태", 언어 4-2.

송석중(1978), "使動文의 두 形式", 언어 3-2.

安秉禧(1957), "重刊杜詩諺解에 나타난 t口蓋音化에 대하여", 一石李熙昇先生 頌壽紀念論叢.

_____(1978), "村家救急方의 鄕名에 對하여", 언어학 3.

李基文(1961), 國語史槪說, 民衆書館.

_____(1980), 國語音韻史研究, 國語學會.

이병건(1978), "한국어의 음운변천", 언어학 3.

田光鉉(1971), "18世紀 後期國語의 一考察", 全北大論文集 13.

_____(1978), "18世紀 前期國語의 一考察-伍倫全備諺解를 中心으로", 어학 5, 全北大.

崔明玉(1982), 月城地域語의 音韻論, 嶺南大學校出版部.

崔銓承(1986), 19세기 후기 全羅方言의 음운현상과 그 역사성, 翰信文化社.

崔泰榮(1983), 方言音韻論-全州地域語를 中心으로-, 螢雪出版社.

한글학회(1980), 한글맞춤법, 한글학회.

허 웅(1980), 국어학, 샘문화사.

_____(1985), 국어음운학, 샘문화사.

[처음 실린 곳]

鄭炳洪先生華甲紀念論文集(학문사). pp. 251~273, 1987.

[15] 국어 Glide화의 제약성

I. 서언

1.1. 국어에서 체언이거나 용언이거나 어간 내부에서 두 모음이 연접하면 수의적으로 축약을 일으킨다.[1] 그런데 이 모음 축약은 연접하는 두 음절의 구조와 직결된다. 곧, 연접하는 두 음절에 속하는 모음이 자음을 사이로 하거나 반모음을 사이로 할 때는, 그들 두 모음은 충돌될 염려가 없어져 축약을 일으키지 않는다. 또, 두 음절에 속하는 두 모음이 바로 연결되더라도 언제나 동일한 양상으로 축약되지는 않는다.

Glide화에 의한 모음축약은 용언 어간과 모음계 접사 -어/아X 가 연결되는 형태소 연결 위치에서 가장 활발하게 일어난다. 따라서 본고에서는 용언 어간과 -어/아X 가 연결되어 Glide를 형성하면서 보여주는 모음 축약을 중심으로 살펴보되, 그 때의 모음 축약이 어간이 갖는 음절수 및 음절의 구조와는 어떤 상관성을 가지며 Glide화에 가해지는 형태론적 제약성의 정체는 어디에 있는가에 대해서 주안점을 두고 논의하게 될 것이다.

II. 절 구조와 Glide화

2.0. 국어의 음절 구조를 CVC, CV, VC, V의 네 가지로 파악할 때, CVC는 축약에서 제외되며 CV도 후행 음절에 속하는 경우는 제외되므로, 두 음절의 연속이 축약과 관련을 맺게 되는 경우는 VV, CVV, CV$VC, V$VC의 네 가지가 되겠지만, 이 가운데 Glide화와 관련을 맺게 되는 경우는 V$V와 CV$V이다.

2.1. 먼저 V$V형에 대해 알아보자.

---

[1] 이에대한 자세한 논의는 金完鎭(1972), 김진우(1976), 李秉根(1975, 1978), 奇世官(1984), 유재원(1985), 金東彦(1986) 등을 참조할 것.

다음 (1)의 어사들에서처럼 어간 말음절이 핵모음만으로 이루어져 두 핵음절(: Onset 없이 단모음만으로 이루어진 음절을 이렇게 부르기로 한다.)이 연결되는 경우는 y-Glide화나 w-Glide화에 의한 모음 축약이 필수적으로 나타난다.

(1) (a) 이(戴)- + -어 → 여(* 이어)
    보이- + -어 → 보여(* 보이어)
    모이- + -어 → 모여(* 모이어)
    고이- + -어 → 고여(* 고이어)
  (b) 오- + -아 → 와(* 오아)
    싸우- + -어 → 싸워(* 싸우어)
    태우- + -어 → 태워(* 태우어)
  (c) 외- + -어 → 왜(* 외어)

이처럼 두 핵음절이 연결될 때, 이들이 Glide화하면서 필수적인 축약을 보이는 것은 (또는 필수적으로 Glide 되는 것은), 핵음절들끼리의 연결에서는 onset가 갖는 제약에서 벗어날 수 있기 때문으로 해석된다.

그러나, 두 핵음절의 연결이라 하더라도 Glide화와 관련을 맺지 못하는 어간 내부에서는 축약이 잘 이루어지지 않는다.2)

(2) 아우(弟), 아우성
    어우르다, 어우야담(於于野談)

(2)의 어사들이 축약을 기피하는 가장 근본적인 원인은 두 모음의 연결상에 있다. 두 단모음이 차례로 연결되어 이룩된 연결체(복합체)가, 통시적이든 공시적이든, 국어의 이중모음 체계 안에 속하지 못하면 축약이 이루어지기 어렵다. 그런데 (2)에서는 'ㅏ+ㅜ'의 연결체 'ㅏㅜ(au)' 나 'ㅏ+ㅗ'의 연결체 'ㅏㅗ(ao)'는 국어의 이중모음 체계 안에 들지 못한다. 바로 이것이 이들 어사가 축약을 기피하는 근본적인 원인으로 작용한 때문일 것이다.

'ㅚ (ö)+ㅓ(ə) → ㅙ(wɛ), ㅟ (ü) + ㅓ(ə) → ㅞ(ɥə) 와 같은 색다른 연결체가 Glide화를 보이며 축약되는 경우가 없지는 않지만(: 되어 → 돼, 뛰어 → ㉙[t'ɥə]), 두 음절에 속하는 연접하는 두 모음이 축약될 수 있는 전제 조건은 두 모음의 연결체가 국어의 이중모음 체계 안에 존재할 때 보다 자연스럽다. 곧, 'ㅗ+ㅏ → ㅘ, ㅗ+ㅐ → ㅙ, ㅓ+ㅣ → ㅔ, ……' 등과 같이 두 모음의 연결체가 국어의 이중모음 체계 안에 드는 경우에 축약이 보다 자연스럽고 활발하게 일어날 수 있는 환경이 마련되는 것이다.

---

2) '오이>외, 아이>애' 등에서 보는 어간 내부에서의 모음 축약은 주로 통시적인 현상인 것으로 알려져 있다.(이병근, 1978; 기세관, 1984 참조.)

2.2. 다음은 CV$V형에서의 Glide화에 의한 모음 축약 양상을 살펴보자.

(3) (a) 지- + -어 → 져 → 저(* 지어)
　　　 치- + -어 → 쳐 → 처(* 치어)
　　　 찌- + -어 → 쪄 → 쩌(* 찌어)
　　(b) 가지- + -어 →가져 →가저(* 가지어)
　　　 바치- + -어 →바쳐 →바처(* 바치어)
　　　 살찌- + -어 →살쪄 →살쩌(* 살찌어)

　(3)의 어사들은 (1)의 어사들과 다름없는 필수적인 Glide화를 보여준다. 이들이 어간의 길이와는 상관없이 필수적인 Glide화를 보여준다는 것은 어간 말음절에 놓인 onset 경구개 자음에 기인하는 것으로 보인다.
　이러한 사실은 비경구개 자음을 onset 로 가진 (4)의 어사들과 비교하여 보면 금방 드러난다.

(4) 기- + -어 → 기어 ~ ?겨
　　비- + -어 → 비어 ~ ?벼
　　피- + -어 → 피어 ~ ?펴
　　띠- + -어 → 띠어 ~ ?뗘
　　끼- + -어 → 끼어 ~ ?껴

　(4)의 어사들은 (3)(a)와 마찬가지로 어간이 단일 음절로 이루어져 있음에도 불구하고 Glide화를 기피하거나 소극적인 경향을 보여준다. 이와 같은 차이가 onset가 아닌 다른 데에 있지 않을까 하여 음장, 성조 그리고 모음 i가 갖는 형태음소적 차이[3] 등을 따져보았지만 일관성있는 해석을 내릴 만한 아무 자료도 얻지 못했다.[4] 이렇게 볼 때, (3)의 어사들이 필수적인 Glide화를 보이는 것은 이들 어사들의 말음절에 놓인 onset와 관련을 맺는다고 할 수 있고, 또 이 onset가 하나의 자연 부류, 경구개 자음을 이루고 있다고 하는 것은 경구개 자음이 갖는 음성적 특성이 여기에 관여한다고 볼 수 있다.
　아는 바와 같이 Glide y는 경구개 자음 뒤에 연결되지 못한다. 이것은 경구개 자음과 Glide y는 다같이 [+palatal, +high, -back]이라는 자질을 공유하고 있어서, '쓸- + -니 → 쓰니, 불+당 → 부당' 등에서 보는 것과 같은 동자질 연속을 회피하는 데서 오는 탈락 현상이다.

---

[3] 여기서 모음 i의 형태음소적 차이라 함은 '어디(<어듸)'가 구개음화를 회피하는 것을 '어디'의 i가 '지나다(<디나다)'의 i와 다르다고 보는 것과 같은 차이를 뜻한다.

[4] 김완진(1972 : 90)에서는 음장이 축약에 제약을 가하는 인자가 되는 것으로 주장한 바 있으나, 그렇지 않음이 이병근(1987)과 기세관(1984)에서 이미 증명된 바 있다.

우리가 '차- + -어 → 쳐 → 처'와 같이 '쳐'의 단계를 인정할 수밖에 없는 까닭은 onset가 경구개 자음이 아닌 여타의 모든 경우의 Glide화에 의한 모음축약에서 장모음화가 필수적으로 수반되기 때문이다.5)

또, 음장은 주로 모음 위에 얹히는 것이므로,6) '치'의 i가 Glide화하면서 탈락함으로써 i에 얹힌 음장도 떨어져나가게 되는 것이다.

그러면, 경구개 자음 뒤에서 y-Glide화가 필수적이게 하는 경구개 자음이 갖는 음성적 특성이란 무엇일까?

필자는 축약의 원초적인 기제가 말의 속도를 빨리하고 노력을 줄이려는 인간의 본능적인 심사에 있다고 파악한다. 이 심사의 작용으로 축약이 가능한 환경만 조성되면 언제든지 축약은 일어날 수 있는데, 이에 따라 어간 말음 i와 접사 -ə가 연결되면 축약되려는 힘이 작용하게 될 것이다. 우리는 앞에서 어간이 핵음절인 경우에, onset를 가진 CV 음절과는 달리, Glide화에 의한 모음 축약이 필수적이라는 사실은, onset가 Glide화에 가하는 제약성을 가지고 있음을 간접적으로 말해주는 것으로 해석한 바 있다. 그런데, 어간 말음절의 onset가 경구개 자음일 경우는, 이것이 다른 자음과는 달리 모음 i와 나는 자리가 가까워서 Glide화에 제약을 가하는 힘이 상대적으로 약하게 작용하게 되어 자유롭게 Glide화를 가져올 수 있게 되는 것으로 추정된다. 이와 같은 추정의 가능성은 w-Glide 화와 관련을 맺는 (5)의 어사들에서는 상대적으로 Glide화에 대한 제약을 덜 받는 것으로도 뒷받침된다.

(5) 주 + -어 → 주어 ~ 줘
    추 + -어 → 추어 ~ 춰
    갖추- + -어 → 갖추어 ~ 갖춰

onset가 갖는 Glide화에 대한 제약성은 (6)~(7)에서 (a)항의 어사들과 (b)항의 어사들의 비교를 통해서도 상대적으로 드러난다.

(6) (a) 오- + -아 → 와(* 오아)
    (b) 보- + -아 → 보아 ~ 봐
        꼬- + -아 → 꼬아 ~ 꽈

---

5) 지난 해(1988. 1. 19) 문교부에서 확정 고시한 <표준어 규정>에는 "다만, '오아→와' 지어→져, 찌어→쩌, 치어→쳐, 등은 긴소리로 발음하지 않는다."(표준 발음법 제 6항)라 하여 '오아→와'의 경우까지 포함시키고 있어 필자의 견해와는 다르다. 이에 대한 자세한 논의는 필자(1984)를 참조할 것.
6) 졸고(1984) 참조.

(7) (a) 싸우- + -어→싸워(* 싸우어)
　　　　배우- + -어→배워(* 배우어)
　　(b) 다투- + -어 → 다투어 ~ 다퉈
　　　　바꾸- + -어 → 바꾸어 ~ 바꿔
　　　　갖추- + -어 → 갖추어 ~ 갖춰
　　　　나누- + -어 → 나누어 ~ 나눠

그런데, (8)과 (9)의 어사들이 w-Glide화에 소극적인 것은 축약되는 두 모음의 연결상이 보다 크게 관여하는 듯하다.

(8) 쉬- + -어 → 쉬어 ~ 쉐[sɥə]
　　뛰- + -어 → 뛰어 ~ 뛔[t'ɥə]

(9) (a) 야위- + -어 → 야위어 ~ 야웨
　　　　사위- + -어 → 사위어 ~ 사웨
　　(b) 사귀- + -어 → 사귀어 ~ 사(궤)
　　　　바뀌- + -어 → 바뀌어 ~ 바(꿰)

이들 어사들이 보여주는 Glide화에 대한 소극성은 자연스런 결과로 여겨진다. 곧, 앞 장 1.1.에서 지적한 것처럼, 축약되는 두 모음의 연결체 '위 ㅓ'가 그대로 국어의 이중모음 체계 안에 들지 못하기 때문에 받는 압력이 Glide화에 의한 모음 축약을 방해하는 인자로 작용했을 것이다. 그러나, (10)의 어사들에서는 두 모음의 연결체 'ㅚ ㅓ'가 'ㅙ'로 축약되어 통시적 모음 축약에서나 보는 특이한 연결에 의한 Glide화를 보이며 자유롭게 축약된다.7)

(10) 되- + -어 → 되어 ~ 돼
　　　죄- + -어 → 죄어 ~ 좨
　　　뵈- + -어 → 뵈어 ~ 봬

2.3. 이상의 논의를 통해서 우리는 Glide화가 어간 말음절의 구조, 즉 onset의 유무, onset의 종류 -onset가 경구개 자음이냐 아니냐의 종류 -, 성절모음의 종류에 영향을 받는다는 사실을 확인한 셈이다.

---

7) 통시적 모음 축약에 대해서는 졸고(1984)를 참조할 것.

III. 어간의 음절수와 Glide화

3.0. 어간이 갖는 음절수의 많고 적음은 음운론적인 문제라기보다는 형태론적 차원에 속한다. 국어의 움라우트나 구개음화에 대한 예외적 존재를 형태론적 또는 형태음소적 차원의 문제로 다루어 온 것은 너무나 잘 알려진 사실이다.[8]

이와 같이, 음운 현상들 가운데는 단순한 음운론적 차원을 넘어 형태론적 제약을 받는 경우도 있음을 잘 안다.

우리는 앞 장에서 Glide화의 제약 조건으로 어간 말음절의 구조만을 고려한 바 있는데, 여기서는 어간이 갖는 길이, 곧 음절수가 Glide화의 제약 조건으로 어떻게 작용하는가를 가려 보기로 하자. 이해의 편의를 돕기 위해서 이미 보인 어사들을 중심으로 어례를 보이면서 기술해 나가기로 한다.

3.1. 먼저 어간 말음절이 핵음절로 이루어진 경우부터 보기로 하자.

(11) (a) 이:- +-어 → 여(*이어)
  (b) 모이- +-어 → 모여(*모이어)
   고이- +-어 → 고여(*고이어)

(12) (a) 오- +-아→와(*오아)
  (b) 싸우- +-어 → 싸워(*싸우어)
   배우- +-어 → 배워(*배우어)
  (c) 가리우- +-어 →가리워(*가리우어)
   드리우- +-어 →드리워(*드리우어)

위에 제시한 (11) 및 (12)의 어사들은 어간 말음절이 핵음절로 이루어져 있는 경우를 보인 것인데, 이들을 서로 비교하여 볼 때, 어간이 갖는 음절수의 많고 적음이 y-Glide화나 w-Glide화에 어떤 영향도 미치지 못하고 있음을 알 수 있다. 이것은 앞 장에서 이미 논의한 바대로 핵음절 사이의 연결에서는 Glide화가 필수적이라는 사실을 다시 한번 확인한 셈이 되겠고, 아울러 이것은 어간의 음절수에는 상관 없이 일어난다는 사실도 알겠다.

3.2. 앞 장에서 우리는 어간 말음절이 경구개 자음을 onset 로 보유하고 있는 경우에 Glide화가 수의적임을 확인한 바 있는데, 이 경우 어간의 음절수와는 어떤 관계를 맺는가도 살펴볼 필요가 있다.

---

[8] 구체적인 내용은 金完鎭(1972)과 李秉根(1975)을 참조할 것.

(13) (a) 기-+-어 → 기어 ~ ?겨
  비- + -어 → 비어~ ?벼
  피- + -어 → 피어 ~?펴
 (b) 즐기- + -어 → ? 즐기어 ~ 즐겨
  누비- + -어 → ? 누비어 ~ 누벼
  살피- + -어 → ? 살피어 ~ 살펴
 (c) 건드리- + -어 → ? 건드리어 ~ 건드려
  돌이키- + -어 → ? 돌이키어 ~ 돌이켜

(13) (a)와 (13) (b), (c)를 비교하여 보면 Glide화를 보이는 양상이 사뭇 다르다. 곧, 전자에서는 비축약형이 Glide화에 의한 축약형보다 자유롭게 실현되는 데 반해 후자는 이와 반대 현상을 보인다 (아니 오히려, 동일하게 물음표를 붙여 놓았지만 후자에서는 구어에서 비축약형으로는 실현되지 않는 것으로 봄이 좋을 듯하다.) 그러면, 이들이 이러한 상반된 결과를 가져오게 된 원인을 어디서 찾을 것인가? (13) (a)와 (13) (b), (c)를 비교하여 보면, 전자가 단음절로 이루어진 어간인 데 비하여 후자는 2 음절 이상으로 이루어진 다음절 어간이라는 차이밖에 없다. 다시 말해서 (13) (a)가 Glide화를 기피하는 것은 어간이 단음절이라는 형태 구조가 작용하고 있는 것으로 볼 수밖에 없다.

우리는 단어에서 축약형을 기피하는 것을 흔히 본다. 문맥이나 상황의존도가 큰 국어에서는 문법적 형태 구조가 접사의 체계적 양상에 따라서 그 변동을 야기하고 나아가서는 통사직 구조의 변동까지 영향을 미치는 접사의 기능이 중시되는 말이다(이규호, 1975: 102~108). 따라서, 단어에서는 모든 문법 형태소들을 분명히 하여 원활한 의사 전달을 기할 필요가 있는 것이다. 음운의 축약이나 탈락 등 여러 가지 음운 현상들이 '최소 노력의 원리'라는 면에서는 바람직하고 또 필요한 것이겠지만, 이것은 의사 전달의 명료성과는 배치된다. 이러한 두 가지의 대립적인 성질—노력 경감과 표현의 명료—이 언어에는 항상 줄다리기를 하며 존재하고 있다는 사실을 우리는 잘 알고 있다. 다시 말해서, 축약이나 탈락이 형태소 인식을 불리하게 하여 효과적인 의사 전달에 역기능으로 작용할 수도 있다는 말이다. 특히, (13) (a)와 같은 단음절 어간에서 Glide화에 의한 축약이 제약을 받고 있다는 사실은 바로 이를 증명해주는 것이 아닐까 한다. 단일 음절로 이루어진 (13) (a)의 어사들이 접사 —어X와 만나서 Glide화하여 축약형으로 실현되는 경우 의미를 담당하는 어간 형태소를 쉽게 분별할 수 없을 것으로 느껴지기 때문이다. 이런 의미에서, 어간 형태소에 문법 형태소들이 결합할 때, 비록 그것이 음운 현상이라 하더라도 형태소의 기능을 인식하기 어려울 정도로는 실현되지 않는다는 李秉根(1981: 222)의 지적은 합당한 것이라 여겨진다. 그러나 축약은 어디까지나 음운 현상이므로, 여기에 가해지는 일차적인 기제는 음운론적인 것으로 파악해야 한다. 곧, 축약에 가해지는 일차적인 제약은 음절수에 있는 것이 아니라 음절 구조에 있다고 보아야 한다. 앞 장에서 우리는 (4)의 어사들이 Glide화에 의한 축약을 기피하는 것은 그것들이 갖는 음절 구조, 곧 onset C 에 있음을 간파한 바 있는데, 이것은 위에서 기술한 내용과는 배치된다. 그러나, 그렇다고 해서 본 장에서 세운 논리를 다시 부정할 필요는 없다. (13) (a)~(c)를 통해서, 우리는 (13) (a)가 축약을 기피하는 이유를 음절수, 곧 (13)(a)의 어간이 단일 음절로 이루어진 차이 이외의 다른 곳에서 찾을 수는 없기 때문이다. 이리하여 우리는 여기서 타협점을 찾지 않으면 안될 시점에 와 있다. 앞에서 지적한 2.1.의 내용과 李秉根(1981: 222)의 견해를 다시 한 번 상기해 보면서, Glide화에 의한 모음 축약에 제약을 가하는 인자로 음절 구조와 어간이 갖는 음절수를 동시에 수용하는 길 밖에 없다. 곧, (13)(a)의 어사들이 Glide화에 의한 모음 축약을 기피하는 경향을 갖는 것은 일차적으로는 Onset가 작용하고 여기다가 단음절 어간이라는 형태론적 요인도 아울러 작용하는 것으로 파악하는 것이다.

3.3. 다음 (14) (a), (b)에서 보는 w-Glide화는 (13) (a),(c)에서 보는 y-Glide화와는 달리, 어간의 음절수와는 상관없이 축약형과 비축약형이 수의적으로 교체된다. 물론 구어에서는 축약형이 보다 자유롭게 실현되지만, 문어의 경우, (14) (a)와 같은 단음절 어간에서는 비축약형이 즐겨 쓰이기도 한다. 이것은 어간과 어미가 한 음절로 축약되는 데서 오는 의미 파악의 어려움을 막기 위함일 것이다. 그리고 (14) (b)의 경우, 문어에서도 축약형이 즐겨 쓰이는 것은 축약형을 쓰더라도 실질적인 의미 파악에는 지장이 없기 때문일 것이다.

(14) (a) 보- + -아 → 보아 ~ 봐
　　　　고- + -아 → 고아 ~ 과
　　　　두- + -어 → 두어 ~ 둬
　　　　꾸- + -어 → 꾸어 ~ 꿔
　　(b) 나누 + -어 → 나누어 ~ 나눠
　　　　바꾸 + -어 → 바꾸어 ~ 바꿔
　　　　다투 + -어 → 다투어 ~ 다퉈
　　　　갖추 + -어 → 갖추어 ~ 갖춰
　　　　다투 + -어 → 다루어 ~ 다뤄

IV. Glide화와 형태론적 제약

4.0. Glide화에 의한 모음 축약은 어간 말음절이 자음으로 끝나는 경우는 제외되지만, 소위 변칙 용언 가운데 'ㅅ, ㅎ, ㅂ' 변칙 용언이 접사 -어/아X와 결합하면, 어간 말음 -ㅅ, ㅎ, ㅂ이 떨어져 나가게 되어 Glide화에 의한 모음 축약이 가능한 환경이 조성된다. 그런데, 이들

변칙 용언이 Glide화를 보이는 모습은 경우에 따라 상이하게 나타나는데, 이들에 대하여 차례대로 살펴보자.

4.1. '-짓(作)-'이나 '찧-'와 같은 'ㅅ' 변칙 용언과 'ㅎ' 말음 어간이 접사 어/아X와 만나면 각각 'ㅅ'과 'ㅎ'이 떨어지게 되어 y-Glide화와 관련을 맺을 수 있는 구조를 갖게된다. 그러나, 이들은 Glide화를 보여주지 않는다. '지(負)-'와 '찌(蒸)-'는 각각 '지어→ 져:(→저), 찌어→쩌:(→쩌)'로 Glide화에 의한 축약을 보여주는 데 비하여, '짓-'과 '찧-'는 '(짓-+ -어 →)지어→*져'와 '(찧-+ -어 →)찌어→*쩌:'에서처럼 축약에서 면제된다. 이것은 '짓-+ -어→ 지서, 찧-+ -어→찌허'라는 재음절화의 과정에서 각각 'ㅅ' 과 'ㅎ'이 사라졌지만, null segment로서의 place holding function(자리 차지 기능)은 사라지지 않고 있음을 말해준다 하겠다.[9] 이 null segment를 ∅로 표시한다면, 이 ∅가 Glide화 규칙이 적용되기 전의 input에 남아 있어서 Glide화를 막는 압력으로 작용하여 이들 어사들이 Glide화에서 면제되는 것으로 이해된다. 곧, '지(負)-'는 (15)와 같이 되어 Glide화가 가능하게 되지만,

(15) c i + ə → c j ə
     \\/ | \\/
     σ¹ σ²   σ³

'짓-' 와 관련한 '지-"의 음절 구조 및 Glide화의 과정은

(16) c I + ∅ ə → c I ∅ ə
     \\/   \\/   \\/ ╳
     σ¹   σ²   σ¹ σ²

(16)과 같이 되어 Glide화가 불가능하게 되는 것이다. 곧, i와 ə 사이에는 ∅가 끼어 있어 y-Glide화가 이루어질 수 없게 되고 이에 따라 모음 축약이 불가능하게 되는 것으로 해석할 수 있다. 이것을 복선 음운론적인 차원에서 해석한다면, 연결선(association line)은 서로 엇갈리지 못한다는 원칙에 위배되는 것으로서 [10] ∅의 연결선을 가로지르지 않고서는 ə에 붙은

---

[9] Daniel A. Dinnsen (1974··48)의 다음말을 참조할 것.
 "The null segment has its application in lexical representations by virtue of its unique application, which can be used to trigger a rule, and by virtue of its place holding function which will designate where a phonological rule will effect its structural change."

[10] "···the lines associating syllables and segments may not cross."(D. Kahn, 1976 : 20)

연결선이 ㅇ1에 연결될 수 없기 때문에 Glide화에 의한 모음 축약이 이루어지지 못하게 되는 것이다.

4.2. W-Glide화에 의한 모음 축약은, 원래 어간 말음이던 어느 자음의 탈락으로 이루어진 중간 구조가 접사 ―어/아X와 연결되어 일어나는 경우가 있다. 모든 ㅂ변칙 용언 가운데 어간 말음절의 모음이 'ㅜ'인 경우와 'ㅎ' 말음 용언 가운데, '놓-'가 여기에 속한다. 그러나, 어간 말음절의 모음이 'ㅜ' 이외의 ㅂ 변칙 용언과, 어간 말음절의 모음이 'ㅗ'나 'ㅜ'인 'ㅅ'변칙 용언, 그리고 '놓-' 이외의 ㅎ말음 용언은 그것들이 설사 모음계 접사 -어/아X와 연결되어 Glide화 규칙을 적용받을 수 있는 환경이 조성되더라도 '짓-'와 '찧-'가 y-Glide화에서 면제되는 것과 같은 원리로 w-Glide화에서 면제된다.11) ㅅ변칙 용언의 예로는 '붓:(注)-'와 여기서 파생한 '퍼붓-'가 있을 뿐이고, ㅎ말음 용언으로는 '좋:-'와 '놓-'가 있을 뿐이다.

(17) (a) 붓- + -어 → 부어 → *붜
　　　 퍼붓- + -어 → 퍼부어 → *퍼붜
　　(b) 좋 - + -아 → 조아 → *좌
　　　 놓 - + -아 → 노아 → 놔
　　　 터놓 - + -아 → 터노아 → 터놔

ㅂ변칙 용언의 어간 말음 ㅂ은 접사 -어/아X와 연결될 경우, [w]로 약화되어 이중모음 /wə/ 나 /wa/를 형성하게 된다. 그런데 이 경우의 W는 모음의 비모음화에 의해 형성된 Glide W와는 원천적으로 다르다.

(18) (a) 돕- + -아 → 도와(* 돠)
　　　 곱- + -아 → 고:와(* 과)
　　　 괴롭 - + -어 → 괴로워(* 괴뤄)
　　　 향기롭+ -어 → 향기로워(* 향기뤄)
　　(b) 밉- + -어 → 미워(* 뭐)
　　　 맵- + -어 → 매워(* 뭐)
　　　 깁- + -어 → 기워(* 궈)
　　　 고맙- + -어 → 고마워(* 고뭐)

---

11) 이렇게 보면 '놓'는 w-Glide화 규칙의 지배를 받는 예외적 존재가 된다. 그런데, 金完鎭(1972 : 292)에서와 李秉根(1978 : 18)에서는 오히려 '좋'를 예외적 존재로 처리하고 있다. 관점의 차이가 이러한 결과를 빚게 된 것이다.

이 경우의 W는 '짓-'나 '찧-' 나 '붓:-' 나 '좋:-' 등이 접사 -어/아X와 연결될 때 'ㅅ'이나 'ㅎ'이 사라진 뒤 남긴 흔적 ∅와 등가적 가치를 발휘하면서 축약을 방해하는 존재로서, 자음 /ㅂ/이 단순히 약화된 음이기 때문에 (18) (b)에서처럼 w-Glide화와는 거리가 있는 - 어간 말모음의 'ㅗ, ㅜ, ㅚ, ㅟ' 등이 아닌 - 경우에도 존재할 수 있게 되며, -으X계 접사와 연결되는 경우에도 나타날 수 밖에 없는 존재다.

그러나, 이 약화음 W도, 어간 말음절 모음이 'ㅜ'인 ㅂ변칙 용언에서는 W탈락 규칙에 의해 탈락하게 된다.[12] '(짓-+-어 →) 지어 (ci∅ə)'의 경우에서 Glide화에 제약을 가하는 ∅와 기능을 같이하는 것으로 여겨지는 이 W가 사라지게 되면, ∅가 갖는 place holding function이 사라지는 결과를 가져와 (19)의 어사들은 결국 Glide화에 의한 모음 축약이 자유롭게 이루어지게 되는 것이다.

(19) 굽- + -어 → 구워 → 구어 → 궈
     눕- + -어 → 누워 → 누어 → 눠
     춥- + -어 → 추워 → 추어 → 춰
     줍- + -어 → 주워 → 주어 → 줘
     여쭙- + -어 → 여쭈워 → 여쭈어 → 여쭤

Glide화에 의한 모음 축약이 장모음화를 수반한다는 사실은 이미 앞에서 언급한 바 있다. (18)의 어사들이 Glide화에 의한 모음 축약을 가져오지 못한 이유를 金完鎭(1972 : 292)과 李秉根(1978 : 19)에서는 예외로 돌리고 있고 김진우(1976 : 51-51)에서는 기저음장에서 이들 어간 말모음이 장음을 가지고 있기 때문인 것으로 돌리고 있으나, 이것은 (18)의 어사들이 W탈락 규칙에서 면제된다는 사실을 간파하지 못한 데서 오는 오류가 아닐까 한다.

V. 결론

본고는 Hyman(1975 : 189)에서 지적한 "onset가 음절의 음운론적 특질을 결정하는 데에 비관여적이다"는 견해에 의문을 갖게 된 데서 출발한 것이다.[13] 국어에서 용언 어간이 -어/아X계 접사와 연결되어 Glide화에 의한 모음 축약을 가져오는 경우에는 몇 가지 제약을 받게 되는데, onset를 포함한 음절구조, 어간의 음절수(길이), 그리고 어간의 기저형태에 따라 제약

---

12) /w/는 입술소리나 원순 고모음 /u/ 뒤에서 탈락한다.
13) "The initial consonant onset is irrelevant in determining the phonological properties of a syllable." (Hyman, 1975 : 189)

을 받게 되고 그 모습 또한 다르다. 이와 관련하여 본론에서 논의한 내용을 요약함으로써 결론에 대신하기로 한다. 먼저 음절 구조와 Glide화 사이의 상관성을 보면, 어간 단모음만으로 이루어진 핵음절인 경우에는 (1)에서 보는 바와 같이 필수적인 Glide화를 보이는데,

(1) 이:-+-어 → 여(* 이어)
    오-+-아 → 와(* 오아)
    외:-+-어 → 왜(* 외어)
    모이-+-어 → 모여(* 모이어)

onset C를 가지고 있는 경우에는 (2)에서처럼 Glide화가 소원하거나 수의적이거나 소극적이라는 사실을 알 수 있다. 이것은 onset C 가 Glide화에 제약을 가하는 인자가 됨을 말해 준다 하겠다.

(2) 피- + -어 → 피어 ~ ? 펴
    쏘- + -아 → 쏘아 ~ 쏴
    되- + -어 → 되어 ~ 돼
    뛰- + -어 → 뛰어 ~ 뛔

다만, (3)과 같은 어사들에서는 이들이 onset를 가지고 있다고 하더라도 그것이 경구개 자음이라는 특수성 때문에 필수적인 Glide화를 보인다.

(3) 지-+-어 → 져[저](*지어)
    치 -+-어 → 쳐[처](*치어)
    찌 -+-어 → 쪄[쩌](*찌어)
    가지-+-어 → 가져[가저](*가지어)
    바치-+-어 → 바쳐[바처](*바치어)
    살찌-+-어 → 살쪄[살쩌](*살찌어)

그런데 (4)의 어사들이 Glide화에 소극성을 보이는 것은 어간 말음절이 갖는 모음의 종류가 한몫을 더하는 듯하다. 곧, 어간 말모음 'ㅟ'와 접사 'ㅓ'의 연결체 'ㅟㅓ'가 국어의 이중모음 체계 안에 들지 못하고, 축약의 결과 나타난 ㆊ[ɥə] 또한 국어의 이중모음 체계 안에 들지 못하여, "축약되는 두 모음의 연결체는 그것이 국어의 이중모음 체계 안에 들 때 축약이 가장 활발하다"는 전제에 위배된다. 이처럼 축약되는 두 모음의 연결상도 Glide화에 영향을 미치는 것으로 여겨진다.

(4) 쉬 + -어 → 쉬어~ 쉐
    뛰 + -어 → 뛰어~ 뗘

다음은 어간의 음절수에 따르는 Glide화에 대하여 알아보면, 어간 말음절이 핵음절이기만 하면 y-Glide화나 w-Glide화가 다같이 어간의 음절수에는 상관없이 필수적이다.

(5) (a) 이-+-어 → 여(*이어)
    모이-+-어 → 모여(*모이어)
    출렁이 -+-어 → 출렁여(*출렁이어)
  (b) 오-+-아 → 와(*오아)
    싸우 -+-어 → 싸워(*싸우어)
    드리우-+-어 → 드리워(*드리우어)

그러나 어간 말음절이 onset를 가진 비핵음절인 경우는 y-Glide화와 w-Glide화에 따라, 그리고 음절수에 따라 다른 양상으로 나타난다. (구체적인 내용은 (6)과 (7)의 어례 참조 요망)

(6) (a) 비- + -어 → 비어 ~ ? 벼
    피- + -어 → 피어 ~ ? 펴
  (b) 누비- + -어 → ? 누비어 ~ 누벼
    살피- + -어 → ? 살피어 ~ 살펴

(7) (a) 두- + -어 → 두어 ~ 둬
    누- + -어 → 누어 ~ 눠
  (b) 가두- + -어 → 가두어 ~ 가둬
    나누- + -어 → 나누어 ~ 나눠

어간이 단일 음절일 경우 Glide화가 제약을 받는다는 사실이 y-Glide화와 관련을 맺는 (6) (a)에서 확연히 드러나는데, 이것은 Glide화에 의한 모음 축약으로 말미암아 의미 요소인 어간의 의미기능을 인식하기 어렵게 되는 것을 피하고자 함도 하나의 이유에 속할 것이다. 이렇게 되면, (6) (a)의 어사들이 Glide화에 의한 모음 축약에 소극적인 것은 onset C에 의한 제약과 단음절 어간인 데서 오는 제약을 받는 결과가 된다고 하겠다.

일부 변칙 용언과 ㅎ말음 용언의 어간이 접사 -어/아X를 만나게 되면, y-Glide화나 w-Glide화와 관련을 맺을 수 있는 환경이 마련되게 된다. 그러나, 이 경우는 Glide화가 면제되는 것이 원칙이다. 이것은 기저 어간이 관여하는 것으로 보인다. 곧, 이 때 Glide화에 제약을 가하는 직접적인 인자는 ㅅ변칙 용언이나 ㅎ말음 용언의 어간에서는 'ㅅ'이나 'ㅎ'이 되겠는데, 이

'ㅅ'이나 'ㅎ'이 탈락된 자리에 null segment ∅가 남아 있어 place holding function으로 작용하게 되는 것으로 보인다.

ㅂ 변칙 용언 가운데 어간 말음절의 모음이 'ㅜ'인 경우는 Glide화와 관련을 맺는다. 이 때는 ㅂ의 약화음 W가 W 탈락 규칙에 의해 탈락됨으로써 Glide화 될 수 있는 환경이 조성되고 이에 따라 Glide화가 이루어진다. 이 경우 Glide화가 기저형태의 제약에서 벗어날 수 있는 것은 'ㅂ'의 약화음 'W'가 앞에서 언급한 null segment ∅와 등가적 가치를 지니기 때문인 것으로 해석된다. 끝으로, 덧붙일 것은, 문교부 고시(1988. 1. 19)「한글 맞춤법」(제35항 및 제 36 항)에서는 '띠어, 피어' 등 일음절 어간과 '뛰어, 쉬어'류를 제외하면, 본고의 Ⅱ장과 Ⅲ장에서 다룬 바 있는 대부분의 어사들을 "준"대로 적기로 하고 있는데, 이것은 축약형(준말)을 언어 현실의 기정사실로 규정화한 것이라고 할 수 있겠는 바 이러한 태도는 본고의 입장과는 차이가 있음을 알 수 있다.

참고문헌

奇世官(1984), "母音縮約의 制約性",「順天大學論文集」第三輯.

金東彦(1986), "國語 준말의 音韻論的 考察",「國語學新研究」, 塔出版社.

金完鎭(1971),「國語音韻體系의 研究」, 一潮閣.

_____(1972), "形態論的 懸案의 音韻論的 克服을 위하여―이른바 長母音의 境遇―",「東亞文化」11輯, 273—299.

김진우(1976), "國語音韻論에 있어서의 母音音長의 機能",「語文研究」제9집, 忠南大文理大語文研究會.

南廣祐(1960), "長母音考",「國語學論文集」, 一潮閣, 255—276

_____(1984),「韓國語의 發音研究[Ⅰ]」, 一潮閣.

박종희(1983),「국어음운론 연구」, 원광대학교 출판국.

유재원(1985), "현대 국어의 모음충돌 회피현상에 대하여",「한글」189.

이규호(1975),「말의 힘」, 제일출판사.

이근규(1983), "국어의 모음조화의 고찰에 대한 반성",「語文研究」(충남대) 제12집.

李基文 외(1984),「國語音韻論」, 學研社.

李秉根(1975), "音韻規則과 非音韻論的 制約",「國語學」3, 17-44.

_____(1978), "國語의 長母音化와 報償性",「國語學」6, 1-28

崔泰榮(1983),「方言音韻論-全州地域語를 中心으로-」, 螢雪出版社.

허 웅(1965),「國語音韻學」, 正音社.

_____(1985),「국어 음운학」, 샘문화사.

Dinnsen, Daniel A. "Constraints on global rules in phonolgy", Language 50.

Hooper, J.B. (1972), "The syllable in phonological theory", Language 48-3.

Hyman, L.M. (1975), PHONOLOGY; theory and analysis, Holt, Rinehart and Winston.

Kahn, Daniel (1976), Syllable-based Generalizations in English Phonolgy, University of Massachusetts.

[처음 실린 곳]

「霽曉李庸周博士 回甲紀念論文集」(한샘). 132~148. 1989.

[16] 국어 음운론 기술 방법론에 대한 소고
A New Method of Korean Phonological Study

Ⅰ. 머리말

　　언어의 어떤 구성요소들이 보다 큰 구성체들을 형성하기 위하여 결합할 때 거기에는 그 결합을 지배하는 일련의 규칙들이 있게 된다(송철의, 1990:65). 통사론의 최소 단위(units)가 되기도 하면서 형태론의 최대 단위가 되는 단어(words)는 한 개 이상의 형태소의 모임이요, 이때의 형태소 또한 한 개 이상의 음성(또는 음소)으로 이루어진다. 따라서 두 개 이상의 형태소로 이루어진 단어, 곧 합성어와 파생어에서는 자연히 형태소 경계를 사이로 하여 두 개 이상의 분절음의 접촉이 있게 마련이다. 이는 단어형성이 비록 형태론적 과정이긴 하지만 음운론적 과정을 아울러 수반할 수도 있음을 말해 준다고 하겠다. 다시 말해서, 합성어나 파생어의 형태소 경계에서 음운교체가 일어날 경우, 이것이 특정 형태소나 형태소의 부류와만 관련을 맺는 것이라면 그것을 형태론적 과정으로 보아 형태부에서 해결해야 하겠지만, 이것이 오직 음운적 분절음에 의해서만 제약되는 경우라면 마땅히 음운론적 과정으로 보아 음운부에서 해결해야 할 것이다. 그런데 실제로 들어가 어떤 언어현상을 현대국어라는 공시태의 테두리 안에서만 들여다보면 이들 두 가지 가운데 어느 쪽에 귀속시켜야 할지를 결정하기 어려운 경우도 없지 않다. 곧 현대국어에 나타나는 어떤 언어 규칙이 음운론적 제약을 받는 음운규칙인지 아니면 형태론적 제약을 받는 형태규칙인지를 결정하기 어려운 경우도 있다. 본고에서는 이런 부류에 속한다고 여겨지는 언어현상 두 가지, 곧 /ㄹ/ 탈락과 구개음화의 예를 들어 국어 음운론 내지는 형태론 연구의 방법론에 대하여 논의하고자 한다.

　　음운 현상에는 여러 가지가 있다. 그 중에는 음소의 통합 체계의 제약성으로 말미암아 일어나는 음절구조 규칙, 두음법칙, 자음접변 등도 있지만, 동화, 축약, 탈락의 경우처럼 발음의 편의로 일어나는 것도 있고, 첨가와 같이 표현을 똑똑하게 하려는 데서 일어나는 것도 있다(허웅, 1985: 264-289). 그런데 이러한 기초적인 음운 현상들은 오래 전부터 학자들의 관심을 끌어 다양한 연구 업적을 남기고 있음이 사실이지만, 명쾌한 해결책이 아직 제시되어 있지 않을 뿐만 아니라 의견의 일치를 보여 주지 못하고 있는 것 또한 현실이다. 특히, 동일한 음운 현상을 경우에 따라 상이한 방법론을 원용하여 개별적으로 설명하는 것은 큰 문제점으로 지적되어 왔다.

/ㄹ/ 탈락의 경우만을 예로 들어 보더라도, '사는, 사신'에서의 /ㄹ/탈락은 '동위적 이화'로 설명하면서, /ㄹ/ 말음 동사의 어간에 공손법의 선어말 어미 '-으오/으옵-'이 연결될 경우(:살+-으옵고→살옵고→사옵고, 살+-으오니→살오니→사오니)와 하오체의 종결 어미 '-으오'가 연결될 경우(:살+-으오→살오→사오)에서의 그것을 설명함에 있어서는 흔적이론을 끌어들이거나 추상적 기저음을 설정하거나 형태론적 제약을 받는 것 등으로 설명하는 것 등이 그것이다.

필자는 선행 업적들이 취한 바 있는 국어 음운론 연구 방법론에 대한 이러한 모순점들을 재검토하여 이에 대한 비판을 가한 뒤 이러한 모순점을 극복할 수 있는 연구 방법론을 제시하여 국어 음운론 연구 방법론의 새로운 발판을 마련하고자 한다.

II. 본론

국어 음운 현상에 대한 선행 업적들은 지나치게 현대국어라는 공시태 안에서 현상에 대한 기술적(descriptive) 태도만을 견지함으로써 아직은 많은 무리가 따르고 있는 듯하다. 전술한 바 있듯이, 언어 현상에 대한 이러한 기술 태도는 너무 현상에만 집착한 나머지 선행 시기의 언어 규칙의 지배를 받아 이루어진 현상까지도 현대국어의 공시 체계 안에서 설명하려 함으로써 흔히 예외로 처리하거나 추상적 기저형(또는 기저음)을 설정하는 등 불합리하거나 부자연스러운 설명을 필연적으로 낳게 되는 것이다. 이런 경우에 있어서, 우리는 우리의 시야를 넓혀 언어(국어)에 대한 역사적 정보를 끌어들임으로써 어떤 언어 현상을 보다 자연스럽고 일관성 있게 설명할 수 있게 되는 경우를 본다. 예컨대, 동일한 /ㄹ/ 탈락이라도 '사는, 사신'에서 보는 것은 현대국어의 공시태 안에서 '동위적 이화'로 /ㄹ/이 탈락하는 것으로 설명할 수 있지만, '사옵고, 사오니; 사오'의 경우나 '소나무, 마소, 다달, 바느질'에서 보는 것은 현대국어의 공시태 안에서는 설명이 불가능하다. 현대국어에서 용언의 어간 말음 /ㄹ/이 모음 앞에서 탈락할 이유가 없으며, 합성어나 파생어에서 선행 요소의 말음 /ㄹ/이 후행 요소의 두음 /ㄴ, ㅅ, ㄷ, ㅈ/ 앞에서 탈락할 이유가 없기 때문이다.

필자는 이러한 원인을 국어(규칙)의 변화에서 찾고자 한다. /ㄹ/ 탈락 규칙은, 중세국어에서 선행 형태소의 말음 /ㄹ/이 /ㄴ, ㅅ, ㅿ, ㄷ, ㅈ/ 앞에서 탈락하는 생산성이 매우 높은 규칙이었다. 그러나 이 규칙은 이제는 어미의 두음/ㄴ, ㅅ/에 선행하는 용언 어간 말음 /ㄹ/만이 생산적인(productive) 탈락을 보여 주는 규칙으로 축소되었다. 따라서 이 밖의 /ㄹ/ 탈락은 이 /ㄹ/ 탈락 규칙이 생산적으로 적용되던 선행 시기에 이루어진 것으로 해석하고자 한다.

오늘날 중부방언에서, '니켈, 뉴우스'에서처럼 /i/나 /j/에 선행하는 어두 /ㄴ/이 그것의 구개음화에도 불구하고 탈락하지 않는 것이라든가, 더 나아가서는 '닝큼, 무늬' 등과 같은 일련의 단어들에서 /ㄴ/이 /i/ 앞에서도 구개음화와 관련을 맺지 않는 현상은 통시적 음운 변화나 규칙의 변화(축소)에 말미암는다. 또, 형태소 경계를 사이로 하여 /ㄷ/, /ㅌ/과 /i/, /j/의 연결이 어려운 것도 동일한 이유로 설명될 수 있다. 곧, 단일형태소 안에서의 t구개음화 현상이 과거 어느 시기에 소멸함으로써 이제는 형태소 경계를 사이로 할 때에만 한정되게 되었다고 할 수 있다. 따라서 이들 경우에 있어서도 이들 음운 현상이 생산적이던 시기의 언어의 공시태를 대상으로 기술하면 합리적인 설명을 할 수 있음은 물론이다.

필자는 어떤 음운 현상을 설명함에 있어서 가능하다면 음운론적으로 설명하여야 한다는 입장을 취한다. 특히, 동일한 음운 현상을 경우에 따라 개별적으로 상이한 정보를 끌어 들여 설명하는 것은 일관성이 결여된 태도로서 바람직스럽지 않다고 본다. 필자는 위에서 보는 /ㄹ/ 탈락을 동일한 음운론적 현상으로 본다. 따라서 이들은 동일한 음운 현상이므로 어느 경우나 동일한 음운론적 제약을 받을 것이라고 전제한다. 곧, '사신'에서의 /ㄹ/ 탈락을 어미의 첫소리 'ㅅ'의 제약으로 본다면, '사옵고, 사오'에서의 그것도 이에 상응하는 음운론적 제약을 받아 이루어지는 것으로 설명하는 것이 보다 자연스럽다고 본다. 그러나, 앞에서도 언급한 것처럼, 현대국어의 공시태 안에서는 그러한 기제(機制)를 찾을 수 없다.

어떤 규칙이 A시기의 공시적인 것인지, 이보다 앞선 시기의 것인지, 곧 어떤 언어 현상이 A시기의 공시적인 규칙의 지배를 받는 것인지, 이보다 앞선 시기의 규칙의 지배를 받는 것인지를 정하는 기준으로 그 규칙의 생산성이 이용될 수 있다. 어떤 언어 규칙이 주어질 때, 그 규칙을 통과한 언어 자료가 A시기의 언어에 합당한 언어 자료를 산출해 낸다면, 그 규칙은 A시기의 공시적인 언어 규칙이라고 할 수 있다. 또, 어떤 언어 규칙이 주어질 때, A시기의 언어 자료를 통해서 동일한 규칙이 설정될 수 있다면, 그 규칙은 A시기의 공시적인 언어 규칙이 될 수 있다. 이것은 그 언어 규칙이 얼마나 생산성이 있느냐 하는 것에 귀결된다. 현대국어의 '사신, 사는'에서처럼 용언 어간 말음에 나타나는 /ㄹ/은 어미의 첫소리 /ㅅ/이나 /ㄴ/ 앞에서 규칙적으로 탈락되므로, 이 경우의 /ㄹ/ 탈락은 현대국어의 공시적인 음운규칙이라고 할 수 있다. 그러나 '화살, 따님'과 같은 합성어나 파생어에서 보는 /ㄹ/ 탈락은, '털실(*터실), 달님(*다님)'이 보여 주는 것처럼 현대국어에서 생산적이지 않으므로, 현대국어의 공시적인 현상이 아니라 그것이 생산적이었던 선행 시기에 일어난 현상으로 본다. 동시에 '사옵고, 사오'에서의 /ㄹ/ 탈락도 동일한 이유로 선행 시기에 일어난 현상으로 본다. 이 /ㄹ/ 탈락 규칙이 생산적이었던 중세국어에서는 '사는, 사신'에서의 그것에 상응하는 /ㄹ/ 탈락의 음운론적 기제를 찾을 수 있기 때문이다. 따라서 '사는, 사신'에서의 /ㄹ/ 탈락은 현대국어의 공시태 안에서 설명이 가능하지만, '화살, 따님; 사옵고, 사오'에서의 /ㄹ/ 탈락은, 비록 그것을 공시적으로 기술한다 하더라도, 현대국어의 공시태 안에서 설명할 것이 아니라 그것이 발생한 선행 시기의 공시태로 돌아가 그 기제를 찾을 때 비로소 합리적으로 설명할 수 있을 것으로 본다. 아래 <그림1>을 통해서 알 수 있는 것처럼, 공시언어학의 연구 대상은 때와 곳이 만나는 점인데, 비록 곳이 같다고 할지라도 때가 다르면 대상이 달라지기 때문이다.

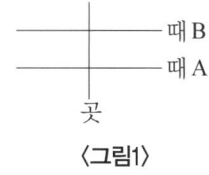

〈그림1〉

이러한 관점을 바탕으로 하면 /ㄹ/탈락과 t 구개음화를 비롯한 현대국어에 나타나는 여러 가지 음운 현상들이 보다 일관성 있고 자연스럽게 설명될 수 있다는 것이 필자의 생각이다.

언어는 규칙의 체계이다. 그리고 언어는 시간의 추이(推移)에 따라 변화하며 이에 따라 언어 규칙도 바뀐다. 다시 말하면, 언어 변화는 규칙의 소멸, 생성(첨가), 확대, 축소, 재생 등을 가져온다. 필자는, 전술한 /ㄹ/ 탈락이나 구개음화 등을 현대국어의 공시태 안에서 일관성 있게 설명할 수 없는 것은 바로 이러한 언어 규칙의 변화에서 비롯된 것으로 보고자 한다. 특히, 본고에서 다루어 온 /ㄹ/ 탈락 규칙이나 구개음화 규칙은 시대가 바뀜에 따라 규칙의 축소를 가져온 결과 이 규칙의 지배를 받게 되는 어휘의 범주도 시간의 변화와 함께 차차 그 폭이 좁아진다. 역사적으로 축소의 과정을 밟고 있는 이들 규칙들이 어떻게 축소의 과정을 밟으면서 단어형성에 관여하는가를 밝힌다면 지금까지 펼쳐온 우리의 견해는 보다 명료해지겠지만 본고에서는 하나의 방법론만 제시하는 데 그치기로 한다.

단어형성 규칙은 단어가 형성될 때 적용되는 규칙이다. 곧, 단어형성은 그 단어가 형성될 때 적용되는 단어형성 규칙의 지배를 받는다. 그리고 단어형성 규칙은 통사규칙처럼 화자가 문장을 생성할 때마다 반복적으로 적용되는 규칙이 아니라 새로운 단어를 만들어서 화자의 어휘부에 어휘목록을 첨가시켜 주는 규칙이다(송철의, 1990:66). 그런데 단어형성 규칙도 전술한 언어의 일반적 성격에서 벗어나지 않는다. 만일 단어형성 규칙이 통시적으로 늘 고정되어 있다면 단어형성 방법도 늘 고정되어 있을 것이지만, 언어사를 통해서도 알 수 있듯이, 그렇지만은 않은 것이 언어 현실이기 때문이다. 따라서 단어형성 방법도 그것이 형성될 때의 공시 언어체계 안에서 기술될 때 비로소 자연스럽게 설명될 수 있음은 물론이다.

III. 맺음말

국어 음운론 연구는 서구에서 들어온 생성음운론을 바탕으로 괄목할 만한 성과를 거둔 바 있다. 그러나 이들 연구의 대부분은, 표층의 음성형은 기저형으로부터 도출되며, 표층에서의 차이는 심층구조가 다르거나 적용되는 변형규칙이 다르기 때문이라는 생성음운론 초기의 가정을 국어에 무리하게 적용한 결과 많은 문제점을 드러낸 것도 사실이다. 예컨대, 김완진(1972:273-274)과 곽충구(1980:68)에서는, '사옵고, 사오'에서 어간 말음 /ㄹ/ 탈락이 현대국어의 공시 언어 체계 안에서 추상적 기저음 'ㅿ'에 의해 동기화되는 것으로 설명하고 있다. 그러나 이 경우도 /ㄹ/ 탈락이 생산적이던, 'ㅿ'이 존재하던 시기의 공시 언어 체계를 기술 대상으로 삼으면 굳이 시현되지도 않는 추상적 기저음을 설정하거나 심층구조를 달리 설정하지 않더라도 자연스럽게 설명할 수 있는 것이다. 다시 말해서, 이 경우의 /ㄹ/ 탈락은 'ㅿ'이 존재하던 시기에 'ㅿ'에 의해 /ㄹ/ 탈락을 입은 뒤 화석으로 남은 것으로 보면 '사는, 사신'에서 /ㄹ/이 탈락하는 것과 마찬가지로 동위적 이화로 볼 수 있어 일관성 있는 설명을 할 수 있게 되는 것이다. 또, '어디(<어듸), 느티나무(<느틔나모)'에서 t구개음화를 입지 않은 것이라든가, '넝쿨, 무늬'에서 /ㄴ/이 구개음화(:좀더 자세히 말하면 '넝쿨'은 구개음화에 의한 /ㄴ/ 탈락)와 관련을 맺지 않는 것을 설명할 경우에 있어서도 마찬가지다. 이들 경우에 있어서도, 이들 음운 현상이 생산적으로 적용되던 시기의 공시태를 대상으로 공시적 기술을 하면, 김완진(1971:131-142)에서처럼 굳이 형태음소 /ij/(또는 /ĩj/)를 설정하지 않아도 되는 것이다. 기존의 방법론은 현대국어만을 공시적 기술 대상으로 삼은 경향이 있었기 때문에, 어떤 언어 현상에 대한 기술을 지나치게 복잡하게 만들 뿐 아니라 동일한 음운 현상을 상이한 방법으로 설명하는 부자연스러움을 면할 수 없었던 것이다.

　한편, 최근에 들어와 생성음운론 자체에 이론 수정이 가해짐에 따라, 국어 음운론 연구에 있어서도 기존의 연구 방법론에 대한 비판과 반성이 제기되고는 있으나 아직 이렇다할 연구 업적을 보여 주지 못하고 있는 것이 현실이다. 본고는 기존의 연구 방법론에 대한 이러한 반성에서 이루어진 것이라고 하겠다.

참고문헌

곽충구(1980), 18세기 국어의 음운론적 연구, 국어연구 44.
奇世官(1987), "구개음화의 공시태와 통시태", 鄭炳洪先生華甲紀念論文集, 學文社.
金手坤(1976), Palatalization in Korean, 광문사.
金完鎭(1967), "韓國語發達史 上(音韻史)", 「韓國文化史大系」 9, 高大民族文化研究所.
＿＿＿(1971), "音韻現象과 形態論的 制約", 「學術院 論文集」 <人文·社會科學篇> 10.
김완진(1972), 현태론적 현안의 음운론적 극복을 위하여 – 이른바 장모음의 경우 –, 동아문화 11집, 273~299.
金周弼(1985), "口蓋音化에 대한 通時的 研究", 「國語研究」 68.
김차균(1982), "국어의 약음소들에 나타나는 음운론적인 과정들의 연구", 「창학사」, 1983.
김차균 외(1985), 「國語音韻論」, 韓國放送通信大學出版部.
金亨奎(1962), 「國語史研究」, 一潮閣.
남기심 외(1983), 「언어학 개론」, 탑출판사.
송 민(1986), 「前期近代國語 音韻論 研究」, 塔出版社.
송병학(1979), "한국어의 수동태", 언어 4-2.
송석중(1978), "使動文의 두 形式", 언어 3-2.
송철의(1990), 국어의 파생어형성 연구, 박사학위논문, 서울대.

安秉禧(1957), "重刊杜詩諺解에 나타난 t口蓋音化에 대하여", 「一石 李熙昇先生頌壽紀念論 叢」.
_____(1978), "村家救急方의 鄕名에 대하여", 「언어학」3.
이병건(1978), "한국어의 음운변천", 「언어학」3.
李基文(1961), 「國語史槪說」, 民衆書館.
_____(1980), 「國語音韻史硏究」, 塔出版社.
田光鉉(1971), "18世紀 後期國語의 一考察", 「全北大論文集」13.
_____(1978), "18世紀 前期國語의 一考察 -伍倫全備諺解를 中心으로-", 「語學」5(全北大).
崔明玉(1982), 「月城地域語의 音韻論」, 嶺南大學校出版部 15.
崔銓承(1986), 「19세기 후기 全羅方言의 음운현상과 그 역사성」, 翰信文化社.
崔泰榮(1983), 「方言音韻論 -全州地域語를 中心으로-」, 螢雪出版社.
한글 학회(1980), 「한글 맞춤법」, 한글 학회.
허 웅(1980), 「국어학」, 샘문화사.
_____(1985), 「국어음운학」, 샘문화사.

[처음 실린 곳]
「語學硏究」(순천대학 어학연구소) 第3輯. 1~6. 1991.

[17] 첨가음 /ㄴ/의 기능

1. /ㄴ/ 첨가의 환경과 성격

　/ㄴ/ 첨가는 '아름다운 이야기, 할 일, 문 열다; 정신적 이유, 세계적 유물' 등에서처럼 두 단어의 연속에서 이들이 한 마디로 발음될 때 수의적으로 나타나는 경우와, '콩-엿, 찬-이슬, 순천-역, 태양-열, 영업-연도, 헛-일, 맨-입, 신-여성, 총-연습' 등에서처럼 단어형성 과정에서 나타나는 경우의 두 가지가 있다. 그런데, 여기에는 음운론적 제약과 형태론적 제약이 뒤따른다. 전자나 후자를 막론하고, /ㄴ/ 첨가는 선행 요소의 자립성과는 무관하지만, 후행 요소는 자립하는 단어일 경우로 한정된다. 또, 선행 요소는 그 종류와는 무관한 받침으로 끝나는 폐쇄 구조를 가지며, 후행 요소는 /i/나 /j/로 시작하는 개방음절일 경우에 국한된다. 따라서, '밭이랑, 맨입; 태양열, 소독약'은 /ㄴ/ 첨가와 관련을 맺지만, 선행 요소가 개방음절로 끝나는 '가래엿, 새일꾼; 이리역, 감기약'이나 후행 요소가 자립하지 못하는 의존형태소인 '밭이랑[바치랑], 책이(-); 한국인, 독신녀'는 그러지 못한다. 다만, 선행 요소가 개방음절로 끝나더라도 사이시옷이 개입되어 폐쇄구조가 형성되는 경우에는 /ㄴ/이 첨가된다: 댓잎, 사삿(私私ㅅ)일. 이 경우의 /ㄴ/ 첨가는 반드시 사이시옷의 첨가가 선행하는 경우에 한정된다는 것이 주목된다.
　수의적으로 /ㄴ/ 소리를 보이는 '야들야들[야들랴들/야드랴들], 이죽이죽[이중니중/이주기죽]'과 같은 반복합성어들은 후행어가 자립성을 가지지 않은 어근이라는 점이 주목되는데, 이들 어사들 가운데 상당수가 '[냐들랴들, 냠냠]'과 같이 어두에서조차 /ㄴ/을 유지하기도 한다는 점에서 볼 때, 이들은 /ㄴ/ 첨가와 관련을 맺는다기보다는 기저에서부터 /ㄴ/을 유지하고 있는 것으로 볼 수 있다.
　한편, 현대국어에서 선행 요소가 폐쇄구조가 아니면서 /ㄴ/ 소리를 가지고 있는 '예니레, 예닐곱'은 구개음화가 발생하여 어두의 'ㄴ[n]'이 탈락하기 이전에 /ㄴ/을 유지한 채 단어형성에 참여한 결과 /ㄴ/이 비어두에 놓이게 됨으로써 후대의 /ㄴ/ 탈락에서 면제된 것으로 해석된다.
　/ㄴ/ 첨가는 고유어, 한자어, 혼종어를 가리지 않고 나타난다. 그러나 /ㄴ/이 첨가되는 폭에

있어서는 한자어와 고유어가 그 모습을 달리한다. 한자어에서와는 달리 고유어 기원의 합성어나 파생어에서의 /ㄴ/ 첨가는, '다루는 데 힘이 많이 들고 범위가 넓은 일'을 뜻하는 합성어 '큰일'이나 후행어가 '있다'인 합성어의 경우를 제외하면, 필수적으로 나타나는 경향이 있다: 솜이불, 콩엿, 막일, 맨입. 곧, /ㄴ/ 첨가는 한자어보다 고유어에서 보다 적극성을 띠고 나타난다. 그 이유를 분명하게 제시하기는 어렵지만, 대체로 다음과 같은 두 가지 각도에서 찾을 수 있을 듯하다. 첫째, 고유어와 한자어는 본질적으로 서로 다른 음운구조를 가지고 있어서 거기에 반영되는 언어현상 – 여기에서는 /ㄴ/ 첨가 현상 – 도 달리 나타나는 것으로 보는 것이다. 특히, 고유어에서와는 달리 한자어에서는 후행어가 모음 /i/로 시작되는 경우에는 대체로 /ㄴ/ 첨가에서 제외되는데(: 불이행, 핵입자, 몰인정, 불일치, 총인구 등 참조), 이것은 한자어가 지닌 이러한 언어적 특성 때문일 것으로 이해된다. 둘째, /ㄴ/ 첨가 규칙의 성격 변화로 파악하는 것이다. 곧, /ㄴ/ 첨가는 처음에는 고유어에서부터 적용되기 시작하여 차차 한자어에까지 그 적용 영역이 넓혀졌지만 이 시기에는 이미 규칙 축소를 가져와 수의적인 규칙으로 바뀌게 된 것으로 이해하는 것이다.

「한자어 + 고유어」의 구성을 가진 혼종어는 /ㄴ/이 '고유어'에 첨가된다는 점에서 고유어만으로 이루어진 합성어나 파생어가 보여 주는 그것과 평행한 모습을 보이면서 /ㄴ/ 첨가와 관련을 맺는다. 그러나 「고유어 + 한자어」의 구성을 가진 혼종어에서는 /ㄴ/이 한자어에 첨가되어야 한다는 점에서 한자어만으로 이루어진 합성어나 파생어가 보여 주는 /ㄴ/ 첨가와 평행한 모습을 보여 주는 것으로 믿어진다. 고유어가 후행하는 혼종어인 '숲니, 白여우, 空일' 등에서는 필수적으로 /ㄴ/이 첨가되지만, 한자어가 후행하는 혼종어인 경우에는 '옴藥, 안兩班' 등에서처럼 /ㄴ/이 첨가되는 경우와 '첫人事, 첫印象' 등에서처럼 그렇지 않는 경우가 있어서 한자어가 보여 주는 /ㄴ/ 첨가와 평행한 모습을 보여 주기 때문이다.

/ㄴ/ 첨가에 있어서 가장 복잡하고도 다양한 모습을 보여 주는 것은 한자어에서이다. 한자어에서도 /ㄴ/이 첨가될 수 있는 환경은 고유어의 그것과 다름이 없다. 이러한 면에서 보면, /ㄴ/ 첨가 현상은 고유어냐, 한자어냐 하는 것에 관계없이 본질적으로 동일한 언어현상임을 알 수 있다.

국어 한자음은 두음법칙이나 자음동화와 같은 음운규칙과 관련을 맺거나 속음으로 굳어진 경우를 빼면 위치에 관계없이 본음을 유지하는 것이 원칙이다. 이에 따라 「어근 + 어근」의 구성 방식을 보이면서 단일구조로 인식되는 '소녀(少女), 개량(改良), 협약(協約)' 등 2음절 한자어나, 역시 단일구조로 인식되는 '교련(敎聯), 국련(國聯)' 등 준말에서의 제2음은 본음을 유지한다. 그리고 접미사나 접미사처럼 쓰이는 한자도 본음을 유지한다: 한국인, 국경일, 독신녀, 기미년, 생산량, 강우량, 을지로 등.

그러나 여기에도 예외는 존재하는데, 말할이들의 한자어의 구조에 대한 인식의 잘못에서 오는 경우가 대표적이다. '구상유취'(口尙乳臭)는 위에서 말한 원칙에 따르면 [구상유취]로 발음되어야 합리적이겠지만, 사자 성어(四字成語)의 한자어들을 보면「二字 單語 + 二字 單語」의 구성 방식을 가진 것을 알 수 있는데 이 단어도 여기에 이끌려 '구상-유취'의 구조로 인식됨으로써 /ㄴ/이 첨가될 수 있는 환경이 조성되고, 이에 따라 /ㄴ/이 첨가되어 [구상뉴취]로 발음되는 것으로 보인다.

한편, '마립자, 소립자, 수류탄, 파렴치'는 후행하는 자립단어가 두음법칙의 적용을 받은 뒤에 단어형성에 참여한 것으로 보아 '미-입자[미입자], 소-입재[소입자], 수-유탄[수유탄], 파-염치[파염치]'가 되어야 합리적이겠지만, '미립-자, 소립-자, 수류-탄, 파렴-치' 등의 단어구조로 인식하거나 또는 이들을 단일구조로 인식한 결과 본음이 유지되고 있는 것으로 볼 수 있으며, 이와는 반대로 '고랭-지'는 오히려 '고-랭지'로 그 구조를 인식함으로써 두음법칙의 적용을 받아 [고냉지]로 발음되는 것으로 보인다.

한자어는 대체로 이자 일단어, 또는 삼자 일단어의 경향이 있어 이음절 또는 삼음절로 이루어진 한자어들은 두 단어의 연속으로는 인식되지 않고 오직 한 단어로 인식되는데, 여기에 해당하는 '소독약, 간장염, 학생용, 태양열, 향학열, 서울역, 독점욕, 휘발유, 신여성, 공염불' 등에서는 /ㄴ/ 첨가가 필수적이다. '자립단어 + 자립단어'의 구성을 가진 단어 가운데 /ㄴ/ 첨가와 관련을 맺을 수 있는 환경을 갖춘 2음절어인 '일일(一一)'이, 후행어의 모음이 /i/임에도 불구하고 /ㄴ/ 첨가가 필수적인 것도 역시 동일한 이유에서 비롯한 것일 것이다. 그러나 동일한 3음절 단어라도「접두사 + 독립단어」의 구조를 가진 한자어 가운데 후행하는 단어가 'Ø(zero)' 또는 /ㄹ/을 첫소리로 가진 '한-약방, 양-약방, 공-약수, 경-양식, 강-염기, 목-요일, 몰-염치, 등-용문, 불-연속' 등 일부 단어에서는 /ㄴ/첨가를 거부한다. 한편, 본음이 /ㄴ/을 가진 '신여성, 공염불'의 경우는 물론 본음이 /ㄴ/이나 /ㄹ/을 가진「자립단어 + 자립단어」의 구성에서도 /ㄴ/이 필수적으로 나타나기도 한다: 이혼 여성, 대중 요리. 이렇게 보면 한자어에서는 한자음의 보수성이나 본음을 유지하려는 화자의 어원 의식도 작용하는 것으로 보인다.

이처럼, 한자어에서는 /ㄴ/이 첨가될 수 있는 환경을 갖추고 있으면서도, 고유어와는 달리, 단어의 구성 방식에 따라, 두음법칙을 적용받기 이전의 한자 본음의 종류에 따라 그리고 후행하는 독립단어의 어두 모음의 종류에 따라 /ㄴ/이 첨가되는 양상이 달라짐을 알 수 있다.

한 가지 특기할 사실은 한자어에서의 /ㄴ/첨가는 후행하는 단어의 첫음절의 모음이 '/i/' 곧 후행하는 단어의 첫음절이 'iX, riX'로 시작되는 '人, 日, 一, 二, 印, 理, 利 …' 등 일련의 한자 형태소에서는 어느 경우이든지 제약을 받는다는 사실이다. 이 때는「단어 + 단어」의 구조를 가진 한자어이거나,「접두사 + 단어」의 구조를 가진 한자어이거나를 막론하고 /ㄴ/ 첨가를 기피하는 경향이 있는데, 이것은 /i/는 /j/보다 ɲ과의 음성적 거리가 크기 때문일 것이다. 이렇게 보면, 한자어에서의 /ㄴ/ 첨가는 고유어에서와는 다른 음운론적 기제가 작용하기도 한다는 사실을 알 수 있다.

한자어 가운데는 후행 요소가 외견상 접미사 또는 접미사처럼 쓰이는 한자어에 /ㄴ/이 첨가

되는 경우도 있다: 간장-염, 학생-용, 기업-열. 그러나 이것은 이들 단어가 단어형성에 참여하기 전에 후행 요소의 기저구조(underlying structure)가 자립단어인 데에 기인하는 것으로 보인다:간장 + 염(증), 학생 + 용(품), 기업 + 열(성). 곧, 이들 단어는 "단어형성은 이미 존재하는 단일어에 적용된다.(Aronoff, 1976:40)"는 원칙에 따라 단어형성에 참여한 뒤에 후행 요소의 말음이 절단된 것으로 볼 수 있다. 이렇게 볼 때, 이 경우에 있어서도 "/ㄴ/ 첨가는 후행 요소가 자립하는 단어에 한정된다."는 우리의 견해에 부합된다고 할 수 있다.

2. 첨가음 /ㄴ/의 기능

그러면 여기서 /ㄴ/ 첨가의 기능을 논하기에 앞서 /ㄴ/이 첨가되는 환경이나 그것이 가지는 특성을 좀더 세분하여 다시 한번 정리하여 보자.

(가) 선행 요소
 ㄱ. /ㄴ/ 첨가는 선행 요소가 받침으로 끝날 경우에 한정된다.
 ㄴ. 그러나, 선행 요소의 끝소리의 종류에는 무관하다.
 ㄷ. 선행 요소는 단어 또는 접두사로서 그것의 자립성과는 무관하다.

(나) 후행 요소
 ㄱ. 첨가음 /ㄴ/은 후행 요소의 첫소리로 개입된다.
 ㄴ. 후행 요소가 자립성을 가진 독립단어일 경우에 한정된다.
 ㄷ. 후행 요소의 첫음절이 /i/나 /j/(를 선행하는 이중모음으)로 시작되는 개방음절이다.

이상 (가)와 (나)를 통해서 우리는 /ㄴ/ 첨가가 형태론과 음운론의 두 가지 층위에 다같이 관련을 맺고 있음을 알 수 있다. 따라서 우리는 /ㄴ/이 첨가되는 이유 곧, 첨가음 /ㄴ/의 기능을 논의함에 있어서도 이 두 가지 측면에서 동시에 접근해 가야 할 것으로 본다.

/ㄴ/의 첨가가 선행 요소의 끝소리의 종류에는 무관하며 선행 요소가 접두사일 경우에도 개입될 수 있다고 하는 것은 첨가음 /ㄴ/이 선행 요소(의 끝소리)에 영향을 주기 위해 개입되는 존재가 아니라 후행 요소에 관련되는 – 후행 요소에 초점(focus)이 놓이는 – 것임을 말해 준다. 이 사실은 또한 첨가음 /ㄴ/이 단순한 형태소의 경계 표지가 아니라는 점도 간접적으로 시사한다[1].

---

[1] 왕문용(1989:366-367)에서는 동일 형태소의 연결에서도 사이시옷의 첨가가 수의적임을 들어 사이시옷이 형태소의 경계표지가 아니라는 사실을 지적하고 있다. 이것은 첨가음 /ㄴ/에 대해서도 동일하게 적용될

첨가음 /ㄴ/이 후행 요소에 관련되는 요소라면, /ㄴ/ 첨가의 문제는 앞에 제시한 (나, ㄴ)과 (나, ㄷ)의 문제로 압축된다고 할 수 있다. 그런데 여기에서 (나, ㄷ)은 (가, ㄱ)과 더불어 /ㄴ/ 첨가를 조건지우는 음운론적인 환경에 불과하다. (가, ㄱ)이 선행 요소의 음운론적 환경이라면 (나, ㄷ)은 후행 요소의 음운론적 환경이다. 결국 /ㄴ/이 가지는 형태론적 기능은 (나, ㄴ) 곧, 후행 요소의 자립성의 문제로 귀결된다고 할 수 있다.

두 단어의 연속에서 보는 /ㄴ/ 첨가는 이들 두 단어 사이에 휴지를 두지 않고 한 마디로 — 폐쇄연접으로 — 발음하는 경우에만 볼 수 있다. 그리고 한 단어의 내부에는 본질적으로 휴지가 개입되지 않으므로, 합성이나 파생어에서는 자연히 /ㄴ/이 첨가될 수 있는 환경이 조성되는 것으로 보인다. 그런데 여기에서 /ㄴ/ 첨가가 선행 요소(앞 단어나 접두사)가 받침으로 끝날 경우에 한정된다고 하는 것은 음운론적으로는 실제의 발음에서 이 /ㄴ/이 첨가됨으로써 선행 요소의 끝자음이 후행하는 단어의 첫소리가 되는 것을 막아 준다고 볼 수 있다. 이것은 곧 두 단어가 한 마디로 발음될 때나 단어형성 과정에서 /ㄴ/이 첨가됨으로써 후행하는 단어의 자립성이 계속하여 유지될 수 있도록 하여 후행 단어의 형태소 인식(또는 후행 단어의 의미 파악)을 확보해 주는 역할을 하는 것으로 이해된다. 이러한 의미에서, 후행 요소가 독립적 의미를 가지지 못하는 접미사나 형식명사가 /ㄴ/ 첨가와 관련을 맺지 않는다고 하는 것은 어쩌면 당연한 일일 것이다. 그리고 이 현상은 음운첨가의 기능이 본질적으로 말의 표현을 똑똑히 하려는 데 있다고 보는 전통적인 입장과도 상통한다고 하겠다.

/ㄴ/ 첨가는 일종의 형태소경계에서 일어나는 규칙이다. 국어에서 두 형태소가 이어질 때는 그것들이 놓이는 환경에 따라 합당한 음운규칙의 적용을 받아 음소 연결상이 바뀔 수도 있겠지만, 최종적으로는 표면 음성 규칙인 연음규칙(liaison)의 적용을 받는다. 곧, 형태소의 경계와 음절의 경계가 일치하지 않을 때는 국어의 음절구조에 맞게 조정을 받는다. 그리고 국어에서 두 모음(vowel; V) 사이에 올 수 있는 자음(consonant; C)의 수는 많아야 둘인데, 두 모음 사이에 한 자음이 오면 그것은 뒤 음절의 첫소리가 되고, 두 자음이 오면 음절경계가 두 자음 사이에 놓이게 된다. 따라서 /ㄴ/ 첨가와 관련한 형태소 연결, —(C)VC + i(C)— 또는 —(C)VC + jV(C)—와 같은 음연쇄에서는 선행음절 말음 C가 후행음절의 첫소리가 된다². 이것은 형태소경계와 음절경계가 일치하지 않게 되었음을 말해 주는 것이기도 하다. 이렇게 되면 우리가 형태소 인식에 곤란을 느끼게 된다. 앞에서 우리는 /ㄴ/첨가가 후행 요소와 관련되는 언어현상으로 보았으므로 후행하는 단어의 형태소 인식에 곤란을 느끼게 되는 셈이다. 예컨대, '밭이랑→받이랑→[*바디랑], '짓이기다→진이기다→[*지디기다], 삯일→삭일→[*사길], 꽃잎→꼳입→[*꼬딥]'과 같이 되어 후행하는 단어의 형태소 인식이 어렵게 됨으로써 후행하

---

2) 다만, C가 'ㅇ/[ŋ]'일 때는 /ㅇ/은 선행 음절의 끝소리를 유지한다.

는 단어의 의미 파악(또는 의미 전달)에도 곤란을 느끼게 된다3). 즉, 후행하는 단어가 자립성을 유지하기가 어렵게 된다. 따라서 이러한 어려움을 막기 위해서는 두 형태소 사이에 자음이 하나 들어가야 하는데, 이를 위하여 개입되는 자음이 바로 /ㄴ/이라고 생각한다. 물론, /ㄴ/의 첨가가 형태음소적 변동을 가져 오기도 하지만, 그러나 이때 발생하는 형태음소적 변동은 이미 존재하는 국어의 형태음소적 변동규칙의 지배를 받기 때문에 의미 파악에는 영향을 끼치지 않는다. 그리고 앞말이 모음으로 끝날 때는 형태소경계와 음절경계가 일치한다. 따라서 /ㄴ/이 첨가되지 않더라도 의미 파악에 전혀 곤란을 받지 않으므로 어떤 음운이 첨가될 필요가 없는 것이다. 요컨대, /ㄴ/은 후행하는 단어의 자립성을 확보하기 위하여 첨가되는 요소라고 볼 수 있다.

  /ㄴ/은 단어형성 과정에서도 첨가된다. 두 개의 언어 요소가 결합하여 하나의 단어, 곧 하나의 합성어나 파생어를 형성한다고 하는 것은 이들 두 언어 요소들 사이에 휴식없는 밀착 상태가 이루어짐을 의미한다. 이것은 합성어나 파생어를 이루고 있는 언어 요소들 사이에는 개방연접(open juncture)이 아닌 폐쇄연접(close juncture)이 옴을 의미한다4). 그런데 우리는 여기에서 후행어의 첫소리로 개입되는 첨가음 /ㄴ/은 선행 요소와의 연결을 보다 긴밀하게 하여 주는 요소가 아니라는 사실을 유의할 필요가 있다. 선행 요소와 후행어 사이의 연결의 긴밀성은 단지 두 언어 요소가 결합하여 하나의 단어를 형성할 때 자연히 수반되는 결과로 이해해야 할 것이다5). /ㄴ/ 첨가의 여부가 두 단어가 결합하여 하나의 단어로 형성(합성 또는 파생)되었

---

3) 김규철(1980:42)에서는 '털 + 실→털실(*터실), 칼 + 질→칼질(*카질)' 등에서, /ㄹ/이 탈락되지 않는 이유를 "'ㄹ'이 탈락되어 어기의 의미가 달라질 염려가 있을 때 탈락되지 않는다."고 설명하고 있다. 곧, 위의 단어들에서 /ㄹ/ 탈락이 제약받는 것을 의미론적으로 해결하고자 하였다. 그러나 필자는 기세관(1990:3-10)에서 이 문제를 단어형성 시기의 차이에서 비롯되는 것으로 해석한 바 있다. 필자는, 이 문제가 /ㄴ/ 첨가와는 차원을 달리하는 것으로 파악되어야 할 것으로 본다.

4) ① '큰 일'에서와 같이 두 단어의 연속에서도 이들 두 단어를 한 마디로 발음할 경우에만, 곧 그 사이에 개방연접을 두지 않을 경우에만 /ㄴ/ 첨가가 가능한 일이다. 본고에서 다루는 /ㄴ/ 첨가와 관련을 맺는 합성어나 파생어의 내부에는 개방연접이 오지 않는다. 예컨대, '큰이모, 작은이모'는 '(키가)큰 이모, (키가) 작은 이모'의 경우와는 달리 그 내부에 개방연접이 오지 않는다.

② 이현규(1982:6-7)에서는 '잠자리(: 곤충명)'와는 달리 '잠ㅅ자리(寢所)'는 그 내부에 개방연접이 존재하는 것으로 보고, 이들 두 단어는 바로 이 개방연접에 의해 구별된다고 설명하고 있다. 그러나 필자는 단어 내부에는 개방연접이 개입되지 않는다고 보는 입장이므로(이을환·이철수, 1984: 125-136 참조), 이러한 견해에는 동의하지 않는다. 이것은 아마도 단일어인 '잠자리'와는 달리, 합성어인 '잠ㅅ자리'는 그 내부에 휴지(pause, 可休止)를 둘 수도 있다는 점에서 또는 사이시옷이 개입된다는 점에서 견강부회한 해석이 아닐까 한다.

5) 선행 요소의 종성 위치에 나타나는 사이시옷도 동일한 각도에서 이해될 수 있다. 필자는 이 사이시옷도 단어형성 과정에서 나타나는 요소로 파악한다. 다만, 사이시옷은 선행 요소에 초점이 놓인다는 점에서 첨가음 /ㄴ/과 크게 다르다.

음을 재는 척도로 이용될 수 있을지는 몰라도, /ㄴ/이 단어형성의 기능을 가지는 것은 아니라는 것이다. /ㄴ/은 어디까지나 단어형성 과정에서 후행 요소의 자립성을 유지하여 줌으로써 후행 단어의 형태소(의미) 파악에 손상을 가져오지 않도록 하는 것으로 파악된다. 곧, 이 경우의 /ㄴ/ 첨가는 단어형성 과정에서 단어형성 음운규칙으로 작용한다고 할 수 있다.

/ㄴ/첨가는 고유어와 한자어에서 그 양상을 달리한다. 고유어끼리의 결합에서도 처음에는 수의적인 성격을 띠고 나타나 차차 '콩엿'과 같이 앞말의 끝소리가 연음되지 않는 어휘에까지 확대되기에 이르렀을 것으로 보인다. 그런데 '총-열량(總熱量)'에서와는 달리 '공-약수(公約數, common measure)'에서는 /ㄴ/의 첨가가 이루어지지 않는다. 이것은 /ㄴ/ 첨가가 본질적으로 수의적 성격을 띠고 있음을 말해 주는 것으로 보인다. 이러한 /ㄴ/ 첨가의 수의성은 동일 형태의 연결에서 확실히 드러난다. '기업 예산'은 '[기어베산]'과 같이 /ㄴ/ 첨가 없이 발음되기도 하지만, '[기엄녜산]'과 같이 /ㄴ/ 첨가를 보이기도 한다. 이처럼 동일한 형태의 연결에서도 /ㄴ/이 첨가되는 쪽과 그렇지 않는 쪽이 있어서 수의적인 교체를 보인다. 그런데 이들 두 교체형은 본질적인 의미의 차이를 가져오는 것 같지는 않다. 다만, 사람에 따라서는 어떤 미묘한 의미적 차이를 느낄 수 있을지도 모른다. 그러나 여기에서 '미묘한 의미적 차이'란 후행어의 자립성의 확보, 곧 /ㄴ/이 첨가됨으로써 후행 단어의 의미를 보다 명료하게 인식할 수 있게 하는 정도의 의미적 차이로 보아도 될 성싶다. 이것은 첨가음 /ㄴ/이 핵심적 의미에 영향을 미치는 요소가 아니라 표층에 관련되는 요소임을 말해 준다. 그리고 여기에서 /ㄴ/ 첨가의 수의성에서 오는 의미적 차이는 사이시옷 첨가의 수의성에서 오는 그것에 평행하는 것으로 보아도 될 것이다.

이상에서 살핀 /ㄴ/ 첨가가 가지는 기능을 통해서 우리는 첨가음 /ㄴ/은 몇 가지 면에서 사이시옷과 상통함을 알 수 있다. 필자는 사이시옷을 단어 형성 과정에서 개입되는 언어 요소로 본다. 다만, 사이시옷은 선행 요소의 끝소리로 개입되어 그것의 자립성을 확보하여 주는 등 선행 요소에 초점이 놓인다는 점에서 크게 다를 뿐이다6). 이러한 의미에서 첨가음 /ㄴ/도 사이시옷과 함께 대표적인 사잇소리라 보아 무방할 것이다7).

그런데 첨가되는 자음이 여러 자음들 가운데 왜 하필 /ㄴ/이며, 이 /ㄴ/은 /i/나 /j/ 앞에서만 첨가되는 것인가 하는 점이다.

위에서도 설명한 것처럼 후행어의 자립성을 유지하기 위한 조처로 어떤 자음이 들어간다고

---

6) ① 사이시옷의 특성이나 기능에 대한 자세한 논의는 이현규(1982:4-28)와 王汶鎔(1989:357-367) 참조. 본고에서 다룬 내용 가운데 "/ㄴ/ 첨가의 기능"과 관련한 내용의 상당 부분이 이들 논문에 힘입었음을 밝힌다.
② 사이시옷이 선행 요소의 끝소리로 개입된다고 보는 견해에 대하여는 뒤이어 상론할 것이다.
③ 첨가음 /ㄴ/과 사이시옷의 공통점과 차이점에 대해서도 뒤이어 항목을 달리하여 논의할 것이다.
7) 김정수(1989:18)에서도 사잇소리로 다루고 있다.

할 때, 아무런 자음이나 들어가도 되는 것은 아니다. 그래가지고서는 오히려 후행어의 자립성을 유지하기는커녕 형태소의 위상을 바꿔 버리거나 파괴하여 버릴 가능성마저 있게 된다. 비록 후행 형태소의 자립성을 유지하기 위하여 어떤 자음이 들어간다고 하더라도 후행어의 본래적인 형태소 위상을 바꾸거나 파괴하지 않는 또는 후행어의 핵심적인 의미에는 영향을 미치지 않는 범위 안에서 자음 개입이 이루어져야 한다.

우리는 '무늬'의 실제 발음은 [muni]이지만 음절 [ni]를 음소론적으로는 /ni/가 아닌 /nii/로 해석하여, 곧 모음 /i/를 첨가하여 '무니'가 아닌 '무늬'로 적고 있다. 그러나 '무늬'에서 '늬'로 적힌 소리는 사실은 구개음화되지 않은 [n]에 /i/가 바로 이어난 것이지, 이 사이에 /i/가 끼인 소리는 아니다. 여기에서 /i/는 형태소를 바꾸는 것과 같은 적극적인 기능을 맡는 것이 아니라 /ㄴ/이 [ɲ] 소리가 아닌 [n] 소리가 되게 하는 표면 음성적인 역할을 담당한다고 볼 수 있다. 또, 다른 소리가 아닌 /i/를 덧끼워 넣을 수 있는 것은 /i/를 덧끼워 넣더라도 [ni]와 [nii]의 음성적 차이가 작기 때문이요, 이에 따라 /munii(무늬)/와 /muni(무니)/가 본질적인 형태소의 차이(또는 의미적 차이)를 가져오지 않기 때문이다(허웅, 1985:177-178 참조).

부언하지만, 두 단어를 한 마디로 발음할 때나 단어형성 과정에서 개입되는 자음도, 그것이 개입됨으로써 형태소경계와 음절경계를 일치시켜 줌으로써 후행어의 자립성을 유지시켜 주는 데 그치는 것과 같은 소극적인 역할만을 담당할 수 있는 것이어야 한다. 그러기 위해서는 muni와 munii의 경우처럼, 어떤 자음이 개입된 이후의 형태와 본래의 형태의 차이가 작아야 한다. 곧, 이들 두 형태가 서로 동일한 형태(소)로 인식될 수 있을 정도로 음성적인 유사성을 가져야 한다. 필자는 이와 같은 기능을 담당할 수 있는 자음이 /ㄴ/이라고 이해한다. 그 이유는 다음과 같다.

/ㄴ/은 그 변이음으로 [ɲ]을 가지고 있다. 따라서 '냐, 녀, 뇨, 뉴, 니, 녜'의 음소 관념은 /ㄴㅑ, ㄴㅕ, ㄴㅛ, ㄴㅠ, ㄴㅣ, ㄴㅖ/이다. 그러나 그 실현된 발음은 /ㄴ/의 구개음화로 인해 [ɲja, ɲjə, ɲjo, ɲju, ɲi, ɲje]로 실현된다. 그리고 한층 발음이 소홀히 되면 [ɲã, ɲə̃, ɲõ, ɲũ, ɲĩ, ɲẽ]로 바뀌게 된다. 그런데 [ɲ]와 [i, j]는 그 조음 위치가 매우 가까워서 [ɲ]는 [i, j]에 흡수되기 쉽다. 그러므로 [ɲã, ɲə̃, ɲõ, ɲũ, ɲĩ, ɲẽ]는 각각 [ã, ə̃, õ, ũ, ĩ, ẽ]로 들리게 된다(허웅, 1985: 537 참조).

한편, 국어 모음의 비음성([+nasal])은 비변별적 자질이므로 말할이들의 의식 속에서는 [ĩ]와 [i]의 차이를 인식하지 못한다.

그리고 국어사를 통해서도 알 수 있듯이, 17세기에 접어들면서 어두의 [ɲ]이 탈락하기 시작한 것은[8] 바로 [ɲja, ɲjə, ɲjo, ɲju, ɲi, ɲje] 등이 각각 [ja, jə, jo, ju, i, je]와 그 음성적 차이가 크지 않았기 때문에 가능한 일이었을 것이다.

---

8) 김완진(1967: 154) 참조.

그러나 후행어가 /i/나 /j/가 아닌 다른 모음으로 시작되는 경우에는 /ㄴ/의 비구개음화로 본래의 형태-/ㄴ/이 첨가되기 이전의 형태-와의 음성적 차이를 극복할 수 없게 되고 이에 따라 그 자립성마저 위협받게 된다. 첨가되는 음이 /ㄴ/이 아닌 다른 자음인 경우에도 후행어의 자립성 확보에 오히려 역행되기는 마찬가지다. 이러한 이유 때문에 다른 모음이 아닌 /i/나 /j/ 선행 모음 앞에서, 그리고 다른 자음이 아닌 /ㄴ/이 개입되는 것으로 추정된다9).

---

9) 비록 단편적인 소개에 그친 것들이지만, 첨가음 /ㄴ/의 기능에 대한 다른 이의 견해를 몇 가지 소개하면 다음과 같다.

① 최현배(1971)는 p.134의 "버릇닿소리"라는 항목에서는 "ㅣ(ㅣ, ㅑ, ㅛ, ㅠ)로 비롯한 생각씨(觀念詞)가 그 위에 받침으로 끝진 말과 이을 적에는 군ㄴ을 그 첫소리로 내나니:"라고 기술했고, p.713에서는 "뒷말의 소리의 본 모습과 제스스로의 존재성을 유지하기 위해서" /ㄴ/이 첨가되는 것이라 하였는데, 이것은 단순히 음성학적으로 본래의 형태를 유지하기 위해서, 곧 선행어의 끝소리가 후행어의 첫소리로 연철되는 것을 막기 위해서 /ㄴ/이 습관적으로 첨가되는 것으로 이해한 듯하다. 그런데 여기서 '버릇소리'라는 표현은 무목적적이라는 의미를 내포한다고 볼 때 앞뒤가 맞지 않고 설명이 모호한 면이 없지 않으나, p.713에서 보인 견해는 일면으로는-특히, 음운론적인 면에서는-필자의 입장과도 상통하는 점이 있다.

② 허웅(1983:121)에서는 "말의 표현을 똑똑하게 하기 위해서 힘을 더 들이는 데서 일어나는 변동도 있으니, 없던 소리가 덧나는 일이 있다.
ㄴ덧나기: 겹이름씨나 또는 이에 준할만 한 말에서, 뒷 말의 첫소리가 /i,j/일 때에는 /ㄴ/이 덧나는 일이 있다."고 설명하고 있다. 여기서는 우선 /ㄴ/ 첨가의 음운론적, 형태론적 환경을 제대로 간파하지 못하고 있는 점이 지적될 수 있고 "말의 표현을 똑똑하게 하기 위해서" /ㄴ/이 덧난다는 설명도 구체적인 논거 제시가 없다는 약점을 지닌다.

③ 김정수(1989:18-31)에서는 사잇소리 /ㄴ/은 "그 뒤에 오는 [i]나 [j]와 그 조음점이 매우 가까운 닿소리로서 사잇소리의 대표라 할 목청 터짐소리 /ㆆ/[?]가 환경을 따라 동화한 결과라고 설명할 수 있다(p.18).……목청터짐소리를 주요한 실체로 삼는 사잇소리 따위 곧 모든 덧소리는 소리에 그치는 것이 아니라 '강조'라는 표현 기능을 가진 형태소라고 단정하지 않을 수 없다(p.31)"고 주장한다. 그러나 여기에서는, 음운론적으로 목청터짐소리 'ㆆ'의 실체를 과연 인정할 수 있느냐가 문제이고, 설사 'ㆆ'의 실체를 인정한다고 할지라도 자음 'ㆆ'이 /i/나 /j/에 동화되어 /ㄴ/으로 바뀐다는 것도 얼른 수긍이 가지 않는다. 국어에서 이 경우를 제외하면 이와 같은 환경에서 이와 동일한 음운의 변동을 찾아볼 수 없기 때문이다. 그리고 '강조'라는 표현도 논리적 근거를 찾기 어렵고 구체적이지 못하다.

④ 김승곤(1985:95-100)에서는 /ㄴ/이 단순한 조음음성학적인 이유로 첨가되는 것으로 설명하고 있다. 곧, /ㄴ/은 "첫째 합성어의 앞성분어 다음에 휴지를 두었다가 뒷성분어를 발음한다는 점과 둘째는 앞성분어의 받침의 혀의 조음점이 「ㄴ」의 위치와 같으면서도(유사할 경우) 뒷성분어의 「ㅣ」와 「j」의 구개음적 성질에 이끌려 「ㄴ」이 덧나면서 구개음화가 된다(p.100)"고 설명하고 있다. 그리하여, 이 논문에서는 선행어의 끝소리로 나타날 수 있는 일곱 가지 자음에 대한 개별적인 설명을 하고 있다. 곧, 그 조음점이 /ㄴ/의 위치와 동일한 /ㄷ/인 경우는 "「이」가 유성음이기 때문에 이에 동화되어 「ㄷ」의 조유점[:'조음점'인 듯하다…필자 주]에서 자연히 'ㄴ'이 덧나게(p.94)"되며, 선행어의 끝소리가 후부 변자음 /ㅇ/인 경우는 '방일'을 발음할 때 "혀가 「ㅇ」의 위치에서 「이」로

그런데 여기에서, 본장에서 다루어 온 문제를 /ㄴ/ 첨가가 아니라 /ㄴ/ 탈락으로 보는 관점의 부당성에 대하여 잠시 짚고 넘어가기로 한다.

> 성낙수(1987b:3, 29, 38)에서 '옷 안, 밭 아래' 등의 예를 들어 대등한 요소들의 합성일 때에는 앞 단어의 끝 음절의 종성이 중화되고, 그 다음 연철된다(P.29).…… 그러므로, '집＋일, 쌀＋엿'은 각각 /지빌, 싸렫 /이 되어야 한다. '집일'이 / 짐닐 /이 되려면, '일'의 변이형태로서 '닐'이 있어야 하고, '쌀엿'이 / 쌀렫 /이 되려면, '엿'의 변이형태로서 '넛'이 있어야 한다. 그래야만 음운현상의 설명이 가능해진다(p.29). …… 따라서, /n/이 개재되어 있는 것을 기본 형태로 삼아, 이들이 어두에 나갈 때 탈락하는 것으로 보아야 한다(p.3, p.38).

고 하여 본장에서 /ㄴ/ 첨가로 다루는 현상을 오히려 /ㄴ/ 탈락으로 보아야 한다고 주장하고 있으나, 이것은 /ㄴ/이 나타나는 음운론적 환경이나 형태론적 환경을 올바로 살피지 못한 데에 기인한 것으로 보인다. 이미 여러 차례 지적한 바와 같이, 대등한 단어와 단어의 합성이라도 /ㄴ/은 어디까지나 특수한 음운론적, 형태론적 제약을 받는다는 사실을 유의할 필요가 있다. 말하자면, '집일, 쌀엿' 등에서 보는 /ㄴ/도 다른 합성어나 파생어에서 보는 그것과 마찬가지로 받침 뒤에 /i/나 /j/로 시작되는 자립단어의 첫소리로 나타날 뿐이며, '옷안, 밭 아래'에서 /ㄴ/을 볼 수 없는 것은 후행어가 그 밖의 모음인 /ㅏ, ㅓ, ㅗ, ㅜ, ㅟ/ 등으로 시작되는 데서 오는 당연한 귀결인 것이다.

성낙수(1987b)의 견해대로라면, 전술한 바 있는 첨가음 /ㄴ/의 기능을 근본적으로 부정하는 것이 되겠는데, 이러한 경우에는 두 단어가 대등하게 합성된 경우라도 '후추엿'에서와 같이 선행어가 모음으로 끝나는 경우에는 왜 비어두에서도 /ㄴ/이 탈락하는지 설명이 안된다. 두음법칙은 본질적으로 어두에 적용되는 규칙이기 때문이다.

한편, 성낙수(1987b)에서는 합성어나 파생어의 경우만을 대상으로 논의하고 있는데, 이것은 아마도 두 단어의 연속의 경우를 살피지 못했거나 두 단어의 연속에서 보는 /ㄴ/을 합성어나 파생어에서 보는 그것과 다르다고 본 데에 말미암은 것으로 추정된다. 그러나 두 단어의 연속에서 보는 /ㄴ/이나 합성어와 파생어에서 보는 /ㄴ/은 동일한 음운론적 그리고 형태론적 환경에서 나타난다는 점에서 볼 때, 동일한 것으로 보아야 마땅하다. 곧, '무더운 여름[무더운 녀름]'에서 후행어의 첫소리로 보는 /ㄴ/이나 '늦여름[는녀름]'에서 후행어의 첫소리로 보는 /ㄴ/을 다른 것으로 볼 수는 없다. 이렇게 볼 때, 본장에서 다루어 온 현상을 /ㄴ/ 탈락으로 해석할 경우에는 두 단어의 연속에서 수의적으로 /ㄴ/이 나타나는 경우를 포괄적으로 설명할

옮겨오니까 그것이 바로 연구개음의 경구개음화가 되니까 「이」 때문에 「ㅇ」음이 「ㄴ」음으로 바뀐 것(p.96-97)"이며, '틀이'의 경우는 '틀이 → 틀리 → 틀니'와 같이 설명하는(p.95-96) 등 우리의 상식으로는 받아들이기 어려운 점이 없지 않다.

수 없게 된다. 다시 말해서, 이 경우도 /ㄴ/이 있는 쪽을 기저형태로 삼아 기술한다면, '문열리다'가 [문녈리다]로 발음되는 경우와 '[무녈리다]'로 발음되는 경우의 차이를 합리적으로 설명할 수 없다. 이러한 현상은 한자어의 연속에서도 마찬가지다. '기업 예산'의 기저형을 '/기업 녜산/'으로 삼는다면, 동일한 음운론적 환경에서 어떤 때는 /ㄴ/이 탈락하고 또 어떤 때는 탈락하지 않는지를 합리적으로 설명하기 어렵다. 따라서, /ㄴ/이 없는 쪽을 기저형으로 삼아, 전술한 음운론적 그리고 형태론적 환경에서 전술한 /ㄴ/의 기능을 발휘하기 위해서 /ㄴ/이 첨가되는 것으로 설명하는 것이 보다 일반성을 확보할 수 있을 것이다. 곧, 우리가 첨가음 /ㄴ/의 기능을 인정할 경우에만 /ㄴ/이 특수한 환경에서만 나타나는 이유를 합리적으로 설명할 수 있으며, 합성어나 파생어는 물론 두 단어의 연속의 경우를 모두 포괄하는 보편성 있는 설명을 할 수 있게 되는 것이다. 다시 강조하거니와, 이 문제는 어디까지나, 두 형태소 사이에 휴지 또는 개방연접이 개입되지 않고 한 마디로 발음되면, 형태소경계와 음절경계가 일치하지 않게 됨으로써 후행하는 형태소(단어)의 의미 파악에 혼란을 가져오게 되는데, 이러한 혼란을 막기 위해서, 곧 후행하는 형태소(의 의미) 파악에 도움을 주기 위해서 /ㄴ/이 첨가되는 현상으로 이해해야 할 것이다.

3. 첨가음 /ㄴ/과 사이시옷과의 관계 – 사이시옷의 문제점을 중심으로

필자는 앞에서 첨가음 /ㄴ/을 일종의 사잇소리로 보았다. 그런데 잘 알려진 바와 같이, 대표적인 사잇소리로는 사이시옷을 든다. 여기에서는 이들 두 가지 사잇소리가 놓이는 음운론적인 환경과 기능을 검토하면서 사이시옷과 관련한 몇 가지 문제점을 지적하고자 한다.

사잇소리라고 하면 사이시옷이 떠오를 정도로 그 동안 사이시옷에 대하여는 최현배(1937: 932-940) 이후 많은 학자들의 관심이 집중되어 왔다. 그러나 그것의 기능은 말할 것도 없고 심지어는 그것이 놓이는 환경에 대해서까지도 아직 합일점에 도달한 것 같지는 않다. 이러한 원인은 주로 사이시옷 자체에 내재한 어려움에서 기인한 것이겠지만, 연구 방법론에도 문제가 있기 때문인 것으로 보인다. 곧, 사이시옷이 많은 어려움을 내포하고 있음에도 불구하고 사이시옷이라는 범주 안에서만 그 해결책을 찾으려 할 뿐, 이것과 동일한 음운현상인 사잇소리로 첨가되는 /ㄴ/ 첨가를 돌아보지 못한 것도 하나의 원인이 아닐까 한다. 말하자면, 나무만 보고 숲은 보지 못한 격이니 나무의 실체도 제대로 파악할 수 없게 되는 격이다.

그런데 지금까지 /ㄴ/ 첨가가 사이시옷에 비하여 상대적으로 학자들의 이목을 끌지 못한 이유는 어디에 있는 것일까? 이것은 첫째, 첨가음 /ㄴ/이 사이시옷과 동일한 언어 범주에 속하는 이유로 첨가된 것이라는 사실을 파악하지 못한 때문이요, 둘째, 언어사적으로 사이시옷은 '사이 ㅅ'으로 통합되어 기록되기 이전부터 줄곧 표기상에 반영되었을 뿐만 아니라 'ㅅ'으로 통합된 이후에도 앞말이 받침으로 끝나는 경우까지도 'ㅅ'이라는 문자를 빌려 글자 그대로 '사잇소리'로서 표기상에 반영함으로써 이것이 우리의 의식 속에 '사잇소리'로 자리잡아 왔으나, 첨가음 /ㄴ/은 그렇지 아니하여 사잇소리가 아닌 단순한 음의 첨가로 간과해 버린 때문이 아닐까 한다.

사이시옷과 관련하여 발생하는 문제들 가운데 하나는 그것이 첨가되는 음성적 환경이다. 물론, '냇가'에서와 같이 앞말이 개방음절로 끝나는 경우에는 국어의 음절구조상 자연히 앞말의 끝소리가 될 수밖에 없다. 그러나 '물가[물깨], 등불[등뿔]'에서와 같이 앞말이 받침으로 끝나는 폐쇄음절인 경우에는 사이시옷이 과연 어디에 놓이느냐가 문제된다. 여기에서 이 문제는 잠시 접어 두고 사이시옷의 기능 문제를 논의해 가면서 점차 다루기로 한다.

사이시옷과 관련하여 제기되는 가장 큰 문제는 그것이 가지는 기능이다. 사이시옷의 기능에 대하여는 학자들이 저마다 견해를 달리하고 있지만 그 어느것도 아직까지는 정설로 자리잡지 못하고 있다[10]. 필자는 사이시옷도 본질적으로는 첨가음 /ㄴ/과 동일한 언어적 이유로 즉, 동일한 기능을 발휘하기 위하여 삽입되는 사잇소리로 파악한다. 이들은 모두 두 언어 요소 사이에 삽입되는 존재이기 때문이다.

앞에서 필자는 /ㄴ/의 첨가가 선행어와는 무관하며 후행어의 자립성을 유지하기 위하여 이루어지는 것으로 보았다. 그리고 이렇게 보는 가장 큰 이유로서 /ㄴ/의 첨가가 선행어의 끝 받침의 종류나 자립성과는 무관하다는 사실과 후행어가 자립하는 단어에 한정된다는 사실을 들었다. 그런데 이와는 반대로, 사이시옷의 첨가는 후행어의 첫소리의 종류와는 무관하[11] 후행어보다는 선행어와 밀접하게 연결되어 있다는 사실을 여러 학자들이 지적하고 있다. 김차균(1982:11)에서

> 사이ㅅ은 두 개의 직접 성분 가운데 앞쪽의 성분에 더 밀접하게 결합된 것으로 믿어진다. 그것은 15세기의 문헌 자료상으로 뚜렷이 나타나며(설명은 생략), 또 「다앉 없으니<법화, 6:86>」에서는 뒷 직접 성분이 없어도 쓰이고 있는 것만 보아도 알 수 있다. 또 이것은 간접적인 증거이지만 현대국어에서 「웃어른, 겟우렁이」가 [*usərən, *kesurəɲi]로 발음되지 않고, [udərən, kedurəɲi]로 발음되는 것을 보아도 사이ㅅ은 첫 직접 성분에 밀접하게 관계됨을 알 수 있다

고 하여 사이시옷이 선행어에 관련되는 요소임을 지적하고 있고[12], 왕문용(1989:366)에서

---

10) 사이시옷의 기능과 관련한 그 간의 학자들의 견해에 대하여는 문수미 (1989:13-18), 김정수(1989:7-10), 이현규(1982:15) 등 참조.
11) 기세관(1990:6-8) 참조.
12) 김차균(1984:81)에서도 "사이 시옷의 기저 음소는 /s/(ㅅ)이며, 그 음운론적 구조는 /+s#/이다"라고 결론하여 사이시옷이 선행 요소의 끝소리가 됨을 주장하고 있다.

도, 비록 중세어를 대상으로 고찰한 것이지만, "사이시옷은 선행 요소의 종성 위치에 나타나는 것이고 후행어의 두음에 나타나는 것은 아니다. 후행 명사의 두음이 경음이거나 유기음일 때에도 사이시옷은 표기되고 있다"고 하여 동일한 견해를 보이고 있으며[13], 문수미(1989:52)에서 실험 음성학적인 결과 분석을 토대로 하여 사잇소리는 "앞음절의 꼬리(coda)에 가서 원래 있던 자음과 결합해서 하나의 보다 긴 음절의 꼬리(coda)를 이루게 된다."고 보고하고 있다. 이것은 첨가음 /ㄴ/이 후행어의 첫소리로 개입되는 데 반하여 사이시옷은 선행어의 끝소리로 개입된다는 사실을 말해 준다. 따라서 필자는 사이시옷도 첨가음 /ㄴ/과 마찬가지로 그것이 첨가되는 쪽의 언어 요소에 영향력을 미치기 위하여 첨가되는 것으로 해석할 수밖에 없고[14] 그의 기능도 /ㄴ/ 첨가의 그것에 값하는 것으로 볼 수밖에 없다. 다시 말해서 후행어와 밀접하게 관련을 맺고 있는 첨가음 /ㄴ/이 후행어의 자립성을 유지하여 그것의 의미 파악에 손상을 입히지 않도록 하기 위하여 개입되듯이, 선행어와 밀접하게 관련을 맺고 있는 사이시옷은 본질적으로는 선행어의 자립성을 유지하여 그것의 의미 파악에 손상을 입히지 않도록 하기 위하여 개입되는 것으로 본다[15]. 즉, 사이시옷이 가지는 본질적인 기능은 선행어의 자립성의 확보에 있고 선행어와 후행어가 한 단어로 인식됨을 표시하는 것이나 선행어의 말음을 폐쇄화하는 것이나 속격 표지가 되는 것 등 다른 기능들은 2차적으로 파생된 것에 불과한 것으로 본다. 만일 이렇게 볼 수만 있다면, 사이시옷의 기능에 대한 기존의 여러 학설들은 재검토되거나 재정리되어야 할 것이다.

여기에서 다시 사이시옷이 놓이는 위치에 대한 논의로 돌아가 보자. 결론을 먼저 말하자면, 필자는, 후행어에 초점이 놓이는 첨가음 /ㄴ/이 후행어의 첫소리로 삽입되듯이, 선행어에 초점

---

[13] 이현규(1982:4-5)에서도 15세기의 표기 자료들을 바탕으로 "'사이시옷'이 뒤에 오는 말과는 직접적으로 관계가 없다(p.4).······그러면 자연히 이 '사이시옷'은 앞에 오는 낱말(또는 형태소)과의 관련하에서 설명되지 않으면 안된다(p.5)"고 주장하여 역시 동일한 견해를 보인다.

[14] 15세기 한글 문헌 자료에서 다양하게 표기되어 나타나는 사이시옷은 후행 요소의 첫소리와는 관계없고, 선행어가 유성음으로 끝날 경우에 한정된다. 이 사실 또한 사이시옷이 후행어보다는 선행어와 보다 밀접한 관련을 맺는다는 방증이 된다. 그리고 필자는 기세관(1990:7)에서 '이튿날, 섣달' 등에서 선행어의 말음 /ㄹ/의 탈락은 사이시옷의 폐쇄화에 말미암은 것으로 본 바 있는데 이 사실 또한 사이시옷이 선행어와 보다 밀접한 관련을 맺고 있다는 방증이 될 수 있을 것이다.

[15] ① 이현규(1982:29)에서는 사이시옷의 본질적 기능을 "앞뒤의 말을 분명히 구분해야 할 필요성에서 생기는 자연적인 현상"으로 파악하고 있는데, 이것은 필자의 견해에 어느 정도 접근한 느낌이 든다. ② 사이시옷과 첨가음 /ㄴ/이라는 두 가지 음성으로 삽입되는 사잇소리 현상이 본질적으로 동일한 언어 현상이라고 본다면, 개입되는 두 가지 음성들은 기저에서는 동일한 한 가지 음성으로 소급되고 그리하여 이것이 표면에서 상이하게 실현되는 것은 아닐까 하는 의심을 가질 수도 있을지도 모른다. 그러나, 이렇게 보면 '뒷일, 댓잎' 등에서 동일한 기능을 갖는 요소의 중복을 합리적으로 설명하기 어렵다. 그리고 우리는 언어현상을 설명함에 있어서 추상적 기저형(기저음)을 설정하는 것을 가급적 피하는 입장이므로, 추상적 기저음을 설정하여야 하는 이러한 기술 방법은 채택하지 않기로 한다.

이 놓이는 사이시옷은 선행어의 끝소리로 개입되는 것으로 본다. 위에서 인용한 세 분의 입장도 역시 필자의 그것과 일치함을 보여 준다. 특히 문수미(1989)에서는 앞말이 받침으로 끝나는 경우에도 동일한 해석을 내리고 있음이 주목된다. 그러나 이렇게 보는 데에도 문제점이 없는 것은 아니다. 곧, 사이시옷이 구체적인 소리의 실체로서 존재한다고 보는 입장에 서고 보면, 이러한 견해는 국어 화자의 언어 의식에 맞지 않는다는 난점이 뒤따른다. 사이시옷이 삽입될 때 후행어의 첫소리에서 보는 경음화 현상은 사이시옷에 의해 동기화되는 경음화 규칙의 지배를 받는 것으로 보더라도[16], 모음 사이에 세 자음이 와야 하는 모순점은 여전히 문제로 남게 된다.

이 밖에도 사이시옷으로 삽입되는 음이 과연 어떤 음이며, 만일 이것을 [n]로 본다면[17], 여러 자음들 가운데 이것만이 선택될 수 있는 이유는 무엇일까 등 여러 가지가 문제로 대두될 수 있겠지만, 본고에서는 몇 가지 문제점만 제시하는 것으로 그치고자 한다. 필자는 아직 사이시옷에 대하여는 깊이 있는 연구를 하지 못했기 때문이다. 아무튼, 여기에서 한 가지 분명한 사실은 사이시옷이나 첨가음 /ㄴ/에 대한 연구는 상호 보완 관계에 놓이며, 이들 두 가지에 대한 연구가 병행되어 이루어질 때, 또는 이들 두 가지 언어 자료를 묶어 동시에 사잇소리라는 한 가지 문제의 대상으로 삼아 연구할 때 보다 확실한 연구가 이루어질 수 있으리라는 것이다. 위에서 논의된 내용 가운데 사이시옷과 첨가음 /ㄴ/이 가지는 기능을 대비하여 표로 보이면 다음과 같다.

사잇소리	위치	기능		
ㅅ	선행어의 끝소리	선행어의 자립성 확보	→ 한 단어로 인식됨을 표시	경계 획정
ㄴ	후행어의 첫소리	후행어의 자립성 확보	→ 후행어의 형태소 인식에 도움	

---

16) 국어에서 [ㄱ, ㄷ, ㅂ] 소리 —엄밀히 말하면 그것들의 미개방음— 뒤에 오는 /ㄱ, ㄷ, ㅂ, ㅅ, ㅈ/은 필수적으로 경음화된다.
李崇寧(1961:88)에서는 사이시옷이 "다음말의 頭音에 [?]을 加해서 硬音을 만드는 구실을 表示"한다고 설명하고 있다. 곧, 사이시옷이 후행어의 두음을 경음화하기 위하여 개입된다고 보고 있다. 李熙昇(1961:174)에서도 "대체로 아랫말의 발음이 된소리인 것을 표시하는 일"이라 설명하여 동일한 견해를 보인다. 앞에서 이미 설명한 것처럼, 필자는 이러한 견해에는 동의하지 않는다. 사이시옷의 기능을 "뒷소리의 경음화"로 보면 '냇물, 콧날' 등에서처럼 뒷소리가 경음화되지 않는 경우를 설명하자면 무리가 따르기 마련이기 때문이다.
17) 사이시옷의 음성적 실체에 대하여는 보다 정밀한 연구 결과를 바탕으로 결론을 내려야 할 것이지만, 여기에서는 일단 이렇게 추정해 둔다.

참고문헌

姜昶錫(1984), "國語의 音節構造와 音韻現象",「國語學」13.
郭忠求(1980), "十八世紀 國語의 音韻論的 研究",「國語研究」44.
高永根(1974),「國語接尾辭의 研究」, 光文社.
_____(1989),「國語形態論研究」, 서울大學校 出版部.
국어 연구소(1988a),「한글 맞춤법 해설」.
_____(1988b),「표준어 규정 해설」.
奇世官(1984), "母音縮約의 制約性",「順天大學論文集」第3輯.
_____(1987), "구개음화의 공시태와 통시태",「鄭炳洪先生華甲紀念論文集」, 學文社.
_____(1989), " 國語 Glide化의 制約性",「霽曉李庸周博士回甲紀念論文集」, 한샘.
_____(1990), "국어의 음운 탈락 및 음운 첨가에 대한 연구",「語學研究」第2輯, 順天大學 語學研究所.
金圭哲(1980), "漢字語 單語形成에 대한 研究-固有語와 比較하여-",「國語研究」41.
金相淑(1976), "挿入子音에 대한 研究",「東岳語文論集」9, 東國大 東岳語文學會.
金星奎(1987), "語彙素 設定과 音韻現象",「國語研究」77.
_____(1988), "非自動的 交替의 共時論", 第31回 全國國語國文學研究發表大會抄.
金壽卿(1947), "龍飛御天歌 挿入子音考",「震檀學報」15, 震檀學會.
김승곤(1985), "한국어 어중첨가음「ㄴ」의 음성학적 원인 고찰", 선오당김형기선생팔질기념국어학논총, 어문연구회.
金完鎭(1967), "音韻史"(「韓國文化史大系 9」, 言語·文學史(上)(高麗大學校 民族文化研究所) 所收).
_____(1972), "形態論的懸案의 音韻論的 克服을 爲하여",「동아문화」11.
김정수(1989), "한말[韓語]의 사잇소리 따위의 문법 기능",「한글」206.
金政佑(1988), "음운론의 비음운론적 정보 문제",「第31回 全國國語國文學研究發表大會抄」, 국어국문학회.
김종택(1980), "사잇소리 'ㅅ'과 형태소 'ㅅ'에 대하여",「국어 교육 연구」12, 경북대학교.
金周弼(1988), "中世國語 音節末 齒音의 音聲的 實現과 表記",「國語學」17.
김차균(1982), "15세기 국어의 사이ㅅ의 음운론적 고찰",「어문연구」제11집, 어문연구회.
_____(1984) "현대국어의 사이ㅅ",「언어학」제7호, 한국언어학회.
金忠培(1974), "Tensification Revisited",「어학연구」10·1.
南廣祐(1960),「國語學論文集」, 一潮閣.
_____(1963), "ㄹ子音의 添落에 對하여",「文耕」第15輯(중앙대)<南廣祐(1980)에 再收>
_____(1980),「國語學研究」, 二友出版社.
_____(1984),「韓國語의 發音研究[Ⅰ]」, 一潮閣.
문교부(1988a),「한글 맞춤법」.
_____(1988b),「표준어 규정」.

문수미(1989), "현대국어의 사잇소리에 관한 음성학적 고찰 - 실험 음성학적 접근-", 「언어학연구」 제2호, 서울대학교 대학원 언어학과.
박창원(1986), "음운교체와 재어휘화", 「어문논집」 2, 경남대 국어교육학회.
_____(1987), "표면음성제약과 음운현상 - 고성지역어의 음절구조를 중심으로-", 「國語學」 16.
_____(1990), "음운규칙과 단어형성의 층위 - 어휘음운론적인 접근과 그 문제점-", 「二靜鄭然粲先生回甲紀念論叢」, 塔出版社.
배양서(1971), "한국어 음운론의 논쟁점 몇 가지", 「한글학회 50돌 기념논문집」.
徐禎穆(1977), "十五世紀 國語 屬格의 研究", 「國語研究」 36.
성낙수(1987a), "이른바 'ㄴ덧나기'에 대하여", 「한국어학과 알타이어학」, 대구 효성 여대 출판부.
_____(1987b), "이른바 한국어의 두음 법칙 연구", 「한글」 197.
宋 敏(1986), 「前期近代國語 音韻論 研究」, 塔出版社.
宋喆儀(1977), "派生語 形成과 音韻現象", 「國語研究」 36.
_____(1983), "派生語形成과 通時性의 問題", 「國語學」 12.
_____(1987), "15세기 國語의 表記法에 대한 音韻論的 考察", 「國語學」 16.
_____(1990), "國語의 派生語形成 研究", 博士學位 論文(서울대).
安秉禧(1959), "十五世紀國語의 活用語幹에 對한 形態論的 研究", 「國語研究」 7.
安秉禧(1968), "中世 國語의 屬格語尾 '-ㅅ'에 대하여", 「李崇寧博士頌壽紀念論叢」.
王汶鎔(1989), "'飜朴'과 '朴諺'의 사이시옷", 「露曉李庸周博士回甲紀念論文集」, 한샘.
오원교(1981), "「사잇소리」에 대하여", 「어문학」 41.
吳貞蘭(1988), 「硬音의 國語史的 研究」, 翰信文化社.
우민섭(1983), "사이시옷 연구", 「새 국어 교육」 37-38, 한국 국어교육 학회.
劉昌惇(1963), "「ㄷ」 添加 現象의 研究", 「東方學志」 7.
_____(1975), 「語彙史研究」, 二友出版社.
이광호(1976), "중세 국어 속격의 일 고찰", 「국어국문학」 70.
李基文(1963), "十三世紀 中葉의 國語 資料", 「동아문화」 第一輯.
_____(1972), 「國語史槪說」, 塔出版社.
_____(1977), 「國語音韻史研究」, 塔出版社.
李崇寧(1961), 「中世國語文法」, 乙酉文化社.
李潤東(1988), 「中期 韓國 漢字音의 研究」(聲母篇), 牛骨塔.
李乙煥·李喆洙(1984), 「韓國語文法論(改訂增補版)」, 開文社.
李應百(1980), "국어辭典 語彙의 類別 構成比로 본 漢字語의 重要度와 教育問題", 「語文研究」 25·26(李應百(1988)에 再收).
_____(1988), "資料를 통해 본 漢字·漢字語의 實態와 그 教育", 亞細亞文化社.
이현규(1969), "국어의 덧접사(suprafix) 설정 시고 - '사이ㅅ'을 중심으로-", 「어문학」 20, 한국 어문학회.
_____(1982), "사이시옷의 형태와 기능", 「한글」 176.

李熙昇(1955), "挿腰語(音)에 대하여 - 訓民正音과 龍飛御天歌를 中心으로-", 「論文集」 2, 서울大學校.
_____(1961), 「國語學槪說」, 民衆書館.
任洪彬(1981), "사이시옷 問題의 解決을 위하여", 「國語學」 10.
全在昊(1967), "사이ㅅ 研究 - 杜詩諺解 一卷을 中心으로-", 「국어국문학」 37·38, 국어국문학회.
鄭遇澤(1987), "後期近代國語의 形態音素論的 考察", 「國語研究」 79.
최현배(1937/1971), 「우리 말본」(깁고 고침), 정음사.
한글 학회(1980), 「한글 맞춤법」, 한글 학회.
韓榮均(1985), "음운변화와 어휘부의 재구조화", 「冠岳語文研究」 10.
허 웅(1985), 「국어 음운학」, 샘문화사.
_____(1981), 「언어학 - 그 대상과 방법」, 샘문화사.
_____(1983), 「국어학 - 우리말의 오늘 어제」, 샘문화사.
洪允杓(1987), "近代國語의 語幹末子音群 表記에 대하여", 「國語學」 16.
Ahn, Sang-Cheol(1985), The Interplay of Phonology and Morphology in Korean, Ph.D. Departmeant of Linguistics, University of Illinois at Urbana-Champaign.
Aronoff, M.(1976), Word-Formation in Generative Grammar, The MIT Press.
_____(1978), The relevance of productivity in a synchronic decription of word formation, J.Fisiak ed., Historical Morphology, The Hague:Mouton.
Bauer, L.(1983), English Word-formation, Cambridge University Press.
Kaisse, E.M. & Shaw, P.A.(1985), On the theory of Lexical Phonology, Phonology Yearbook 2, 1-30, London Cambridge University Press.
Karlgren, B.(1954), Compendium of Phonetics in Ancient and Archaic Chinese, B.M.F.E.A.Vol. X X II. PP.211-362, Stockholm; 李敦柱 譯註(1985), 「中國音韻學」, 一志社.
Saussure, Ferdinand de(1916), Cours de linguistique générale, Paris: Payot.
Skousen, R.(1974), An Explanatory Theory on Natural Phonology, Papers from the Parasession on Natural Phonology, CLS.
Yong-Key Kim-Renaud(1975), Korean Consonantal Phonology, 탑출판사.

이희승(1961), 국어대사전, 민중서관.
_____(1982), 국어대사전, 민중서림.
신기철·신용철(1983), 새 우리말 큰사전, 삼성출판사.
유재원(1985), 우리말 역순사전, 정음사.

[처음 실린 곳]
「語文論叢」 第12·13號(全南大學校 國語國文學研究會). pp. 27~51. 1991.

[18] 국어 /ㄹ/ 탈락과 관련한 두어 문제

1. 머리말

국어의 음운 현상 가운데 /ㄹ/ 탈락에 대하여는 그 동안 우리 학계에서 지속적인 관심을 가져 이기문(1963)과 남광우(1963)를 필두로 하여 이병근(1981), 송철의(1987), 기세관(1991) 등을 통해 본격적으로 다루어진 바 있고 그 결과 이미 많은 연구 성과를 거둔 것으로 안다.

필자는 기세관(1990) 이후 비로소 이 문제에 적극적인 관심을 갖고 꾸준히 연구·검토해 오던 중 이 문제와 관련하여 해결해야 할 문제들이 아직도 남아 있음을 깨닫게 되었다. 본고에서는 그러한 문제들 가운데 한두 가지만 문제를 제기하는 입장에서 간단히 살펴보기로 한다.

2. /ㄹ/ 탈락을 일으키는 음운 환경 문제

/ㄹ/ 탈락은, 선행 업적들을 통해서 이미 밝혀진 바와 같이, 고유어에 한정되면서 일정한 음운론적 환경, 곧 /ㄴ, ㅅ, (ㅿ), ㄷ, ㅈ/이라는 예사소리인 치음이나 설음 앞에서 이루어진다. 이해의 편의를 위하여 기세관(1991)에서 제시한 예들을 여기 다시 제시한다.

(1) (a) 살- + -으니 → 살으니 → 살니 → 사니
　　　살- + -으나 → 살으나 → 살나 → 사나
　　　살- + -으시고 → 살으시고 → 살시고 → 사시고
　　　살- + -으신다 → 살으신다 → 살신다 → 사신다
　　　살- + -으소서 → 살으소서 → 살소서 → 사소서
　(b) 살- + -는 → 살는 → 사는
　　　살- + -느냐 → 살느냐 → 사느냐
　　　살- + -나니 → 살나니 → 사나니

　　　　　살- + -세 → 살세 → 사세
　　　(c) 살- + -더니 → 사더니 (~살더니)
　　　　　살- + -지도 → 사지도 (~살지도)

(2) (a) 솔 + 나무 → 소나무　　말 + 소 → 마소
　　　　달 + 달 → 다달　　　　이불 + 자리 → 이부자리
　　(b) 딸 + -님 → 따님　　　　풀 + -새 → 푸새
　　　　뿔 + -다귀 → 뿌다귀　　바늘 + -질 → 바느질

이러한 /ㄹ/ 탈락은 /ㅿ/이 존재하던 시기에 이것에 의하여 동기화되어 이루어져 화석으로 남아 현존하는 다음 (3)의 예들에서도 볼 수 있다. 곧, (3)도 (1), (2)와 같은 테두리 안에 넣을 수 있다(기세관, 1991:46-54 참조).

(3) (a) 살- + -으옵 + 자음어미:사옵지, 사옵고, 사옵던, 사옵는(:공손법)
　　　　살- + -으오 + 모음어미:사온, 사올, 사오니, 사오며(:공손법)
　　(b) 살- + -으오→살으오→살오→사오(:명령법의 하오체)

그런데 이 /ㄹ/ 탈락은, (4)에서 보는 바와 같이, 한자어에서는 발견되지 않으며, (5)를 통해서 알 수 있는 바와 같이, 동일한 고유어 기원의 단어라고 하더라도 후행어의 첫소리가 예사소리가 아닌 경우에는 /ㄹ/ 탈락에서 한결같이 면제되는 것이 특이하다.

(4) 자활농(自活農) → *자화농　　　식물성(植物性) → *식무성
　　일시(日時) → *이시　　　　　　일출시간(日出時間) → *일추시간
　　생물시간(生物時間) → *생무시간　물질적(物質的) → *물지적
　　단열재(斷熱材) → *단여재　　　　어물전(魚物廛) → *어무전

(5) 글씨, 말씨, 말썽, 팔씨름, 살쐐기, 물써다, 팔뚝, 물똥; 팔찌, 팔짱, 날짜, 살찌다; 멸치, 갈치, 물참, 올차다; 글터, 줄타기

이것은 /ㅆ, ㄸ, ㅉ; ㅊ, ㅌ/과 같은 된소리나 거센소리는 현대국어의 공시체계 안에서 /ㄹ/ 탈락을 동기화시키는 음운론적인 조건이 되지 못함을 말해 준다.

그런데 이 장에서 필자가 갖는 관심은 /ㄹ/ 탈락의 환경적 기제와 관련하여 기세관(1991)에서 미처 다루지 못한 문제들이다. 첫째 /ㄹ/ 탈락이 고유어에 한정되는, 곧 한자어가 제외되는 이유는 무엇이며, 둘째는 이것이 동일한 고유어 기원의 단어라고 하더라도 예사소리에 한정되는 이유는 무엇이며, 셋째 /ㄹ/ 탈락이 일어난 선행 시대에 있어서 음소 /ㄹ/의 음성적 특성은 오늘날과 비교하여 어떻게 달랐을까 하는 것이다.

필자는 기세관(1991:28)에서 첫째 문제와 관련하여 /ㄹ/ 탈락에서 한자어가 제외되는 이유로 한자어 또는 한자음만이 가진 본래적인 속성에서 비롯되는 것으로 본 바 있다. 즉, 국어에서 한자어 또는 한자음은 본래 그것이 가지고 있는 언어 구조나 본음을 유지하는 경우가 많으며, 이에 따라 언중이 원음을 유지하려는 노력을 보이기도 하는데, 여기에서도 그러한 한자음의 보수성이나 원음을 유지하려는 언중의 언어 의식이 작용한 것으로 추정한 바 있다. 국어에서 한자어는 여러 층위 – 음운론적, 형태론적, 통사론적 층위 – 에서 고유어와는 다른 언어현상을 보이는데[1], 여기에서는 상이한 음운현상을 보여 주는 예로 파악한 셈이다.

본고에서도 이러한 필자의 생각에는 변함이 없다. 다만, 이것과 함께 다음과 같은 이유가 복합적으로 작용한 것으로 보는 것이 보다 합리적인 설명이 될 것으로 믿어져 부기하고자 한다. 언어 변인은 단일한 경우보다는 복합적인 경우도 있는데 바로 이 경우가 거기에 해당한다고 여겨지기 때문이다.

인간이 언어를 사용하는 가장 큰 목적은 효과적인 의사전달에 있다. 바꿔 말해서, 인간은 자기의 생각과 뜻을 전하기 위해서 언어라는 수단을 이용한다. 그런데 우리 인간은 이 목적 달성을 위해서 말을 사용하되 어떻게 하면 힘을 덜 들이고 효과적으로 말을 할 것인가에 힘을 쏟는다. 이러한 과정을 겪는 동안 언어는 시간의 변화와 더불어 변화하는 것이다. 본고에서 다루고 있는 /ㄹ/ 탈락도 음소 하나를 줄임으로써 발음을 쉽게 하여 힘을 덜 들이려는 노력 경제의 원칙에서 일어나는 언어 현상 가운데 하나일 것이다. 그런데 음운 탈락을 포함하여 발음의 편의를 위해 일어나는 변동에는 단어 형태의 손상을 수반할 수밖에 없기 때문에 본래적인 형태소의 위상이 바뀌거나 파괴됨으로써 효과적인 의사 전달에 오히려 역행할 수도 있게 된다. 따라서 여기에는 일정한 제약이 수반될 수밖에 없게 되는 것이다. 곧, 음운 현상이 아무리 발음의 편의에 따른 노력 경제를 위해 일어나는 경우라고 할지라도 효과적인 의사 전달에 결정적인 악영향을 미치는 것이어서는 안된다는 것이다. 이러한 이유로 동일한 /ㄹ/ 탈락이라 할지라도 고유어 기원이 아닌 한자어나 서구어 기원의 외래어에서는 의사 전달에 대한 그것이 주는 악영향이 보다 클 수 있다고 보여지는 것이다. 한자는, 고유어 단어에 쓰이는 글자(음절)와는 달리, 글자 한 자 한 자가 형태소의 기능을 갖는 경우가 일반적이다. 따라서, (4)의 예들을 통해서 짐작할 수 있듯이, 만일 한자어에서 /ㄹ/ 탈락이 일어난다면 의미 파악에 결정적인 악영향을 미치게 된다.

이러한 현상은 서구어 기원의 외래어에서도 동일하게 적용되는 듯하다. 만일 (6)의 단어들에서 /ㄹ/이 탈락된다면 그 단어의 의미 파악에 결정적인 손상을 입히게 될 것이다.[2]

---

1) 이에 대한 구체적인 내용은 金圭哲(1980:10-92) 참조.
2) 서구어 기원의 단어에서 구개음화된 /ㄴ/이 어두에서 탈락을 기피하는 것도 이와 평행하게 해석할 수도 있을 듯하다. '뉴우스(news)'에서 /ㄴ/이 탈락된다면 이 단어의 의미 파악에 결정적인 악영향을 받을 것은 뻔하다.

(6) 골드(gold), 불독(bulldog), 길드(guild)
   알젠틴(Argentina), 골지(Golgi)

다음은 /ㄹ/ 탈락의 기제가 된소리나 거센소리는 제외되고 예사소리에 한정되는 이유는 무엇인지에 대하여 살펴보자.

필자는, 吿世官(1991:20-25)에서 (5)의 단어들이 /ㄹ/ 탈락에서 면제되는 이유를 설명함에 있어서, 합성이나 파생어에서의 /ㄹ/ 탈락이 현대국어의 공시체계 안에서 이루어지는 현상이 아니라 선행 시기(:14세기 무렵)에 이루어진 것이므로 이 규칙이 생산력을 가지고 있던 그 시기의 공시태로 돌아가 기술할 때 비로소 단순한 기술의 단계를 넘어 설명할 수 있다는 입장-본고도 역시 이 입장을 바탕으로 쓰여진다.-에 서서, (5)의 단어들은 이 /ㄹ/ 탈락 규칙이 생산적이었던 그 시기(:A 시기)에도 /ㄹ/ 탈락에서 면제될 수 있는 음성적 환경-후행 요소의 첫소리가 된소리나 거센소리-을 갖추고 있었기 때문에 /ㄹ/ 음이 유지될 수 있었으며 현대국어에서도 그것이 그대로 유지되고 있다고 해석한 바 있다. 그러나 이 관점은 A 시기에는 왜 면제되었느냐는 물음의 답은 되지 못한다.

필자는, 吿世官(1991:46)에서, /ㄹ/ 탈락을 동위적 이화에 의한 것으로 보고서, 그 근거로 후기 중세국어에서는 곡용의 경우를 빼면 선행 형태소의 말음 /ㄹ/이 이와 동위적 음성군인 /ㄴ, ㅅ, ㅿ, ㄷ, ㅈ/ 앞에서 보편적으로 탈락하는 생산성이 매우 높은 규칙이었다는 사실을 든 바 있다. 그리고 단어 또는 형태소의 연결에서 선행 요소가 폐쇄음이나 유성자음일 때 후행 요소의 첫소리 /ㅂ, ㄷ, ㅅ, ㅈ, ㄱ/ 등이 된소리로 나는 현상은 A 시기는 물론이요 고대국어 시기까지 거슬러 올라갈 수 있을 것으로 추정한 바 있다(李基文, 1977:47-55; 吳貞蘭, 1988:19-63; 吿世官, 1991:23). 이렇게 보면, /ㅆ, ㄸ, ㅉ; ㅊ, ㅌ/과 같은 된소리나 거센소리도 역시 /ㄴ, ㅅ, ㅿ, ㄷ, ㅈ/과 마찬가지로 A 시기에 존재했을 것이요 이들이 모두 조음위치가 동일한 동위적(또는 동기관적) 음성일 것이라는 사실은 의심할 여지가 없다. 그렇다면, /ㄹ/ 탈락이 상술한 바대로 단순히 동위성만에 의한 것이라면, (5)의 단어들이 /ㄹ/ 탈락에서 면제될 이유가 없다. 그렇다고 해서 우리가 /ㄹ/ 탈락의 기제를 찾을 때 /ㄹ/과 /ㄴ, ㅅ, ㅿ, ㄷ, ㅈ/이 갖는 동위성을 무시할 수는 없는 일이다. 여기서 우리는 /ㄹ/ 탈락의 기제로 동위성 이외에 /ㄹ/과 /ㄴ, ㅅ, ㅿ, ㄷ, ㅈ/이 모두 같은 예사소리라고 하는 동방성(:'방법 자질이 같은 성질'을 잠정적으로 이렇게 부르기로 한다.)도 작용한다는 사실을 깨닫게 된다. 이러한 이유로 필자는 여기서 /ㄹ/ 탈락의 기제를 지금까지 '동위적 이화'라고 불러 오던 것을 '동자질 이화'라는 용어로 수정하고자 한다. 여기서 '동자질'이란 상술한 두 가지 자질, 곧 '동위성'과 '동방성'을 포괄하는 용어이다.

마지막으로 /ㄹ/ 탈락이 일어난 선행 시대에 있어서 음소 /ㄹ/의 음성적 특성은 오늘날과 비교하여 어떻게 달랐을까 하는 문제에 대하여 앞에서 논의한 /ㄹ/ 탈락의 기제와 관련하여 생각해 보기로 한다.

위에서 우리는 /ㄹ/ 탈락이 '동자질 이화'에 의해 일어난 것으로 보았는데 만일 이를 긍정적으로 받아들인다면, 곧 /ㄹ/이 /ㄴ, ㅅ, ㅿ, ㄷ, ㅈ/과 '동위성'과 '동방성'이라는 측면에서 공통점을 가진다면, 이것은 /ㄹ/ 탈락 규칙이 생산적으로 적용되던 선행 시기에는 첫째, /ㄹ/은 조음위치상 /ㄴ, ㅅ, ㅿ, ㄷ, ㅈ/과 동일한 음성이었다는 것이다. 이것은 곧 /ㄹ/의 조음위치가 현대국어에 있어서 /ㄴ/이나 /ㅅ/이 갖는 조음위치와 동일했음을 의미하는 것이므로 역사적으로 두드러진 조음위치의 변화는 없었을 것으로 판단된다. 둘째, /ㄹ/은 조음방법상 된소리나 거센소리가 아닌 예사소리이었다는 것이다. 현대국어에서 /ㄹ/이 가지는 음성적 특성으로 보아 우리가 이 사실에 대하여 더 이상 논의할 필요는 없을 것이다. 이 두 가지 사실만을 가지고 보면 /ㄹ/은 /ㄹ/ 탈락 규칙이 생산적으로 적용되던 선행 시기에 있어서도 오늘날과 다름없는 음가를 가진 존재였다고 보아야 할 것이다. 그러나 다음과 같은 관점에 서고 보면 이와는 다른 견해를 도출할 수도 있을 듯하다.

필자는 喬世官(1991:16-20)에서 현대국어에서 (1)~(3)의 단어들과는 달리 (7)의 그것들에서는 /ㄹ/ 탈락이 일어나지 않는 이유를 이들 두 부류의 단어들이 형성된 시기가 달랐기 때문일 것이라는 견해를 견지한 바 있다. 곧, (7)의 단어들은 (1)~(3)의 그것들과는 달리 합성어나 파생어에서의 /ㄹ/ 탈락 규칙이 이미 생산력을 잃어버린 시기에 형성되었기 때문에 자연히 /ㄹ/ 탈락에서 면제된 것으로 본 바 있다.

필자는 어떤 음운 현상을 설명함에 있어서 가능하다면 음운론적으로 설명하여야 한다는 입장을 취한다(喬世官, 1991:6, 50-53). 그리고 어떤 규칙이 순수한 음운론적인 것이라면 시간의 변화에 관계없이 생산적일 것으로 가정한다(이 문제에 대하여는 다음 기회에 논의하기로 한다.). 이것은 상술한 喬世官(1991:16-20)에서의 필자의 입장과 정면으로 상충되는 것이기도 하다. 그러나 이 가정이 받아들일 수만 있다면, 그리고 현대국어에서의 /ㄹ/이 그것의 탈락이 생산적이던-그리하여 이 규칙이 순수한 음운론적인 규칙으로 활동하던- 선행 시대의 그것과 비교하여 전혀 달라지지 않았다면, 다음 (7)의 단어들에서 오늘날 /ㄹ/ 탈락이 일어나지 않을 이유가 없을 것이다. 다시 말해서 /ㄹ/ 탈락 규칙이 역사적으로 생산력을 상실한 것은 바로 후행하는 조건음(determinant phonemes) /ㅿ/의 소멸이나 ㄷ, ㅈ의 위치변화에 말미암은 것이기도 하겠으나 /ㄹ/ 자체의 음성적 변화에 말미암은 것이기도 하다고 본다. (7)에서 보는 것처럼, 오늘날까지 음성 변화를 입지 않았다고 여겨지는 /ㄴ/이나 /ㅅ/ 앞에서도 /ㄹ/ 탈락 규칙이 합성어와 파생어에서는 생산력을 상실하였기 때문이다. 이렇게 본다면, /ㄹ/ 탈락이 생산적이던 시기의 /ㄹ/은 현대국어에 있어서의 그것과 음성적으로 거리가 있는 그것이 될 것이라는 점에서 우리의 주목을 끌지 않을 수 없다. 필자의 단견으로는 /ㄹ/이 당시에는 오늘날에 비하여 자음적 특성이 보다 두드러진 것이었을 것으로 추정한다. 곧, /ㄹ/이 당시에는 /ㄴ, ㄷ, ㅈ/처럼 혀와 입천정이 아주 닿아서 입안의 공깃길이 완전히 막히지는 않을지라도, /ㅅ, ㅿ/에 준하여 또는 이에 버금갈 정도로 혀가 입천정에 가까이 닿아 입안의 공깃길이 오늘날에 비하여 훨씬더 막히는 음성적 특성을 지녔을 것으로 추정한다.3) 여기서 첨언할 것은 상술한 필자의 견해는 어디까지나 잠정적인 추정일 뿐이라는 것이다. 이 문제에 대하여는 보다 깊이있는 후고가 나오기를 기다린다.

(7) (a) 박달나무, 달나라, 설날, 달님, 별님
(b) 털실, 활시위, 날생선, 날송장, 날실

3. /ㄹ/ 탈락 규칙이 발생한 시기 문제

3.1. 李基文(1963:86-88, 1977:33-34)은, 15세기의 '너슴(苦蔘)(救簡一, 93)'에 대응되는 「鄕藥救急方」의 "苦蔘 板麻"은 분명히 '*널삼'으로 재구되므로, /ㄹ/ 탈락 시기를 "15세기에서 그리 멀지 않은" 것으로 보고 있다. 또, 李基文(1972:93)은 「鄕藥救急方」이 13세기 중엽의 국어 상태를 보여 주며, 국어는 14세기에 현저한 음운변화를 겪었을 것임도 지적한 바 있다. 이렇게 볼 때, 그는 /ㄹ/ 탈락의 발생 시기를 13세기 후반이나 14세기로 추정한 것으로 짐작된다.

南廣祐(1960:468)에서도 현대국어에서 /ㄹ/ 탈락과 관련을 맺는 단어들이 이미 (1)~(3)의 형태대로 굳어진 것으로 보아 /ㄹ/ 탈락 현상이 15세기 이전 어느 시기에 발생한 것으로 보고 있다.

되풀이하지만, 우리가 (1)~(6)을 통해서 알 수 있는 바와 같이, 현대국어에서의 /ㄹ/ 탈락은 고유어에 한정되면서 형태소 경계를 사이로 하여 /ㄴ, ㅅ, ㄷ, ㅈ/이라는 예사소리 앞에서 이루어진다. 그런데 이 /ㄹ/ 탈락은, 15세기만 하더라도 곡용의 경우를 빼면 선행 형태소의 말음 /ㄹ/이 이와 동자질 음성군인 /ㄴ, ㅅ, ㅿ, ㄷ, ㅈ/ 앞에서 보편적으로 탈락하는 생산성이 매우 높은 규칙이었다. 좀더 자세히 말하면, 15세기 국어에서는 용언이 활용할 때 용언 어간 말음 /ㄹ/이 어미의 제1자음 /ㄴ, ㅅ, ㅿ, ㄷ, ㅈ/ 앞에서 필수적으로 탈락하였고, 단어 경계 또는 형태소 경계를 개재시키는 합성이나 파생어에서도 선행 요소의 말음 /ㄹ/이 역시 동일한 음성 환경에서 대체로 필수적인 /ㄹ/ 탈락을 보이지만 수의적인 /ㄹ/ 탈락을 보이는 일부 단어도 있었다. 이러한 현상을 두고, 필자는 奇世官(1991:68-69)에서 중세국어 시기에는 /ㄹ/ 탈락에 제약을 가하는 후행 음성군이 모두 동위음이었다는 데 착안하여 이 /ㄹ/ 탈락은 동위적 이화에 말미암은 음운규칙으로서 14세기경에는 합성어와 파생어에는 물론 /ㄹ/ 말음 용언에도 필수적으로 적용된 규칙이었지만 후기 중세국어 시기인

---

3) /ㄹ/ 탈락 규칙이 다소 생산력을 가지고 있었던 15세기 국어에서 소위 매개모음 '-으-' 가운데 '-으샤-'에서의 그것이 어간 말음 /ㄹ/ 다음에서도 탈락하지 않고 유지되었다는 언어 사실이 /ㄹ/이 갖는 이러한 특성의 잔재를 보여주는 것일지도 모른다.

15세기에 와서는, (8)의 어례를 통해서 알 수 있는 것처럼, 합성어와 파생어와 같은 체언 내부에는 수의적으로 적용되고 용언, 곧 /ㄹ/ 말음 용언에만 필수적으로 적용되는 규칙으로 축소되었으며, 현대국어에 와서는 어미의 제1자음이 /ㄴ, ㅅ/인 경우의 /ㄹ/ 말음 용언의 어간 말음 /ㄹ/만이 생산적인 탈락을 보여주는 규칙으로 축소되었고 이러한 /ㄹ/ 탈락 규칙의 축소는 /ㅿ/의 소멸과 /ㄷ/의 전부화 및 /ㅈ/의 후부화에 말미암은 것으로 해석한 바 있다. 그러니까 필자는 奇世官(1991:14)에서 전술한 李基文의 견해를 아무 비판 없이 받아들인 셈이다. 그러나 이것은 어디까지나 잠정적인 것이었다. 따라서 이제 이에 대한 본격적인 재검토를 하여 보기로 한다.

(8) ㄱ) 활용에서[4]

살 - (生, 居): 사는(月千上, 11b; 釋譜九, 1b; 月釋一, 8b, 23b, 24b, 32b), 사ᄂᆞ니(釋譜十三, 10a), 사노이다(月千上, 2a), 사더니(釋譜, 37b; 月釋十, 25a), 사도(月釋二, 16a), 사디(月釋一, 18b), 사던(釋譜六, 37b), 사져(杜初二三, 49)

알 - (知): 아ᄂᆞ니라(釋譜十三, 40b; 月釋一, 31b), 아논(月釋二, 25a), 아니(月千上, 4a), 아디(釋譜十三, 40b, 44a; 月釋序, 10b)), 아ᅀᄫᅵ(龍飛, 59; 月千상, 3a, 4a), 아ᅀᆞᆸ고(龍飛, 51; 月千上, 3a). 아ᅀᆞᆯᄭᅡ(龍飛, 43)

들 - (入): 드니(釋譜十三, 10a), 드ᄂᆞ니라(月釋九, 36b), 드니라(月釋一, 32b), 드다(月釋二, 19b), 드ᅀᆞᄫᆞᆯ씨(龍飛, 64), 드사(釋譜十三, 58a)

열 - (開): 여노라(杜初八, 40), 여돗ᄒᆞᆯ실씨(月釋九, 13), 여디(杜初七, 9), 여ᅀᆞᆸ고져(法華四, 129)

거슬 - (逆): 거스니(龍飛, 76)

할 - (讒): 하ᅀᆞᄫᅧ(龍飛, 91)

둘 - (掛): 드ᅀᆞᄫᆞ니이다(月千上, 7b)

헐 - (毁): 本본覺각이허디아니ᄒᆞᄂᆞᆫ(釋譜28b)허디아니홇體톙룰(上同31b)
　　　　이經경 듣고허디아니ᄒᆞ야(上同36a)
　　　　허디아니ᄒᆞ며(上同52b·66a)
　　　　허디아니ᄒᆞ리라(호문, ᄒᆞ며)(上同62a)

눌 - : 긔는 거시며 ᄂᆞᆫ 거시며(月釋 1:11)
　　　또 ᄂᆞᆫ벌어질 잡노라(杜初 10:7)

밍글 - : 고기 낛글 낛ᄋᆞᆯ 밍ᄀᆞᄂᆞ다(杜初 7:4)

ㄴ) 합성어나 파생어에서

a) 용언 어간 + 용언 어간

놀-(遊) + 니-(行): 노니샤(龍飛, 52), 노니샤매(月千上, 16a; 16b),

---

[4] 고문헌에 대한 참고 사항은 한글학회(1992) 및 본고의 '참고문헌' 항목 참조.

노니논(釋譜六, 24a), 노닔(釋譜十九, 19a), 노니논(釋譜 6:64)
노녀(月釋二, 22a), 노니고(杜初 7:17)
살-(生, 居) + 니-(行): 사니노니(비록사ᄅᆞ미무례)사니고도(釋譜六, 5a)
놀-(飛) + 니-(行): 모딘 벌애논 다 숨고 吉慶엣 새 ᄂᆞ니며(月釋 2:33)
         프른 구루메 새 ᄂᆞ뇨ᄅᆞᆯ 브노라(杜初 21:14)
놀-(飛) + 솟(湧): 歡喜踊躍ᄋᆞᆫ 깃거 ᄂᆞ소ᄉᆞᆯ 씨라(月釋 8:48)
         훍과 몰애예서 ᄂᆞ소사 (杜初 16:63)
         한 天帝ㅣ 龍ᄋᆞᆯ 타 ᄂᆞ솟ᄂᆞᆫ 돗 ᄒᆞ고(杜初 16:47)
         ᄇᆞᄅᆞ미 그처도 뭇겨리 오히려 ᄂᆞ솟고(목우 24)
울-(鳴) + 니-(行): 더욱 우니ᄂᆞ니(月釋 8:10)
         고불님 몬 보ᅀᆞ바 슬읏 우니다니(月釋 8:87)
울-(鳴) + 짖(吠): 우지질 죠(訓蒙下)
도-(廻) + 니-(行): 부텨 도녀 諸國을 敎化ᄒᆞ샤(釋譜 9:1)
         여슷 길헤 횟도녀 잠ᄭᅡᆫ도 머므디몬ᄒᆞ며(月釋序:4)

b) 체언 어간(+ 체언 어간)
ᄡᆞᆯ(米) + 눈: ᄡᆞᆺ눈(訓蒙上 天文)
믈(水) + 수리(:새의 일종): ᄆᆞ수리(訓蒙上 禽鳥)
믈(水) + ᄌᆞ미(潛): ᄆᆞᄌᆞ미 泳(訓蒙中 人類)
별(星) + 돌(月): 벼ᄃᆞ리(月釋八, 7b)
둘(二) + 서(三): 두ᅀᅥ번니르시니(釋譜六, 6B)<cf.*둘서>*둘ᅀᅥ>두ᅀᅥ>
         두어(李基文, 1972:95, 1977:33))
아ᄃᆞ님(龍飛, 25; 釋譜六, 17a; 十三, 35a; 月釋二, 4b, 9a)~아ᄃᆞᆯ님(月千上,
         12a, 18a, 41a, 41b, 42a, 46b)
ᄃᆞ님(月釋十四, 60b) ~ ᄃᆞᆯ님(月千上, 30b)
cf.날ᄃᆞᆯ(이츠거늘)(月千上, 7a)

3.3. 이 문제와 관련하여 이용할 수 있는 자료로 우선 훈민정음 창제 이전의 문헌을 든다면 鷄林類事(1103년 간행), 鄕藥救急方(13세기 중엽 간행), 鄕藥採取月令(1431년 간행), 朝鮮館譯語(15세기 중엽 이전 간행) 등이 있다. 이중 朝鮮館譯語는 초기 정음 문헌에서 보는 언어 자료와 크게 다르지 않다고 보아 제외하기로 한다.

1) 鷄林類事

李基文(1972:97)은 12세기 초기 문헌인 鷄林類事에서는 /ㄹ/이 유지된 것으로 보고 그 어례로서 "(柴曰) 孛南木"(*블나모)을 든 바 있다. 그러나 필자의 소견으로는 鷄林類事에서 채용한 표기법-특히 받침에 대한 표기법-자체가 워낙 불규칙하고 혼란스러울 뿐만 아니라 여기에 나오는 한자가 비록 오늘날 /ㄹ/ 받침으로 끝난 한자음을 가진 것이라고 할지라도 채록 당시에도 그랬을 것으로 믿기 어려워 이 문헌에 대한 연구가 아직 미진한 지금으로서는 이를 참고 자료로 이용하기에는 시기상조라고 본다.5)

2) 鄕藥救急方

/ㄹ/ 탈락과 관련시킬 수 있는 어례와 李基文(1963)에서 재구한 재구형을 제시하면 다음과 같다.

(9) 柴胡 山叱水乃立: *믈나리(>*므나리>미나리)
　　麥門冬 冬沙伊: *겨슬사리
　　伊牧蠣 屈召介:*굴죠개((靑山別曲에서는 '구조개')
　　黃耆 數板麻:*돈널삼 (15세기는 '돈너삼')
　　苦參 板參: *널삼

이 책에 사용된, 음독해야 할 한자들 가운데 받침 글자로 사용된 것들은 대체로 "次(ㅈ, ㅊ), 音(ㅁ), 邑(ㅂ), 乙(ㄹ), 叱(ㅅ), 兒(ㅿ)" 들이 있다(李基文, 1963:69 참조). 그런데 이 경우 이들 받침이 들어가는 CVC 음절을 적는 방법에는 다음과 같은 두 가지가 있음을 알 수 있다.

(10) 가. 一字 한자로 CVC 음절을 적은 경우

한자이름	향명	재구음	15세기 단어형과 출전
薔薇	獐矣皮	*놀의갖	cf. 月令과 集成方에서는 季奴只
水藻	勿	*믈(또는 몰)	몰(訓蒙上:9))
半夏	雉矣毛立	*꾀모롭	꾀모롭(救簡 1:1)
菖蒲	松衣亇	*숑의마	숑의마(救簡 1:35)

---

5) ① 姜信沆(1980)에서는 "醬曰密祖(鷄林類事, 順治板 說郛 189)"를 "mjə-cu =mjət-tsuə"(p.77)로, "柴曰字南木(鷄林類事, 順治板 說郛 306)"을 "*pir-na-mo = puət- nam-mə"(p.103)로, "射日活索(鷄林類事, 順治板 說郛 310)"는 "*hwar-so"(p.104)로 재구한 바 있다.
② 李基文(1968:225-226)에서 /ㄹ/ 탈락과 관련시키기 위해서 鷄林類事에서 인용한 어례들을 참고로 다시 여기 보이면 다음과 같다.

　　六日逸戌　　八日逸答
　　二十日戌沒　六十日逸舜
　　面曰捺翅　　皮曰渴翅
　　剪刀曰割子蓋　扇曰孛采
　　問物多少曰密翅易成

나. 두 자 한자로 CVC 음절을 적은 경우

한자이름	향명	재구음	15세기 단어형과 출전
薏苡人	伊乙梅	*율미	율믜(訓解 用字例)
大蒜	亇汝乙	마늘	마늘(蒙訓上:13)
麻子	與乙	*열	?
葛根	叱乙根	*츩불휘	츩불휘(分門 26)
蓼子	月乙老	*둘뢰	?
馬齒莧	金非音	*쇠빔(또는 쇠비음)	쇠비름(物名 3:24)
通草	伊屹烏音	*으흐름	으흐름(方藥合編)
白朮	沙邑菜	*삽치	?
半夏	雉矣毛老邑	*끠모롭	끠모롭(救簡 1:1)
茺蔚子	目非也次	*눈비얏	눈비얏(訓蒙上:9)
天南星	豆也味次	*두야밋	두야머주저기(救簡 1:2)
都李人	山叱有賜羅次	*묏이스랏(묏이스랏)	이스(스)랏(訓蒙上:11, 杜初 15:23))
黍米	只叱	*깃	기장(訓蒙上:6~7)
鷄冠	鷄矣碧叱	*둘기볏	*둘기볏

그런데 이들 예 가운데 "屈召介"만이 /ㄹ/ 탈락 규칙의 입력(input)이 될 수 있는 가능성을 부여받을 수 있다. 그런데 여기서 문제되는 것은 이것을 '*구죠개'로 재구할 것인가 아니면 '*굴죠개'로 재구할 것인가이다. 다시 말해서 "屈召介"가 '*구죠개'와 '*굴죠개' 가운데 어느 쪽을 전사한 표기일 것인가 하는 것이다. 만일 이것이 전자를 전사한 것이라면 「구」에 해당하는 한자가 '九, 具, 究, 邱, 口, 矩,……' 등 많이 있음에도 불구하고 굳이 「屈」자를 빌려올 까닭이 없을 것이다. 본고는 이를 바탕으로 하여 "屈召介"는 '*구죠개'가 아닌 '*굴죠개'를 전사한 표기일 것으로 보고자 한다. 곧, 鄕藥救急方에서는 설단자음 앞에서도 /ㄹ/이 탈락하지 않은 것으로 간주하고자 한다. 이에 따라 이 책에서 보는 /ㄹ/ 탈락과 관련시킬 수 있는 나머지 예들도 자연히 그 탈락을 외면하는 쪽으로 해석할 수 있게 됨으로써 "水乃立"은 '*믈나리'를, "冬沙伊"는 '*겨슬사리'를, "板麻 또는 板參"은 '*널삼'을 전사한 것으로 보아 鄕藥救急方의 시기, 곧 13세기 중엽에는 형태소 경계를 사이로 하여 설단자음 앞에 오는 /ㄹ/이 아직 그 탈락을 경험하지 않은 것으로 보고자 한다.

3) 鄕藥採取月令

(11) 麥門冬 冬沙伊: *겨스사리
    桑寄生 桑樹上冬乙沙里: *겨슬사리
    黃耆 甘板麻:*돈너삼
    牡蠣 大屈乙曹介: *한굴죠개
    冬麻子 吐乙麻:*돌삼

鵜鴣 沙月鳥:*사ᄃ새>사다새
桔梗 都乙羅叱:(*돌갓>)*돌앗(牛馬羊猪染疫病治療方(1543년 간행)12)
   >도랏(訓蒙 上 13, 方藥 2)*돌랏(:/ㄹ/ 첨가)>도라지
蛇床子 蛇都羅叱:*ᄇ얌도랏
羊蹄根 所乙串:*솔곶(>솔옷(四聲通解, 訓蒙上: 5, 類解下:11)
班猫 加乙畏:*갈외(訓蒙上:22)
燈心艸 乙心:*골플6)

 (11)의 예에서 보는 바와 같이 鄕藥採取月令에서는 받침「ㄹ」을 '乙'자로 표기하였지만, /ㄹ/ 받침이 들어가지 않는 음절은 '巨末伊(*거머리), 鳥麻(*새삼), 阿郁(*아욱)' 등에서와 같이 '乙'자가 들어가지 않는 원칙을 지키고 있음을 알 수 있다. 따라서 동일한 식물 '麥門冬'이 '冬沙伊'와 '冬乙沙里'의 두 가지로 표기되는 경우는 전자는 "*겨ᄉ사리"로, 후자는 "*겨슬사리"로 재구하는 것이 마땅할 것이다. 그리고 이것은 곧 이 책이 지어진 1431년 당시에는 '麥門冬'이 '*겨ᄉ사리'와 '*겨슬사리'로 수의변이되고 있었음을 의미하는 것으로 보인다. 다시 말해서 /ㄹ/ 탈락형과 비탈락형이 수의변이되었을 것으로 판단된다. 또 '桔梗'을 "都羅叱"과 "都乙羅叱"의 두 가지 형태로 표기한 것도 동일하게 해석할 수 있음은 물론이다. 곧, '都乙羅叱'은 '*놀개(翼)> 놀애>ᄂ래>눌릭', '놀애(歌)>노래>놀래', '벌에>버레>벌레' 등에서처럼 국어사를 통해 흔히 보는 /ㄹ/이 첨가된 형태인 '*돌랏'을 표기한 것으로 보이며(南廣祐, 1980:221-225), '都羅叱'은 15세기 한글 문헌에서 보는 '도랏'에 상응하는 형태를 표기한 것으로 보인다.

 이렇게 보면 (12)와 (13)에서처럼 15-16세기 한글 문헌에서 /ㄹ/의 탈락형과 미탈락형이 동시에 나타나는 것도 당시 이들이 언어 현실에서 /ㄹ/ 탈락이 부분적으로 계속되고 있었음을 말해주는 것으로 간주할 수 있을 것이다.7)

 (12) 아ᄃ님(月釋 8:84, 月印 上:12) 활살(月釋 10:27, 圓覺 上 一之一 113)
   솓진(月釋 8:10) 긁죠개(救簡 3:56)
   날둘(杜初 8:15, 10:3) 열나ᄆᆫ희(東三 4:19)
   믈즈믜(악ᄒ다)(漢淸 1:49) 믈자새(訓蒙 中:15)
   바ᄂᆯ실(杜初 25:50) 믈쇼(譯補 48)
   뿔눈(新增上4) 버들나모(漢淸 13:22, 同文下:43)
   플서리(杜重 11:44) 둘님(月印 83)

---

6) 南廣祐(1961)는 '心'을 '艸의 약자'로 보고 "*골플"로 재구한 바 있는데 본고에서도 이를 따른 것임.
7) 이를 南廣祐(1960:468)에서는 15세기에는 (13), 곧 탈락형으로 이미 굳어진 사실로 보고, (12), 곧 미탈락형은 "表記者들의 語源(原形) 意識에서 더러 나타나 있는 事實로" 본 바 있다.

(13) 아ᄃ님(月釋 2:1, 2:4) 화살(老飜上:29)
　　소진(南明上:67, 救簡 5:29) 구조개(樂章 靑山別曲)
　　나ᄃᆯ(杜初 2:33, 3:20) 여나ᄆᆞᆫ(杜初 11:5)
　　무즈믜(악ᄒᆞ다)(同文上:8); 므즈미(訓蒙 中:2) 무자의(物名 5:10)
　　바ᄂᆞ실(朴初上:39) 므쇼(訓蒙上:18)
　　ᄡᅩ눈(訓蒙上:2) 버드나모(救簡 6:24)
　　프서리(杜初 7:8);프서리(杜初 3:27, 月釋 8:93) ᄃᆞ님(月釋 2:51)

　지금까지의 논의를 종합하여 볼 때, /ㄹ/ 탈락 규칙은 鄕藥救急方과 鄕藥採取月令의 중간 시기에 발생하였음을 알 수 있다. 이것은 결국 3.1.에서 지적한 바 있는 李基文(1963:86-88, 1972:93, 1977:33-34)의 견해를 재확인한 셈이 되었다. 여기서 한 가지 부연한다면, /ㄹ/ 탈락은 /ㅿ/이 존재하던 시기에 발생했다는 것이다. 왜냐하면, (3)에서의 /ㄹ/ 탈락은 /ㅿ/의 존재를 전제로 할 때 비로소 설명될 수 있기 때문이다(奇世官, 1991:46-52).

4. 맺음말

　이상 국어에서 널리 알려진 음운 현상인 /ㄹ/ 탈락에 대하여 奇世官(1991)에서 미처 깊이 있게 다루지 못한 두어 가지 문제를, 문제를 제기한다는 마음으로 약술해 보았다. 필자는 이들 문제를 포함하여 /ㄹ/ 탈락에 대하여 앞으로도 계속해서 관심을 갖고 연구해 나갈 예정이다. 동학들의 질정을 기다린다.

참고문헌

姜昶錫(1984), "國語의 音節構造와 音韻現象", 「國語學」13.
奇世官(1984), "母音縮約의 制約性", 「順天大學論文集」 第3輯.
―――(1990), "국어의 음운 탈락 및 음운 첨가에 대한 연구", 「語學研究」第2輯, 順天大學 語學研究所.
―――(1991), "國語 單語形成에서의 /ㄹ/ 脫落과 /ㄴ/ 添加에 대한 音韻論的 硏究", 博士學位論文(圓光大學校).
―――(1992), "國語音韻論 記述의 새로운 方案", 蘭臺李應百博士 古稀紀念論文集」, 한샘.
金圭哲(1980), "漢字語 單語形成에 대한 硏究-固有語와 比較하여-", 「國語硏究」 41.
金完鎭(1967), "音韻史"(「韓國文化史大系 9」, 言語·文學史(上)(高麗大學校 民族文化研究所) 所收).
―――(1971), 「國語音韻體系의 硏究」, 一潮閣.
―――(1972), "形態論的 懸案의 音韻論的 克服을 爲하여", 「동아문화」 11.

金政佑(1988), "음운론의 비음운론적 정보 문제", 「第31回 全國國語國文學硏究發表大會抄」, 국어국문학회.
南廣祐(1960), 「國語學論文集」, 一潮閣.
─── (1961), "鄕藥採取月令 解讀 考察", 「文耕」(중앙대) 第11輯 <南廣祐(1980)에 再收>.
─── (1963), "ㄹ子音의 添落에 對하여", 「文耕」(중앙대) 第15輯 <南廣祐(1980)에 再收>.
─── (1980), 「國語學硏究」, 二友出版社.
도수희(1983), "음운변화의 잠재기능에 대하여", 「語文硏究」 13.
朴炳采(1971), 「古代國語의 硏究」(音韻篇), 高麗大學校 出版部.
박종희(1983), 「국어 음운론 연구」, 원광대학교 출판국.
宋敏(1986), 「前期近代國語 音韻論 硏究」, 塔出版社.
宋喆儀(1977), "派生語 形成과 音韻現象", 「國語硏究」 36.
─── (1983), "派生語形成과 通時性의 問題", 「國語學」 12.
─── (1987), "15世紀 國語의 表記法에 대한 音韻論的 考察", 「國語學」 16.
─── (1990), "國語의 派生語形成 硏究", 博士學位 論文(서울대).
安秉禧(1959), "十五世紀國語의 活用語幹에 對한 形態論的 硏究", 「國語硏究」 7.
安秉禧·李珖鎬(1991), 「中世國語文法論」, 學硏社.
王汶鎔(1989), "'飜朴'과 '朴諺'의 사이시옷", 「霽曉李庸周博士回甲紀念論文集」, 한샘.
吳貞蘭(1988), 「硬音의 國語史的 硏究」, 翰信文化社.
李基文(1963), "十三世紀 中葉의 國語 資料", 「동아문화」 第一輯.
─── (1968a), "鷄林類事의 再檢討 - 주로 音韻史의 觀點에서 -", 「동아문화」 第八輯.
─── (1968b), "朝鮮館譯語의 綜合的 檢討", 「論文集」(서울대학교) 14.
─── (1972), 「國語史槪說」, 塔出版社.
─── (1977), 「國語音韻史硏究」, 塔出版社.
─── (1991), 「國語 語彙史 硏究」, 東亞出版社.
이병근(1981), "유음 탈락의 음운론과 형태론", 「한글」 173·174.
李崇寧(1939), "朝鮮語異化作用에 對하여", 「震檀學報」 11.
─── (1960), "中世國語의 異化作用의 考察 - 特히 rVr>rV의 公式의 抽出을 中心으로 하여 -", 「學術院 論文集」 第2輯.
李潤東(1988), 「中期 韓國 漢字音의 硏究」(聲母篇), 牛骨塔.
임영재·김양순 옮김(1991), 「Chomsky 지음 장벽이론」, 한신문화사.
崔銓承(1983), "표면음성제약과 음성변화 - 어간말 이중모음 'iy'의 통시적 발달을 중심으로 -", 「국어교육」 44·45.
─── (1986), 「19세기 후기 全羅방언의 음운현상과 그 역사성」, 翰信文化社.
하치근(1989), 「국어 파생형태론」, 남명문화사.
韓榮均(1985), "음운변화와 어휘부의 재구조화", 「冠岳語文硏究」 10.
허 웅(1985), 「국어 음운학」, 샘문화사.

─────(1981), 「언어학- 그 대상과 방법」, 샘문화사.
─────(1983), 「국어학- 우리말의 오늘 어제」, 샘문화사.
─────(1975), 「우리 옛말본」,
─────(1989), 「16세기 우리 옛말본」, 샘문화사.
洪允杓(1987), "近代國語의 語幹末子音群 表記에 대하여", 「國語學」16.
Ahn, Sang-Cheol(1985), The Interplay of Phonology and Morphology in Korean, Ph.D. Departmeant of Linguistics University of Ilinois at Urbana-Champaign.
Aronoff, M.(1976), Word-Formation in Generative Grammar, The MIT Press.
─────────(1978), The relevance of productivity in a synchronic description of word formation, J.Fisiak ed., Historical Morphology, The Hague:Mouton.
Bauer, L.(1983), English Word-formation, Cambridge University Press.
Dressler, W.U.(1984), Explaining Natural Phonology, in Phonology Year book 1, London: Cambridge University Press.
Greenberg, J.H.(1979), Rethinking Linguistics Diachronically, Language 55-2.
Hooper, J.B.(1976), An Introduction to Natural Generative Phonology, New York: Academic Press.
Kaisse, E.M. & Shaw, P.A.(1985), On the theory of Lexical Phonology, Phonology Yearbook 2, 1-30, London, Cambridge University Press.
Karlgren, B.(1954), Compendium of Phonetics in Ancient and Archaic Chinese, B.M.F.E.A.Vol. XXII. pp. 211-362, Stockholm; 李敦柱 譯註(1985), 「中國音韻學」, 一志 社.
Kiparsky, P.(1982a), Lexical Morphology and Phonology, Linguistics in the Morning Calm, Seoul: Hanshin Publishing Company.
──────────(1982b), From Cyclic Phonology to Lexical Phonology, Harry van der Hulst and Norval Smith(eds.), The Structure of Phonological Representation 1, Dordrecht: Foris.
Lieber, R.(1981), ON THE ORGANIZAION OF THE LEXICON, Reproduced by the Indiana University Linguistics Club.
Mohanan, K.P.(1982), Lexical Phonology, UNIVERSITY OF TEXAS, AUSTIN.
──────────(1986), The Theory of Lexical Phonology, Dordrecht: D.Reidel Publishing Company.
Rubuch, J.(1985), Lexical Phonology: lexical and postlexical derivations, Phonology Yearbook 2, 157-172, Cambridge University Press.
Skousen, R.(1974), An Explanatory Theory on Natural Phonology, Papers from the Parasession on Natural Phonology, CLS.
Walsh, L.(1984), Possible words, MIT working papers in linguistics, vol.7.
Yong-Key Kim-Renaud(1975), Korean Consonantal Phonology, 탑출판사.

申叔舟 외(1447), 「東國正韻」, 建國大學校出版部, 1973.

劉昌惇(1964), 李朝語辭典, 延世大學校出版部.
香港中文大學出版(1973), 漢字古今音彙.
이희승(1961), 국어대사전, 민중서관.
_____(1982), 국어대사전, 민중서림.
신기철·신용철(1983), 새 우리말 큰사전, 삼성출판사.
유재원(1985), 우리말 역순사전, 정음사.
한글학회(1992), 우리말큰사전4(옛말과 이두), 어문각.
Ridel et al.(1881), GRAMMAIRE CORÉENNE(한어문전)(:韓國敎會史研究所 再刊, 1985)
龍飛御天歌(1445)(龍飛)
訓民正音(解例)(1446)(訓解)
釋譜詳節(1447)(釋譜)
月印千江之曲上(1449)(月千上)
訓民正音(諺解)(1459 以前)(訓諺)
月印釋譜(1459)(月釋)
法華經諺解(1463?)(法華)
救急方諺解(1466)(救急)
蒙山和尙法語略錄諺解(1467?)(蒙山)
三綱行實圖(1481)(三綱)
杜詩諺解(初刊本)(1481)(杜初)
南明集諺解(1482)(南明)
救急簡易方(1489)(救簡)
樂學軌範(1493)(樂學)
朴通事諺解(初刊本)(16세기초, 1510?)(朴初)
續三綱行實圖(1514)(續三綱)
四聲通解(1517)(四解)
呂氏鄕約諺解(1518)(呂氏)
正俗諺解(1518)(正俗)
飜譯小學(1518)(飜小)
二倫行實圖(1518)(二倫)
訓蒙字會(1527)(訓蒙)
分門瘟疫易解方(1542)(分門)
新增類合(1576)(新增)
東國新續三綱行實圖(1617)(東三)
杜詩諺解(重刊本)(1632)(杜重)
老乞大諺解(1670)(老乞)

捷解新語(1676)(捷解)
飜譯朴通事諺解(1677)(飜朴)
譯語類解(1690)(譯語)
同文類解(1748)(同文)
漢淸文鑑(영조말년)(漢淸)
御製訓書諺解(1756)(訓書)
譯語類解補(1775)(譯補)
念佛普勸文(1776)(念佛)
重刊捷解新語(1781)(重捷)
敬信錄諺解(1796)(敬信)
五倫行實圖(1797)(五倫)
南宮桂籍(1876)(南宮)
三聖訓經(1880)(三聖)
女小學(1882)(女小)

[처음 실린 곳]
春岡柳在泳博士華甲紀念論叢(1992), 以會文化社, pp. 63~83.

[19] 국어 음운론 기술의 새로운 방안*

1

1.1. 언어의 어떤 구성요소들이 보다 큰 구성체를 형성하기 위하여 결합할 때 거기에는 그 결합을 지배하는 일련의 규칙이 있게 된다. 통사론의 최소 단위(units)가 되기도 하면서 형태론의 최대 단위가 되는 단어(words)는 한 개 이상의 형태소의 모임이요, 이 때의 형태소 또한 한 개 이상의 음성(또는 음소)으로 이루어진다. 따라서 합성어나 파생어 그리고 단일어인 용언과 같이 두 개 이상의 형태소로 이루어진 언어 요소는 자연히 형태소 경계를 사이로 하여 두 개 이상의 분절음의 접촉이 있게 마련이다. 이는 단어형성이 비록 형태론적 과정이긴 하지만 음운론적 과정을 아울러 수반할 수도 있음을 말해 준다고 하겠다.[1] 다시 말해서, 합성이나 파생어의 형태소 경계나 용언의 어간에서 음운교체가 일어날 경우, 이것이 특정 형태소나 형태소의 부류와만 관련을 맺는 것이라면 그것을 형태론적 과정으로 보아 형태부에서 해결해야 하겠지만, 이것이 오직 음운적 분절음에 의해서만 제약되는 경우라면 마땅히 음운론적 과정으로 보아 음운부에서 해결해야 할 것이다. 그런데 실제로 들어가 어떤 언어 현상을 현대국어라는 공시태의 테두리 안에서만 들여다 보면 이들 두 가지 가운데 어느 쪽에 귀속시켜야 할지를 결정하기 어려운 경우도 없지 않다. 곧, 현대국어에 나타나는 어떤 언어 규칙이 음운론적 제약을 받는 음운규칙인지 아니면 형태론적 제약을 받는 형태규칙인지를 결정하기 어려운 경우도 있다. 본고에서는 'ㄹ' 탈락과[2] 구개음화를 포함하여 이런 부류에 속한다고 여겨지는 언어 현상 몇 가지를 예로 들어 국어 음운론 내지는 형태론 연구의 방법론에 대하여 재고하고자 한다.

---

* 이 논문은 1991년도 교육부 지원 한국학술진흥재단의 지방대육성과제에 의하여 연구되었음.
1) '단어형성(word-formation)'이라 함은 합성(compounding)과 파생(derivation)을 지칭하는 것이 일반적이지만, 본고에서는 여기에 용언 어간에 활용 어미가 결합하는 것까지를 포함한 넓은 의미로 사용한다. 용언 어간과 어미는 단독으로는 단어 단위를 이루지 못하고 이들 두 언어 요소의 결합체가 비로소 하나의 단어 단위가 된다는 점에서 이들의 결합을 '단어형성'에 포함시키고자 한다.
2) 본고에서 음운 /ㄹ/은 'ㄹ'로 표시한다. 그 밖의 경우도 같다.

1.2. 음운 변동에는 여러 가지가 있다. 그 중에는 음소의 통합 체계의 제약성으로 말미암아 일어나는 음절구조 규칙, 두음법칙, 자음접변 등도 있지만, 동화, 축약, 탈락의 경우처럼 발음의 편의로 일어나는 것도 있고, 첨가와 같이 표현을 똑똑하게 하려는 데서 일어나는 것도 있다(허웅, 1985:264-289). 그런데 이러한 기초적인 음운 변동 현상들은 오래 전부터 학자들의 관심을 끌어 다양한 연구 업적을 남기고 있음이 사실이지만, 명쾌한 해결책이 아직 제시되어 있지 않을 뿐만 아니라 의견의 일치를 보여 주지 못하고 있는 것 또한 현실이다. 그 가운데 특히, 불규칙용언에서와 같이 한정된 형태소에만 일어나는 한정적 성질의 변동규칙을 설명하는 데 있어 심한 의견의 불일치를 보여온 것과 동일한 음운론적 결정자(determinant)에 의해 지배되는 동일한 음운 현상을 경우에 따라 상이한 방법론을 원용하여 개별적으로 설명하는 것은 가장 큰 문제점으로 지적되어 왔다. 본고는 선행 업적들이 취한 이러한 국어 음운론 연구 방법론을 재검토하여 이에 대한 비판을 가한 뒤 이것들이 지닌 모순점을 극복할 수 있는 나름대로의 연구 방법론을 제시한 기세관(1991)을 넓히고 깊게 한 것으로서, 특히 전술한 두 가지 과제 가운데 후자를 중심으로 다루게 되지만 전자에 대하여도 첨언할 것이다. 그리고 후자에 대하여도 'ㄹ' 탈락을 중심으로 논의해 갈 것이다.

2

2.1. 국어 음운현상에 대한 선행 연구 업적들은 지나치게 현대국어라는 공시태 안에서 현상에 대한 기술적(descriptive) 태도만을 견지함으로써 아직은 많은 무리가 따르고 있는 듯하다. 언어 현상에 대한 이러한 기술 태도는 너무 현상에만 집착한 나머지 선행 시기의 언어규칙의 지배를 받아 이루어진 현상까지도 현대국어의 공시체계 안에서 설명하려 함으로써 흔히 예외로 처리하거나 추상적 기저형(또는 기저음)을 설정하는 등 불합리하거나 부자연스러운 설명을 필연적으로 낳게 되는 것이다.

우리가 만일 'ㄹ' 탈락 현상을 현대국어의 공시태의 테두리 안에 한정하여 기술한다고 할 때, (1)이나 (2)에서 보는 그것은 현대국어의 공시태 안에서 '동위적 이화'로 일어나는 것으로 설명할 수 있지만,

   (1) 살 + -으니 → 살으니 → 살니 → 사니
       살 + -으나 → 살으나 → 살나 → 사나
       살 + -으시고 → 살으시고 → 살시고 → 사시고
       살 + -으신다 → 살으신다 → 살신다 → 사신다
       살 + -으소서 → 살으소서 → 살소서 → 사소서

(2) 살 + 는 → 살는 → 사는   살 + 느냐 → 살느냐 → 사느냐
    살 + 나니 → 살나니 → 사나니   살 + 세 → 살세 → 사세

(3)과 (3)'에서처럼 합성어와 파생어에서는 'ㄹ' 탈락이 왜 불규칙적이며 (4)와 (5)에서는 용언 어간 말음 'ㄹ'이 왜 모음 앞에서도 탈락을 보이는지 그 이유를 일관성 있게 설명하기 어렵다.

(3) (a) 솔 + 나무 → 소나무   말 + 소 → 마소
        달 + 달 → 다달   이불 + 자리 → 이부자리
    (b) 딸 + -님 → 따님   풀 + -새 → 푸새
        뿔 + -다귀 → 뿌다귀   바늘 + -질 → 바느질

(3)'(a) 달나라, 설날, 털실, 활시위
        말다툼, 달동네, 말장난, 물지게
    (b) 달님, 별님, 게걸스럽다
        날도둑, 별들, 솔질, 심술장이

(4) 살 + 으옵 + 자음어미:사옵지, 사옵고, 사옵던, 사옵는(:공손법)
    살 + 으오 + 모음어미:사온, 사올, 사오니, 사오며(:공손법)

(5) 살 + -으오 → 살오 → 사오(:명령법의 하오체)

그런데 과거의 업적들은 (1)~(3)에서의 'ㄹ' 탈락을 '동위적 이화'로 설명하면서, 동일한 'ㄹ' 탈락 현상임에도 불구하고 (4)와 (5)에서의 그것은 흔적이론(trace theory)을 끌어들이거나 추상적 기저음을 설정하거나 형태론적 제약을 받는 것으로 설명하는 등 서로 상이한 방법론을 원용하였다.3) 그러나 필자는 이러한 원인을 국어(규칙)의 변화에서 찾는다.

우리가 (1)~(3)을 통해서 알 수 있는 바는, 현대국어에서의 'ㄹ' 탈락은 고유어에 한정되면서 형태소 경계를 사이로 하여 /ㄴ, ㅅ, ㄷ, ㅈ/ 이라는 예사소리 앞에서 이루어진다는 것이다. 그런데 이 'ㄹ' 탈락은, 후기 중세국어에서는 곡용의 경우를 빼면 선행 형태소의 말음 'ㄹ'이 동위적 음성군인 /ㄴ, ㅅ, ㅿ, ㄷ, ㅈ/ 앞에서 보편적으로 탈락하는 생산성이 매우 높은 규칙이었다.4) 좀더 자세히 말하면, 후기 중세국어에서는 용언이 활용할 때 용언 어간 말음 'ㄹ'이 어미의 제1자음 'ㄴ, ㅅ, ㅿ, ㄷ, ㅈ' 앞에서 필수적으로 탈락하였고, 단어 경계 또는 형태소 경계를 개재시키는 합성어나 파생어에서도 선행 요소의 말음 'ㄹ'이 역시 동일한 음성 환경에

---

3) 이와 관련한 견해들에 대하여는 奇世官(1991:48-50, 특히 주 12, 13, 14, 29, 40, 41, 43) 참조.
4) 宋喆儀(1987:328-330) 참조.

서 대체로 필수적인 'ㄹ' 탈락을 보이지만 수의적인 'ㄹ' 탈락을 보이는 일부 단어도 있었다. 이러한 현상을 두고, 필자는 기세관(1991:68-69)에서 중세국어 시기에는 'ㄹ' 탈락에 제약을 가하는 후행 음성군이 모두 동위음이었다는 데 착안하여 이 'ㄹ' 탈락은 동위적 이화에 말미암은 음운규칙으로서 14세기 경에는 합성어와 파생어에는 물론 'ㄹ' 말음 용언에도 필수적으로 적용된 규칙이었지만 후기 중세국어 시기인 15세기에 와서는, (6)의 어례를 통해서 알 수 있는 것처럼, 합성어와 파생어와 같은 체언 내부에는 수의적으로 적용되고 용언, 곧 'ㄹ' 말음 용언에만 필수적으로 적용되는 규칙으로 축소되었으며, 현대국어에 와서는 어미의 제1자음이 'ㄴ, ㅅ'인 경우의 'ㄹ' 말음 용언의 어간 말음 'ㄹ'만이 생산적인 탈락을 보여주는 규칙으로 축소된 것으로 해석한 바 있다.

(6) ㄱ) 활용에서

    살 - (生, 居): 사논(月千상, 11b; 釋譜九, 1b; 月釋一, 8b, 23b, 24b, 32b), 사ᄂᆞ니(釋譜十三, 10a), 사노이다(月千상, 2a), 사더니(釋譜, 37b; 月釋十, 25a), 사도(月釋二, 16a), 사디(月釋一, 18b), 사던(釋譜六, 37b), 사겨(杜初二三, 49)

    알 - (知): 아ᄂᆞ니라(釋譜十三, 40b; 月釋一, 31b), 아논(月釋二, 25a), 아니(月千상, 4a), 아디(釋譜十三, 40b, 44a; 月釋序, 10b)), 아ᅀᆞᄫᅢ(龍飛, 59; 月千상, 3a, 4a), 아ᅀᆞᆸ고(龍飛, 51; 月千상, 3a). 아ᅀᆞ 볼까(龍飛, 43)

    들 - (入): 드니(釋譜十三, 10a), 드ᄂᆞ니라(月釋九, 36b), 드니라(月釋一, 32b), 드다(月釋二, 19b), 드ᅀᆞᆯᄊᆡ(龍飛, 64), 드샤(釋譜十三, 58a)

    열 - (開): 여노라(杜初八, 40), 여돗ᄒᆞ실ᄊᆡ(月釋九, 13), 여디(杜初七, 9), 여ᅀᆞᆸ고져(法華四, 129)

    거슬-(逆): 거스니(龍飛, 76)

    할-(讒): 하ᅀᆞᄫᅩ(龍飛, 91)

    둘-(掛): ᄃᆞᅀᆞᄫᅵ니이다(月千상, 7b)

ㄴ) 합성어나 파생어에서

    a) 용언 어간 + 용언 어간

        놀 - (遊) + 니-(行): 노니샤(龍飛, 52), 노니샤매(月千上, 16a; 16b), 노니논(釋譜六, 24a), 노닗(釋譜十九, 19a), 노녀(月釋二, 22a)

        살 - (生, 居) + 니-(行): 사니노니(비록사ᄅᆞ미무레), 사니고도(釋譜六, 5a)

    b) 체언 어간(+ 체언 어간)

        별(星) + 둘(月): 벼ᄃᆞ리(月釋八, 7b)

        둘(二) + 서(三): 두어번니르시니(釋譜六, 6b)<cf.*둘서>*둘ᅀᅥ>두ᅀᅥ>두어(李基文, 1972:95, 1977:33)>

        아ᄃᆞ님(龍飛, 25; 釋譜六, 17a; 十三, 35a; 月釋二, 4b, 9a)~아돌님(月千상, 12a, 18a, 41a, 41b, 42a, 46b)

        ᄃᆞ님(月釋十四, 60b)~둘님(月千상, 30b) cf.날둘(이 츠거늘)(月千상, 7a)

따라서 (1)~(5)를 모두 포괄하는 일관성 있는 'ㄹ' 탈락의 음운론적 기제를 찾을 수 있는 길은 이 'ㄹ' 탈락 규칙이 생산적으로 적용되던 이전 시기로 돌아가 그 시기의 언어를 기술 대상으로 삼는 것이라고 할 수 있겠다.

오늘날 중부방언에서, '굳이, 같이, 붙여' 등에서처럼 형태소 경계를 사이로 할 때는 /ㄷ/, /ㅌ/과 /i/, /j/의 연결이 어렵지만, '니켈, 뉴우스'에서처럼 어두에서도 /ㄴ/과 /i/, /j/의 연결이 가능할 뿐더러 /i/, /j/에 선행하는 어두 'ㄴ'이 그것의 구개음화에도 불구하고 탈락하지 않는 것이라든가, 더 나아가서는 '넝쿰, 무늬; 마디, 느티나무' 등과 같은 일련의 단어들에서 'ㄴ'이나 'ㄷ'이 /i/ 앞에서도 구개음화와 관련을 맺지 않는 현상은 모두 규칙의 변화(축소)나 통시적 음운 변화에 말미암는다. 이것은 곧 구개음화에 따른 어두 'ㄴ'이 탈락하는 규칙과 단일형태소 안에서의 n구개음화나 t구개음화 규칙이 과거 어느 시기에 소멸함으로써 빚어진 결과인 것이다. 따라서 이들 경우에 있어서도 이들 음운 현상이 생산적이던 시기, 예컨대 근대국어(시기의 언어의 공시태)를 대상으로 기술하면 보다 보편적이고 일관성 있는 설명을 할 수 있음은 물론이다.

2.2. 필자는 어떤 음운 현상을 설명함에 있어서 가능하다면 음운론적으로 설명하여야 한다는 입장을 취한다(기세관, 1991:50-51). 특히, 동일한 음운 현상을 경우에 따라 개별적으로 상이한 정보를 끌어들여 설명하는 것은 일관성이 결여된 태도로서 바람직하지 않다고 본다.

필자는 (1)~(5)에서 보는 'ㄹ' 탈락을 동일한 음운론적 현상으로 본다. 따라서 이들은 동일한 음운현상이므로 어느 경우나 동일한 음운론적 제약을 받을 것으로 전제한다. 곧, (1)~(3)에서의 'ㄹ' 탈락을 어미의 첫자음 'ㄴ, ㅅ'의 제약으로 본다면, (4)~(5)에서의 그것도 이에 상응하는 음운론적 제약을 받아 이루어지는 것으로 설명하는 것이 보다 자연스럽다고 본다. 그러나, 앞에서도 언급한 것처럼, 현대국어의 공시태 안에서는 그러한 기제(機制)를 찾을 수 없다.

그리고 상술한 t, n구개음화를 비롯한 여러 가지 유형의 구개음화도 동일한 음운론적 현상으로 보며, 이것들도 각각 동일한 음운 현상이므로 어느 경우나 동일한 음운론적 제약을 받을 것으로 전제한다. 그런데 여러 가지 유형의 구개음화가 구개음 /i/나 /j/라는 동일한 음운론적 제약을 받는다는 사실은 이미 잘 알려진 사실이어서 더이상 거론할 필요조차 없을 것이다.

어떤 규칙이 A시기의 공시적인 것인지, 이보다 앞선 시기의 것인지, 곧 어떤 언어 현상이 A시기의 공시적인 규칙의 지배를 받는 것인지, 이보다 앞선 시기의 규칙의 지배를 받는 것인지를 정하는 기준으로 그 규칙의 생산성이 이용될 수 있다. 어떤 언어 규칙이 주어질 때, 그 규칙을 통과한 언어 자료가 A시기의 언어에 합당한 언어 자료를 산출해 낸다면, 그 규칙은 A시기의 공시적인 언어 규칙이라고 할 수 있다. 또, 어떤 언어 규칙이 주어질 때, A시기의 언어 자료를 통해서 동일한 규칙이 설정될 수 있다면, 그 규칙은 A시기의 공시적인 언어 규칙이 될 수 있다. 이것은 그 언어 규칙이 얼마나 생산성(productivity)이 있느냐 하는 것에 귀결된다(기세관, 1991:6-7, 29-30). 따라서, (1)~(2)에서 확인할 수 있는 바와 같이, 현대국어의 용언

어간 말음에 나타나는 'ㄹ'은 어미의 첫자음 'ㅅ'이나 'ㄴ' 앞에서 규칙적으로 탈락되므로, 이 경우의 'ㄹ' 탈락은 현대국어의 공시적인 음운 규칙이라고 할 수 있다. 그러나 (3)의 합성어나 파생어에서 보는 'ㄹ' 탈락은, (3)'의 예들이 보여 주는 것처럼 현대국어에서 생산적이지 않으므로, 현대국어의 공시적인 현상이 아니라 그것이 생산적이었던 선행 시기에 일어난 현상으로 본다. (3)의 단어들은, (3)'의 단어들이 합성이나 파생어에서의 'ㄹ' 탈락 규칙이 축소 소멸한 이후에 형성되어 이 규칙의 적용에서 면제된 것과는 달리, 이 규칙이 생산적으로 적용되던 시기 또는 그 이전에 형성되어 이 규칙의 적용을 받아 (3)의 형태로 재구조화되어 바로 이것이 지금까지 화석으로 남아있는 것으로 볼 수 있기 때문이다.5)   그리고 (4)와 (5)에서의 'ㄹ' 탈락도 동일한 이유로 선행 시기에 일어난 현상으로 본다. 이 'ㄹ' 탈락 규칙이 생산적이었던 14세기 또는 15세기 국어에서는 '사는, 사신'에서의 그것에 상응하는 'ㄹ' 탈락의 음운론적 기제를 찾을 수 있기 때문이다. 곧, (4)에서 보는 공손법의 선어말 어미 '-(으)오/옵-'과 (5)에서 보는 '하오체'의 종결어미 '-(으)오'의 후기 중세국어 소급형이 각각 '-숩-'과 '*-소'이었으므로 (1)과 (2)에서의 그것에 상응하는 음운론적 기제인 'ㅿ'을 찾아낼 수 있기 때문이다. 이렇게 되면 (1)~(6)에서의 'ㄹ' 탈락이 동위음이라는 동일한 음운론적 기제에 의해 동기화되는 것으로 해석할 수 있어 일관성 있는 설명을 할 수 있게 되는 것이다.6) 다시 말해서, 'ㄹ' 탈락은, 비록 그것을 공시적으로 기술한다 하더라도, 현대국어의 공시태 안에서 기술할 것이 아니라 그것이 발생한 선행 시기의 공시태로 돌아가 기술할 때 비로소 일관성 있는 기제를 찾을 수 있어 합리적으로 설명할 수 있다. 아래 그림을 통해서 알 수 있는 것처럼, 공시언어학의 연구 대상은 때와 곳이 만나는 점인데, 비록 곳이 같다고 할지라도 때가 다르면 대상이 달라지기 때문이다.

이러한 관점을 바탕으로 하면 'ㄹ' 탈락과 t구개음화를 비롯한 현대국어에 나타나는 여러 가지 음운 현상들이 보다 일관성 있고 자연스럽게 설명될 수 있는 장점이 있다.

언어는 규칙의 체계이다. 그리고 언어는 시간의 추이(推移)에 따라 변화하며 이에 따라 언어규칙도 바뀐다. 다시 말하면, 언어 변화는 규칙의 소멸, 생성(첨가), 확대, 축소, 재생 등을 가져온다. 필자는, 전술한 'ㄹ' 탈락이나 구개음화 등을 현대국어의 공시태 안에서 일관성 있게 설명할 수 없는 것은 바로 언어 규칙의 축소에서 비롯된 것으로 보고자 한다. 이것은 곧 현대국어라는 공시태 안에서 흔히 보는 음운현상의 불규칙성은 언어의 역사적 변화에서 비롯된 것이라는 것을 의미하기도 한다. 특히, 전술한 'ㄹ' 탈락 규칙이나 구개음화 규칙은 시대가 바뀜에 따라 규칙의 축소를 가져온 결과 이 규칙의 지배를 받게 되는 어휘의 범주도 시간의 변화와 함께 차차 그 폭이 좁아진다. 역사적으로 축소의 과정을 밟고 있는

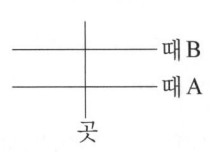

---

5) 이에 대한 자세한 설명은 기세관(1991:12-20) 참조.
6) 자세한 것은 기세관(1991:10-73) 참조.

이들 규칙들이 어떻게 축소의 과정을 밟으면서 단어형성에 관여하는가를 밝힌다면 지금까지 펼쳐온 우리의 견해는 보다 명료해지겠지만 본고에서는 하나의 방법론만 제시하는 데 그치기로 한다.

지금까지의 논의를 통하여 알 수 있는 바와 같이, (3)~(5)에서 보는 'ㄹ' 탈락이나 이와 관련을 맺는 단어형성 방식은 현대국어에서는 완전히 생산력을 상실한 존재로서 이제는 화석화한 채 남아있는 어사들이라고 하겠다.

2.3. 단어형성 규칙은 단어가 형성될 때 적용되는 규칙이다. 곧, 단어형성은 그 단어가 형성될 때 적용되는 단어형성 규칙의 지배를 받는다. 그리고 단어형성 규칙은 통사규칙처럼 화자가 문장을 생성할 때마다 반복적으로 적용되는 규칙이 아니라 새로운 단어를 만들어서 화자의 어휘부에 어휘목록을 첨가시켜 주는 규칙이다(송철의, 1990:66). 따라서 그 형성 시기가 대체로 선행 시기와 관련을 맺을 수밖에 없는 합성어나 파생어의 내부에서 볼 수 있는 음운현상들 가운데는 현대국어의 공시언어체계 안에서는 설명하기 어려운 경우가 있을 수 있다. 여기서는 'ㄹ' 탈락의 예만을 살펴보기로 한다.

현대국어의 공시태 안에서 볼 때, 동일한 파생구조임에도 불구하고 '기다랗-'에서는 'ㄹ' 탈락이 수반되는 것과는 달리, '익살스럽-'에서는 'ㄹ' 탈락이 없으며, '둥그스름하-'가 '둥글- + -으스름하- → 둥글으스름하- → 둥글스름하- → 둥그스름하-'에서처럼 '으' 탈락에 이은 'ㄹ' 탈락을 경험한 것과는 달리, 역시 동일한 구조임에도 불구하고, '기르스름하-'는 '길- + -으스름하- → 기르스름하-'에서처럼 '으' 탈락이 없이 – 따라서 'ㄹ' 탈락도 면제된다(to be bled) – 단어형성이 이루어지는 까닭을 설명할 수 없다. 그러나 후기중세국어 시기로 거슬러 올라가면 이를 명시적으로 설명할 수 있다.

(7)의 어사들은 파생어인데, 이들은 (8)에서처럼 소위 매개모음 '으' 탈락만을 겪고 선행 시대에 형성된 것으로 보인다.

(7) 기르스름하- 자르스름하-
    노르스름하- 푸르스름하-

(8) 기르- + -으스름하- → 기르으스름하- → 기르스름하-
    자르- + -으스름하- → 자르으스름하- → 자르스름하-
    노르- + -으스름하- → 노르으스름하- → 노르스름하-
    푸르- + -으스름하- → 푸르으스름하- → 푸르스름하-

이러한 사실은 다음 예들로 미루어 짐작할 수 있다.

(9) 기르크게(颲小十, 11)
기나 쟈르나(青丘, p.31)
비치 노르고 香氣 저스니라(月釋一, 14)
越國엣 象은 다 프르고(月釋二, 31)

이렇게 보면, 이들 단어가 선행 시대에 형성되었음을 알겠다.
그런데 이병근(1981:21)은 '길- + -으스름하-→기르스름하-'와 같이 '으' 탈락이 없이 형성된 것으로 설명하고 있으나, 이러한 관점은 왜 이 단어에 한하여 'ㄹ' 다음에서도 '으'가 탈락되지 않는지, 곧 왜 이 단어에서만 '으' 탈락의 예외를 인정하여야 하는지를 설명할 수 없다. 이러한 해석은 이들 단어형성을 현대국어의 공시 언어 체계 안에서 설명한 데서 온 당연한 귀결이라고 믿는다.
물론, 현대국어 '길-'의 중세국어 대응형으로는 '기르-' 이외에 '길-'도 존재하였다.

(10) 기디 아니ᄒ시며(月釋二, 56)
ᄀ눌오 기르시며(同, 40)
당당이 길어니라(杜初九, 8)

따라서 여기서 우리는, '기다랗-'은 '기르스름하-'와는 달리 '길- + -다랗-→기다랗-'과 같이 'ㄹ' 탈락만을 겪은 것임을 알 수 있으며, '기르스름하-'와 '기다랗-'이 각각 '기르-'와 '길-'이라는 상이한 어근을 기저(바탕말)로 하여 파생되었음을 알 수 있다.
한편, '-스럽-'이라는 접미사는 18세기 문헌에 이르러서야 처음으로 나타나는 것으로 알려져 있는데(이기문, 1972:207), 그렇다면 '심술스럽-, 익살스럽-, 게걸스럽-, 밉살스럽-' 등의 단어들은 18세기 이후에나 형성되었을 것임을 짐작할 수 있다. 따라서 이들 단어에서 어간 말음 'ㄹ'이 탈락하지 않는 것은 당연하다고 하겠다. 합성어와 파생어에서의 'ㄹ'탈락 규칙은 14·5세기에 한정된 것이기 때문이다. 이렇게 볼 때, 송철의(1977: 64)에서 이들 단어를 'ㄹ' 탈락과 관련하여 해석하면서, 현대국어의 공시태 안에서는 해결할 수 없는 특수한 예외로 처리할 수밖에 없었던 것도 당연한 귀결이라고 하겠다.
다음 (11)의 합성어들에서는 표면상 선행어의 말음 'ㄹ'이 'ㄷ'으로 변동되는 매우 특이한 모습을 보여 준다.

(11) 이튿날(이틀 + 날), 사흗날(사흘 + 날), 나흗날(나흘 + 날),
숟가락(술 + 가락), 며칟날(며칠 + 날), 삼짇날(삼질 + 날),
섣달(설 + 달)

이들은 괄호 속의 단어들이 결합하여 이루어진 것으로 볼 수 있기 때문이다. 그러나 이들 단어들의 구조를 비록 현대국어의 공시체계로는 위와 같이 기술할 수 있다고 하더라도 어찌하여 선행 어간의 말음 'ㄹ'이 'ㄷ'으로 변동되는지가 설명되지 않는다. '열흘 + 날'이 '*열흔날'로, '팔월 +달'이 '*팔월달'로 그리고 '열(十) + 가락'이 '*연가락'으로 되지 않는 것을 보아도 알 수 있듯이, 현대국어에서 'ㄹ'과 'ㄴ', 'ㄹ'과 'ㄷ', 'ㄹ'과 'ㄱ'이 차례로 연결될 때 'ㄷ'이 'ㄹ'로 바뀔 까닭이 없기 때문이다(:'ㄷ'이 'ㄹ'로 변동되었다고 설명하는 것은 자연스럽지 못하다). 따라서 우리는 (11)에서 보는 'ㄹ→ㄷ'의 교체도 현대국어의 공시체계 안에서 이루어진 현상이 아니라고 본다. (11)의 어사들은 그것들이 비록 현대국어의 공시체계 안에서 괄호 속의 단어들로 분석될 수 있다고 하더라도 그 형태소들을 결합하는 방식이 공시적으로 타당성을 인정받을 수 없기 때문에, 그리고 여기에서 보는 'ㄹ→ㄷ'의 교체가 생산력을 가지지 못하므로, 이러한 교체가 생산력을 지니고 있던 시기의 공시태로 시야를 돌릴 때 비로소 합리적인 이유를 찾아 낼 수 있을 것으로 생각한다. 곧, (11)에서 보는 'ㄹ→ㄷ'의 교체는 다음과 같이 중세국어 시기로 눈을 돌릴 때 자연스럽게 설명될 수 있을 것으로 본다.

다음 (12)에서 보는 바와 같이, (11)의 어사들은 이미 중세국어 시기의 문헌에 현재와 유사한 형태 구조를 갖추고 나타나고 있음을 알 수 있다.

(12) 이틋날(明日)(釋譜六, 27)
사훗날(後明日)(朴通初上, 46)
며츤날(幾日)(老乞下, 64)(← 며츳날)<cf.며츨(朴通初上, 75)
섯달(十二月)(杜初十, 45)

또한 (13)의 예를 통해서 이러한 형태 구조가 'ㄴ, ㄷ' 앞에서 뿐만 아니라 보다 폭넓게 나타나고 있음도 확인할 수 있다. 이런 예는 흔한 것이지만 여기에서는 몇 가지만 들어 본다.

(13) (a) 븟나올(焰)(訓蒙下, 35) 오눗날(當今之日)(樂學五, 7)
밧등(足背)(法華二, 14) 밧돕(足甲)(法華四, 143)
믓돍(:비오리)(訓蒙上, 17) 픗뎌(草琴)(杜初二三, 45)
(b) 븟벼록(炸, 火星子)(訓蒙下, 35)
바룻믈(海水)(杜初六, 50)
밧바당(足心)(楞嚴十, 79)
믓올히(:물오리)(訓蒙上, 16)
믓곳(水邊)(訓蒙上, 4)
븟곳(焰)(訓蒙下, 35)
믓결(波, 浪)(杜初十八, 11; 訓蒙上, 4)
밧ᄀᆞ락(足指)(飜朴上, 14)<cf.밧가락(釋譜六, 39)>

그런데 이들 어사들은 (14)에서와 같은 형태 구조로도 나타난다.

(14) 이틊날(明日)(月釋一, 6)　　오놊날(當今之日)(月釋二一, 83)
　　 븘나올(焰)(南明下, 3)　　　 밣둥(足背」)(月釋二, 57)
　　 븘버록(火星子)(楞嚴四, 18)　믌⺆(水邊)(杜初七, 22),
　　 믌결(波, 浪)(月印上, 39)　　믌돍(:비오리)(杜初七, 2)
　　 바룴믈(海水)(月釋二, 64)　　븘곳(焰)(杜初十六, 50)
　　 픐더(草琴)(杜初二三, 2)

　　이렇게 보면 (12)와 (13)에서 보는 선행 요소의 말음 'ㅅ'은 사이시옷임을 확인할 수 있고, (14)를 통하여 이것은 후행어의 첫소리의 종류에 제약을 받지 않고 붙을 수 있음도 확인된다. 그리고 'ㄹ'의 탈락은 사이시옷이 가지는 폐쇄화에 말미암은 수의적인 성격을 띠었음도 알 수 있다.[7] 「석보상절」에 '그짓쏠(六, 14a), 그뒷쏠(六, 14a)'과 「飜譯朴通事」에 '네짓담(上, 9b), 우리짓담(同), ᄂᆞ믹짓담(同)' 등의 예가 나오는 것으로 보아 그것의 기능이 단순한 폐쇄화에 그치지 않고 속격 표지의 기능까지 겸하며,[8] '집뒤(飜朴, 41a)'의 예도 나오는 것으로 보아 'ㄹ' 탈락이나 사이시옷 개입의 수의성을 확인시켜 준다(王汶鎔, 1989:358-361).

　　이상의 논의를 통해서 우리는 (11)에서 보는 'ㄹ'과 'ㄷ'의 교체를 보다 자연스럽게 설명할 수 있게 되었다. 곧, '이튿날, 섣달' 등에서 선행 요소(단어)의 말음 'ㄷ'은 사이시옷이고 '이틀, 설' 등의 말음 'ㄹ'은 단어 형성 과정에서 사이시옷이 가지는 폐쇄화로 말미암아 중세국어 시기에 탈락되어 재구조화한 채 남아 있는 것임을 알게 되었다.

　　이러한 사실은 단어형성 규칙도 언어 규칙이 가지는 일반적 성격에서 벗어나지 않음을 말해 준다고 하겠다. 만일 단어형성 규칙이 통시적으로 늘 고정되어 있다면 단어형성 방법도 역시 고정되어 있을 것이지만, (11)의 예를 통해서도 알 수 있듯이, 그렇지만은 않은 것이 언어 현실이기 때문이다. 따라서 단어형성 방법도 그것이 형성될 때의 공시 언어 체계 안에서 기술될 때 비로소 자연스럽게 설명될 수 있음은 물론이다.[9]

---

7) 자세한 내용은 왕문용(1989:358-359)과 박병채(1971:419) 참조. 한편, 이병근(1981:23)에서는 (11)에서 보는 통시적인 'ㄹ' 탈락이 자음군단순화에 기인하는 것으로 설명하고 있다. 그러나 중세국어에서 'ㄹ'이 첫음일 경우는 두 모음 사이에 세 자음까지 허용되기도 하였다는 사실을 감안하여 볼 때(이기문, 1972:132), 이 견해는 설득력이 약하다.

8) 그러나 필자는 선행어의 폐쇄화나 속격표지가 사이시옷의 일차적인 기능이라고는 믿지 않는다. 이러한 기능은 어디까지나 사이시옷의 2차적인 기능에 불과하다고 본다. 필자는 사이시옷의 일차적인 기능은 선행어의 자립성의 확보에 있다고 본다. 이에 대해서는 기세관(1991:130-148) 참조.

9) ① (11)의 어사들에서의 'ㄹ' 탈락은 '잘-'이나 '설'과 결합하여 이루어진 다음 단어들에서 보는 'ㄹ→ㄷ'의 교체와는 마땅히 구별되어야 할 것이다. 사이시옷은 용언어간 다음에는 개입될 수 없는 존재이기

3

앞에서 우리는 'ㄹ' 말음 용언에서 어간 말음 'ㄹ'이 탈락하는, 곧 'ㄹ'→'∅(zero)'의 경우를 살펴본 바 있다. 우리가 이 현상을 'ㄹ' 탈락 현상으로 부를 수 있었던 것은 어간의 교체형 가운데 'ㄹ'을 유지하는 쪽을 기저형으로 삼았기 때문에 가능하였던 것이다. 그런데 이 경우와는 다르지만 용언이 활용할 때 그 교체형들 가운데 어간이 'ㄹ'로 끝나는 경우가 있다. 'ㅀ'이나 'ㄾ'을 어간말 자음군으로 가진 용언이 활용상에서 음절구조의 제약을 받아 각각 'ㅎ'과 'ㅌ'이 탈락됨으로써 표면상 'ㄹ' 말음 용언과 동일한 환경이 조성되는 경우(:A)와 소위 'ㄷ' 불규칙 동사에서 어간 말음이 'ㄹ'인 교체형의 경우(:B)가 여기에 속한다.

(1)과 (2)에서 본 것처럼 'ㄹ' 말음 용언의 어간이 어미와 결합할 때 어간 말음 'ㄹ'이 탈락하는 경우는 어미가 '-으$CV(C)-'나 '-CV(C)-'의 구조를 가진 것 중에서 그 첫자음이 'ㄴ'이나 'ㅅ'인 경우에 한정된다. 따라서 여기에서는 그러한 어미의 경우에 한정하여 논의하기로 한다. 'ㄹ'이 앞에 오는 자음군을 받침으로 가진 용언이 'ㄴ, ㅅ'을 제일 자음으로 하는 자음 어미와 결합할 때는 자음군이 단순화되면서 선행하는 'ㄹ'이 탈락하는 것이 보통이다(읽는→익는, 읽소→익소; 젊네→점네, 젊소→점소; 밟는→밥는, 밟소→밥소; 읊는→읖는, 읊소→읖소 등 참조). 그러나 'ㅀ'이나 'ㄾ'을 어간 말음으로 가진 용언에서는 후행하는 'ㅎ'이나 'ㅌ'이 탈락한다. 이리하여, '잃는, 싫소'와 '핥는, 핥소'는 일차로 자음군단순화 규칙의 적용을 받아 각각 '일는, 실소' 및 '할는, 할소'와 같은 중간구조를 가지게 되어 'ㄹ' 말음 용언에서와 동일한 구조를 가지지만, 'ㄹ' 탈락은 없고 오히려 다시 유음화 및 경음화 규칙의 적용을 받아 각각 '일른, 실쏘'와 '할른, 할쏘'로 바뀐다. 여기에서 'ㄹ + ㄴ'이 'ㄹ + ㄹ'로 바뀌는 유음화는 '팔년→팔련, 칼날→칼랄'에서처럼 형태소경계를 사이로 하는 체언의 어간 내부에서나 볼 수 있는 현상이며, 'ㄹ'을 포함하는 겹받침이 자음 어미와 연결될 때 뒤 자음을 경음화시키는 경우도 용언 어간에 한정되는데, 이것은 기저구조에서부터 홑받침 'ㄹ'을 가지고 있는 'ㄹ' 말음 용언에서 어간 말음 'ㄹ'이 탈락하는 것과는 궤를 달리한다<(1) 및 (2)의 예 참조>.[10]

때문이다. 그러나 여기에서 'ㄹ'이 'ㄷ'으로 교체되는 현상을 어떻게 설명해야 할 것인가가 또 다른 과제로 남는다.

잗주름, 잗다랗다, 잗다듬다, 잗갈다, 잗타다; 섣부르다

② '한글 맞춤법' 제29항에서는 (11)과 이들을 구별하지 않고 함께 다루고 있다. 한편, 제7항에서는 "'ㄷ' 소리로 나는 받침 중에서 'ㄷ'으로 적을 근거가 없는 것은 'ㅅ'으로 적는다."고 하였으므로, (11)의 어사들에서의 'ㄷ' 받침 소리는 'ㅅ'으로 적어야 이 규정에 맞을 것이다. 또, 통시적으로도 이 'ㄷ'은 사이시옷임이 분명하므로, 사이시옷을 'ㅅ'으로 적고 있는 현행 맞춤법에 따라 'ㅅ'으로 적어야 옳을 것이다.

10) 어미가 '-으$CV(C)-'인 경우는 음절구조의 제약을 받지 않으므로 어간의 자음군이 단순화되지 않는다.

'ㄷ' 불규칙 동사의 어간 말음 'ㄷ'이 'ㄹ'로 변동된 교체형에서도 어간 말음 'ㄹ'의 탈락이 보이지 않는데, 이것은 교체형 어간 말음 'ㄹ' 뒤에서는 매개모음 '으'가 유지되기 때문이다. (입으로)'물-'에 '-으니'가 연결될 때는 '물 + 으니→물으니→물니→무니'가 되어 '으' 탈락에 이은 'ㄹ' 탈락을 경험하는데, 여기에서 '으' 탈락은 'ㄹ' 탈락을 동기화시키지만, (묻→)'물(問)'에 '-으니'가 연결될 경우에는 '물 + 으니→물으니(→*물니→*무니)'에서처럼 '으' 탈락이 면제되는 것이다.

그런데 'ㅀ'이나 'ㄾ'을 어간말 자음군으로 가진 용언과 'ㄷ' 불규칙 동사에서 'ㄹ'을 어간 말음으로 가진 교체형이 'ㄹ' 말음 용언이 보여 주는 음운현상과 다른 음운론적 과정을 밟는 원인은 어디에 있는 것일까?

전자의 경우, 박창원(1987:319)에서는 탈락되는 자음이 음절경계의 배정에 관여하여 '끓는→끌$ㅎ는, 핥는→할$ㅌ는'과 같이 음절경계를 재조정한 뒤 탈락되기 때문인 것으로 설명하고 있다. 그러나 현대국어에서 두 모음 사이에 세 자음이 개재될 경우에 그 음절경계는 '-VCC$CV-'와 같이 배당되어야 한다는 일반 원칙에 위배되므로 이 견해는 받아들이기 어렵다.

이 두 가지 문제들을 해결하기 위한 한 방법으로 흔적이론을 이용할 수 있다. 이 이론의 핵심은, 어떤 원인으로 탈락된 음운은 비록 표면상에는 드러나지 않더라도 기저에 흔적(trace)으로 남아 있어서 음운현상에 영향을 미친다는 것이다. 곧, A의 경우에는, 비록 음운 'ㅎ, ㅌ'은 탈락되었지만 이 탈락된 자리에는 기저에 그 흔적이 잠재하고 있어서 그것이 'ㄹ' 탈락을 가로막는다고 해석하며, 그리고 B의 경우에도 'ㄷ'이 'ㄹ'로 바뀌었지만 이 'ㄹ'에는 본래의 음운 'ㄷ'의 흔적이 잠재되어 있어서 'ㄹ' 탈락을 방해한다고 해석하는 것이다.[11]

그러나, 전술한 바와 같이, 이러한 관점은 동일한 음운현상을 경우에 따라 상이한 정보를 끌어들여 설명하는, 일관성이 결여된 태도로서 자연스럽지 못하다.

한편, 위에서 'ㄹ' 탈락을 기피하는 것이나 '으' 탈락을 기피하는 원인은 기저형태 선정의 불균형에서 비롯되는 것으로 해석할지도 모른다. 'ㄹ' 탈락이라는 음운현상을 논의함에 있어서, 우리가, 'ㄹ' 말음 용언에서 '살다'를 기저형으로 선택하여 논의의 대상으로 삼는다면, 'ㄷ' 불규칙 동사에서도 '물다(問)'가 아닌 '묻다'를 기저형으로 선택하여 논의의 대상으로 삼아야 할 것이요, 'ㅀ'이나 'ㄾ'을 어간말 자음군으로 가진 동사에서도 각각 '잃다'와 '핥다'를 기저형으로 선택하여 논의의 대상으로 삼아야 균형을 유지할 수 있을 텐데, 위의 논의에서는 그렇지 않은 데서 제기되는 문제인 것으로 파악할지도 모른다. 즉, 이 문제는 'ㄹ' 탈락과 관련하여 논의될 성질의 것이 아니라고 보아야 한다고 해석할지도 모른다. 그러나 이 관점도 기저형의 차이에서 비롯되는 것으로 해석한다는 면에서 볼 때, 그 근본에 있어서는 흔적이론을 끌어들이는 관점과 크게 다를 바가 없다. 따라서 필자는 이 관점도 받아들이지 않기로 한다.

따라서 이 경우는 논의 대상이 되지 않는다.
11) 오정란(1988:195-199)에서 이러한 관점을 볼 수 있다.

다시 말하거니와 필자는 어떤 음운현상을 설명함에 있어서 가능하다면 음운론적으로 설명하여야 한다는 입장이다. 그리고 동일한 음운론적 환경에서 동일한 음운현상이 일어나지 않는다고 해서 있지도 않은 흔적을 내세우거나 기저구조의 차이로 설명하는 등 형태론적 정보를 끌어들이는 것은 음운 현상을 바르게 이해하는 방법이 아니라고 생각한다. 곧, A와 B의 경우에서 보는 어간의 교체나 B의 경우에 '으'가 유지되는 현상을 현대국어의 공시태 안에서 음운론적으로 설명할 수 없다고 해서, 'ㄹ' 말음 용언에서 보는 'ㄹ'과 A와 B의 경우에서 보는 'ㄹ'이 서로 다른 'ㄹ'이라고 생각하는 견해는 받아들이기 어렵다.

필자는, A의 경우나 B의 경우가 현대국어의 공시언어체계 안에서 일어나는 현상이 아니기 때문에 이들 현상을 현대국어의 공시태 안에서는 자연스럽게 설명할 수 없다고 본다. 그리고 이 문제들을 공시적으로 자연스럽게 설명하고자 할 때에도, 먼저 이러한 어간의 교체가 이루어진 시기를 파악한 뒤 그 시기의 언어의 공시태를 대상으로 기술할 때 비로소 어떤 실마리가 풀릴 수 있을 것으로 본다.

그러면, 이제 이러한 어간의 교체가 일어난 국어사의 시기를 우선 생각해 보기로 하자. 잘 알려진 바와 같이, 'ㄷ' 불규칙 동사에서 어간 말음 'ㄷ'이 특정 위치에서 'ㄹ'로 교체되는 현상은 중세국어 이래 변함이 없다. 그리고 '들으니'에서처럼 교체형 어간 말음 'ㄹ' 뒤에 이어지는 '으'가 유지되는 현상 또한 마찬가지다.[12] 아무튼, 이들 현상이 현대 국어의 공시태에 한정되는 현상이 아님은 확실하다. 김영배(1973: 62)는 평안 방언에서 '듣-'(聞)이 규칙 활용을 하는 사실을 근거로, 'ㄷ' 불규칙 동사도 고대국어(신라어)에서는 규칙 활용을 하였을 것으로 추정한 바 있다. 이 추정은 이 문제와 관련하여 우리에게 어떤 시사를 던져 준다. 만일 우리가 이 추정을 긍정적으로 받아들인다면, 이들 현상이 일어난 시기를 전기중세국어의 어느 시기로 추정해 볼 수도 있기 때문이다.

그리고 'ㅀ'을 받침으로 가진 용언 어간이 'ㄴ, ㅅ'을 제일 자음으로 하는 어미와 연결되면 'ㅎ'이 탈락되고 이에 따라 어간 말음 'ㄹ'이 'ㄴ, ㅅ'에 바로 연결되더라도 'ㄹ'이 그대로

---

12) 다음 예들을 참조하라.

드르며(月釋二, 5)
드르시고(月釋一, 9)
일홈 드롬 곧티ᄒᆞ야(小諺五, 12)
거르며 붋기를(小諺五, 96)
드롤 문(聞)(新增下)
셩을 무르니(太平一, 38)
거르며 셔며(釋譜六, 33)
시를 지(載)(訓蒙下, 24)
어디다 일ᄏᆞ르시더라(飜小九, 48b)
술위 가져다가 시르라(朴通上, 13a)

유지되어온 것도 15세기 이후 변함없는 국어사적 사실이다.13) 물론, 문헌의 제약상 15세기 이전까지 거슬러 올라가기는 어려운 실정이므로 이러한 현상이 국어사의 어느 시기에 비롯되었는지 분명히 알 수는 없다. 'ㄾ'을 받침으로 하는 용언은 '핥다'를 중심으로 근대 국어 시기에 나타났지만,14) 이것은 단순히 겹받침 'ㅭ'이 'ㄾ'으로 바뀐 것에 불과하므로, 'ㄾ'이 'ㄴ'이나 'ㅅ'과 연결될 때도 'ㅭ'이 'ㄴ, ㅅ'과 연결될 때 'ㅎ'이 탈락한다는 기존 규칙의 지배를 받아 자연히 'ㅌ'이 탈락할 것이다. 그리고 현대국어의 음절구조는 이미 근대국어 시기에 완성되었으므로 교체된 어간 말음 'ㄹ'이 'ㄴ, ㅅ'으로 시작되는 어미와 연결되더라도 'ㄹ'이 근대국어 이후 줄곧 그대로 유지되어 왔으리라는 것을 짐작하기는 어렵지 않다. 모음 사이에서 나타날 수 있는 자음 수효의 제약에서 비롯되는 이러한 어간말 자음군의 단순화는, 어간 말 자음군이 'ㅭ'이나 'ㄾ' 이외에 'ㄹ'이 앞에 오는 여타의 자음군의 경우에 있어서 'ㄹ'이 탈락되는 현상도 이미 중세국어 말기부터 나타나기 시작하며15) 근대국어 시기에는 오늘날과

---

13) 安秉禧(1959:23-24)와 洪允杓(1987:115)에서 이미 이러한 견해를 피력한 바 있다. 참고로 'ㅭ'을 받침으로 가진 용언 어간이 어미의 첫소리 'ㄴ'에 연결되는 경우의 예를 몇 개 든다.

겨를 구버 핧놋다(月釋九, 35)
긇는 가마에(月釋一, 29)
쓿는 므레(分門, 23)
쓿는 싑(溫泉)(漢淸, 29d)
끓른 므레(救荒, 6)
쎄쓿는 소릭(漢淸, 114)

14) 곽충구(1980:65) 및 홍윤표(1987:119) 참조.
15) 15세기에는 '붉-(明), 옮-(移), 솖-(白)' 등에서처럼 제일자음이 'ㄹ'인 겹받침은 자음 어미와 연결되더라도 표기상에서 어떤 자음도 탈락된 예가 없는 것으로 보아, 이는 실제 어간을 반영한 것으로 볼 수 있을 것이다 <(ㄱ), (ㄴ), (ㄷ)의 예는 송철의(1987:331-332)에서 따옴>.

(ㄱ) 붉다(月釋二, 15a), 붉더라(同, 39a), 붉도다(法華六, 62)
붉ᄂ니라(月釋一, 26b), 붉게(釋譜九, 35A; 月釋八, 6a, 6b)
붉거니와(月釋十七, 72a)
(ㄴ) 옮다(月釋序, 5a), 옮겨(月印上, 38b;釋譜六, 36b;月釋序, 23b)
옮기디(月釋八, 6a)
(ㄷ) 솖고(月釋一, 15b), 솖거니(龍飛, 72장), 솖ᄂ니(月釋二, 52b)
솖노니(釋譜二十四, 14a; 月釋二, 6a), 솖더니(釋譜六, 2a),

그러나 중세국어 말기부터 이들에서도 탈락된 예들이 나온다.

옴겨(飜小八, 24; 小諺二, 60; 訓蒙下, 5)
옴기유믈(禪家上, 23)

같이 되었다. 이렇게 볼 때, 현대국어에서 'ㅀ'이나 'ㄾ'을 어간말 자음군으로 가진 용언 어간이 'ㄴ, ㅅ'으로 시작되는 어미와 연결될 때 'ㅎ'이나 'ㅌ'이 탈락되어 어간 말음이 'ㄹ'로 바뀌더라도 'ㄹ' 탈락을 경험하지 않고 그대로 유지되며, 'ㄹ'을 어간 말음으로 가진 'ㄷ' 불규칙 동사의 교체형에서 '으'가 유지되는 현상들은 모두 현대국어의 공시적인 현상이 아니라 선행 시기에 이루어져 화석으로 남은 것으로 보아야 할 것이다. 다만, 'ㄷ' 불규칙 동사의 어간 말음 'ㄷ'이 'ㄹ'로 변동된 것이나 용언 어간의 말음 'ㅀ'이 'ㄹ'로 단순화된 것은 그 시기가 후기중세국어 시기 이전에 해당될 개연성이 있지만, 현재로서는 우리가 그 시기 언어의 공시태를 거의 확인할 수 없을 뿐이다. 이런 까닭으로, 현재로서는 이들 교체형들이 보여주는 전술한 음운론적 기제를 어떤 특정 시기의 공시태 안에서 찾을 수 없다는 것이 문제점으로 남는다고 하겠다. 이런 경우 우리는 허웅(1985:274)에서처럼 '공깃길 닮기'로 설명할 것이 아니라 차라리 역사적 사실로 남겨두는 편이 나을 것이다.

4

4.1. 국어 음운론 연구는 서구에서 들어온 생성음운론을 바탕으로 괄목할만한 성과를 거둔 바 있다. 그러나 이들 연구의 대부분은, 표층의 음성형은 기저형으로부터 도출되며, 표층에서의 차이는 심층구조가 다르거나 적용되는 변형규칙이 다르기 때문이라는 생성음운론 초기의 가정을 국어에 무리하게 적용한 결과 많은 문제점을 드러낸 것도 사실이다. 예컨대, 김완진(1972:273-274)과 곽충구(1980:68)에서는, (4)와 (5)에서의 어간 말음 'ㄹ' 탈락이 현대국어의 공시언어체계 안에서 추상적 기저음 'ㅿ'에 의해 동기화되는 것으로 설명하고 있다. 그러나 이 경우도 'ㄹ' 탈락이 생산적이던, 'ㅿ'이 존재하던 시기의 공시언어 체계를 기술 대상으로 삼으면 굳이 시현되지도 않는 추상적 기저음을 설정하거나 심층구조를 달리 설정하지 않더라도 자연스럽게 설명할 수 있는 것이다. 다시 말해서, 이 경우의 'ㄹ' 탈락은 'ㅿ'이 존재하던 시기에 'ㅿ'에 의해 'ㄹ' 탈락을 입은 뒤 화석으로 남은 것으로 보면 (1)과 (2)에서 'ㄹ'이 탈락하는 것과 마찬가지로 동위적 이화로 볼 수 있어 일관성 있는 설명을 할 수 있게 되는 것이다. 또, '어디(<어듸), 느티나무(<느틔나모)'에서 t구개음화를 입지 않은 것이라든가, '닁큼, 무늬'에서 'ㄴ'이 구개음화(:좀더 자세히 말하면 '닁큼'은 구개음화에 의한 'ㄴ' 탈락)와 관련을 맺지 않는 것을 설명할 경우에 있어서도 마찬가지다. 이들 경우에 있어서도, 이들 음운 현상이 생산적으로 적용되던 시기의 공시태를 대상으로 공시적 기술을 하면, 김완진(1971:131-142)에서처럼 굳이 형태음소 /ij/

옴기고(小諺六, 107)

를 설정하지 않아도 되는 것이다. 기존의 방법론은 현대국어만을 공시적 기술 대상으로 삼은 경향이 있었기 때문에, 어떤 언어 현상에 대한 기술을 지나치게 복잡하게 만들 뿐 아니라 동일한 음운 현상을 상이한 방법으로 설명하는 부자연스러움을 면할수 없었던 것이다.

한편, 최근에 들어와 생성음운론 자체에 이론 수정이 가해짐에 따라, 국어 음운론 연구에 있어서도 기존의 연구 방법론에 대한 비판과 반성이 제기되고는 있으나 아직 이렇다할 연구 업적을 보여 주지 못하고 있는 것이 현실이다. 본고는 기존의 연구 방법론에 대한 이러한 반성에서 이루어진 것이라고 하겠다.

4.2. 언어 현상에 대한 이해는 어느 특정 시기의 공시태 안에서는 제대로 이루어질 수 없는 경우도 있다. 언어도 시간에 따라 변하는 실체라고 본다면, 그 변화에 대한 이해 없이 언어 현상에 대한 이해가 완벽해질 수 없기 때문이다(송철의, 1983:47). 현대국어에 나타나는 언어 현상을 공시적으로 기술할 경우에도 마찬가지다. 특히, 현대국어의 공시태 안에서 나타나는 언어 현상이라 하더라도 그것이 생산력이 없을 경우에는 그 기술이 현상에 대한 단순한 기술의 차원을 넘기란 어렵다. 이런 경우에는 그 언어 현상이 생산적으로 나타난 시기로 거슬러 올라가 그 시기의 공시 언어 체계 안에서 기술할 때 비로소 합리적으로 설명할 수 있다는 것이 본고의 입장이다. 다시 말해서, 언어는 규칙의 체계이지만 시간의 추이에 따라 변화하므로, 곧 언어 변화는 규칙의 소멸, 생성(첨가), 확대, 축소, 재생 등을 가져오므로, 어떤 언어 현상을 단순한 기술의 차원을 뛰어넘어 '설명'하고자 할 때는 그와 관련한 언어규칙이 생명력을 가지고 생산적으로 적용되던 시기의 언어(의 공시태)를 기술 대상으로 삼아야 한다는 것이다. 이러한 사실은 '이틀 + 날→이튿날'에서 보는 'ㄹ→ㄷ'의 교체와 'ㄹ' 탈락 규칙이나 구개음화 규칙과 같이 역사적으로 소멸 또는 축소된 언어 규칙들을 통해서 증명된다.

이렇게 볼 때 우리는 현대국어에서 보는 'ㅂ, ㅅ, ㅎ' 불규칙 등 소위 불규칙 용언의 형태론도 앞에서 살핀 'ㄷ' 불규칙 용언의 그것에 평행하게 기술할 수 있을 것이요, 나아가서 이러한 우리의 시각은 보다 확장되어 국어 음운론이나 형태론은 물론 국어학 전반에 적용될 수 있을 것으로 믿는다. 따라서, 현대국어의 공시태에서 특정 형태에 한정되는 일련의 불규칙한 언어 현상도 현대국어의 공시태 안에서 무리한 설명을 시도할 것이 아니라, 비록 공시적으로 기술하더라도, 이들 현상이 생산적으로 나타나던 시기의 공시태를 대상으로 기술할 때 비로소 자연스럽게 '설명'될 수 있다는 것을 재삼 강조하고자 한다. 이에 대한 개별적인 논의는 별고를 마련하기로 하겠다.

참고문헌

姜昶錫(1984), "國語의 音節構造와 音韻現象", 「國語學」 13.
郭忠求(1980), "十八世紀 國語의 音韻論的 研究", 「國語研究」 44.
국어 연구소(1988a), 「한글 맞춤법 해설」.
──────(1988b), 「표준어 규정 해설」.
奇世官(1984), "母音縮約의 制約性", 「順天大學論文集」 第3輯.
──────(1987), "구개음화의 공시태와 통시태", 「鄭炳洪先生華甲紀念論文集」, 學文社.
──────(1989), "國語 Glide化의 制約性", 「霽曉李庸周博士回甲紀念論文集」, 한샘.
──────(1990), "국어의 음운 탈락 및 음운 첨가에 대한 연구", 「語學研究」 第2輯, 順天大學 語學研究所.
──────(1991), "國語 單語形成에서의 /ㄹ/脫落과 /ㄴ/ 添加에 대한 音韻論的 研究", 博士學位論文(圓光大學校).
金星奎(1987), "語彙素 設定과 音韻現象", 「國語研究」 77.
──────(1988), "非自動的 交替의 共時論", 第31回 全國國語國文學研究發表大會抄.
金英培(1973), "平安方言의 '듣다'[聞]에 대하여", 「梁柱東博士古稀紀念論文集」(「平安方言研究」(東國大學校 出版部, 1984:41-62)에 再收).
金完鎭(1967), "音韻史"(「韓國文化史大系 9」, 言語文學史(上)(高麗大學校 民族文化研究所) 所收).
──────(1971), 「國語音韻體系의 研究」, 一潮閣.
──────(1972), "形態論的 懸案의 音韻論的 克服을 爲하여", 「동아문화」 11.
金政佑(1988), "음운론의 비음운론적 정보 문제", 「第31回 全國國語國文學研究發表大會抄」, 국어국문학회.
金周弼(1988), "中世國語 音節末 齒音의 音聲的 現實과 表記", 「國語學」 17.
南廣祐(1960), 「國語學論文集」, 一潮閣.
──────(1963), "ㄹ子音의 添落에 對하여", 「文耕」 第15輯(중앙대)<南廣祐(1980)에 再收>
──────(1980), 「國語學研究」, 二友出版社.
──────(1984), 「韓國語의 發音研究[Ⅰ]」, 一潮閣.
도수희(1983), "음운변화의 잠재기능에 대하여", 「語文研究」 13.
문교부(1988a), 「한글 맞춤법」.
──────(1988b), 「표준어 규정」.
朴炳采(1971), 「古代國語의 研究」(音韻篇), 高麗大學校 出版部.
박종희(1983), 「국어 음운론 연구」, 원광대학교 출판국.
박창원(1986), "음운교체와 재어휘화", 「어문논집」 2, 경남대 국어교육학회.
──────(1987), "표면음성제약과 음운현상 - 고성지역어의 음절구조를 중심으로 - ", 「國語學」 16.
──────(1990), "음운규칙과 단어형성의 층위 - 어휘음운론적인 접근과 그 문제점 - ", 「二靜鄭然粲先生回甲紀念論叢」, 塔出版社.

宋 敏(1986),「前期近代國語 音韻論 硏究」, 塔出版社.
宋喆儀(1977), "派生語 形成과 音韻現象", 「國語硏究」 36.
─── (1983), "派生語形成과 通時性의 問題", 「國語學」 12.
─── (1987), "15世紀 國語의 表記法에 대한 音韻論的 考察", 「國語學」 16.
─── (1990), "國語의 派生語形成 硏究", 博士學位 論文(서울대).
安秉禧(1959), "十五世紀國語의 活用語幹에 對한 形態論的 硏究", 「國語硏究」 7.
安秉禧·李珖鎬(1991),「中世國語文法論」, 學硏社.
王汶鎔(1989), "'飜朴'과 '朴諺'의 사이시옷",「霽曉李庸周博士回甲紀念論文集」, 한샘.
吳貞蘭(1988),「硬音의 國語史的 硏究」, 翰信文化社.
劉昌惇(1963), "「ㄷ」 添加 現象의 硏究", 「東方學志」 7.
─── (1975),「語彙史硏究」, 二友出版社.
이광호(1976), "중세 국어 속격의 일 고찰", 「국어국문학」 70.
李基文(1963), "十三世紀 中葉의 國語 資料", 「동아문화」 第一輯.
─── (1972),「國語史槪說」, 塔出版社.
─── (1977),「國語音韻史硏究」, 塔出版社.
─── (1991),「國語 語彙史 硏究」, 東亞出版社.
이병근(1981), "유음 탈락의 음운론과 형태론", 「한글」 173·174.
李崇寧(1939), "朝鮮語異化作用에 對하여", 「震檀學報」 11.
─── (1960), "中世國語의 異化作用의 考察 －特히 rVr>rV의 公式의 抽出을 中心으로 하여－", 「學術院 論文集」 第2輯.
─── (1961),「中世國語文法」, 乙酉文化社.
李潤東(1988),「中期 韓國 漢字音의 硏究」(聲母篇), 牛骨塔.
李乙煥·李喆洙(1984),「韓國語文法論(改訂增補版)」, 開文社.
李應百(1980), "국어辭典 語彙의 類別 構成比로 본 漢字語의 重要度와 敎育問題", 「語文硏究」 25·26(李應百(1988)에 再收).
─── (1988), "資料를 通해 본 漢字·漢字語의 實態와 그 敎育", 亞細亞文化社.
임영재·김양순 옮김(1991),「Chomsky 지음 장벽이론」, 한신문화사.
鄭遇澤(1987), "後期近代國語의 形態音素論的 考察", 「國語硏究」 79.
崔範勳(1981),「中世韓國語文法論」, 二友出版社.
崔銓承(1983), "표면음성제약과 음성변화 － 어간말 이중모음 'iy'의 통시적 발달을 중심으로 －", 「국어 교육」 44·45.
─── (1986),「19세기 후기 全羅方言의 음운현상과 그 역사성」, 翰信文化社.
최현배(1937/1971),「우리 말본」(깁고 고침), 정음사.
하치근(1989),「국어 파생형태론」, 남명문화사.
한글 학회(1980),「한글 맞춤법」, 한글 학회.

韓榮均(1985), "음운변화와 어휘부의 재구조화", 「冠岳語文研究」10.
허 웅(1985), 「국어 음운학」, 샘문화사.
─────(1981), 「언어학 ─ 그 대상과 방법」, 샘문화사.
─────(1983), 「국어학 ─ 우리말의 오늘 어제」, 샘문화사.
─────(1989), 「16세기 우리 옛말본」, 샘문화사.
洪允杓(1987), "近代國語의 語幹末子音群 表記에 대하여", 「國語學」16.
Ahn, Sang-Cheol(1985), The Interplay of Phonology and Morphology in Korean, ph.D. Department of Linguistics University of Illinois at Urbana-Champaign.
Aronoff, M.(1976), Word-Formation in Generative Grammar, The MIT Press.
──────(1978), The relevance of productivity in a synchronic description of word formation, J.Fisiak ed., Historical Morphology, The Hague:Mouton.
Bauer, L.(1983), English Word-formation, Cambridge University Press.
Beard, R.(1976), Lexical Word-Formation Rule for Russian Adjectives, Language 52.
Eung-Do Gook(1987), A Mistaken Identity of Gemination, LANGUAGE RESEARCH, Volume23, No.4, LANGUAGE RESEARCH INSTITUTE, SEOUL NATIONAL UNIVERSITY.
Dressler, W.U.(1984), Explaining Natural Phonology, in Phonology Year book 1, London: Cambridge University Press.
Greenberg, J.H.(1979), Rethinking Linguistics Diachronically, Language 55-2.
Hooper, J.B.(1976), An Introduction to Natural Generative Phonology, New York: Academic Press.
Hudson, G.(1974), The Role of SPC's in Natural Generative Phonology, Papers from the Parasession of Natural Phonology, CLS.
Kaisse, E.M. & Shaw, P.A.(1985), On the theory of Lexical Phonology, Phonology Yearbook 2, 1-30, London Cambridge University Press.
Karlgren, B.(1954), Compendium of Phonetics in Ancient and Archaic Chinese, B.M.F.E.A.Vol. XXII. pp. 211-362, Stockholm; 李敦柱 譯註(1985), 「中國音韻學」, 一志社.
Kiparsky, P.(1982a), Lexical Morphology and Phonology, Linguistics in the Morning Calm, Seoul: Hanshin Publishing Company.
──────(1982b), From Cyclic Phonology to Lexical Phonology,
 Harry van der Hulst and Norval Smith(eds.), The Structure of Phonological Representation 1, Dordrecht:Foris.
Lieber, R.(1981), ON THE ORGANIZATION OF THE LEXICON, Reproduced by the Indiana University Linguistics Club.
Mohanan, K.P.(1982), Lexical Phonology, UNIVERSITY OF TEXAS, AUSTIN.
────── (1986), The Theory of Lexical Phonology, Dordrecht: D.Reidel Publishing Company.
Rubuch, J.(1985), Lexical Phonology: lexical and postlexical derivations, Phonology Yearbook 2, 157-172,

Cambridge University Press.

Saussure, Ferdinand de(1916), Cours de linguistique générale, Paris: Payot.

Skousen, R.(1974), An Explanatory Theory on Natural Phonology, Papers from the Parasession on Natural Phonology, CLS.

Walsh, L.(1984), Possible words, MIT working papers in linguistics, vol.7.

Yong-Key Kim-Renaud(1975), Korean Consonantal Phonology, 탑출판사.

申叔舟 외(1447), 「東國正韻」, 建國大學校出版部, 1973.

李準榮 외(1895), 國漢會話.

劉昌惇(1964), 李朝語辭典, 延世大學校出版部.

香港中文大學出版(1973), 漢字古今音彙.

이희승(1961), 국어대사전, 민중서관.

────(1982), 국어대사전, 민중서림.

신기철·신용철(1983), 새 우리말 큰사전, 삼성출판사.

유재원(1985), 우리말 역순사전, 정음사.

陳彭年(1008), 「廣韻」, 臺灣中華書局, 1970.

Gale, B.A.(1897), A Korean-English Dictionary(한영ᄌ뎐), Yokohama: Kelly & Walsh, Limited.

Ridel et al.(1881), GRAMMAIRE CORÉENNE(한어문전)(:韓國敎會史硏究所 再刊, 1985)

龍飛御天歌(1445)(龍飛)

訓民正音(解例)(1446)(訓解)

釋譜詳節(1447)(釋譜)

月印千江之曲上(1449)(月千샹)

訓民正音(諺解)(1459 以前)(訓諺)

月印釋譜(1459)(月釋)

法華經諺解(1463?)(法華)

救急方諺解(1466)(救急)

蒙山和尙法語略錄諺解(1467?)(蒙山)

三綱行實圖(1481)(三綱)

杜詩諺解(初刊本)(1481)(杜初)

樂學軌範(1493)(樂學)

朴通事諺解(初刊本)(16세기초, 1510?)(朴初)

老乞大諺解(16세기초, 1510?)(老乞)

續三綱行實圖(1514)(續三綱)

四聲通解(1517)(四解)

呂氏鄕約諺解(1518)(呂氏)

正俗諺解(1518)(正俗)

飜譯小學(1518)(飜小)

二倫行實圖(1518)(二倫)

訓蒙字會(1527)(訓蒙)

新增類合(1576)(新增)

杜詩諺解(重刊本)(1632)(杜重)

捷解新語(1676)(捷解)

飜譯朴通事諺解(1677)(飜朴)

譯語類解(1690)(譯語)

同文類解(1748)(同文)

御製訓書諺解(1756)(訓書)

念佛普勸文(1776)(念佛)

重刊捷解新語(1781)(重捷)

敬信錄諺解(1796)(敬信)

五倫行實圖(1797)(五倫)

南宮桂籍(1876)(南宮)

三聖訓經(1880)(三聖)

女小學(1882)(女小)

[처음 실린 곳]
난대 이응백 박사 고희기념논문집(1992), 한샘출판, pp.677~702.

[20] 국어 불규칙 어간의 형태론과 음운론

1. 서론

1.1. 언어의 어떤 구성요소들이 보다 큰 구성체를 형성하기 위하여 결합할 때 거기에는 그 결합을 지배하는 일련의 규칙이 있게 된다. 통사론의 최소 단위(units)가 되기도 하면서 형태론의 최대 단위가 되는 단어(words)는 한 개 이상의 형태소의 모임이요, 이 때의 형태소 또한 한 개 이상의 음성(또는 음소)으로 이루어진다. 따라서 합성어나 파생어 그리고 단일어인 용언과 같이 두 개 이상의 형태소로 이루어진 언어 요소는 자연히 형태소 경계를 사이로 하여 두 개 이상의 분절음의 접촉이 있게 마련이다. 이는 단어형성이 비록 형태론적 과정이긴 하지만 음운론적 과정을 아울러 수반할 수도 있음을 말해 준다고 하겠다.[1] 다시 말해서, 합성어나 파생어의 형태소 경계나 용언의 어간에서 음운교체가 일어날 경우, 이것이 특정 형태소나 형태소의 부류와만 관련을 맺는 것이라면 그것을 형태론적 과정으로 보아 형태부에서 해결해야 하겠지만, 이것이 오직 음운적 분절음에 의해서만 제약되는 경우라면 마땅히 음운론적 과정으로 보아 음운부에서 해결해야 할 것이다. 그런데 실제로 들어가 어떤 언어 현상을 현대국어라는 공시태의 테두리 안에서만 들여다 보면 이들 두 가지 가운데 어느 쪽에 귀속시켜야 할지를 결정하기 어려운 경우도 없지 않다. 곧, 현대국어에 나타나는 어떤 언어 규칙이 음운론적 제약을 받는 음운규칙인지 아니면 형태론적 제약을 받는 형태규칙인지를 결정하기 어려운 경우도 있다. 본고에서는 'ㄹ' 탈락과[2] 구개음화를 포함하여 이런 부류에 속한다고 여겨지는 언어 현상 몇 가지를 예로 들어 국어 음운론 내지는 형태론 연구의 방법론에 대하여 재고하고자 한다.

---

1) '단어형성(word-formation)'이라 함은 합성(compounding)과 파생(derivation)을 지칭하는 것이 일반적이지만, 본고에서는 여기에 용언 어간에 활용 어미가 결합하는 것까지를 포함한 넓은 의미로 사용한다. 용언 어간과 어미는 단독으로는 단어 단위를 이루지 못하고 이들 두 언어 요소의 결합체가 비로소 하나의 단어 단위가 된다는 점에서 이들의 결합을 '단어형성'에 포함시키고자 한다.
2) 본고에서 음운 /ㄹ/은 'ㄹ'로 표시한다. 그 밖의 경우도 같다.

1.2. 음운 변동에는 여러 가지가 있다. 그 중에는 음소의 통합 체계의 제약성으로 말미암아 일어나는 음절구조 규칙, 두음법칙, 자음접변 등도 있지만, 동화, 축약, 탈락의 경우처럼 발음의 편의로 일어나는 것도 있고, 첨가와 같이 표현을 똑똑하게 하려는 데서 일어나는 것도 있다(허웅, 1985:264-289). 그런데 이러한 기초적인 음운 변동 현상들은 오래 전부터 학자들의 관심을 끌어 다양한 연구 업적을 남기고 있음이 사실이지만, 명쾌한 해결책이 아직 제시되어 있지 않을 뿐만 아니라 의견의 일치를 보여 주지 못하고 있는 것 또한 현실이다. 그 가운데 특히, 불규칙 용언에서와 같이 한정된 형태소에만 일어나는 한정적 성질의 변동 규칙을 설명하는 데 있어 심한 의견의 불일치를 보여온 것과 동일한 음운론적 결정자(determinant)에 의해 지배되는 동일한 음운 현상을 경우에 따라 상이한 방법론을 원용하여 개별적으로 설명하는 것은 가장 큰 문제점으로 지적되어 왔다. 본고는 선행 업적들이 취한 이러한 국어 음운론 연구 방법론을 재검토하여 이에 대한 비판을 가한 뒤 이것들이 지닌 모순점을 극복할 수 있는 나름대로의 연구 방법론을 제시한 기세관(1991)을 넓히고 깊게 하여 난대 이응백박사 고희기념논문집(한샘출판, 1992)에 "국어 음운론 기술의 새로운 방안"이라는 제명으로 실었던 것을 다시 부분적으로 손질한 것으로서, 특히 전술한 두 가지 과제 가운데 후자를 중심으로 다루게 되지만 전자에 대하여도 첨언할 것이다. 그리고 후자에 대하여도 'ㄹ' 탈락을 중심으로 논의해 갈 것이다.

2. 단어형성의 형태론과 음운론

2.1. 국어 음운 현상에 대한 선행 연구 업적들은 지나치게 현대국어라는 공시태 안에서 현상에 대한 기술적(descriptive) 태도만을 견지함으로써 아직은 많은 무리가 따르고 있는 듯하다. 언어 현상에 대한 이러한 기술 태도는 너무 현상에만 집착한 나머지 선행 시기의 언어 규칙의 지배를 받아 이루어진 현상까지도 현대국어의 공시 체계 안에서 설명하려 함으로써 흔히 예외로 처리하거나 추상적 기저형(또는 기저음)을 설정하는 등 불합리하거나 부자연스러운 설명을 필연적으로 낳게 되는 것이다.

우리가 만일 'ㄹ' 탈락 현상을 현대국어의 공시태의 테두리 안에 한정하여 기술한다고 할 때, (1)이나 (2)에서 보는 그것은 현대국어의 공시태 안에서 '동위적 이화'로 일어나는 것으로 설명할 수 있지만,

(1) 살 + -으니 → 살으니 → 살니 → 사니
　　살 + -으나 → 살으나 → 살나 → 사나
　　살 + -으시고 → 살으시고 → 살시고 → 사시고

        살 + -으신다 → 살으신다 → 살신다 → 사신다
        살 + -으소서 → 살으소서 → 살소서 → 사소서
   (2) 살 + 는 → 살는 → 사는
        살 + 느냐 → 살느냐 → 사느냐
        살 + 나니 → 살나니 → 사나니
        살 + 세 → 살세 → 사세

  (3)과 (3)'에서처럼 합성어와 파생어에서는 'ㄹ' 탈락이 왜 불규칙적이며 (4)와 (5)에서는 용언 어간 말음 'ㄹ'이 왜 모음 앞에서도 탈락을 보이는지 그 이유를 일관성 있게 설명하기 어렵다.

   (3) (a) 솔 + 나무 → 소나무   말 + 소 → 마소
        달 + 달 → 다달   이불 + 자리 → 이부자리
      (b) 딸 + -님 → 따님   풀 + -새 → 푸새
        뿔 + -다귀 → 뿌다귀   바늘 + -질 → 바느질
   (3)' (a) 달나라, 설날   털실, 활시위
        말다툼, 달동네   말장난, 물지게
      (b) 달님, 별님, 게걸스럽다
        날도둑, 별들, 솔질, 심술장이
   (4) 살 + 으옵 + 자음어미:사옵지, 사옵고, 사옵던, 사옵는(:공손법)
       살 + 으오 + 모음어미:사온, 사올, 사오니, 사오며(:공손법)
   (5) 살 + -으오→살오→사오(:명령법의 하오체)

  그런데 과거의 업적들은 (1)~(3)에서의 'ㄹ' 탈락을 '동위적 이화'로 설명하면서, 동일한 'ㄹ' 탈락 현상임에도 불구하고 (4)와 (5)에서의 그것은 흔적이론(trace theory)을 끌어들이거나 추상적 기저음을 설정하거나 형태론적 제약을 받는 것으로 설명하는 등 서로 상이한 방법론을 원용하였다.3) 그러나 필자는 이러한 원인을 국어(규칙)의 변화에서 찾는다.
  우리가 (1)~(3)을 통해서 알 수 있는 바는, 현대국어에서의 'ㄹ' 탈락은 고유어에 한정되면서 형태소 경계를 사이로 하여 /ㄴ, ㅅ, ㄷ, ㅈ/이라는 예사소리 앞에서 이루어진다는 것이다. 그런데 이 'ㄹ' 탈락은, 후기 중세국어에서는 곡용의 경우를 빼면 선행 형태소의 말음 'ㄹ'이 동위적 음성군인 /ㄴ, ㅅ, ㅿ, ㄷ, ㅈ/ 앞에서 보편적으로 탈락하는 생산성이 매우 높은 규칙이었다.4) 좀더 자세히 말하면, 후기 중세국어에서는 용언이 활용할 때 용언 어간 말음 'ㄹ'이

---

  3) 이와 관련한 견해들에 대하여는 裵世官(1991:48-50, 특히 註12, 13, 14, 29, 40, 41, 43) 참조.
  4) 宋喆儀(1987:328-330) 참조.

어미의 제1자음 'ㄴ, ㅅ, ㅿ, ㄷ, ㅈ' 앞에서 필수적으로 탈락하였고, 단어 경계 또는 형태소 경계를 개재시키는 합성어나 파생어에서도 선행 요소의 말음 'ㄹ'이 역시 동일한 음성 환경에서 대체로 필수적인 'ㄹ' 탈락을 보이지만 수의적인 'ㄹ' 탈락을 보이는 일부 단어도 있었다. 이러한 현상을 두고, 필자는 기세관(1991:68-69)에서 중세국어 시기에는 'ㄹ' 탈락에 제약을 가하는 후행 음성군이 모두 동위음이었다는 데 착안하여 이 'ㄹ' 탈락은 동위적 이화에 말미암은 음운규칙으로서 14세기 경에는 합성어와 파생어에는 물론 'ㄹ' 말음 용언에도 필수적으로 적용된 규칙이었지만 후기 중세국어 시기인 15세기에 와서는, (6)의 어례를 통해서 알 수 있는 것처럼, 합성어 및 파생어와 같은 체언 내부에는 수의적으로 적용되고 용언, 곧 'ㄹ' 말음 용언에만 필수적으로 적용되는 규칙으로 축소되었으며, 현대국어에 와서는 어미의 제1자음이 'ㄴ, ㅅ'인 경우의 'ㄹ' 말음 용언의 어간 말음 'ㄹ'만이 생산적인 탈락을 보여주는 규칙으로 축소된 것으로 해석한 바 있다.

(6) ㄱ) 활용에서
    살 - (生, 居): 사논(月千상, 11b; 釋譜九, 1b; 月釋一, 8b, 23b, 24b, 32b), 사ᄂ니(釋譜十三, 10a), 사노이다(月千상, 2a), 사더니(釋譜, 37b; 月釋十, 25a), 사도(月釋二, 16a), 사디(月釋一, 18b), 사던(釋譜六, 37b), 사져(杜初二三, 49)
    알 - (知): 아ᄆ니라(釋譜十三, 40b; 月釋一, 31b), 아논(月釋二, 25a), 아니(月千상, 4a), 아디(釋譜十三, 40b, 44a; 月釋序,10b)), 아ᅀᄫᅵ(龍飛, 59; 月千상, 3a, 4a), 아ᅀᆸ고(龍飛, 51; 月千상, 3a). 아ᅀᆞᄫᆞᆯ까(龍飛,43)
    들 - (入): 드니(釋譜十三, 10a), 드ᄂ니라(月釋九, 36b), 드니라(月釋一, 32b), 드다(月釋二, 19b), 드ᅀᆞᄫᆞᆯ씨(龍飛, 64), 드샤(釋譜十三, 58a)
    열 - (開): 여노라(杜初八, 40), 여닷ᄒᆞ실씨(月釋九, 13), 여디(杜初七, 9), 여ᅀᆞᆸ고져 (法華四, 129)
    거슬 - (逆): 거스니(龍飛, 76)
    할 - (讒): 하ᅀᆞᄫᅡ(龍飛, 91)
    돌 - (掛): 드ᅀᆞᄫᆞ니이다(月千상, 7b)
ㄴ) 합성어나 파생어에서
    a) 용언 어간 + 용언 어간
        놀-(遊) + 니-(行): 노니샤(龍飛, 52), 노니샤매(月千上, 16a; 16b), 노니논(釋譜六, 24a), 노닳(釋譜十九, 19a), 노녀(月釋二, 22a)
        살-(生, 居) + 니-(行): 사니노니(비록사ᄅᆞ미무레)사니고도(釋譜六, 5a)
        가ᅀᆞ멸- + 살-: 가ᅀᆞ머사논(釋譜, 9:1)
        일-(淘) + 싯-(汰): 이시셔(稜嚴, 1:3)
        이울-(憔) + 시들-(悴): 이우시드러싀(南明, 상:62)
    b) 체언 어간(+ 체언 어간)
        날(日) + 날(日): 나날(杜初, 8:8)

별(星) + 돌(月): 벼드리(月釋八, 7b)
둘(二) + 서(三): 두서번니르시니(釋譜六, 6b)<cf.*둘서>*둘서>두서>두어(이기문, 1972:95, 1977:33)>
아드님(龍飛, 25; 釋譜六, 17a; 十三, 35a; 月釋二, 4b, 9a)~아돌님(月千샹, 12a, 18a, 41a, 41b, 42a, 46b)
드님(月釋十四, 60b)~돌님(月千샹, 30b)
나돌(杜初, 3:20, 15:23; 小解, 5:62; 飜小, 7:29)~날돌(月千샹, 7a)

　따라서 (1)~(5)를 모두 포괄하는 일관성 있는 'ㄹ' 탈락의 음운론적 기제를 찾을 수 있는 길은 이 'ㄹ' 탈락 규칙이 생산적으로 적용되던 이전 시기로 돌아가 그 시기의 언어를 기술 대상으로 삼는 것이라고 할 수 있겠다.

　오늘날 중부방언에서, '굳이, 같이, 붙여' 등에서처럼 형태소 경계를 사이로 할 때는 /ㄷ/, /ㅌ/과 /i/, /j/의 연결이 어렵지만, '니켈, 뉴우스'에서처럼 어두에서도 /ㄴ/과 /i/, /j/의 연결이 가능할 뿐더러 /i/, /j/에 선행하는 어두 'ㄴ'이 그것의 구개음화에도 불구하고 탈락하지 않는 것이라든가, 더 나아가서는 '넝쿨, 무늬; 마디, 느티나무' 등과 같은 일련의 단어들에서 'ㄴ'이나 'ㄷ'이 /i/ 앞에서도 구개음화와 관련을 맺지 않는 현상은 모두 규칙의 변화(:축소)나 통시적 음운 변화에 말미암는다. 이것은 곧 구개음화에 따른 어두 'ㄴ'이 탈락하는 규칙과 단일형태소 안에서의 n구개음화나 t구개음화 규칙이 과거 어느 시기에 소멸함으로써 빚어진 결과인 것이다. 따라서 이들 경우에 있어서도 이들 음운 현상이 생산적이던 시기, 예컨대 근대국어(시기의 언어의 공시태)를 대상으로 기술하면 보다 보편적이고 일관성 있는 설명을 할 수 있음은 물론이다.

　2.2. 필자는 어떤 음운 현상을 설명함에 있어서 가능하다면 음운론적으로 설명하여야 한다는 입장을 취한다(기세관, 1991:50-51). 특히, 동일한 음운 현상을 경우에 따라 개별적으로 상이한 정보를 끌어 들여 설명하는 것은 일관성이 결여된 태도로서 바람직스럽지 않다고 본다.

　필자는 (1)~(5)에서 보는 'ㄹ' 탈락을 동일한 음운론적 현상으로 본다. 따라서 이들은 동일한 음운 현상이므로 어느 경우나 동일한 음운론적 제약을 받을 것으로 전제한다. 곧, (1)~(3)에서의 'ㄹ' 탈락을 어미의 첫자음 'ㄴ, ㅅ'의 제약으로 본다면, (4)~(5)에서의 그것도 이에 상응하는 음운론적 제약을 받아 이루어지는 것으로 설명하는 것이 보다 자연스럽다고 본다. 그러나, 앞에서도 언급한 것처럼, 현대국어의 공시태 안에서는 그러한 기제(機制)를 찾을 수 없다.

　그리고 상술한 t/n구개음화를 비롯한 여러 가지 유형의 구개음화도 동일한 음운론적 현상으로 보며, 이것들도 각각 동일한 음운 현상이므로 어느 경우나 동일한 음운론적 제약을 받을 것으로 전제한다. 그런데 여러 가지 유형의 구개음화가 구개음 /i/나 /j/라는 동일한 음운론적 제약을 받는다는 사실은 이미 잘 알려진 사실이어서 더이상 거론할 필요조차 없을 것이다.

어떤 규칙이 A시기의 공시적인 것인지, 이보다 앞선 시기의 것인지, 곧 어떤 언어 현상이 A시기의 공시적인 규칙의 지배를 받는 것인지, 이보다 앞선 시기의 규칙의 지배를 받는 것인지를 정하는 기준으로 그 규칙의 생산성이 이용될 수 있다. 어떤 언어 규칙이 주어질 때, 그 규칙을 통과한 언어 자료가 A시기의 언어에 합당한 언어 자료를 산출해 낸다면, 그 규칙은 A시기의 공시적인 언어 규칙이라고 할 수 있다. 또, 어떤 언어 규칙이 주어질 때, A시기의 언어 자료를 통해서 동일한 규칙이 설정될 수 있다면, 그 규칙은 A시기의 공시적인 언어 규칙이 될 수 있다. 이것은 그 언어 규칙이 얼마나 생산성(productivity)이 있느냐 하는 것에 귀결된다(기세관, 1991:6-7, 29-30). 따라서, (1)~(2)에서 확인할 수 있는 바와 같이, 현대국어의 용언 어간 말음에 나타나는 'ㄹ'은 어미의 첫자음 'ㅅ'이나 'ㄴ' 앞에서 규칙적으로 탈락되므로, 이 경우의 'ㄹ' 탈락은 현대국어의 공시적인 음운 규칙이라고 할 수 있다. 그러나 (3)의 합성어나 파생어에서 보는 'ㄹ' 탈락은, (3)'의 예들이 보여 주는 것처럼 현대국어에서 생산적이지 않으므로, 현대국어의 공시적인 현상이 아니라 그것이 생산적이었던 선행 시기에 일어난 현상으로 본다. (3)의 단어들은, (3)'의 단어들이 합성어나 파생어에서의 'ㄹ' 탈락 규칙이 축소 소멸한 이후에 형성되어 이 규칙의 적용에서 면제된 것과는 달리, 이 규칙이 생산적으로 적용되던 시기 또는 그 이전에 형성되어 이 규칙의 적용을 받아 (3)의 형태로 재구조화되어 바로 이것이 지금까지 화석으로 남아 있는 것으로 볼 수 있기 때문이다.[5] 그리고 (4)와 (5)에서의 'ㄹ' 탈락도 동일한 이유로 선행 시기에 일어난 현상으로 본다. 이 'ㄹ' 탈락 규칙이 생산적이었던 14세기 또는 15세기 국어에서는 '사는, 사신'에서의 그것에 상응하는 'ㄹ' 탈락의 음운론적 기제를 찾을 수 있기 때문이다. 곧, (4)에서 보는 공손법의 선어말 어미 '-(으)오/옵-'과 (5)에서 보는 '하오체'의 종결어미 '-(으)오'의 후기 중세국어 소급형이 각각 '-숩-'과 '*-소'이었으므로 (1)과 (2)에서의 그것에 상응하는 음운론적 기제인 'ㅿ'을 찾아낼 수 있기 때문이다. 이렇게 되면 (1)~(6)에서의 'ㄹ' 탈락이 동위음이라는 동일한 음운론적 기제에 의해 동기화되는 것으로 해석할 수 있어 일관성 있는 설명을 할 수 있게 되는 것이다.[6] 다시 말해서, 'ㄹ' 탈락은, 비록 그것을 공시적으로 기술한다 하더라도, 현대국어의 공시태 안에서 기술할 것이 아니라 그것이 발생한 선행 시기의 공시태로 돌아가 기술할 때 비로소 일관성 있는 기제를 찾을 수 있어 합리적으로 설명할 수 있다. 아래 그림을 통해서 알 수 있는 것처럼, 공시언어학의 연구 대상은 때와 곳이 만나는 점인데, 비록 곳이 같다고 할지라도 때가 다르면 대상이 달라지기 때문이다.

---

5) 이에 대한 자세한 설명은 기세관(1991:12-20) 참조.
6) 자세한 것은 기세관(1991:10-73) 및 기세관(1992b) 참조. 특히, 기세관(1992b:63-70)에서는 예사소리와는 달리 된소리나 거센소리 앞에서는 'ㄹ' 탈락이 면제된다는 점을 중시하여, 'ㄹ' 탈락의 기제(機制)를 '동위적 이화'에서 '동자질 이화'로 수정하여 정밀화한 바 있으나 본고에서는 기술의 편의상 이전의 용어를 그대로 쓴다.

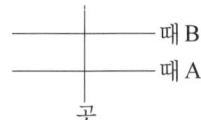

이러한 관점을 바탕으로 하면 'ㄹ' 탈락과 t구개음화를 비롯한 현대국어에 나타나는 여러 가지 음운 현상들이 보다 일관성 있고 자연스럽게 설명될 수 있는 장점이 있다.

언어는 규칙의 체계이다. 그리고 언어는 시간의 추이(推移)에 따라 변화하며 이에 따라 언어 규칙도 바뀐다. 다시 말하면, 언어 변화는 규칙의 소멸, 생성(첨가), 확대, 축소, 재생 등을 가져온다. 필자는, 전술한 'ㄹ' 탈락이나 구개음화 등을 현대국어의 공시태 안에서 일관성 있게 설명할 수 없는 것은 바로 언어 규칙의 축소에서 비롯된 것으로 보고자 한다. 이것은 곧 현대국어라는 공시태 안에서 흔히 보는 음운 현상의 불규칙성은 언어의 역사적 변화에서 비롯된 것이라는 것을 의미하기도 한다. 특히, 전술한 'ㄹ' 탈락 규칙이나 구개음화 규칙은 시대가 바뀜에 따라 규칙의 축소를 가져온 결과 이 규칙의 지배를 받게 되는 어휘의 범주도 시간의 변화와 함께 차차 그 폭이 좁아진다. 역사적으로 축소의 과정을 밟고 있는 이들 규칙들이 어떻게 축소의 과정을 밟으면서 단어형성에 관여하는가를 밝힌다면 지금까지 펼쳐온 우리의 견해는 보다 명료해지겠지만 본고에서는 하나의 방법론만 제시하는 데 그치기로 한다.

지금까지의 논의를 통하여 알 수 있는 바와 같이, (3)~(5)에서 보는 'ㄹ' 탈락이나 이와 관련을 맺는 단어형성 방식은 현대국어에서는 완전히 생산력을 상실한 존재로서 이제는 화석화한 채 남아있는 어사들이라고 하겠다.

2.3. 단어형성 규칙은 단어가 형성될 때 적용되는 규칙이다. 곧, 단어형성은 그 단어가 형성될 때 적용되는 단어형성 규칙의 지배를 받는다. 그리고 단어형성 규칙은 통사규칙처럼 화자가 문장을 생성할 때마다 반복적으로 적용되는 규칙이 아니라 새로운 단어를 만들어서 화자의 어휘부에 어휘목록을 첨가시켜 주는 규칙이다(송철의, 1990:66). 따라서 그 형성 시기가 대체로 선행 시기와 관련을 맺을 수밖에 없는 합성어나 파생어의 내부에서 볼 수 있는 음운 현상들 가운데는 현대국어의 공시 언어 체계 안에서는 설명하기 어려운 경우가 있을 수 있다. 여기서는 'ㄹ' 탈락의 예만을 살펴보기로 한다.

현대국어의 공시태 안에서 볼 때, 동일한 파생구조임에도 불구하고 '기다랗-'에서는 'ㄹ' 탈락이 수반되는 것과는 달리, '익살스럽-'에서는 'ㄹ' 탈락이 없으며, '둥그스름하-'가 '둥글- + -으스름하-→둥글으스름하-→둥글스름하-→둥그스름하-'에서처럼 '으' 탈락에 이은 'ㄹ' 탈락을 경험한 것과는 달리, 역시 동일한 구조임에도 불구하고, '기르스름하-'는 '길- + -으스름하-→기르스름하-'에서처럼 '으' 탈락이 없이 − 따라서 'ㄹ' 탈락도 면제된다(to be bled). − 단어형성이 이루어지는 까닭을 설명할 수 없다. 그러나 후기 중세국어 시기로 거슬러 올라가면 이를 명시적으로 설명할 수 있다.

(7)의 어사들은 파생어인데, 이들은 (8)에서처럼 소위 매개모음 '으' 탈락만을 겪고 선행 시대에 형성된 것으로 보인다.

(7) 기르스름하-   자르스름하-
    노르스름하-   푸르스름하-

(8) 기르- + -으스름하- → 기르으스름하- → 기르스름하-
    자르- + -으스름하- → 자르으스름하- → 자르스름하-
    노르- + -으스름하- → 노르으스름하- → 노르스름하-
    푸르- + -으스름하- → 푸르으스름하- → 푸르스름하-

이러한 사실은 다음 예들로 미루어 짐작할 수 있다.

(9) 기르크게(飜小十, 11)
    (기나) 쟈르나(靑丘, p.31)
    비치 노르고 香氣 저스니라(月釋一, 14)
    越國엣象은 다 프르고(月釋二, 31)

이렇게 보면, 이들 단어가 선행 시대에 형성되었음을 알겠다.
그런데 이병근(1981:21)은 '길- + -으스름하- → 기르스름하-'와 같이 '으' 탈락이 없이 형성된 것으로 설명하고 있으나, 이러한 관점은 왜 이 단어에 한하여 'ㄹ' 다음에서도 '으'가 탈락되지 않는지, 곧 왜 이 단어에서만 '으' 탈락의 예외를 인정하여야 하는지를 설명할 수 없다. 이러한 해석은 이들 단어형성을 현대국어의 공시 언어 체계 안에서 설명한 데서 온 당연한 귀결이라고 믿는다.
물론, 현대국어 '길-'의 중세국어 대응형으로는 '기르-' 이외에 '길-'도 존재하였다.

(10) 기디 아니ᄒᆞ시며(月釋二, 56)
     ᄀᆞ놀오 기르시며(同, 40)
     당당이 길어니라(杜初九, 8)

따라서 여기서 우리는, '기다랗-'은 '기르스름하-'와는 달리 '길- + -다랗-→기다랗-'과 같이 'ㄹ' 탈락만을 겪은 것임을 알 수 있으며, '기르스름하-'와 '기다랗-'이 각각 '기르-'와 '길-'이라는 상이한 어근을 기저(바탕말)로 하여 파생되었음을 알 수 있다.
한편, '-스럽-'이라는 접미사는 18세기 문헌에 이르러서야 처음으로 나타나는 것으로 알려져 있는데(이기문, 1972:207), 그렇다면 '심술스럽-, 익살스럽-, 게걸스럽-, 밉살스럽-' 등의 단어들은 18세기 이후에나 형성되었을 것임을 짐작할 수 있다. 따라서 이들 단어에서 어간 말음 'ㄹ'이 탈락하지 않는 것은 당연하다고 하겠다. 합성어와 파생어에서의 'ㄹ'탈락 규칙은

14·5세기에 한정된 것이기 때문이다. 이렇게 볼 때, 송철의(1977: 64)에서 이들 단어를 'ㄹ' 탈락과 관련하여 해석하면서, 현대국어의 공시태 안에서는 해결할 수 없는 특수한 예외로 처리할 수밖에 없었던 것도 당연한 귀결이라고 하겠다.

다음 (11)의 합성어들에서는 표면상 선행어의 말음 'ㄹ'이 'ㄷ'으로 변동되는 매우 특이한 모습을 보여 준다.

(11) 이튿날(이틀 + 날), 사흗날(사흘 + 날), 나흗날(나흘 + 날),
  숟가락(술 + 가락), 며칟날(며칠 + 날), 삼짇날(삼질 + 날),
  섣달(설 + 달)

이들은 괄호 속의 단어들이 결합하여 이루어진 것으로 볼 수 있기 때문이다. 그러나 이들 단어들의 구조를 비록 현대국어의 공시 체계로써 위와 같이 기술할 수 있다고 하더라도 어찌하여 선행 어간의 말음 'ㄹ'이 'ㄷ'으로 변동되는지가 설명되지 않는다. '열흘 + 날'이 '*열흗날'로, '팔월 +달'이 '*팔욷달'로 그리고 '열(十) + 가락'이 '*열가락'으로 되지 않는 것을 보아도 알 수 있듯이, 현대국어에서 'ㄹ'과 'ㄴ', 'ㄹ'과 'ㄷ', 'ㄹ'과 'ㄱ'이 차례로 연결될 때 'ㄷ'이 'ㄹ'로 바뀔 까닭이 없기 때문이다(:'ㄷ'이 'ㄹ'로 변동되었다고 설명하는 것은 자연스럽지 못하다.). 따라서 우리는 (11)에서 보는 'ㄹ→ㄷ'의 교체도 현대국어의 공시 체계 안에서 이루어진 현상이 아니라고 본다. (11)의 어사들은 그것들이 비록 현대국어의 공시 체계 안에서 괄호 속의 단어들로 분석될 수 있다고 하더라도 그 형태소들을 결합하는 방식이 공시적으로 타당성을 인정받을 수 없기 때문에, 그리고 여기에서 보는 'ㄹ→ㄷ'의 교체가 생산력을 가지지 못하므로, 이러한 교체가 생산력을 지니고 있던 시기의 공시태로 시야를 돌릴 때 비로소 합리적인 이유를 찾아 낼 수 있을 것으로 생각한다. 곧, (11)에서 보는 'ㄹ→ㄷ'의 교체는 다음과 같이 중세국어 시기로 눈을 돌릴 때 자연스럽게 설명될 수 있을 것으로 본다.

다음 (12)에서 보는 바와 같이, (11)의 어사들은 이미 중세국어 시기의 문헌에 현재와 유사한 형태 구조를 갖추고 나타나고 있음을 알 수 있다.

(12) 이틋날(明日)(釋譜六, 27)
  사훗날(後明日)(朴通初上, 46)
  며츤날(幾日)(老乞下, 64)(← 며츳날)<cf.며츨(朴通初上, 75)
  섯달(十二月)(杜初十, 45)

또한 (13)의 예를 통해서 이러한 형태 구조가 'ㄴ, ㄷ' 앞에서뿐만 아니라 보다 폭넓게 나타나고 있음도 확인할 수 있다. 이런 예는 흔한 것이지만 여기에서는 몇 가지만 들어 본다.

(13) (a) 븟나올(焰)(訓蒙下, 35)오ᄂᆞᆽ날(當今之日)(樂學五, 7)
    밧등(足背)(法華二, 14)밧돕(足甲)(法華四, 143)
    믓돍(:비오리)(訓蒙上, 17) 픗뎌(草琴)(杜初二三, 45)
(b) 븟벼록(炸, 火星子)(訓蒙下, 35)
    바룻믈(海水)(杜初六, 50)
    밧바당(足心)(楞嚴十, 79)
    믓올히(:물오리)(訓蒙上, 16)
    믓ᄀᆞᆺ(水邊)(訓蒙上, 4)
    븟곳(焰)(訓蒙下, 35)
    믓결(波, 浪)(杜初十八, 11; 訓蒙上, 4)
    밧ᄀᆞ락(足指)(飜朴上, 14)<cf.밧가락(釋譜六, 39)>

그런데 이들 어사들은 (14)에서와 같은 형태 구조로도 나타난다.

(14) 이틄날(明日)(月釋一, 6)   오ᄂᆞᆳ날(當今之日)(月釋二一, 83)
    븘나올(焰)(南明下, 3)   밠등(足背」)(月釋二, 57)
    븘벼록(火星子)(楞嚴四, 18)   믌ᄀᆞᆺ(水邊)(杜初七, 22),
    믌결(波, 浪)(月印上, 39)   믌돍(:비오리)(杜初七, 2)
    바룴믈(海水)(月釋二, 64)   븘곳(焰)(杜初十六, 50)
    픐녀(草琴)(杜初二三, 2)

이렇게 보면 (12)와 (13)에서 보는 선행 요소의 말음 'ㅅ'은 사이시옷임을 확인할 수 있고, (14)를 통하여 이것은 후행어의 첫소리의 종류에 제약을 받지 않고 붙을 수 있음도 확인된다. 그리고 'ㄹ'의 탈락은 사이시옷이 가지는 폐쇄화에 말미암은 수의적인 성격을 띠었음도 알 수 있다.[7] 「석보상절」에 '그짓쭐(六, 14a), 그뒷쭐(六, 14a)'과 「번역박통사」에 '네짓담(上, 9b), 우리짓담(同), 느믜짓담(同)' 등의 예가 나오는 것으로 보아 그것의 기능이 단순한 폐쇄화에 그치지 않고 속격 표지의 기능까지 겸하며,[8] '집뒤(飜朴, 41a)'의 예도 나오는 것으로 보아 'ㄹ' 탈락이나 사이시옷 개입의 수의성을 확인시켜 준다(왕문용, 1989:358-361).

---

7) 자세한 내용은 왕문용(1989:358-359)과 박병채(1971:419) 참조. 한편, 이병근(1981:23)에서는 (11)에서 보는 통시적인 'ㄹ' 탈락이 자음군단순화에 기인하는 것으로 설명하고 있다. 그러나 중세국어에서 'ㄹ'이 첫 흡일 경우는 두 모음 사이에 세 자음까지 허용되기도 하였다는 사실을 감안하여 볼 때(이기문, 1972: 132), 이 견해는 설득력이 약하다.
8) 그러나 필자는 선행어의 폐쇄화나 속격표지가 사이시옷의 일차적인 기능이라고는 믿지 않는다. 이러한 기능은 어디까지나 사이시옷의 2차적인 기능에 불과하다고 본다. 필자는 사이시옷의 일차적인 기능은 선행어의 자립성의 확보에 있다고 본다. 이에 대해서는 奇世官(1991:130-148) 참조.

이상의 논의를 통해서 우리는 (11)에서 보는 'ㄹ'과 'ㄷ'의 교체를 보다 자연스럽게 설명할 수 있게 되었다. 곧, '이튿날, 섣달' 등에서 선행 요소(단어)의 말음 'ㄷ'은 사이시옷이고 '이틀, 설' 등의 말음 'ㄹ'은 단어 형성 과정에서 사이시옷이 가지는 폐쇄화로 말미암아 중세국어 시기에 탈락되어 재구조화한 채 남아 있는 것임을 알게 되었다.

이러한 사실은 단어형성 규칙도 언어 규칙이 가지는 일반적 성격에서 벗어나지 않음을 말해 준다고 하겠다. 만일 단어형성 규칙이 통시적으로 늘 고정되어 있다면 단어형성 방법도 역시 고정되어 있을 것이지만, (11)의 예를 통해서도 알 수 있듯이, 그렇지만은 않은 것이 언어 현실이기 때문이다. 따라서 단어형성 방법도 그것이 형성될 때의 공시 언어 체계 안에서 기술될 때 비로소 자연스럽게 설명될 수 있음은 물론이다.9)

3. 불규칙 용언의 형태론

앞에서 우리는 'ㄹ' 말음 용언에서 어간 말음 'ㄹ'이 탈락하는, 곧 'ㄹ→Ø(zero)'의 경우를 살펴본 바 있다. 우리가 이 현상을 'ㄹ' 탈락 현상으로 부를 수 있었던 것은 어간의 교체형 가운데 'ㄹ'을 유지하는 쪽을 기저형으로 삼았기 때문에 가능하였던 것이다. 그런데 이 경우와는 다르지만 용언이 활용할 때 그 교체형들 가운데 어간이 'ㄹ'로 끝나는 경우가 있다. 'ㅀ'이나 'ㄾ'을 어간말 자음군으로 가진 용언이 활용상에서 음절구조의 제약을 받아 각각 'ㅎ'과 'ㅌ'이 탈락됨으로써 표면상 'ㄹ' 말음 용언과 동일한 환경이 조성되는 경우(:A)와 소위 'ㄷ' 불규칙 동사에서 어간 말음이 'ㄹ'인 교체형의 경우(:B)가 여기에 속한다.

(1)과 (2)에서 본 것처럼 'ㄹ' 말음 용언의 어간이 어미와 결합할 때 어간 말음 'ㄹ'이 탈락하는 경우는 어미가 '-으$CV(C)-'나 '-CV(C)-'의 구조를 가진 것 중에서 그 첫자음이 'ㄴ'이나

---

9) ① (11)의 어사들에서의 'ㄹ' 탈락은 '잘'이나 '설'과 결합하여 이루어진 다음 단어들에서 보는 'ㄹ→ㄷ'의 교체와는 마땅히 구별되어야 할 것이다. 사이시옷은 용언 어간 다음에는 개입될 수 없는 존재이기 때문이다. 그러나 여기에서 'ㄹ'이 'ㄷ'으로 교체되는 현상을 어떻게 설명해야 할 것인가가 또 다른 과제로 남는다.

  잗주름, 잗다랗다, 잗다듬다, 잗갈다, 잗타다; 섣부르다

② '한글 맞춤법' 제29항에서는 (11)과 이들을 구별하지 않고 함께 다루고 있다. 한편, 제7항에서는 "'ㄷ' 소리로 나는 받침 중에서 'ㄷ'으로 적을 근거가 없는 것은 'ㅅ'으로 적는다."고 하였으므로, (11)의 어사들에서의 'ㄷ' 받침 소리는 'ㅅ'으로 적어야 이 규정에 맞을 것이다. 또, 통시적으로도 이 'ㄷ'은 사이시옷임이 분명하므로, 사이시옷을 'ㅅ'으로 적고 있는 현행 맞춤법에 따라 'ㅅ'으로 적어야 옳을 것이다.

'ㅅ'인 경우에 한정된다. 따라서 여기에서는 그러한 어미의 경우에 한정하여 논의하기로 한다. 'ㄹ'이 앞에 오는 자음군을 받침으로 가진 용언이 'ㄴ, ㅅ'을 제일 자음으로 하는 자음 어미와 결합할 때는 자음군이 단순화되면서 선행하는 'ㄹ'이 탈락하는 것이 보통이다(읽는→익는, 읽소→익소; 젊네→점네, 젊소→점소; 밟는→밥는, 밟소→밥소; 읊는→읖는, 읊소→읖소 등 참조). 그러나 'ㅀ'이나 'ㄾ'을 어간 말음으로 가진 용언에서는 후행하는 'ㅎ'이나 'ㅌ'이 탈락한다. 이리하여, '잃는, 싫소'와 '핥는, 핥소'는 일차로 자음군단순화 규칙의 적용을 받아 각각 '일는, 실소' 및 '할는, 할소'와 같은 중간구조를 가지게 되어 'ㄹ' 말음 용언에서와 동일한 구조를 가지지만, 'ㄹ' 탈락은 없고 오히려 다시 유음화 및 경음화 규칙의 적용을 받아 각각 '일른, 실쏘'와 '할른, 할쏘'로 바뀐다. 여기에서 'ㄹ + ㄴ'이 'ㄹ + ㄹ'로 바뀌는 유음화는 '팔년→팔련, 칼날→칼랄'에서처럼 형태소 경계를 사이로 하는 체언의 어간 내부에서나 볼 수 있는 현상이며, 'ㄹ'을 포함하는 겹받침이 자음 어미와 연결될 때 뒤 자음을 경음화시키는 경우도 용언 어간에 한정되는데, 이것은 기저구조에서부터 홑받침 'ㄹ'을 가지고 있는 'ㄹ' 말음 용언에서 어간 말음 'ㄹ'이 탈락하는 것과는 궤를 달리한다<(1) 및 (2)의 예 참조>.[10]

'ㄷ' 불규칙 동사의 어간 말음 'ㄷ'이 'ㄹ'로 변동된 교체형에서도 어간 말음 'ㄹ'의 탈락이 보이지 않는데, 이것은 교체형 어간 말음 'ㄹ' 뒤에서는 매개모음 '으'가 유지되기 때문이다. (입으로)'물-'에 '-으니'가 연결될 때는 '물 + -으니→물으니→물니→무니'가 되어 '으' 탈락에 이은 'ㄹ' 탈락을 경험하는데, 여기에서 '으' 탈락은 'ㄹ' 탈락을 동기화시키지만, (묻→)'물-(問)'에 '-으니'가 연결될 경우에는 '물 + -으니→물으니(→*물니→*무니)'에서처럼 '으' 탈락이 면제되는 것이다.

그런데 'ㅀ'이나 'ㄾ'을 어간말 자음군으로 가진 용언과 'ㄷ' 불규칙 동사에서 'ㄹ'을 어간 말음으로 가진 교체형이 'ㄹ' 말음 용언이 보여 주는 음운 현상과 다른 음운론적 과정을 밟는 원인은 어디에 있는 것일까?

전자의 경우, 박창원(1987:319)에서는 탈락되는 자음이 음절경계의 배정에 관여하여 '끊는→끌$ㅎ는, 핥는→할$ㅌ는'과 같이 음절경계를 재조정한 뒤 탈락되기 때문인 것으로 설명하고 있다. 그러나 현대국어에서 두 모음 사이에 세 자음이 개재될 경우에 그 음절경계는 '-VCC$CV-'와 같이 배당되어야 한다는 일반 원칙에 위배되므로 이 견해는 받아들이기 어렵다.

이 두 가지 문제들을 해결하기 위한 한 방법으로 흔적이론(trace theory)을 이용할 수 있다. 이 이론의 핵심은, 어떤 원인으로 탈락된 음운은 비록 표면상에는 드러나지 않더라도 기저에 흔적(trace)으로 남아 있어서 음운 현상에 영향을 미친다는 것이다. 곧, A의 경우에는, 비록

---

10) 어미가 '-으$CV(C)-'인 경우는 음절구조의 제약을 받지 않으므로 어간의 자음군이 단순화되지 않는다. 따라서 이 경우는 논의 대상이 되지 않는다.

음운 'ㅎ, ㅌ'은 탈락되었지만 이 탈락된 자리에는 기저에 그 흔적이 잠재하고 있어서 그것이 'ㄹ' 탈락을 가로막는다고 해석하며, 그리고 B의 경우에도 'ㄷ'이 'ㄹ'로 바뀌었지만 이 'ㄹ'에는 본래의 음운 'ㄷ'의 흔적이 잠재되어 있어서 'ㄹ' 탈락을 방해한다고 해석하는 것이다.[11]

그러나, 전술한 바와 같이, 이러한 관점은 동일한 음운 현상을 경우에 따라 상이한 정보를 끌어들여 설명하는 일관성이 결여된 태도로서 자연스럽지 못하다.

한편, 위에서 'ㄹ' 탈락을 기피하는 것이나 '으' 탈락을 기피하는 원인은 기저형태 선정의 불균형에서 비롯되는 것으로 해석할지도 모른다. 'ㄹ' 탈락이라는 음운 현상을 논의함에 있어서, 우리가, 'ㄹ' 말음 용언에서 '살다'를 기저형으로 선택하여 논의의 대상으로 삼는다면, 'ㄷ' 불규칙 동사에서도 '물다(問)'가 아닌 '묻다'를 기저형으로 선택하여 논의의 대상으로 삼아야 할 것이요, 'ㅀ'이나 'ㄾ'을 어간말 자음군으로 가진 동사에서도 각각 '잃다'와 '핥다'를 기저형으로 선택하여 논의의 대상으로 삼아야 균형을 유지할 수 있을 텐데, 위의 논의에서는 그렇지 않은 데서 제기되는 문제인 것으로 파악할지도 모른다. 즉, 이 문제는 'ㄹ' 탈락과 관련하여 논의될 성질의 것이 아니라고 보아야 한다고 해석할지도 모른다. 그러나 이 관점도 기저형의 차이에서 비롯되는 것으로 해석한다는 면에서 볼 때, 그 근본에 있어서는 흔적이론을 끌어들이는 관점과 크게 다를 바가 없다. 따라서 필자는 이 관점도 받아들이지 않기로 한다.

다시 말하거니와, 필자는 어떤 음운 현상을 설명함에 있어서 가능하다면 음운론적으로 설명하여야 한다는 입장이다. 그리고 동일한 음운론적 환경에서 동일한 음운 현상이 일어나지 않는다고 해서 있지도 않은 흔적을 내세우거나 기저구조의 차이로 설명하는 등 형태론적 정보를 끌어들이는 것은 음운 현상을 바르게 이해하는 방법이 아니라고 생각한다. 곧, A와 B의 경우에서 보는 어간의 교체나 B의 경우에 '으'가 유지되는 현상을 현대국어의 공시태 안에서 음운론적으로 설명할 수 없다고 해서, 'ㄹ' 말음 용언에서 보는 'ㄹ'과 A와 B의 경우에서 보는 'ㄹ'이 서로 다른 'ㄹ'이라고 생각하는 견해는 받아들이기 어렵다.

필자는, A의 경우나 B의 경우가 현대국어의 공시 언어 체계 안에서 일어나는 현상이 아니기 때문에 이들 현상을 현대국어의 공시태 안에서는 자연스럽게 설명할 수 없다고 본다. 그리고 이 문제들을 공시적으로 자연스럽게 설명하고자 할 때에도, 먼저 이러한 어간의 교체가 이루어진 시기를 파악한 뒤 그 시기의 언어의 공시태를 대상으로 기술할 때 비로소 어떤 실마리가 풀릴 수 있을 것으로 본다.

그러면, 이제 이러한 어간의 교체가 일어난 국어사의 시기를 우선 생각해 보기로 하자. 잘 알려진 바와 같이, 'ㄷ' 불규칙 동사에서 어간 말음 'ㄷ'이 특정 위치에서 'ㄹ'로 교체되는 현상은 중세국어 이래 변함이 없다. 그리고 '들으니'에서처럼 교체형 어간 말음 'ㄹ' 뒤에 이어지는 '으'가 유지되는 현상 또한 마찬가지다.[12] 아무튼, 이들 현상이 현대국어의 공시태

---

11) 오정란(1988:195-199)에서 이러한 관점을 볼 수 있다.

에 한정되는 현상이 아님은 확실하다. 김영배(1973: 62)는 평안 방언에서 '듣-'(聞)이 규칙 활용을 하는 사실을 근거로, 'ㄷ' 불규칙 동사도 고대국어(신라어)에서는 규칙 활용을 하였을 것으로 추정한 바 있다. 이 추정은 이 문제와 관련하여 우리에게 어떤 시사를 던져 준다. 만일 우리가 이 추정을 긍정적으로 받아들인다면, 이들 현상이 일어난 시기를 전기 중세국어의 어느 시기로 추정해 볼 수도 있기 때문이다.

그리고 'ᄚ'을 받침으로 가진 용언 어간이 'ㄴ, ㅅ'을 제일 자음으로 하는 어미와 연결되면 'ㅎ'이 탈락되고 이에 따라 어간 말음 'ㄹ'이 'ㄴ, ㅅ'에 바로 연결되더라도 'ㄹ'이 그대로 유지되어 온 것도 15세기 이후 변함없는 국어사적 사실이다.[13] 물론, 문헌의 제약상 15세기 이전까지 거슬러 올라가기는 어려운 실정이므로 이러한 현상이 국어사의 어느 시기에 비롯되었는지 분명히 알 수는 없다. 'ㄾ'을 받침으로 하는 용언은 '핥다'를 중심으로 근대 국어 시기에 나타났지만,[14] 이것은 단순히 겹받침 'ᄚ'이 'ㄾ'으로 바뀐 것에 불과하므로, 'ㄾ'이 'ㄴ'이나 'ㅅ'과 연결될 때도 'ᄚ'이 'ㄴ, ㅅ'과 연결될 때 'ㅎ'이 탈락한다는 기존 규칙의 지배를

---

12) 다음 예들을 참조하라.

　　드르며(月釋二, 5)
　　드르시고(月釋一, 9)
　　일훔 드롭 곧티ᄒᆞ야(小諺五, 12)
　　거ᄅ며 넓기를(小諺五, 96)
　　드롤 문(聞)(新增下)
　　셩을 무ᄅᆞ니(太平一, 38)
　　거르며 셔며(釋譜六, 33)
　　시를 지(載)(訓蒙下, 24)
　　어디다 일ᄏᆞᄅᆞ시더라(飜小九, 48b)
　　술위 가져다가 시르라(朴通上, 13a)

13) 안병희(1959:23-24)와 홍윤표(1987:115)에서 이미 이러한 견해를 피력한 바 있다. 참고로 'ᄚ'을 받침으로 가진 용언 어간이 어미의 첫소리 'ㄴ'에 연결되는 경우의 예를 몇 개 든다.

　　겨룰 구버 할놋다(月釋九, 35)
　　글논 가마에(月釋一, 29)
　　ᄭᅳᆯ논 므레(分門, 23)
　　ᄭᅳᆯ논 십(湯泉)(漢淸一, 44b)
　　ᄭᅳ른 므레(救荒, 6)
　　쎄ᄯᅮᆯ논 소릭(漢淸四, 43a)

14) 곽충구(1980:65) 및 홍윤표(1987:119) 참조.

받아 자연히 'ㅌ'이 탈락할 것이다. 그리고 현대국어의 음절구조는 이미 근대국어 시기에 완성되었으므로 교체된 어간 말음 'ㄹ'이 'ㄴ, ㅅ'으로 시작되는 어미와 연결되더라도 'ㄹ'이 근대국어 이후 줄곧 그대로 유지되어 왔으리라는 것을 짐작하기는 어렵지 않다. 모음 사이에서 나타날 수 있는 자음 수효의 제약에서 비롯되는 이러한 어간말 자음군의 단순화는, 어간말 자음군이 'ㄶ'이나 'ㄾ' 이외에 'ㄹ'이 앞에 오는 여타의 자음군의 경우에 있어서 'ㄹ'이 탈락되는 현상도 이미 중세국어 말기부터 나타나기 시작하며15) 근대국어 시기에는 오늘날과 같이 되었다. 이렇게 볼 때, 현대국어에서 'ㄶ'이나 'ㄾ'을 어간말 자음군으로 가진 용언 어간이 'ㄴ, ㅅ'으로 시작되는 어미와 연결될 때 'ㅎ'이나 'ㅌ'이 탈락되어 어간 말음이 'ㄹ'로 바뀌더라도 'ㄹ' 탈락을 경험하지 않고 그대로 유지되며, 'ㄹ'을 어간 말음으로 가진 'ㄷ' 불규칙 동사의 교체형에서 '으'가 유지되는 현상들은 모두 현대국어의 공시적인 현상이 아니라 선행 시기에 이루어져 화석으로 남은 것으로 보아야 할 것이다. 다만, 'ㄷ' 불규칙 동사의 어간 말음 'ㄷ'이 'ㄹ'로 변동된 것이나 용언 어간의 말음 'ㄶ'이 'ㄹ'로 단순화된 것은 그 시기가 후기 중세국어 시기 이전에 해당될 개연성이 있지만, 현재로서는 우리가 그 시기 언어의 공시태를 거의 확인할 수 없을 뿐이다. 이런 까닭으로, 현재로서는 이들 교체형들이 보여 주는 전술한 음운론적 기제를 어떤 특정 시기의 공시태 안에서 찾을 수 없다는 것이 문제점으로 남는다고 하겠다. 이런 경우 우리는 허웅(1985:274)에서처럼 '공깃길 닮기'로 설명할 것이 아니라 차라리 역사적 사실로 남겨 두는 편이 나을 것이다.

---

15) 15세기에는 '붉-(明), 옮-(移), 숣-(白)' 등에서처럼 제일자음이 'ㄹ'인 겹받침은 자음 어미와 연결되더라도 표기상에서 어떤 자음도 탈락된 예가 없는 것으로 보아, 이는 실제 어간을 반영한 것으로 볼 수 있을 것이다 <(ㄱ), (ㄴ), (ㄷ)의 예는 송철의(1987:331-332)에서 따옴>.

　(ㄱ) 붉디(月釋二, 15a), 붉더라(同, 39a), 붉도다(法華六, 62)
　　　 붉ᄂ니라(月釋一, 26b), 붉게(釋譜九, 35A; 月釋八, 6a, 6b)
　　　 붉거니와(月釋十七, 72a)
　(ㄴ) 옮디(月釋序, 5a), 옮겨(月印上, 38b;釋譜六, 36b;月釋序, 23b)
　　　 옮기디(月釋八, 6a)
　(ㄷ) 숣고(月釋一, 15b), 숣거니(龍飛, 72장), 숣ᄂ니(月釋二, 52b)
　　　 숣노니(釋譜二十四, 14a; 月釋二, 6a), 숣더니(釋譜六, 2a),

그러나 중세국어 말기부터 이들에서도 탈락된 예들이 나온다.

　옴겨(飜小八, 24; 小諺二, 60; 訓蒙下, 5)
　옴기유믈(禪家上, 23)
　옴기고(小諺六, 107)

4. 결론

4.1. 국어 음운론 연구는 서구에서 들어온 생성음운론을 바탕으로 괄목할 만한 성과를 거둔 바 있다. 그러나 이들 연구의 대부분은, 표층의 음성형은 기저형으로부터 도출되며, 표층에서의 차이는 심층구조가 다르거나 적용되는 변형규칙이 다르기 때문이라는 생성음운론 초기의 가정을 국어에 무리하게 적용한 결과 많은 문제점을 드러낸 것도 사실이다. 예컨대, 김완진(1972:273-274)과 곽충구(1980:68)에서는, (4)와 (5)에서의 어간 말음 'ㄹ' 탈락이 현대국어의 공시 언어 체계 안에서 추상적 기저음 'ㅿ'에 의해 동기화되는 것으로 설명하고 있다. 그러나 이 경우도 'ㄹ' 탈락이 생산적이던, 'ㅿ'이 존재하던 시기의 공시 언어 체계를 기술 대상으로 삼으면 굳이 시현(示顯)되지도 않는 추상적 기저음을 설정하거나 심층구조를 달리 설정하지 않더라도 자연스럽게 설명할 수 있는 것이다. 다시 말해서, 이 경우의 'ㄹ' 탈락은 'ㅿ'이 존재하던 시기에 'ㅿ'에 의해 'ㄹ' 탈락을 입은 뒤 화석으로 남은 것으로 보면 (1)과 (2)에서 'ㄹ'이 탈락하는 것과 마찬가지로 동위적 이화로 볼 수 있어 일관성 있는 설명을 할 수 있게 되는 것이다. 또, '어디(<어듸), 느티나무(<느틔나모)'에서 t구개음화를 입지 않은 것이라든가, '넝쿨, 무늬'에서 'ㄴ'이 구개음화(:좀더 자세히 말하면 '넝쿨'은 구개음화에 의한 'ㄴ' 탈락)와 관련을 맺지 않는 것을 설명할 경우에 있어서도 마찬가지다. 이들 경우에 있어서도, 이들 음운 현상이 생산적으로 적용되던 시기의 공시태를 대상으로 공시적 기술을 하면, 金完鎭(1971:131-142)에서처럼 굳이 형태음소 /ij/를 설정하지 않아도 되는 것이다. 기존의 방법론은 현대국어만을 공시적 기술 대상으로 삼은 경향이 있었기 때문에, 어떤 언어 현상에 대한 기술을 지나치게 복잡하게 만들 뿐 아니라 동일한 음운 현상을 상이한 방법으로 설명하는 부자연스러움을 면할 수 없었던 것이다.

한편, 최근에 들어와 생성음운론 자체에 이론 수정이 가해짐에 따라, 국어 음운론 연구에 있어서도 기존의 연구 방법론에 대한 비판과 반성이 제기되고는 있으나 아직 이렇다 할 연구 업적을 보여 주지 못하고 있는 것이 현실이다. 본고는 기존의 연구 방법론에 대한 이러한 반성에서 이루어진 것이라고 하겠다.

4.2. 언어 현상에 대한 이해는 어느 특정 시기의 공시태 안에서는 제대로 이루어질 수 없는 경우도 있다. 언어도 시간에 따라 변하는 실체라고 본다면, 그 변화에 대한 이해 없이 언어 현상에 대한 이해가 완벽해질 수 없기 때문이다(宋喆儀, 1983:47). 현대국어에 나타나는 언어 현상을 공시적으로 기술할 경우에도 마찬가지다. 특히, 현대국어의 공시태 안에서 나타나는 언어 현상이라 하더라도 그것이 생산력이 없을 경우에는 그 기술이 현상에 대한 단순한 기술의 차원을 넘기란 어렵다. 이런 경우에는 그 언어 현상이 생산적으로 나타난 시기로 거슬러 올라가 그 시기의 공시 언어 체계 안에서 기술할 때 비로소 합리적으로 설명할 수 있다는

것이 본고의 입장이다. 다시 말해서, 언어는 규칙의 체계이지만 시간의 추이에 따라 변화하므로, 곧 언어 변화는 규칙의 소멸, 생성(첨가), 확대, 축소, 재생 등을 가져오므로, 어떤 언어 현상을 단순한 기술의 차원을 뛰어넘어 '설명'하고자 할 때는 그와 관련한 언어 규칙이 생명력을 가지고 생산적으로 적용되던 시기의 언어(의 공시태)를 기술 대상으로 삼아야 한다는 것이다. 이러한 사실은 '이틀 + 날→이튿날'에서 보는 'ㄹ→ㄷ'의 교체와 'ㄹ' 탈락 규칙이나 구개음화 규칙과 같이 역사적으로 소멸 또는 축소된 언어 규칙들을 통해서 증명된다.

　이렇게 볼 때 우리는 현대국어에서 보는 'ㅂ, ㅅ, ㅎ' 불규칙 등 소위 불규칙 용언의 형태론도 앞에서 살핀 'ㄷ' 불규칙 용언의 그것에 평행하게 기술할 수 있을 것이요, 나아가서 이러한 우리의 시각은 보다 확장되어 국어 음운론이나 형태론은 물론 국어학 전반에 적용될 수 있을 것으로 믿는다. 따라서, 현대국어의 공시태에서 특정 형태에 한정되는 일련의 불규칙한 언어 현상도 현대국어의 공시태 안에서 무리한 설명을 시도할 것이 아니라, 비록 공시적으로 기술하더라도, 이들 현상이 생산적으로 나타나던 시기의 공시태를 대상으로 기술할 때 비로소 자연스럽게 '설명'될 수 있다는 것을 재삼 강조하고자 한다.

참고문헌

郭忠求(1980), "十八世紀 國語의 音韻論的 硏究", 「國語硏究」 44.
奇世官(1984), "母音縮約의 制約性", 「順天大學論文集」 第3輯.
＿＿＿(1987), "구개음화의 공시태와 통시태", 「鄭炳洪先生華甲紀念論文集」, 學文社.
＿＿＿(1991), "國語 單語形成에서의 /ㄹ/ 脫落과 /ㄴ/ 添加에 대한 音韻論的 硏究", 博士學位論文(圓光大學校 大學院).
＿＿＿(1992a), 「國語 單語形成에서의 /ㄹ/ 脫落과 /ㄴ/ 添加에 대한 音韻論的 硏究」, 弘文閣.
＿＿＿(1992b), "國語 音韻論 記述의 새로운 方案", 蘭臺 李應百博士古稀紀念論文集, 한샘出版.
金星奎(1987), "語彙素 設定과 音韻現象", 「國語硏究」 77.
金英培(1973), "平安方言의 '듣다'[聞]에 대하여", 「梁柱東博士古稀紀念論文集」(「平安方言硏究」(東國大學校 出版部, 1984:41-62)에 再收).
金完鎭(1967), "音韻史", 「韓國文化史大系 9」, 言語·文學史(上), 高麗大學校 民族文化硏究所.
＿＿＿(1971), 「國語音韻體系의 硏究」, 一潮閣.
＿＿＿(1972), "形態論의 懸案의 音韻論的 克服을 爲하여", 「동아문화」 11.
金政佑(1988), "음운론의 비음운론적 정보 문제", 「第31回 全國國語國文學硏究發表大會抄」, 국어국문학회.
南廣祐(1960), 「國語學論文集」, 一潮閣.
＿＿＿(1963), "ㄹ子音의 添落에 對하여", 「文耕」 第15輯(중앙대)<南廣祐(1980)에 再收>

도수희(1983), "음운변화의 잠재기능에 대하여", 「語文硏究」 13.
朴炳采(1971), 「古代國語의 硏究」(音韻篇), 高麗大學校 出版部.
박종희(1983), 「국어 음운론 연구」, 원광대학교 출판국.
박창원(1986), "음운교체와 재어휘화", 「어문논집」 2, 경남대 국어교육학회.
宋 敏(1986), 「前期近代國語 音韻論 硏究」, 塔出版社.
宋喆儀(1977), "派生語 形成과 音韻現象", 「國語硏究」 36.
_____(1983), "派生語形成과 通時性의 問題", 「國語學」 12.
_____(1987), "15世紀 國語의 表記法에 대한 音韻論的 考察", 「國語學」 16.
_____(1990), "國語의 派生語形成 硏究", 博士學位 論文(서울대).
安秉禧(1959), "十五世紀國語의 活用語幹에 對한 形態論的 硏究", 「國語硏究」 7.
王汶鎔(1989), "'飜朴'과 '朴諺'의 사이시옷", 「霽曉李庸周博士回甲紀念論文集」, 한샘.
吳貞蘭(1988), 「硬音의 國語史的 硏究」, 翰信文化社.
李基文(1963), "十三世紀 中葉의 國語 資料", 「동아문화」 第一輯.
_____(1972), 「國語史槪說」, 塔出版社.
_____(1977), 「國語音韻史硏究」, 塔出版社.
이병근(1981), "유음 탈락의 음운론과 형태론", 「한글」 173·174.
李潤東(1988), 「中期 韓國 漢字音의 硏究」(聲母篇), 牛骨塔.
崔銓承(1983), "표면음성제약과 음성변화 - 어간말 이중모음 'iy'의 통시적 발달을 중심으로 -", 「국어 교육」 44·45.
_____(1986), 「19세기 후기 全羅方言의 음운현상과 그 역사성」, 翰信文化社.
최현배(1937/1971), 「우리 말본」(깁고 고침), 정음사.
韓榮均(1985), "음운변화와 어휘부의 재구조화", 「冠岳語文硏究」 10.
허 웅(1985), 「국어 음운학」, 샘문화사.
_____(1981), 「언어학-그 대상과 방법」, 샘문화사.
洪允杓(1987), "近代國語의 語幹末子音群 表記에 대하여", 「國語學」 16.
Aronoff, M.(1976), Word-Formation in Generative Grammar, The MIT Press.
_____(1978), The relevance of productivity in a synchronic description of word formation, J.Fisiak ed., Historical Morphology, The Hague:Mouton.
Beard, R.(1976), Lexical Word-Formation Rule for Russian Adjectives, Language 52.
Hooper, J.B.(1976), An Introduction to Natural Generative Phonology, New York: Academic Press.
Kiparsky, P.(1982a), Lexical Morphology and Phonology, Linguistics in the Morning Calm, Seoul: Hanshin Publishing Company.
劉昌惇(1964), 李朝語辭典, 延世大學校出版部.
香港中文大學出版(1973), 漢字古今音彙.
이희승(1961), 국어대사전, 민중서관.

_____(1982), 국어대사전, 민중서림.

陳彭年(1008),「廣韻」, 臺灣中華書局, 1970.

龍飛御天歌(1445)(龍飛)

釋譜詳節(1447)(釋譜)

月印千江之曲上(1449)(月千샹)

月印釋譜(1459)(月釋)

救急方諺解(1466)(救急)

杜詩諺解(初刊本)(1481)(杜初)

南明集諺解(1482)(南明)

朴通事諺解(初刊本)(16세기초, 1510?)(朴初)

老乞大諺解(16세기초, 1510?)(老乞)

飜譯小學(1518)(飜小)

訓蒙字會(1527)(訓蒙)

新增類合(1576)(新增)

小學諺解(1588)(小解)

杜詩諺解(重刊本)(1632)(杜重)

飜譯朴通事諺解(1677)(飜朴)

譯語類解(1690)(譯語)

[처음 실린 곳]
「韓國言語文學」第32輯, 韓國言語文學會, pp. 19~41. 1994.

[21] 첨가음 'ㄴ'의 성격

1. 머리말

국어에는 형태소 경계를 사이로 하여 없던 소리가 덧나는 경우가 있으니 이의 대표적 예가 사이시옷과 첨가음 'ㄴ'이라고 할 수 있다[1]. 그동안 사이시옷에 대하여는 학계의 수많은 논란과 이견을 보이면서 관심이 집중되어 왔다[2]. 그럼에도 불구하고 이 문제는 여전히 이론(異論)의 여지를 남기고 있다.

'ㄴ' 첨가는 삽입되는 환경 등 몇 가지 점에서 차이점을 드러내는 것을 빼면 사이시옷과는 여러 가지 면에서 상통하는 사잇소리이다. 그러나 이에 대한 연구는 상대적으로 미미한 편이 있으나, 근간에 이르러 성낙수(1987), 기세관(1991), 고광모(1992) 등과 같은 본격적인 연구 업적이 나온 바 있다.

이 글은 기세관(1991)의 '제3장 단어형성에서의 'ㄴ' 첨가'를 바탕으로, 국어의 'ㄴ' 첨가 현상이 갖는 특성 가운데 사이시옷과의 관련성에 주안점을 두고 쓴 것이다.

2. 첨가음 'ㄴ'의 조건과 양상

'ㄴ' 첨가는 '아름다운 이야기, 할 일, 문 열다; 정신적 이유, 세계적 유물' 등에서처럼 두

---

1) 엄밀히 말하면 음성 [ɲ]을 첨가하는 것이겠지만 편의상 이렇게 부르기로 한다. 'ㄴ'이 [ɲ]인 것에 대하여는 기세관(1991: 138~139)) 참조.
   필자는 우리가 흔히 'ㅅ'으로 적고 있는 사잇소리를 '사이시옷'이라고 부르는 것에 찬동하지 않는다. 이 용어에는 실제음과는 다른 [ㅅ]이 개입된다는 뜻이 내포될 수 있기 때문이다. 그러나 이 글에서도 편의상 그대로 쓰기로 한다.
   이 글에서 다루는 'ㄴ' 첨가는 '사이니은'이라고 불러도 무방할 것으로 생각된다. 그것은 삽입되는 소리 [ɲ]이 국어에서 /ㄴ/의 한 변이음에 속하기 때문이다.
2) 이에 대한 연구 업적에 대하여는 '참고문헌' 참조.

단어의 연속에서 이들이 한 마디로 발음될 때 수의적으로 나타나는 경우와, '콩-엿, 찬-이슬, 순천-역, 태양-열, 영업-연도; 헛-일, 맨-입, 신-여성, 총-연습' 등에서처럼 단어형성 과정에서 나타나는 경우의 두 가지가 있다. 그런데 여기에는 음운론적 제약과 형태론적 제약이 뒤따른다. 전자나 후자를 막론하고, 'ㄴ' 첨가는 선행 요소의 자립성과는 무관하지만, 후행 요소는 자립하는 단어일 경우로 한정된다. 또, 선행 요소는 그 종류와는 무관한 받침으로 끝나는 폐쇄 구조를 가지며, 후행 요소는 i나 j로 시작하는 개방 음절일 경우에 국한된다. 따라서, '밭이랑, 맨입; 태양열, 소독약'은 'ㄴ' 첨가와 관련을 맺지만, 선행 요소가 개방 음절로 끝나는 '가래엿, 새일꾼; 이리역, 감기약'이나 후행 요소가 자립하지 못하는 의존 형태소인 '밭이랑[바치랑], 책이(-); 한국인, 국경일'은 그렇지 않다. 다만, 선행 요소가 개방 음절로 끝나더라도 사이시옷이 개입되어 폐쇄 구조가 형성되는 경우에는 'ㄴ'이 첨가된다: 댓잎, 私私ㅅ일. 이 경우의 'ㄴ' 첨가는 반드시 사이시옷의 첨가가 선행하는 경우에 한정된다는 것이 주목 된다[3]).

'ㄴ' 첨가는 고유어, 한자어, 혼종어를 가리지 않고 나타난다. 그러나 'ㄴ'이 첨가되는 폭에 있어서는 한자어와 고유어가 그 모습을 달리한다. 한자어에서와는 달리 고유어 기원의 합성어나 파생어에서의 'ㄴ' 첨가는, '다루는 데 힘이 많이 들고 범위가 넓은 일'을 뜻하는 합성어 '큰일'이나 후행어가 '있다'인 합성어의 경우를 제외하면, 필수적으로 나타나는 경향이 있다: 솜이불, 콩엿, 막일, 맨입. 곧, 'ㄴ' 첨가는 한자어에서보다 고유어에서 보다 적극성을 띠고 나타난다. 그 이유를 분명하게 제시하기는 어렵지만, 대체로 다음과 같은 두 가지 각도에서 찾을 수 있을 듯하다. 첫째, 고유어와 한자어는 본질적으로 서로 다른 음운 구조를 가지고 있어서 거기에 반영되는 언어 현상 ― 여기에서는 'ㄴ' 첨가 현상 ― 도 달리 나타나는 것으로 보는 것이다. 특히, 고유어에서와는 달리 한자어에서는 후행어가 모음 i로 시작되는 경우에는 대체로 'ㄴ' 첨가에서 제외되는데, 이것은 한자어가 지닌 이러한 언어적 특성 때문일 것으로 이해된다. 둘째, 'ㄴ' 첨가 규칙의 성격 변화로 파악하는 것이다. 곧, 'ㄴ' 첨가는 처음에는 고유어에서부터 적용되기 시작하여 차차 한자어에까지 그 적용 영역이 넓혀졌지만 이 시기에는 이미 규칙 축소를 가져와 수의적인 규칙으로 바뀌게 된 것으로 이해하는 것이다.

「한자어 + 고유어」의 구성을 가진 혼종어는 'ㄴ'이 '고유어'에 첨가된다는 점에서 고유어만으로 이루어진 합성어나 파생어가 보여 주는 그것과 평행한 모습을 보이면서 'ㄴ' 첨가와 관련을 맺는다. 그러나 「고유어 + 한자어」의 구성을 가진 혼종어에서는 'ㄴ'이 한자어에 첨가되어야 한다는 점에서 한자어만으로 이루어진 합성어나 파생어가 보여 주는 'ㄴ' 첨가와 평행한 모습을 보여 주는 것으로 믿어진다. 고유어가 후행하는 혼종어인 '金니, 白여우, 空일' 등에서는 필수적으로 'ㄴ'이 첨가되지만, 한자어가 후행하는 혼종어인 경우에는 '옴藥, 안兩班' 등에서처럼 'ㄴ'이 첨가되는 경우와 '첫人事, 첫印象' 등에서처럼

---

3) 'ㄴ'이 첨가의 환경에 대한 보다 상세한 논의는 기세관(1991: 74~130)을 참조

그렇지 않는 경우가 있어서 한자어가 보여 주는 'ㄴ' 첨가와 평행한 모습을 보여 주기 때문이다4).

'ㄴ' 첨가에 있어서 가장 복잡하고도 다양한 모습을 보여 주는 것은 한자어에서이다. 한자어에서도 'ㄴ'이 첨가될 수 있는 환경은 고유어의 그것과 다름이 없다. 이러한 면에서 보면, 'ㄴ' 첨가는 고유어에서의 그것과 한자어에서의 그것에 관계없이 본질적으로 동일한 언어 현상임을 알 수 있다.

국어 한자음은 두음 법칙이나 자음 동화와 같은 음운 규칙과 관련을 맺거나 속음(俗音)으로 굳어진 경우를 빼면 위치에 관계없이 본음(本音)을 유지하는 것이 원칙이다. 이에 따라 「어근+어근」의 구성 방식을 보이면서 단일 구조로 인식되는 '소녀(少女), 개량(改良), 협약(協約)' 등 2음절 한자어나, 역시 단일 구조로 인식되는 '교련(敎聯), 국련(國聯)' 등 준말에서의 제2음은 본음을 유지한다. 그리고 접미사나 접미사처럼 쓰이는 한자도 본음을 유지한다: 한국인, 국경일, 독신녀, 기미년, 생산량, 강우량, 을지로 등.

그러나 여기에도 예외는 존재하는데, 말할이들의 한자어의 구조에 대한 인식의 잘못에서 오는 경우가 대표적이다. '구상유취'(口尙乳臭)는 위에서 말한 원칙에 따르면 [구상유취]로 발음되어야 합리적이겠지만, 사자 성어(四字成語)의 한자어들을 보면 「2자 단어+2자 단어」의 구성 방식을 가진 것을 알 수 있는데 이 단어도 여기에 이끌려 '구상-유취'의 구조로 인식됨으로써 'ㄴ'이 첨가될 수 있는 환경이 조성되고, 이에 따라 'ㄴ'이 첨가되어 [구상뉴취]로 발음되는 것으로 보인다.

한편, '미-립자, 소-립자, 수-류탄, 파-렴치'는 후행하는 자립 단어가 두음 법칙의 적용을 받은 뒤에 단어 형성에 참여한 것으로 보아 '미-입자[미입자], 소-입자[소입자], 수-유탄[수유탄], 파-염치[파염치]'가 되어야 합리적이겠지만, '미립-자, 소립-자, 수류-탄, 파렴-치' 등의 단어 구조로 인식하거나 또는 이들을 단일 구조로 인식한 결과 본음이 유지되고 있는 것으로 볼 수 있으며, 이와는 반대로 '고랭-지'는 오히려 '고-랭지'로 그 구조를 인식함으로써 두음 법칙의 적용을 받아 [고냉지]로 발음되는 것으로 보인다.

한자어는 대체로 2자 1단어, 또는 3자 1단어의 경향이 있어 이음절 또는 삼음절로 이루어진 한자어들은 두 단어의 연속으로는 인식되지 않고 오직 한 단어로 인식되는데, 여기에 해당하는 '소독약, 간장염, 학생용, 태양열, 향학열, 서울역, 독점욕, 휘발유, 신여성, 공염불' 등에서는 'ㄴ' 첨가가 필수적이다. '자립단어+자립단어'의 구성을 가진 단어 가운데 'ㄴ' 첨가와 관련을 맺을 수 있는 환경을 갖춘 2음절어인 '일일(一一)'이, 후행어의 모음이 i임에도 불구하고 'ㄴ' 첨가가 필수적인 것도 역시 동일한 이유에서 비롯한 것일 것이다. 그러나 동일한 3음절 단어라도 「접두사+독립 단어」의 구조를 가진 한자어 가운데 후행하는 단어가 'Ø(zero)' 또는 'ㄹ'을

---

4) 이에 대한 자세한 논의는 기세관(1991: 74~130) 참조.

첫소리로 가진 '한-약방, 양-약방, 공-약수, 경-양식, 강-염기, 목-요일, 몰-염치, 등-용문, 불-연속' 등 일부 단어에서는 'ㄴ'첨가를 거부한다. 한편, 본음이 'ㄴ'을 가진 '신여성, 공염불'의 경우에서는 물론이거니와 본음이 'ㄴ'이나 'ㄹ'을 가진 「자립 단어 + 자립 단어」의 구성에서도 'ㄴ'이 필수적으로 나타나기도 한다: 이혼 여성, 대중 요리. 이렇게 보면 한자어에서는 한자음의 보수성이나 본음을 유지하려는 화자의 어원 의식도 작용하는 것으로 보인다.

이처럼, 한자어에서는 'ㄴ'이 첨가될 수 있는 환경을 갖추고 있으면서도, 고유어와는 달리, 단어의 구성 방식에 따라, 두음 법칙을 적용받기 이전의 한자 본음의 종류에 따라 그리고 후행하는 독립 단어의 어두 모음의 종류에 따라 'ㄴ'이 첨가되는 양상이 달라짐을 알 수 있다.

한 가지 특기할 사실은, 한자어에서의 'ㄴ'첨가가 후행하는 단어의 첫음절의 모음이 'i' 곧 후행하는 단어의 첫음절이 'iX, riX'로 시작되는 '人, 日, 一, 二, 印, 理, 利 ……' 등 일련의 한자 형태소에서는 어느 경우에서든지 제약을 받는다는 것이다. 이 때는 「단어 + 단어」의 구조를 가지는 한자어이거나, 「접두사 + 단어」의 구조를 가진 한자어이거나를 막론하고 'ㄴ' 첨가를 기피하는 경향이 있는데, 이것은 i는 j보다 ŋ과의 음성적 거리가 크기 때문일 것이다. 이렇게 보면, 한자어에서의 'ㄴ' 첨가는 고유어에서와는 다른 음운론적 기제가 작용하기도 한다는 사실을 알 수 있다.

'ㄴ' 첨가의 문제는 결국 첨가음 'ㄴ' 이 가지는 기능에 모아진다. 첨가음 'ㄴ'은 두 단어의 연속이나 단어형성 과정에서 형태소의 경계와 음절의 경계가 일치하지 않을 때 개입하여 그 경계를 획정하여 일치시켜 줌으로써, 후행어의 자립성을 유지시켜 그것의 형태소(의미) 파악에 손상을 가져오지 않도록 도움을 주는 기능을 맡는 것으로 파악된다.

'ㄴ' 첨가는 동일한 환경에서 삽입되기도 하고 그렇지 않기도 하는 수의적 성격을 띠는데, 이 경우 첨가형과 비첨가형 사이에는 본질적인 의미 차이를 가져오지는 않는다. 이것은 첨가음 'ㄴ'이 핵심적인 의미에 영향을 미치는 요소가 아니라 표층에 관련되는 요소임을 말해 준다. 따라서, 비록 위에서 말한 기능을 발휘하기 위해서 어떤 자음이 들어 간다고 하더라도 후행어가 가지는 본래적인 위상을 바꿔버리거나 파괴하지 않는, 또는 후행어의 핵심적인 의미에는 영향을 미치지 않는 범위 안에서 자음의 개입이 이루어져야 한다. 곧, 어떤 자음이 개입된 이후의 형태와 본래의 형태가 동일한 형태(소)로 인식될 수 있도록 음성적인 유사성을 가져야 한다. 이러한 이유로 다른 모음이 아닌 /i/나 /j/ 선행 모음 앞에서, 그리고 다른 자음이 아닌 /ㄴ—ㄴ/의 변이음 [ɲ]—이 개입되는 것으로 추정된다.

3. 첨가음 'ㄴ'과 사이시옷과의 관계

필자는 앞에서 첨가음 'ㄴ'을 일종의 사잇소리로 보았다. 그런데 잘 알려진 바와 같이, 대표적인 사잇소리로는 사이시옷을 든다. 여기에서는 이들 두 가지 사잇소리가 놓이는 음운론적인 환경과 기능을 검토하면서 사이시옷과 관련한 몇 가지 문제점을 지적하고자 한다.

사잇소리라고 하면 사이시옷이 떠오를 정도로 그동안 사이시옷에 대하여는 최현배(1937: 932~940) 이후 많은 학자들의 관심이 집중되어 왔다. 그러나 그것의 기능은 말할 것도 없고 심지어는 그것이 놓이는 환경에 대해서까지도 아직 합일점에 도달한 것 같지는 않다. 이러한 원인은 주로 사이시옷 자체에 내재한 어려움에 기인한 것이겠지만, 연구 방법론에도 문제가 있기 때문인 것으로 보인다. 곧, 사이시옷이 많은 어려움을 내포하고 있음에도 불구하고 사이시옷이라는 범주 안에서만 그 해결책을 찾으려 할 뿐, 이것과 동일한 음운 현상인 사잇소리로 첨가되는 'ㄴ' 첨가를 돌아보지 못한 것도 하나의 원인이 아닐까 한다.

그런데 지금까지 'ㄴ' 첨가가 사이시옷에 비하여 상대적으로 학자들의 이목을 끌지 못한 이유는 어디에 있는 것일까? 이것은 첫째, 첨가음 'ㄴ'이 사이시옷과 동일한 언어 범주에 속하는 이유로 첨가된 것이라는 사실을 파악하지 못한 때문이요, 둘째, 언어사적으로 사이시옷은 '사이 ㅅ'으로 통합되어 기록되기 이전부터 줄곧 표기상에 반영되었을 뿐만 아니라 'ㅅ'으로 통합된 이후에도 앞말이 받침으로 끝나는 경우까지도 'ㅅ'이라는 문자를 빌려 글자 그대로 '사잇소리'로서 표기상에 반영됨으로써 이것이 우리의 의식 속에 '사잇소리'로 자리잡아 왔으나, 첨가음 'ㄴ'은 그렇지 아니하여 사잇소리가 아닌 단순한 음의 첨가로 간과해 버린 때문이 아닐까 한다.

사이시옷과 관련하여 발생하는 문제들 가운데 하나는 그것이 첨가되는 음성적 환경이다. 물론, '냇가'에서와 같이 앞말이 개방 음절로 끝나는 경우에는 국어의 음절 구조상 자연히 앞말의 끝소리가 될 수밖에 없다. 그러나 '물개[물깨], 등불[등뿔]'에서와 같이 앞말이 받침으로 끝나는 폐쇄 음절인 경우에는 사이시옷이 과연 어디에 놓이느냐가 문제된다. 여기에서 이 문제는 잠시 접어 두고 사이시옷의 기능 문제를 논의해 가면서 점차 다루기로 한다.

사이시옷과 관련하여 제기되는 가장 큰 문제는 그것이 가지는 기능이다. 사이시옷의 기능에 대하여는 학자들이 저마다 견해를 달리하고 있지만 그 어느것도 아직까지는 정설로 자리잡지 못하고 있다[5]. 필자는 사이시옷도 본질적으로는 첨가음 'ㄴ'과 동일한 언어적 이유로 즉, 동일한 기능을 발휘하기 위하여 삽입되는 사잇소리로 파악한다. 이들은 모두 두 언어 요소 사이에 삽입되는 존재이기 때문이다.

앞에서도 이미 언급한 바 있듯이, 필자는 'ㄴ'의 첨가가 선행어와는 무관하며 후행어의 자립성을 유지하기 위하여 이루어지는 것으로 본다. 그리고 이렇게 보는 가장 큰 이유로서 'ㄴ'의 첨가가 선행어의 끝 받침의 종류나 자립성과는 무관하다는 사실과 후행어가 자립하는

---

[5] 사이시옷의 기능과 관련한 그 간의 학자들의 견해에 대하여는 문수미 (1989: 13~18), 김정수(1989: 7~10), 이현규(1982: 15), 고광모(1992) 등 참조.

단어에 한정된다는 사실이다. 그런데 이와는 반대로, 사이시옷의 첨가는 후행어의 첫소리의 종류와는 무관하며 후행어보다는 선행어와 밀접하게 연결되어 있다는 사실을 여러 학자들이 지적하고 있다. 김차균(1982: 11)에서는 사이시옷이 선행어에 관련되는 요소임을 지적한 바 있는데 이 부분을 원문대로 옮기면 다음과 같다6).

> 사이ㅅ은 두 개의 직접 성분 가운데 앞쪽의 성분에 더 밀접하게 결합된 것으로 믿어진다. 그것은 15세기의 문헌 자료상으로 뚜렷이 나타나며(설명은 생략), 또 「다ᄋᆞᆷ업스니<법화, 6:86>」에서는 뒷 직접 성분이 없어도 쓰이고 있는 것만 보아도 알 수 있다. 또 이것은 간접적인 증거이지만 현대국어에서 「웃어른, 겟우렁이」가 [*usərən, *kesurəɲi]로 발음되지 않고, [udərən, kedurəɲi]로 발음되는 것을 보아도 사이ㅅ은 첫 직접성분에 밀접하게 관계됨을 알 수 있다.

왕문용(1989: 366)에서도, 비록 중세어를 대상으로 고찰한 것이지만, "사이시옷은 선행 요소의 종성 위치에 나타나는 것이고 후행어의 두음에 나타나는 것은 아니다. 후행 명사의 두음이 경음이거나 유기음일 때에도 사이시옷은 표기되고 있다."고 하여 동일한 견해를 보이고 있으며7), 문수미(1989: 52)에서도 실험 음성학적인 결과 분석을 토대로 하여 사잇소리는 "앞 음절의 꼬리(coda)에 가서 원래 있던 자음과 결합해서 하나의 보다 긴 음절의 꼬리(coda)를 이루게 된다."고 보고하고 있다. 이것은 첨가음 'ㄴ'이 후행어의 첫소리로 개입되는 데 반하여 사이시옷은 선행어의 끝소리로 개입된다는 사실을 말해 준다고 믿는다. 따라서 필자는 사이시옷도 첨가음 'ㄴ'과 마찬가지로 그것이 첨가되는 쪽의 언어 요소에 영향력을 미치기 위하여 첨가되는 것으로 해석할 수밖에 없고 그것의 기능도 'ㄴ' 첨가의 그것에 값하는 것으로 볼 수밖에 없다8). 다시 말해서 후행어와 밀접하게 관련을 맺고 있는 첨가음 'ㄴ'이 후행어의 자립성을 유지하여 그것의 의미 파악에 손상을 입히지 않도록 하기 위하여 개입되듯이, 선행어와 밀접하게 관련을 맺고 있는 사이시옷은 본질적으로는 선행어의 자립성을 유지하여 그것의 의미 파악에 손상을 입히지 않도록 하기 위하여 개입되는 것으로 본다9). 곧, 사이시옷이

---

6) 김차균(1984: 81)에서도 "사이 시옷의 기저 음소는 /s/(ㅅ)이며, 그 음운론적 구조는 /+s#/이다."라고 결론하여 사이시옷이 선행 요소의 끝소리가 됨을 주장하고 있다.

7) 이현규(1982: 4~5)에서도 15세기의 표기 자료들을 바탕으로 "'사이시옷'이 뒤에 오는 말과는 직접적으로 관계가 없다(p.4).……그러면 자연히 이 '사이시옷'은 앞에 오는 낱말(또는 형태소)과의 관련하에서 설명되지 않으면 안된다(P.5)."고 주장하여 역시 동일한 견해를 보인다.

8) 15세기 한글 문헌 자료에서 다양하게 표기되어 나타나는 사이시옷은 후행 요소의 첫소리와는 관계없고, 선행어가 유성음으로 끝날 경우에 한정된다. 이 사실 또한 사이시옷이 후행어보다는 선행어와 보다 밀접한 관련을 맺는다는 방증이 된다. 그리고 필자는 츕世官(1991: 31~35)에서 '(설 + 달→설 + ㅅ + 달→)섯달, (이틀 + 날→이틀 + ㅅ 날→)이튿날' 등에서처럼 후기 중세국어 문헌에서 흔히 보는 선행어의 말음 'ㄹ'의 탈락은 사이시옷의 폐쇄화에 말미암은 것으로 기술한 바 있는데 이 또한 사이시옷이 선행어와 보다 밀접한 관련을 맺고 있다는 방증이 될 수 있을 것이다.

가지는 본질적인 기능은 선행어의 자립성의 확보에 있고 선행어와 후행어가 한 단어로 인식됨을 표시하는 것이나 선행어의 말음을 폐쇄화하는 것이나 속격 표지가 되는 것 등 다른 기능들은 2차적으로 파생된 것에 불과한 것으로 본다. 만일 이렇게 볼 수만 있다면, 사이시옷의 기능에 대한 기존의 여러 학설들은 재검토되거나 재정리되어야 할 것이다.

여기에서 다시 사이시옷이 놓이는 위치에 대한 논의로 돌아가 보자. 결론을 먼저 말하자면, 필자는, 후행어에 초점이 놓이는 첨가음 'ㄴ'이 후행어의 첫소리로 삽입되듯이, 선행어에 초점이 놓이는 사이시옷은 선행어의 끝소리로 개입되는 것으로 본다. 위에서 인용한 세 분의 입장도 역시 필자의 그것과 일치함을 보여 준다. 특히, 문수미(1989)에서는 앞말이 받침으로 끝나는 경우에도 동일한 해석을 내리고 있음이 주목된다. 그러나 이렇게 보는 데에도 문제점이 없는 것은 아니다. 곧, 사이시옷이 구체적인 소리의 실체로서 존재한다고 보는 입장에 서고 보면, 이러한 견해는 국어 화자의 언어 의식에 맞지 않는다는 난점이 뒤따른다. 사이시옷이 삽입될 때 후행어의 첫소리에서 보는 경음화 현상은 사이시옷에 의해 동기화되는 경음화 규칙의 지배를 받는 것으로 보더라도[10], 두 모음 사이에 세 자음이 와야 하는 모순점은 여전히 문제로 남게 된다.

위에서 논의된 내용 가운데 사이시옷과 첨가음 'ㄴ'이 가지는 기능을 대비하여 표로 정리하면 다음과 같다.

---

9) ① 이현규(1982: 29)에서는 사이시옷의 본질적인 기능을 "앞뒤의 말을 분명히 구분해야 할 필요성에서 생기는 자연적인 현상"으로 파악하고 있는데, 이것은 필자의 견해에 어느 정도 접근한 느낌이 든다.
② 사이시옷과 첨가음 'ㄴ'이라는 두 가지 음성으로 삽입되는 사잇소리 현상이 본질적으로 동일한 언어현상이라고 본다면, 개입되는 두 가지 음성들은 기저에서는 동일한 한 가지 음성으로 소급되고 그리하여 이것이 표면에서 상이하게 실현되는 것은 아닐까 하는 의심을 가질 수도 있을지 모른다. 그러나, 이렇게 보면 '뒷일, 댓잎' 등에서 동일한 기능을 갖는 요소의 중복을 합리적으로 설명하기 어렵다. 그리고 우리는 언어 현상을 설명함에 있어서 추상적 기저형(기저음)을 설정하는 것을 가급적 피하는 입장이므로, 추상적 기저음을 설정하여야 하는 이러한 기술 방법은 채택하지 않기로 한다.
10) 국어에서 [ㄱ, ㄷ, ㅂ] 소리 -엄밀히 말하면 그것들의 미개방음- 뒤에 오는 'ㄱ, ㄷ, ㅂ, ㅅ, ㅈ'은 필수적으로 경음화한다. 이숭녕(1961: 88)에서는 사이시옷이 "다음말의 頭音에 [ʔ]을 加해서 硬音을 만드는 구실을 表示"한다고 설명하고 있다. 곧, 사이시옷이 후행어의 두음을 경음화하기 위하여 개입된다고 보고 있다. 李熙昇(1961: 174)에서도 "대체로 아랫말의 발음이 된소리인 것을 표시하는 일"이라 설명하여 동일한 견해를 보인다. 앞에서 이미 설명한 것처럼, 필자는 이러한 견해에는 동의하지 않는다. 사이시옷의 기능을 "뒷소리의 경음화"로 보면 '냇물, 콧날' 등에서처럼 뒷소리가 경음화되지 않는 경우를 설명하자면 무리가 따르기 마련이기 때문이다.

사잇소리	위치	기능	
ㅅ	선행어의 끝소리	선행어의 자립성 확보 → 선행어의 한 단어로 인식됨을 표시	경계 획정
ㄴ	후행어의 첫소리	후행어의 자립성 확보 → 후행어의 형태소 인식에 도움	

4. 맺음말

이 밖에도 사이시옷으로 삽입되는 음이 과연 어떤 음이며, 만일 이것을 [t]로 본다면[11], 여러 자음들 가운데 이것만이 선택될 수 있는 이유는 무엇일까 등 여러 가지가 문제로 대두될 수 있겠지만, 이 글에서는 몇 가지 문제점만 제시하는 것으로 그친다. 필자는 아직 사이시옷에 대하여는 깊이 있는 연구를 하지 못했기 때문이다. 아무튼, 여기에서 한 가지 분명한 사실은 사이시옷이나 첨가음 'ㄴ'에 대한 연구는 상호 보완 관계에 놓이며, 이들 두 가지에 대한 연구가 병행되어 이루어질 때, 또는 이들 두 가지 언어 자료를 묶어 동시에 사잇소리라는 한 가지 문제의 대상으로 삼아 연구할 때, 보다 확실한 연구가 이루어질 수 있을 뿐만 아니라 지금까지 제기된 사이시옷과 관련한 수많은 문제들이 어느정도 풀릴 수 있을 것으로 보고 사이시옷과 관련한 몇 가지 문제점들을 지적하였다.

참고문헌

고광모(1992), "ㄴ 첨가와 사이시옷에 대한 연구", 「언어학」 제14호, 한국언어학회.
高永根(1974), 「國語接尾辭의 研究」, 光文社.
─── (1989), 「國語形態論研究」, 서울大學校 出版部.
국어 연구소(1988a), 「한글 맞춤법 해설」.
─── (1988b), 「표준어 규정 해설」.
奇世官(1991), "國語 單語形成에서의 /ㄹ/ 脫落과 /ㄴ/ 添加에 대한 音韻論的 研究", 원광대학교 대학원 박사학위 논문.
金圭哲(1980), "漢字語 單語形成에 대한 研究 - 固有語와 比較하여 -", 「國語研究」 41.
金相淑(1976), "挿入子音에 대한 研究", 「東岳語文論集」 9, 東國大 東岳語文學會.
金星奎(1987), "語彙素 設定과 音韻現象", 「國語研究」 77.
─── (1988), "非自動的 交替의 共時論", 제31회 全國國語國文學研究發表大會抄.

---

11) 사이시옷의 음성적 실체에 대하여는 보다 정밀한 연구 결과를 바탕으로 결론을 내려야 할 것이지만, 여기에서는 일단 이렇게 추정해 둔다.

金壽卿(1947), "龍飛御天歌 挿入子音考", 「震檀學報」 15, 震檀學會.
김승곤(1985), "한국어 어중첨가음 「ㄴ」의 음성학적 원인 고찰", 선오당 김형기선생팔질기념국어학논총, 어문연구회.
김정수(1989), "한말[韓語]의 사잇소리 따위의 문법 기능", 「한글」 206.
金政佑(1988), "음운론의 비음운론적 정보 문제", 「第31回 全國國語國文學硏究發表大會抄」, 국어국문학회.
김종택(1980), "사잇소리 'ㅅ'과 형태소 'ㅅ'에 대하여", 「국어 교육 연구」 12, 경북대학교.
김차균(1982), "15세기 국어의 사이ㅅ의 음운론적 고찰", 「어문연구」 제11집, 어문연구회.
──(1984) "현대국어의 사이ㅅ", 「언어학」 제7호, 한국언어학회.
南廣祐(1960), 「國語學論文集」, 一潮閣.
──(1963), "ㄹ子音의 添落에 對하여", 「文耕」 第15輯(중앙대)<南廣祐(1980)에 再 收>.
──(1980), 「國語學硏究」, 二友出版社.
──(1984), 「韓國語의 發音硏究[Ⅰ]」, 一潮閣.
도수희(1983), "음운변화의 잠재기능에 대하여", 「語文硏究」 13.
문교부(1988a), 「한글 맞춤법」.
──(1988b), 「표준어 규정」.
문수미(1989), "현대국어의 사잇소리에 관한 음성학적 고찰 — 실험음성학적 접근 — ", 「언어학연구」 제2호, 서울대학교 대학원 언어학과.
朴炳采(1971), 「古代國語의 硏究」(音韻篇), 高麗大學校 出版部.
박종희(1983), 「국어 음운론 연구」, 원광대학교 출판국.
박창원(1986), "음운교체와 재어휘화", 「어문논집」 2, 경남대 국어교육학회.
──(1987), "표면음성제약과 음운현상 - 고성지역어의 음절구조를 중심으로 - ", 「國語學」 16.
──(1990), "음운규칙과 단어형성의 층위 – 어휘음운론적인 접근과 그 문제점 – ", 「二靜鄭然粲先生回甲紀念論叢」, 塔出版社.
배양서(1971), "한국어 음운론의 논쟁점 몇 가지", 「한글학회 50돌 기념 논문집」.
徐禎穆(1977), "十五世紀 國語 屬格의 硏究", 「國語硏究」 36.
성낙수(1987), "이른바 'ㄴ 덧나기'에 대하여", 「한국학과 알타이어학」, 대구 효성 여대 출판부.
宋 敏(1986), 「前期近代國語 音韻論 硏究」, 塔出版社.
宋喆儀(1977), "派生語 形成과 音韻現象", 「國語硏究」 36.
──(1983), "派生語形成과 通時性의 問題", 「國語學」 12.
──(1987), "15世紀 國語의 表記法에 대한 音韻論的 考察", 「國語學」 16.
──(1990), "國語의 派生語形成 硏究", 博士學位 論文(서울대).
安秉禧(1968), "中世 國語의 屬格語尾 '-ㅅ'에 대하여", 「李崇寧博士頌壽紀念論叢」.
王汶鎔(1989), "'翻朴'과 '朴諺'의 사이시옷", 「霽曉李庸周博士回甲紀念論文集」, 한샘.
오원교(1981), "「사잇소리」에 대하여", 「어문학」 41.

吳貞蘭(1988), 「硬音의 國語史的 硏究」, 翰信文化社.

우민섭(1983), "사이시옷 연구", 「새 국어 교육」 37-38, 한국 국어 교육학회.

劉昌惇(1963), "「ㄷ」 添加 現象의 硏究", 「東方學志」 7.

이광호(1976), "중세 국어 속격의 일 고찰", 「국어국문학」 70.

이병근(1981), "유음 탈락의 음운론과 형태론", 「한글」 173·174.

李崇寧(1939), "朝鮮語異化作用에 對하여", 「震檀學報」 11.

─── (1960), "中世國語의 異化作用의 考察 －特히 rVr>rV의 公式의 抽出을 中心으로 하여－", 「學術院 論文集」 第2輯.

李潤東(1988), 「中期 韓國 漢字音의 硏究」 (聲母篇), 牛骨塔.

李應百(1980), "국어辭典 語彙의 類別 構成比로 본 漢字語의 重要度와 敎育問題", 「語文硏究」 25·26(李應百(1988)에 再收).

─── (1988), "資料를 통해 본 漢字·漢字語의 實態와 그 敎育", 亞細亞文化社.

이현규(1969), "국어의 덧접사(suprafix) 설정 시고－'사이ㅅ'을 중심으로－", 「어문학」 20, 한국어문학회.

─── (1982), "사이시옷의 형태와 기능", 「한글」 176.

李熙昇(1955), "揷腰語(音)에 대하여 － 訓民正音과 龍飛御天歌를 中心으로－", 「論文集」 2, 서울大學校.

─── (1961), 「國語學槪說」, 民衆書館.

任洪彬(1981), "사이시옷 問題의 解決을 위하여", 「國語學」 10.

全在昊(1967), "사이ㅅ 硏究 －杜詩諺解 一卷을 中心으로－", 「국어국문학」 37·38, 국어국문학회.

鄭遇澤(1987), "後期近代國語의 形態音素論的 考察", 「國語硏究」 79.

崔銓承(1983), "표면음성제약과 음성변화 － 어간말 이중모음 'iy'의 통시적 발달을 중심으로 －", 「국어 교육」 44·45.

─── (1986), 「19세기 후기 全羅方言의 음운현상과 그 역사성」, 翰信文化社.

최현배(1937/1971), 「우리 말본」(깁고 고침), 정음사.

한글 학회(1980), 「한글 맞춤법」, 한글 학회.

韓榮均(1985), "음운변화와 어휘부의 재구조화", 「冠岳語文硏究」 10.

허 웅(1985), 「국어 음운학」, 샘문화사.

─── (1981), 「언어학－그 대상과 방법」, 샘문화사.

洪允杓(1987), "近代國語의 語幹末子音群 表記에 대하여", 「國語學」 16.

Ahn, Sang-Cheol(1985), The Interplay of Phonology and Morphology in Korean, Ph.D. Department of Linguistics, University of Illinois at Urbana-Champaign.

Eung-Do, Gook(1987), A Mistaken Identity of Gemination, LANGUAGE RESEARCH, Volume 23, No.4, LANGUAGE RESEARCH INSTITUTE, SEOUL NATIONAL UNIVERSITY.

Yong-Key Kim-Renaud(1975), Korean Consonantal Phonology, 탑출판사.

이희승(1961), 국어대사전, 민중서관.

─── (1982), 국어대사전, 민중서림.

신기철·신용철(1983), 새 우리말 큰사전, 삼성출판사.
유재원(1985), 우리말 역순사전, 정음사.

[처음 실린 곳]
「先淸語文」(서울大學校 師範大學 國語敎育科), 第27輯, 633~647. 1999.

[22] 국어 사이시옷의 기능[*]

제1장 서론

국어 사이시옷에 대한 연구는 그간의 논란만큼이나 다양하고 폭넓게 이루어져 왔다.[1] 사이시옷에 대한 연구는 해방 이후 음운론적 연구에서 출발하여 형태·통사·의미론적 영역으로 확대되어 이루어져 왔으며, 1990년대 이후에 들어서는 특히 형태·통사론적 측면에서의 연구가 활발히 이루어지고 있다(김진호, 2001: 94). 그동안 후기중세국어[2]뿐만 아니라 고대국어 자료에 관해서도 깊이 있는 검토가 이루어져 왔으며, 차자표기 문헌을 통한 고대국어의 재구, 정음 창제 이후의 문헌 연구 및 방언 연구 등을 통해 이제 사이시옷의 양상을 짐작할 만한 국어의 통시적 연구 성과들도 웬만큼 축적되었다고 할 수 있을 정도이다.

그럼에도 불구하고 아직도 사이시옷에 관한 견해가 일치되지 않고 있는 실정이다. 무엇보다도 현행 맞춤법 규정은 제30 항의 사이시옷에 관해,

---

[*] 공동집필: 송명숙
[1] 현대국어의 사잇소리에는 'ㄱ, ㅎ, ㅂ, ㅅ, ㄴ' 들이 있다고 하나 'ㄱ'은 선행어가 통시적으로 'ᄀ' 보유 체언인 경우이며, 'ㅎ'은 'ㅎ' 말음체언, 'ㅂ'은 복합어를 형성할 때 후행어로 온 ㅂ계 병서자가 선행어 말음으로 음절경계 이동한 어사가 화석화된 형태라 할 수 있으므로 진정한 의미의 사잇소리라 하기 어렵다. 'ㄴ'의 경우는 사이시옷과 긴밀한 상관관계를 가지면서 발달한 사잇소리라고 판단되므로 3장에서 논의할 것이다. 한편 이 글에서는 비록 'ㅅ'으로 표기되지는 않았으나 사이시옷의 다른 표기라 할 수 있는 'ㄱ, ㄷ, ㅂ, ㅎ, △' 등에 대해서도 논의의 대상으로 삼을 것이다. 그리고 자소(字素)를 가리킬 때는 '사이 ㅅ' 또는 'ㅅ'이라 하고, 인용할 경우 되도록 연구자가 사용한 용어를 쓰겠다. 사이시옷의 명칭에 관한 그간의 논의는 박부영(1983: 4)에 표로 정리되어 있고, 사이시옷에 대한 그간의 연구사는 전철웅(1990), 김진호(2001)를 참조할 수 있다.
[2] 문헌 자료의 결핍으로, 후기중세국어가 정확히 언제부터 시작하는지를 말하는 것은 쉬운 일이 아니다. 국어사 기술에 있어서 훈민정음 창제의 중요성을 반영한다는 점에서 국어사 시대구분은 이기문(1961)의 견해를 따르기로 한다(고대국어시기: 삼국시대~고려건국 이전, 전기중세국어시기: 고려 건국이후~훈민정음 창제 이전, 후기중세국어시기: 훈민정음 창제이후~임진왜란, 근대국어시기: 임진왜란 이후~갑오경장 이전, 근세국어시기: 갑오경장 이후~대한민국 독립 이전, 현대국어시기: 대한민국의 독립~현재). 그러나 앞으로 중세국어라 함은 특별한 언급이 없을 경우 후기중세국어를 가리키는 말이다.

1) 순 우리말로 된 합성어로서 앞말이 모음으로 끝난 경우.
'고랫재, 귓밥, 나룻배' 등과 같이 뒷말 첫소리가 된소리로 나는 것, '멧나물, 아랫니, 냇물' 등과 같이 뒷말의 첫소리 'ㄴ, ㅁ' 앞에서 'ㄴ' 소리가 덧나는 것, '뒷일, 나뭇잎, 베갯잇'과 같이 뒷말의 첫소리 모음 앞에서 'ㄴㄴ' 소리가 덧나는 경우에 사이시옷을 받쳐 적는다.
2) 순 우리말과 한자어로 된 합성어로서 앞말이 모음으로 끝난 경우.
'귓병, 아랫방, 자릿세'와 같이 뒷말의 첫소리가 된소리로 나는 것과 '곗날, 제삿날, 툇마루'에서처럼 뒷말의 첫소리 'ㄴ, ㅁ' 앞에서 'ㄴ' 소리가 덧나는 것, '훗일, 예삿일, 가욋일'처럼 뒷말의 첫소리 모음 앞에서 'ㄴㄴ' 소리가 덧나는 경우, 그리고 '곳간(庫間), 셋방(貰房), 숫자(數字)'에서처럼 두 음절로 된 6개의 한자어에 사이시옷을 받쳐 적는다.

라고 하여 사이시옷을 된소리와 관련지어 기술하고 있는데, 이는 사이시옷이 본질적으로 경음화를 목적으로 하는 것인 양 오인하게 할 우려가 있는 것이다.[3]

현대국어에서는 경음화(또는 비음화)로 사이시옷의 실현을 알 수 있고, 통시적으로 국어의 경음 형성과 밀접한 관련을 가지고 발달해 온 것은 사실이지만 사이시옷은 경음화를 위해 개입하는 것은 아니다.

또한 맞춤법 규정 제29 항의 해설에서는 "'섣달', '이튿날' 등의 'ㄷ' 표기는 역사적 현상으로서 'ㄷ'으로 바뀌어 굳어져 있으므로 어원적인 형태를 밝히어 적지 않는다."고 기술하고 있다. 그러나 제7 항에서 "'ㄷ' 소리로 나는 받침 중에서 'ㄷ'으로 적을 근거가 없는 것은 'ㅅ'으로 적는다."라고 한 점이나 통시적으로 이들이 사이시옷의 개재로 이루어진 어사라는 것을 고려하면 'ㅅ' 표기가 타당하다.[4]

필자는 이처럼 현행 한글 맞춤법의 사이시옷에 관한 맞춤법 규정이 자의적, 관념적인 측면을 보이는 점이 사이시옷과 관련한 혼란의 한 원인을 제공하고 있다고 생각한다.

한편 현대국어에서는 주로 합성어 사이에 사이시옷이 나타나지만 구 구성에 사이시옷이 나타나기도 한다.

(1) ㄱ. [[철수가 도착한 날]ㅅ 밤], [[철수 생일인 지난 일요일]ㅅ 밤]
ㄴ. [[이 동네]ㅅ 사람], [[이 마을]ㅅ 사람]
ㄷ. [[출석한 사람]ㅅ 수], [[이 산에 사는 동물]ㅅ 수]
ㄹ. [[2년]ㅅ 동안], [[지난 여름]ㅅ 동안] (김창섭, 1996: 60에서 재인용)

---

[3] 우민섭(1983: 352)에서도 '냇가, 콧등' 등이 된소리가 되기 때문에 'ㅅ'이 개입되는 것이 아니라 'ㅅ' 소리가 개입되기 때문에 결과적으로 된소리가 되는 것이라고 하고, 따라서 '뒷말 첫소리가 된소리로 나는 것'이란 규정은 '사이 ㅅ 소리가 나는 것'으로 바꾸어야 한다고 주장한다.
[4] 숍世官(1990: 31)에서는 이들이 역사적으로 '이틋날(석 27), 사훗날(박통초상 46), 며츤날(←며춧날)(노걸대하 64), 섯달(두초 45)'과 같이 표기되었던 어사임을 보여준다.

(1)은 현대국어에서 구 구성에 'ㄷ' 첨가가 나타나는 것을 보이는 예로서 이는 현대국어의 'ㄷ' 첨가가 15세기 국어의 사이시옷을 계승한 것임을 보이는 증거라 할 수 있다.

이러한 관점에서 이 글은 현대 국어의 공시태 안에서는 명확한 해명이 불가능한 사이시옷 현상에 대해, 이전 시기 사이시옷의 분포와 쓰임을 고찰해 봄으로써 사이시옷의 본질적 기능을 규명하고자 한다.

제2장 사이시옷의 분포 양상

(2) 단어 내부
  닚간(석 4: 12)

(3) 합성어 사이
  숈가락(월 18: 44)
  눉믈(용 91)
  넚디-(월 13: 7)
  갌돌-(석 11: 26)

(4) 명사와 명사, 명사와 대명사의 사이
  아ᄃ닚긔(용 25)
  부텻긔(월 74)
  오눐낤ᄀ장(석 6: 37)
  읻ᄀ장(능엄 75)[5]

(5) 조사와 명사구의 사이
  백보앤 믈채 쏘샤(용 63)
  믈 우흿 룡이(용 100)
  地獄앳 罪人(석 4: 11)
  셩이 니가읫 舘夫ᄒ야 어드라(번박상 3)
  흔댱가읫 믈고티ᄂ니 잇ᄂ니(번박상 42)
  鴨江앳 將軍氣를 아모 爲ᄒ다(용 39)
  죽사릿 根源엣 三毒(석 4: 41)

---

5) 이때 '긔, 도장' 같은 명사, 대명사가 사이시옷과 결합하여 복합조사를 이룬 것으로 용비어천가나 월인천강지곡과 같은 정음 초기 문헌에서는 선행어의 받침으로만 표기하였으나 이후 병서형 표기가 등장하여 후기문헌에까지 확대되는 특이한 양상을 보여준다. 이것은 'ᄭᅴ, ᄭᅡ장'을 단일한 형태소로 인식함으로써 사이시옷으로서의 독립성이 약하게 인식된 데 연유한 것이라 해석된다(이익섭, 1992: 187~196).

져젯 수를 (박초 2)
　　　四禪天으롯 우흔(월 1: 50)
　　　像秀롯 오매 道術이 ᄒᆞ마 뗘야디여(능엄 1: 12)
　　　부텨와 菩薩왓 像이(월석 8: 219)
　　　하ᄂᆞᆯ과 짜괏 ᄉᆞᅀᅵ예(박초 7: 50)

(6) 부사어 성분과 명사구 사이
　　　제여곲 인연으로 須陁垣도 得ᄒᆞ며(석 6: 39)
　　　죠고맷 일각문(박초 58)
　　　아못 일도(석 4: 12)
　　　將次ㅅ 늘구메(두초 23: 56)

(7) 관형어와 체언 어사 사이
　　　ᄒᆞᆫ 덩잇 어름 노코(박초 5)
　　　여러가짓 로롯 바치들(박초 5)
　　　세존ㅅ일 ᄉᆞᆯ보리니(월 2)
　　　잇양ᄋᆞ로(석 4: 28)
　　　나랏천 일버ᅀᅥ(월 3)
　　　세 가짓 불기 아ᄅᆞ샤(석 4: 39)
　　　샹넷 數(능엄 4: 95)
　　　하오샷 말(능엄 9: 117)

(8) 종속절과 주절의 사이
　　　流布호더 다ᇬ 업시 오리라(능엄 4)
　　　動 업닷 마리오(월석 15: 50)
　　　그 고을 知州事랏 벼슬ᄒᆞ엿더니(번소 9: 4)
　　　無量劫에 修行이 니그실ᄊᆡ 몯일우옳갓 疑心이 업스시나(월 19)

　사이시옷을 문법범주에서 논의할 때, 안병희(1968) 이후 많은 연구자들은 대부분의 경우 이를 속격 형태소로 간주한다. 그리고 실제로 학교문법이나 전통문법에서 현대국어의 관형격 조사 또는 속격조사로서 '-의'를 설정하고 있다.

　안병희(1968) 등에 의하면 대부분 'ㅅ'은 무정체언이나 유정존칭 표시어에 연결되고 '이/의'는 유정평칭체언에 연결된다(안병희, 1968; 홍윤표, 1994). 이들은 중세국어의 속격 형태소 'ㅅ'이 16세기 이후 '이/의'에 자리를 내어주고 현대국어에서 사이시옷은 복합어 형성에 화석화되었다고 한다(홍윤표, 1994: 438 참조). 그러나 이러한 분류는 이덕흥(1991), 이광호(1992) 등에 의해 이미 많은 예외가 드러나 있다.

(9) 佛菩薩ㅅ 일훔(월석 21: 126) : 자식의 일훔(월석 8: 83)
如來ㅅ 몸(석 9: 26) : 龍이 몸(능엄 6: 21)
뫼ㅎ가온디(석 19: 19) : 사ᄅᆞᄆᆡ 들(석 6: 5)
菩薩如來이 本來ㅅ 修行(월석 8: 43)

(9)의 예처럼 15세기에 사이시옷과 '이/의'가 수의적으로 교체하는 양상을 보이고 있기는 하나, '이/의'가 붙은 어사에 다시 사이시옷이 결합하는 위의 (5)처럼 '이/의'에 다시 'ㅅ'이 결합하는 예들을 보면 이들의 분류가 타당하지 않음을 알 수 있다.6)

국어의 격(格)은 인구어의 격과는 그 형태적 특질을 달리하고 있다(허웅, 1983: 197). 국어에서 문장은 서술어를 중심으로 다른 문장성분들이 여기에 이끌려 하나의 완결된 짜임새로 만들어지는 언어형식이다. 필자는 국어의 격을 이처럼 다른 문장 성분이 서술어에 이끌리는 관계(허웅, 1983: 211)로서 설명하는 것이 문법의 기술에서 보다 합리적이라고 판단한다. 이를 따르면 조사 '의'는 서술어에 바로 이끌리지 않고 여러 가지 언어형식에 붙어서 뒤 어사의 뜻을 한정하고, 뒤 어사와 더불어 문장 안에서 여러 가지 문장 성분으로 기능하므로 격조사와는 구별되는 연결조사라고 분류하는 학자도 있다(허웅, 1983: 211).

이렇게 보면, 사이시옷을 속격 형태소로 분류했을 때는 그 분포 양상에 대해 포괄적으로 설명하기 어려웠던 점들을 일관성 있게 해명할 수 있다.7) 즉 위의 (2)~(8)과 같이 다양한 분포 양상을 보이는 사이시옷은 '이/의'가 나타나는 환경은 물론 여러 가지 다양한 언어 형식에 붙어 뒤 어사의 뜻을 한정하고 그것이 붙은 어사가 구나 절인 것과 무관하게 경계표지를 이루어 하나의 문장 성분으로 기능하도록 하는 것이다.

이와 같이 종래 합성어 표지로 본 사이시옷과, 속격의 기능을 하는 것으로 알려진 사이시옷 현상은 별개의 현상이 아니라 단일한 통사 기능 즉, 관형어를 형성시켜 뒤 어사에 이어주면서 두 어사 사이에서 경계표지로서의 기능을 수행한다고 할 수 있다.8)

3장에서는 사이시옷이 '이/의'와 어떻게 변별되고 구체적으로 어떤 관형 구성을 이루는지 살펴볼 것이다.9)

---

6) 박창원(1997: 474)에서도 '이/의'는 명사와 명사의 연결에만 사용되지만 'ㅅ'은 명사와 명사의 연결 외에도 다양한 용례를 찾아 볼 수 있는 것으로, 이들은 엄연히 구별된다고 한다.
7) 권용경(1993: 422~423)에서는 사이시옷에 대한 그간의 논의가 속격의 기능에 국한되어 있었으나 체언이나 체언 상당구의 구성뿐만 아니라 용언 어간을 선·후행 요소로 하는 합성어 구성에도 개입하는 것은 예외적인 것으로 무시할 수 없다고 기술하고 있다.
8) 안병희(1968)의 '형태소 ㅅ'과 '사이 ㅅ', 박창원(1997)의 '사잇소리'와 '사이시옷', 황국정(2000)의 속격 'ㅅ'과 체언화소 'ㅅ', 권재선(2001)의 '입성 사이소리'와 '연결 사이소리' 등과 같이 사이시옷을 구분하여 논의하는 입장과 달리 이 글에서는 사이시옷의 음운론적 기능과 통사의미적 기능을 아우르는 사이시옷의 본질을 규명하고자 한다.

제3장 '의/의'와 사이시옷

'-의'를 두 낱말을 이어 줌으로써 그것이 월성분이 되게 하는 연결조사의 일종으로 보면, 그동안 '-의'와 함께 사이시옷을 속격(관형격) 조사로 보아서는 설명하기 어려웠던 문제들을 해결할 수 있다.

즉, 종래 합성어 표지로 본 사이시옷과 소위 속격의 기능을 하는 것으로 알려진 사이시옷이 별개의 현상이 아니라 단일한 통사 기능임을 설명할 수 있는 것이다. 이러한 관점에서 최근에는, 종래 여러 가지 설이 제기되었던 중세국어 사이시옷의 통사·의미 기능에 대하여 대체로 그것이 관형어의 표지 역할을 한다는 결론이 수용되고 있다(왕문용, 1989ㄴ; 이은정, 1987 등). 따라서 이 글에서도 합성어 구성에 참여하는 사이시옷이나 그 밖의 사이시옷을 통합하여 이것이 관형어 형성의 표지로서의 역할을 한다고 본다.

15세기에 관형어 형성의 표지로 사용되던 것에는 사이시옷 외에도 '의/의'가 있었다. 그러나 15세기 당시에 사이시옷과 '의/의'는 엄연히 구별되어 사용되었던 것들이다. 즉 '의/의'는 명사와 명사의 연결에만 사용되지만 사이시옷은 명사와 명사의 연결 외에도 다양한 용례를 찾아 볼 수 있는 것이다. 용비어천가를 예로 보아도 '모맷병(20장), ᄀᆞ샛움ㅎ(10장), 안햇움ㅎ(10장), 府中앳遠吏(38장), 우흿龍(18장)' 등에 나타나는 사이시옷은 '의/의'로 교체될 수 없는 것이다. '의/의'가 나중에 문법형태소로서 관형어 형성의 역할을 수행하는 데 기여하는 것은 홍윤표(1987)에서 말하고 있듯이 근대국어에서의 일이다.

(10) ㄱ. 셩이 니가읫 舘夫ᄒᆞ야 어드라 가게 ᄒᆞ고(번박 3)
    셩이 최가읫 셔리 ᄒᆞ야 어드라가게 ᄒᆞ져(번박 3)
    눈알픳 즐기기를 홀거시라(번박 7)
    흔 댱가읫 믈 고티ᄂᆞ니 잇ᄂᆞ니(번박 42)
ㄴ. 명록 비쳇 비단으로(박초상 27)
    진쥬류엣 것(박초상 56)
    콩잡샛 돈을(박초상 66)
    하놀햇 므레(박초상 68)

(10) ㄱ의 '의'는 곳, 방향, 시간, 원인 등을 나타내는 처소격조사로 보이며 (10) ㄴ의 '에'는 열거의 의미를 나타내는 연결조사라 할 수 있다.[10] 그러나 이들은 부분적으로 관형어를 형성

---

9) 이 글이 '의/의'와 사이시옷을 별개의 것으로 보는 점에서 이금영(1994), 왕문용(1989ㄱ, ㄴ), 박창원(1997) 등과 상통하는 바가 있다. 그러나 이 글은 사이시옷을 관형격(속격)의 표지로 보고 있는 이들의 관점과 입장을 달리한다.

하는 수식기능을 수행하는 것으로 볼 수 있다. (10)은 여기에 확실한 관형어 형성표지인 사이시옷을 첨가함으로써 그 수식 관계를 강화하려는 의도에서 나온 표기라고 볼 수 있다. 이렇게 사이시옷이 개입되지 않고도 문장 안에서 자연스럽게 통합이 되어 사용되는데, 이 때 사용된 사이시옷이 어떤 기능을 하는가를 살펴볼 필요가 있다.

이는 곧 선행어를 강조함으로써 그 연결을 보다 밀접하고 강하게 하려는 화자의 심리 상태가 반영된 것으로 보이는데,[11] 사이시옷 개입의 수의성은 바로 이 '강조'의 수의성과 관련하여 설명할 수 있다(왕문용, 1989ㄱ).

한편 이광호(1992)에서는 중세국어의 사이시옷이 설명문과 의문문, 명사+처격(조격)조사, 그리고 부사 등에 통합되어 후행 체언을 수식하는 수식어 표지라고 주장하였다. 이 경우 수식이라는 용어를 문법적으로 어떻게 해석해야 하는지가 문제된다. 단순한 통사적 구성을 염두에 둔다면 문제는 달라지지만, 이광호(1992)에서 구별한 대로 소유주를 의미하는 속격 기능과 수식 기능이 하나의 통사구조에서 관념적으로 구별되는 것이라면 문제가 있다. 그의 논지를 그대로 따른다면 속격은 수식 표지의 부차 기능에 불과하기 때문이다. 그렇다면 어떤 수식 표지가 속격 기능을 가질 수 있는지 설명될 필요가 있다. 더구나 수식기능과 속격기능이 구별되는 것이라면 사실 '인/의'와 'ㅅ'의 넘나듦을 설명하기란 더욱 어려운 일이다. 왜냐하면 다음과 같은 경우 'ㅅ'이 소유주를 의미하는 경우에도 출현할 수 있기 때문이다.

(11) ㄱ. 오직 太子 祇陁인 東山이 짜토 平ᄒ며(석 6: 23)
ㄴ. 長者 須達이 祇陁太子ㅅ東山을 사아(석 6: 26)

즉 이광호(1992)의 진술대로라면 'ㅅ'은 소유주를 표시할 수 없으므로 (11) ㄴ과 같은 문장은 나타날 수 없어야 한다. 따라서 통사구조를 떠나서 체언과 체언 사이를 수식 기능과 속격 기능으로 구분한다는 것은 그리 합리적인 것이라고 볼 수 없다. (11) ㄱ과 ㄴ은 '인/의'와 'ㅅ'이 근본적인 기능에서는 별 차이가 없음을 시사한다.

따라서 이 글에서는 '인/의'와 사이시옷을 둘 다 관형어 형성 표지로 보되 사이시옷은 제2장 사이시옷의 분포 양상에서 보았듯이 상당히 넓은 분포환경을 보이지만 '인/의'는 'NP+NP'의 사이에서만 나타나는 것으로 보아 당시에 관형구성을 이루는 정도가 'ㅅ>의(인)>에

---

10) 조사의 분류는 허웅(1983: 200~209)을 따랐다.
11) 王汝鎔(1989ㄱ)은 사이시옷을 선행요소와 명사를 결합시키며 아울러 선행요소를 드러내어 강조하는 것으로 처리하고 있으며 김정수(1989)는 사이시옷의 문법기능은 거의 모든 종류의 낱말이나 형태소의 경계에서 그 표현성을 강조하는 것으로 보고 있다. 그러나 이 글에서는 이러한 강조의 기능은 부차적인 것으로 보고 일차적으로 사이시옷의 통사의미기능은 관형어 형성 표지에 있다고 보는 점에서 이금영(1994)과 맥락을 같이한다.

(애)'였을 것으로 본다. 훨씬 포괄적인 분포에서 사용된 사이시옷이 선·후행요소를 결속시키는 힘도 그만큼 컸을 것은 당연한 일이었을 것이다.

이처럼 사이시옷이 관형 구성을 이루면서 선·후행 요소의 결속을 강화시키는 힘은 주로 합성어 형성에서 두드러지는 것으로, 구절 관형구성에서 사이시옷과 '익/의'가 교체되는 양상에 비해 합성어 형성에서는 거의 사이시옷만 나타나는 이유를 설명해 준다.12) 그리고 폭넓은 환경에서 관형어 형성 표지로 작용하던 사이시옷이 점차 그 기능을 잃고 '익/의'로 교체되면서도 합성어 형성에서는 여전히 생산성을 보이는 것도 바로 이러한 선후행어를 결속시키는 힘 때문인 것이라 할 수 있다.

제4장 'ㄴ' 첨가와 사이시옷

현대국어에는 후행 어사가 /i/, /y/로 시작되는 두음을 가지는 합성어나 접두 파생어 구성에서 자음 'ㄴ'(음성적으로는 경구개 비음)이 후행 요소의 두음 위치에 첨가되는 현상이 있다. 이 'ㄴ' 첨가 현상은 그 성격상 순수한 음운론적 현상이라기보다 단어 형성과정과 관련된 제한적인 음운현상이다. 그리고 그 발생 환경을 살펴보면 단어 형성에서 선행하는 단어나 형태소가 자음으로 끝나고 후행하는 단어의 첫음절이 /i/나 /y/의 선행모음으로 시작하는 개방 음절일 경우에 한하여 후행 단어의 첫음질의 첫소리(onset)로 'ㄴ'이 개입한다(俞世宙, 1990: 77). 따라서 'ㄴ'의 첨가에는 선행 요소의 폐쇄 구조라는 음운론적 정보와 후행 요소의 자립성이라는 형태론적 정보가 동시에 관여하고 있다고 할 수 있다.13)

---

12) '익/의'가 결합되어 복합어를 이루는 구성은 '둘긔알(구방상 25), 엱의갗(훈해종성), 짜희버섯(물명 104)' 등 몇 가지 어휘에 한정된다.

13) 형태소 내부에서 일어나는 /ㄴ/첨가 현상처럼 보이는 '예닐곱', '예니레' 등의 예는 어두의 구개음 /ㄴ/ 탈락이 일어나기 이전에 복합어 형성에 참여했다가 지금까지 그대로 형태를 유지해 온 것으로 이해한다(기세관, 1990: 91~92). 'ㄴ' 첨가의 발생 환경은 김정우(1994: 131~133)에서 자세히 논의하고 있다. 한편 'ㄴ' 첨가를 순수한 음운 현상으로 즉 음성적 동기를 갖는 현상으로 파악하는 견해로는 金次均(1981), 김승곤(1983) 등을 들 수 있다. 고광모(1991: 7~8)에 의하면 김차균(1981)은 'ㄴ' 첨가를 울림도 동화로 보고 있는데, 이러한 견해로는 '담요' 등이 'ㄴ' 첨가를 일으키지 않고 그대로 연음되어도 음절 경계 앞의 소리와 뒤의 소리가 울림도에 있어서 같거나 앞소리의 울림도가 더 커야 한다는 조건을 충족시킬 수 있어서 '불규칙적인 음성 현상'이므로 전적으로 받아들이기는 곤란하다. 그리고 김승곤(1983) 역시 기세관(1990: 140)의 지적대로 일반 음성학적 견지에서 선뜻 받아들이기 어려운 부분이 많다. 한편 기세관(1990: 128~129)에서는 두음으로 i를 가진 한자어가 'ㄴ' 첨가를 기피하는 경향이 있다는 지적을 하고 그 이유로 모음 i보다 반모음 y가 경구개 부위가 거의 맞닿을 정도로 더욱 더 좁혀진 틈을 통하여 산출되므로 구개 자음 'ㄴ'에 더욱 가깝기 때문이라고 했다. 이러한 지적은 'ㄴ' 첨가 현상에 음성적 동기가 강하게 개입되어 있음을 시사해 주는 것이라 하겠다.

통시적으로 국어에서는 17세기와 18세기의 교체기 무렵에 구개음화 현상을 거쳐 어두 위치에서 자음 'ㄴ'의 탈락 현상이 발생했다. 이 'ㄴ' 탈락 현상은 국어의 어두 위치에 ni/ny의 결합을 갖는 어사들을 모두 제거해 버렸다. 그 결과로 현대에 이르러서는 어두 위치에 ni/ny의 결합이 올 수 없는 단어구조제약이 남게 되었다(김정우, 1994: 134~135). 따라서 이러한 위치에 'ㄴ'을 첨가해도 다른 어사와 충돌을 일으킬 염려가 없는 것이다. 그러나 현대국어의 공시적 문법 체계 안에 'ㄴ' 탈락 규칙을 반영하는 문제는 여러 가지 불합리한 측면을 발생시킨다. 즉 통시적으로 'ㄴ' 탈락의 역사와 무관한 어사들에 있어서도 'ㄴ' 첨가를 보여주는 예들의 경우에는 통시적으로나 공시적으로 기저형의 어두에 'ㄴ'을 설정할 수는 없기 때문이다.14) 따라서 'ㄴ'이 없는 형태를 기저형으로 하여 'ㄴ' 첨가 현상을 설명하는 것이 타당하다고 할 수 있다.15)

이처럼 사이시옷과 함께 사잇소리로 첨가되는 것으로 파악되는 'ㄴ'은 그것이 삽입되는 환경 등 몇 가지 점에서 차이를 드러내는 것을 제외하고 여러 가지 면에서 상통한다. 따라서 본고는 사이시옷과 'ㄴ' 첨가 현상의 관련성을 검토함으로써 사이시옷의 본질 규명에 다가갈 수 있을 것이라는 가정 하에 논의를 전개하고자 한다.

허웅(1985)에 의하면 사잇소리로서의 'ㄷ' 덧나기와 'ㄴ' 덧나기는 별개의 현상이다.

(12) 'ㄷ' 덧나기: 합성 임자씨나 또는 이에 준할 만한 말에서 뒷말의 첫소리가 된소리의 짝이 있는 약한 소리이거나 콧소리일 때는 두 말 사이에 /ㄷ/가 덧나는 일이 있다.
'ㄴ' 덧나기: 합성 임자씨나 또는 이에 준할 만한 말에서 뒷말의 첫소리가 /i/, /y/ 일 때는 /ㄴ/가 덧나는 일이 있다.

고광모(1992)에서도 '나룻배'와 같은 사이시옷이 덧나는 경우와 '금니'와 같이 'ㄴ'이 덧나는 경우를 별개의 음운과정으로 봐야 한다고 한다. 그 까닭으로 첫째, 'ㄴ'이 덧나는 조건은 앞말이 닿소리로 끝나고, 뒷말이 /i/, /y/로 시작하기만 하면 되는 데 비해 사이시옷은 원칙적으로 앞말과 뒷말이 모두 체언류여야 나타날 수 있고 두 체언의 문법적(또는 의미적) 관계가 중요한 요인으로 작용하기 때문이다. 둘째, 역사적으로 사이시옷은 중세 국어의 속격 표지의 흔적이라 할 수 있는 데 비해 'ㄴ' 첨가는 'ㄴ' 탈락과 관련 있는 현상이라는 점을 들었다.

그러나 앞말이 자음으로 끝나고 뒷말이 /i/, /y/로 시작해도 뒷말이 파생 접미사이거나 단일어인 경우는 'ㄴ'이 첨가되지 않으므로 'ㄴ' 첨가도 순수하게 음운적으로만 설명할 수는 없다. 게다가 '작은 일'과 같이 구 구성에서 뒷말이 /i/, /y/로 시작하면 'ㄴ'이 첨가되는 것처럼 '먹을

---

14) '일(事), 약(藥)' 등은 통시적으로 기저형에 'ㄴ'이 없었다.
15) 기세관(1990), 고광모(1992), 이병운(1994), 김정우(1994), 양순임(1996, 2000) 등이 'ㄴ' 첨가로 해석하는 입장이다.

밥'과 같이 사이시옷 역시 구 구성에 개재하는 예들이 있으므로 고광모(1992)가 제시한 것과 같은 이유로 두 현상을 별개의 음운 현상으로 볼 수는 없다. 사이시옷이나 'ㄴ' 첨가는 둘 다 사잇소리 첨가로 인한 결과적인 음운 현상이라는 점에서는 공통점이 있는 것이다.

한편 'ㄴ' 첨가는 선행 요소가 폐쇄음절일 경우에 한정되므로 앞 단어나 접두사가 모음으로 끝나는 '새일꾼, 수수엿, 후추엿, 가래엿' 등의 파생어나 합성어에서는 'ㄴ'이 첨가되지 않는다. 그러나 합성어에서 선행 요소가 모음으로 끝나더라도 사이시옷이 개입되어 폐쇄구조가 형성되면 'ㄴ'이 첨가되는 단어들이 있다.

 (13) 대잎 → 대ㅅ잎 → 댇닙 → 댄닙
   뒤일 → 뒤ㅅ일 → 뒫닐 → 뒨닐
   머리이 → 머리ㅅ이 → 머릳이 → 머릳니 → 머린니16)

김정우(1994) 역시 사이시옷이 개재해야만 'ㄴ'이 첨가될 수 있는 음운론적 환경이 만들어지는 (13)과 같은 예를 근거로 하여 사이시옷의 발생은 형태론적으로 조건되는 데 비해 'ㄴ' 첨가는 선행어의 폐쇄음절구조라는 음운론적 환경이 존재하지 않으면 일어날 수 없으므로 이 두 현상이 직접적인 관련이 없다고 본다.

하지만 사이시옷의 개재는 통시적으로도 공시적으로도 후행어의 두음과는 상관없이 선행어의 말음과 관련되는 현상이므로 이 둘의 작용을 이른바 급여규칙순(feeding order)으로 보는 김정우(1994)의 논의는 타당성이 없다.

한편 김정우(1994)는 다음과 같이 'ㄴ' 첨가가 'ㄷ' 구개음화 현상의 발생과 계기적 관련성을 갖는 것으로 파악한다.

 (14) ㄱ. 겉+여물다→/건녀-/   꽃+이름→/꼰니-/
    ㄴ. 겉+이→/거치/   낯+이→/나치/

김정우(1994)는 'ㄴ' 첨가가 'ㄷ' 구개음화 규칙과 상당한 기간 동안 공존해 있었을 것으로 추측한다.17) 이러한 맥락에서 'ㄷ' 구개음화가 생산적이던 시기에 'ㄴ' 첨가가 일어나지 않았

---

16) 여기서 규칙의 개재순서가 문제된다. 허웅(1985: 287)에서는 'ㄴ' 첨가가, 기세관(1990: 82)에서는 사이시옷이 앞서는 것으로 보는데, 고광모(1992: 38), 김정우(1994: 149)에서는 'ㄴ' 첨가와 사이시옷의 개재가 별개의 현상으로서 이 두 현상을 전국 규칙(global rule) 또는 급여규칙순(feeding order)으로 본다. 이 글에서는 두 현상이 밀접한 관련을 가진 것으로서 사이시옷의 개재는 선행어의 말음과 관련되는 현상이지 후행어의 두음과는 무관한 것이라고 보므로 당연히 기세관(1990)의 입장을 취한다.

17) 홍윤표(1994: 312)에 의하면 'ㄴ' 탈락 현상은 16세기에 시작되어서 17세기 말에 점차 확대되어 18세기 초에는 매우 일반화되었다. 이런 관점에서 김정우(1994)는 'ㄴ' 탈락이 일어났던 시기가 'ㄷ' 구개음화

다면, (14) ㄴ과 같은 경우 바로 구개음화를 겪게 되었을 것이라 한다. 이렇게 되면 /ㄷ/과 /ㅈ/의 대립이 중화됨으로써 언중들에게 상당한 기억의 부담을 주었을 것이라고 추측한다. 그리하여 'ㄴ' 첨가는 구개음화 입력의 파괴를 위한 조처라는 것이다(1994: 151).

그러나 이러한 주장은 선행어가 /ㄷ/ 계열이 아닌 많은 어사들에서 일어난 'ㄴ' 첨가 현상을 설명할 수 없는 주장이다.

요컨대 'ㄴ' 첨가가 선행요소의 끝소리의 종류에는 무관하며 선행요소가 접두사일 경우에도 개입될 수 있다고 하는 것은 첨가음 'ㄴ'이 선행 요소의 끝소리에 영향을 주기 위해 개입되는 존재가 아니라 후행 요소에 초점(focus)이 놓이는 것임을 말해 준다.

두 단어의 연속에서 보는 'ㄴ' 첨가는 이들 두 단어 사이에 휴지를 두지 않고 폐쇄 연접으로 발음하는 경우에만 볼 수 있다. 그리고 한 단어의 내부에는 본질적으로 휴지가 개입되지 않으므로 합성어나 파생어에서는 자연히 'ㄴ'이 첨가될 수 있는 환경이 조성되는 것으로 보인다. 그런데 여기에서 'ㄴ' 첨가를 선행요소가 받침으로 끝날 경우에 한정된다고 보는 것은 음운론적으로 실제의 발음에서 이 'ㄴ'이 첨가됨으로써 선행 요소의 끝 자음이 후행하는 단어의 첫소리가 되는 것을 막아 준다고 볼 수 있기 때문이다. 이것은 곧 두 단어가 한 마디로 발음될 때나 단어 형성 과정에서 'ㄴ'이 첨가됨으로써 후행하는 단어의 자립성이 계속하여 유지될 수 있도록 하여 후행 단어의 형태소 인식 또는 의미 파악을 확보해 주는 역할을 하는 것으로 이해된다. 이러한 의미에서 후행요소가 독립적 의미를 가지지 못하는 접미사나 형식 명사가 'ㄴ' 첨가와 관련을 맺지 않는 것은 자연스러운 일이다. 그리고 이 현상은 음운첨가의 기능이 본질적으로 말의 표현을 똑똑히 하려는 데 있다고 보는 전통적인 입장과도 상통한다고 하겠다(기세관, 1990: 131~133).

'ㄴ' 첨가는 단어형성 과정에서도 일어난다. 두 개의 언어 요소가 결합하여 하나의 단어 곧 하나의 합성어나 파생어를 형성한다고 하는 것은 이들 두 언어 요소들 사이에 휴식 없는 밀착 상태가 이루어짐을 의미한다. 이것은 '지난 여름, 큰 일, 문 열어' 등에서와 같은 경우에도 두 어사 사이에 폐쇄연접(close juncture)이 옴을 의미한다. 그런데 여기에서 후행어의 첫소리로 개입되는 첨가음 'ㄴ'은 선행요소와의 연결을 보다 긴밀하게 하여 주는 요소가 아니다. 선행 요소와 후행 요소 사이의 연결의 긴밀성은 단지 두 언어 요소가 결합하여 더 큰 단위를 형성할 때 자연히 수반되는 결과로 이해해야 하는 것이다. 'ㄴ'의 첨가는 두 형태소 사이에 휴지 또는 개방연접이 개입되지 않고 한 마디로 발음되면 형태소 경계와 음절 경계가 일치하지 않게 됨으로써 후행하는 형태소(단어)의 의미 파악에 혼란을 가져올 수 있는데, 이러한

시기와 일치하므로 i, y 앞의 'ㄴ' 탈락은 'ㄷ'구개음화 규칙의 지배를 받을 가능성이 높다는 것이다. 여기서 'ㄷ' 구개음화와 어두 'ㄴ' 탈락에 뒤이어 'ㄴ' 첨가가 발생한 역사적 배경을 짐작할 수 있다는 것이다.

혼란을 막기 위해서 일어나는 것이다. 그리고 이렇게 'ㄴ' 첨가가 수의적 교체를 보이는 형태들에서 두 교체형이 본질적인 의미의 차이를 가져오지 않는 것을 보면 첨가음 'ㄴ'은 단어의 핵심적 의미에 영향을 미치는 요소가 아니라 표층에 관련되는 요소라고 본다(기세관, 1990: 135~136).

이렇게 볼 때 사이시옷은 단어형성 과정에서 나타나는 요소로서 선행요소에 초점이 놓인다는 점에서 'ㄴ' 첨가와 다를 뿐, 선행어의 자립성을 유지하여 그것의 의미 파악에 손상을 입히지 않도록 하기 위하여 개입된다는 점에서 본질적으로 서로 밀접한 관련이 있다. 따라서 'ㄴ' 첨가와 사잇소리를 한데 묶어 사잇소리라는 단일한 대상으로 볼 수 있다. 이런 관점에서 사이시옷과 'ㄴ' 첨가의 기능을 다음과 같이 대비하여 논의한 기세관(1990)의 견해는 시사하는 바가 크다고 하겠다.

(15)

사잇소리	위치	기능	
ㅅ	선행어의 끝소리	선행어의 자립성 확보 → 한 단어로 인식됨을 표시	경계 획정
ㄴ	후행어의 첫소리	후행어의 자립성 확보 → 후행어의 형태소 인식에 도움	

제5장 사이시옷의 본질

사이시옷의 본질을 밝히기 위해서는 (16)과 같은 예들도 살펴볼 필요가 있다.

(16) ㄱ. 祇陁太子ㅅ東山올 사아(석 6: 26) : 太子 祇陁이 東山이 짜토 平ᄒᆞ며(석 6: 23)
　　 ㄴ. 녀느 사ᄅᆞ미 供養ᄆᆞ차놀(월 1: 13) : 녀늣 이롤 ᄇᆞ리고(내훈 1: 53)
　　 ㄷ. 어느제 샹 새롤 텨(두초 16: 46) : 믌고기논 샀거시라(두초 16: 62)[18]

(16)은 사이시옷이 통시적으로 두 어사 사이에서 선행어의 독자성을 확보함으로써 경계를 획정하며, 결과적으로 두 어사를 긴밀히 결합시키는 데 그 본질이 있는 언어현상임을 다시 한번 확인하게 해 준다. 즉 (16) ㄱ은 중세국어 당시에 사이시옷과 익/의가 같은 관형어 형성 표지로 쓰이고 있음을 보여준다. 그리고 우리는 이미 (10)에서와 같이 '의/에'에 다시 사이시옷이 개재하는 예들을 통해 사이시옷은 '익/의'가 'NP+NP'의 사이에서만 나타나는 데 비해 훨씬 포괄적인 분포에서 작용하였으며 선후행어를 결합시키는 힘도 그만큼 컸던 것임을 확인

---

18) 何當擊凡鳥 : 衆魚常才盡却棄

한 바 있다. 또한 (16) ㄴ, ㄷ과 같이 관형어에 다시 사이시옷이 연결되어 나타나는 경우, 사이시옷의 첨가에 의해 두 어사의 경계를 확고히 하려는 언중의 언어의식을 확인할 수 있다. 이러한 결합력은 '의'에 관형어 형성 표지로서의 기능을 대부분 넘겨준 현대국어에서도 사이시옷이 합성 명사의 형성에서 생산성을 보이는 이유를 설명해 주는 것이라 하겠다.

통시적으로 그 음가는 물론 분포와 쓰임 등에서 여러 가지 변화를 겪었음에도 불구하고 사이시옷은 현대국어에서도 두 어사를 결합시켜 결과적으로 하나의 문장성분으로 기능하도록 해 주며, 관형어 형성 표지로서 개입한다는 점에서 그 본질을 계승하고 있다고 할 수 있다.

요컨대 사이시옷은 선행어와 후행어 사이에서 관형어 형성 표지로 기능하여 결과적으로 선행어와 후행어를 긴밀한 관계로 결합시키는 요소로서, 선행어의 자립성을 명확히 하려는 언중들의 의식을 반영하여 후행어와의 사이에 경계를 나타내는 국어의 특이한 언어현상이라 할 수 있다.

참고문헌

고광모(1991), "ㄴ 첨가와 사이시옷에 대하여", 「언어연구」3.
고광모(1992), "ㄴ 첨가와 사이시옷에 대한 연구", 「언어학」14.
권용경(1993), "15세기 국어 사이시옷의 예외적인 쓰임에 대하여", 「국어사 자료와 국어학의 연구」, 문학과 지성사.
권재선(2001), "사이시옷의 음가 고찰", 「우리말글」제22집, 우리말글학회.
奇世官(1990), "國語 單語形成에서의 /ㄹ/ 脫落과 /ㄴ/ 添加에 대한 音韻論的 硏究", 원광대학교 대학원 박사학위논문.
김승곤(1983), 「음성학」, 정음사.
김정수(1989), "한말(韓語)의 사잇소리 따위의 문법기능", 「한글」206, 한글학회.
金政佑(1994), "音韻現象과 非音韻論的 情報에 關한 研究", 서울대학교 대학원 박사학위논문.
김진호(2001), "국어 사이시옷 연구에 관한 고찰: 그 역사적 발전과정을 중심으로", 「경원어문논집」제4·5 합집, 경원대국문과.
金次均(1981), "음절 이론과 국어의 음운규칙", 「인문과학연구소 논문집」, 충남대학교.
김창섭(1994), "국어의 단어 형성과 단어구조", 서울대학교 대학원 박사학위논문.
문교부 고시·문화부 공고·문화체육부 고시(2001), 「국어어문규정집」, 대한교과서주식회사.
박부영(1983), "사이 ㅅ 연구", 조선대학교 교육대학원 석사학위논문.
박창원(1997), "사잇소리와 사이시옷(Ⅰ)", 「이화어문논집」15.
安秉禧(1968), "中世國語의 屬格語尾 '-ㅅ'에 대하여", 「李崇寧博士頌壽紀念論叢」.
양순임(1996), "현대국어의 사잇소리 덧나기와 된소리되기", 「우리말 연구」제6집, 우리말연구회.

양순임(2000), "음절 끝 닿소리와 된소리되기", 부산대학교 대학원 박사학위논문.
王汶鎔(1989ㄱ), "'翻朴'과 '朴諺'의 사이시옷", 「제효 이용주 박사 회갑기념논총」.
왕문용(1989ㄴ), "名詞 冠形構成에 대한 考察", 「주시경학보」 4.
우민섭(1983), "사이시옷 연구", 「새국어교육」 37·38, 한국국어교육학회.
李玩鎬(1992), "중세국어의 사이시옷 문제와 그 해석방안", 「安秉禧 박사 화갑기념논총」.
이금영(1994), "중세국어 사이 ㅅ에 대하여", 「우리말연구의 샘터」, 문경출판사.
李基文(1961), 「國語史槪說」, 민중서관.
李基文(1998), 「新訂版 國語史槪說」, 태학사.
李德興(1991), "國語 사이시옷의 文獻的 硏究", 단국대학교 대학원 박사학위논문.
이병운(1994), "형태론적 경계와 음운과정", 「어문교육논집」 13·14, 부산대학교 국어교육과.
이은정(1987), "사이시옷에 대하여", 「이응호 박사 회갑기념 논문집」, 한샘.
이은정(1988), 「개정한 한글맞춤법표준어해설」, 大提閣.
李翊燮(1992), 「國語表記法硏究」, 서울대출판부.
全哲雄(1990), "사이시옷", 서울대 대학원 국어연구회 편, 「국어연구 어디까지 왔나」, 동아출판사.
허웅(1983), 「국어학-우리말의 오늘어제-」, 샘문화사.
허웅(1985), 「국어음운학」, 샘문화사.
洪允杓(1987), "近代國語의 語幹末子音群, 表記에 대하여", 「國語學」 16.
홍윤표(1994), 「근대국어연구(1)」, 태학사.
황국정(2000), "음절말 시옷의 음가에 대한 역사적 연구", 고려대학교 대학원 석사학위논문.
梅田博之(1983), 「韓國語의 音聲學的 硏究-日本語와의 對照를 中心으로」, 형설출판사.
Radford, A.(1988), 「Transformational Grammar」, Cambridge University Press(「변형문법」, 서정목李玩鎬任洪彬 옮김, 을유문화사).

[처음 실린 곳]
「순천대학교논문집(인문사회과학분야)」 제24집, 순천대학교.(송명숙과 공동 연구) 23~37. 2005. 12.

[23] 국어 사이시옷의 음가[*]

제1장 서론

　현대국어에서 사이시옷[1])은 후행어 첫소리가 안울림 예사소리인 경우 경음의 한 자질로서만 그 음성적 실현을 보여주므로 그 음가 추출이나 음소로서의 지위 설정 문제 등을 논의하기 어렵게 한다.

　그런데 현대국어에서의 사잇소리에 대한 인식은 15세기 국어의 그것과 차이가 있다. 현대국어에서는 사잇소리를 'ㄴ' 첨가나 'ㄷ' 첨가로 인식하고 있는데, 이 가운데 15세기 국어의 사이시옷과 관련이 있는 것은 'ㄷ' 첨가이다.[2]) 현대국어에서는 다음과 같은 경우에 사이 'ㄷ' 이 첨가되는 것으로 인식하는 것이다.

　　(1) ㄱ. 코+등 → 코ㄷ등 → 코뜽
　　　　ㄴ. 손+등 → 손ㄷ등 → 손뜽

---

[*] 공동집필: 송명숙
1) 현대국어의 사잇소리에는 'ㄱ, ㅎ, ㅂ, ㅅ, ㄴ' 들이 있다고 하나 'ㄱ'은 선행어가 통시적으로 'ㄱ' 보유 체언인 경우이며, 'ㅎ'은 'ㅎ' 말음체언, 'ㅂ'은 복합어를 형성할 때 후행어로 온 ㅂ계 병서자가 선행어 말음으로 음절경계 이동한 어사가 화석화된 형태라 할 수 있으므로 진정한 의미의 사잇소리라 하기 어렵다. 'ㄴ'의 경우는 사이시옷과 긴밀한 상관관계를 가지면서 발달한 사잇소리라고 판단된다.
　이 글에서는 비록 'ㅅ'으로 표기되지는 않았으나 사이시옷의 다른 표기라 할 수 있는 'ㄱ, ㄷ, ㅂ, ㅎ, △' 등에 대해서도 논의의 대상으로 삼을 것이다. 그리고 자소(字素)를 가리킬 때는 '사이 ㅅ' 또는 'ㅅ' 이라 하고, 인용할 경우 되도록 연구자가 사용한 용어를 쓰겠다. 따라서 이 글에서 사이시옷이란 언어현상으로서의 사이시옷을 뜻한다.
　한편 사이시옷의 명칭에 관한 그간의 논의는 박부영(1983: 4)에 표로 정리되어 있고, 사이시옷에 대한 그간의 연구사는 전철웅(1990), 김진호(2001)를 참조할 수 있다.
2) 그러나 이 글에서 사이시옷을 'ㄷ' 첨가로 본다는 뜻은 아니다. 단지 현행 규정의 'ㄷ' 첨가가 사이시옷의 실현을 말한 것이라는 의미이다.

ㄷ. 코+날 → 코ㄷ날 → 콘날
ㄹ. 대+잎 → 대ㄷ잎 → 댄닙

즉 현대국어에서는 합성어의 형성에서 앞말의 끝소리가 울림소리이고 뒷말의 첫소리가 된소리로 실현될 수 있는 약한 소리인 경우와, 앞말이 홀소리로 끝나고 뒷말의 첫소리가 콧소리인 경우에만 'ㄷ'이 첨가되는 것으로 인식하고 있다.

그러나 15세기 국어에서는 앞말이 울림소리로 끝나는 경우에 사이시옷이 첨가되는 것은 현대국어와 같지만, 뒷말의 첫소리와 사이시옷과는 관련이 없다. 곧 15세기 국어에서는 '눉믈, ᄇᆞᄅᆞᆷ우희'과 같은 경우에도 사이시옷이 첨가되는 것으로 인식되었던 데 비해, 현대국어에서는 사이시옷이 쓰이지 않는 것으로 인식되는 예들이다.

이렇게 현대국어와 15세기 국어에서의 사이시옷에 대한 인식에는 차이가 있지만 현대국어의 사이시옷이 15세기 국어의 언어현상을 이어온 것임에는 의심할 여지가 없다.

이 글은 현대국어의 사이시옷이 이전 시대의 그것을 계승하고 있다는 관점에서 국어의 전면적 표기가 가능해진 중세국어, 특히 15세기 문헌에 나타난 사이시옷 표기를 살펴 일관된 표기 원칙과 그것이 개재되는 조건을 찾아낼 것이다. 또한 사이시옷이 관련된 다양한 층위에서 그 쓰임을 살펴봄으로써 궁극적으로 사이시옷의 음가를 추출하고자 한다.

제2장 사이시옷의 표기와 개재 조건

2.1. 입성자 표기

훈민정음 언해와 용비어천가에 나타난 사이시옷 표기를 살펴보자.

(2) ㄱ: 讓兄ㄱ뜯(용 99), 遮陽ㄱ 세 쥐(용 88), 平生ㄱ뜯(용 12), 兄ㄱ쁘디(용 8), 穰샹ㄱ字ᄍᆞᆼ(훈언)

ㄷ: 몃間ㄷ 지븨(용 110), 君군ㄷ字ᄍᆞᆼ, 呑튼ㄷ字ᄍᆞᆼ(훈언)

ㅂ: 사ᄅᆞᆷ ᄠᅳ디리잇가(용 15), 侵침ㅂ字ᄍᆞᆼ, 覃땀ㅂ字ᄍᆞᆼ(훈언)

ㆆ: 先考ㆆ뜯(용 12), 快쾡ㆆ字ᄍᆞᆼ, 那낭ㆆ字ᄍᆞᆼ, 하ᄂᆞᇙ ᄠᅳ디시니 (용 4), 하ᄂᆞᇙ ᄠᅳ들(용 86)

ㅸ: 虯뀨ᇢㅸ字ᄍᆞᆼ(훈언), 漂푤ㅸ字ᄍᆞᆼ(훈언)3)

△: 百步앵 여름(용 62), 後△날(용 25), 님금ᄆᆞ△ᅀᆞ미(용 39), 오ᄂᆞᇫ나래(용 15), 눖므를(용 90)4)

---

3) 이때의 'ㅸ'은 선행어가 'ㅱ'로 끝나는 한자어에서만 쓰이므로 관념적 표기로 보고 논의에서 제외한다.
4) 'ㅿ'을 사이시옷의 다른 표기자의 하나로 쓰고 있는 점은 입성자 원칙에서 보면 예외적이다. 이에 대해서는 2.3. 'ㅅ' 단일화 경향에서 논의할 것이다.

ㅅ: 나랏 말ᄊᆞ미(훈언), 東都앳 도ᄌᆞ기(용 58), 狄人ㅅ서리(용 3), ᄀᆞ룺ᄀᆞ새(용 66), 셔봀 긔벼를(용 34)

(2)의 표기글자를 보면 사이시옷으로 그 앞말 끝소리와 같은 서열에 속하는 약한 소리를 나타내는 글자, 즉 입성자를 쓰고 있음을 알 수 있는데, 이런 표기법으로 보면 사이시옷은 앞말 끝소리의 조음점(홀소리의 경우는 목청)을 막아 뒷말 첫소리와의 사이에 소리 없는 휴식을 둔 것이라 할 수 있다.

음소적 원리에 충실했던 훈민정음 창제자들은 사이시옷을 선행어 끝소리의 조음위치에서 나는 각기 다른 소리로 인식함으로써 이들 입성자들을 설정하였고, 이는 된소리의 음소적 인식이 확립되지 않았던 당대에 사이시옷을 각 글자의 조음위치에서 홀소리를 빨리 끊어버리는 것 자체로 인식한 것이라 할 수 있다. 그리고 사이시옷 표기가 이미 정음초기문헌에서부터 'ㅅ'으로 단일화되어 가는 까닭은 'ㅅ'의 음성적 특징과 관련지어 볼 때, 혀끝이 여러 조음부 가운데서 가장 민첩하기 때문이었으리라 생각된다(허웅, 1985: 360~442).

이러한 관점에서 필자는 훈민정음 창제 당시 입성자로 표기된 사이시옷 표기 글자들은 국어의 음운 체계의 한 단면을 보여주는 역동적인 존재이며, 국어의 음절말 자음체계 안에서 그 실현 양상을 살펴봄으로써 구체적인 실체를 밝힐 수 있는 흥미로운 자료라고 판단한다.

2.2. 선행어 종성 표기

15세기 국어에서 사이시옷은 앞 음절과 뒷 음절의 사이에 표기되기도 하고 선행하는 음절의 구조나 후행하는 음절의 초성의 종류에 따라 다양한 위치에서 나타난다. 용비어천가(1445)에 나타난 표기를 제시해 보면 다음과 같다.

(3) ㄱ. 선·후행어 사이 표기
西水ㅅᄀᆞᆲ(11), 兄ㄱ ᄠᅳᆮ(15), 몃間ㄷ 집(43), 英主ㅿ 業(15), 先考ㆆ ᄠᅳᆮ(15), 平生ㄱᄠᅳᆮ(12)

ㄴ. 선행어 종성 표기
즘겟갖(11), 오눐날(15), 사ᄅᆞᇝᄠᅳᆮ(14), 아ᄃᆞᆳ늾긔(22), 님긊말ᄊᆞᆷ(47), 스ᄀᆞᄫᆞᆳ軍馬(31), 늞믈(43), 나랏 小民(1), 나랏일훔(37)

ㄷ. 후행어 초성 표기
뒷심꼴(32), 션쌔(善竹, 47), 니쏘리, 엄쏘리, 입시울쏘리(훈)

사이시옷이 후행 음절 초성으로 연철되면 (3) ㄷ처럼 후행어 초성과 병서함으로써 합용병서가 문면에 드러나게 된다.

(4) ㄱ. 믈룴골(용 34) : 마근담쏠(용 27)
ㄴ. 아ᄃᆞ닚긔(용 25) : 부텨씌(석 6: 9)
   ᄆᆞ숪ᄀᆞ장(석 13: 41) : ᄆᆞ숨ㅅ장(석 6: 11)[5]
ㄷ. 나랏 사ᄅᆞ미(석 9: 12) : 北方 싸ᄅᆞ몰(월석 10: 23)
   믌소리(석 19: 15) : 엄쏘리(훈언 4)[6]

(5) 바룴 믌결 소리라(석 13 :9)
    눖알ᄑᆡᆺ브텨(두 21: 18)
    둛빼爲酉時(훈합)
    녯낤願을(석 4: 50)

사이시옷은 (4)와 같이 수의적으로 혼기되기도 했으나 (5)와 같은 표기가 일반적이어서 선행어의 종성으로 표기하는 것이 15세기 표기법상의 원칙이라 할 수 있다. 따라서 이미 종성이 있고 후행어가 모음으로 시작되는 경우에도 선행어 종성과 병서를 하는 것이 보통이었다. 이러한 표기상의 특징이야말로 사이시옷이 선행어와 밀접하게 연관됨을 보여주는 강력한 자료라 할 수 있다.

2.3. 'ㅅ' 단일화 경향

사이시옷을 'ㅅ' 이외에 'ㅂ, ㅸ, ㄷ, ㅿ, ㆆ, ㄱ, ㅈ' 등으로 표기하는 것은 정음초기 문헌과 월인석보(1459), 능엄경언해(1461), 몽산법어언해(1460?) 등 조금 후대의 몇몇 문헌에 한정된다. 15세기 대부분의 문헌에서 사이시옷은 'ㅅ'으로 표기되는 것이다.

이처럼 각 조음 위치의 입성자로 표기되었던 사이시옷이 이미 훈민정음 언해와 용비어천가에서부터 혀끝소리를 나타내는 'ㅅ(ㅿ)'와 뒤섞이기 시작하여 그 뒤의 문헌에서는 (5)와 같이 사이시옷이 'ㅅ(ㅿ)'으로 통일되어가는 경향을 볼 수 있다.

이와 관련하여 훈민정음 해례본과 용비어천가, 그리고 훈민정음 언해본 등을 비교해 보면 흥미로운 점이 발견된다. 즉 훈민정음 표기법의 준거가 되는 훈민정음 해례에는 사이시옷에 관해 특별히 언급한 내용이 없으며, 거기서 예로 들어 보인 사이시옷 표기는 'ㅅ' 하나뿐이다. 그런데 용비어천가에는 'ㄱ, ㄷ, ㅂ, ㆆ, ㅿ, ㅅ' 6종의 표기가 쓰였고, 훈민정음 언해본에는 'ㅿ'이 제외된 반면에 'ㅸ'이 추가된 'ㄱ, ㄷ, ㅂ, ㆆ, ㅸ, ㅅ'의 6종이 사용되었다.[7]

---

[5] (4) ㄴ과 같은 예들에 대해 이익섭(1992: 187~198)에서는 '믜, ㅅ장, 쌘, ᄯ녀' 등은 후행어 '긔, ᄀᆞ장, 분, ᄃᆞ녀'의 첫 자음이 'ㅅ, ㅈ'으로 시작하지도 않는데 병서형 표기가 활발히 일어난 것이며 더욱이 그 병서형 표기가 후기 문헌에까지 확대되어간다는 점에서 특이한 양상을 보인다고 하였다. 그리고 이는 사이시옷이 복합조사의 일부로 녹아들어 그 독립성이 약하게 인식된 데서 연유한다고 보았다.
[6] 이때 'ㅆ'은 사이시옷이 후행음절의 초성 'ㅅ'과 연철된 합용병서라고 볼 수 있다.

한편 당시 문헌에는 유성음 사이에서 종성이나 선·후행어 사이에 사이 'ㅅ'이 아닌 'ㅿ'이 쓰이는 일도 있었다.

(6) ㄱ. 셔봀긔벼를(용 35), 하놇벼리(용 50), 아바닚뒤헤(용 28), 즘겟가재(용 7), 나랏 小民(용 52), 눇믈로(석상 23:28), ᄀᆞᄅᆞᄀᆞ새(용 67)
ㄴ. 보룴우희(용 8ㅇ3), ᄒᆞ놃ᄆᆞᅀᆞᄆᆞᆯ(용 85), 百步앳여름(용62), 後ㅿ날(용 25), 님긊ᄆᆞᅀᆞ미 (용 39), 눇므를(용 90), 英主ㅿ앒(용 16)

우리는 (6) ㄴ의 예들과 같이 사이시옷으로 입성자가 아닌 'ㅿ'이 쓰인 경우에 대해 살펴볼 필요가 있다.

이기문(1998: 84)은 중세국어는 모음 간 위치에서 [*b]>[ß], [*s]>[z]의 변화를 입었다고 하는 것이 오늘날 통설로 되어있지만 중세국어의 모음 간에 'ㅂ[b]'와 'ㅅ[s]'이 허다함을 지적하였다. 즉, 두 변화 모두 같은 시대, 같은 원인(모음간 자음의 유성음화)으로 일어난 것으로 생각되어 왔으나 국어에서 'ㅅ'이 모음 간에도 유성화되지 않는 예들이 간과되었다고 지적하였다. 따라서 적어도 'ㅿ'의 기원에 대한 종래의 설명은 수정되지 않을 수 없다는 것이다.[8]

요컨대 15세기에 공시적으로 'ㅅ'이 유성음 사이에서 'ㅿ'으로 변화하지 않는다는 사실, 통시적으로 'ㅿ'이 음운론적인 환경에 따라 'ㅅ' 또는 'Ø'로 변화하는 과정 등을 상기하면 15세기의 사이시옷이 'ㆆ, ㅅ, ㅿ' 등으로 나타나는 것은 음절말 위치에서 'ㅿ>ㅅ'의 변화와 'ㅅ>ㆆ'의 변화를 그대로 반영하고 있는 것으로 보인다. 즉 유성음과 유성음 사이에서 사이시옷이 'ㅿ'으로 표기되는 것은 그러한 환경에서 종성 'ㅿ>ㅅ'의 변화가 늦추어짐으로써 나타난 표기라 할 수 있는 것이다.

한편 (6)의 예들은 사이시옷이 유성음화 방지를 위한 음운현상이 아님을 보여준다. 이들을 보면 뒷말의 첫소리가 유성음인 경우에도 사이시옷이 표기된다. 따라서 뒷말의 첫소리가 유성음화하는 것을 막기 위해 사이시옷이 첨가된다는 해석은 문제가 있다. 유성음화 방지가 불필요하거나 불가능한 자리에 사이시옷이 나타나고 있기 때문이다. 이렇게 보면 사이시옷이 유성음화를 방지하기 위해 사용되었다는 논의는 타당성이 없음을 확인할 수 있다.[9]

---

7) 그러나 'ㅸ'은 한자음 표기에만 쓰였으므로 관념적 표기로 본다.(예: ᄢᅮᇹᄫᅮᆼ字ᄍᆞᆼ(훈언), 漂표ᇢᄫᅮᆼ字ᄍᆞᆼ(훈언) 등.)
8) 최남희(1999: 521~522)에서는 'ㅿ'을 10세기 말에서 11세기 말에 생성되어 16세기에 소실한 것으로 추정하고 있다.
9) 최현배(1971: 705~715)에서는 사이닫침소리 첨가, 'ㄴ' 덧남은 울림소리되기를 방지하고 뒷소리의 본모습과 제 스스로의 존재성을 유지하기 위해서 일어난다고 한다. 그러나 우리말 자음에서 울림과 안울림은 비변별적이고, 뒷소리의 본성을 해치는 것은 울림소리되기가 일어난 '산·불'[sanbul]보다 오히려 된소리되기가 일어난 '산불'[sanp'ul]이다.

2.4. 사이시옷 개재 조건

(7) ㄱ. ᄆᆞᅀᆞᆷ물(용 18), ᄇᆞ야미 가칠 므러(용 7), 도ᄌᆞ기 스실 (용 60)
    ㄴ. 집 우흿 龍(용 99), 百步앳 여름(용 62), ᄇᆞ룴우희(용 83)

정음초기 문헌 특히 용비어천가는 (7) ㄱ과 같이 표음주의 원칙이 잘 지켜져 모음으로 시작하는 의존사가 후행하면 어김없이 연철하여 표기하였다. 그런데 사이시옷이 개재된 경우에는 (7) ㄴ처럼 모음으로 시작하는 어사가 오더라도 선행어 말음으로 표기되었다. 이것은 사이시옷이 선행어와 밀접한 관련을 맺고 있음을 표기를 통해 보여주는 한편 선행어의 말음에 사이시옷이 개재하여 통사·의미적 기능을 표시한 것이라 할 수 있다.

(8) 法王ㅅ아ᄃᆞ리라(석 13: 15) : 金輪王아ᄃᆞ리(석 6: 9)
    믌고기(소언 5: 40) : 믈고기(소언 3: 25)
    오ᄂᆞᇗ날(월인 88) : 오ᄂᆞᆯ날(박초상 7)
    하ᄂᆞᇗ 오ᄉᆞᆯ(두초 10: 11) : 하ᄂᆞᆯ 우희(두초 10: 11)
    ᄉᆡ십릿 ᄲᅢ(번박 12) : ᄉᆡ천리 ᄲᅢ(번박 53)
    王ㅅ 일후믄(석 2: 2) : 魔王 일후미니(석 2: 40)
    太子ㅅ녀글(석 6: 25) : 며느리녁(석 6: 16)

위 (8)의 예들은 동일한 음운 조건에서 중세국어 사이시옷의 개입이 수의적인 현상이었음을 보여준다. 그러나 이런 경우에도 일단 사이시옷이 개입된 뒤에는 매우 역동적인 모습을 보인다.

(9) ㄱ. 맔ᄉᆞᆷ(내서 7), 말ᄊᆞᆷ(용 13), 말슴(원서 11), 말슴(청구 77)
    ㄴ. 잢간(석 13), 잠깐(월 9:29), 잠간(송강 2: 1)
    ㄷ. 믌결(두초 7: 14), 믈결(류합상 6)
    ㄹ. 솑바당(월 2: 29), 손바당(박중상 45)
    ㅁ. 눈섭(석 19: 7), 눈썹(소언 3: 20)
    ㅂ. 눈곱(두하 34), 눖곱(박중중 48)
    ㅅ. 눖믈(석 11: 23), 눈믈(소언 6: 31)
    ㅇ. 오ᄂᆞᇗ날(월 88), 오ᄂᆞᆯ날(박초상 7)

즉 (9) ㄱ, ㄴ은 후대로 오면서 사이시옷이 탈락된 표기를 보이는데, 이것은 사이시옷의 개입으로 단일어화가 이루어진 것으로 보는 편이 합리적이다. 결국 (9) ㄱ~ㄹ은 사이시옷 첨가로 인해 어형이 변화하는 것을 막기 위한 언중들의 의식이 반영된 것이며 (9) ㅁ, ㅂ은 사이시옷이 후행어 두음을 경음화시킨 채 화석화되었다가 단일어화한 예들이라고 볼 수 있다(이금영, 1994: 183). 이들에 비해 (9) ㅅ, ㅇ은 유성음 사이에서의 사이시옷의 개입과 탈락을 보여주는데, 이는 사이시옷이 불파화 과정을 거치면서 후행어의 두음을 경음화시킴으로써 이러한 환경에서는 그 존재를 보이기 어려우므로 약화되어 탈락하게 되는 것으로 해석할 수 있다.

한편 'ㅅ'이 탈락한 (9) ㄱ~ㄹ은 상대적으로 본래의 어형을 분석하기 어려운데, 이는 사이시옷이 첨가됨으로써 선·후행어의 결합도가 긴밀하게 되어 단일어화가 촉진된 것으로 볼 수 있다. 이러한 현상은 사이시옷에 의한 어사의 결합에서 자음군 단순화를 일으킬 때, 사이시옷이 아닌 본래 선행어의 말음이 탈락하는 예들이 나타나는 것을 보면 보다 분명해진다(3.2. 자음군 단순화와 사이시옷 참조).

    (10) 사이시옷+거센소리: 이월ㅅ초닐웻날(석 4: 39), 種種앳 쳔량 (석 4: 53)
        사이시옷+된소리: 사롮쁘디리잇가(용 15), 生死ㅅ 쑤메(석4: 55)
        사이시옷+모음: 玉ㅅ 알픽(월 157)
        사이시옷+유성자음: 妙色身은 微妙흔 비쳿 모미시니(석 4: 31)
        사이시옷+예사소리: 숢바올(용 89)
        사이시옷+갈이소리: 眉間앳 힌 터리(석 4: 7), 흔잣ㅅ싀(용 31)

또한 (10)과 같이 후행어가 거센소리, 된소리, 모음으로 시작하는 어사인 경우에도 사이시옷이 실현되고 있음은 이것이 경음화 표지가 아니라는 점을 분명히 해 준다. 이는 사이시옷이 후행어의 어두의 발음에는 관계없이 선행요소의 말음절에 관련되는 음운자질이라는 점을 확인시켜 주는 것이기도 하다.

제3장 사이시옷의 음가

3.1. 관형형 어미 '-ㄹ'과 사이시옷

현대국어에서는 관형형어미 '-을' 밑에서 'ㄱ, ㄷ, ㅂ, ㅈ, ㅅ'와 같은 약한 닿소리는 된소리로 발음되는데, 15세기 국어에는 그 사이에 무성의 휴식(성문닫음)을 넣는 것이 원칙이었던 듯하여 'ㆆ'을 여기에 넣었다. 그리고 이 'ㆆ'은 'ㅅ'으로도 혼기된 예들이 보인다.

    (11) 드르싫 제(용 50)   드르싫 부니오(월석 2: 67)
        그츯 술(능 4: 122)   그츷 숫 업스니(월석 7: 58)

주싏 거시(월석 18: 32)   드렃 華甁(월석 10: 119)
두옳 ᄀᆞ장(월석 1: 47)

그런데 무성의 휴식(성문닫음) 다음의 약한 소리는 된소리로 변할 가능성이 강했으리라는 것은 능히 추측할 수 있는 일인데(허웅, 1985: 365), 이러한 경우에 아래 닿소리를 각자병서로 적는 일도 있었다.

(12) ㄲ: 오실 낄(월석 2: 15)
    현홀 꺼시업스니(법화 6: 59)
    몯볼 꼬디라(법화 6: 60)
    莊嚴홀 껏과(석 19: 41)
ㄸ: 수물 떠 업서(월석 7: 36)
    주글 똘 모르ᄂᆞ니이다(월석 7: 18)
    이긔욜 때조차(법화 3: 19)
ㅃ: 젼티 몯홀 빼니(법화 3: 131)
ㅉ: 想홀 쩌긘(월석 18: 21)
    밥 빌 쨰(능 3: 21)
    ᄒᆞ실쩌긔(석 9: 3),
    여흴 쩌긔(월석 21: 119)
ㅆ: 쉴 쓰싀(월석 1: 29)
    經디닐 싸ᄅᆞ미(석 19: 17)

이들은 현대국어에서도 '길, 것, 곳, 데, 바, 적, 제, 사이' 등의 평음으로 실현되는 것으로, 15세기 국어에서 관형형어미에 의한 경음화를 보여주고 있다. 15세기 국어에서 관형형 어미 '-ㅭ' 뒤에서 경음화가 확실시되는 이러한 위치에서 ㅅ계 합용병서가 혼기되는 일이 없음은 곧 당시에 ㅅ계 합용병서가 경음으로 정착하지 않았음을 확인해 주는 것이라고 할 수 있다.[10]

(13) 몯 홀 꺼시라(석 6: 38)   몯홇 거시라(석 13: 37)
    갈 떠 업서(석 6: 33)   값더 업거든(석 9: 7)
    디날 쓰싀오(월석서 2)   이싫 스싀논(월석 1: 49)
    이르ᅀᆞᆯ 쩨도(석 6: 37)   도라오싫 제(용 18)

이처럼 관형형어미 다음에서의 경음화는 'ㄹ+각자병서형'과 'ㅭ+단일초성형'의 두 가지로

---

[10] 'ㄹ' 관형형의 Vㅭ+CV는 Vㅭ$CV로 나타나거나 Vㄹ$CCV로만 나타나지 Vㄹ$SCV로 나타나지 않는 다.(박창원, 1996: 325)

표기되고 있다. 'ㆆ'은 후음의 전청자로서 영모(影母)에 해당하는 것으로 기본적으로 한자음 표기를 위하여 만들어진 것이다. 이렇게 'ㆆ'이 훈민정음 해례의 팔종성에 들어있지 않음에도 종성으로 쓰인 것은 표기법상의 중요한 예외라 할 수 있다. 그리고 이들 각자병서들이 탁성이었으니 'ㆆ'의 음가는 후두폐쇄음 [ʔ]라고 보는 것이 가장 적합할 것이다.

이기문(1998: 64)에서는 '쐔, 쪼롬, 쐬, 싌쟝' 등이 종성 'ㅅ' 뒤에서 '분, 드롬, 긔, ᄀ쟝' 등으로 표기되는 것은 'ㅅ'이 후행초성을 된소리로 실현시키므로 가능할 수 있었다고 보았다. 같은 맥락에서 '잘드르싫분(월석 2: 62), 드윓ᄀ쟝(월석 1: 47)'의 예들도 '쐔, 싌쟝'이 평음으로 실현된 경우인데, 결국 선행 음절말에 이들을 된소리로 실현시키는 요소가 있다는 것이고 우리는 여기서 'ㆆ=ㅅ'이라는 표기상의 등식을 발견하게 된다. 따라서 본고는 이러한 관형형 어미 'ㄹ' 다음의 'ㅅ'이 나타내는 음가가 'ㆆ'였을 것으로 추정한다.

종성의 'ㅅ'이 이처럼 [s]가 아닌 [ʔ]로 실현되기도 했음을 보여주는 이러한 어형은 중세국어 시기의 사이시옷의 음가를 추정하는 데 도움을 준다.

3.2. 자음군 단순화와 사이시옷

중세국어 합성어에서는 사이시옷 앞의 'ㄹ, ㄴ, ㅂ' 종성이 종종 탈락되는 경우가 있었다. 이는 사이시옷 앞에서 선행어 종성이 그대로 유지되는 일반적인 현상에 비해 예외적이라 할 수 있지만 단순히 예외로 처리하기에는 그 빈도수를 무시할 수 없다. 우리는 오히려 이런 예외를 통해 사이시옷의 본질을 탐색할 수 있다.

(14) ㄱ. ᆳ→ㅅ:

믌결(두초 7: 14)   뭇결(두초 18: 11)
밠바당(능엄 2: 15)   밧바당(능 10: 79)
*븘 별(두초 18: 4)   쁫별(두초 18: 4) cf. 숯별(두초 18: 14)
버듨고즐(두초 11: 21)   버듯고지(두초 11: 18)
바롨믈(월석 1: 11)   바릿믈(두초 20: 15)\
섨날(두초 20: 17)   섯돐 巴江(두초 18: 5)
이틄날(월석 7: 5),   이틋날(석 6: 27), 이튼날(소언 6: 7)

ㄴ. ᇇ→ㅅ:

蓮ㅅ고지 (월 137)   녓곶(박초상 70)
숤돕(능엄 3: 43)   솟돕(능엄 1: 51)
눖믈(월 45)   눗믈(上院牒)

ㄷ. ᇘ→ㅅ:

일훔난 짒 子孫(두초 16: 2)   그 짓 쫄(석 6: 14) 집기슭(두초 1: 20)
(15) 솞바당(월 2: 29)   손빠당(내훈 3: 6)

눖ᄌᅀᆞ(월 2: 41)   눈쯔ᅀᆞ(능엄 2: 109)
빗숩(두초 8: 52)   빗쏩(월 9: 35)
밨대-(월 17: 14)   방째-(내훈 2: 9)
cf. 지아비(박통언중: 17),

(15)의 예들에서 사이시옷이 형태소 경계를 넘어 후행어의 두음과 병서되어 경음을 형성하는 것은 'ㅅ'이 불파화되었음을 전제로 하는 것이다. 그런데 (14)와 같이 자음군 단순화가 일어난 표기는 15세기가 가장 많으며 16세기 이후에는 그 예가 드물게 나타난다. 그리고 이렇게 사이시옷이 개재된 경우 자음군 단순화는 수의적이었다. (14)의 예들은 15세기 이전의 어느 시기에 '-VlsCV-'나 '-VpsCV-'로 조음되던 것이, 자음군 단순화에 의해 15세기에 '-VsCV-'로 남아 있거나('뭇결, 짓블' 등) '-VpCV-'로 남아 있는 것을('집기슭' 등) 보여준다.

박창원(1996)에서는 사이시옷이 15세기에 공시적으로 [t]로 실현되지 않았다고 보는데, 이것은 15세기에 공시적으로 어간 내부의 음절말 'ㅅ'이 [s]로 실현된 이상 사이시옷으로 실현된 'ㅅ'의 음가도 다르게 파악할 수 없기 때문이라는 것이다. 특히 박창원(1996: 191)에서는 15세기에 공시적으로 나타나는 어간말의 자음군 단순화 현상에서 일부 사이시옷의 'ㅅ'이 선행하는 자음과 만났을 때 선행자음을 탈락시킨다는 사실을 지적하면서 이때의 사이시옷이 [s]로 실현되었음을 주장한다.

즉 자음군 단순화가 적용되어 (14)의 예들과 같이 'ㅅ' 앞에서 'ㄹ'이나 'ㅂ'이 탈락했다는 사실은, 관형형 'ㅭ'이 'ㆆ'으로 나타나는 경우가 없으므로 ('ㆆ' 앞에서 'ㄹ'이 탈락하는 경우가 없으므로) 'ㅅ'의 음가가 'ㆆ'의 음가가 아닌 제 음가 [s]였다는 것이다. 선행 자음을 탈락시킨 'ㅅ'의 경우 15세기의 공시태에서 후행하는 평음을 각자병서나 'ㅅ'계 합용병서로 변화시키지 않으므로 15세기 공시적인 면에서 볼 때에도 [s]로 조음되었음을 의심할 수 없다는 것이다.[11]

그런데 주지하다시피 15세기의 활용형에서나 단어형성 과정에서 어간말음 'ㄹ'이 일정한 조건 아래에서 탈락하였다. 먼저 활용에서는 일종의 음성적 제약(동기관적 이화)에 의한 'ㄹ' 탈락으로 'ㄴ, ㄷ, ㅿ, ㅅ, ㅈ[-voc, +cons, -grave, -tense]'으로 시작되는 어미들 앞에서 어간말음 'ㄹ'이 탈락하는 경우가 있었다. 그러나 합성어 형성에서의 'ㄹ' 탈락은 문헌에 따라 약간의 차이를 보이고 있다. 즉 합성어 구조에서의 유음탈락은 'ᄃᆞ넚光(월석 2: 51), 둘넚긔(곡 83), 벼ᄃᆞ리(월석 8: 7), 날둘이(곡 7)'에서처럼 어느 정도 수의적이다. 이

---

[11] 박창원(1996: 191 주 17)에 의하면 'ㅅ' 앞에서 'ㄹ'이나 'ㅂ'이 탈락하는 현상 자체는 15세기의 공시적인 현상이 아닐 수 있지만 'ㄹ'이나 'ㅂ'이 탈락한 형태인 '뭇, 밧, 뭇, 바룻, 짓' 등의 종성 'ㅅ'은 [s]라 할 수 있다는 것이다.

경우 역시 'ㄴ, ㄷ' 앞에서의 동기관적 이화로 볼 수도 있겠지만 합성어라는 범주상의 특성이 활용과는 차이가 있다는 점과 체언 말음 'ㄹ'이 특수조사 '-도', 복수접미사 '-둟', 강세첨사 '-사' 등의 앞에서 전혀 탈락하지 않았다는 사실로 미루어 볼 때 이와 같은 합성어에서의 유음탈락이 공시적 음운현상이 아닐 수도 있다. 이렇게 보면 '믌결/뭇결'의 예들도 결국 이상의 합성어 예들과 동궤의 것으로 보아야 할 것이다. 즉 사이시옷 앞에서 'ㄹ'이 떨어진 예들은 'ㅅ'이 제 음가를 지니고 있던 단계에서 유음탈락 규칙이 적용된 결과를 반영한다고 볼 수 있는 것이다.12) 이러한 관점에서 金京芽(1992: 119)는 (14) ㄱ을 사이시옷이 제 음가를 지니던 시기에 유음 탈락이 적용된 표기예로 보는 것이 나을 것이라고 주장한다.

이렇게 사이시옷으로 쓰인 'ㅅ' 앞에서 'ㄹ'이 탈락한 경우 남은 종성 'ㅅ'이 [s]였을 것이라는 점은 분명해 보인다. 그리고 이때 종성 'ㅅ'이 음절말에서 조음되었다면 'ㅅ'의 조음 방식상의 특질로 볼 때 불파음으로보다는 외파음으로 조음되었을 가능성이 크다. 그리고 이러한 추론은 '묽도다, 슯고, 옮디' 등에서 보듯 'ㄺ, ㄼ, ㄻ' 등의 음절말 자음군은 제약을 받지 않는데 유독 'ㄽ'의 자음군이 제약을 받기도 한다는 사실에서 방증될 수 있는 것이다. 이로써 우리는 15세기 국어에서 모든 사이시옷이 [ʔ] 또는 [t̚]로 실현된 것은 아니라는 점을 확인할 수 있다.

한편 이금영(1994: 172)는 'ㄴ, ㅂ' 탈락에 대한 음운론적 동기를 부여하기 힘들지만 'ㄹ' 탈락에 유추되었을 가능성이 있다고 본다. (15)의 cf. 지아비의 경우 짒아비(집+ㅅ+아비)에서 'ㅅ'이 탈락한 것인데, 이때의 'ㅅ'도 [ʔ]나 [t̚]가 아니라 [s]로 실현되었음을 말하는 것이다.

결론적으로 15세기 이전에 제 음가를 지니고 있던 사이시옷은 음절말에서 점차 불파화를 이루면서 수의적으로는 본래의 음가 /s/가 살아남았으며, 이를 보여주는 것이 (14)의 예들이다. 이렇게 볼 때, 15~16세기 국어에서 사이시옷은 외파음으로도, 불파음으로도 수의적으로 실현되었던 것으로 추측할 수 있다. 따라서 (15)에서 앞의 예들은 바로 그 /s/가 실현된 예들이며 뒤의 예들은 불파화된 사이시옷에 의해 후행어 두음이 경음으로 실현된 모습을 보여주는 것이다.13)

---

12) 이기문(1998: 34)에서는 이러한 환경에서 'ㄹ' 탈락이 일어난 시기가 15세기에서 그리 멀지 않은 것으로 추정하고 있다. 15세기 직전이었을 것으로 추정하는 것이다. 한편 김성규(1988: 13)에서는 성조 변동과 관련하여 'ㄹ'이 탈락한 '밧바당'은 하나의 단어로 어휘화한 것이고 '밠바당'은 두 단어의 결합인 것으로 보고 있다. 兪世官(1990: 68)에서는 14세기경에는 용언에서의 'ㄹ' 탈락과 합성어에서의 'ㄹ' 탈락이 함께 일어났으나 후기중세국어시기에는 'ㄹ' 말음 용언에서만 'ㄹ' 탈락이 있었으리라 추정한다.

13) 허웅(1985: 504)에 의하면 ㅅ계 합용병서는 16세기 초에는 된소리로 바뀐 듯한데, 이 변천은 음성학적 조건에 의해 설명될 수 있을 듯하다. 첫머리의 'ㅅ'은 공깃길이 좁고 같이가 약한 소리로서 터짐 닿소리 'ㄷ, ㅂ, ㄱ'에 비해 매우 약한 것이었다. 그러므로 앞소리가 뒷소리에 닮아 겹침 닿소리가 되고, 이것은 본디부터 있었던 된소리로 변한다. 된소리는 본디 그 배치가 극히 국한되어 있어서 'ㅆ, ㆅ' 밖에는 어두에 나타날 수 없었기 때문에 배치상 불안정한 음소계열이었다. 그러므로 된소리에 가까워진 ㅅ계 합용병서에서 온 겹침 닿소리를 된소리로 끌어들여 조직상으로나 배치상으로 안정된 구조를 갖게 된 것이다.

3.3. 음절말 자음체계와 사이시옷

널리 알려진 바와 같이 훈민정음(訓民正音) 해례의 본문 예의에서는 종성에 대하여 '종성부용초성(終聲復用初聲)'이라 하여 초성 곧 자음 글자를 다시 쓴다는 원칙을 세웠다. 그런데 해례의 종성해에서는, "전청(全淸), 차청(次淸), 전탁(全濁)의 글자는 입성(入聲)의 종성이 되고 불청불탁(不淸不濁)의 글자는 평·상·거성의 종성이 되나 ㄱㅇㄷㄴㅂㅁㅅㄹ 8자면 가히 족히 쓸 수 있다(八字可足用)."고 하여 실용을 위한 편법을 규정하였다.

8종성은 현대국어의 종성에 나타나는 음소 7개와 차이가 있다. 곧 현대국어와 달리 'ㄷ'으로 중화되지 않는 'ㅅ'이 더 있는 것이다. 여기에서 해례본이 간행된 15세기 중엽의 국어는 음절말 위치에서 'ㅅ'이 'ㄷ'과 음운론적으로 변별되었느냐 하는 문제가 제기된다.

우선 훈민정음 해례 종성해의 기술이나 용자례의 'ㅅ如잣爲海松못爲池'의 기술에서 'ㅅ'이 종성으로 사용된 사실, (25)와 같이 구체적인 어휘가 최소 대립쌍으로 존재한다는 사실 등을 통해 우리는 'ㅅ'이 종성의 위치에서 'ㄷ'과 달리 조음되었음을 확인할 수 있다.[14] 그리고 그것의 음가는, 제자해의 '종성지부용초성자(終聲之復用初聲者)'라는 서술과, 종성 'ㅅ'이 연음되면 초성 'ㅅ'이 된다는 서술에서 초성 'ㅅ'과 동일한 음가인 [s]였음을 추론할 수 있다.

(16) 긷(柱) : 깃(巢)
    묻(伯) : 뭇(最)
    몯(釘) : 못(池)
    곧(處) : 곳(花)

한편 고대국어의 음절말 자음들의 발음은 주목할 만하다. 국어 음운사에서 가장 특징적인 사실의 하나인 음절말 자음의 불파화가 고대에는 아직 일어나지 않았던 것으로 보인다는 점

그러나 15세기에 이미 ㅅ계 병서가 변동하고 있었음을 보았고 'ㆆ'이 동국정운식 한자음표기에만 쓰이고 고유어 표기에 나타나지 않을 뿐 아니라 곧 사라져 버린 것을 보면 'ㆆ'은 음소적 지위를 가졌다고 보기 어렵다. 이렇게 보면 동명사형 어미 'ㄹ'에 쓰인 'ㆆ'도 한자음 입성 표기의 이영보래에서 유추된 것으로 볼 수도 있다. 'ㅅ'이 불파화되면서 사이시옷은 ㅅ계 합용병서의 경음화를 가속화시켰을 것이고 이때 음절말에 쓰인 'ㅅ'이 사라져 버린 'ㆆ'의 음가를 대신하게 된 것이라고 해석할 수 있다. 그리하여 그는 'ㆆ'을 조직 밖의 음소로 설정하고 있는데, 비록 음소적 지위설정에 어려움이 있다 하더라도 'ㆆ'이 그 자체의 음성적 실현은 미약하지만 앞뒤의 음에 영향을 미치는 점에서 음성적 실재를 부정할 수는 없을 것이다.

14) 음절말에서의 'ㅅ, ㅿ, ㅈ, ㅊ, ㄷ'의 중화에 대한 논의는 金周弼(1988), 金京芽(1992), 박창원(1996) 참조.

이다(이기문, 1998: 84). 즉 고대국어에서는 'ㅅ, ㅈ'을 비롯한 모든 자음이 음절말 위치에서도 제대로의 음가를 가지고 있었던 것으로 보인다.

된소리는 본래 단어 또는 형태소의 연결에서 나타났던 현상으로 생각된다. 가령, 고대국어에서도 관형어를 형성하는 'ㅼ(ㅅ)'이나 동명사 어미의 'ㅭ(ㄹ)' 뒤에 오는 단어의 두음 'ㅂ, ㄷ, ㅅ, ㅈ, ㄱ' 등이 된소리로 발음되었을 것으로 추측된다. 이 때 'ㅼ'이 국어의 불파화 과정에서 어중경음화에 영향을 끼쳤을 것임은 분명해 보인다. 그러나 된소리는 어두에 나타남으로써 비로소 음운체계 속에 확고한 자리를 잡은 것으로 볼 수 있다(이기문, 1998: 109).

(17) 숯바닿(월 2: 29) 손쌔당(내훈 3: 6)
  늤ᄌᅀᆞ(월 2: 41) 눈짜ᅀᅮ(능엄 2: 109)
  빗솝(두초 8: 52) 빗쏩(월 9: 35)
  밨대-(월 17: 14) 방째-(내훈 2: 9)

이러한 국어의 불파화 과정을 생각하면 (17)은 'ㅅ'이 국어의 어중경음화에 영향을 끼쳤을 것임을 보여주는 예들이다. 즉 훈민정음 창제 당시에 마찰음의 불파화가 이미 일어나고 있었으나 경음계열이 국어의 자음체계에 자리잡지 못한 상태에서 이러한 혼기가 일어났던 것이다. 이처럼 수의적으로 일어났던 불파화는 자음군 단순화를 보여주는 예들에서는 불파화 이전의 사이 'ㅅ'의 음가가 /s/로 실현되었음을 확인하게 해 주며, (17)처럼 사이시옷이 후행어의 두음으로 이행되는 경우, 국어의 불파화 영향으로 사이 'ㅅ'이 제 음가를 잃고 경음을 형성시키는 /ʔ/으로 실현되었던 것으로 보인다. 15세기 이후 후행어의 합용병서로 표기되는 사이시옷을 통해 사이시옷의 불파화가 15세기 이후에 활발히 이루어졌음을 확인할 수 있는 것이다.

3.4. 사이시옷의 음성적 특징

지금까지 현대국어 사이시옷에 관한 연구를 통해 밝혀진 사이시옷과 인접음들 사이에서 일어나는 일련의 음성 현상의 특성은 대체로 다음과 같다.

1) 선행 요소 말음의 촉급한 폐쇄 발생
2) 휴지의 지속과 근육 긴장
3) 후속 자음의 강화

1)은 선행요소를 불파화시키기 위해 불파음 /t/가 복합어 경계에 삽입된 다음에 이 불파음의 영향으로 후행어의 자음이 경음화된다고 보는 견해(허웅, 1985)와 단순히 후속 저해음을 조음

하기 위한 폐쇄 지속(즉 적극적인 음가를 갖지 않은)일 따름이라고 보는 견해(문수미, 1989)로 나뉜다.

2)는 폐쇄음의 조음 단계에서 폐쇄의 지속에 해당되는 단계로 성문 폐쇄 기능을 수행할 수 있는 자음적 특성을 간직한 상태로 조음이 그대로 머물러 있다는 것이다. 여기에 나타나는 자음적인 특징에 대해서는 대체로 성문 폐쇄음이나 후두 폐쇄음으로 보고 있다.[15]

이 단계에서는 선행요소가 개음절로 끝나면 후행 요소 자음의 특징을 머금은 채 후두 긴장을 갖게 되고, 폐음절로 끝나면 후두 근육의 긴장을 수반한 채 조음자가 선행 요소 마지막 자음 조음 위치에 머무르게 된다. 따라서 이 지속 시간은 후행 요소의 첫 자음을 강화하기 위한 폐쇄 시간이라고 할 수 있다(문수미, 1989: 12).

3)으로 인해 후행 요소의 첫 자음이 무성폐쇄음일 경우 경음화되는 것으로, 이에 대해서는 별다른 이론이 없다.

이상의 논의를 종합해 볼 때, 현대국어의 사이시옷과 관련된 음성적 특질은 다음과 같이 요약할 수 있다.[16]

첫째, 선행어의 마지막 음이 빨리 닫힌다.

둘째, 일정시간 무성의 휴지(voiceless pause)가 지속되며 후두 압축이 병행한다.

셋째, 경계 후에 오는 첫 자음이 강화(경음화, 격음화, ㄴ, ㅁ 덧남 현상 포함)된다.

이러한 조건을 만족시키는 실체를 찾아내는 것이 작업의 관건이 되는데, 우선 셋째 조건으로부터 이 사이시옷이 선행어의 음절 끝소리 자리에 속히면서 불파음의 자질을 기진 소리여야 한다는 결론을 얻을 수 있다. '콧물, 나뭇잎'의 경우 사이시옷이 후행어의 첫소리라고 본다면 그 음성형을 설명할 수 없고, 사이시옷이 실현된 어형에서 앞말의 끝 음절은 항상 닫힌음절로 실현되기 때문이다(양순임, 2000: 145).

둘째 조건으로부터 표면에 드러나는 자신의 구체적인 음가 실현이 없고 후두 쪽의 근육 긴장을 일으킬 수 있어야 한다는 결론을 얻을 수 있다.

마지막으로 첫째 조건으로부터 폐쇄성을 가진 음(폐쇄 자음)이면서 선행 요소를 촉급하게 폐쇄시킬 수 있어야 한다는 결론을 얻을 수 있다.

국어의 자음들 가운데서 자신의 구체적인 음가 실현이 없이 선행 요소를 촉급하게 폐쇄시키면서 후속 저해음을 강화시킬 수 있는 폐쇄 자음은 성문 폐쇄음뿐이다. 결국 사이시옷의 음가는 성문 폐쇄음 /ʔ/이 되는 것이다.[17]

---

[15] 이러한 관점도 음소로 보느냐 자질로 보느냐에 따라 견해가 다시 나뉜다.
[16] 여기서 말하는 음성적 특징은 사이시옷의 개입으로 일어나는 음성적 효과 전반을 의미한다.
[17] 그런데 국어의 자음체계에서 'ㆆ'이 과연 음소적 지위를 가질 수 있는가는 논란의 대상이 될 수 있다. 이 글에서는 허웅(1985: 399)의 견해를 받아들여 'ㆆ'을 '조직 밖의 음소'로 설정하고자 한다.

한편 이 세 특성은 사이시옷이 개재하면 필수적으로 나타나야 하는 현상이며, 이것은 폐쇄음의 조음 단계인 '폐쇄-지속(압축)-파열'의 세 단계와 동일한 과정을 거침을 알 수 있다.

그런데 양순임(2000: 145~154)은 문수미(1989)에서 사이시옷을 전후한 분절음의 길이를 고찰한 예를 제시하면서 사이시옷으로 인해 앞의 울림소리의 울림 구간이 짧아졌으나 뒤따르는 안울림 분절음의 길이도 짧아진 것은 예상과 어긋나는 결과라고 지적한다. 그리고 이러한 결과는 사이시옷을 진폭이 '0'인 묵음 구간으로만 보고 뒤따르는 터짐소리의 길이는 '터짐' 이후부터로 보았기 때문이라고 한다.

(18) 사이시옷을 전후한 분절음의 길이: msec(문수미, 1989)

	ㅅ	ㅗ	ㄴ	+ㅅ+	ㄱ/ㄲ	ㅏ	ㅂ	ㅏ	ㅇ
ㄱ.	100	159			45	116	63		283
ㄴ.	111	109	75		18	110	63		273

이는 사이시옷을 음운론적으로 앞말 끝소리로 해석하는 과정에서 생긴 문제로 보인다. 그래서 /손가방/에서 예사소리로 실현된 [k]가 /손ˈ가방/에서 된소리로 실현된 [kʼ]보다 더 길다는 이상한 결과가 나온 것이다. 그러나 사이시옷을 앞말 끝소리로 보는 것은 음운론적인 문제이고, 이 때문에 /손가방/의 음향자료에서 묵음단계 없이 터짐만을 [kʼ]의 길이로 잴 수는 없는 것이다. [kʼ]에서 사이시옷과 '가방'의 첫소리를 구분할 수는 없는 것으로 굳이 구별하자면 [kʼ]의 묵음 구간의 전반부 정도가 사이시옷이 실현된 것이라고 해석할 수 있다는 것이다.

생성음운론적 관점에서 사이시옷을 고찰한 양순임(2000)과 김정우(1994)는 사이시옷의 이러한 특질을 양음절성(ambisyllabicity)으로 설명한다. 양음절성은 음절경계의 분석이 어려운 언어에서 일찍이 논의되었던 것이다. 양순임(2000: 155)에 의하면 우리말은 비교적 음절경계가 뚜렷한 언어이지만 공시적으로는 홀소리 사이의 된소리와 거센소리가, 통시적으로는 '홅배-홀빼, 나가싫가-아ㅅ발까, 아프로-압프로-압흐로, 바올-방올, 이어-잉어' 등이 양음절성을 보여준다는 것이다.[18]

이처럼 사이시옷이 선행요소와 후행요소 양쪽에 영향을 미친다는 사실을 감안하여 이 글에서는 사이시옷이 선·후행어에 걸쳐 음성적으로 실현되는 성문폐쇄음 [ʔ]라고 본다.

---

18) 김정우(1994: 124~130)는 김주필(1992)에서 격음과 경음의 음성적 특징으로 지적했던 폐쇄지속시간은 음운론적으로 성문마찰음과 성문폐쇄음이 가진 양음절성에서 기인한다고 주장한다.

제4장 결론

현대국어에서는 표기법과 사이시옷 개재가 일치하는 것은 아니어서 발음을 통해서만 사이시옷을 확인할 수 있다. 그리고 현대국어의 사이시옷은 합성어(및 이에 준하는 구조)에만 한정적으로 나타난다. 그 분포 양상과 음운론적 환경이 15세기 사이시옷의 쓰임과 차이가 확연하며, 무엇보다도 15세기 사이시옷은 후행어의 두음과는 무관하게 선행어와 밀접하게 연관되어 쓰였던 것이다.

현행 맞춤법 규정에 의하면 사이시옷의 표기에 관한 기술 중 (1) ①에서 '뒷말의 첫소리가 된소리로 나는 것'이라고 규정하고 있는데, 1933년 제정·발표된 통일안 초판본 이후 1940년, 1946년 개정안에서는 "복합명사의 사이에 '사이 ㅅ' 소리가 나는 것"이라고 규정하던 것이다 (이은정, 1988). 이는 1988년 개정된 현행 규정이 지나치게 사이시옷의 결과론적 현상에 치우친 것이라는 비판을 면하기 어렵다. 현대국어에서 사이시옷은 '뒷말의 첫소리가 된소리로 나는 것'으로 그 실현을 드러내기도 하지만 경음화에 그 본질이 있지는 않기 때문이다.

훈민정음의 창제로 국어의 전면적 표기가 가능해지면서 비로소 사이시옷의 표기와 분포 양상을 제대로 고찰할 수 있게 되었다. 당시의 문헌에 사이시옷은 앞말 끝소리와 같은 서열의 입성자인 'ㄱ, ㄷ, ㅂ, ㆆ, ㅸ, ㅿ, ㅅ' 등으로 표기되었는데, 이는 입성의 음성적 특징 그대로, 사이시옷이 앞말 끝소리의 조음점을 막아 소리 없는 휴식을 둔 것임을 의미한다. 이러한 표기는 사이시옷이 선행어와 밀접한 관련이 있는 현상임을 확인시켜 준다. 그러나 이들 입성자들은 곧 'ㅅ'으로 단일화하여 쓰이게 된다.

한편, 사이시옷은 선행어의 종성에 표기함을 원칙으로 한 듯하며, 사이시옷이 후행어에서 병서 표기로도 혼기되는 양상을 통해 훈민정음 창제 시기에 국어의 음절말 자음이 불파화를 경험하는 도중에 있었음을 확인할 수 있다.

한편, 15세기 국어에서 관형형 어미 '-ㄹ'의 이영보래(以影補來)인 'ㆩ'이 'ㄽ'과 혼기되기도 했는데, 이때 'ㄹ' 밑에서 뒷소리가 각자병서로 표기되는 모습을 보면 이 때의 'ㅅ'이 경음을 형성시키는 [ʔ]으로 실현되었을 것으로 보인다. 이는 15세기 국어에서 종성의 'ㅅ'이 'ㄷ'과 구별되는 [s]의 음가를 가졌으나 부분적으로 불파화를 겪고 있었음을 방증한다.

사이시옷이 개재하여 자음군 단순화를 겪는 표기 예들 중, 선행어의 종성이었던 자음이 탈락하고 사이시옷이 남는 어형의 경우, 이때의 사이시옷은 [s]로 실현되었던 것으로 보인다. 그러나 사이시옷의 표기가 'ㅅ'으로 단일화되어 가면서 후행어의 초성과 병서로 혼기되기도 하는 것은 음절말에서 [s]의 음가로 실현되었던 사이시옷이 어중경음화를 일으키는 [ʔ]로도 실현되었던 것을 나타낸다고 보았다. 사이시옷에 의한 이러한 어중경음화는 경음에 대한 음소적 인식이 없었던 당대에 어두경음화를 촉진시키면서 국어의 경음계열을 형성시키는 기제로 작용하였을 것으로 추측된다.

사이시옷은 선행어의 말음을 촉급하게 폐쇄시킴으로써 선행어 말음 뒤에 휴지를 개재시키고 후두근육의 긴장을 가져온다. 즉 사이시옷은 음성적으로 휴지와 함께 후두근육의 긴장을 수반하여 선행어의 말음과 후행어의 두음에 모두 영향을 끼치는 양음절적 특성을 가지면서 선행어의 자립성을 확보하는 역할을 한다.

요컨대 사이시옷은 그 자신의 음가는 미약하지만 주변음에 영향을 끼치면서 구체적인 음가로 실현되는 조직 밖의 음소 [?]이라 할 수 있다. 그리고 이렇게 후속 자음을 강화시키는 음성적 특징으로 인해 사이시옷은 현대국어에서 후행어의 경음화, 비음화로 그 실현을 드러내게 된 것이라 하겠다.

참고문헌

奇世官(1990), "國語 單語形成에서의 /ㄹ/ 脫落과 /ㄴ/ 添加에 대한 音韻論的 硏究", 원광대학교 대학원 박사학위논문.
金京芽(1992), "中世國語 終聲表記 'ㅅ'에 대하여", 「관악어문연구」 17집.
김성규(1997), "성조의 변화", 「國語史硏究」, 태학사.
김정수(1989), "한말(韓語)의 사잇소리 따위의 문법기능", 「한글」 206, 한글학회.
김진호(2001), "국어 사이시옷 연구에 관한 고찰: 그 역사적 발전과정을 중심으로", 「경원어문논집」 제4·5 합집, 경원대국문과.
金周弼(1988), "中世國語 音節末 齒音의 音聲的 實現과 表記", 「국어학」 17, 국어학회.
金周弼(1992), "國語閉鎖音의 音聲的 特徵과 音韻現象", 「강신항교수 회갑기념 국어학 논문집」, 태학사.
김창섭(1994), "국어의 단어 형성과 단어구조", 서울대학교 대학원 박사학위논문.
문교부 고시·문화부 공고·문화체육부 고시(2001), 「국어어문규정집」, 대한교과서주식회사.
문수미(1989), "현대국어 사잇소리에 관한 음성학적 고찰-실험음성학적 접근-", 「언어학 연구」 2, 서울대 언어학과.
박부영(1983), "사이 ㅅ 연구", 조선대학교 교육대학원 석사학위논문.
박창원(1996), 「중세국어자음연구」, 한국문화사.
박창원(1997), "사잇소리와 사이시옷(Ⅰ)", 「이화어문논집」 15.
安秉禧(1968), "中世國語의 屬格語尾 '-ㅅ'에 대하여", 「李崇寧博士頌壽紀念論叢」.
安秉禧(2003), "해례본의 팔종성에 대하여", 「국어학」 41, 국어학회.
양순임(1996), "현대국어의 사잇소리 덧나기와 된소리되기", 「우리말 연구」 제6집, 우리말연구회.
양순임(2000), "음절 끝 닿소리와 된소리되기", 부산대학교 대학원 박사학위논문.
李珖鎬(1992), "중세국어의 사이시옷 문제와 그 해석방안", 「安秉禧 박사 화갑기념논총」.
이금영(1994), "중세국어 사이 ㅅ에 대하여", 「우리말연구의 샘터」, 문경출판사.

李基文(1961), 「國語史槪說」, 민중서관.
李基文(1998), 「新訂版 國語史槪說」, 태학사.
李德興(1991), "國語 사이시옷의 文獻的 硏究", 단국대학교 대학원 박사학위논문.
이은정(1988), 「개정한 한글맞춤법표준어해설」, 大提閣.
李翊燮(1987), "음절말 표기 ㅅ과 ㄷ의 사적 고찰", 「성곡논총」18.
李翊燮(1992), 「國語表記法硏究」, 서울대출판부.
全哲雄(1990), "사이시옷", 서울대 대학원 국어연구회 편, 「국어연구 어디까지 왔나」, 동아출판사.
최남희(1999), 「고대국어표기 한자음연구」, 박이정.
최현배(1971), 「우리말본」, 정음사.
허웅(1983), 「국어학-우리말의 오늘어제-」, 샘문화사.
허웅(1985), 「국어음운학」, 샘문화사.
홍윤표(1994), 「근대국어연구(1)」, 태학사.
梅田博之(1983), 「韓國語의 音聲學的 硏究-日本語와의 對照를 中心으로」, 형설출판사.
Radford, A.(1988), 「Transformational Grammar」, Cambridge University Press(「변형문법」, 서정목·李珖鎬·任洪彬 옮김, 을유문화사).

[처음 실린 곳]
「科學과 敎育」第13輯, 順天大學校 師範大學 附屬 科學敎育硏究所.(송명숙과 공동 연구). 2005.

[24] '바라다[望]'의 맞춤법*
'바라'와 '바람'을 중심으로

1. 머리말

말에는 그것을 쓰는 사람의 교양이 배어 있기 마련이다. 따라서 교양 있는 사람이 되기 위해서는 이에 걸맞는 언어생활을 해야 한다.

'바른 언어생활'은 교양 있는 사람에게 빼놓을 수 없는 요건이다. 다시 말해서, 바른 언어생활을 하지 않는 사람은 교양인이 아니요, 바른 언어생활을 하지 못하는 사람은 교양인이 될 자격이 없는 사람이라고 하겠다.

바른 언어생활에는 순화(醇化)된 표준어를 사용함은 물론이요, 한글 맞춤법에 맞는 바른 문자 생활을 하는 것이 포함된다. 이 글에서는 후자인 '바른 문자 생활', 그 중에서도 동사 '바라다'의 맞춤법에 관하여만 생각해 보기로 한다.

"나는 네가 성공하기 바래. 나의 바램은 오직 그것뿐이야."에서처럼, 우리는 요즈음 동사 '바라다'의 활용형으로 '바래'와 '바램'이란 말을 자주 듣는다. 어떤 때는 방송 매체나 학교에서조차 쓰이는 경우를 보는데 이는 잘못이고 '바라'와 '바람'이 옳다. 그러나 맞춤법상 왜 이들이 그리고 '바라'와 '바람'이 옳은지 명쾌한 해법으로 설명해 주는 사람을 만나기란 그리 쉽지 않다. 이 글을 쓰는 이유도 바로 이 문제에 대한 합당한 해법을 찾아보자는 데 있다.

2. 자료 분석과 기본형의 설정

우선, 이 문제, 곧 '바라다'의 맞춤법을 체계적으로 이해하기 위하여 다음과 같이 몇 가지 단계로 나누어 알아보기로 한다.

---

* 이 글은 순천대학교 사범대학 국어교육과의 학과지 <나랏말> 제18집(2005)에 실은 것을 일부 보완한 것이다.

동사나 형용사의 어간(語幹)은 어떤 어휘적(語彙的) 의미(意味)를 갖는 형태로서, 문법적(文法的) 의미만을 갖는 어미(語尾)와 결합하는데, 이 때 어간과 어미가 결합하는 형식을 활용(活用)이라고 한다. 동사 '보다'와 형용사 '넓다'를 예로 들어, 어간 '보-(見)'와 '넓-(廣)'가 어미 '-다, -았다/-었다, -고, -(으)면, -는/-은, -(으)니, -(으)시니, -지, -아/-어, -아서/-어서, -ㅂ니다/-습니다, -(으)오, -(으)ㅁ' 등과 결합하여 활용하는 어형을 보이면 다음 (1)과 같다.

(1)
어미 어간	-다	-았다/ -었다	-고	-(으)면	-는/ -은	-(으)니	-(으)시니	-지	-아/ -어	-아서/ -어서	-ㅂ니다/ -습니다	-(으)오	-(으)ㅁ
보-	보다	보았다	보고	보면	보는	보니	보시니	보지	보아	보아서	봅니다	보오	봄
넓-	넓다	넓었다	넓고	넓으면	넓은	넓으니	넓으시니	넓지	넓어	넓어서	넓습니다	넓으오	넓음

이 어휘들이 활용하는 모습을 통해 우리가 알 수 있는 사실은, 1) 어간은 바뀌지 않고 고정된 형태로 유지되며 어미만이 바뀐다는 것과, 2) 어미는 모든 어간에 공통되는 형식으로 결합한다는 것이다. 이 사실은 여기서 예로 들지 않은 대부분의 동사나 형용사, 곧 용언(用言)에도 해당한다.

그러나 '하다, 살다, 돕다, 잇다, 부르다, 푸르다' 등과 같은 일부 용언이 활용할 때에는, (2)의 밑줄 친 말에서처럼, 어간이나 어미가 이러한 원칙에서 벗어나는데, 우리는 이들 용언을 불규칙(변칙) 용언이라고 부른다.

(2) ① 하다, 하였다, 하고, 하면, 하는, 하니, 하시니, 하지, 하여, 하여서, 합니다, 하오, 함
② 살다, 살았다, 살고, 살면, 사는, 사니, 사시니, 살지, 살아, 살아서, 삽니다, 사오, 삶
③ 돕다, 도왔다, 돕고, 도우면, 돕는, 도우니, 도우시니, 돕지, 도와, 도와서, 돕습니다, 도우오, 도움
④ 잇다, 이었다, 잇고, 이으면, 잇는, 이으니, 이으시니, 잇지, 이어, 이어서, 잇습니다, 이으오, 이음
⑤ 부르다, 불렀다, 부르고, 부르면, 부르는, 부르니, 부르시니, 부르지, 불러, 불러서, 부릅니다, 부르오, 부름
⑥ 푸르다, 푸르렀다, 푸르고, 푸르면, 푸른, 푸르니, 푸르시니, 푸르지, 푸르러, 푸르러서, 푸릅니다, 푸르오, 푸름
⑦ 쓰다, 썼다, 쓰고, 쓰면, 쓴, 쓰니, 쓰시니, 쓰지, 써, 써서, 씁니다, 쓰오, 씀
⑧ 푸다, 펐다, 푸고, 푸면, 푼, 푸니, 푸시니, 푸지, 퍼, 퍼서, 품니다, 푸오, 품

3. '바라다'의 맞춤법

'바래'와 '바램'이 맞느냐 '바라'와 '바람'이 맞느냐 하는 것을 결정하는 데 선결해야 할 것으로, 첫째는 국어사전에 표제어(標題語)로 실리는 기본형(원형, 으뜸꼴)이 '바래다'인지 아니면 '바라다'인지를 정하는 일이요, 둘째는 이 단어가 규칙동사인지 불규칙동사(변칙동사)인지를 결정하는 일이다.

위와 관련하여 국어학적으로는 '바라다'의 활용상을 다음과 같은 다섯 가지 경우의 가설로 설정해 볼 수 있을 것이요, 이에 따라 전자와 후자 가운데 어느 것이 옳은지가 결정될 것이다.

<가설 1> 기본형을 '바라다'로 삼고 이를 규칙동사로 보는 경우이다. 이때는 기본형 '바라다' 자체가 국어사전에 표제어로 실림은 물론이다. 이 경우의 '바라다'의 활용형들은 다음 (3)과 같이 일정한 어간 '바라-'에 서로 다른 유형의 어미들이 결합하여 이루어진다.

    (3) 바란다, 바랐다, 바라고, 바라면, 바라는, 바라니, 바라시니, 바라지, 바라, 바라서, 바랍니다, 바라오, 바람

이렇게 보면 '바라'와 '바람'은 어간 '바라-'에 어미 '-아'와 '-ㅁ'이 각각 결합하여 형성된 규칙적인 형태이므로 '바래'와 '바램'은 활용형으로 나타날 수 없다. 이러한 해석에 상응하는 '바라다'의 활용형을 구체적인 문장 속에 제시하면 다음 (4)와 같다. 빗금(/) 왼쪽 형태들만이 이에 해당하는 옳은 것들이요 윗첨자로 적힌 별표(*)는 해당 어형이 그른 것임을 나타내는데 참고삼아 제시한 것들이다. 현행 표준어 규정과 한글 맞춤법은 이러한 관점에 바탕을 둔 것이다.

    (4) ① 꼭 성공하길 {바란다/*바랜다}.
       ② 어머니는 자식들이 크게 성공하기를 {바랐다/*바랬다}.
       ③ 어떤 대가를 {바라고/*바래고} 널 도와준 게 아니야.
       ④ 일하지도 않고 밥 먹길 {바라면/*바래면} 되겠니?
       ⑤ 창수가 오길 {바라는/*바래는} 사람이 많다.
       ⑥ 노력도 없이 성공하길 {바라니/*바래니} 되는 게 없지.
       ⑦ 어머니께서 네가 돌아오길 {바라시니/*바래시니} 어떻게 할래?
       ⑧ 난 네가 오는 걸 {바라지/*바래지} 않는다.
       ⑨ 너의 도움을 {바라/*바래} 한 일이었겠니?
       ⑩ 돈을 {바라서/*바래서} 한 일이 아니야.
       ⑪ 부디 참석해 주시기를 {바랍니다/*바랩니다}.
       ⑫ 속히 오길 {바라오/*바래오}.
       ⑬ 나의 {바람/*바램}은 네가 잘 사는 거야.

따라서 현행 규정에 따르면 '바래'와 '바램'은 그르고 '바라'와 '바람'이 옳은 표현이라고 하겠다. 교양 있는 서울 사람들 간에는 아직 '바라'와 '바람'도 쓰이고 있는 현실을 고려하여 '바라'와 '바람'이 옳고, 일부 구어체의 '바래'와 '바램'이 쓰이고 또 그것들이 그대로 문자화하는 경우가 있을지라도 이를 오용(誤用)으로 처리한 것이다.

<가설 2> 기본형, 곧 표제어를 '바래다'로 삼아 규칙동사로 처리하는 경우이다. 이 경우에는 어간이 '바래-'로 고정되어 다음 (5)와 같은 활용형들로 나타나게 된다.

(5) 바랜다, 바랬다, 바래고, 바래면, 바래는, 바래니, 바래시니, 바래지, 바래, 바래서, 바랩니다, 바래오, 바램

이렇게 되면, 앞의 관점과는 반대로, '바라다'가 아닌 '바래다'만이 국어사전의 표제어로 실림은 물론이요, 이들 활용형으로는 (4)의 빗금(/) 왼쪽은 그르고 오른쪽만이 옳은 것이 된다.
이러한 해석도 언뜻 보아 모든 활용형을 생성하는 규칙이 예외가 없어서 간결하게 느껴진다. 그러나 다음과 같은 이유로 이를 받아들일 수 없다. 곧 맞춤법의 대상 언어는 표준어요, "표준어는 교양 있는 사람들이 두루 쓰는 현대 서울말로 정함"이 원칙인데[1] (4)의 문장에서 왼쪽이 아닌 오른쪽 어형들을 오늘날 교양있는 서울 사람들이 두루 쓰는 언어에 바탕을 둔 것으로 보기 어렵기 때문이다. '바래'와 '바램'을 포함한 그 일부에 한정하여 그 어간이 '바래-'인 어휘를 사용할지는 모르나, 오늘날 교양있는 서울 사람들이라면 대체로 어간이 '바라-'인 어휘를 선호하고 있다고 여겨진다.

<가설 3> 기본형, 곧 표제어를 '바라다'로 삼고 어간 '바라-'가 어미 '-아' 및 '-ㅁ'과 결합할 때만 원칙에서 벗어나 '바래-'로 바뀌는 것으로 보는 입장이다. 이 때 '바라다'의 활용형들을 보이면 다음 (6)과 같다.

(6) 바란다, 바랐다, 바라고, 바라면, 바라는, 바라니, 바라시니, 바라지, 바래, 바라서, 바랍니다, 바라오, 바램

이렇게 보면 앞에 든 문장들은, 다음 (7)과 같이, ⑨와 ⑬에서만 그 어간이 '바래-'로 나타나게 된다.

(7) ⑨ 너의 도움을 {*바라/바래} 한 일이었겠니?
⑬ 나의 {*바람/바램}은 네가 잘 사는 거야.

---

1) <표준어 규정> 제1부 표준어 사정 원칙 제1장 총칙 제1항 참조.

이는 동사 '바라다'를 불규칙동사(: '애' 불규칙동사 정도로 이름할 수 있을 것이다.)로 파악하는 경우와 상통하는 입장이다. 그런데 이 관점이 설득력을 얻기 위해서는 이렇게 처리할 만한 합당한 이유를 댈 수 있어야 한다.

어간과 어미가 결합할 때 동일한 음운론적(音韻論的) 환경에 놓여 있는 어형은 동일한 규칙의 적용을 받아 활용형을 형성한다고 보아야 설명력을 확보할 수 있다. 다시 말해서 동일한 'ㅏ'로 시작하는 어미와 만나지만, 왜 어미 '-아' 및 '-ㅁ'과 결합할 때만 원칙에서 벗어나 어간 '바라-'가 '바래-'로 바뀌고 어미 '-았-' 및 '-아서'와 결합할 때는 그렇지 않은지 설명되어야 한다. 이렇게 볼 때, 이 입장은 이에 대한 합당한 이유를 찾기 어려워 받아들일 수 없다.

만일, 이에 대한 해결 방안을 다음과 같이 강구한다고 가정해 보자. 곧 '바래'에서와 같이 동일한 'ㅏ'로 시작하는 어미 '-았-' 및 '-아서'와의 활용형 어간을 모두 '바래-'로 바꾸어 이를 표준어로 삼으면 음운론적 합리성을 확보하는 것으로 반론할 수 있을 듯도 하다. 이렇게 되면 (4)의 ②, ⑨, ⑩에서는 각각 그 어간이 '바래-'가 되어 다음 (8)과 같을 것이다.

(8) ② 어머니는 자식들이 크게 성공하기를 {*바랐다/바랬다}.
⑨ 너의 도움을 {*바라/바래} 한 일이었겠니?
⑩ 돈을 {*바라서/바래서} 한 일이 아니야.

그런데 이러한 입장은 '바램'에서처럼 매개모음 '으'로 시작하는 어미와 결합하는 다른 어형들 ④, ⑥, ⑦, ⑫, ⑬에서도 다음 (9)와 같이 그 어간을 '바래-'로 조정해야 할 것이다. 그래야만 일관성을 유지할 수 있기 때문이다.

(9) ④ 일하지도 않고 밥 먹길 {*바라면/바래면} 되겠니?
⑥ 노력도 없이 성공하길 {*바라니/바래니} 되는 게 없지.
⑦ 어머니께서 네가 돌아오길 {*바라시니/바래시니} 어떻게 할래?
⑫ 속히 오길 {*바라오/바래오}.
⑬ 나의 {*바람/바램}은 네가 잘 사는 거야.

이렇게 되면 결국 어간이 '바라-'인 경우는 ①, ③, ⑤, ⑧, ⑪에서뿐이요 그 밖에서는 그 어간이 모두 '-바래-'가 되는 셈이다. 이들 문장을 모두 다시 제시하면 다음 (10)과 같다.

(10) ① 꼭 성공하길 {바란다/*바랜다}.
② 어머니는 자식들이 크게 성공하기를 {*바랐다/바랬다}.
③ 어떤 대가를 {바라고/*바래고} 널 도와준 게 아니야.
④ 일하지도 않고 밥 먹길 {*바라면/바래면} 되겠니?

⑤ 창수가 오길 {바라는/*바래는} 사람이 많다.
⑥ 노력도 없이 성공하길 {*바라니/바래니} 되는 게 없지.
⑦ 어머니께서 네가 돌아오길 {*바라시니/바래시니} 어떻게 할래?
⑧ 난 네가 오는 걸 {바라지/*바래지} 않는다.
⑨ 너의 도움을 {*바라/바래} 한 일이었겠니?
⑩ 돈을 {*바라서/바래서} 한 일이 아니야.
⑪ 부디 참석해 주시기를 {바랍니다/*바랩니다}.
⑫ 속히 오길 {*바라오/바래오}.
⑬ 나의 {*바람/바램}은 네가 잘 사는 거야.

그런데 문제는 이를 오늘날 교양 있는 서울 사람들의 언어로 받아들이기 어렵다는 데 있다. 또한 이런 관점은 분포가 상대적으로 좁은 '바라'형을 기본형(: 정칙형)으로, 그리고 분포가 넓은 '바래-'형을 변칙형으로 설정해야 하는 또 다른 어려움과 만나게 된다. 이는 분포가 넓은 형태를 기본형으로 설정하는 일반성(또는 보편성)을 포착할 수 없어 합리성이 결여된다.

이에 대한 반론으로 분포가 넓은 '바래-'형을 기본형으로 삼으면 되지 않겠느냐고 주장할지도 모른다. 다음 <가설 4>의 경우가 이에 해당한다.

<가설 4> 기본형, 곧 표제어를 '바래다'로 삼고 어간 '바래-'가 'ㅏ'와 매개모음 '으'로 시작하지 않는 어미와 결합하는 ①, ③, ⑤, ⑧, ⑪에서의 어간을 '바라-'로 보고, 동사 '바래다'를 불규칙동사(: '아' 불규칙동사 정도로 이름할 수 있을 것이다.)로 파악하는 경우이다. 이 때의 '바레다'의 활용형들을 보이면 다음 (11)과 같다.

(11) 바란다, 바랬다, 바라고, 바래면, 바라는, 바래니, 바래시니, 바라지, 바래, 바래서, 바랍니다, 바래오, 바램

이렇게 보면 (11)의 어휘를 반영한 문장들은 결과적으로 (10)과 일치하여 표면적으로는 음운론적 합리성을 확보할 수 있다.

이 관점은 분포가 상대적으로 넓은 '바래'형을 기본형(: 정칙형)으로, 그리고 분포가 좁은 '바라-'형을 변칙형으로 설정하고 있다는 점에서는 기본형을 설정하는 일반 원리에 부합한다. 이 점에서는 앞의 <가설 3>보다는 설득력을 갖는다. 그러나 이도 오늘날 교양 있는 서울 사람들이 두루 쓰는 언어로 받아들이기 어렵다. 특히, 대부분의 '바래'형이 그렇다.[2] 따라서 이 입장도 받아들일 수 없다.

---

[2] 서울 태생 40대 여성 화자인 김선미 씨는 '바란다, 바랬다, 바라고, 바라면, 바라는, 바라니, 바라시니, 바라지, 바래, 바래서, 바랍니다, 바라오, 바램' 등으로 실현한다고 한다.

<가설 5> '바라다'와 '바래다'의 두 가지를 다 표제어로 삼는 방법, 곧 이들 두 어형을 복수 표준어로 규정하는 경우이다.

이 경우는 '바라다' 이외에 '바래다'도 복수 표준어로 삼을 만한 합당한 이유나 근거를 댈 수 있어야 할 것이다. 그러나 이 경우에는 기본형과 직결되는 교체형 '바랜다'가 현실적으로 쓰이지 않는다는 점에서 받아들이기 어렵다.3) 이는 <표준어 규정>의 제17항 및 제26항의 규정 내용과 결부지어 보아도 그렇다.4)

4. 맺음말

이상의 논의를 근거로 "어떤 일이나 상태가 이루어지거나 그렇게 되었으면 하고 생각하다."라는 뜻의 단어 '바라다'는 규칙동사로 보는 것이 합리적이다. 이렇게 보면 '바래(←바라- + -아)'와 '바램(← 바라- + -ㅁ)'은 있을 수 없으므로 이들은 각각 '(바라- + -아→)바라'와 '(바라- + -ㅁ →)바람'의 비표준어형 또는 오용(誤用)으로 본다.

따라서, '……이 나의 바램이다'라는 표현도 '……이 나의 바람이다'라고 고쳐야 옳다. 그런데 이 어법은 생경한 느낌을 주므로, 이에 그치지 말고, '……기(를) 바란다'로 바로잡아야 우리말다운 바람직스러운 표현이 될 것이다. 예컨대, "아버님과 어머님께서 건강하게 오래 사시는 것이 우리 모두의 바램입니다."는 "아버님과 어머님께서 건강하게 오래 사시는 것이 우리 모두의 바람입니다."로 고쳐야 옳은 표현이고, 더 나아가 이를 "아버님과 어머님께서 건강하게 오래 사시기(를) 우리 모두는 바랍니다/우리 모두는 아버님과 어머님께서 건강하게 오래 사시기(를) 바랍니다."로 표현하면 금상첨화(錦上添花)일 것이다.

'바라다[望]'의 맞춤법과 관련한 지금까지의 내용을 요약하면 다음과 같다.

첫째, 기본형은 '바래다'가 아닌 '바라다'인 규칙동사이다. 따라서 그 어간이 '바래-'인 경우는 없고 항상 '바라-'이다.

---

3) <표준어 규정>의 제3항부터 제19항까지는 '제2장 발음 변화에 따른 표준어 규정'에 속하는데, 제11항에서는 "다음 단어에서는 모음의 발음 변화를 인정하여, 발음이 바뀌어 굳어진 형태를 표준어로 삼는다."고 규정하고, '나무래다'가 아닌 '나무라다'를 표준어로 삼은 것과 더불어, '바래다'가 아닌 '바라다'를 표준어로 삼은 예로서 제시하고 있다. 이들 단어를 제17항에서 다루지 않고 왜 제11항에서 다루었는지 언뜻 이해가 되지 않지만, 국어연구소에서 펴낸 <표준어규정 해설>(1988)에서는 이를 "'나무래다, 바래다'는 방언으로 해석하여 '나무라다, 바라다'를 표준어로 삼았다."고 밝히고 있다.
4) <표준어 규정> 제17항은 "비슷한 발음의 몇 형태가 쓰일 경우, 그 의미에 아무런 차이가 없고 그 중 하나가 더 널리 쓰이면, 그 한 형태만을 표준어로 삼는다."라는 단수 표준어에 대한 규정이고, 제26항은 "한 가지 의미를 나타내는 형태 몇 가지가 널리 쓰이며 표준어 규정에 맞으면, 그 모두를 표준어로 삼는다."라는 복수 표준어에 대한 규정이다.

둘째, 어간 '바라-'와 어미 '-아'가 결합한 활용형은 '바래'가 아닌 '바라'이다.
셋째, 어간 '바라-'와 어미 '-ㅁ'이 결합한 활용형은 '바램'이 아닌 '바람'이다.
넷째, '……이 나의 바램이다'는 그르고 '……이 나의 바람이다'가 옳지만, 이는 '……하기(를) 바란다'로 고치면 더욱 우리말다운 표현이 된다.

참고문헌

국어연구소, 한글 맞춤법 해설, 1988.
국어연구소, 표준어 규정 해설, 1988.
문교부, 한글 맞춤법, 1988.
문교부, 표준어 규정, 1988.
민현식, 국어 정서법 연구, 태학사, 1999.
박형익 외, 한국 어문 규정의 이해, 태학사, 2008.

[처음 실린 곳]
先淸語文 제40집, 「우한용선생퇴임기념논문집」, pp. 67~78. 2012.

|저자소개|

학 력

1949년 4월 1일	전라남도 광산군 본량면 선동리 408번지(지금의 광주광역시 광산구 선동 하흑석길 24)에서 아버지 기효섭과 어머니 홍갑주의 1녀 3남 중 막내로 태어남
1967. 3. ~ 1970. 2.	광주제일고등학교
1971. 3. ~ 1975. 2.	서울대학교 사범대학 국어교육과(: 문학사)
1979. 3. ~ 1981. 8.	전남대학교 대학원 국어국문학과(: 문학석사)
1983. 9. ~ 1991. 2.	원광대학교 대학원 국어국문학과(: 문학박사)

경 력

1984. 3. ~ 2015. 8.	국립 순천대학교 교수
1989. 3. ~ 1990. 2.	서울대학교 교류교수
1990. 9. ~ 1992. 2.	국립 순천대학교 국어교육과 학과장
1992. 3. ~ 1994. 2.	국립 순천대학교 남도문화연구소장
1994. 3. ~ 1994. 8.	국립 순천대학교 국어교육과 학과장
1994. 9. ~ 1995. 8.	미국 미주리대학교 객원교수
1996. 3. ~ 1997. 8.	국립 순천대학교 사범대학 및 교육대학원 교학부장(: 부학장)
1997. 3. ~ 1999. 2.	국립 순천대학교 사범대학 부설 중등교원연수원장
1998. 11. ~ 2008. 3.	순천시 선거관리위원회 위원
1998. 4. ~ 1999. 11.	교육과정심의위원회 위원
2000. 9. ~ 2004. 12.	배달말학회 감사
2001. 5. ~ 2005. 4.	어문연구학회 부회장
2004. 11. ~ 2008. 6.	한국방언학회 편집위원
2004. 3. ~ 2007. 3.	순천시 선거방송토론회 위원
2005. 1. ~ 2006. 12.	배달말학회 회장
2007. 10. ~ 2009. 8.	국립 순천대학교 대학원장

국어음운론연구
우리말 전라도말

제1판 1쇄 발행 2018년 1월 20일

지 은 이 기세관
꾸 민 이 홍윤환
펴 낸 이 김진수
펴 낸 곳 **한국문화사**
등   록 1991년 11월 9일 제2-1276호
주   소 서울특별시 성동구 광나루로 130 서울숲 IT캐슬 1310호
전   화 02-464-7708
팩   스 02-499-0846
이 메 일 hkm7708@hanmail.net
홈페이지 www.hankookmunhwasa.co.kr

책값은 뒤표지에 있습니다.

잘못된 책은 구매처에서 바꾸어 드립니다.
이 책의 내용은 저작권법에 따라 보호받고 있습니다.

ISBN 978-89-6817-589-3 93710

이 도서의 국립중앙도서관 출판예정도서목록(CIP)은 서지정보유통지원시스템
홈페이지(http://seoji.nl.go.kr)와 국가자료공동목록시스템(http://www.nl.go.kr/kolisnet)에서
이용하실 수 있습니다.(CIP제어번호: CIP2017035870)